Eine Arbeitsgemeinschaft der Verlage

Böhlau Verlag · Wien · Köln · Weimar
Verlag Barbara Budrich · Opladen · Toronto
facultas.wuv · Wien
Wilhelm Fink · München
A. Francke Verlag · Tübingen und Basel
Haupt Verlag · Bern
Verlag Julius Klinkhardt · Bad Heilbrunn
Mohr Siebeck · Tübingen
Nomos Verlagsgesellschaft · Baden-Baden
Ernst Reinhardt Verlag · München · Basel
Ferdinand Schöningh · Paderborn · München · Wien · Zürich
Eugen Ulmer Verlag · Stuttgart
UVK Verlagsgesellschaft · Konstanz, mit UVK / Lucius · München
Vandenhoeck & Ruprecht · Göttingen · Bristol
vdf Hochschulverlag AG an der ETH Zürich

Das „Studienbuch Schulpädagogik" wurde begründet von Professor Dr. Hans Jürgen Apel und Professor Dr. Werner Sacher. Ab der 5. Auflage wird es in vollständig überarbeiteter Form von Herrn Professor Dr. Ludwig Haag und Frau Professorin Dr. Sibylle Rahm fortgeführt.

Ludwig Haag
Sibylle Rahm
Hans Jürgen Apel
Werner Sacher
(Hrsg.)

Studienbuch Schulpädagogik

5., vollständig überarbeitete Auflage

Verlag Julius Klinkhardt
Bad Heilbrunn • 2013

Online-Angebote oder elektronische Ausgaben zu diesem Buch
sind erhältlich unter www.utb-shop.de

Die Deutsche Bibliothek – CIP-Einheitsaufnahme
Die Deutsche Nationalbibliothek verzeichnet diese Publikation in der Deutschen Nationalbibliografie;
detaillierte bibliografische Daten sind im Internet über http://dnb.d-nb.de abrufbar.

Foto auf Umschlagseite 1: © RichVintage / istockphoto.de
Einbandgestaltung: Atelier Reichert, Stuttgart.

Druck und Bindung: Friedrich Pustet, Regensburg.
Printed in Germany 2013.
Gedruckt auf chlorfrei gebleichtem alterungsbeständigem Papier.

UTB-Band-Nr.: 2949
ISBN 978-3-8252-4058-5

Inhalt

Ludwig Haag
Sibylle Rahm

Einleitung

Der Lehrberuf ist eine anspruchsvolle Profession. Im pädagogischen Alltag auftauchende Probleme lassen sich nicht immer wissenschaftlich exakt beantworten.
Pädagogisches Handeln ist mit einem Werturteil verbunden – angesichts der Fülle konkurrierender Handlungsziele und deren Umsetzungsmöglichkeiten ist das
Abwägen von Optionen des Lehrerhandelns keine reine Sach-, sondern auch eine
Wertfrage. Selbst bei Orientierung an erziehungswissenschaftlich fundierten Merkmalen guten Unterrichts etwa bleibt immer die Ungewissheit der bereits von Spranger angesprochenen „ungewollten Nebenwirkungen in der Erziehung" (vgl. Zierer/
Kahlert 2010). Wenn man die vorliegenden Untersuchungen zur Grundsituation
des professionellen Lehrerhandelns überblickt, ist eine Krisenhaftigkeit der Handlungspraxis, verstanden als systematische Unsicherheit pädagogischen Handelns,
als Normalfall zu akzeptieren (vgl. Combe/Kolbe 2004) Aus diesen Überlegungen
ergibt sich, dass Lehrerbildung keine leicht zu lösende Aufgabe ist. Dennoch zielt
sie auf den Aufbau von Expertise im Sinne pädagogisch-professioneller Handlungskompetenz im Berufsfeld Schule (vgl. Faust-Siehl/Heil 2001).
Lehrer(innen) haben die Aufgabe, sich ihr ganzes Berufsleben über weiterzubilden.
„Der Weg zu einem professionell denkenden und handelnden Lehrer ist lang und
reicht weit über die erste und zweite Ausbildungsphase hinaus. Aber im Studium
müssen die Grundlagen dafür gelegt werden, dass sich die Studierenden bei all
den Anforderungen, Belastungen und Irritationen … überhaupt professionsgerecht
weiterentwickeln können" (Kiel/Kahlert/Haag/Eberle 2011, 14). Es ist zu fragen,
wie Voraussetzungen für kontinuierliches Lernen im Lehrberuf angebahnt werden
können. In diesem Zusammenhang spielt die Relation von Theorie und Praxis in
den einzelnen Phasen der Ausbildung und über diese Phasen hinweg eine wesentliche Rolle. Bislang ging man in der Lehrerbildung von einem traditionellen Wissenschaftsverständnis aus, das der Annahme folgt, „die methodisch kontrollierte,
soziale Distanz von Wissenschaft zu anderen Praxisformen sei eine entscheidende Grundlage für die Verwendbarkeit wissenschaftlicher Erkenntnisse in anderen
praktischen Zusammenhängen" (Zierer/Kahlert 2010, 526). Daraus resultiert die
bekannte Dichotomie zwischen Theorie und Praxis.

In einer professionellen Lehrerbildung sind zwei Elemente unstrittig erforderlich. Eine wissenschaftlich angeleitete Theoriebasis und eine eigenständig-konstruktive Verwendung dieser Wissensbestände in der Praxis. Doch damit endet die Eindeutigkeit. Wie Wissen und Können angeeignet werden und wie das entsprechende Qualifizierungsangebot auszusehen hat, hierzu gibt es mehr Vorschläge als überprüfte Lösungen. Auch ihre Verbindung, die Theorie-Praxis-Relation, bleibt eher ungeklärt. Hier existieren unterschiedliche Modellvorstellungen. „Sie reichen von der Zentrierung auf wissenschaftliches Wissen als Handlungsbasis über Vorstellungen der produktiven Differenz von Theorie und Praxis bis hin zum Verständnis einer Integration von Theorie und Praxis als Basis des Handelns" (Combe/Kolbe 2004, 858).

Gerade weil die Frage der Relation zwischen Theorie und Praxis eine ungelöste Herausforderung darstellt, bietet sich die Verwendung des Begriffs des Berufsfeldbezugs an. Zierer und Kahlert (2010) arbeiten den Begriff des Berufsfeldbezugs heraus, indem sie von folgenden vier Bausteinen einer berufsfeldbezogenen Lehrerbildung ausgehen:

- Erfahrungsorientierung: Hier geht es um die Berücksichtigung der Biografie der Studierenden und um eine Einbettung des Studieninhalts in das zukünftige Tätigkeitsfeld.
- Handlungsorientierung: Diese betrifft die Ermöglichung der Umsetzung des Gelernten in konkreten Schul- und Unterrichtssituationen.
- Problemorientierung: Der Begriff meint lebensnahe Darstellung der Inhalte bei gleichzeitigem Aufzeigen der Relevanz des Gelernten für den Beruf der Lehrkraft.
- Forschungsorientierung: Diese bezieht sich auf die Integration vorliegender Forschungsergebnisse in die Lehre und um die Eröffnung von eigenen Forschungsfeldern für Studierende.

In der Lehrerbildung sind Arbeitsformen zu bevorzugen, die sowohl erfahrungs- als auch handlungs-, problem- und forschungsorientiert angelegt sind. Hierher gehören Ansätze des situierten, fallbasierten sowie des forschenden Lernens. Diese stellen diverse Möglichkeiten zum Erwerb konkret berufsfeldbezogenen Wissens bereit. Darüber hinaus werden Reflexionsfähigkeit im Blick auf den späteren Beruf und seine Probleme aufgebaut und eine eigene Urteilsbildung im Blick auf pädagogisch-praktische Probleme angebahnt (vgl. Terhart 2000, 84).

Als Berufswissenschaft für Lehrkräfte hat die Schulpädagogik bei der Suche nach Aufklärung von Wirklichkeiten im Bildungsbereich die Aufgabe, differente wissenschaftliche Positionen, die von der historischen Pädagogik über die Soziologie, die Biologie, die Psychologie, die Politologie, die Philosophie hin zur Rechtswissenschaft reichen, zu vereinen. Die Schulpädagogik ist eine Integrationswissenschaft. Dennoch steht sie mit der Fokussierung von Bildungs- und Erziehungstheorien, von Schul- und Unterrichtstheorien sowie von Forschung zum Lehrberuf in einer historischen Tradition, die sich durch disziplineigene Begrifflichkeiten auszeichnet. Diese gilt es herauszuarbeiten und weiterzuentwickeln, um sich der theoretischen Basis als historisch entwickeltem Fundus der Schulpädagogik bewusst zu werden. In der schulpädagogischen Debatte hat es kontroverse Debatten um die Frage gegeben, ob der Lehrberuf überhaupt zu den anerkannten Professionen, wie etwa den Ärzt(inn)en oder den Jurist(inn)en gehört (vgl. Sandfuchs 2004). Es wurde gefragt, ob denn dem Lehrberuf überhaupt eine gesicherte Berufswissenschaft zugrunde liege oder ob Lehrkräfte wie andere Professionen genügend Freiraum zu selbstständigem Handeln offerieren. Vor dem Hintergrund einer akademischen Lehrerbildung, die auch die Berufswissenschaften involviert, und angesichts der erweiterten Eigenständigkeit von Schule darf der Lehrberuf heute begründet zu den Professionen gerechnet werden. Hinzu kommen wissenschaftliche Reflexionen, die die hohen Ansprüche an Lehrer(inne)n verdeutlichen.

Die Erziehungswissenschaft übernimmt die Aufgabe einer theoretischen Durchdringung eines Sektors, der in den letzten Jahrzehnten einen rapiden Wandel vollzogen hat. Auf der einen Seite hat sich das Bildungswesen in Richtung Autonomisierung der Einzelschule mit der Übertragung wesentlicher Entscheidungsbefugnisse an die Schule flexibilisiert. Auf der anderen Seite werden von politischer und ökonomischer Seite Forderungen an alle Bildungseinrichtungen formuliert, die höchstmögliche Leistung zu erzielen, um im internationalen Vergleich bestehen zu können. Die widersprüchlichen Erwartungen an Schule, die zwischen Eigenverantwortung und Leistungsanstrengung oszillieren, haben gravierende Konsequenzen in Bezug auf die wissenschaftliche Debatte um

- die Organisation Schule
- den Schulunterricht
- das professionelle Lehrerhandeln
- den Bildungs- und Erziehungsauftrag der Schule.

Das Studienbuch Schulpädagogik versammelt wissenschaftliche Beiträge zu einer erziehungswissenschaftlichen Disziplin, die die Schule als gesellschaftliche Einrichtung fokussiert. Dabei geht es einerseits um Theorien der Bildungseinrichtung, andererseits um die wissenschaftliche Betrachtung des Unterrichtens sowie um die Theorie der Lehrprofession.

Die Heterogenität schulpädagogischer Perspektiven schlägt sich in den im Studienbuch versammelten Beiträgen nieder. Sie laden ein zum Studium der Forschungsfelder Schule, Unterricht, Bildung, Erziehung, pädagogische Profession.

Literatur

Combe A./Kolbe, F.-U. (2004): Lehrerprofessionalität: Wissen, Können, Handeln. In: Helsper, W./ Böhme, J. (Hrsg.): Handbuch der Schulforschung. Wiesbaden: Verlag für Sozialwissenschaften, 833-851.

Faust-Siehl, G./Heil, S. (2001): Professionalisierung durch schulpraktische Studien? In: Die Deutsche Schule 93, 105-115.

Kiel, E./Kahlert, J./Haag, L./Eberle, T. (2011): Herausfordernde Situationen in der Schule. Ein fallbasiertes Arbeitsbuch. Bad Heilbrunn: Klinkhardt.

Sandfuchs, U. (2004): Geschichte der Lehrerbildung in Deutschland. In: Blömeke, S. et al. (Hrsg.): Handbuch Lehrerbildung. Bad Heilbrunn, 14-37.

Terhart, E. (2000): Reform der Lehrerbildung. In: Cloer, E./Klika, D./Kunert, H. (Hrsg.), Welche Lehrer braucht das Land? Weinheim: Juventa, 75-92.

Zierer, K./Kahlert, J. (2010): Was bedeutet Berufsfeldbezug in der Lehrerbildung? In: Pädagogische Rundschau 64, 525-534.

Werner Wiater
Theorie der Schule

Die Schule ist eine gesellschaftliche Institution, eingerichtet zur Bildung und Erziehung der Heranwachsenden. Sich mit der Schule theoretisch zu befassen heißt nachfragen, was sie ist und wie sie dazu geworden ist, wozu die Schule da ist und welche Funktionen oder Aufgaben sie hat sowie ob die Schule aktuell und im Blick auf die nahe Zukunft den sich daraus ergebenden Anforderungen gerecht wird. Zur Beantwortung dieser Fragen rekurriert die Schulpädagogik auf Theoriebausteine aus der wissenschaftstheoretischen, geisteswissenschaftlichen, (organisations-)soziologischen, psychologischen und (natürlich) pädagogischen Forschung. Zunächst ist dafür zu klären, was von theoretischen Reflexionen zur Schule zu erwarten ist und welchen Wert sie haben, dann, wie die Schule sich als System und als Einzelschule entwickelt hat, welche Erwartungen die Gesellschaft an sie stellt und wie sie der Gesellschaft zuarbeitet, welche Bedeutung und Folgen die in der Schule ablaufenden Interaktionen für die einzelnen Beteiligten haben, und schließlich, wie sich ermitteln lässt, wie qualitätsvoll die Schule das macht.

1 Einleitung

Schultheorien teilen mit Theorien anderer Wissenschaftsdisziplinen das Grundsätzliche, weisen aber gegenstandsbedingt spezifische Kennzeichen auf. Die Komplexität des Gegenstands Schule und die mit unterschiedlichen Forschungsmethoden erarbeiteten Forschungsergebnisse bringen es mit sich, dass es ein Nebeneinander von perspektivisch gefassten **Schultheorien** gibt, für die der Begriff **Schultheorie** gewissermaßen den Inbegriff abgibt; ein naturwissenschaftliches Theorieverständnis verbietet sich infolgedessen. Hinzu kommt, dass jede Schultheorie sich mit der Erwartung von Rezipient(inn)en, die aus der Praxis kommen, konfrontiert sieht, für die Bewältigung der Schulpraxis dienliche Hinweise zu geben; zumindest sollten sich solche Hinweise aus einer Schultheorie ableiten lassen. Vorgaben dieser Art sind in den einzelnen Kapiteln der folgenden Darlegung mit bedacht.

2 Theorie und Schule

Allen Erwartungen an den Wert und die Bedeutung einer Schultheorie für die Schulpraxis muss zunächst durch die Klärung des Theoriebegriffs eine tragfähige Grundlage gegeben werden.

2.1 Der Theoriebegriff

Wortgeschichtlich betrachtet leitet sich der Begriff Theorie von griech./lat. „theoria" ab, was so viel bedeutet wie das Anschauen, die Gesamtschau, das Überschauen oder Durchschauen einer Sache, ohne Berücksichtigung ihres Nutzwerts. Theorien sind das versprachlichte Ergebnis einer Denktätigkeit oder Erfahrung. Eine Theorie ist nichts anderes als ein Aussagensystem über einen Sachverhalt oder ein Phänomen der natürlichen, sozialen oder technisch hergestellten Wirklichkeit. Die hierüber getroffenen Aussagen müssen mit anerkannten wissenschaftlichen Forschungsmethoden ermittelt, in sich widerspruchsfrei und grundsätzlich verallgemeinerbar sein. Dazu braucht das Aussagensystem eindeutig definierte Begriffe sowie klare Vorstellungen von den zentralen Elementen/Faktoren des untersuchten Wirklichkeitsbereichs und deren Zusammenwirken, die sich meist in einem Modell abbilden lassen. Die darüber gemachten Aussagen (= die Theorien) erklären im mathematisch-naturwissenschaftlichen Bereich in der Regel kausale und lineare Zusammenhänge, die sich experimentell verifizieren oder zumindest falsifizieren lassen (vgl. die Quantentheorie: „Licht verhält sich bei seiner Ausbreitung im Raum wie Wellen, bei der Emission und der Absorption wie Teilchen"). Im sozial- und humanwissenschaftlichen Bereich sind die Zusammenhänge komplexer (wegen des Faktors ‚Mensch') und die Variablen und die Merkmalsausprägungen zahlreicher; trotz Komplexitätsreduktion auf ausgewählte Variablen und Nutzung quantitativer und qualitativer Datenerhebungsverfahren sind hier häufig nur Aussagen mit Plausibilitäts- oder Probabilitätscharakter möglich (vgl. die schulpädagogische Theorie: ‚Die gezielte Förderung der Resilienz (‚Widerstandsfähigkeit', ‚Stärkung der inneren Kräfte) bei Kindern im Kindergarten und in der Grundschule vergrößert ihre Problemverarbeitungskapazität'). Theorien sind häufig das Ergebnis von Hypothesenprüfungen, sie können aber auch selbst Basis für überprüfende Forschungen sein. Grundsätzlich lassen sich Theorien logisch (auf innere Widersprüche) oder empirisch (durch Erfassen sinnlich erfahrbarer Elemente) überprüfen.

Theorien helfen dabei, einen Wirklichkeitsbereich angemessen und mit präzisen Begriffen zu beschreiben (Deskriptionsfunktion der Theorie), sie ermöglichen eine Analyse der zentralen Wirkfaktoren des Wirklichkeitsbereichs (Explikations- und Analysefunktion), und sie erlauben auf der Basis überprüfter Wenn-Dann-Beziehungen Voraussagen über zu erwartende Folgen (Prognosefunktion). Aus der Interpretation ihres Daten- und Informationsmaterials lassen sich auch kritische, optimierende, innovierende oder reformorientierte Empfehlungen ableiten (Kritik-Funktion).

Theorien sind nicht zeitlos gültig. Sie werden unter den Bedingungen und mit den denkerischen Möglichkeiten einer bestimmten Zeit und Gesellschaftssituation aufgestellt und überprüft; andere Beobachtungen, neue Sichtweisen und Erkenntnisse führen zu ihrer Modifikation oder Verwerfung. Infolgedessen muss man von einer Theoriendynamik ausgehen (vgl. z.B. die naturwissenschaftlichen Theorien zur Entstehung der Erde oder die humanwissenschaftlichen Theorien zu Krankheiten). Je nach Fragestellung, Forschungsdesign, Analysemethode und Datenauswertung kann es sehr wohl auch verschiedene Theorien zu ein und demselben Phänomen geben (vgl. z.B. Theorien zu Gewalt oder Angst). Denn man schließt ja beim Erstellen von etwas Wahrgenommenem auf dahinter liegende, nicht wahrnehmbare Ursachen oder Gesetzmäßigkeiten. Man spricht von Theorienpluralismus.

2.2 Schwierigkeiten bei der Übertragung des Theoriebegriffs auf die Schule

Bringt man diese Überlegungen zu Theorien mit der Schule in Verbindung, trifft man auf eine Reihe von Vorbehalten und Schwierigkeiten wie den folgenden:

1. W. Kramp kommt in seiner vielbeachteten „Theorie der Schule" 1973 zu dem Schluss, dass eine Theorie der Schule gar nicht möglich sei, weil sie dem eigentlichen Theorieverständnis, nämlich dem der Naturwissenschaften, nicht genügen könne.

2. K. J. Tillmann (1993) möchte den Begriff Schultheorie durch die Pluralform Schultheorien ersetzt wissen, die von unterschiedlichen Wissenschaften, mit unterschiedlichen Zielfragen und mit unterschiedlichen Forschungsmethoden erstellt werden. Er schlägt deswegen aber nicht nur die Pluralform vor, sondern auch eine Einteilung in Makrotheorien (Geisteswissenschaftliche Schultheorien, Strukturell-funktionale Schultheorien, Historisch-materialistische Schultheorien) und in Mikrotheorien (Schultheorien aus psychoanalytischer Sicht, Interaktionistische Schultheorien und die Radikale Schulkritik) – eine Einteilung, die weder vollständig noch in sich schlüssig ist.

3. Schultheorien haben Schwierigkeiten mit dem Generalisierungspostulat ihrer Aussagen. Denn ‚die' Schule gibt es nicht. Sie ist in unterschiedliche Schulformen und Schularten gegliedert, und darüber hinaus stellt jede Einzelschule eine Handlungseinheit für sich dar, deren Besonderheit sich von historischen, soziokulturellen, regionalen und personalen Faktoren erklärt. Zudem lässt sich Schule immer von zwei Seiten betrachten. Schule, das ist nicht nur die ‚Außensicht' des Schulsystems, der Schulorganisationsformen, der Funktionen von Schule und der Schule als Institution der Kulturvermittlung, sondern Schule hat auch eine ‚Innensicht', nämlich die der von ihr Betroffenen, in ihr Arbeitenden und

an ihr Beteiligten. Die eine wie die andere Sicht deckt jedoch ein unterschiedliches Bild von Schule auf.

4. Schultheorien haben Probleme mit der Funktionsbestimmung von Theorien. Einerseits sind Schultheorien das Ergebnis distanziert wissenschaftlicher Betätigung von Expert(inn)en für Schule, Unterricht, Schulleben, Erziehung und Bildung ohne unmittelbaren Verwendungszweck. Andererseits erwarten sich die Schulpraktiker(innen) von der theoretischen Beschäftigung mit der Schule, dass diese für Probleme, Reformen und Innovationen der Schule argumentativ nutzbar ist. Dabei ist allerdings zu bedenken, dass die Erwartungen von Lehrkräften, Eltern, Schulverwaltung, Schulforschung, Schulpolitik usw. verschieden sind und dass schultheoretische Aussagen ganz unterschiedliche Wissensformen enthalten können (Orientierungswissen, Diagnosewissen, Handlungswissen, Wissenschaftswissen usw.).

5. Theoretische Aussagen über die Schule werden nicht nur von Wissenschaftler(inne)n gemacht. Sie liegen vielmehr mit unterschiedlichem Reflexionsgrad und auf unterschiedlichen Kenntnisebenen vor. Diese Tatsache verlangt nach einer differenzierten Sicht der Schultheorie. Dazu ist es hilfreich, sich der drei Reflexionsstufen zu erinnern, die der geisteswissenschaftliche Pädagoge E. Weniger bereits 1929 (38ff) vorgeschlagen hat und die sich auf Schultheorien anwenden lassen:

- *Theorien 1. Grades*
  Damit sind Vermutungstheorien, implizite Theorien, subjektive Theorien oder Alltagstheorien z.B. von Eltern, Schüler(inne)n, Lehrkräften oder gebildeten Laien gemeint, die zwar keinen hohen Reflexionsgrad aufweisen, in der Praxis aber durchaus handlungsleitend sind; sie konstituieren gewissermaßen eine ‚urwüchsige Praxis‘, deren Grundlage die gemachten Erfahrungen des Einzelnen mit der Schule sind.

- *Theorien 2. Grades*
  Das sind explizit gemachte, ursprünglich von einzelnen Pädagog(inn)en (Schulpraktiker(inne)n und Schultheoretiker(inne)n) erdachte theoretische Aussagen, Leitbilder, Konzeptionen oder Handlungsorientierungen für die Schule, die die Praxis rational strukturieren und begründbare Empfehlungen zur Schulorganisation und Schulgestaltung machen.

- *Theorien 3. Grades*
  Als solche gelten wissenschaftlich gesicherte, systematische und generalisierbare Gesamtaussagen über einen Wirklichkeitsbereich, hier den Wirklichkeitsbereich Schule, deren Bedeutung darin liegt, genaue Kenntnisse und Erkenntnisse zu liefern und prinzipielle Aussagen zu machen, die als grundlegende ‚regulative Ideen‘ das praktische Handeln legitimieren können. Hierbei handelt es sich um verifiziertes/falsifiziertes Wissenschaftswissen von Pädagog(inn)en, Psycholog(inn)en, Soziolog(inn)en, Politolog(inn)en, Betriebwirtschaftler(inne)n, Jurist(inn)en usw.

Als Raster, mit dem sich die in der Diskussion befindlichen Schultheorien nach ihrer Abstraktheit, Verallgemeinerbarkeit und Theoriehaltigkeit unterscheiden lassen, scheint Wenigers Einteilung brauchbar.

2.3 Zentrale Kennzeichen der Schule heute

Wie schon erwähnt, gibt es ‚die' Schule nicht, allzu verschieden ist nicht nur ihre Organisationsstruktur in Deutschland (vgl. die grundgesetzlich gesicherte Kulturhoheit der Bundesländer), sondern sind auch die konkreten Rahmenbedingungen und Interaktionspraktiken vor Ort. Für theoretische Aussagen über den Wirklichkeitsbereich Schule benötigt man nun aber klar definierte Begriffe. Diese gewinnt man am ehesten deskriptiv-phänomenologisch, d.h. indem man von der vorzufindenden Gegebenheit ‚Schule' auf deren Grundstruktur zurückschließt. Geht man so vor, dann kommt man zu folgenden drei zentralen Bestimmungsstücken:

a) Die Schule ist ein Subsystem der Gesellschaft.

Im Sozialsystem Gesellschaft ist die Schule (als Teil des Bildungssystems) ein Subsystem, das einerseits selbstständig neben den anderen gesellschaftlichen Subsystemen (Politisches System, Rechtssystem, Wirtschafts- und Beschäftigungssystem, Freizeitsystem, Wissenschafts- und Forschungssystem, kulturell-ästhetisches System, weltanschauliches System) besteht, andererseits aber mit diesen anderen Subsystemen in Beziehung steht. Am engsten sind die Beziehungen mit dem Politischen und dem Rechts-System (auf Grund der Sozialisationsfunktion) sowie mit dem Wirtschafts- und Beschäftigungssystem (aufgrund der Qualifikationsfunktion der Schule). Im Kontext dieser Beziehungen und im Vergleich mit den anderen Subsystemen klärt sich auch die Identität und Typik des Subsystems Schule, dessen Besonderheit (seit der Aufklärung) in seinem pädagogischen Anspruch (Mündigkeit, Bildung) zu sehen ist. Im Auftrag der Gesellschaft nimmt die Schule nämlich Einfluss auf die Entwicklung der Sach-, Selbst- und Sozialkompetenz von Kindern, Jugendlichen und jungen Erwachsenen. Bei der Wahrnehmung dieser pädagogischen Aufgabe ist die Schule einer zweifachen Verpflichtung unterworfen, der Verpflichtung gegenüber den Kindern und Jugendlichen mit ihren anthropologisch-psychologischen Vorgaben beim Lernen und ihrem Recht auf individuelle Förderung sowie der Verpflichtung gegenüber den Inhalten der Kultur, die es um der Identität der Mitglieder einer Gesellschaft willen zu tradieren und weiterzuentwickeln gilt. Diese doppelte Verpflichtung macht eine ‚Filterung' der Erwartungen und Ansprüche nötig, die von den anderen Subsystemen der Gesellschaft an die Schule herangetragen werden und begründet die relative Autonomie der Schule.

Wie alle Systeme ist die Schule – und das heißt auch jede Einzelschule – eine Institution mit Selbstorganisation und Eigenlogik. Sie wird nämlich von den Beteiligten und Betroffenen mitgestaltet und stets veränderten Bedingungen angepasst. Als

Institution mit langer Tradition hat die Schule aber auch eine Beharrungstendenz, eine Tendenz zur Konstanz. Weiter ist sie ein offenes (offen zu anderen Teilsystemen), ein statisches (hinsichtlich der Organisationsstruktur) und zugleich ein dynamisches System (auf Grund der wechselnden Personen und der Beziehungen zwischen den Personen), ein reproduktives System (das den gesellschaftlichen Bedürfnissen nachkommt) und ein soziales System (das sich aus dem Miteinander individueller Personen (Lehrer(innen) und Schüler(innen)) konstituiert).

b) Die Funktionen, die Aufgaben und die Struktur der Schule sind historisch-gesellschaftlich bedingt.

Seit ihrer Institutionalisierung vor mehr als 5000 Jahren wurde die Schule mit zeitbedingt und gesellschaftsbedingt variierenden Erwartungen konfrontiert, sollte sie für die jeweilige Gesellschaft bestimmte Leistungen erbringen (vgl. die Redeweise von den Funktionen der Schule) und Aufgaben übernehmen. Ein Blick in die Geschichte der Schule zeigt die Verschiedenheit ihrer Funktionen und Aufgaben auf eindrückliche Weise. In exemplarischer Hinsicht reicht der Verweis auf das 20. Jahrhundert mit seinen gesellschaftlichen Transformationen, um dieses zweite ‚Wesensmerkmal‘ der Schule zu belegen: Das Jahrhundert beginnt mit der ‚Schule im Kaiserreich‘, die, ständisch gegliedert, die Aufgabe hatte, für Gott, Kaiser und Vaterland Untertanen erziehen zu helfen. In der Weimarer Republik erfuhr die Schule eine demokratische Ausrichtung, wobei die bisherige Rolle der Kirche im Schulbereich reduziert wurde. Der anschließende Nationalsozialismus unterstellte die Schule der Blut- und Boden-Ideologie und vereinheitlichte ihre Organisationsstruktur. Die Nachkriegsdemokratie reorganisierte die Schule, anknüpfend an die Zeit vor 1933, im Sinne einer Restauration und wies die Kulturhoheit den Bundesländern zu (Föderalismus). Zwischen 1965 und 1975 kommt es dann zu einer großen Bildungsreform mit curricularen und organisatorischen Veränderungen großen Ausmaßes (vgl. Bedeutung der Grundschule, Errichtung von Hauptschulen, Schaffung von Gesamtschulen, Reform der Sekundarstufe II, Ausbau des Sonderschulwesens).

Wie die Schule organisiert ist, worin das von Kindern und Jugendlichen zu erlernende Schulwissen besteht und auf welche Weise es erworben werden soll, hängt stets von der Zeit und der Gesellschaftsform ab.

c) Die Schule ist ein Lern- und Lebensraum für die jungen Gesellschaftsmitglieder.

Die Schule – speziell die allgemeinbildende und verpflichtende Regelschule – ist für die nachwachsende Generation da. Sie umfasst die Kindheit, das Jugendalter und z. T. noch das junge Erwachsenenalter aller Mitglieder der Gesellschaft. Sie nimmt deren Lebenszeit in Anspruch und hat mit jungen Menschen zu tun, die der Erziehung und Orientierung bedürfen, da sie sich auf dem Weg von der Unmündigkeit zur Mündigkeit befinden. Auf diesem Weg stellt ihnen die Schule Lernaufgaben und arrangiert für sie Lernsituationen in systematisch-aufbauender und zirkulär-vertiefender Weise. Die Schule ist für die jungen Gesellschaftsmitglieder nicht nur ihr erster, sondern auch ihr bedeutendster Lernort in diesen Jahren. Als Lernort wirft die Schule die Frage auf, was, wie und wozu in ihr gelernt wird und welches Bild vom Menschen ihr zugrunde liegt. Grundsätzlich sollen sich die Kinder und Jugendlichen in der Schule Bildung aneignen, womit Weltverstehen, Selbst- und Fremdverstehen sowie Weltgestaltung unter Nutzung des eigenen Verstandes und auf der Grundlage eines abendländisch-christlichen/humanistischen Menschen-bilds gemeint ist. Die Schule ist als Lernort zugleich zeitweiliger Lebensraum für die Kinder und Jugendlichen, ein Ort, an dem sie 12 und mehr Jahre ihres Lebens verbringen. Das wiederum wirft die Frage auf, welche Lebenserfahrungen sie dort machen und wie die Lernerfahrungen in der Schule mit dem Leben außerhalb der Schule zusammenpassen. Die Schule ist als Lebensraum zugleich noch Arbeitsplatz für die in ihr tätigen Personen: Lehrkräfte, Schüler(innen), pädagogisches und au-ßerpädagogisches Personal, Administration und Aufsichtsinstanzen.

d) Die Schule muss ihre Effektivität nachweisen.

Bereits Ende der 1970er Jahre begann in Deutschland die Diskussion um die Qua-lität und die Effektivität von Schulen (vgl. Aurin 1987; Fend 1986; Rutter 1980) Die frühen Untersuchungen nannten als Strukturmerkmale guter Schulen primär eine pädagogisch agierende Schulleitung, die Kooperation der Lehrkräfte, eine ge-meinsam praktizierte Erziehungsphilosophie, klare Zielorientierungen und eine auf Vertrauen gründende Schulkultur. Heute, in Zeiten von TIMSS und PISA, wird die Qualität von Schulen an messbaren Produkten und überprüfbaren Effekten (outputs, outcomes) festgemacht, ermittelt im Rahmen schulischer Bestandsauf-nahmen (Evaluationen), die in einen internationalen Vergleichsrahmen eingeord-net werden können. Diese Bestandsaufnahmen können nicht nur die überprüfba-ren Kompetenzen der Schüler(innen) betreffen, sondern – über TIMSS und PISA hinausgehend – auch die Professionalität der Lehrkräfte, die Qualität der Interakti-onsprozesse zwischen Lehrer(inne)n und Schüler(inne)n, die Schulstruktur und die Rahmenbedingungen sowie die pädagogische und ethische Orientierung, die die Schüler(innen) erhalten.

3 Strukturfaktoren des Wirklichkeitsbereichs Schule

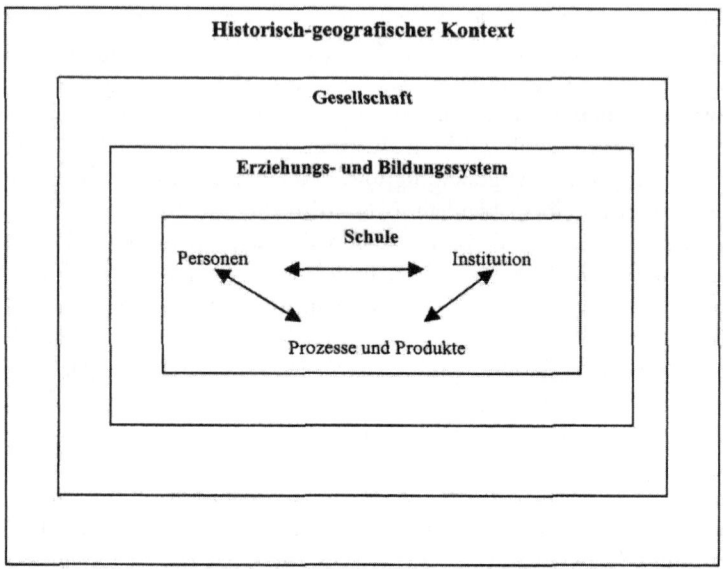

Über die Schule theoretisch nachdenken heißt, sie in Beziehung zu den Kontexten zu setzen, die erklären können, warum sie so ist, wie sie ist. Wie aus dem dargestellten Strukturschema ersichtlich wird, sind bei der Schule theoretisch drei deskriptiv-phänomenologisch ermittelbare, zueinander interdependente Strukturfaktoren zu unterscheiden: Institution, Personen und Prozesse/Produkte.

3.1 Der Faktor ‚Institution‘

Gesellschaften schaffen sich Institutionen oder geben Anlass zu Institutionalisierungen, wenn wichtige Aufgaben, grundlegende Bedürfnisse oder überindividuelle Notwendigkeiten nicht (mehr) nebenbei, alltäglich und selbstverständlich (mit) erledigt werden (können). Das gilt beispielsweise für die Sozialisation, die Produktion, den Konsum, die Sicherheit usw., aber auch für die Fortpflanzung der Gesellschaftsmitglieder sowie für deren Erziehung und Ausbildung. Zu den organisierten Nonprofit-Organisationen der Gesellschaft gehört die Schule.

a) Merkmale

Als organisierte Institution ist die Schule ein soziales Gebilde, das auf zweckrational geplante Weise bestimmte gesellschaftliche Ziele verwirklichen soll. Dazu verfügt sie über eine bestimmte Struktur mit Verantwortlichkeiten und Verbindlichkeiten, wird kontrolliert und vermittelt den in ihr tätigen Personen eine kollektive Akteurs-identität (vgl. z.B. die Redeweise: „meine Schule", „die Goethe-Schule"). Als organisierte *pädagogische* Institution der Gesellschaft weist die Schule einige besondere Merkmale auf:

- Die Schule arbeitet zielgerichtet über mehrjährige Lehr-Lern-Prozesse auf die Verinnerlichung kultureller Werte/Normen, auf die Herausbildung bestimmter Einstellungen und Haltungen und auf die effiziente Vermittlung von Wissen und Fertigkeiten (Qualifizierung) bei den heranwachsenden Gesellschaftsmitgliedern hin; dazu bedient sie sich auch der Selektion.
- Die Schule ist eine dauerhafte Einrichtung mit relativer Beständigkeit in ihren Strukturen und Funktionen.
- Die Schule weist eine besondere Hierarchie-, Autoritäts- und Kommunikations-struktur auf.
- In der Schule sind Sprache, Tätigkeiten und Beziehungen formalisiert.
- In der Schule sind Zuständigkeiten und Verantwortlichkeiten geklärt, was bei allen Beteiligten die Ausprägung von Status und Rolle mit sich bringt.
- Die Schule repräsentiert und reproduziert Werte und Verhaltensweisen, die zur Funktionsfähigkeit der Gesellschaft beitragen (vgl. Fend 2008).

Organisierte Institutionen haben ambivalente Wirkungen (vgl. Scott 1995). Auf der einen Seite befriedigen sie durch ihre klaren Strukturen und Funktionen die Bedürfnisse der Menschen nach ‚Sicherheit', auf der anderen Seite beschränken sie deren Handlungsmöglichkeiten. So verleiht auch die Schule durch ihre Ordnungen und Regelungen Schüler(inne)n einerseits Verlässlichkeit, andererseits schränkt sie deren Individualitätsentwicklung ein. Darüber hinaus weisen pädagogische Institutionen spezifische Gefährdungen auf. Diese hängen mit der Größe zusammen (Anonymität und Unübersichtlichkeit bei allzu großen Schulen), mit der favorisierten Lehr-Lern-Weise (Lernen auf Vorrat, Papier-Bleistift-Existenz, Vermittlung von ‚trägem Wissen') sowie mit Ergebnis- und Leistungsdruck (Noten, Versetzung, Schulversagen). Angesichts dieser Zuschreibungen ist aber festzuhalten, dass die Schule nicht nur funktional zur Gesellschaft steht, sondern immer und zugleich auch dysfunktional; denn sie lehrt die Heranwachsenden selbstständig zu denken, kritisch zu sein, eigenverantwortlich zu handeln und zielt auf deren Emanzipation/Mündigkeit ab (zumindest in demokratischen Gesellschaften). Die Schule ist außerdem noch eine Verwaltungseinrichtung, bei der sich – wie bei allen administrativen Institutionen – die Frage nach Aufwand und Nutzen bzw. Ertrag stellt (vgl. die Bildungsökonomie) und die über eine Verwaltungshierarchie verfügen (Oberste Schulaufsicht, Mittlere Schulaufsicht, Untere Schulaufsicht).

b) Entwicklungen

Die Schule als organisierte Institution der Gesellschaft hat in den 1990er Jahren Innovationen aus dem Bereich der Organisationssoziologie und der Betriebswirtschaft rezipiert und sich zu einer ‚lernenden Organisation' mit Deregulierung, mit mehr Autonomie und mit mehr bottom-up- statt top-down-Prozessen weiterentwickelt. Diesem Konzept zufolge sollen die Mitglieder einer Organisation Systemfehler selbst aufdecken, sich ihrer eigenen Handlungsmöglichkeiten bewusst werden und im Team konsensual Lösungen für Fehler, Probleme und Schwierigkeiten erarbeiten.

Da die Schule auf Rationalität und Effektivität ausgerichtet ist, steht sie unter Rechtfertigungs- und Legitimationsdruck. Das seit einigen Jahren dazu verwendete Mittel ist die interne und externe Evaluation. In internationalen Vergleichsstudien wie TIMSS und PISA wurden zur Qualitätsfeststellung die ‚outputs' der Schule (als System und als Einzelschule), ihre messbaren Leistungsprodukte (in Form von standardisierbaren Lernergebnissen der Schüler(innen)), herangezogen und bewertet, weniger deren ‚inputs' (wie Lehrer(innen)bildung, Curricula/Lehrpläne, Rahmenbedingungen). Die Ergebnisse dieser internationalen Leistungsvergleiche, die für Deutschland äußerst unbefriedigend ausgingen, setzten eine Diskussion über erfolgreiche und weniger erfolgreiche Schulsysteme in Gang, wobei vielfach von Ganztags- und Gesamtschulsystemen eine Qualitätsverbesserung erwartet wurde. Allerdings ist – wie TIMSS und PISA zeigen – die Qualität der Schule nicht allein von ihrer Organisationsstruktur abhängig, sondern wird wesentlich auch durch die Lehrer(innen)-Schüler(innen)-Interaktionen und die pädagogischen Orientierungen mitbestimmt; Schulqualität kann in unterschiedlichen Schulorganisationssystemen erreicht werden.

Das neue Interesse an der Schule und ihrem Erfolg hat den Blick für ‚failing schools' bzw. ‚failing in schools' gestärkt und Kriterien dafür auf der Schulebene, der Klassenebene und der Schüler(innen)ebene ausgemacht (vgl. Pädagogische Führung 2006). Faktoren auf Schulebene, die die Gefahr des ‚failing' verringern, sind gute materielle Ressourcen und Human-Ressourcen, schüler(innen)adaptive Lehrpläne, ein pädagogisches, unterrichtsorientiertes, nichtbürokratisches Schulmanagement, Teamarbeit bei den Lehrkräften, Fortbildung der Lehrkräfte, Elternmitwirkung in der Schule, Aufbau von Netzwerken zwischen Schulen, Fremd- und Selbstbeurteilung bei den Leistungen der Schüler(innen), eine respektvolle, geordnete und leistungsorientierte Schulatmosphäre sowie strukturierte und Selbsttätigkeit fördernde Lehr-Lern-Prozesse (vgl. Huber 2002; Muijs et. al. 2006). Außerdem wenden sich Schultheoretiker(innen) und -praktiker(innen) seit kurzem bei der Feststellung der Leistung von Schulen mehr und mehr von der ausschließlichen output- oder outcome-Orientierung ab und bevorzugen den sogenannten „value-added-Ansatz". Dieser hält fest, mit welchen Leistungen eine Schüler(innen)gruppe eingeschult wurde und welche Leistungen diese am Ende der Schulzeit aufweist, um daraus den

Mehrwert abzuleiten, den die Schule durch Kompensierung der Schüler(innen)-defizite erreicht hat (vgl. Clarke 2004).

c) Funktionen und Aufgaben der Schule

Trennt man begrifflich zwischen ‚Funktionen' und ‚Aufgaben' dann sind Funktionen grundsätzlich betrachtete Leistungserwartungen der Gesellschaft und des Staates an die Schule, die diese im Unterricht und im Schulleben zu realisieren gehalten ist. Aufgaben sind davon zu unterscheiden, insofern sie konkret-praktische Konsequenzen aus diesen Funktionen sind (z.b. aus der Selektionsfunktion die Aufgabe der Leistungsbeurteilung), aber auch aus jeweils aktuellen Bedürfnissen der Gesellschaft erwachsen können (z.b. Bearbeitung des Problems Rechtsradikalismus).

1. Die Funktionen der Schule

Bei den Funktionen der Schule ist die Fachliteratur nicht nur begrifflich, sondern auch konzeptionell uneinheitlich. Die Zahl der Funktionen in neueren Publikationen variiert zwischen zwei und fünf Funktionen.

Zwei Funktionen

Autor(inn)en, die zwischen Funktionen und Aufgaben nicht unterscheiden und auch nicht Funktion und ‚Auftrag' gegeneinander abgrenzen, bezeichnen als Funktionen der Schule Bildung und Erziehung. Was gemeinhin als Auftrag der Gesellschaft an die Schule bezeichnet wird, nämlich den heranwachsenden Gesellschaftsmitgliedern persönlichkeitsbildende, kulturell bedeutsame Kenntnisse, Einstellungen, Motivationen, Volitionen und Verhaltensweisen aneignen zu lassen und zu versuchen, aus ihnen mündige, selbstbestimmte, sich selbst (auch emotional) steuernde, mitbestimmende und solidarisch handelnde, engagierte Menschen werden zu lassen, wird hier als Funktion oder Aufgabe bezeichnet. Vertreter(innen) dieser Konzeption finden sich vorwiegend in der Medienöffentlichkeit.

Drei Funktionen

Der Schulpädagoge H. Meyer (1987, 305ff) wiederum nennt drei Grundfunktionen der Schule:
- Die Reproduktionsfunktion: Die Schule soll der Reproduktion und Weiterentwicklung der Gesellschaft durch schulische Sozialisation des Einzelnen dienen, und zwar in den Dimensionen Qualifizierung (durch Vermittlung von Sachkompetenz, Sozialkompetenz und Kritikfähigkeit), Selektion (durch Vermittlung von Disziplin und Leistungsorientierung) und Integration (durch Anpassung an die und Verständigung über die Normen und Traditionen der Gesellschaft).
- Die Humanfunktion: Die Schule soll das Aufwachsen der Schüler(innen) in Menschlichkeit ermöglichen, und zwar indem Gefährdungen möglichst vermieden werden sowie durch Behüten, Pflegen, Beschäftigung und nützliche Arbeiten, Spiel und Geselligkeit oder auch ästhetisches Gestalten.

- Die Bildungsfunktion: Die Schule soll der „Freisetzung des Menschen zu sich selbst" dienen, und zwar durch Aufklärung, durch Ermutigung zur Kritik, durch Weckung von Selbstvertrauen sowie durch Befähigung zum solidarischen Handeln.

Vier Funktionen

In seiner soziologischen Betrachtung des Bildungswesens sieht H. Fend Schulsysteme als „Orte der gesellschaftlich kontrollierten und veranstalteten Herstellung von Subjektivität". Allerdings wird in ihnen die „erwünschte Individualität und subjektive Gestalt von Menschen [...] über die Entwicklung eines ‚Masterplans' der inhaltlichen Bildung, über gesetzliche Normierungen, über die Bereitstellung materieller und personeller Ressourcen sowie über die Entwicklung professioneller Kompetenzen systematisch über viele Jahre arrangiert" (Fend 2012, 44). Infolgedessen lassen sich schulische Lehr-Lern-Prozesse unter einer doppelten Perspektive betrachten: unter der Perspektive der Reproduktion der Gesellschaft und unter der Perspektive der sich entwickelnden individuellen Persönlichkeit des Schülers/der Schülerin.

Die Funktionen von Bildungssystemen, wie auch der Schule, sind dementsprechend gesellschaftliche (soziale) und individuelle. H. Fend listet vier gesellschaftliche Funktionen auf:

- Die Enkulturationsfunktion, worunter er die Reproduktion kultureller Sinnsysteme von der Sprache bis zu grundlegenden Wertorientierungen durch das Schulsystem versteht; sie erfolgt durch Aneignung kultureller Fertigkeiten und kultureller Verständnisformen von Welt und Person über den Unterricht und das Schulleben. Diese kulturelle Reproduktion zielt in den westlichen Demokratien auf Sinnvermittlung, Rationalität und Wissenschaftlichkeit ab.
- Die Qualifikationsfunktion, bei der es um die Vermittlung von Fertigkeiten und Kenntnissen geht, die man zur Ausübung von Tätigkeiten und Arbeiten benötigt; letztlich ist an die wirtschaftliche Wettbewerbsfähigkeit gedacht. Die Qualifikationsfunktion hat die Berufsfähigkeit der jüngeren Generation zum Ziel, also die Erzeugung von Humankapital.
- Die Allokationsfunktion, die mit einer sozialen Selektion einhergeht und bei der die Schule durch das Leistungs- und Prüfungswesen Schüler(innen) für zukünftige Berufslaufbahnen, Aufgaben und Positionen verteilen hilft; hier reproduziert sich die soziale Struktur der älteren Generation in der jüngeren. Die Allokation in den westlichen Demokratien folgt den Normen Offenheit, Leistungsgerechtigkeit und Mobilität.
- Die Integrationsfunktion, die mit der Legitimationsfunktion des Bildungswesens verbunden ist und die durch die Reproduktion der gesellschaftlichen Normen, Werte und Weltsichten zur Stabilisierung der sozialen und politischen Verhältnisse beiträgt, von der Autorität über die Leistungsorientierung bis zur

Friedenssicherung. Die Integrationsfunktion berücksichtigt auch die Inklusion aller Individuen im nationalen Gemeinwesen und die Internationalisierung des menschlichen Verantwortungszusammenhangs.

Aus der Sicht der Betroffenen (Schüler(innen), Eltern) ist das Schulsystem, ist die Schule, von großer Auswirkung auf individuelle Lebensverläufe. Jede der genannten gesellschaftlichen Funktionen bietet für den Einzelnen spezifische Handlungschancen und Entwicklungsmöglichkeiten der Lebensgestaltung (vgl. Fend 2012, 44ff).

Fünf Funktionen
Der Versuch, die Leistungserwartungen des Staates an die gesellschaftliche Institution Schule deskriptiv-phänomenologisch zu erfassen und dabei die gesetzlichen Vorgaben einzubeziehen, führt zur Formulierung von fünf Grundfunktionen. Diese sind:

- die Qualifikation der jungen Gesellschaftsmitglieder durch Vermittlung von Wissen und Können, Kenntnissen, Fertigkeiten und Fähigkeiten, Vorbereitung auf Arbeitswelt und Beruf usw. (Qualifikationsfunktion);
- die Personalisation der jungen Gesellschaftsmitglieder durch Erziehung (Außenbezug) und Bildung (Innenbezug), damit sie ihre Fähigkeiten und Fertigkeiten höchstmöglich entfalten, ihre Individualität in der Gemeinschaft mit anderen entwickeln und in verantwortungsvoller Weise in der Gesellschaft einsetzen (Personalisationsfunktion);
- die Sozialisation der jungen Gesellschaftsmitglieder als deren Einführung in die soziokulturellen Ordnungen und Maßstäbe (Normen) der Gesellschaft und in das von der Sozietät gewünschte oder erlaubte Verhalten sowie in die Übernahme von Rechten und Pflichten in Staat und Gesellschaft (Sozialisationsfunktion);
- die Enkulturation der jungen Gesellschaftsmitglieder als Erlernen und Weiterentwickeln der Traditionskultur, die dem Überleben und ‚guten' Leben im europäischen, christlich oder humanistisch geprägten Raum dient, damit kulturelle Rückschritte vermieden und Kulturentwicklung vorangetrieben werden (Enkulturationsfunktion);
- die Selektion der jungen Gesellschaftsmitglieder, durch die – nach möglichst optimaler schulischer Förderung – deren Allokation und Platzierung im Gesellschaftssystem vorbereitet wird (Selektionsfunktion).

2. Die Aufgaben der Schule
Aus diesen Funktionen ergeben sich bestimmte Aufgaben, die die Lehrer(innen) im Unterricht und im Schulleben zu erfüllen haben. Die Aufgaben variieren und verändern sich in Entsprechung zu gesellschaftlichen Transformationen. Denn sie sind zum einen zeitbedingte Realisierungen der juristisch formulierten Grundfunktionen und ergeben sich zum anderen aus Erfordernissen und Erwartungen, die die veränderte Lebenspraxis der Gesellschaftsmitglieder mit sich bringt. Dienen die

Funktionen im Letzten der gesellschaftlichen Stabilisierung, Legitimierung, Reproduktion und Steuerung und sind sie aus der Perspektive der Gesellschaft entworfen, so richtet sich bei den Aufgaben der Blick mehr auf das konkrete Handeln der Lehrkraft in den schulischen Strukturen. Bleibende Aufgaben wie Unterricht, der Erziehung und Bildung anstrebt, oder Förderung stehen dabei neben solchen, die aus gesellschaftlichen Veränderungen der letzten Jahre erwachsen sind wie Integration, Kompensation, Interkulturelles Lernen oder Betreuung.

d) Organisationsformen der Schule

Im deutschen Schulsystem finden sich unterschiedliche Organisationsformen von Schule:

- Grundlegend ist die Aufteilung in Allgemeinbildende Schulen, Berufsbildende Schulen und Förderschulen (einschließlich Förderberufsschulen).
- Im Bereich der Allgemeinbildenden Schulen stehen nebeneinander:
- drei- oder zweigegliederte Schulen (Hauptschule, Realschule, Gymnasium bzw. Mittelschule/Regelschule/Sekundarschule, Gymnasium, integrierte Haupt-/Realschule und Gymnasium) und Gesamtschulen mit den Abschlüssen des Gymnasiums, der Hauptschule und der Realschule
- Schulen mit vollständiger Inklusion von Förderschüler(inne)n und inklusive Schulen mit organisierten Regelschul-Förderschul-Kooperationen
- Ganztagsschulen in offener Form (als Angebot mit Pflichtunterricht am Vormittag) und in gebundener Form (mit Pflichtunterricht vor und nachmittags rhythmisiert)
- Ganztagsschulen und Halbtagsschulen
- Schulen in staatlicher und Schulen in nichtstaatlicher Trägerschaft
- Schulversuche, Versuchsschulen, Schulmodelle, Modellschulen, Freie Schulen, Alternative Schulen – wobei für alle diese Sonderformen im Pflichtschulbereich eine staatliche Bewilligung erforderlich ist
- Ersatzschulen, an denen staatliche Pflichtschulabschlüsse erworben werden können, und Ergänzungsschulen, die ein spezielles Zusatzangebot auf dem Bildungssektor machen (z.B. Sprachenschulen).

3.3 Der Faktor ‚Personen'

Die Schule ist Betätigungsort für verschiedene Personengruppen: Lehrer(innen), Schüler(innen), nichtpädagogisches Personal (Hausmeister(in), Reinigungskräfte, Technischer Dienst), Eltern, Vertreter(innen) der Schulaufsicht und der Schulträger, in manchen Schulen auch Sozialpädagog(inn)en, Sonderpädagog(inn)en, Förderlehrkräfte und Fach(praxis)lehrkräfte. Im Fokus der Betrachtung stehen hier die Lehrer(innen) und die Schüler(innen).

a) Lehrerinnen und Lehrer

Lehrkräfte üben für den Staat hoheitliche Rechte aus und stehen zum Staat in einem Dienst- und Treueverhältnis; deshalb haben sie meist den Beamtenstatus. Sie unterstehen dabei nicht nur den allgemeinen Gesetzen und Vorschriften, sondern zusätzlich dem Beamtenrecht, den Lehrer(innen)dienstordnungen, den Schulgesetzen und Schulordnungen. Rollenerwartungen mit unterschiedlichem Verpflichtungsgrad (Muss-, Soll- und Kann-Erwartungen) werden von schulischen Interaktionspartner(inne)n (Vorgesetzte, Kolleg(inn)en, Schüler(innen), Eltern, Schulträger) und von der außerschulischen Öffentlichkeit (Vereine, Verbände, Kirchen, Wissenschaft, Kultureinrichtungen usw.) an sie gerichtet. Zusätzlich sieht sich die/der einzelne Lehrer(in) als Privatperson noch Erwartungen aus dem Familien-, Freundes- und Freizeit-Bereich gegenüber. Bei so unterschiedlichen Rollenerwartungen sind Rollenkonflikte (Intrarollenkonflikte, Interrollenkonflikte) leicht möglich.

Besondere Kennzeichen des Lehrer(innen)berufs sind nach K. Ulich (1996):
- Der Lehrer(innen)beruf ist ein Kulturberuf, der Kinder und Jugendliche an die kulturellen Lebensformen, in denen sie leben (wollen), heranführt.
- Der Lehrer(innen)beruf ist ein Gesellschaftsberuf, der im Auftrag der Gesellschaft und zu deren Zwecken ausgeübt wird.
- Der Lehrer(innen)beruf ist ein Sozialberuf, der sozialethisches Engagement voraussetzt.
- Der Lehrer(innen)beruf ist ein didaktischer Beruf, der bei Kindern und Jugendlichen durch Lehren Lernen auslösen soll.
- Der Lehrer(innen)beruf ist ein bürokratischer Beruf, zu dem auch administrative und kustodiale Tätigkeiten gehören.
- Der Lehrer(innen)beruf ist ein akademischer Beruf, der über eine fach- und erziehungswissenschaftliche Hochschulausbildung erlangt wird.

Dementsprechend und unter Berücksichtigung des modernen Lehr-Lern-Begriffs (vgl. Konstruktivismus, Kognitivismus) verstehen sich Lehrer(innen) heute (1) als Vermittler von Wissen, Können und Einstellungen, (2) als Moderator(inn)en beim Selbstlernprozess der Schüler(innen), (3) als Coach bei Fragen und Problemen des Lernens, des Verhaltens und der Bildungsplanung von Kindern und Jugendlichen sowie (4) als Personalführer(in), die/der die Kinder und Jugendlichen begleitet, ihre Potenziale zu entdecken und sich selbst anspruchsvolle (Lebens-)Ziele zu setzen.

Für die Bewältigung ihrer Berufsaufgaben benötigen Lehrer(innen) eine Reihe von Kompetenzen, die aus einer Verknüpfung von Theoriereflexion mit Praxiserprobung erwachsen. H. Fend (2001) teilt sie wie folgt ein:
1. Fachkompetenz, fachdidaktische und allgemeindidaktische Kompetenz, um die Schüler(innen) komplexe Lerninhalte strukturiert, methodisch variantenreich

und an ihre individuelle Lernlage angepasst aneignen und sie das Lernen erlernen zu lassen;

2. Pädagogisch-psychologische und diagnostische Kompetenz zum Erkennen der lern- und entwicklungspsychologischen Besonderheiten der Schüler(innen), um ihre besonderen Befähigungen, Belastungen und Leistungsmöglichkeiten einschätzen zu können, um die soziale Dynamik einer Klasse/Lerngruppe berücksichtigen zu können sowie um mit schwierigen Schüler(inne)n besser umgehen zu können;

3. Kommunikative und soziale Kompetenz, damit die Lehrkraft mit allen inner- und außerschulischen Interaktionspartner(inne)n förderliche Gespräche führen kann;

4. Psychohygienische Selbstkompetenz, Selbstreflexivität und Souveränität (als Kennzeichen einer ‚gefestigten' Persönlichkeit), um den vielfältigen Belastungen, der Kritik, den Zumutungen und Emotionen, aber auch den Selbstansprüchen an eine gute Berufsausübung gewachsen zu sein;

5. Teamfähigkeit; Bereitschaft zur Innovation und zum permanenten Weiterlernen; Kompetenz zur Wertklärung und Wertorientierung auf der Basis von Menschenwürde und Menschenrechten.

b) Schülerinnen und Schüler

Als Junge oder Mädchen, Kind oder Jugendliche(r) kommt man in die Schule. Durch den Eintritt in diese (Zwangs-)Institution wird man zur/zum Schüler(in), d.h. zu jemandem, dessen Status und Rolle man erst lernen muss. In Kooperation und Konkurrenz mit Altersgleichen bekommen Schüler(innen) Aufgaben und Arbeiten zu erledigen, werden dafür bewertet und müssen sich den Regularien und den Verhaltensanforderungen des Lernorts Schule unterordnen. Das bedeutet rechtlich jedoch nicht, dass sie nun Objekt der staatlichen Hoheit über die Schulen wären; vielmehr ist jede Schülerin/jeder Schüler – unabhängig vom Alter – Träger von Rechten und Pflichten und in der Personenwürde und den Grundrechten von jedem zu respektieren. Im Einzelnen haben die Schüler(innen) das Recht auf Bildung und Förderung ihrer gezeigten Begabungen, auf Beteiligung und Mitwirkung im Unterricht und in der Schule, auf Information über alle sie betreffenden Bereiche von Schule und Unterricht, auf Beschwerde bei als ungerecht empfundener Behandlung oder Beurteilung sowie auf freie Meinungsäußerung unter Wahrung der Persönlichkeitsrechte anderer. Diesen Rechten stehen drei zentrale Pflichten gegenüber: die Teilnahme an Unterricht und Schule, die Einhaltung der Schulordnung sowie die Unterlassung von Störungen in Schule und Unterricht. Kommt ein(e) Schüler(in) diesen Verpflichtungen nicht nach, setzt ein gestuftes Sanktionsinstrumentarium ein, das als Erziehungs- und Ordnungsmaßnahme verstanden werden soll: vom Verweis über zahlreiche Zwischenschritte bis zum Schulausschluss als zeitweilige Suspension des Rechts auf Bildung.

Schüler(in)-Sein ist indes nur *ein* Rollen- und Statussegment der Jungen und Mädchen. Neben der Schule und außerhalb von ihr unterliegen sie höchst unterschiedlichen Sozialisations- und Erziehungseinflüssen, die nicht immer mit denen der Schule übereinstimmen. Sie leben gleichzeitig in verschiedenen ‚Welten‘ und machen dort Erfahrungen mit sich, mit anderen Menschen und mit Sachverhalten/Problemen. Als solche ‚Welten‘ sind zu nennen: die ‚Familie‘ mit ihren heute facettenreichen Lebensformen (Kleinfamilie mit einem oder mehreren Kindern, Alleinerziehende Mütter/Väter, Aufwachsen bei den Großeltern, Patchworkfamilien, Heimunterbringung, Leben bei älteren Geschwistern usw.), die Gleichaltrigengruppe (peers) mit ihrem Anspruch auf Selbstregulierung, mit spezifischen Subkulturen, eigenen Hierarchien und Mitgliedschaftsritualen, die Medien mit ihrem Angebot an Identifikationsmöglichkeiten für Prioritäten im Leben, für das Sozialverhalten und das Geschlechterverhalten sowie das Alltagsverhalten der Gesellschaftsmitglieder, mit dessen Hilfe diese sich in der Gesellschaft positionieren, ihre Bedürfnisse, Wünsche und Interessen durchsetzen. Da diese ‚Welten‘ eigene und unterschiedliche Normenkonzepte vermitteln und Lebensentwürfe in ihrer Praxis demonstrieren, ist es für Heranwachsende schwierig, ihre Identität und ihr Selbst zu entwickeln. Die Schwierigkeit steigt, wenn dieselben Kinder und Jugendlichen in der Schule mit Verhaltenserwartungen konfrontiert werden, die sich von den außerschulischen maßgeblich unterscheiden, und wenn diese Verhaltenserwartungen zugleich durch Schulabschlüsse den Erfolg in der Gesellschaft mit determinieren. Denn in der Schule geht es – dem Erziehungs- und Bildungsauftrag dieser Institution entsprechend – um Polaritäten, die nicht einseitig aufhebbar sind, wie Pflichten versus Eigeninteressen, Anstrengungen versus Spaß, Leistungserbringung versus Lust/Unlust am Lernen, Zukunftsorientierung versus sofortige Bedürfnisbefriedigung. Mit den schulbezogenen Lern- und Verhaltenserwartungen stoßen Lehrkräfte heute bei mehr und mehr Schüler(inne)n auf Widerstand. Dieser äußert sich in Unterrichtsstörungen und Verstößen gegen die Klassen- und Schulordnungen. Ihre Motive sind dabei: Langeweile kompensieren, Desinteresse demonstrieren, Aufmerksamkeit erregen, Macht zeigen, Prestige schützen, Rache nehmen, Lust am Quälen und Zerstören ausleben, innerpsychischen Zuständen Ausdruck geben (vgl. Hillenbrand 2003; Winkel 2006). Bemerkenswert ist dabei, dass Lehrer(innen) und Schüler(innen) die Unterrichtsstörungen verschieden wahrnehmen und interpretieren. Lehrkräfte neigen dazu, sie auf Dispositionen der Schülerin/des Schülers zurückzuführen und deren Elternhaus dafür hauptsächlich verantwortlich zu machen, Schüler(innen) legitimieren ihr Fehlverhalten im Unterricht meist mit dem Hinweis auf langweiligen Unterricht, nervende Lehrer(innen) und uninteressante Lerninhalte.

3.3 Prozesse und Produkte

Die Prozesse und Produkte der Schule hängen von dem Leistungsverhältnis, in dem die Schule einerseits zur Gesellschaft (= Funktionen der Schule), und andererseits zur/zum einzelnen Schüler(in) (=Aufgaben der Schule) steht, ab. Sie lassen sich bestimmten Handlungsfeldern von Lehrkräften und Schüler(inne)n zuordnen.

a) Handlungsfelder der Lehrkraft

Seit dem Strukturplan für das Bildungswesen aus dem Jahre 1970 (Deutscher Bildungsrat 1970) hat sich die Diskussion um die Berufsaufgaben von Lehrkräften weiterentwickelt. Im Jahre 2000 vereinbarte die Ständige Konferenz der Kultusminister (KMK) zusammen mit den Vorsitzenden der Lehrer(innen)verbände die folgenden Anforderungen an Lehrerinnen und Lehrer:

* *Lehrerinnen und Lehrer sind Fachleute für das Lehren und Lernen.*
* *Lehrerinnen und Lehrer sind sich bewusst, dass die Erziehungsaufgabe in der Schule eng mit dem Unterricht und dem Schulleben verknüpft ist.*
* *Lehrerinnen und Lehrer üben ihre Beurteilungs- und Beratungsaufgabe im Unterricht und bei der Vergabe von Berechtigungen aus.*
* *Lehrerinnen und Lehrer entwickeln ihre Kompetenzen ständig weiter.*
* *Lehrerinnen und Lehrer beteiligen sich an der Schulentwicklung.*

Des Weiteren unterschied die KMK beim Lehrer(innen)beruf drei Dimensionen, die Wissensdimension, die Motivationsdimension und die Könnensdimension.

Beim Handlungsfeld *Unterrichten* gibt die Schule der Lehrkraft den Organisationsrahmen und die Lehrinhalte vor (Ganztags-/Halbtagsschule, Gegliederte Schule/Gesamtschule, Stundenplangestaltung, Lehrerstunden mit Fächerzuweisung, Lehrpläne, Schulbücher), verweist in pädagogischer und didaktischer Hinsicht aber auf ihre Eigenverantwortlichkeit – wobei ihre Entscheidungen auf diesem Gebiet den jeweils aktuellen Forschungsergebnissen der Fach- und Erziehungswissenschaften entsprechen müssen. Vorab festgelegt sind auch Art und Umfang der Leistungsüberprüfungen zum Unterricht, die Regelungen zum Bestehen oder Nichtbestehen von Prüfungen und zur Jahrgangsversetzung.

Erziehen erfolgt in der Schule über den Unterricht und das Schulleben. Gesetzlich (vgl. Landesgesetz, Hinweise in Lehrplanpräambeln) trägt die Schule der Lehrperson die Erziehungsaufgabe an und erwartet, dass sie sich damit identifiziert und sie aktiv betreibt. Die Ziele der schulischen Erziehung, die unteilbar mit den Schüler(innen)eltern, deren primäres Recht und primäre Pflicht die Kindererziehung ist (vgl. Grundgesetz Art. 6), zusammen ausgeübt wird, sind in der Summe der Mündigkeit der Heranwachsenden in der Demokratie und in einer globalisierten Welt verpflichtet; sie werden oft auch mit Emanzipation umschrieben, verstanden als Befähigung der Schüler(innen) zu Selbstbestimmung, Mitbestimmung und Solidarität (vgl. Klafki 1996). Dazu sollen die Schüler(innen) individuelle und soziale Grundkompetenzen erwerben wie Toleranz, Hilfsbereitschaft, Fairness, Leistungsbereitschaft, Kreativität, Selbstkontrolle, Verantwortungsübernahme usw. sowie Schlüsselkompetenzen, die sie in der Berufs- und der Alltagswelt benötigen wie Teamfähigkeit, Kommunikationsfähigkeit, Konfliktlösefähigkeit, Zivilcourage, aber auch Pünktlichkeit, Zuverlässigkeit, Höflichkeit usw. Der erziehende Unterricht in allen Schulfächern (nicht nur in Religion oder Ethik) und das pädagogisch gestaltete Schulleben, bei dem Schüler(innen) den Wert solcher Verhaltensweisen und Einstellungen an sich selbst und anderen erfahren können, sind Gelegenheiten erzieherischen Handelns in der Schule.

Die Schule ist auch ein Ort der *Diagnose*. Diagnostik ist die Basis für mehrere andere Handlungsfelder der Lehrkräfte. Denn in ihr werden erstens rechtsfähige Urteile über die von den Schüler(inne)n dargebotene Leistung gefällt (vgl. Beurteilen) und zweitens beraten in ihr Lehrer(innen) Schüler(innen) bei ihrem Lernen, ihrem Verhalten, ihrem weiteren Bildungsweg oder bei ihrer Berufsfindung (vgl. Beraten); schließlich ist die genaue Diagnostik nötig, um Schüler(innen) ihren Möglichkeiten entsprechend fördern zu können (vgl. Fördern). Das Diagnostizieren umfasst das Lernverhalten, das Sozialverhalten und das allgemeine Verhalten der Schüler(innen) im Unterricht und in der Schule. Der Lehrkraft und der Schule zugänglich sind dabei nur bestimmte Methoden der Psychodiagnostik, nämlich Gespräch, Interview, Fragebogenerhebung, systematische Beobachtung, soziometrische Verfahren und die Analyse von Handlungsprodukten der Schüler(innen); Expert(inn)en vorbehalten bleiben Untersuchungsmethoden wie Anamnesen, formelle Tests, psychoanalytische oder verhaltenstherapeutische Vorgehensweisen. Die Diagnostik ist ein zielgerichteter Prozess der Sammlung und Auswertung von Daten über Schüler(innen). Als Förderdiagnostik verstanden, ist sie die Grundlage für pädagogisch-didaktische Maßnahmen der Lehrkraft, um die in der Schülerin/ im Schüler liegenden Kräfte, Potenziale und Stärken entfalten zu helfen. Wenn die Absicht des *Förderns* die Diagnostik leitet, dann ist sie mehr an den Kompetenzen der Schülerin/des Schülers, denn an seinen Defiziten orientiert, dann interessiert sie sich für deren/dessen eigene Ressourcen und die ihres/seines Umfelds, dann nutzt sie den zu einem bestimmten Zeitpunkt ermittelten Status der Schülerin/ des Schülers nicht zu ihrer/seiner Segregation sondern zur Planung eines sie/ihn betreffenden Optimierungsprozesses. Dessen ungeachtet dient die Diagnostik aber auch der *Beurteilung* der Schüler(innen)leistungen, was im Einzelfall sehr wohl zu seiner Segregation führen kann (Sitzenbleiben, Schulwechsel). Diagnostizieren nützt schließlich auch bei der Beratung der Schülerin/des Schülers und/oder ihrer/ seiner Eltern in der Schule. Die *Beratung*, eine Art soziale Interaktion zwischen einer/einem Ratsuchendem und einer/einem Ratgeber(in) über ein Problem des Ersteren, hat das Ziel, die Entscheidungsfähigkeit der/des Ratsuchenden im Dialog zu vergrößern; dies geschieht dadurch, dass die/der Ratgeber(in) die Informationsbasis der/des Ratsuchenden verbreitert und mit ihr/ihm zusammen realisierbare

Lösungen erarbeitet, aus denen diese/dieser die ihr/ihm möglichen ergreift und sie umzusetzen versucht. Teamarbeit und Kooperation sind Handlungsbereiche der Schule, die in den letzten Jahren in den Vordergrund gerückt sind. Aus der Betriebswirtschaft kommend wurde der Teamgedanke in der Schule rezipiert und damit zum Ausdruck gebracht, dass die komplexe und komplizierte Schulwirklichkeit nicht mehr von ‚Einzelkämpfer(inne)n' gemeistert werden kann, seien dies Schulleiter(innen), Funktionsträger(innen) oder ‚einfache' Lehrer(innen). Wenn Personen mit unterschiedlichen Kompetenzen, Spezialisierungen und Interessen erfolgreich zusammenwirken, kommt es zu mehrperspektivischen Sichtweisen und so lassen sich Aufgaben in der Regel adäquater darstellen und bearbeiten. Kooperieren im Lehrer(innen)team heißt auch, für den Erfolg des Unterrichts und der Schularbeit gemeinsam Verantwortung zu tragen; mit Eltern zusammenarbeiten heißt nicht nur, sie bei der Erziehung und Bildung ihrer Kinder als Partner(innen) ernst nehmen, sondern auch deren Expertise und Lebenserfahrung in die Schule einbeziehen; sich in Gesprächsgruppen mit Vertreter(inne)n kommunaler Institutionen des Bildungs- und Sozialbereichs gemeinsame Projekte überlegen und durchführen, bringt Lernen und Leben zusammen und unterstützt die Erfahrung der Schüler(innen), dass Gelerntes außerhalb der Schule Bedeutsamkeit hat; zusammen mit Sozialpädagog(inn)en, Sonderpädagog(inn)en und Therapeut(inn)en für eine(n) Schüler(in) einen Förderplan zu entwickeln, kommt diesem zugute und eröffnet der Lehrkraft einen anderen Blick auf diese(n) Schüler(in). Seit in den 1990er Jahren die ‚teilautonome Schule' oder ‚die Schule mit Freiräumen zur Selbstgestaltung' propagiert wurde, erkannten immer mehr Schulen den Wert der *Teamarbeit*. Mit der Forderung nach *Schulentwicklung*, mit der Diskussion um die Schulkultur und die Notwendigkeit der Erstellung von Schulcurricula entstanden überall Steuerungsteams, Corporate-Identity-Teams, Fachgruppen-Teams und Teams für Spezialaufgaben an der Schule.

Seit Mitte der 1990er Jahre unterliegt die Schule auch der *Evaluationsverpflichtung*. Jede Lehrperson sollte die eigene Praxis anhand erhobener (möglichst objektiver) Daten und Dokumente auf ihre Qualität überprüfen (interne Evaluation, Selbstreflexion/Selbstevaluation). Zusätzlich sollten die Lehrkräfte sich turnusmäßig in der Schulevaluation einer Begutachtung durch externe Evaluationsteams unterziehen (externe Evaluation). Ziel ist es, Rechenschaft über die tatsächlichen Leistungen einer Schule und ihrer Lehrer(innen) abzulegen, die Produkt-, Prozess-, Orientierungs- und Struktur-Qualität der schulischen Arbeit zu ermitteln, zu sichern und ggf. zu verbessern. Hieraus und aus den veränderten Bedingungen des Schulehaltens erwächst die Notwendigkeit zur permanenten persönlichen und beruflichen *Weiterentwicklung* der Lehrkräfte.

Hinzu kommen für die einzelne Lehrkraft noch Arbeiten des Arrangierens und Organisierens von unterrichtlichen und außerunterrichtlichen Aktivitäten, solche des Klassenmanagements und solche des gestalteten Schullebens (Theateraufführungen, Konzerte, Sportveranstaltungen, Exkursionen, Unterrichtsgänge usw.).

b) Handlungsfelder der Schülerin/des Schülers

Die schulbezogenen Handlungsfelder der Schülerin/des Schülers betreffen deren Erwerb von Kompetenzen über Lernprozesse, die sowohl von außen durch Lehrer(innen) oder Situationen veranlasst und angeregt werden als auch durch selbstinitiiertes, kreatives oder kooperatives Schüler(innen)handeln zustande kommen. Kompetenzen werden dabei verstanden als lern- und trainierbare Verhaltensweisen, die sich aus Wissen, Verstehen, Fähigkeiten und Fertigkeiten zusammensetzen und über die der Mensch situationsunabhängig und im Sinne eines situationsangemessenen Agierens/Reagierens verfügt (vgl. Weinert 2001).

In Anlehnung an den heute gebräuchlichen erweiterten Lernbegriff unterscheidet man in der Schulpädagogik:

1. die Sachkompetenz
- intelligentes Wissen aus allen Dimensionen des menschlichen Lebens und Erlebens, d.h. ein systematisch geordnetes, disziplinares und interdisziplinär sowie lebenspraktisch vernetztes, flexibel handhabbares Fundament von Kenntnissen, Fertigkeiten und Fähigkeiten
- die Erfahrung, dass fachwissenschaftliche Erkenntnisse von der verwendeten Forschungsmethode und dem Forschungsinteresse abhängen
- die Einschätzung der Unterrichtsfächer als ‚Fenster zur Welt‘, als spezifischer, selektiver Blick auf die komplexe Lebenswirklichkeit

2. die Selbstkompetenz
- ein positives Selbstwertgefühl durch Erfolgserlebnisse in Schule und Unterricht
- Selbstständigkeit und Selbsttätigkeit
- Verantwortungsgefühl für sich und andere
- Wertschätzung der kulturellen Gegebenheiten und Mitwirken an deren humaner Fortentwicklung
- Innovationsbereitschaft, Flexibilität und Bereitschaft zur Weiterbildung
- Leistungsbereitschaft
- kritische Selbstreflexion des eigenen Tuns und Verhaltens
- eine positive Einstellung zu den Lerngegenständen und zum Lernen insgesamt

3. die Sozialkompetenz
- Fähigkeit und Bereitschaft zum sozialen Engagement
- Team- und Kooperationsbereitschaft
- Engagement für gemeinschaftliche Belange und zugunsten der natürlichen Lebensgrundlagen
- Solidarität und Sozialverpflichtung der erworbenen Bildung

4. die Lern- und Methodenkompetenz
- das Lernen gelernt haben
- Informationen beschaffen, analysieren und beurteilen können
- freie Texte und Sachtexte abfassen können
- Quellentexte auswerten können
- Beweisverfahren durchführen können
- Argumentationen, Gespräche und Diskussionen führen können
- naturwissenschaftliche Experimente ausführen und Beobachtungen durchführen können
- Gedanken und Gefühle in Literatur, Kunst und Bewegung umsetzen können

Die Liste dieser 4 Kompetenzen ergänzen einige Schulpädagog(inn)en noch um die Moralkompetenz, die in der Fähigkeit und Bereitschaft zum Erkennen und Anerkennen von Werten und Normen besteht. Diesen Kompetenzen lassen sich alle Ziele und Inhalte des Unterrichts leicht zuordnen. Sie fassen das, was bislang mit Lernzielen gemeint und an Hand von Lerninhalten realisiert wurde, zu neuen Kategorien zusammen.

Zum Erwerb dieser Kompetenzen brauchen Schüler(innen) eine Schule, die Lernort und Lebensraum zugleich ist, die Erleben, Erfahren, Erkennen, Bedeutungsgebung und Kommunizieren verbindet. Dazu ist ein Lernen und Lehren einerseits in unterrichtlich arrangierten und andererseits in wenig determinierten Lernumgebungen nötig (vgl. Sacher 2006). Lernen als handelnder Aufbau von Kompetenzen braucht die Einbettung in kind- und jugendgemäß authentische Problemstellungen, die Berücksichtigung multipler Kontexte und Perspektiven, das Aufgreifen der Ideen und Vorstellungen der Schüler(innen) bei der Auswahl von Lerngegenständen, den Erwerb von Wissen im sozialen Austausch, die permanente Anregung zur Selbstreflexion und Selbstkonfrontation der Schülerin/des Schülers mit den ‚Sachen'. Statt der Belehrung durch die Lehrperson braucht es die kooperative Thematisierung und Aneignung von Lerninhalten durch die/den Schüler(in). Und da zum Kompetenzerwerb nicht nur Wissen sondern auch Einstellungen und Verhaltensweisen gehören, muss die Schule Anlässe arrangieren und Situationen ermöglichen, in denen Schüler(innen) diese selbstreferenziell entwickeln können. Gelegenheit dazu bieten alle Schulfächer, vor allem aber auch das gestaltete Schulleben sowie vielfältige außerunterrichtliche und außerschulische Aktivitäten der Schulgemeinschaft. Die Schule wird so nicht nur Ort des Lernens, sondern auch Ort gelebten Lebens, in dem Kinder und Jugendliche wichtige Erfahrungen für ihr Leben machen können: Erfahrungen mit der Zeit, dem Raum, ihrer eigenen Persönlichkeit und der Gemeinschaft. Die Übernahme von Verantwortung und das Eingehen von Verpflichtungen, Teamfähigkeit und Verständigungswille, Hilfsbereitschaft und Empathie, Flexibilität und Kreativität, das Entwickeln eigener Ideen und die Bereitschaft zu kreativen innovativen Problemlösungen können sich nur in einer dementsprechenden Schulkultur entwickeln.

3.4 Die Interdependenz der Strukturfaktoren

Wie schon angesprochen, ist die Schule in Deutschland nur aus ihrem Beziehungsgeflecht mit der historisch-geografischen Lage, der gesellschaftlichen Situation sowie dem Gesamt des Erziehungs- und Bildungssystems angemessen zu beschreiben. Als Subsystem ist sie durch die drei Strukturfaktoren Institution, Personen sowie Prozesse und Produkte bestimmt. Diese stehen – wie erkennbar wurde – in einem Interdependenzzusammenhang. Die institutionalisierte Organisationsform hat Auswirkungen auf die Auswahl und das Verhalten der in der Schule interagierenden Personen und auf deren Handlungsmöglichkeiten und Handlungsweisen. Die Personen wiederum sind durch die Institution keineswegs in ihren pädagogischen und didaktischen Handlungen determiniert; es liegt vielmehr ein ‚akteurzentrierter Institutionalismus' (vgl. Fend 2008) vor, bei dem die Handelnden (Lehrer(innen), Schüler(innen)) trotz und in Ordnungen individuell, schöpferisch und persönlich handeln. Dadurch wiederum bekommen sowohl die Handlungsfelder als auch die Institution als Ganzes ein eigenes Gepräge. Was die Handlungsfelder anbetrifft, so stehen sie selbstverständlich in Abhängigkeit zu den Personen und der Institution. Insofern die Handlungsfelder aber pädagogischer Art sind, entfalten sie Individualität, was wiederum das Potenzial für neue, Mensch und Institution verändernde Entwicklungen enthält. Die Funktionalität des Systems und der im System Agierenden wird auf diese Weise weiterentwickelt.

Literatur

Aurin, K. (Hrsg.) (1987): Schulvergleich in der Diskussion. Stuttgart: Klett.

Clarke, P. (Hrsg.) (2004): Improving Schools in Difficulty. London: Continuum.

Deutscher Bildungsrat (1970): Empfehlungen der Bildungskommission: Strukturplan für das Bildungswesen. Suttgart: Klett.

Diederich, J./Tenorth, H.-E. (1997): Theorie der Schule. Berlin: Cornelsen.

Fend, H. (1986): Was ist eine gute Schule? In: Westermanns Pädagogische Beiträge 7/8. Westermann, 8-12.

Fend, H. (2001): Qualität im Bildungswesen. Schulforschung zu Systembedingungen, Schulprofilen und Lehrerleistung, 2 Auflage. Weinheim: Juventa.

Fend, H. (2008): Neue Theorie der Schule. Einführung in das Verstehen von Bildungssystemen. Wiesbaden: VS-Verlag.

Fend, H. (2012): Die sozialen und individuellen Funktionen von Bildungssystemen: Enkulturation, Qualifikation, Allokation und Integration. In: Mertens, G./Frost, U./Böhm, W./Ladenthin, V. (Hrsg.): Handbuch der Erziehungswissenschaft. Band II/1 Schule. Paderborn: Schöningh, 43-55.

Hillenbrand, C. (2003): Didaktik bei Unterrichts- und Verhaltensstörungen. München: Reinhardt.

Huber, S. G. (2002): Schulentwicklung in England und Wales. In: Pädagogik 2, 43-47

Kansteiner-Schänzlin, K. (Hrsg.) (2011): Schule im gesellschaftlichen Spannungsfeld. Baltmannsweiler: Schneider.

Klafki, W. (1996): Neue Studien zur Bildungstheorie und Didaktik. Zeitgemäße Allgemeinbildung und kritisch-konstruktive Didaktik, 5. Auflage. Weinheim: Beltz.

Kramp, W. (1973): Studien zur Theorie der Schule. München: Kösel.

Meyer, H. (1987): Schulpädagogik. Band 1 und 2. Berlin: Cornelsen.

Muijs, D./West, M./Ainscow, M. (2010): Why Network? Theoretical Perspectives on of Networking. Manchester: Routledge.

Rutter, M. u.a. (Hrsg.) (1980): Fünfzehntausend Stunden. Schule und ihre Wirkung auf Kinder. Weinheim: Beltz.

Sacher, W. (2006): Didaktik der Lernökologie. Lernen und Lehren in unterrichtlichen und medienbasierten Lernarrangements. Bad Heilbrunn: Klinkhardt.

Scott, W.R. (1995): Institutions and Organisations. London: Foundation for Organisational Science.

Tillmann, K.J. (1993): Schultheorien. Hamburg: Bergmann, Helbig.

Ulich, K. (1996): Beruf Lehrer/in. Weinheim: Beltz.

Weinert, F. E. (2001): Leistungsmessungen in Schulen. Weinheim: Beltz.

Weniger, E. (1975): Didaktik der Bildungslehre. Band 1 (1929). Weinheim: Beltz.

Winkel, R. (2006): Der gestörte Unterricht. Baltmannsweiler: Schneider.

Sigrid Zeitler
Lehrpläne und Bildungsstandards

In der folgenden Einführung in den Bereich der staatlichen Vorgaben unterrichtlichen Handelns werden die beiden Instrumente ‚Lehrplan' und ‚Bildungsstandards' vorgestellt. Dabei wird auf Gemeinsamkeiten und Unterschiede in ihrer Form, in der dahinter liegenden Steuerungsidee und in ihrer historischen Entwicklung eingegangen. Letztlich soll aufgezeigt werden, wie beide Texte einander ergänzen und dadurch als orientierende Richtlinien für den Unterricht genutzt werden können.

Die Einführung von Bildungsstandards kann als eine weitere Ausdifferenzierung des Bildungssystems verstanden werden, da die Steuerung der Schule in Deutschland nun nicht mehr nur auf einer Input-Steuerung basiert, sondern um ein Element der Output-Steuerung ergänzt wurde. Es handelt sich also nicht um eine Ablösung der Lehrpläne durch die Bildungsstandards im Sinne einer Funktionsübernahme.

1 Einleitung

Bei den Lehrplänen wie auch bei den Bildungsstandards handelt es sich um normierende Textsorten, also um Vorschriften, die angeben, wie die Wirklichkeit sein soll – nicht, wie sie ist. Darüber hinaus sind beide Texte aufgrund ihres rechtsverbindlichen Charakters Vorgaben, die für Lehrkräfte bindend sind. Beispielsweise wird im Bayerischen Gesetz über das Erziehungs- und Unterrichtswesen auf Lehrpläne und Bildungsstandards als Grundlage des Unterrichts verwiesen (vgl. BayEUG Art. 45, Abs. 1).
Sowohl Lehrpläne als auch Bildungsstandards sind Vorgaben, die durch das bildungspolitische System ins Bildungssystem hineingegeben werden. Eine charakteristische Eigenschaft des Erziehungssystems ist nach Luhmann, dass es der Steuerung von außen bedarf, insofern es „kollektiv bindende Entscheidungen" (Luhmann 2002, 130) nicht selbst erzeugen kann. Diese müssen daher von außen bezogen werden. Beim Einsetzen von Vorschriften handelt es sich um eine Form der Kommunikation, die aus unterschiedlichen Perspektiven betrachtet werden kann:

Gefragt werden kann zum einen nach den Intentionen des Sendenden, hier der Bildungspolitik des jeweiligen Landes. Teilweise lässt sich diese Intention aus programmatischen Texten, beispielsweise Erklärungen zur Einführung der Bildungsstandards, erschließen. Zu einem gewissen Teil bleibt diese Absicht jedoch intransparent, womit nicht auf manipulative Absichten verwiesen werden soll, sondern auf die Intransparenz, die die jeweiligen Systeme sich selbst gegenüber nicht aufheben können.

Aus bildungspolitischer Perspektive dienen sowohl Lehrpläne als auch Bildungsstandards dazu, ein Erreichen der Bildungsziele wahrscheinlicher zu machen. Die KMK weist 2005 auf die Aktualität der Ziele hin, die von ihr 1973 festgelegt wurden. Dieser Katalog der Bildungsziele wurde angeführt von der Absichtserklärung, Wissen, Fertigkeiten und Fähigkeiten vermitteln zu wollen (KMK 2005).

1. Gefragt werden kann auch nach der Rezeption der Adressat(inn)en, also danach, wie diejenigen, die innerhalb des Bildungssystems arbeiten und an die amtlichen Verordnungen gebunden sind, diese auffassen.

2. Gefragt werden kann drittens nach den Funktionen, die Bildungsstandards und Lehrpläne innerhalb des Bildungssystems erfüllen sowie nach den Funktionen, deren Erfüllung das Bildungssystem durch die beiden Vorgaben – Lehrpläne und Bildungsstandards – für die Gesellschaft sicherstellt.

Der Beitrag wird im Wesentlichen der ersten Frage nachgehen, wobei hin und wieder auch Beobachtungen zu den beiden anderen Fragestellungen aufscheinen werden.

2 Form und Geschichte von Lehrplänen und Bildungsstandards

In einem ersten Abschnitt werden die begrifflichen Grundlagen geklärt. Zu diesem Zweck werden nach einer Definition Lehrpläne und Bildungsstandards einander gegenübergestellt, und zwar zum einen mit Bezug auf ihre Form, zum anderen mit Bezug auf ihre Geschichte.

2.1 Begriffsklärung

Die Bezeichnungen für den Gegenstand ,Lehrplan' variieren in den einzelnen Bundesländern; synonym werden ,Richtlinie' und ,Bildungsplan' verwendet. Daneben finden sich als Bezeichnungen ,Rahmenrichtlinien', ,Rahmenpläne' und ,Stoffpläne'. Im Folgenden wird unter ,Lehrplan' eine amtliche Vorschrift verstanden, mit der festgeschrieben wird, was über Unterricht an die nachfolgende Generation weitergegeben werden soll. Dieses ,Was' wird in Form einer Mischung aus Lernzielen und Lernstoffen festgelegt. Bezieht man sich auf den Bildungsbegriff Klafkis, lässt sich die Kodifizierung als eine kombinierte Festlegung der Bildungsgehalte (was sollen die Lernenden erwerben?) und Bildungsinhalte (an welchen Stoffen kann dies geschehen?) beschreiben. Abzugrenzen ist der Begriff gegenüber dem Curriculum, welches gegenüber dem Lehrplan – ausgehend von detailliert aufgeführten Lernzielen – weitergehende Angaben über den Prozesscharakter macht: So enthält ein Curriculum neben Lernzielen und -inhalten auch Hinweise über einzusetzende Methoden und Medien sowie zum Teil Tests zur Überprüfung der Lernzielerreichung (vgl. Neuhaus-Siemon 2011, 317). Als ‚Kerncurricula' werden normative Vorgaben bezeichnet, die eigentlich gar keine Curricula sind, sondern auf bestimmte Bildungsziele hin entworfene Lehrpläne, die eine Weiterarbeit auf Schulebene (‚schuleigene Curricula') dezidiert fordern. Wie mehrere Lehrpläne neueren Datums weisen Kerncurricula eine Gemeinsamkeit mit den Bildungsstandards auf: die Kompetenzorientierung. Luhmann und Schorr beschreiben die Aufgabe von Lehrplänen in der „Kodifizierung von Stoffen" (Luhmann/Schorr 1988, 94), nicht von Lernzielen, denn festgehalten werden nicht „Zustände von Personen" (ebd.), sondern die Stoffe, die zur Herbeiführung dieser Zustände geeignet erscheinen (vgl. Luhmann/Schorr 1988, 94). Genau dies grenzt Lehrpläne von Bildungsstandards ab.

Als ‚Bildungsstandards' wird eine Aufstellung domainspezifischer (also: fachlicher) Kompetenzen bezeichnet, welche Lernende bis zu einem bestimmten Zeitpunkt ihrer Schullaufbahn erworben haben sollen. Der Begriff ‚Bildungsstandards' fokussiert dabei zum einen eine bestimmte Zieldimension. Die KMK nimmt Bezug auf den funktionalen Bildungsbegriff, der von Robinsohn (1975) entwickelt wurde. Bildung wird nicht als ein Anspruch der Gesellschaft an das Individuum verstanden, sondern als die Ausstattung des Individuums mit den notwendigen Fähigkeiten, um in der Gesellschaft bestehen zu können. Während bereits die Bezeichnung ‚Lehrplan' die Fokussierung des Unterrichtens zeigt, werden mit Bildungsstandards zunehmend die Prozesse in den Blick genommen, die die Lernenden vollziehen sollen. Entsprechend dem Gedanken, dass die Wege zum Erreichen eines Ziels unterschiedlich sein können, sind Bildungsstandards nicht auf die Position der/des Lernenden im Bildungssystem zugeschnitten (Hauptschule vs. Gymnasium), sondern auf bestimmte Zeitpunkte in der Schullaufbahn. Zum anderen ist der Begriff der Bildungsstandards eng mit dem Gedanken der Messbarkeit verbunden: Die Kompetenzen werden so operationalisiert, dass eine Messung der Schüler(innen)leistungen in Bezug auf diese möglich ist. Aus dem Ziel, Individuen den Erwerb von Kompetenzen für das Leben in der Gesellschaft zu ermöglichen, werden mit den Bildungsstandards der KMK vier Teilbereiche herausgegriffen, die auf unterschiedliche Modi der Welterfahrung oder Arten der Literalität zurückgeführt werden können: Muttersprachliche Kompetenzen, Kompetenzen in einer Fremdsprache, Mathematische Kompetenzen und Naturwissenschaftliche Kompetenzen (vgl. Klieme/Avenarius/Blum et al. 2003, 67).

Mit dem Begriff ‚Standard' wird ein Wert bezeichnet. Bildungsstandards sind normativ festgelegte Werte, die angeben, inwiefern eine Zieldimension bezogen auf einzelne Kriterien und Indikatoren (Verhaltensweisen, an denen man die Erfüllung eines Kriteriums ablesen kann) erfüllt ist. Insofern bedeutet das Setzen eines Standards zugleich die Markierung einer Differenz zwischen Erfolg und Nicht-Erfolg. Die Art der Standardisierung, die mit den Bildungsstandards vorgenommen wurde, betrifft nicht den zu behandelnden Inhalt (*content standard*) oder die Unterrichtsprozesse als Lerngelegenheiten (*opportunity-to-learn standard*), sondern formuliert wird das Können der Schüler(innen), welches nicht direkt beobachtbar ist, sondern nur aus der jeweiligen Performanz erschlossen werden kann (*performance standard*). Die Bildungsstandards sind also Ergebnisstandards. Die Leistungsfähigkeit des Bildungssystems wird anhand der Lernergebnisse der Schüler(innen) eingeschätzt (vgl. KMK 2005). Über diese so erhaltenen Informationen über den Output des Bildungssystems sollen die Variablen Input und Prozess so verändert werden, dass sich die Leistungen der Lernenden verbessern. Dies ist die grundlegende Logik der sogenannten Output-Steuerung.

Gemeinsamkeiten und Unterschiede

Unterschiede zwischen den beiden Texten bestehen in ihrer Autorschaft sowie in der politischen Verantwortung. In den Lehrplänen bildet sich der Föderalismus des deutschen Bildungssystems unmittelbar ab, denn sie werden von den jeweiligen Kultusministerien für das eigene Bundesland beschlossen. Die kooperativ entwickelten, länderübergreifenden Lehrpläne an Grundschulen in Berlin, Brandenburg, Mecklenburg-Vorpommern und Bremen (seit dem Schuljahr 2004/05) bilden hierbei eine Ausnahme. So erklärt sich auch die Heterogenität dieser Vorgaben, die sich beispielsweise darin zeigt, dass einige Lehrpläne – je nach Bundesland und Entstehungszeit – in höherem Maße kompetenzorientiert formuliert sind als andere.

Während die Lehrpläne von den Kultusministerien der einzelnen Länder verantwortet und in Lehrplankommissionen ausgearbeitet werden, wurden mit der Erarbeitung der Bildungsstandards Wissenschaftler(innen) aus der Fachwissenschaft, Fachdidaktik, Erziehungswissenschaft und Psychologie betraut. Die von den jeweiligen Expert(inn)engruppen vorgeschlagenen Standards wurden dann von den Kultusministerien der Länder in der Kultusministerkonferenz beschlossen (zwischen Dezember 2003 und Dezember 2004). Obwohl die Bildungsstandards deutschlandweit seit dem Schuljahr 2004/05 (Mittlerer Schulabschluss Deutsch, Mathematik, Erste Fremdsprache) bzw. 2005/06 (Mittlerer Schulabschluss Naturwissenschaften; Hauptschulabschluss; Primarstufe) gültig sind, liegt ihre Umsetzung nach wie vor im Zuständigkeitsbereich der einzelnen Bundesländer. Wenn auch die Implementationsstrategien unterschiedlich waren, so ist allen Ländern gemein, dass die Lehrpläne nicht durch Bildungsstandards ersetzt, sondern lediglich ergänzt worden sind.

2.2 Aufbau von Lehrplänen und Bildungsstandards

a) Lehrpläne

Der Aufbau von Lehrplänen ist durch eine Reihe von Eigenschaften charakterisiert. So sind Lehrpläne schulartspezifisch formuliert. Das Bildungsziel der jeweiligen Schulart wird auf der obersten Lehrplanebene expliziert. Auf der nächsten Ebene folgt eine Untergliederung des Bildungsauftrags für die einzelnen Unterrichtsfächer, welche nebeneinander stehen; hier wird der erwartete Beitrag des jeweiligen Faches zur Bildung der Kinder und Jugendlichen formuliert. Die jeweils zu erreichenden Ziele in den einzelnen Unterrichtsfächern werden schließlich auf der dritten Ebene in eine an Schulstufen orientierte Verlaufsform eingepasst und damit in ein zeitliches Nacheinander gebracht.

b) Bildungsstandards

Die Bildungsstandards sind gleichzeitig bzw. in engem zeitlichen Nacheinander entstanden und weisen eine durchgängige Dreiteilung auf. Sie sind nicht schulform-, sondern abschlussbezogen. Bildungsstandards sind fachspezifisch formuliert. Dabei wird zunächst der Beitrag des Fachs zur Bildung dargestellt. An den Bildungsgehalt des Fachs schließt sich in den Bildungsstandards eine Erklärung des jeweiligen Kompetenzmodells an. Die vorliegenden Kompetenzmodelle werden nach und nach durch empirisch fundierte Kompetenzstufenmodelle ergänzt, die bislang noch nicht für alle Bereiche vorliegen. Die einzelnen Kompetenzbereiche werden im dritten Teil ausdifferenziert und die Bildungsstandards selbst als Zielangaben aufgeführt. Dabei sind die Kompetenzen als Can-do-Statements formuliert, es werden also Anforderungen angeführt, zu deren Bewältigung die Lernenden in der Lage sein sollen. Im Anschluss an die Formulierung von Bildungsstandards werden Beispiele für kompetenzorientierte Aufgaben gegeben, die Kompetenzen und Anforderungsbereiche illustrieren. Den Bildungsstandards für die erste Fremdsprache sind zusätzlich die Kompetenzstufen des Gemeinsamen Europäischen Referenzrahmens für Sprachen (Gemeinsamer Europäischer Referenzrahmen für Sprachen: Lernen, Lehren, Beurteilen. Europarat, Straßburg 2001) angefügt.

c) Gemeinsamkeiten und Unterschiede

Der Aufbau der Bildungsstandards und der Lehrpläne ist strukturell vergleichbar. Wie die Lehrpläne der allgemeinbildenden Schulen wurden auch die Bildungsstandards der KMK fachspezifisch formuliert. Ähnlich den Ebenen des Lehrplans (in den bayerischen Lehrplänen: drei Ebenen) findet sich auch in den Bildungsstandard-Texten eine mehrteilige Struktur. Der grundlegende Unterschied besteht in der Abschlussbezogenheit der Bildungsstandards und in der Jahrgangsstufenspezifizität der Lehrpläne. Während in den Bildungsstandards festgelegt ist, welche Kompetenzen Schüler(innen) *insgesamt* zum Ende der Grundschulzeit, zum

Hauptschulabschluss, zum mittleren Schulabschluss und bald auch zum Abitur erworben haben sollen, geben Lehrpläne darüber Auskunft, *wann* in der Schullaufbahn und an welcher Stelle im System (*wo*) etwas gelernt werden soll. Das Konzept der Kumulativität des Kompetenzerwerbs, das den Bildungsstandards zu Grunde liegt, bezeichnet die Idee, dass über die Schuljahre hinweg immer wieder Wissen und Können in bestimmten Bereichen angeeignet und aufeinander aufgebaut wird.

2.3 Geschichte

a) Lehrpläne

Während die Bildungsstandards als Zäsur im deutschen Schulsystem zu Beginn dieses Jahrhunderts gesehen werden können, ist die Geschichte des Lehrplans eine Geschichte jahrhundertelanger Kontinuität. Die Entstehung von Lehrplänen wird von Dolch (1982) in seiner schon klassischen Geschichte des Lehrplans mit dem Titel „Lehrplan des Abendlandes" erklärt mit dem Beginn der Notwendigkeit für eine Gesellschaft, Erziehungsziele festzulegen, als das Konzept des mitläufigen Lernens ihren Fortbestand nicht mehr hinreichend sicherte. Erste Lehrpläne macht Dolch für das vorklassische Griechenland aus und zeichnet die Entwicklung von Programmen und Kanons über Antike, Mittelalter und Neuzeit fort. Bei allen Veränderungen ist ein hohes Maß an Kontinuität zu verzeichnen, sowohl was die Inhalte, als auch was die Strukturen angeht.

Der Begriff ‚Lehrplan' ist dabei nach Keck (2004) seit etwa 1800 gebräuchlich. Mitte des 19. Jahrhunderts begann der Staat, mittels Lehrplänen Einfluss auf Schulen zu nehmen und sie als verpflichtende Vorgaben zu erlassen. Diese Entscheidungsbefugnis über die Inkraftsetzung von Lehrplänen haben die Kultusministerien der deutschen Bundesländer bis heute. Sie weist auf ein ‚bürokratisches' Modell der Lehrplangenese hin. Damit konkurrierend kann ein ‚scientizistisches' Modell dadurch beschrieben werden, dass die Wissenschaft an der Entwicklung von Lehrplänen beteiligt wird. Letztlich entstehen deutsche Lehrpläne in einer Kombination beider Modelle. Den Lehrplankommissionen gehören neben Vertreter(inne)n der Schulpraxis auch Angehörige des Wissenschaftssystems an, wobei die Zusammensetzung durch den Staat bestimmt wird. In der Gewichtung der beiden Positionen Administration und Wissenschaft sind periodische Schwankungen auszumachen.

b) Bildungsstandards

Im Vergleich zu den Lehrplänen ist die Geschichte der Bildungsstandards in Deutschland relativ kurz. Mit den Beschlüssen der Kultusministerkonferenz zum Aufbau von Strukturen für ein nationales Systemmonitoring wurde auch die bundesweite Einführung von Bildungsstandards beschlossen. Weitere Maßnahmen der Qualitätssicherung auf nationaler Ebene sind die regelmäßige Durchführung eines Ländervergleichs auf der Basis repräsentativer Länderstichproben und die bundesweite Einführung von Vergleichsarbeiten (VERA 3, VERA 8). Mit der Teilnahme an Vergleichsarbeiten wird für die Lehrer(innen) die Output-Orientierung der Bildungsstandards konkret wahrnehmbar: Sie bekommen die Ergebnisse. Die Ausarbeitung von Bildungsstandards für die einzelnen Fächer wurde geleitet von einer Expertise, die das BMBF ebenfalls 2002 in Auftrag gegeben hatte. Die Expertise trägt den Titel „Zur Entwicklung nationaler Bildungsstandards" und wird häufig als „Klieme-Expertise" angesprochen, wobei auf Eckard Klieme (als den Koordinator des elfköpfigen Autor(inn)enkreises) verwiesen wird. Mit diesem Text lag seit Februar 2003 eine Empfehlung einer Wissenschaftler(innen)gruppe am DIPF vor, die sich aus Expert(inn)en unterschiedlicher Fachbereiche (Bildungsqualität/Bildungssteuerung, Erziehungswissenschaft, Pädagogische Psychologie sowie den Didaktiken der Unterrichtsfächer) zusammensetzte. In Arbeitsgruppen, deren Mitglieder aus der Schulpraxis und aus der Fachdidaktik kommen, wurden Kompetenzmodelle für die jeweiligen Fächer entwickelt und die Bildungsstandards ausgearbeitet.

c) Zusammenwachsen zweier Traditionslinien

Mit der Einführung von Bildungsstandards haben sich die Länder der Bundesrepublik Deutschland erstmals auf eine gemeinsame Vorgabe (im Sinne eines rechtlich bindenden Textes) für die allgemeinbildenden Schulen geeinigt. In der Art und Weise der Einführung der Bildungsstandards – einem Beschluss der Kultusministerkonferenz – zeigt sich jedoch, dass trotz der Einigung auf normative ‚Bildungsstandards' auch gegenwärtig die Kultushoheit der Länder gewahrt bleibt. Nach wie vor kommt es also nicht zu einer Einmischung des Bundes in die Angelegenheiten der Bildungssysteme der Länder.

Lehrpläne und Bildungsstandards stehen zu Beginn der gemeinsamen Geschichte zunächst eher unverbunden nebeneinander. Seit diesem Zeitpunkt ist aber zunehmend eine Annäherung der beiden Vorgaben zu beobachten: Lehrpläne werden in immer höherem Maße kompetenzorientiert formuliert. Dass dieses Zusammenwachsen auch für die Schulpraxis sichtbar wird, zeigt ein Beispiel aus einer empirischen Studie zur Implementation der Bildungsstandards. Niedersächsische Lehrkräfte versuchten, den Begriff ‚Bildungsstandards' zu klären, und formulierten lachend, sie seien „das Ei, aus dem die Kerncurricula geschlüpft sind" (Zeitler/Heller/Asbrand 2012, 221). Aus dieser Studie zur Implementation der Bildungsstandards heraus erscheint diese Strategie der Einführung von Bildungsstandards über Kerncurricula eine erfolgreiche zu sein.

3 Lehrpläne und Bildungsstandards als Steuerungselemente

Wenn bildungspolitische Steuerung des Schulsystems bedeutet, das Erreichen der Ziele des Schulsystems wahrscheinlicher zu machen (vgl. Abschnitt 1), ist zu fragen, inwiefern Lehrpläne und Bildungsstandards dazu beitragen, die gesellschaftlichen Funktionen der Enkulturation, Qualifizierung, Allokation und Integration (vgl. Fend 2006, 51) zu erfüllen. Dabei ist Bildung nach zwei Seiten gerichtet: Einerseits ist der Bezugspunkt das lernende Individuum, andererseits geht es um die Reproduktion der Gesellschaft. Weniger bezeichnet Bildung daher als „eine Funktion der Gesellschaft" (Weniger 1956, 38). Fend spricht von einer „Doppelfunktion" (Fend 2006, 53) des Bildungssystems.

Nach Luhmann lassen sich Lehrpläne systemtheoretisch als Kontingenzstopper verstehen; dies kann auch auf Bildungsstandards übertragen werden: Diese Normierungen ermöglichen es, etwas Kontingentes (was soll gelernt werden?) als etwas Notwendiges (was muss gelehrt werden?) zu behandeln (vgl. Luhmann/Schorr 1988, 96). Kontingent sind Lernziele und -inhalte aufgrund ihrer Pluralität und weil die Auswahl für den Unterricht der Entscheidung bedarf. Ausgewählt werden können bestimmte Inhalte, aber auch andere. Dass die Entscheidungen nicht nicht-getroffen werden können und ihnen eine große Bedeutung zukommt, zeigt sich im Bereich der Lehrplantheorie.

Lehrplantheoretisch sind drei Bezugspunkte auszumachen: Das Individuum, der heranwachsende Mensch (1), die Gesellschaft (2) und die Sache, das Kulturgut oder das wissenschaftliche Wissen (3). Interessant sind die unterschiedlichen Relationierungen, die für diese drei Aspekte oder Determinanten (vgl. Keck 2004) über die Zeit hinweg gesehen wurden. Für die deutsche Erziehungswissenschaft der Nachkriegszeit sind die (1926 in erster Auflage erschienene) Lehrplantheorie Wenigers und die Curriculumstheorie Robinsohns herauszuheben. Diese beiden theoretischen Positionen rahmen auf unterschiedliche Weise das oben beschriebene Verhältnis zwischen Staat und Wissenschaft. In Wenigers Lehrplantheorie werden Lehrplaninhalte im ‚Streit' ‚geistiger Mächte' ausgehandelt; der Lehrplan orientiert sich hier also v.a. an den Interessen der Gesellschaft. Dem Staat wird die Rolle einer neutralen Ordnungsmacht zugeschrieben, die das – von Weniger als ‚Kampf' bezeichnete – Konkurrieren unterschiedlicher gesellschaftlicher Interessen um die Definitionsmacht von Bildungsinhalten austarierte (vgl. Weniger 1956). Diese unterstellte neutrale Position des Staates ist einer der Hauptkritikpunkte anderer Lehrplantheoretiker(innen), unter anderem auch Robinsohns. Dessen Curriculumstheorie geht von einem funktionalen Bildungsbegriff aus, der darauf abzielt, dass die/der Einzelne das Leben in der Gesellschaft bewältigen kann. Die Festlegung der Lernziele und -inhalte soll dabei nicht intransparent für die Gesellschaft vorgenommen werden, sondern erstens in einem transparenten Verfahren erfolgen und zweitens stärker am aktuellen Stand der Wissenschaft ausgerichtet werden (vgl. Robinsohn 1975).

Ähnlich wie die Lehrplantheorie zeigen sich auch Ansätze einer lehrplantheoretischen Begründung von Bildungsstandards, die an die drei oben genannten Bezugspunkte (Mensch – Gesellschaft – Sache/Kulturgut/Wissen) anschließen. In der Klieme-Expertise werden zur Begründung der Bildungsstandards fünf Problemdimensionen angeführt:

1. Unentscheidbarkeit der anthropologischen und gesellschaftlichen Prämissen: Zum einen sollen – entsprechend dem Gleichheitsgebot – Kompetenzen zur Teilhabe an der Gesellschaft und Kultur unabhängig von der sozialen Herkunft erworben werden können (soziale Prämisse). Zum anderen entscheidet sich erst im Bildungsprozess selbst, welche Möglichkeiten ein Mensch hat; der Begriff ‚Begabung‘ verweist somit auf zwei Seiten: auf Disposition und Lernen, und damit auch auf dessen Förderung (anthropologische Prämisse).

2. Offenheit der Zukunft für Individuen und Gesellschaft: Die Pädagogik steht vor der Herausforderung, zukünftige Problemlagen zu antizipieren, um die heranwachsende Generation darauf vorbereiten zu können – und somit schon in der Gegenwart darauf zu reagieren. Die in diesem Problem verankerte immanente Unsicherheit kann nicht aufgelöst werden. Zudem muss das auf die Zukunft ausgerichtete Lernen für die Schüler(innen) auch in der Gegenwart einen Sinn ergeben.

3. Unbestimmtheit der Aufgaben und Anforderungen: Auch die beruflichen Anforderungen an die jeweils nachwachsende Generation können nicht vorweggenommen werden, da sich auch die Arbeitswelt in permanentem Wandel befindet. Von daher erscheint es wesentlich, dass die Jugendlichen lernen, eigenverantwortlich mit (Aus-, Weiter-, Fort-) Bildungsprozessen umzugehen.

4. Pluralität und Konflikthaftigkeit der Erwartungen: Die Zielvorstellungen unterschiedlicher Akteure (Wissenschaft, Politik, gesellschaftliche Gruppen, Individuen) divergieren; auf wessen Ansprüche soll schulische Bildung vorbereiten?

5. Utopieüberschuss und Realisierungsprobleme: Zwischen utopischen Entwürfen und realen Möglichkeiten und Leistungen der Schule ist eine große Diskrepanz zu beobachten (vgl. Klieme/Avenarius/Blum et al. 2003, 58ff).

Vor diesem Hintergrund wird die Formulierung von Bildungsstandards als grundlegende Kompetenzen wie folgt begründet:

Erstens bieten die Bildungsstandards inhaltlich einen gesellschaftlichen Konsens an notwendigen Basisfähigkeiten an. Denn neben grundlegender Werteerziehung – und damit ist nicht die Vermittlung feststehender gesellschaftlicher Werte an die Lernenden gemeint, sondern die Unterstützung bei der Entwicklung der Fähigkeit, selbst in Konflikten um Werte und Ziele entscheiden zu können – besteht auch Konsens darüber, dass Heranwachsende über gewisse Kulturtechniken verfügen sollten. Hierauf ist das Konzept der Bildungsstandards mit der Literalität in der

eigenen Sprache, einer Fremdsprache, aber auch der Mathematik und der Naturwissenschaften gegründet.

Zweitens sind diese Kompetenzen als Fähigkeiten zu handeln formuliert; damit
werden der Prozesscharakter und die Reflexivität des Individuums in den Blick
genommen. Hier kann die Bezeichnung ‚Bildungsstandards' in der Tradition des
deutschen Bildungsbegriffs verankert werden. Die Handlungsfähigkeit „unter den
Bedingungen der Unentscheidbarkeit und Unbestimmtheit, Offenheit und Pluralität" (Klieme/Avenarius/Blum et al. 2003, 65) kann auch ‚Bildung' genannt werden.
Das oben angeführte Konzept der Literalität in vier Bereichen entspricht zwar nicht
unmittelbar den vier Modi der Weltanschauung der klassischen Bildungstheorie,
ist aber insofern mit ihnen vergleichbar, als dass es um verschiedene spezifische
Zugangsweisen zur Welt geht (vgl. Klieme/Avenarius/Blum et al. 2003, 62ff).

Auch die Veränderung von Lehrplänen und die Diskussion um die Einführung
von Bildungsstandards stehen im Dienste der Kontinuität, die letztlich erst durch
Wandel beschreibbar wird. Hopmann (2000, 365f) schreibt Reformen und Re-
formdiskursen eine stabilisierende Funktion zu. Insbesondere liege „[d]ie Wirksamkeit der politischen und programmatischen Diskurse [...] nicht darin, dass sie die
Schulwirklichkeit unmittelbar verändern, sondern zunächst und vor allem darin,
dass sie die gesamtgesellschaftliche Legitimierung des Schulbetriebes sichern helfen.
Ihre schulpraktische Wirkung liegt darin, dass sie für den schulpraktischen Diskurs Sprachregelungen schaffen, wie innerschulische Angemessenheit didaktisch zu
legitimieren ist" (Hopmann 2000, 386). Für diese Regelung sind nicht nur die
Einschließungen von Bedeutung, sondern gerade die Ausschließung dessen, was
mit dem jeweiligen Lehrplan nicht vereinbar ist, erscheint nach Hopmann als wirk-
mächtig.

Welche Funktionen werden Lehrplänen und Bildungsstandards zugeschrieben?

Insbesondere in Bezug auf Lehrpläne ist eine Vielzahl von Funktionszuschreibun-
gen zu beobachten. Genannt werden unter anderem:

• Steuerungsfunktion (Beeinflussung durch den Staat)
• Innovationsfunktion (Modernisierung des Bildungswesens)
• Kontrollfunktion (Überprüfung und Verantwortlichkeit der Lehrkräfte)
• Legitimationsfunktion (Rechtfertigung des geplanten/durchgeführten Unter-
  richts)
• Orientierungsfunktion (Planung des Unterrichts)
• Entlastungsfunktion (Reduktion des Planungsaufwandes)

Diese Vielfalt an Funktionen wurde in den letzten Jahren vermehrt zu zweiteiligen
Modellen komprimiert. Vollstädt et al. (1999) unterscheiden die (in Bezug auf das
Schulsystem) nach außen gerichtete Funktion der Legitimation von der nach innen

gerichteten Funktion der Steuerung.[1] Wiater (2006) dagegen unterscheidet gesellschaftliche Funktionen der politischen Legitimation von pädagogisch-didaktischen Funktionen der innerschulischen Orientierung. Ähnlich ist auch die Gruppierung, die Müller (2009) vornimmt; gebraucht werden hier die Begriffe der Steuerungsfunktion einerseits und die der Orientierungsfunktion andererseits.

Dieser Unterteilung soll auch im Weiteren gefolgt werden; an ihr entlang werden die jeweiligen Spezifika der Lehrpläne sowie der Bildungsstandards aufgezeigt.

a) Gesellschaftliche Funktionen/Steuerungsfunktion

Die gesellschaftlichen Funktionen können prinzipiell aus den Funktionen des Bildungssystems abgeleitet werden. Den normativen Vorgaben kommt die Rolle zu, jeweils Maßstäbe für die *Qualifikation, Enkulturation, Selektion bzw. Allokation und Sozialisation bzw. Integration* der nachwachsenden Generation zu geben. Damit gehören zu dieser Gruppe der gesellschaftlichen Funktionen jene der *Steuerung* und der *Legitimation*. Die *Innovationsfunktion* kann als eine Teilfunktion von Steuerung gesehen werden, da Steuerung aus der Dynamik zwischen Kontinuität und Veränderung besteht. Die *politische Funktion* gehört ebenso zu dieser Funktionengruppe, da von der Bildungspolitik als gesellschaftlichem Subsystem die Interessen der Gesellschaft in Bezug auf Bildung bzw. Schule vertreten werden.

Sowohl von Lehrplänen als auch von den Bildungsstandards werden Leistungen erwartet, die das Schulsystem auf bestimmte gesellschaftliche Ziele hin ausrichten, es also steuern. Bildungsstandards und Lehrpläne kommen diesen Erwartungen im Rahmen der *Steuerungsfunktion* auf unterschiedlichen Wegen nach, da sie steuerungstheoretisch unterschiedlichen Paradigmen angehören. Während Lehrpläne ihre normierende Wirkung entfalten, indem sie Ziele vorgeben, die die Lehrkräfte in ihrem Unterricht verfolgen sollen (und damit Unterrichtsziele), sind in den Bildungsstandards die Ziele als Kompetenzen festgelegt, die jede(r) einzelne Lernende erreichen soll. Damit wird hier mit dem Bezugspunkt des Individuums der Gedanke Bildung aktualisiert – es geht nicht um die Vermittlung von Inhalten, sondern das Lernen wird als aktiver Kompetenzerwerb verstanden, bei dem es darum geht, dass die/der Einzelne die Ziele (in Form von Kompetenzen) erreicht.

Während die Steuerungsfunktion an das Schulsystem selbst gerichtet ist, ist die *Legitimationsfunktion* nach außen gerichtet. Lehrpläne und Bildungsstandards dienen der Legitimation dessen, was innerhalb der Schule passiert, gegenüber der Gesellschaft – bis hin zur konkreten Frage, was die Lehrkraft im Unterricht macht. Adressat(inn)en sind also hier nicht nur Schüler(innen) und deren Eltern, sondern auch die Wirtschaft. Dabei setzt sich die Legitimation im Inneren des Schulsystems

---

1 Aufgrund der Schwäche in der Differenzierung zwischen Steuerung (einem Prozess, der top-down initiiert wird und dem die Akteure in der Schule folgen müssen) und Orientierung (einer Möglichkeit der Zielverfolgung aus der Perspektive der Lehrkräfte), auf die Frühwacht (2011) aufmerksam macht, wird dieser Einteilung hier nicht gefolgt.

dahingehend fort, dass beispielsweise Lehrkräfte jederzeit in der Lage sein müssen, ihre unterrichtsbezogenen Entscheidungen gegenüber der Schulleitung zu rechtfertigen – ebenso wie dies im Ausbildungsverhältnis quasi einsozialisiert wird. Mit dieser Legitimation ist auch die Möglichkeit einer *Kontrolle* der Schule durch die Gesellschaft gegeben. Das Stichwort der ‚Qualitätssicherung' ist hier einzuordnen; sowohl Bildungsstandards als auch Lehrpläne werden als Instrumente der Qualitätssicherung angeführt.

Die Einführung von Bildungsstandards und die damit vorgenommene Fokussierung auf das Lernen und den Kompetenzerwerb bedeutet, dass im Sinne individuell unterschiedlicher Lernwege die Prozesse des Kompetenzerwerbs unterschiedlich ablaufen und daher Unterricht in höherem Maße als bisher verschieden sein kann. Diese Freiheit der Wege ist im Sinne der Steuerungs- und Legitimationsfunktion nur möglich, wenn auf andere Art und Weise Rechenschaft gegenüber Öffentlichkeit und Bildungspolitik abgelegt wird – hier dienen die Bildungsstandards auch dazu, messbar zu machen und offen zu legen, was in der Schule geleistet wird. Diese Überprüfung wird im Falle der Bildungsstandards dahingehend konkretisiert, dass die Standards so weit operationalisiert sind, dass das Erreichen der Kompetenzen in Tests überprüft werden kann. Die Überprüfung der Leistungen der Schüler(innen) dient aber nicht nur der Kontrolle durch die Bildungspolitik, sondern auch der Orientierung der Lehrkräfte. Neu ist die *Rückmeldefunktion*, die mit der Einführung von Bildungsstandards und bildungsstandardbasierter Vergleichsarbeiten hinzukommt und zur zweiten Funktionengruppe zu zählen ist.

b) Pädagogisch-didaktische Funktionen/Orientierungsfunktion

Des Weiteren wird von den beiden normativen Texten auch erwartet, als *Orientierung* für Lehrende, Lernende und deren Eltern zu fungieren. Hier geht es vor allem um Zielklarheit und Transparenz. Das ist in Hinblick auf die einzelne Lehrkraft im Unterricht von Bedeutung, aber auch als gemeinsame Grundlage für die Zusammenarbeit in einem Team.

Bezüglich der Orientierungsfunktion erscheint besonders das Zusammenspiel zwischen Lehrplänen und Bildungsstandards als Referenzpunkt für die Planung, Durchführung und Reflexion von Unterricht wichtig. Intendiert ist eine wechselseitige Ergänzung der beiden Vorgaben. Lehrpläne sollen Hinweise geben auf (Lehr-)Lernwege, die sich bewährt haben und auf Stoffe, die sich für den Erwerb fachbezogener Kompetenzen eignen; dies geschieht in Bezug auf eine Abfolge von Lernzielen und über verschiedene Schuljahre hinweg. Dem gegenüber sind Bildungsstandards viel allgemeiner gehalten, sie enthalten gerade keine Vorgaben für Prozesse, sondern beschränken sich auf eine präzise Beschreibung des Ziels: Über welche Kompetenzen sollen die Kinder und Jugendlichen bis zu einem bestimmten Zeitpunkt ihrer Schullaufbahn verfügen? Bildungsstandards verlangen sogar nach einer Ausdifferenzierung, wie sie in den Lehrplänen der Bundesländer, aber auch in schuleigenen Curricula geleistet wird. Lehrpläne leisten hier eine *Entlastung* der Lehrkräfte, weil nicht jeder Unterrichtsstoff immer wieder aufs Neue selbst begründet werden muss, sondern dem gültigen Lehrplan als Referenzpunkt entnommen werden kann.

Zu den pädagogisch-didaktischen Funktionen der Bildungsstandards ist auch die oben bereits eingeführte *Rückmeldefunktion* zu rechnen. Über die Rückmeldung von Leistungsdaten, die in den Kontext des Vergleichs eingeordnet werden können, bekommen Lehrkräfte wichtige Informationen zu ihrer Lerngruppe. Gerade so ‚ferne' Ziele wie die Erreichung bestimmter Kompetenzen zum Ende eines Bildungsgangs bedürfen der Zwischenbilanzierung. Die Rückmeldeinformationen dienen einer Orientierung, indem sie eine Einschätzung der Leistungen von einem Beobachtungspunkt aus ermöglichen, der außerhalb des Bezugssystems der eigenen Klasse und Schule liegt. In der Orientierung auf die Bildungsstandards als verbindliche Ziele über einen längeren Zeitraum hinweg liegt den Bildungsstandards grundsätzlich das Prinzip des Qualitätsmanagements und damit die Zirkularität des Prozesses zwischen Handlungsplanung, Durchführung, Überprüfung und der Entscheidung über die nächste Handlung nahe.

Derzeit noch in den Rahmen der Orientierungsfunktion einzurechnen sind die Standards der Lehramtsausbildung in den Bildungswissenschaften, die von der Kultusministerkonferenz 2004 analog zu den Standards für den schulischen Kompetenzerwerb beschlossen wurden (Sekretariat der Ständigen Konferenz der Kultusminister der Länder in der Bundesrepublik Deutschland 2004). In diesen bislang für die Ausbildung eher orientierenden Texten werden Kompetenzen formuliert, die Studierende sowie Referendarinnen und Referendare im Laufe der ersten bzw. zweiten Phase ihrer Ausbildung erwerben sollen.

Wenn Vollstädt et al. (1999) in ihrer Studie zu Lehrplänen zu dem Schluss kommen, dass es neben dem intendierten Lehrplan u.a. auch noch einen realisierten Lehrplan gibt, der dadurch konstituiert wird, was die Kinder und Jugendlichen tatsächlich in der Schule lernen, ist der Schritt zur Output-Steuerung nicht mehr weit. Letztlich lassen sich Bildungsstandards in Bezug auf die zugeschriebenen Funktionen auch hier neben Lehrpläne stellen: Die Art und Weise, wie sie die unterschiedlichen Funktionen bedienen, unterscheidet sich. Beide Texte haben verschiedene Schwerpunktsetzungen – auf die Affinität der Bildungsstandards zur empirischen Überprüfung der Standarderreichung und den damit verbundenen Modus der Qualitätssicherung wurde bereits eingangs hingewiesen. Dass die beiden Vorgaben in den attribuierten Funktionen im Großen aber vergleichbar sind, weist auf einen Versuch der Verstärkung des bildungspolitischen Zugriffs auf Schule hin. Zudem bedeutet es für die Lehrkräfte eine neue Anforderung, die beiden Vorgaben sowohl verstehend als auch handelnd miteinander zusammenzubringen.

Aus zugeschriebenen und intendierten Funktionen lassen sich aber noch keine Aussagen über die Realisierung dieser Funktionen treffen. Hier ist der Blick auch auf die Seite der Rezeption zu lenken. Betrachtet man Lehrpläne und Bildungsstandards, so sind deren Texte als normative Vorgaben die eine Seite, wie sie durch die im Schulsystem Tätigen umgesetzt werden, die andere. Es ist kein unmittelbarer Zusammenhang zwischen normativen Aussagen, wie sie in Lehrplänen und Bildungsstandards formuliert sind, deren Metatexten (wie sie die Lehrplantheorie darstellt) einerseits und deren deskriptiven Aussagen über die Wirklichkeit im Schulsystem andererseits auszumachen. So ist erstens nicht davon auszugehen, dass ein Ziel, das in Lehrplänen oder Bildungsstandards formuliert ist, auch tatsächlich von den Kindern und Jugendlichen erreicht wird. Zweitens bedeutet die Zuschreibung einer Funktion an Lehrpläne oder Bildungsstandards noch nicht, dass diese Funktion tatsächlich erfüllt wird. Drittens gibt es auch Wirkungen, die beispielsweise von Lehrplänen ausgehen, ohne dass diese so intendiert wären: Hier wäre ein beobachtbarer Steuerungsprozess im Bildungswesen durch sog. ‚sekundäre Lehrplanbildung‘ anzuführen. Lehrpläne wirken nicht nur unmittelbar dadurch, dass sie von Lehrkräften gelesen und in Handlung überführt werden, sondern auch dadurch, dass sich Schulbuchverlage und Produzenten anderer Unterrichtsmedien an ihnen orientieren, um – so die ökonomische Rationalität – für ihre Produkte im jeweiligen Bundesland Absatzmärkte zu finden.

Das Wirksamwerden von Lehrplänen – also die Rezeption dieser normierenden Texte – wird von der empirischen Lehrplanforschung untersucht. Neben der Lehrplanimplementation werden von der Lehrplanforschung auch die Entstehung von Lehrplänen und ihre Struktur erforscht. Einen Überblick über diese Bereiche der empirischen Lehrplanforschung bietet Schlegel (2003). Exemplarisch soll hier auf ein Forschungsprojekt der Universität Bielefeld zur Lehrplanimplementation in Hessen hingewiesen werden; von der Forscher(innen)gruppe wurde aufgezeigt, dass von Lehrplanreformen nur geringe Veränderungsimpulse auf die Schulpraxis ausgehen (vgl. Rauin/Vollstädt/Höhmann et al. 1996; Vollstädt/Tillmann/Rauin et al. 1999). Auch zur Einführung der Bildungsstandards liegen inzwischen einige Studien vor, die auf eine ähnliche Diskrepanz zwischen Intention und Wirkung hindeuten (vgl. Freudenthaler/Specht 2005, 2006; Beer 2007; Böttcher/Dicke 2008; Zeitler/Heller/Asbrand 2012).

Gerade vor diesem Hintergrund erscheint es notwendig, sich in der Frage der Steuerung des Bildungssystems nicht nur unmittelbar mit Lehrplänen und Bildungsstandards zu beschäftigen, sondern auch mit dem komplexen Phänomen der Steuerung von Bildungssystemen. Theoretische und empirische Beiträge liegen hierzu im ‚Handbuch Neue Steuerung im Schulsystem‘ vor (vgl. Altrichter/Maag Merki 2010). Altrichter, Brüsemeister und Heinrich (2005) stellen die Einführung von Bildungsstandards in den Kontext einer in mehreren Phasen ablaufenden Geschichte der Modernisierung im (österreichischen) Schulwesen, und in einem Überblicksartikel fokussierte Altrichter (2008) die Einführung von Bildungsstandards.

4 Ausblick: Zukunft, Erwartungen, Fragen

In Bezug auf die Lehrpläne und auch auf die Bildungsstandards ist auf eine Diskrepanz hinzuweisen, die für die Frage der tatsächlichen Steuerung des Schulsystems wichtig erscheint: Es besteht eine Spannung zwischen der Verbindlichkeit der beiden Vorgaben einerseits und ihrer ausbleibenden Überprüfung andererseits. Diese kann analog zum ‚backwash-Effekt' auf der Ebene der Lernenden interpretiert werden: Gelernt wird nur das, was auch geprüft wird. Zwar wird in der Ausbildung der Lehrkräfte darauf geachtet, dass sie sich in ihrer Unterrichtsplanung an den beiden Vorgaben orientieren. Allerdings gibt es nach der Ausbildung keine systematische Form der Überprüfung mehr, über die kontrolliert würde, ob beispielsweise der Unterricht an einer Schule lehrplankonform ist oder gar ein Bundesland Unterricht bereitstellt, der der Erfüllung der Bildungsstandards dient. Gerade in Bezug auf die Bildungsstandards haben die länderübergreifenden Vergleichsarbeiten in den dritten und achten Klassen eine derartige Funktion eingenommen. Im Bewusstsein der Lehrkräfte sind Vergleichsarbeiten stärker präsent als Bildungsstandards. Die einzelnen Lehrer(innen) nehmen die Vergleichsarbeiten als eine Überprüfung ihres Unterrichts wahr. Bislang gibt es keine systematische Einrichtung einer über die Vergleichsarbeiten realisierten Kontrolle etwa auf Schul-, Regional- oder Länderebene (zu den Vergleichsarbeiten vgl. den Beitrag von Maier in diesem Band).

Vergleicht man die bildungspolitischen Steuerungshoffnungen mit empirischen Daten zu Steuerungswirkungen, ist festzuhalten, dass das Bildungssystem nicht so steuerbar ist, wie es zu steuern gedacht wird (vgl. Altrichter 2010). Schon bei der Nutzung der Ergebnisse der empirischen Unterrichtsforschung aus dem Produkt-Prozess-Paradigma (vgl. Beitrag Gröschner/Kleinknecht in diesem Band) stellt sich die Frage, wie die Befunde – beispielsweise zu einem besonders lernwirksamen Unterricht in der Grundschule – in besseres Handeln übersetzt werden können, wie also das Wissen um guten Unterricht die Unterrichtsqualität beeinflussen kann. Letztlich ist dies auch die zentrale Frage in Bezug auf die Einführung der Output-Steuerung. Die Antwort auf diese Frage wären die Lehrkräfte als professionell Handelnde – es muss also weiter gefragt werden: Wie können Lehrerinnen und Lehrer dazu befähigt werden, diesen Paradigmenwechsel (von den Inhalten zu den Kompetenzen, vom Input zum Output) zu vollziehen?

Denn die Ergebnisse, beispielsweise eines bildungsstandardbasierten Leistungstests, müssen von den Lehrkräften zunächst einmal wahrgenommen werden. Eine Interpretation der rückgemeldeten Daten und eine kompetente Suche nach Hintergründen, die diese Leistungen bedingen, sind notwendig. Die gewonnenen Informationen müssen für den Kompetenzerwerb fruchtbar gemacht werden: Hier ist verlangt, dass der Unterricht so verändert wird, dass er möglichst gute Lernbedingungen für die Schüler(innen) bietet. Es bedarf also einer hohen professionellen Kompetenz im Umgang mit diesem zirkulären Prozess der Qualitätsverbesserung.

Diese Zirkularität ist im Steuerungsmodell der Output-Steuerung direkt angelegt, und das macht auch seine Innovationskraft aus. Allerdings sind die fortwährende Überprüfung und Hinterfragung des eigenen Unterrichtens seit jeher Merkmale pädagogischer Professionalität von Lehrkräften. Auch die Frage nach der Kompetenz ist nicht revolutionär – es ist eine grundlegende pädagogische Frage, was die Kinder und Jugendlichen können sollen und tatsächlich können. Neu ist nur die Systematisierung und Zusammenbindung dieser beiden Fragestellungen mit der Einführung von Bildungsstandards. Die Antwort auf die Frage nach der Verbesserung der Unterrichtsqualität geht mit der Frage der Professionalität der Lehrkräfte einher, und sie gilt für Lehrpläne ebenso wie für Bildungsstandards. Als entscheidende Voraussetzung für ein besseres unterrichtliches Handeln ist das Wissen und Können der Lehrerinnen und Lehrer anzusehen. Entsprechend dem Kompetenzbegriff nach Weinert (2001), der den Bildungsstandards zu Grunde gelegt wurde, ist hier aber nicht nur ihr Wissen zu berücksichtigen. Neben kognitiven Fähigkeiten und Fertigkeiten sind auch motivationale und volitionale Aspekte Voraussetzungen für ein verändertes Verhalten, hier: für die Planung und Realisierung eines stärker als bisher kompetenzorientierten Unterrichts.

Literatur

Altrichter, H. (2010): Schul- und Unterrichtsentwicklung durch Datenrückmeldung. In: Altrichter, H./Maag Merki, K. (Hrsg.): Handbuch Neue Steuerung im Schulsystem. Wiesbaden: VS Verlag für Sozialwissenschaften, 219-254.

Altrichter, H. (2008): Veränderungen der Systemsteuerung im Schulwesen durch die Implementation einer Politik der Bildungsstandards. In: Brüsemeister, T./Eubel, K.-D. (Hrsg.): Evaluation, Wissen und Nichtwissen. Wiesbaden: VS Verlag für Sozialwissenschaften, 75-115.

Altrichter, H./Maag Merki, K. (Hrsg.) (2010): Handbuch Neue Steuerung im Schulsystem. Educational Governance 7. Wiesbaden: VS Verlag für Sozialwissenschaften.

Altrichter, H./Brüsemeister, T./Heinrich, M. (2005): Merkmale und Fragen einer Governance-Reform am Beispiel des österreichischen Schulwesens. In: ÖZS 30 (4), 6-28.

Beer, R. (2007): Bildungsstandards. Einstellungen von Lehrerinnen und Lehrern. Münster, Wien: Lit.

Böttcher, W./Dicke, J. N. (2008): Implementation von Standards. Empirische Ergebnisse einer Umfrage bei Deutschlehrern. In: Böttcher, W./Bos, W./Döbert, H./Holtappels, H. G. (Hrsg.): Bildungsmonitoring und Bildungscontrolling in nationaler und internationaler Perspektive. Münster, New York, München, Bern: Waxmann, 143-156.

Dolch, J. (1982): Lehrplan des Abendlandes. Darmstadt: Wissenschaftliche Buchgesellschaft.

Fend, H. (2006): Neue Theorie der Schule. Einführung in das Verstehen von Bildungssystemen. Wiesbaden: VS Verlag für Sozialwissenschaften.

Freudenthaler, H. H./Specht, W. (2005): Bildungsstandards aus der Sicht der Anwender. Evaluation der Pilotphase I zur Umsetzung nationaler Bildungsstandards in der Sekundarstufe I. Graz: Zentrum für Schulentwicklung. Bundesministerium für Bildung, Wissenschaft und Kultur.

Freudenthaler, H. H./Specht, W. (2006): Bildungsstandards: Der Implementationsprozess aus der Sicht der Praxis. Ergebnisse einer Fragebogen-Studie nach dem ersten Jahr der Pilotphase II. Graz: Zentrum für Schulentwicklung. Bundesministerium für Bildung, Wissenschaft und Kultur.

Frühwacht, A. (2011): Wie rezipieren Grundschullehrkräfte Bildungsstandards und Vergleichsarbeiten? – Ein ländervergleichender Ansatz. Dissertation Universität Würzburg.

Hopmann, S. (2000): Lehrplan des Abendlandes – Abschied von seiner Geschichte? Grundlinien der Entwicklung von Lehrplan und Lehrplanarbeit seit 1800. In: Keck, R. W./Ritzi, C. (Hrsg.): Geschichte und Gegenwart des Lehrplans. Josef Dolchs „Lehrplan des Abendlandes" als aktuelle Herausforderung. Baltmannsweiler: Schneider Hohengehren, 377-400.

Keck, R. W. (2004): Lehrplan – Curriculum. In: Keck, R. W./Sandfuchs, U./Feige, B. (Hrsg.): Wörterbuch Schulpädagogik, 2. Auflage. Bad Heilbrunn: Klinkhardt, 270-275.

Klieme, E./Avenarius, H./Blum, W./Döbrich, P./Gruber, H./Prenzel, M./Reiss, K./Riquarts, K./Rost, J./Tenorth, H.-E./Vollmer, H. J. (2003): Zur Entwicklung nationaler Bildungsstandards. Eine Expertise. Bonn: Bundesministerium für Bildung und Forschung.

KMK (2005): Bildungsstandards der Kultusministerkonferenz. Erläuterungen zur Konzeption und Entwicklung. München, Neuwied: Luchterhand.

Luhmann, N. (2002): Das Erziehungssystem der Gesellschaft. Frankfurt am Main: Suhrkamp.

Luhmann, N./Schorr, K. E. (1988): Reflexionsprobleme im Erziehungssystem. Frankfurt am Main: Suhrkamp.

Müller, W. (2009): Lehrplantheorie und Lehrplanentwicklung. In: Apel, H. J./Sacher, W. (Hrsg.): Studienbuch Schulpädagogik, 4. Auflage. Bad Heilbrunn: Julius Klinkhardt, 71-103.

Neuhaus-Siemon, E. (2011): Grundlagen der Lehrplantheorie und der Lehrplanforschung. In: Einsiedler, W./Götz, M./Hartinger, A./Heinzel, F./Kahlert, J./Sandfuchs, U. (Hrsg.): Handbuch Grundschulpädagogik und Grundschuldidaktik, 3. Auflage. Bad Heilbrunn: Julius Klinkhardt, 317-325.

Rauin, U./Vollstädt, W./Höhmann, K./Tillmann, K.-J. (1996): Lehrpläne und alltägliches Lehrerhandeln. In: Die Deutsche Schule 88 (1), 66-80.

Robinsohn, S. B. (1975): Bildungsreform als Revision des Curriculums, 5. Auflage. Neuwied, Berlin: Luchterhand.

Schlegel, C. M. (2003): Zur Situation der empirischen Lehrplanforschung. In: Zentralinstitut für didaktische Forschung und Lehre (Hrsg.): Jahresbericht 2002. Augsburg: ZdFl. Online unter: www.uni-augsburg.de/de/institute/ZdFl/downloads/Jahresbericht/Jahresbericht-2002-Format-End.pdf [letzter Abruf: 06.03.2012], 34-66.

Sekretariat der Ständigen Konferenz der Kultusminister der Länder in der Bundesrepublik Deutschland (2004): Standards für die Lehrerbildung: Bildungswissenschaften. Beschluss der KMK vom 16.12.2004. Online unter: http://www.kmk.org/fileadmin/veroeffentlichungen_beschluesse/2004/2004_12_16-Standards-Lehrerbildung.pdf [letzter Abruf: 21.03.2012].

Vollstädt, W./Tillmann, K.-J./Rauin, U./Höhmann, K./Tebrügge, A. (1999): Lehrpläne im Schulalltag. Eine empirische Studie zur Akzeptanz und Wirkung von Lehrplänen in der Sekundarstufe I. Opladen: Leske, Budrich.

Weniger, E. (1956): Didaktik als Bildungslehre. Teil 1: Theorie der Bildungsinhalte und des Lehrplans. Weinheim, Berlin, Basel.

Weinert, F. E. (2001): Vergleichende Leistungsmessung in Schulen – eine umstrittene Selbstverständlichkeit. In: Weiniert, F. E. (Hrsg.): Leistungsmessung in Schulen. Weinheim, Basel: Beltz, 17-31.

Wiater, W. (2006): Lehrplan, Curriculum, Bildungsstandards. In: Arnold, K.-H./Sandfuchs, U./Wiechmann, J. (Hrsg.): Handbuch Unterricht. Bad Heilbrunn: Klinkhardt, 169-178.

Zeitler, S./Heller, N./Asbrand, B. (2012): Bildungsstandards in der Schule. Eine rekonstruktive Studie zur Implementation der Bildungsstandards. Münster: Waxmann.

Michael Göhlich
Schulkultur

Der Begriff „Schulkultur" zielt auf eine Ebene schulischer Praxis, die von herkömmlichen Didaktiken und Schultheorien nicht oder kaum thematisiert
wird und doch die spezifische Qualität der jeweiligen Schule einschließlich
des dort praktizierten Unterrichts wesentlich prägt. Zu den in dieser Hinsicht hervorragenden Phänomenen zählen etwa Schulfeiern, aber auch Rituale und Ritualisierungen des Schulalltags, Habitus von Lehrer(innen) und
Schüler(innen) oder Schulmythen. Jeder Schule ist eine bestimmte Schulkultur eigen.

Im vorliegenden Beitrag wird der Begriff der Schulkultur (1) von verwandten
älteren Begriffen abgegrenzt und (2) in der schultheoretischen Landschaft
verortet. Soweit dazu erforderlich, werden dabei Bezugspunkte im wissenschaftlichen Diskurs außerhalb der Pädagogik vorgestellt. Nach Vorstellung
der (3) Merkmale und Kategorien von Schulkultur werden (4) aktuelle Ansätze, Methoden und Ergebnisse von Schulkulturforschung erörtert. Der
Darstellung von (5) Schulentwicklung als Wandel der Schulkultur folgt
schließlich eine thesenartige (6) Zusammenfassung.

1 „Schulleben" und ähnliches.
Zur Geschichte des Gegenstands und seiner Begriffe

Schule ist seit je her mehr als ein Stätte des Unterrichts, insbesondere mehr als Ort
bloßer Wissensvermittlung. Die Schule ist ein Lebensraum, in dem stets auch – in
je spezifischer Weise – Leben gelernt, nicht zuletzt ein bestimmter Habitus[1] erlernt

---

1 Mit dem von Pierre Bourdieu (vom Kunsthistoriker Panofsky übernommenen und) in die Sozialwissenschaften eingebrachten Begriff „Habitus" wird das Kollektive im Individuellen, genauer: als
 individuell verkörperlichtes Zusammenspiel von Mustern gefasst. So schreibt Bourdieu in seinem
 Nachwort zu Panofskys Werk über den Zusammenhang zwischen gotischer Architektur und Scho-
 lastik: „In einer Gesellschaft, in der eine Schule das Monopol der Vermittlung von Bildung innehat,
 finden die geheimen Verwandtschaften, das einigende Band der menschlichen Werke (und zugleich
 der Lebensführung und des Denkens) ihren prinzipiellen Nexus in der Institution der Schule, fällt
 dieser doch die Funktion zu, bewusst (oder zum Teil auch unbewusst) Unbewusstes zu übermitteln
 oder, genauer gesagt, Individuen hervorzubringen, die mit diesem System der unbewussten (oder tief
 vergrabenen) Schemata ausgerüstet sind, in dem ihre Bildung bzw. ihr Habitus wurzelt. Kurz, die
 ausdrückliche Funktion der Schule besteht darin, das kollektive Erbe in ein sowohl individuell als

wird. In den Diskursen um die Schule wurde und wird diesem Tatbestand allerdings unterschiedlich viel und unterschiedliche Bedeutung beigemessen, was sich im Wandel der Begriffe von „Schulleben" über „Schülerkultur" und „Schulklima" bis eben „Schulkultur" niederschlägt.

In den mittelalterlichen Klosterschulen gehen Schul- und Lebenspraxis selbstverständlich Hand in Hand, die eine ist Teil der anderen. Auch die Domschulen des Hochmittelalters dienen zuvorderst als Lebensorte (vgl. Göhlich 1993). Betten oder Esstische in den Schulräumen einer Domschule aufzustellen, ist durchaus verbreitet. Schüler schlafen in der Schule und verzehren dort ihre in der Regel erbettelte Mahlzeit. Erst mit der Reformation werden Schule und Leben getrennt. Die von Luther so eindringlich geforderten Schulen sollen die als sündig, lasterhaft, teuflisch angesehene Welt ausschließen. Dass die Abschottung des Schulraums von der Welt ein allmählicher, gegen Widerstände seitens der Schüler erzwungener Prozess ist, habe ich an anderer Stelle gezeigt (ebda, 187).

Dennoch wird die Schule letztlich zu einer eigenen, von der anderen strikt getrennten Welt. Ende des 19. Jahrhundert, nach der allgemeinen Durchsetzung des Schulbesuchs, wird dies zum Problem. Die große Distanz zwischen Schule und Leben wie auch die fehlende Gestaltung der Schule als Lebenswelt gefährden die Funktionalität von Schule.

Hier setzen reformpädagogische Konzeptionen um 1900 an. Sie sprechen allerdings (noch) nicht von Schulkultur, sondern von Schulleben. Im Unterschied zum heutigen Begriff der Schulkultur thematisiert der reformpädagogische Begriff „Schulleben" den fraglichen Aspekt eher als Weg pädagogischer Neuerung denn als Aufgabe schultheoretischer Reflexion oder entsprechend fokussierter Schulforschung. Die Reformpädagogik plädiert dafür, „die Bedeutung der gesamten schulischen Lernumwelt für das Lernen der Schüler zu sehen und die pädagogische Gestaltung des ‚Schullebens' als legitimen und notwendigen Bestandteil der Didaktik anzuerkennen" (Zinnecker 1974, 604).

Der Begriff „Schulleben" entsteht in kritischer Wendung gegenüber der um 1900 gängigen Schulpraxis, welche von den Reformern als auf formalisiertes „totes" Wissen beschränkte „Buchschule" angegriffen wird. Die neue bzw. reformierte Schule soll Schule und Leben wieder in eins setzen oder miteinander verbinden.

Als Ideal der erstgenannten, vorzugsweise von politisch konservativen Schulreformern vertretene Position der Ineinssetzung von Schule und Leben gilt das Internat. So ist in einem damaligen Lexikon der Pädagogik unter Berufung auf den Nestor der Landerziehungsheimbewegung Hermann Lietz zu lesen: „Man kann das Schul-

---

kollektiv Unbewusstes zu verwandeln. (…) Indem Panofsky darüber hinaus den von der Schule eingeschärften Bildungsbestand mit dem scholastischen Begriff des Habitus bezeichnet, macht er deutlich, dass die Bildung weder ein gemeinsamer Code, noch ein allgemeines Repertoire von Antworten auf gemeinsame Probleme, noch gar eine Anzahl einzelner und vereinzelter Denkschemata, sondern eher ein Zusammenspiel bereits im voraus assimilierter Grundmuster ist." (Bourdieu 1994, 139 ff) leben kurz als die Außenseite der Schulzucht bezeichnen. Mehr, als man annehmen möchte, wirkt das Leben in der Schule auf das Schulkind ein, nicht nur wegen der Vorbildlichkeit der Maßnahmen, sondern auch wegen der Gewohnheiten, die ein mehrjähriges Schulleben hervorzurufen vermag. Am nachhaltigsten wirkt daher das Internat ..." (Clemenz 1915, 826).

In diesem Sinne zielt der Begriff des Schullebens also darauf, die in jedem und durch jeden Schulalltag sublim stattfindende – seit den 1970er Jahren als schulische Sozialisation bezeichnete – Herstellung eines spezifischen Habitus pädagogischer Intention und Planung zugänglich zu machen. Dabei wird der Vorbildrolle des Lehrerverhaltens besondere Bedeutung beigemessen. Gefordert wird vom Lehrer, sich nicht wie ein Vorgesetzter zu fühlen, sondern die Gemeinschaft mit den Schülern auch und gerade außerhalb des Unterrichts zu pflegen. Als Beispiele hierfür werden in dem oben zitierten Lexikonbeitrag aus dem Jahr 1915 insbesondere Schulspiele, Schulfeste und Schulwanderungen genannt.

Dass es hierbei um die Verankerung einer Ideologie, also bestimmter Normen, Werte und Haltung geht (weshalb dann auch vom Nationalsozialismus gerade das Schulleben ausgiebig, z.B. in Form von Fahnenappellen, entfaltet wird), ist zu erkennen, wenn man sich den Text genauer vor Augen führt. So wird dort als von höchster Bedeutung bezeichnet, dass „diejenigen Grundsätze, die der Unterricht zu vertreten hat, auch im Schulleben tatsächlich in die Erscheinung treten. Damit ist die Wichtigkeit der konfessionellen Schule von selbst erwiesen, denn jede sittlich-religiöse Einwirkung muss beeinträchtigt sein, wo es nicht statthaft ist, bestimmte Grundsätze einer christlichen Weltanschauung in Lebensformen und täglichen Pflichten zu vertreten (...) Dass daher der Unterricht mit einer Andacht beginne, ist selbstverständlich (...) Dass dann auch die Schulfeste im Sinne der christlichen Erziehung und der Pflege der vaterländischen Gesinnung genutzt werden, versteht sich von selbst. Nur denke man nicht, dass die vaterländische Rede allein den erstrebten Einfluss ausübe; vielmehr muss der ganze Tag ein patriotisches Gepräge erhalten. Endlich soll der Geist christlicher Weltanschauung durch einen vorbildlichen christlichen Lebenswandel den Kindern vorgelebt werden." (Clemenz 1915, 826f)

Aus heutiger Sicht stellen sich damit zwei Fragen, zum einen die (eher) forschungsleitende, was denn überhaupt ein solches „Gepräge" jenseits von „Rede allein" ist, wie es auftritt und funktioniert, zum anderen die (eher) konzeptionelle, wie denn die Grundsätze einer pluralen demokratischen Gesellschaft in der Schule in Erscheinung treten können. Auf diese Fragen werde ich weiter unten in der Diskussion der Schulkulturforschung an einem Beispiel eingehen.

Den sozialistisch orientierten Reformpädagogen ging es naheliegenderweise um andere Normen und Werte als den bürgerlichen. Ihr Ideal der Verbindung von Schule und Leben ist auch nicht das Internat, sondern die in den Stadtteil und seine Bevölkerung eingebundene Lebensgemeinschaftsschule. Diese vor allem im

Berlin und Hamburg der frühen 1920er Jahre zu findenden Schulen beanspruchen, die sozioökonomische Lage der Schüler(innen) bestimmende Lebensbereiche transparent und erfahrbar zu machen, nicht zuletzt eben auch durch eine Reform des Schullebens. So ließ Fritz Karsen, Leiter einer Berliner Lebensgemeinschaftsschule, regelmäßig Studienfahrten durchführen und den Unterricht durch darstellendes Spiel vertiefen, was in schulöffentlichen Aufführungen mündete. Auf den ersten Blick unterscheidet sich dies nicht wesentlich von den Postulaten bürgerlicher Schulpädagogen. Ob Schulspiel oder darstellendes Spiel, ob Schulwanderung oder Studienfahrt, die Formen des Schullebens scheinen sich zu gleichen. Der Unterschied liegt im Detail. So stellen Schüleraufführungen in der Lebensgemeinschaftsschule gesellschaftskritische Themen in den Vordergrund (Oelkers 1996, 262), was für die bürgerliche Schulpädagogik jener Zeit undenkbar ist. Auch wird Gemeinschaft in der Lebensgemeinschaftsschule nicht (wie bei Clemenz, s.o.) in den außerunterrichtlichen, sozusagen nur geselligen und nur gelegentlich stattfindenden Teil von Schule verbannt, sondern als partizipatorische Struktur vorgestellt, welche sich durch die gesamte schulische Praxis, also auch durch den Unterricht zieht. Das zentrale Forum solch gemeinsamer Selbstverwaltung war die „`Klassengemeinde´ (...), in der Schüler und Lehrer zu gemeinsamer Aussprache und Kritik zusammenfanden, was auch im Lehrplan verankert werden konnte" (Oelkers 1996, 262).

Allerdings bleibt diese Auffassung von Schulleben selbst in der Weimarer Republik marginal; mit Auflösung der Lebensgemeinschaftsschulen durch die Nationalsozialisten wird sie ganz aus der Schulpädagogik verbannt. Nach 1945 wird lediglich die bürgerliche Variante reaktiviert, welche das Schulleben auf den außerunterrichtlichen Bereich beschränkt und dort als Ästhetisierung von Hierarchie und Leistung praktiziert.

Dies rächt sich Ende der 1960er, Anfang der 1970er Jahre, als die Schule nicht nur unter Modernisierungsdruck hinsichtlich der Chancengleichheit des Zugangs zur Bildung und hinsichtlich der Wissenschaftlichkeit der Lehrinhalte, sondern auch unter Demokratisierungsdruck bzw. Partizipationsdruck seitens der Schüler(innen) gerät, aber keine Konzeption von Schule für diesen Fall parat hat.

Zu dieser Zeit erscheint erstmals der Kulturbegriff im schultheoretischen Diskurs. Dabei geht es allerdings (noch) nicht um Schulkultur, sondern ausdrücklich um „Schülerkultur" (Zinnecker 1974). Der Kulturbegriff wird also zunächst allein auf die Schüler bezogen. Suchte die Reformpädagogik die kritisierte Trennung von Schule und Leben durch ein Partizipation ermöglichendes Schulleben zu überwinden, so setzt die gesellschafts- und schulkritische Erziehungswissenschaft der frühen 1970er Jahre ihre Hoffnung auf die Schüler(innen) selbst, welche auf der „Hinterbühne" der Schule ihr eigenes Leben entfalten. Die Schule erscheint als starre („totale") Institution, deren Rituale die Verhaltensweisen und Einstellungen der Schülerindividuen zu determinieren suchen, wogegen diese sich nur mittels des Aufbaues einer Gegenwelt wehren können. An das Schulleben-Konzept der Lebensgemeinschaftsschulen wird nicht angeknüpft. Die Rituale, welche das offizielle Schulleben ausmachen (Schulfeiern, Schulspiele etc.), gelten als nicht reformierbar. So geht mit der Entdeckung der „Schülerkultur" die strikte Forderung nach einer „Entritualisierung" der Schule einher.

Im Unterschied zu „Schulleben" ist „Schülerkultur" ein soziologischer und kein pädagogischer Begriff. Schülerkultur kann nur erforscht, nicht pädagogisch gestaltet werden. Dementsprechend kurz ist die Konjunktur dieses Begriffs in der Schulpädagogik.

Von länger anhaltender Bedeutung ist der wenig später aufkommende Begriff „Schulklima" (Fend 1977). Auch dieser Terminus ist eher soziologischer als pädagogischer Natur, hat allerdings im Unterschied zum Begriff der Schülerkultur wieder die gesamte Schule bzw. das Ensemble der an Schule Beteiligten im Blick. Rückblickend schreibt Fend, es sei 1973 (Durchführungsjahr der erst 1977 publizierten Schulklima-Studie) erstmals gelungen, „eine tragfähige Phänomenologie von Schulperzeptionen zu entwickeln, die `Schulkultur´ als habituelle Wahrnehmungen (`Klima´ im Unterschied zum aktuellen `Wetter´) versteht. Auch die Auffassung, dass die Schulkultur, damals Schulklima genannt, das Ergebnis der jeweiligen schulhausbezogenen Bearbeitung des Amtsauftrages des Lehrerkollegiums angesichts externer Rahmenbedingungen ist, hat sich bewährt" (Fend 1998, 81).

Ohne die schultheoretische Bedeutung der Schulklima-Studie in Abrede zu stellen, muss die von Fend rückblickend vorgenommene Gleichsetzung von Schulklima und Schulkultur doch als fragwürdig bezeichnet werden. Denn Schulkultur ist nicht nur das Ergebnis der Bearbeitung, sondern auch der Prozess und die Art und Weise der Bearbeitung. Zudem wird nicht nur der Amtsauftrag des Lehrerkollegiums bearbeitet, sondern die vielen Aufträge, mit denen die verschiedenen an einer bestimmten Schule Beteiligten in diese Schule kommen.

In den 1990er Jahren werden die vorgestellten älteren Begriffe wie Schulleben, Schülerkultur oder Schulklima vom Begriff „Schulkultur" abgelöst, wobei deren Perspektiven und Fokussierungen eher transformiert als aufgegeben werden. Im Unterschied zu „Schulleben" wird „Schulkultur" zwar ebenfalls als pädagogisch gestaltbar gedacht, aber nicht in ihrer Gänze, da ihr eine komplexe Eigendynamik zuerkannt wird, die es zu erforschen gilt. Im Unterschied zu „Schülerkultur" wird mit dem Begriff „Schulkultur" Abstand genommen von einer Zweiweltentheorie der Schule (hier Institution Schule, dort Schülerkultur); die Kultur der jeweiligen Schule wird als interaktive Leistung aller an ihr Beteiligten (Lehrer(innen), Schüler(innen), Eltern u.a.) verstanden. Im Unterschied zum zumeist quantitativ erforschten „Schulklima" wird „Schulkultur" zunächst vorrangig mittels qualitativer Methoden, neuerdings aber auch, etwa bei Evaluationen einzelschulischer Entwicklung, mittels eines mixed-method-Ansatzes erforscht.

2 Schule als Kultur. Zur Bedeutung des Kulturbegriffs für die Schultheorie

Der Begriff der Schulkultur löst die älteren Begriffe nicht zufällig ab. Er steht keineswegs nur für eine Wiederbelebung des Schullebens unter neuer Begrifflichkeit, sondern für eine schultheoretische Neuerung. Die Theorie der Schule als Kultur entsteht in Auseinandersetzung mit vorgängigen Schultheorien und unterscheidet sich von diesen. War lange Zeit das makrosoziologische, strukturfunktionale Verständnis von Schule als Institution, welche die für den Fortbestand der Gesellschaft notwendigen Funktionen der Qualifikation, Selektion und Integration des Nachwuchses übernimmt, im schultheoretischen Diskurs übermächtig, so haben sich seit den 1980er Jahren auch Theorien entwickelt, die die Mikrowelt der Einzelschule fokussieren und deren Eigendynamik anerkennen. Inzwischen lassen sich im deutschsprachigen Raum im wesentlichen drei Ansätze für ein Verstehen der einzelnen Schule unterscheiden: der strukturfunktionalen und zweckrationalen Prämissen verbundene, in seinem Bezug auf den organisationstheoretischen Diskurs dementsprechend eingeengte und insofern nur bedingt zu Recht so genannte organisationstheoretische Ansatz (Rolff 1993, Dalin/Rolff/Buchen 1996; in einem derzeit in Vorbereitung befindlichen Aufsatz sucht Rolff diese Perspektive allerdings, u.a. durch Einbezug des kulturorientierten Ansatzes, zu erweitern), der mikropolitische Ansatz (Altrichter/Posch 1996) und eben der kulturorientierte Ansatz (Terhart 1994, Fend 1998, Göhlich 1997 und 2001).

Der hier verwendete Kulturbegriff wird aus der Ethnologie bzw. Kulturanthropologie übernommen, wo er zunächst historisch gewachsene und zu einer komplexen Gestalt gewordene Merkmale von Volksgruppen bezeichnet. Es geht dabei vor allem um Werte- und Denkmuster und um die sie vermittelnden Symbole und Symbolsysteme, aber auch um habitualisierte Handlungs- und Interaktionsmuster. So fokussieren Vertreter dieses Ansatzes sowohl Mythen als auch Rituale.

Für die Anwendung des Kulturbegriffes auf die Schule sind historisch betrachtet zwei Voraussetzungen wichtig: zum einen, dass Anthropologen wie Bateson (schon in den 40er und 50er Jahren) und Geertz (in den 60er und 70er Jahren; beide allerdings im deutschsprachigen Raum erst in den 80er Jahren wirksam) in verschiedenen Studien darauf hinwiesen, dass ihre am Studium fremder Institutionen in fernen Ländern gewonnene Herangehensweise vermutlich auch auf bekannte Institutionen bzw. Organisationen im eigenen Land anwendbar sind, und zum anderen, dass eben diese Übertragung im Bereich der Wirtschaft mit unternehmerischem Erfolg verbunden wurde. Die von Geertz verfassten, hierzulande 1987 erschienenen „dichten Beschreibungen" verschiedenster Kulturen im Spiegel konkreter Ereignisse zeigen Kultur als einen Prozess der Sinnstiftung und der Wertorientierung, in dem überhaupt erst die Basis für gemeinsames Handeln und Verstehen geschaffen wird.

Als dann Deal/Kennedy und andere (vgl. Schreyögg 1998, 440) in den 1980er Jahren zeigen konnten, dass Inhalt und Art der Orientierungsmuster in erfolgreichen Unternehmen eine ganz andere Ausprägung hatten als in weniger erfolgreichen, war der Damm für die Übertragung des Kultur-Ansatzes in andere gesellschaftliche Bereiche gebrochen. „Corporate identity" galt von da an als anstrebenswert. Organisationen unterschiedlichster Art entwarfen hausinterne Motti und Verhaltenskodices, ein je eigenes „Logo" für die Öffentlichkeitsarbeit und anderes mehr. Bekräftigt wurde dieser Ansatz durch Studien von Schein (vgl. ebda, 443), der die Unternehmenskultur als kollektiven Wissensvorrat zeigt, als Ergebnis historischer und nun ritualisierter bzw. symbolisierter Lernprozesse im Umgang mit Problemen aus Umwelt und interner Koordination.

Die Übertragung des kulturtheoretischen Ansatzes auf die Institution bzw. Organisation Schule war so nur noch eine Frage der Zeit. Erstmals hatten Rutter und sein Team einen Vorstoß in diese Richtung gemacht, als sie nach einer mehrjährigen Untersuchung von zehn Londoner Sekundarschulen den Begriff des Schulethos einführten und dieses Schulethos als entscheidenden Faktor für Erfolg bzw. Misserfolg der jeweiligen Schule bezeichneten. Im angloamerikanischen Raum gibt es seitdem verschiedenste Studien, die einzelne Schulen als Kultur bzw. Kulturgemeinschaft betrachten. Zu nennen ist hier insbesondere McLarens Studie „Schooling as a Ritual Performance" (1993). McLaren beschreibt, basierend auf Beobachtungen von Alltagsritualen in drei achten Klassen einer katholischen Mittelschule in Toronto, wie bestimmte Rituale etwa der Belohnung, der Bestrafung und des Gebets täglich und unterrichtsstündlich aufs Neue die Funktion übernehmen, Jugendliche aus ihrem „streetcorner state" (Straßenzustand) herauszuholen und zu Schülern („student state") zu machen.

Im deutschsprachigen Raum begann die Übertragung des kulturorientierten Ansatzes auf die Institution Schule in der zweiten Hälfte der 80er Jahre, als Fend die Einzelschule als pädagogische Handlungseinheit postulierte und von einer bloß Befindlichkeiten klärenden Schulklima-Forschung abrückte. Anfangs konzentrierte sich der Diskurs um Schulkultur auf die Wiedergewinnung eines positiven Verhältnisses zu ihr, etwa indem neue Formen der Schulkultur, z.B. neue Rituale gesucht wurden. Empirisch genutzt wird der Ansatz erst in jüngster Zeit.

So lassen sich in der Auseinandersetzung um schulische Rituale, um ein herausragendes Phänomen von Schulkultur als Beispiel zu nehmen, drei Phasen erkennen. Die erste große Reflexionswelle Ende der 60er, Anfang der 70er Jahre ist kritisch orientiert. Am Ritual wird nur das Moment der Erstarrung, der formalen Fixierung und der politisch problematischen Reflexionslosigkeit gesehen. Dementsprechend negativ wird es in der Erziehungswissenschaft jener Zeit bewertet. Diese abwehrende Haltung, pointiert etwa bei Wellendorf (1973) oder in der Diskussion um den „heimlichen Lehrplan" zu finden, zieht sich bis in die 80er Jahre durch. So ist in Lenzens zwölfbändiger Enzyklopädie Erziehungswissenschaft in den frühen 80er

Jahren dem Ritualbegriff kein eigener Beitrag gewidmet, und wo der Begriff doch auftaucht, geht es um den Abbau dessen, was er benennt. Die zweite Phase setzt Ende der 80er Jahre ein. Insbesondere in der Schulpädagogik erhält das Ritual neue Aufmerksamkeit und wird nun positiv besetzt. Eine Vielzahl praktischer Anregungen zu „pädagogisch sinnvollen" Ritualen wird veröffentlicht (WPB Westermanns Pädagogische Beiträge 7-8/1987, Pädagogik 1/1994). Offenbar bedienen sie ein Orientierungsbedürfnis, das aus einer mit Abschaffung offizieller Schulrituale entstandenen Formlosigkeit hervorgegangen ist. Ende der 1990er Jahre ist eine dritte Phase der erziehungswissenschaftlichen Auseinandersetzung mit Ritualen angelaufen (vgl. Pädagogik 4/1999), zu der auch eigene Untersuchungen im Rahmen der mehrjährigen Berliner Ritualstudie beigetragen haben (vgl. Göhlich/Wagner-Willi 2001, Göhlich 2004, Göhlich/Zirfas 2007). Es geht nun nicht mehr um abwehrende Kritik oder um alternative Gestaltungsvorschläge, sondern um qualitativ-empirische Forschung.

Mit dem Ethnologen Geertz lässt sich Kultur als ein „selbstgesponnenes Bedeutungsgewebe" betrachten (Geertz 1987, 9). Wer die Kultur einer Gesellschaft, einer Gruppe, einer Institution oder Organisation verstehen will, muss also nach Bedeutungen suchen, muss interpretieren. Diese Bedeutungssuche gelingt nur, wenn der Forscher (hier: Schulforscher) konkrete Ereignisse und darin auftretende wiederkehrende Praktiken, Symbole, Riten untersucht.

Terhart hat in einem anregenden Aufsatz in der Zeitschrift für Pädagogik 1994 auf bestimmte Implikationen der Verwendung des Kulturbegriffs hingewiesen: Im Gegensatz zum Gesellschaftsbegriff, der uns selbst als beobachtende Einzelwesen der Gesellschaft gegenüberstellt, legt der Kulturbegriff nahe, dass wir Teil des Ganzen sind. Problematisch wird der Kulturbegriff, wenn er als normativer Konsens zur Markierung „feiner Unterschiede" eingesetzt wird (wie es etwa in der Konkurrenzsituation stadtbekannter Gymnasien zu beobachten ist). Als Chance des Kulturbegriffs postuliert Terhart, dass er als Klammer zwischen System- und Handlungsebene verwendet werden kann, wenn bei Kultur statt an stets schon vorhandenem Konsens an die Gestaltung von Modalitäten der Konsensaushandlung gedacht wird. Die neuere Schulkulturtheorie und -forschung teilt diese Auffassung.

3 Was ist Schulkultur? Merkmale und Kategorien

„Schulkultur" ist zu einem wichtigen Terminus des erziehungswissenschaftlichen Diskurses geworden. Dabei sind zunächst zwei Varianten zu unterscheiden:
zum einen Schulkultur als Bezeichnung für nicht unmittelbar lehrplanbezogene, zumeist außerunterrichtlich stattfindende Aktivitäten einer Schule (also Schulfeiern, thematisch offene Projekttage, Arbeitsgemeinschaften etc.), im Grunde also als Synonym des älteren Begriffes „Schulleben";

zum anderen Schulkultur als auf die Eigenart und ganzheitliche Qualität der jeweiligen Schule bezogene Kategorie, die mit kulturanthropologischen Begriffen wie Ethos, Habitus, Symbol, Mythos oder Ritual nach der spezifischen Organisationsform gesellschaftlicher Ressourcen in der betreffenden Einzelschule fragt und dazu die obengenannten Aktivitäten wie etwa Schulfeiern ebenso untersucht wie unterrichtliche Aktivitäten oder das Pausengeschehen.

Theoretisch weiterführen kann nur die zweite Variante, die in den letzten Jahren erheblich an Bedeutung gewonnen, sich zugleich allerdings in verschiedene Ansätze ausdifferenziert hat.

Fend hat in einem 1996 erschienenen Aufsatz auf der Grundlage von Hospitationen in Vorzeige-Schulen durch die Kommission für Schulpädagogik der DGfE das Verständnis der Einzelschule als Kultur in drei Punkten zusammengefasst: Schulkultur kommt in Symbolisierungen (Objektivationen), in Ereignissen, in Sprache (gemeinsame Bedeutungen) zum Ausdruck. Symbolisierungsarmut, Ereignisarmut und Mangel an gemeinsamen Bedeutungen sind Negativausprägungen kulturarmer Schulen. Die kulturelle Innenausstattung (in Gestalt eines Schulethos) gruppiert sich um die Bewältigung von Alltagsaufgaben, um die Lösung von Konflikten, um die Erfüllung von Sachansprüchen.

Empirisch hat sich z.B. Aurin (1994) dieser kulturellen Innenausstattung von Schulen genähert, indem er auf der Suche nach schulinternem Konsens Lehrer(innen), Schüler(innen) und Eltern von fünf Schulen befragte und dabei quer durch Lehrerschaft, Schülerschaft und Elternschaft vertretene Vorstellungen von Schule entdeckte. Verstehen die einen Schule vor allem als Wissensvermittlungsanstalt, so sehen andere sie als Institution, welche auf Voraussetzungen, Bedürfnisse und Interessen der Schüler(innen) einzugehen hat, wieder andere als Lebensvorbereitungsstätte. In einem der Fallbeispiele der Aurin-Studie, einem kirchlichen Mädchengymnasium, wird zudem deutlich, dass die Erzeugung eines Schulkonsenses ein auf mehreren Ebenen ablaufender Prozess ist. So stimmt an dieser Schule die große Mehrheit quer durch alle Beteiligtengruppierungen in dem allgemeinen Ziel einer Orientierung an christlichen Werten überein, praktiziert aber unterschiedliche Umsetzungen dieses allgemeinen Ziels, so wird vom progressivem Teil der Lehrerschaft z.B. der Schöpfungsgedanke mit ökologischer Pädagogik, mit Umweltschutz-Projekten u.ä. verbunden und das Spezifische einer Mädchenschule mit feministischen Unterrichtsprojekten, was den allgemeinen Konsens mit den anderen Lehrer(innen) wiederum gefährdet.

Aurin sieht die Bedeutung des Schulkulturansatzes darin, die nur lose Verknüpfung zu überwinden, die innerhalb einer Schule auf Grund ihrer einzelnen Organisationselemente oder Subsysteme (also Schulklassen, Fächer, Lerngruppen etc.) besteht. Sein Ansatz ist insofern eher imperativer Entwurf als interpretative Theorie. Er zielt auf die qualitative Weiterentwicklung einer Schule, um durch eine bessere Vernetzung ihrer Subsysteme oder Handlungsbereiche wie auch der Lebenswelten der Schüler(innen) ihr Zusammenspiel zu erhöhen und damit die Erziehungs- und Bildungswirksamkeit der Schule zu erhöhen. Als Hilfestellung nennt Aurin die schulinterne Fortbildung.

Holtappels (1995) unterscheidet in Bezug auf die Einzelschule und deren Weiterentwicklung zwischen Lernkultur (curriculare und didaktische Aspekte), Erziehungskultur (Interaktionsmuster, Sozialklima u.ä.) und Organisationskultur (strukturelle Merkmale). Auf den ersten Blick wirkt sein Ansatz griffig, scheint er doch die schulkulturellen Entwicklungsmöglichkeiten bereichsspezifisch zu präzisieren. Ein Problem der Auffassung ist jedoch, dass sie trennt, was unmittelbar zusammengehört, ohne anzugeben, wie das Getrennte zusammengehört. Diese Schwierigkeit ist vermutlich auch dadurch bedingt, dass sein Modell von Schulkultur weder neuere Organisationstheorie (die die Interaktionen organisationaler Stakeholder sowie die Organisationskultur berücksichtigt) noch kulturtheoretische Kategorien nutzt, sondern entlang tradierter pädagogischer Schnittlinien (Unterricht, Erziehung, Bildungswesen) angelegt ist. Bezeichnenderweise führt Holtappels nicht am konkreten Fall vor, wie seine Unterscheidung schulforschend umgesetzt werden kann und welchen Nutzen sie für die Schulforschung bringt.

Schulforschend genutzt wird der Begriff der Lernkultur von Bauer (1995), der diese mittels eines ethnographischen Vergleichs der Unterrichtspraxen zweier Lehrer untersucht. Gefasst wird Lernkultur dabei als „von Lehrenden und Lernenden gemeinsam verwendete Muster der Wahrnehmung und der Überzeugungen, die auf die Verwirklichung pädagogischer Werte zielen. Gestützt werden Lernkulturen durch Symbole, symbolische Handlungen und symbolische Artefakte" (Bauer 1995, 116). Allerdings bleibt auch hier die Beziehung zwischen Lernkultur und Schulkultur unklar.

Weiter führt beispielsweise die schulkulturell orientierte Untersuchung einer Berliner Grundschule (Katzke 1998). Sie geht mittels Beobachtungen und Interviews der Frage nach, warum nach wie vor viele Lehrer(innen) frontal unterrichten, obwohl in der pädagogischen Theorie und in der Lehrerausbildung seit langem eine Öffnung des Unterrichts, Gruppenarbeit, Freiarbeit, Projektunterricht etc. postuliert werden. Die Antwort auf diese Frage liegt – zumindest im Fall der untersuchten Schule – in der Schulkultur, hier genauer: in dem, herkömmlichen Unterricht befördernden, Unterstützungssystem innerhalb des Kollegiums. Die frontale Unterrichtspraxis erweist sich als Balanceakt der Lehrer(innen) zwischen Erwartungen und Möglichkeiten, Unsicherheiten und Sicherheitsbedürfnis, Belastungsfaktoren und Belastbarkeit. Dieser individuelle Balanceakt wird schulkulturell gestützt: durch den Mangel an gemeinsamer kritischer Reflexion sowie durch die alltägliche kollegiale Bestätigung bestimmter Praxen (z.B. dass die „Stunden" in einem Fach dem Aufbau eines bestimmten Schulbuchs folgen) und „Wahrheiten" (z.B. Schüler(innen) stören den Unterricht; konkret: Lehrer(innen) stützen sich im Lehrerzimmer in der Einschätzung einer Klasse als „problematisch" und bestimmter Kinder als „störend" und versichern sich gegenseitig ihrer Strategien: „Störer" vor die Tür stellen, „Arbeitsbogen rein und durch"). Die Möglichkeit, die diesen „Wahrheiten" zugrundeliegenden Erfahrungen als Hinweise auf Grenzen frontaler Unterrichtspraxis zu lesen, kann so abgewehrt werden. Bezeichnenderweise loben diese Lehrer(innen) die kollegiale Zusammenarbeit an der Schule.

Wer Schule empirisch als Kultur untersucht, darf also nicht bei der Frage nach innerkollegialem Konsens oder nach kollegialer Zusammenarbeit stehen bleiben (dies ist das Risiko quantitativer Schulklima-Erhebungen), sondern muss die einzelnen konkreten Ereignisse und Symbolisierungen sowie die gemeinsamen Bedeutungen unter die Lupe nehmen. Schule wird dann als schismogenes Kommunikationssystem von Teilkulturen (Göhlich 1997) erkennbar, in dem beispielsweise Ausgrenzung nicht nur – wie von der makrosoziologisch inspirierten Schultheorie nahegelegt – der gesellschaftlichen Selektionsfunktion von Schule dient und folgt, sondern (zumindest auch) als Teil einzelschulinterner Stabilisierungsprozesse zu verstehen ist.

4 Schulkulturforschung.
Ansätze, Methoden und Ergebnisse

Gemeinsam ist den Schulkulturtheorien das Interesse an kulturellen Phänomenen der Schule wie z.B. Schulfeiern, Ritualen und Ritualisierungen des Schulalltags, symbolischen Markern verschiedenster Art, Habitus von Lehrer(innen), Schüler(innen)und Eltern, Schulmythen und dem jeweiligen Schulethos. Dies legt die Nutzung qualitativer Forschungsmethoden nahe. Allerdings sind gelegentlich auch quantitative Studien zu finden, in denen von Schulkultur die Rede ist, wobei im Einzelnen zu prüfen ist, ob es dort um Schulkultur im oben definierten Sinne oder nicht doch eher um Schulklima o.a. geht.

Kern der im Kontext einer umfangreichen objektiv-hermeneutischen Untersuchung der Schulkulturen dreier Gymnasien entwickelten Schulkulturtheorie Werner Helspers ist die These, „dass die symbolische Ordnung der Schule als Ergebnis des Handelns der schulischen Akteure in der Spannung zwischen dem Realen, dem Symbolischen und dem Imaginären der jeweiligen Schule aufgespannt ist" (Helsper u.a. 2001, 553). Helsper u.a. arbeiten das Reale als antinomische Konstellation heraus, die als Ergebnis der Auseinandersetzung schulischer Akteure mit strukturellen Vorgaben erzeugt wird. Als das Symbolische wird die interaktive Auseinandersetzung der schulischen Akteure um die Ausgestaltung der Schule rekonstruiert; insbesondere geht es hierbei um die Ausformung schulischer Partizipations- und Anerkennungsverhältnisse. Auf der Ebene des Imaginären geht es um die, etwa in Schulmythen zum Ausdruck kommende, Stiftung pädagogischen Sinns für den institutionellen Zusammenhang. Als Ergebnis ihrer Untersuchung gymnasialer Schulkulturen postulieren sie: „Die symbolische Auseinandersetzung mit dem Realen und den daran gebundenen Antinomien erfolgt vor allem als imaginäre Sinnkonstruktion. Darin wird die Strukturproblematik der jeweiligen Institution, also das institutionelle Reale negiert. Es verbleibt in der Latenz, wird nicht in Form offener Auseinandersetzungen bearbeitet, sondern als gelöst und bewältigt imaginiert. (...) Diese Verkennung des schulischen Realen und der innerschulischen Strukturprobleme kommt besonders deutlich in der Negation und Entthematisierung innerschulischer Strukturprobleme und ihrer gleichzeitigen Verlagerung in das gesellschaftliche Draußen zum Ausdruck, das aber von der Schule als einer pädagogischen Gegenwelt bearbeitet und bewältigt werden kann. Kurz: Das Reale der Schule wird zum gesellschaftlichen Realen verschoben und innerschulisch durch das Imaginäre ersetzt" (Helsper u.a. 2001, 555). Entsprechend der starken Gewichtung des Imaginären und des Mythos konzentrieren sich Helsper u.a. auf sprachliches Untersuchungsmaterial, etwa auf Redebeiträge bei Schulfeiern, und interpretieren dieses mittels des Verfahrens der Objektiven Hermeneutik (vgl. ebda., 623ff). In einem neueren Aufsatz weist Helsper zwar zu Recht darauf hin, dass bei einer Reduktion seines Ansatzes auf das Imaginäre und den Mythos „die Rekonstruktion von interaktiven Regeln und Anerkennungsbeziehungen – also des Symbolischen der Schulkultur – oder die Verbindung mit biographischen Rekonstruktionen des Schülerhabitus unterschlagen" (Helsper 2008, 69) wird. Zugleich stellt er jedoch im Hinblick auf seine empirischen Studien selbst fest, dass in diesen „bisher die Ebene der Diskurse, also die Konstruktion schulischer Sinnentwürfe in schulischen Selbstpräsentationen, Narrationen, Symboliken und mythischen Konstruktionen" (ebd.) dominiert.

Bei aller Gemeinsamkeit in der hohen Bedeutung, die der Schulkultur zuerkannt wird, speziell im Interesse an Schulfeiern und anderen schulischen Ritualen, bestehen zwischen diesem und unserem (Göhlich 1997, 2001, 2004; Göhlich/Zirfas 2007; vgl. Wulf 2001, 2004) Ansatz doch theoretische und forschungsmethodische Differenzen. Wenngleich diese mit Helspers inzwischen erfolgtem Einbezug der praxistheoretischen Perspektive (Helsper 2008) geringer geworden sind, bestehen sie mit Blick auf die oben skizzierte empirische Studie fort. Während Schulkultur aus mikropolitischer Perspektive (Helsper u.a. 2001, 26ff) als Ergebnis strategischer und kommunikativer Auseinandersetzungen in Streitarenen erscheint, wird sie aus unserer praxistheoretisch, genauer: mimesistheoretisch fundierten Sicht als Spiel fein gestalteter Wiederholungen sichtbar, wobei deren feine Gestaltung ein kreatives Potential birgt, das einerseits dem einzelnen schulischen Akteur die Mitwirkung an der schulischen Wirklichkeit und andererseits der einzelnen Schule organisationales Lernen, d.h. spezifischen Wandel ermöglicht.

Der Fokus liegt damit nicht auf dem Mythos der betreffenden Schule, sondern auf der nicht zuletzt körperlich interaktiven Praxis. Forschungsmethodisch stützt sich eine so orientierte Schulkulturforschung auf ethnographische Verfahren (Breidenstein/Kelle 1998, Göhlich/Engel/Höhne 2012), insbesondere auf videogestützte Beobachtungen und deren Interpretation mittels der Kategorien des Performativen (Wulf/Göhlich/Zirfas 2001).

Die aus mikropolitischer Perspektive (vgl. Helsper u.a. 2001, 26ff) wichtige Frage der Macht entfällt aus systemisch-mimesistheoretischer Sicht keineswegs, sie wird nur anders betrachtet. Handeln, genauer: ein (ggf. selbst)kommunikativ als Handeln definiertes Geschehen, bewegt stets den Sinn vorgängiger Praxis. In dieser Bewegung wird Macht erzeugt, sei es bestätigend oder widerständig. Diese Macht ist allerdings weniger dem Akteur als dem Handeln selbst zuzuschreiben. Die Fokussierung des Performativen (Wulf/Göhlich/Zirfas 2001) bringt diese Wirkmächtigkeit des Handelns zum Vorschein. Das Handeln ist umso mächtiger, je mehr es auf Handlungsregelungsressourcen zugreifen kann.

Was auf der Ebene systemischen Prozessierens kommunikativer Sinn ist, ist als Handeln an Körper und Psyche der Akteure angeschlossen. Wiederholt aufgeführte Muster organisationskultureller Praxis werden in Habitus individueller und kollektiver Akteure überführt. Dies gilt es bei der Untersuchung von Schulkultur in den Blick zu bekommen. So kann etwa eine Schulfeier als großes Praxismuster gelesen werden, das sich aus vielen kleinen Mustern zusammensetzt, welche sich aus dem systemischen Prozessieren alltäglicher Schulpraxis speisen, davon abheben und zugleich wiederum mimetische Vorlagen im Sinne eines „rituellen Wissens" (Jennings 1998) bilden, die ihrerseits das weitere Handeln schulischer Akteure und das Prozessieren alltäglicher Schul-, d.h. nicht zuletzt Unterrichtspraxis beeinflussen. So wird in der videographischen Studie der Abschiedsfeier einer Schule (Göhlich 2004) deutlich, dass sich die Abschiedsfeier aus verschiedenen Bausteinen zusammensetzt, von denen die Ansprache der Schulleiterin an die abgehenden Schüler(innen), der Verleih von Urkunden für langjährige Mitarbeit in AGs u.a. sowie (teils wechselseitige) Danksagungen die Besonderheit im Vergleich zu anderen schulischen Feiern ausmachen. Die Urkunde erscheint dabei als Sakramentalie, in deren Übergabe Leistung und Mitarbeit geheiligt werden.

Dass sich die Schulkulturforschung inzwischen etabliert hat, zeigt sich daran, dass inzwischen nicht nur Studien vorliegen, die auf die Schulkultur als solche zielen, sondern auch Studien, die der Beziehung zwischen der Schulkultur und bestimmten Einzelaspekten nachgehen. So liegen Studien zum Zusammenhang von Schulkultur und Unterrichtsfach bzw. fachliches Lernen (Ackeren u.a. 2008; Bender 2010; Pallesen/Schierz 2010), zum Zusammenhang von Schulkultur und Partizipation (Ammann 2009), zum Zusammenhang von Schulkultur und Gendergerechtigkeit (Budde u.a. 2008, Herwartz-Emden u.a. 2006) sowie auch Arbeiten zu einer spezifischen Methodologie der Schulkulturforschung (Bendix/Kraul 2011) vor.

Dabei ist gleich bei der erstgenannten Studie (Ackeren u.a. 2008) fraglich, ob hier tatsächlich Schulkultur untersucht wird. Es handelt sich um eine quantitative Studie, die nach der Bedeutung der Schulkultur als Kontext naturwissenschaftlichen

Lernens fragt und hierzu Schulkultur und Fachkultur mit jeweils umfangreichen Indikatorensätzen operationalisiert und quantitativ untersucht. Zwar definieren die Autor(innen) Schulkultur eingangs als „die dominanten und von einer Mehrzahl der Mitglieder der schulischen Praxisgemeinschaft in einem stetigen Aushandlungsprozess geteilten Wert-, Norm- und Einstellungsmuster hinsichtlich unterrichtlicher, schulorganisatorischer und außerschulischer Aspekte, die in der tagtäglichen Arbeitspraxis zum Ausdruck kommen" (Ackeren u.a. 2008, 342), aber weder die tagtägliche Arbeitspraxis noch der stetige Aushandlungsprozess, sondern allein oder doch vorrangig Einstellungen der Akteure werden untersucht. Aussagen wie „Kultur wurzelt in Beziehungen (…) Die Qualität von Beziehungen wird über das Konstrukt des Schulklimas berücksichtigt." (ebd., 344) stützen die Vermutung, dass hier eher Schulklima- als Schulkulturforschung vorliegt. Hingegen sind die Arbeiten von Bender und Pallesen/Schierz qualitative Fallstudien, die Schulkultur im oben definierten Sinne und deren Verhältnis zum fachlichen Lernen untersuchen. Saskia Bender (2010) untersucht eine Schule mit kunstbetontem Profil in einem sozialen Brennpunktgebiet im Hinblick auf die Frage, inwieweit schulbildungsferne Kinder über intensivierte künstlerische Tätigkeit in die Schule integriert werden können. Dabei wird deutlich, dass es die Möglichkeit der Erweiterung des Raums für ästhetische Erfahrungen in der Schule begrenzt ist, die Ermöglichung ästhetischer Erfahrungen jedoch krisenbelastete Kinder von dem üblicherweise schulisch dominanten Bewährungsdruck entlasten kann. Hilke Pallesen und Matthias Schierz (2010) rekonstruieren die Schulkultur in Verbundsystemen zwischen Schule und (Leistungs-)Sport. Dabei erarbeiten sie einerseits – im Anschluss an die Schulkulturtheorie Helpers, jedoch mittels der dokumentarischen Methode – das Imaginäre der Einzelschule, andererseits die Anerkennungsverhältnisse in Familie und Schule als (förderliche bzw. hinderliche) Rahmenbedingungen der Passung zwischen Talent und Schule.

Markus Ammann (2009) untersucht in einer qualitativen Einzelfallstudie einer berufsbildenden Schule in Österreich, inwieweit Stakeholder der Organisation Schule an dieser partizipieren. Dabei begreift er Partizipation sowohl als Ausdruck von Schulkultur als auch als diese prägend. Die vorrangig quantitativ-empirische Studie von Martina Diedrich (2008) gehört hingegen wieder zu den Arbeiten, die zwar den Begriff der Schulkultur verwenden und unter Rückgriff auf einschlägige Referenztheorien auch bestimmen, jedoch in ihrer Forschungspraxis dann nicht an die Schulkulturforschung, sondern an die Schulqualitätsforschung und Schuleffektivitätsforschung anschließen. Dennoch bietet die Arbeit auch Schulkultur-Interessierten einige Hinweise auf die Frage, inwiefern die Schule durch Schaffung einer demokratischen Schulkultur – als deren Kriterien der pluralistische Diskurs, die Förderung von Mündigkeit und die kritische Reflexion bestehender Verhältnisse genannt werden – die Entwicklung demokratischer Handlungskompetenzen der Schüler(innen) fördern kann.

In gewisser Weise mit der Partizipationsfrage, jedenfalls mit der Demokratiefrage verbunden, aber doch durch einen eigenen Fokus ausgewiesen sind die Arbeiten zum Zusammenhang von Schulkultur und Geschlechtergerechtigkeit. Leonie Herwartz-Emden u.a. (2006) berichten über die Ergebnisse eines DFG-Projekts zu Schulkultur, Geschlechtersegregation und Mädchensozialisation, das an achten und elften Klassen dreier koedukativer und dreier monoedukativer bayerischer Gymnasien durchgeführt wurde. Die Studie geht in erster Linie der Frage nach, was eine Mädchenschule zur Mädchenschule macht, fragt aber auch nach deren Auswirkungen auf die Mädchen. Während Herwartz-Emden u.a. die Methoden der teilnehmenden Beobachtung, der Gruppendiskussion und der schriftlichen Befragung kombinieren, um letztlich zu einem Vergleich der monoedukativen und der koedukativen Schulen zu gelangen, handelt es sich bei der Arbeit von Jürgen Budde u.a. (2008) um die ethnographische Fallstudie eines österreichischen Gymnasiums. Im Zentrum steht dabei die Geschlechtergerechtigkeit als schulkulturelle Gestaltungsaufgabe bzw. die Frage, wie Geschlecht in der schulkulturellen Praxis produziert wird.

Schließlich ist zu notieren, dass den methodischen Fragen der Schulkulturforschung auch über die gegenstandsbezogene Schulkulturforschung hinaus eigene Aufmerksamkeit zukommt. Besonderes Gewicht erlangt dabei nicht zufällig die Ethnographie, schließt sie doch am dichtesten an die forschungsmethodische Erfahrung der allgemeinen Kulturforschung (Ethnologie bzw. Kulturanthropologie) an. Stellvertretend hierfür kann ein Aufsatz von Regina Bendix und Margret Kraul (2011) genannt werden, in dem diese dafür plädieren, das für ethnographische Forschung leitende Prinzip der Fremdheit als Erfahrung und Erkenntnis steigerndes Moment zu nutzen und hierfür beispielhaft zwei Methoden, den geführten Rundgang und den Einsatz fremdkulturell sozialisierter Blicke, vorstellen.

5 Schulentwicklung als Wandel von Schulkultur

Als Vorteil des kulturorientierten Verständnisses von Schule kann gelten, dass er Erklärungsmöglichkeiten hinsichtlich Kontinuität und Stabilität der einzelschulischen Praxis bietet. Ob gleiches auch für die an einzelnen Schulen zu beobachtende Entwicklung und Innovation gilt, erscheint zunächst fraglich und kann nur mittels Längsschnittuntersuchungen geklärt werden. Abschließend gehe ich deshalb exemplarisch auf die mehrjährige Untersuchung einer Berliner Grundschule, hier speziell ihrer Abschiedsfeiern in den Jahren 1999 bis 2001 ein, die im Rahmen eines multiperspektivischen Ritualforschungsprojekts (Wulf u.a. 2001, Wulf u.a. 2004) entstanden ist.

Dabei komme ich auf die eingangs formulierten Fragen zurück, wie denn ein „Gepräge" einer Schule entsteht und wie es sich zu demokratisch-partizipativen Ansprüchen verhält. Das lässt sich an den Abschiedsfeiern dieser Schule nicht zuletzt deshalb gut zeigen, weil deren beanspruchtes Profil das einer Gemeinschaftsschule ist, welche die jeder Schule zwangsläufig eigene Schismogenität (vgl. Göhlich 1997) partizipatorisch zu lösen sucht.

Die Abschiedsfeier 1999, bei der alle Lehrer(innen) und Schüler(innen) sowie wenige Andere (zumeist Eltern) anwesend sind, wird von der Schulleiterin beherrscht. Sie eröffnet und schließt die Feier offiziell, dankt externen Helfern, verleiht Preise an Schüler(innen) und verabschiedet die Sechstklässler(innen). Oben hatte ich darauf hingewiesen, dass der Zugang zu Handlungsregelungsressourcen Macht impliziert. Dazu gehört, dass die Schulleiterin es ist, die den ruheheischenden Gong in der Hand hält und ggf. schlägt, dass sie es ist, die das Mikrofon in der Hand hat, an die jeweiligen Aufführenden übergibt und von ihnen zurückfordert. Sie ist es, die das Programm steuert, z.B. über das angekündigte Programm hinausgehende Inszenierungen Einzelner oder einer bestimmten Gruppe auf der Bühne zulässt und beendet. Die Inszenierungen der Schüler(innen) in dieser Abschiedsfeier spiegeln die Macht der Schulleiterin wider. So heißt es in einem von einer Schulabgängerin vorgetragenen Gedicht: „Doch über allem, das weiß hier jeder ganz genau, stand immer eine einzige Frau. Frau X (Name geändert, M.G.), die Seele von allem hier, stand beschützend vor uns wie ein Stier." Auch wenn hier die Form der Machtausübung als Garant für persönlichen Schutz gewürdigt wird, steht die erkennbar hierarchische Praxis doch im Gegensatz zum partizipativen Anspruch der Schule. Dies gilt umso mehr, als andere auf der Bühne dieser Abschiedsfeier schulöffentlich gemachte Äußerungen, wie etwa die eines für seine Klasse sprechenden Schulabgängers, der die Schulleiterin schlicht als „die wichtigste Person der Schule" bezeichnet, unverblümter auf die Hierarchie hinweisen.

Am meisten gefährdet wird der Anspruch einer partizipativen Schulgemeinschaft jedoch durch den in der Feier performierten Habitus der Schulleiterin (s.o.). Er trägt wesentlich zum „Gepräge" der Schule bei, ähnlich der Prägung des Musters einer Klasse, besser gesagt: einer Unterrichtsgemeinschaft, durch den performierten Habitus eines Lehrers oder einer Lehrerin (vgl. Bauer 1995, 113f; Göhlich 2001, 208ff). Zwar spielen die kleinen, alltäglichen Rituale und rituellen Sequenzen auch der Schulleitung über das Jahr hinweg sicherlich eine die Schulgemeinschaft prägende Rolle. Aber eine Schulfeier wie eben z.B. die hier untersuchte Abschiedsfeier bietet die Möglichkeit, in verhältnismäßig kurzer Zeit allen an der Schule Beteiligten die hier gezeigte oder aber eine andere Variante von Schulleitung vorzuführen und so ein letztlich im Sinne rituellen Wissens auch in den Alltag der Schule hineinwirkendes Zeichen zu setzen.

Für die Frage, wie Schulkultur mit Schulentwicklung zusammenhängt, ist nun interessant, dass im untersuchten Fall die schulischen Akteure, und zwar offenbar sowohl Lehrer(innen) als auch zumindest einzelne Schüler(innen) und last not least die Schulleiterin, die kulturelle Diskrepanz zwischen demokratisch-partizipativem Anspruch und hierarchischer Praxis bemerken und gegen sie angehen.

So ist ein Jahr später, in der Abschiedsfeier 2000, gerade hinsichtlich der Art und Weise der Steuerung des rituellen Handelns bzw. der gesamten Feier ein gewaltiger Wandel zu erkennen. Die Schulleiterin bleibt nun weitgehend im Hintergrund, redet deutlich weniger als ein Jahr zuvor (nämlich nur einmal eine als eine Aufführung unter anderen erscheinende 5-minütige Dankes- und Abschiedsrede), hat das Mikrofon nur bei dieser einen Ansprache in der Hand, überlässt das Gongen einer Lehrerin, die Eröffnung der Feier einer anderen Lehrerin und den Schluss der Feier gar Schülerinnen. Zudem beginnt sie ihre einzige Rede mit zumindest indirekter Selbstkritik: „Auf dem Programm steht: Abschiedsworte Frau X (Name geändert, M.G.). Und die Lehrer haben zu mir gesagt: Reden Sie nicht so viel! Und vor allen Dingen Am (türkischer Jungenname geändert, M.G.), wo ist er (Schüler streckt seine Hand hoch): Weinen Sie nicht so laut! Wir müssen ja nun wirklich Abschied nehmen!..." Offenbar war der bei der letzten Abschiedsfeier bzw. anderen Schulfeiern performierte Habitus der Schulleiterin vor der diesjährigen Abschiedsfeier sowohl von Lehrer- als auch von Schülerseite in Frage gestellt worden. Interessant ist, dass die Schulleiterin diese Kritik nun dem aus allen Akteuren der Schule bestehenden Publikum mitteilt. Die Mitteilung erfüllt dreierlei Funktion: sie rahmt die nun gezeigte Zurückhaltung der Schulleiterin als bewusstes Handeln; zum anderen zeigt sie die Schulleiterin als lernfähig; und drittens zeigt sie, dass Kritik in dieser Schule auch von unten nach oben möglich ist und akzeptiert wird. Auch hier gilt jedoch wieder, dass es weniger die Rede der Schulleiterin ist, was zum schulkulturellen Wandel beiträgt, als ihr während der Feier performierter Habitus.

Aber nicht nur die Performance der Schulleiterin hat sich geändert, sondern die Feier wirkt insgesamt partizipativer, kooperativer und authentischer als im Vorjahr. Zeigten sich die Lehrer(innen) da vorwiegend als Einsatzleiter der Schüleraufführungen, so übernehmen sie nun eine eigene Darbietung, kommen allesamt auf die Bühne, tanzen dort vor den Augen der Schüler(innen), sich an den Händen haltend, einen Rundtanz und zeigen sich so selbst als Gemeinschaft. Auch in von einer Gruppe von Schüler(innen) selbst verfassten, auf jede bzw. jeden Abgänger/in individuell bezogenen und dem jeweiligen Individuum in direkter Gegenüberstellung vorgetragenen Gedichten erhält die Schulkultur insofern eine neue Qualität, als die zuvor von den Lehrer(innen) aufgeführte Gemeinschaft eines Kollegiums nun durch die Aufführung einer Gemeinschaft von Individuen ergänzt wird.

Nicht verschwiegen werden soll die Beobachtung, dass der Wandel Schwierigkeiten mit sich bringt. So dauert es beispielsweise deutlich länger, bis vor jeweiligen Darbietungen Ruhe einkehrt. Zudem ist im Vergleich der Abschiedsfeiern über drei Jahre hinweg keine lineare Entwicklung eines übergreifenden Musters zu erkennen, sondern eine Transformation, in der sich zwar einzelne Elemente, sozusagen kleine Muster, in Richtung auf eine partizipative Schulgemeinschaft im Sinne des beanspruchten Profils entwickeln, andere jedoch in der letzten beobachteten Feier wieder in Muster und Habitus zurückfallen, welche zuvor überwunden schienen.

Wenn wir von schulkulturellem Wandel als impliziter Schulentwicklung sprechen, so ist damit also keine lineare Entwicklung gemeint. Angemahnt wird damit allerdings, die Bedeutung schulkultureller Phänomene und ihrer Wandelbarkeit für eine Entwicklung von Schule und Unterricht als der schulpädagogischen Reflexion und Forschung entschiedener als bisher wert zu schätzen.

6 Zusammenfassung

Jeder Schule ist eine bestimmte Schulkultur eigen.

Der Begriff „Schulkultur" löst ältere Begriffe wie den der Reformpädagogik entstammenden Begriff „Schulleben" und die sozialwissenschaftlichen Begriffe „Schülerkultur" und „Schulklima" ab bzw. hebt sie in sich auf.

Die Theorie der Schulkultur greift auf Ansätze und Ergebnisse der Kulturanthropologie bzw. Ethnologie, der Organisationspsychologie und der Kultursoziologie zurück.

Gemeinsam ist den Schulkulturtheorien das Interesse an kulturellen Phänomenen der Schule wie z.B. Schulfeiern, Rituale und Ritualisierungen des Schulalltags, symbolische Marker, Habitus von Lehrer(innen) und Schüler(innen), Schulmythen.

Die Schulkulturforschung bedient sich – im Unterschied zur Schulklimaforschung – vorwiegend qualitativer Methoden (teilnehmende Beobachtung, audio- und videogestützte Beobachtung, Interview, Gruppendiskussion).

Bei aller Gemeinsamkeit im Interesse an der Schulkultur unterscheiden sich neuere Ansätze zur Schulkultur bei näherer Betrachtung doch in ihren Vorannahmen, Perspektiven und Forschungsmethoden, wobei insbesondere die Gewichtung von Mythos und Ritual, von Rede und (stets körperlicher) Praxis, von Imaginärem und Performativem unterschiedlich ausfällt.

Die Ergebnisse der Schulkulturforschung einschließlich der Erforschung von Schulentwicklung als Wandel der Schulkultur belegen, dass Schule nicht allein als formal-bürokratische oder strategisch-instrumentelle, sondern auch und vorrangig als durch eine kulturelle Praxis ausgezeichnete Organisation bzw. als organisationskulturelle Praxis zu verstehen ist, deren je spezifische Prägung in der (einzelschulischen) Praxis hergestellt wird und somit prinzipiell wandelbar ist.

Literatur

Ackeren, I.v./Block, R./Kullmann, H.(2008): Schulkultur als Kontext naturwissenschaftlichen Lernens. In: Zeitschrift für Pädagogik 54, 3, 341-360.

Altrichter, H./Posch, P. (Hrsg.) (1996): Mikropolitik der Schulentwicklung. Innsbruck: Studien Verlag.

Ammann, M. (2009): Stakeholderpartizipation in der Schule. Ein Beitrag zu einer Organisationstheorie der Schule aus mikropolitischer Perspektive. Mering: Rainer Hampp.

Aurin, K. (1994): Gemeinsam Schule Machen. Schüler, Lehrer, Eltern – ist Konsens möglich? Stuttgart: Klett-Cotta.

Bauer, K.O.: Lehrerprofessionalisierung und Lernkultur. In: Holtappels, H.G./Bauer, K.O. (Hrsg.) (1995): Entwicklung von Schulkultur. Ansätze und Wege schulischer Erneuerung. Neuwied: Luchterhand, 113-122

Bender, S. (2010): Kunst im Kern von Schulkultur. Ästhetische Erfahrung und Bildung in der Schule. Wiesbaden: VS Verlag .

Bendix, R./Kraul, M. (2011): Fremde Blicke, eigene Wahrnehmungen. Methodische Erweiterungen in der qualitativen Schulforschung. In: Zeitschrift für Pädagogik 14 1, 141-161.

Bourdieu, P. (1994): Der Habitus als Vermittlung zwischen Struktur und Praxis. In: ders., Zur Soziologie der symbolischen Formen. Frankfurt: Suhrkamp, 125-158.

Breidenstein, G./Kelle, H. (1998): Geschlechteralltag in der Schulklasse. Ethnographische Studien zur Gleichaltrigenkultur. Weinheim: Beltz.

Budde, J./Scholand, B./Faulstich-Wieland, H. (2008): Geschlechtergerechtigkeit in der Schule. Eine Studie zu Chancen, Blockaden und Perspektiven einer gender-sensiblen Schulkultur. Weinheim: Beltz.

Clemenz, B. (1915): Schulleben. In: Roloff, E. (Hrsg.) unter Mitarbeit von Willmann, O.: Lexikon der Pädagogik Bd. IV. Freiburg: Herder, 826-829

Dalin, P./Rolff, H.G./Buchen, H. (1996): Institutioneller Schulentwicklungsprozess. Ein Handbuch. Bönen: Kettler.

Diedrich, M. (2008): Demokratische Schulkultur. Messung und Effekte. Münster: Waxmann.

Fend, H. (1977): Schulklima. Soziale Einflussprozesse in der Schule. Weinheim: Beltz.

Fend, H. (1996): Schulkultur und Schulqualität. In: Zeitschrift für Pädagogik, 34. Beiheft, 85-97.

Fend, H. (1998): Qualität im Bildungswesen. Schulforschung zu Systembedingungen, Schulprofilen und Lehrerleistung. Weinheim:

Geertz, C. (1987): Dichte Beschreibung. Beiträge zum Verstehen kultureller Systeme. Frankfurt: Suhrkamp.

Göhlich, M. (1993): Die pädagogische Umgebung. Weinheim: Beltz.

Göhlich, M. (1997): Schule als schismogene Kulturgemeinschaft. In: Zeitschrift für Sozialisationsforschung und Erziehungssoziologie, Heft 4, 356-367.

Göhlich, M. (2001): System, Handeln, Lernen unterstützen. Eine Theorie der Praxis pädagogischer Institutionen. Weinheim: Beltz.

Göhlich, M. (2004): Gemeinschaft durch Scheidung. Zur Inszenierung von Schulgemeinschaft in Abschiedsfeiern. In: Wulf, Ch. u.a. (Hrsg): Bildung im Ritual. Wiesbaden: VS Verlag, 141-170.

Göhlich, M./Wagner-Willi, M. (2001): Rituelle Übergänge im Schulalltag. Zwischen Peergroup und Unterrichtsgemeinschaft. In: Wulf, Ch. u.a. (2001): Das Soziale als Ritual. Opladen: Leske + Budrich, 119-204.

Göhlich, M./Zirfas, J. (2007): Rituelle Flexibilisierungen im Deutschunterricht. In: Wulf, Ch. u.a.: Lernkulturen im Umbruch. Wiesbaden: VS Verlag, 21-56.

Göhlich, M./Engel, N./Höhne, Th. (2012): Szenen und Muster. Zur Ethnographie organisationspädagogischer und interkulturell-pädagogischer Praxis am Beispiel einer grenzüberschreitenden Organisation. In: Friebertshäuser, B. u.a. (Hrsg.): Ethnographische Forschung in der Erziehungswissenschaft.

Helsper, W./Böhme, J./Kramer, R.T./Lingkost, A. (2001): Schulkultur und Schulmythos. Rekonstruktionen zur Schulkultur I. Opladen: Leske + Budrich.

Helsper, W. (2008): Schulkulturen – die Schule als symbolische Sinnordnung. In: Zeitschrift für Pädagogik 54 (1), 63-80.

Herwartz-Emden, L./Schurt, V./Waburg, W. (2006): Schulkultur. Geschlechtersegregation und Mädchensozialisation – die Ambivalenz des Mädchenschulkontextes. Bericht über ein Forschungsprojekt in Bayern. In: Prenzel, M./Allolio, L. (Hrsg.): Untersuchungen zur Bildungsqualität von Schule. Münster: Waxmann, 333-349.

Holtappels, H.G./Bauer, K.O. (Hrsg.) (1995): Entwicklung von Schulkultur. Ansätze und Wege schulischer Erneuerung. Neuwied: Luchterhand.

Jennings, Th.W. (1998): Rituelles Wissen. In: Belliger, A./Krieger, D. (Hrsg.): Ritualtheorien. Opladen: Leske + Budrich, 157-172.

Katzke, D. (1998): Der Frontalunterricht aus der Sicht von Lehrerinnen und Lehrern. Auswertung einer qualitativen Studie an einer Berliner Grundschule. TU Berlin.

McLaren, P. (1993): Schooling as a Ritual Performance. London: Rowman & Littlefield Publishers.

Oelkers, J. (1996): Reformpädagogik. Weinheim und München: Juventa.

Pallesen, H./ Schierz, M. (2010): Talent und Bildungsgang. Rekonstruktionen zur Schulkultur in Verbundsystemen „Schule-Leistungssport". Opladen: Leske + Budrich.

Rolff, H.G. (1993): Wandel durch Selbstorganisation. Theoretische Grundlagen und praktische Hinweise für eine bessere Schule. Weinheim: Juventa.

Rutter, M. u.a.(1980): Fünfzehntausend Stunden. Schulen und ihre Wirkung auf die Kinder. Weinheim: Beltz.

Schreyögg, G. (1998): Organisation. Grundlagen moderner Organisationsgestaltung. Wiesbaden: Gabler.

Terhart, E. (1994): SchulKultur. Hintergründe, Formen und Implikationen eines schulpädagogischen Trends. In: Zeitschrift für Pädagogik, 40 5, 685-699.

Wellendorf, F. (1973): Schulische Sozialisation und Identität. Zur Sozialpsychologie der Schule als Institution. Weinheim: Beltz.

Wulf, Ch. u.a. (2001): Das Soziale als Ritual. Zur performativen Bildung von Gemeinschaften. Opladen: Leske + Budrich.

Wulf, Ch. u.a.(2004): Bildung im Ritual. Wiesbaden: VS Verlag.

Wulf, Ch./Göhlich, M./Zirfas, J.(Hrsg.) (2001): Grundlagen des Performativen. Eine Einführung in die Zusammenhänge von Sprache, Macht und Handeln. Weinheim und München: Juventa.

Zinnecker, J. (1974): Unterrichtsforschung. In: Wulf, Ch. (Hrsg.): Wörterbuch der Erziehung. München: Piper, 598-607.

Olaf Köller und Katrin Schöps

Die deutsche Schule im Lichte internationaler Schulleistungsuntersuchungen (TIMSS, PISA, PIRLS/IGLU, DESI und TEDS-M)

Dieses Kapitel gibt einen Einblick in die Konzeption, in Teilergebnisse und Konsequenzen der internationalen Schulleistungsstudien, an denen sich Deutschland in den letzten Jahren beteiligt hat. Berücksichtigt werden die *Trends in International Mathematics and Science Study* (TIMSS; vgl. Baumert, Bos & Lehmann 2000a, 2000b; Baumert, Lehmann u.a. 1997, Bos, Bonsen u.a. 2008), das Programme for International Student Assessment (PISA; vgl. Deutsches PISA Konsortium 2001, 2002, 2004, 2005, 2007, 2008; Klieme, Artelt u.a. 2010), die Progress in International Reading Literacy Study (PIRLS/ IGLU[1]; vgl. Bos, Lankes u.a. 2003, 2004, Bos, Hornberg u.a. 2007) und die Studie Deutsch-Englisch-Schülerleistungen-International (DESI, DESI-Konsortium 2006). Außerdem sind im Rahmen der Teacher Education and Development Study in Mathematics (TEDS-M; Blömeke, Kaiser u.a. 2010a, 2010b) 2008 das erste Mal Kompetenzen von angehenden Mathematiklehr-kräften der Primar- und der Sekundarstufe I im internationalen Vergleich in den Blick genommen worden.

Die aufgeführten Schulleistungsuntersuchungen haben in Deutschland für die Bereiche Mathematik, Naturwissenschaften, Englisch und Deutsch einen detaillierten Einblick in die Bildungserträge der verschiedenen Schulstufen (Primarbereich, Sekundarstufen I und II) gegeben. In ihrer Folge hat es – vor allem wegen des anfänglich nur mäßigen Abschneidens deutscher Schüler(innen) – massive Veränderungen in der Schulpraxis, Schulpolitik und Schulforschung gegeben. Ausdruck dieser Veränderungen sind vor allem die in 2003 und 2004 verabschiedeten Bildungsstandards für die Grundschule und die Sekundarstufe I (KMK 2004, 2004a, 2004b, 2004c, 2005, 2005a, 2005b) und die damit verbundene Entwicklung von Testinstrumenten zu ihrer Überprüfung sowie eine im Juni 2006 durch die Kultusministerkonferenz (KMK) vorgelegte Gesamtstrategie zur Qualitätssicherung

---

1 Im Deutschen wird diese Studie auch als IGLU (*Internationale Grundschul-Lese-Untersuchung*) bezeichnet

im allgemein bildenden Schulsystem (KMK 2006). Zunächst wird dieses Kapitel eine kurze Zusammenfassung der historischen Entwicklung von internationalen Schulleistungsstudien in Deutschland geben. Ferner wird auf die Beweggründe zur Initiierung von TEDS-M eingegangen. Danach folgen allgemeine Informationen über die Rahmenkonzepte und die Durchführung der Studien inklusive der in der Bundesrepublik untersuchten Altersgruppen und Wissensdomänen. Im Vordergrund wird die Beschreibung des Grundbildungskonzepts (engl.: *Literacy*) stehen, das zumindest in PISA und PIRLS/IGLU anstelle von Lehrplänen die Testkonstruktion geleitet hat. An die Darstellung der konzeptuellen Grundlagen schließt sich dann eine Präsentation der zentralen Ergebnisse an. Schulpolitische und -praktische Konsequenzen der Studien schließen dieses Kapitel ab.

1 TIMSS, PISA, PIRLS/IGLU und DESI im Rahmen der nationalen und internationalen Schuleffizienzforschung

Seit über 40 Jahren werden international vergleichende Schulleistungsstudien in weltweiten Forschungskooperationen durchgeführt. Initiator und Träger der wichtigsten Studien war und ist die *International Association for the Evaluation of Educational Achievement* (IEA). Die IEA ist eine Forschungsorganisation, der überwiegend Regierungseinrichtungen der Mitgliedsstaaten angehören. Unter ihrer Leitung wurden TIMSS und PIRLS/IGLU durchgeführt. Den Anfang dieser Studien stellte die erste Internationale Mathematikstudie (*First International Mathematics Study* FIMS; vgl. Husén 1967) dar. Seitdem hat es eine breite Palette weiterer Studien gegeben (im Überblick Baumert & Stanat 2006, Weinert 2001a).

Parallel und in teilweiser Konkurrenz zur IEA hat die Organisation für wirtschaftliche Zusammenarbeit und Entwicklung (OECD) ein eigenes langfristiges Programm zur Erfassung von Schülerleistungen im internationalen Vergleich entwickelt, dessen Akronym PISA ist (vgl. OECD 2003). „PISA ist Teil des Indikatorenprogramms der OECD, dessen Ziel es ist, den OECD-Mitgliedsstaaten vergleichende Daten über die Leistungsfähigkeit ihrer Bildungssysteme zur Verfügung zu stellen" (Baumert, Artelt, Klieme & Stanat 2001, 285). Bislang (Stand November 2011) liegen Befunde aus PISA 2000, PISA 2003 und PISA 2006 vor, die sich sowohl auf den internationalen Vergleich (PISA-I) als auch auf den Vergleich zwischen den Bundesländern (PISA-E) beziehen. Der Ergebnisbericht von der Studie 2009 beschränkte sich hingegen auf den internationalen Vergleich und zog für Deutschland eine Bilanz aus 10 Jahren PISA.

Bis zum Beginn der 1990er Jahre fehlten in der Bundesrepublik Deutschland solche systematischen und regelmäßigen Beobachtungen bzw. Überprüfungen von Erträgen institutionalisierter Bildungsprozesse. In anderen Industrienationen wie den USA, Großbritannien und den Niederlanden waren entsprechende Programme längst etabliert. In den USA beispielsweise führt der *Educational Testing Service* seit 1969 das *National Assessment of Educational Progress* (NAEP) durch, womit sich historische Trends in den Leistungen verschiedener Fächer nachzeichnen lassen. Hinzu ist in letzter Zeit als Folge der *No Child Left Behind-Kampagne* ein breites staatenspezifisches Testprogramm initiiert worden, das kürzlich durch die Einführung von Common Core Standars arrondiert wurde. In Nationen wie beispielsweise England, die ein einheitliches nationales Curriculum haben, sind nationale Leistungsstandserhebungen zu verschiedenen Zeitpunkten (key stages) der Schullaufbahn seit Jahren für alle Schüler(innen) obligatorisch (s. a. http://www.education.gov.uk/schools/teachingandlearning/assessment). Einige Länder gehen soweit, dass sie Ergebnisse nationaler Schulleistungstests so genannte „League Tables" im Internet publizieren (z.B. Australien, einige Bundesstaaten der USA). In diesen Tabellen ist jede einzelne Schule mit ihren Leistungen aufgeführt und hintere Tabellenplätze schädigen erheblich den Ruf der betroffenen Schulen.

In Deutschland gab es hingegen bis 1991 keinerlei nationale oder internationale Studien bzw. Programme zum Bildungsmonitoring bzw. zur summativen Evaluation für den Fachleistungsbereich oder für die breiten Bereiche der sozial-kognitiven und motivationalen Entwicklung von Schüler(innen)n. Ein Hauptinteresse der Erziehungswissenschaft lag bis dahin auf der Entwicklung und Erprobung von Modellen zur Optimierung der Arbeit in Einzelschulen und dem Entwurf didaktischer Modelle und deren Einführung in die Unterrichtspraxis. Eine Überprüfung des im Unterricht Erreichten bzw. Erreichbaren trat demgegenüber in den Hintergrund.

In dieser Situation waren Untersuchungen, die auf einer breiten empirischen Basis die Beschreibung und Analyse der Erträge fachlichen Lernens und schulischer Sozialisationsprozesse in den Mittelpunkt rückten, unzeitgemäße Unternehmungen. Dies galt sowohl für die 1991/92 begonnene Kohortenlängsschnittstudie „Bildungsverläufe und psychosoziale Entwicklung im Jugendalter" (BIJU; siehe z.B. Baumert & Köller 1998a) als auch Teilnahme Deutschlands an der TIMS-Studie (*Third International Mathematics and Science Study)* 1995. Umso bemerkenswerter waren daher die besondere Aufmerksamkeit und breite Diskussion, die die 1997 veröffentlichten TIMSS Ergebnisse für die Mittelstufe (Baumert, Lehmann u.a. 1997) erzeugten. Der „TIMSS-Schock" machte sich an den für die Öffentlichkeit unerwartet niedrigen (im internationalen Vergleich eigentlich durchschnittlichen) Leistungsergebnissen fest (Klieme, Baumert u.a. 2000). Hinzu kam, dass die Studie in eine Phase großer bildungspolitischer Sensibilität fiel, in der aufgrund der deutschen Wiedervereinigung die Debatte um eine Verkürzung der Gymnasialzeit wiederauflebte und man sich verstärkt mit der Frage beschäftigte, wie angesichts föderaler Strukturen und wachsender Autonomie der Einzelschulen übergreifende Qualitäts- und Leistungsstandards zu sichern wären. Konsequenz dieser Situation war, dass sowohl die deutsche Bildungspolitik als auch die Praxis und die

Bildungsforschung mit umfangreichen konzertierten Folgeaktivitäten reagierten. Zum einen wurden unmittelbare Reformmaßnahmen für den mathematisch-naturwissenschaftlichen Unterricht beschlossen und umgesetzt. Zum anderen wurde die empirische Bildungsforschung mit dem Ziel verstärkt, Ursachen und Handlungsmöglichkeiten im Kontext Schule zu erschließen. Schließlich fassten die Kultusminister der Länder im Sommer 1997 einen bildungspolitisch wegweisenden Beschluss. In diesem „Konstanzer Beschluss" wurde vereinbart, dass die Länder regelmäßige Vergleichsuntersuchungen zum Leistungsstand der Schulen durchführen würden. Damit war der Startschuss für den Aufbau eines *System Monitoring* in der Bundesrepublik Deutschland gegeben (Klieme, Baumert u.a. 2000), das bis heute weitergeführt wird (s. Tabelle1).

Den Höhepunkt dieser Entwicklung stellt ohne Frage die PISA-Studie dar, an der Deutschland seit dem Jahr 2000 teilnimmt und bei der im drei Jahresrhythmus bis zum Jahre 2006 40.000 Schüler(innen) aller 16 Länder gegen Ende der Sekundarstufe I in den Bereichen Mathematik, Naturwissenschaften und Leseverständnis getestet wurden. Nach dem Beschluss der KMK vom Juni 2006 (KMK 2006) und der Gründung des ZIB[2] wird PISA mindestens bis 2016 fortgeführt werden. Im Oktober 2008 hat die Kultusministerkonferenz die Teilnahme der Länder an den Untersuchungen PIRLS/IGLU 2011 und TIMSS 2011 beschlossen.

Im Jahre 2008 wurde das internationale Bildungsmonitoring erstmals auch auf Ebene von Lehrkräften durchgeführt. Unter Federführung der IEA wurde die Studie zur Bewertung der Kompetenzen von angehenden Mathematiklehrkräften der Primar- und der Sekundarstufe I (TEDS-M) initiiert. TEDS-M war als Reaktion auf TIMSS beschlossen worden und das deutsche Interesse an einer international-vergleichenden Untersuchung der Lehrerausbildung war vor allem die kontinuierliche Kritik an ihr, ohne dass fundierte Erkenntnisse über ihre Wirksamkeit vorlagen.

2 TIMSS, PISA, PIRLS/IGLU und DESI: Ein Überblick über die Anlage der Studien

In der Tabelle 1 sind die wichtigsten Merkmale der hier relevanten Schulleistungsstudien der letzten Jahre aufgeführt.

TIMSS wurde erstmalig am Ende der Schuljahre 1994/95 und 1995/96 in über 40 Ländern unter der Führung der IEA durchgeführt. Ziel von TIMSS war es, international vergleichende Indikatoren für die mathematisch-naturwissenschaftlichen

---

2 Das Zentrum für internationale Bildungsvergleichsstudien (ZIB) ist ein von Bund und Ländern getragener Verbund mehrerer Forschungseinrichtungen, der mit der Durchführung der PISA-Studien in Deutschland sowie daran angelehnter Forschung betraut ist. Beteiligt sind die Technische Universität München, das Deutsche Institut für Internationale Pädagogische Forschung und das Leibniz-Institut für die Pädagogik der Naturwissenschaften und Mathematik.

Tabelle 1: Zentrale Informationen zu den internationalen Schulleistungsstudien der letzten Jahre

Jahr	Studie	Fächer	Untersuchungskohorte in Deutschland	Anzahl in Deutschland getesteter Schülerinnen und Schüler	Ausrichter	Referenz
1995	TIMSS II/III	Mathematik, Naturwissenschaften	Schülerinnen und Schüler - der 7. und 8. Klasse (TIMSS/ II) - im letzten Jahr der beruflichen Erstausbildung oder im Abschlussjahr der gymnasialen Oberstufe (TIMSS/III)	6.883 (TIMSS/II) 5.345 (TIMSS/III)	IEA	Baumert u.a. (1997)
2000	PISA I/PISA E	Mathematik, Lesen[1] Naturwissenschaften	15-jährige Schülerinnen und Schüler (internationale Stichprobe) und Schülerinnen und Schüler der 9. Klasse (nationale Ergänzung)	ca. 5.000 in der internationalen Erhebung, nat. Ergänzung ca. 48.000	OECD	PISA-Konsortium Deutschland (2001, 2002)
2001	PIRLS/IGLU	Lesen in der Muttersprache	Schülerinnen und Schüler der 4. Klasse	7.633	IEA	Bos u.a. (2003, 2004)
2003	PISA I/PISA E	Mathematik, Lesen, Naturwissenschaften	(s. PISA 2000)	ca. 5.000 in der internationalen Erhebung, nat. Ergänzung ca. 45 000 (inkl. ganze 9. Klassen)	OECD	PISA-Konsortium Deutschland (2004, 2005, 2006)
2006	PISA I/PISA E	Mathematik, Lesen, Naturwissenschaften	(s. PISA 2003)	ca. 5.000 in der internationalen Erhebung, nat. Ergänzung ca. 49.000 (inkl. ganze 9. Klassen)	OECD	PISA-Konsortium Deutschland (2007, 2008)
2006	PIRLS/IGLU	Lesen in der Muttersprache	(s. PIRLS 2001)	ca. 18.000	IEA	Bos u.a.. (2007)
2007	TIMSS	Mathematik, Naturwissenschaften	Schülerinnen und Schüler der 3. und 4. Klassen aus Grund- u. Förderschulen	Jeweils ca. 6000 aus der 3. und 4. Klasse	IEA	Bos u.a. (2008)
2009	PISA I	Mathematik, Lesen, Naturwissenschaften	15-jährige Schülerinnen und Schüler (internationale Stichprobe) und 9. Klassen (2 Klassen pro Schule	ca. 5.000 in der internationalen Erhebung; ca. 9.500 Neuntklässler (nationale Ergänzung)	OECD	Klieme u.a. (2010)
2011	PIRLS/IGLU & TIMSS werden zus. durchgeführt	Lesen in der Muttersprache, Mathematik, Naturwissenschaften	Schülerinnen und Schüler der 4. Klassen aus Grund- und Förderschulen	ca. 4.600	IEA	Bos u.a. (i.V.)

[1] Der jeweilige PISA Untersuchungsschwerpunkt ist in der Tabelle unterstrichen.

Leistungen von Schüler(innen)n in Schlüsseljahrgängen ihrer Bildungskarriere bereitzustellen. Untersucht wurden drei verschiedene Altersgruppen bzw. Populationen: die Altersgruppe der 9-jährigen, die sich in den Jahrgangsstufen 3 und 4 befanden (TIMSS/I), die Altersgruppe der 13-jährigen in den Jahrgangsstufen 7 und 8 der Sekundarstufe I (TIMSS/II) und die Schüler(innen) bzw. Auszubildende, die sich im letzten Jahr einer vollzeitlichen Ausbildung in der Sekundarstufe II befanden (TIMSS/III).

Letztere bezog Schüler(innen) sowohl an gymnasialen Oberstufen als auch an berufsbildenden Einrichtungen in die Untersuchung ein. Es wurden auch Auszubildende im dualen System oder Auszubildende, die eine Teilzeitschule besuchten, in der Untersuchung berücksichtigt. Deutschland hat sich lediglich an TIMSS/II und TIMSS/III beteiligt. In beiden Fällen wurde eine national repräsentative Stichprobe unter Berücksichtigung aller Bundesländer gezogen. Die Befunde lassen Rückschlüsse auf die Leistungsfähigkeit des Sekundarschulsystems auf Bundesebene zu, für Aussagen auf Länderebene sind die Daten ungeeignet. TIMSS wird seitdem in einem vierjährigen Rhythmus von der IEA unter dem Namen *Trends in Mathematics and Science Study* fortgeführt, berücksichtigt werden die Schüler(innen) der 4. Jahrgangsstufe (Kohorte I) und der 8. Jahrgangsstufe (Kohorte II). Deutschland hat sich 2007 wieder mit der Kohorte I beteiligt und Informationen über die mathematisch-naturwissenschaftlichen Leistungen der Grundschüler(innen) gesammelt (Bos, Bonsen u.a. 2008).

PISA wird seit 2000 von der OECD durchgeführt, um die Kompetenzen 15-Jähriger in den zentralen Bereichen Lesen, Mathematik und Naturwissenschaften zu ermitteln. Schüler(innen) dieses Alters befinden sich zum Erhebungszeitpunkt in der großen Mehrzahl am Ende der 9. Klasse, streuen aber von der 7. bis zur 11. Jahrgangsstufe. Ein Teil befindet sich bereits in der Ausbildung und besucht dementsprechend eine Berufsschule. Bei PISA 2000 und PISA 2009 stand die Erfassung des Leseverständnisses im Zentrum, bei PISA 2003 die Mathematik, bei PISA 2006 die Naturwissenschaften. Im Zentrum meint hier, dass die meisten Aufgaben aus dem jeweiligen Kompetenzbereich stammten. An PISA 2009 haben neben den 34 OECD-Staaten 31 Partnerstaaten und -regionen teilgenommen. In Deutschland wurden für den internationalen Vergleich ca. 5000 Schüler(innen) aus 226 Schulen getestet.

In Deutschland wurde die internationale Untersuchung sowohl 2000 als auch 2003 und 2006 durch eine Reihe von nationalen Optionen ergänzt. So gab es von 2000 bis 2006 in Deutschland an allen PISA-Schulen der internationalen Stichprobe einen zweiten Testtag für verschiedenste ergänzende Untersuchungen (vgl. u.a. PISA-Konsortium Deutschland 2008). In Deutschland wurde die international vorgesehene altersbasierte Stichprobe 2000, 2003 und 2006 durch eine jahrgangsbasierte Stichprobe von Jugendlichen der 9. Jahrgangsstufe ergänzt. PISA-2003 wurde in Deutschland außerdem als Messwiederholungsstudie realisiert, d.h. die Neuntklässler wurden 2004 noch einmal am Ende der 10. Jahrgangsstufe getestet (vgl. PISA-Konsortium Deutschland 2006), so dass Aussagen über den Kompetenzzuwachs innerhalb eines Schuljahres möglich wurden. Von 2000 bis 2006 wurde im Rahmen einer nationalen Erhebung außerdem eine Zusatzstichprobe von über 45.000 Schüler(innen) aus allen 16 Bundesländern getestet, so dass ein Leistungsvergleich zwischen den Ländern der Bundesrepublik Deutschland möglich wurde (s. hierzu PISA-Konsortium Deutschland 2002, 2005, 2008). Dieser innerdeutsche Schulleistungsvergleich erfolgt seit 2009 nicht mehr als nationale Erweiterung der internationalen Vergleichsstudien, sondern als zentrale Überprüfung des Erreichens der Bildungsstandards im Ländervergleich (vgl. Köller, Knigge & Tesch 2010). Die Aufgaben zu den Bildungsstandards werden dabei mit den internationalen Maßstäben in Beziehung gesetzt (KMK 2006).

Mit *PIRLS/IGLU* wurde im Schuljahr 2000/01 unter der Ägide der IEA international vergleichend das Leseverständnis von Schüler(innen)n der vierten Jahrgangsstufe getestet. Dies hat sich im Frühjahr 2006 und 2011 wiederholt. Insgesamt beteiligen sich über 30 Nationen an PIRLS/IGLU. Neben einer Stichprobe, die den internationalen Vergleich ermöglichte, wurden 2001 und 2006 noch länderspezifische Stichproben gezogen, die einen Vergleich zwischen 12 (2001) bzw. allen 16 Bundesländern (2006) zuließen. Als weitere nationale Ergänzungen wurden 2001 in Deutschland die Leistungen in den Bereichen Orthographie, Mathematik und Naturwissenschaften erhoben. Im zweiten Zyklus (PIRLS/IGLU 2006; vgl. Bos, Hornberg u.a. 2007) wurde allerdings auf die Mathematik und die Naturwissenschaften verzichtet, da beide Domänen Gegenstand von TIMSS 2007 waren.

Die *DESI*-Studie, die im Schuljahr 2003/2004 in der 9. Jahrgangsstufe realisiert wurde, weicht von den bisher beschriebenen Untersuchungen insofern ab, als es sich um eine einmalige nationale Unternehmung handelt, bei der Schüler(innen) aller Bundesländer berücksichtigt wurden. Da in DESI verschiedene Teilkompetenzen der Fächer Englisch und Deutsch berücksichtigt wurden und die Studie somit im Sekundarbereich I eine wichtige Ergänzung zu PISA darstellt, soll sie im Rahmen dieses Kapitels auch kurz Erwähnung finden (ausführlich s. Beck & Klieme 2007).

An *TEDS-M* 2008 haben mehr als 20.000 Mathematiklehrkräfte teilgenommen. Die Studie wurde in 17 Ländern durchgeführt und untersuchte die mathematische sowie mathematikdidaktische Kompetenz von Grundschullehrer(innen) sowie Lehrkräften der Sekundarstufe. In Deutschland wurden rund 2000 angehende Lehrkräfte in allen 16 Bundesländern befragt. Untersucht wurden alle angehenden Lehrkräfte eines Teilnahmelandes im letzten Jahr einer Ausbildung, die mit einer Lehrberechtigung für den Mathematikunterricht in einer der Klassen 1 bis 4 bzw. 8 abgeschlossen wird.

3 Die funktionalistische Bildungskonzeption in den Schulleistungsstudien

In DESI wie auch in TIMSS/II wurde der Versuch unternommen, die Aufgaben-konstruktion auf der Basis von Lehrplänen vorzunehmen. In DESI war dies nur folgerichtig, da es sich um ein nationales Unterfangen handelte und der explizite Wunsch der Auftraggeber (KMK) darin bestand, Informationen über curricular verankerte Leistungsstände deutscher Schüler(innen) der 9. Jahrgangsstufe in den Fächern Deutsch und Englisch zu erhalten.

In TIMSS/II mit dem internationalen Fokus zeigte sich für die Mathematik, dass es in der Tat einen mehr oder weniger universellen Lehrplan der Sekundarstufe gibt, d.h. die Inhalte waren in den teilnehmenden Staaten sehr ähnlich. Für die Natur-wissenschaften ließ sich nur sehr begrenzt eine Vergleichbarkeit herstellen, was auch damit zusammenhing, dass der Anfangsunterricht in den Naturwissenschaften je nach Land in ganz unterschiedlichen Jahrgangsstufen einsetzt.

Für die Mathematik wurde in TIMSS/II auf der Basis der Lehrpläne in der Sekun-darstufe I und in Anlehnung an Blooms (1956) Taxonomie von Lernzielen Auf-gaben erstellt. TIMSS/III verzichtete hingegen teilweise auf die Verankerung der Testaufgaben in Lehrplänen und orientierte die Aufgabenkonstruktion am Grund-bildungs- bzw. *Literacy*-Konzept, das auf pädagogischen und fachdidaktischen Überlegungen beruhte, die vor allem im angelsächsischen Raum entwickelt worden waren (Klieme, Baumert u.a. 2000). Hinter dem Grundbildungskonzept verbirgt sich eine funktionalistische Orientierung, die der Bewährung von Kompetenzen in Alltags- oder beruflichen Situationen besondere Bedeutung beimisst. Zwar bleibt ein gewisser Bezug zu den Inhalten des schulischen Unterrichts, im Vordergrund stehen allerdings Bestrebungen, mathematische, naturwissenschaftliche oder Lese-verständnisprobleme in authentische Situationen einzukleiden.

TIMSS 2007 folgt bei der Auswahl der Testaufgaben wiederum einem Curri-culum-Modell, dem *intendierten Curriculum* (Inhalte und Prozesse, welche die Schüler(innen) laut Lehrplänen und Prüfungsvorschriften in einem Staat lernen sollen) und dem *implementierten Curriculum*, also dem tatsächlich unterrichteten Lernstoff. Das Rahmenkonzept von TIMSS unterscheidet sowohl für die Ma-thematik als auch für die Naturwissenschaften Inhaltsbereiche (s. Tabelle 2) und kognitive Anforderungsbereiche. Die Inhaltsbereiche der Mathematik, welche in TIMSS untersucht werden, sind Arithmetik, Geometrie/Messen sowie Daten. Die Inhaltsbereiche in den Naturwissenschaften sind Biologie, Physik und Geographie. Die kognitiven Anforderungsbereiche sind im Gegensatz zu den Inhalten fächer-übergreifend gleich (Reproduzieren, Anwenden, Problemlösen) (Bos, Bonsen u.a. 2008).

Tabelle 2: Verteilung der TIMSS 2007 Testaufgaben auf die naturwissenschaftlichen Inhaltsbereiche und Themen sowie curriculare Validität der Aufgaben

Inhaltsbereiche und übergeordnete Themen der Testaufgaben	Gesamtzahl Testaufgaben	Curricular valide	Curricular nicht valide
Biologie • Körperstrukturen und deren Funktion beim Menschen und anderen Organismen • Fortpflanzung und Entwicklung von Pflanzen und Tieren, • Körperliche Eigenschaften • Verhalten und Überleben von Organismen in verschiedenen Lebensräumen • biologische Zusammenhänge in Lebensräumen, Körper und Gesundheit	74	62	12
Physik • Klassifikation von Gegenständen und Stoffen nach ihren physikalischen Eigenschaften • Aggregatzustände verschiedener Stoffe • Unterschiede in ihren physikalischen Eigenschaften • Veränderungen bei verschiedenen Stoffen, • Energiequellen und ihr praktischer Gebrauch • Licht und Schall • Elektrische Schaltkreise und Eigenschaften von Magneten • Kräfte, die Objekte in Bewegung setzen	64	61	3
Geographie • Charakteristische Landschaftsmerkmale • Wasser & Luft • Das Beziehungs- und Wirkungsgefüge von Mensch und Landschaft • Fossilien von Tieren und Pflanzen • Unser Sonnensystem	36	11	15

Die Abbildung 1 zeigt eine typische TIMSS 2007 Naturwissenschaftsaufgabe aus dem Inhaltsbereich Physik.

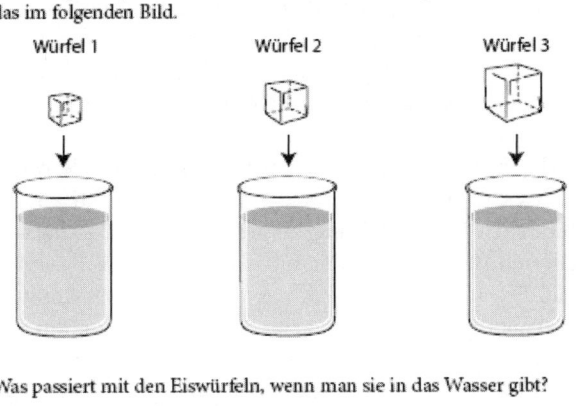

Susi hat drei unterschiedlich große Eiswürfel. Sie gibt jeden Eiswürfel in einen von drei gleich großen Bechern. In den Bechern ist gleich viel Wasser. Du siehst das im folgenden Bild.

Würfel 1   Würfel 2   Würfel 3

Was passiert mit den Eiswürfeln, wenn man sie in das Wasser gibt?

(A)   Würfel 1, 2 und 3 werden sinken.

(B)   Würfel 1, 2 und 3 werden schwimmen.

(C)   Würfel 1 wird schwimmen und Würfel 2 und 3 werden sinken.

(D)   Würfel 1 und 2 werden schwimmen und Würfel 3 wird sinken.

Abbildung 1: Beispielaufgabe zur Erfassung der naturwissenschaftlichen Grundbildung in TIMSS 2007

Die sehr funktionalistische Sicht auf mathematische und naturwissenschaftliche Kompetenzen in TIMSS/III wurde in PISA und PIRLS/IGLU auch auf das Leseverständnis übertragen. Diese Sicht lehnt sich explizit an die angelsächsische *Literacy*-Konzeption an, hat allerdings auch ihren Platz im Rahmen der kontinentaleuropäischen Bemühungen zur Neubestimmung moderner Allgemein- und Grundbildung, „etwa wenn Tenorth (1994) Kommunikations- und Lernfähigkeit als zentrale Merkmale universalisierter Grundbildung beschreibt" (Baumert, Stanat & Demmrich 2001, 20) und findet sich auch bei Weinerts (2001) Definition des Kompetenzbegriffes wieder. Im Sinne des Grundbildungskonzepts gehören die Beherrschung der Muttersprache in Wort und Schrift sowie ein hinreichend sicherer Umgang mit mathematischen Symbolen und Modellen zum Kernbestand kultureller Grundbildung. Sprachliche und numerische Kompetenzen repräsentieren grundlegende Formen des kommunikativen Umgangs mit der Welt. Die Muttersprache stellt das zentrale Werkzeug zur Aneignung der eigenen Kultur dar, die Mathematik repräsentiert eine Kunstsprache, die in unterschiedlicher Form zu einem selbstverständlichen Kommunikationsmittel in vielen Berufen und wissenschaftlichen Disziplinen geworden ist. Schwerwiegende Defizite in der Beherrschung dieser Werkzeuge gefährden in hoch industrialisierten und technologisierten Gesellschaften die Teilnahme an zentralen gesellschaftlichen Entwicklungen und stellen Risikofaktoren im Hinblick auf eine gelingende Berufs- und Lebensperspektive dar. Ohne diese grundlegenden Kompetenzen können im Extremfall nicht einmal die Einrichtungen des Wohlfahrtsstaates in Anspruch genommen werden.

Das Konzept der naturwissenschaftlichen Grundbildung (*Scientific* oder *Science Literacy*), dessen Ursprünge in der anglo-amerikanischen Diskussion liegen, folgt einem ganz ähnlichen Gedankengang. In einer naturwissenschaftlich und technologisch dominierten Welt erhält ein naturwissenschaftliches Basiswissen die Bedeutung eines grundlegenden Kulturwerkzeugs, dessen Beherrschung die Voraussetzung für eine verständige und verantwortungsvolle Teilnahme am gesellschaftlichen Leben ist.

Die Konkretisierung dessen, was speziell unter mathematischer bzw. naturwissenschaftlicher Grundbildung zu verstehen ist, ist in den letzten Jahren systematisch erfolgt (NCTM 1989, 1991; OECD 2003, 2006; AAAS 1993, 1998; NRC 1995; Bybee 1997; OECD 2006; Roberts 2007).

Die Literacy-Definition von PISA bezieht sich in Mathematik unter anderem auf Freudenthal (1977, 1983), der den verständigen funktionalen Gebrauch von Mathematik in den Mittelpunkt der mathematischen Grundbildung stellt. Ausgangspunkt ist eine reale Problemsituation. „In einem ersten Schritt (1) muss diese Situation *verstanden, präzisiert, strukturiert* und meist auch *vereinfacht* werden, um einer mathematischen Behandlung zugänglich gemacht zu werden. Das entstehende ‚Realmodell' muss dann in einem zweiten Schritt (2) *mathematisiert*, d.h. in die Mathematik übersetzt werden. Es resultiert ein *mathematisches Modell* der Ausgangssituation. Nun werden in einem dritten Schritt (3) passende *mathematische Hilfsmittel* herangezogen, mit denen das Modell bearbeitet wird. Es entstehen gewisse mathematische Ergebnisse, die in einem vierten Schritt (4) in der Realität *interpretiert* werden müssen. Schließlich (5) müssen diese Ergebnisse *validiert* werden, d.h. es muss überprüft werden, ob die gefundene Lösung der realen Problemsituation auch angemessen und vernünftig ist. Sollte dies nicht der Fall sein, muss der ganze Zyklus nochmals durchlaufen werden. Diesen Kreislaufprozess nennt man *mathematisches Modellieren*" (PISA-Konsortium Deutschland 2004).

In eine ganz ähnliche Richtung geht sowohl die von PISA erarbeitete Definition von *Scientific Literacy*/naturwissenschaftlicher Grundbildung (OECD 2006) als auch die für den naturwissenschaftlichen Unterricht formulierten „*Benchmarks*" (ungefähr: Vergleichsstandards) *for Science Literacy* (AAAS, 1993) Auch hier wird der Tiefe des Verständnisses Vorrang vor der Breite des vermittelten Stoffes gegeben. *Scientific Literacy* auf Seiten der Schüler zeichnet sich nach PISA (OECD 2006) durch folgende Fähigkeiten aus:

– naturwissenschaftliches Wissen anzuwenden, um Fragestellungen zu erkennen, sich neues Wissen anzueignen, naturwissenschaftliche Phänomene zu beschreiben und aus Belegen Schlussfolgerungen zu ziehen,

– die charakteristischen Eigenschaften der Naturwissenschaften als eine Form menschlichen Wissens und Forschens zu verstehen,

– zu erkennen und sich darüber bewusst zu sein, wie Naturwissenschaften und Technik unsere materielle, intellektuelle und kulturelle Umwelt formen, sowie die Bereitschaft,

– sich mit naturwissenschaftlichen Ideen und Themen zu beschäftigen und sich reflektierend mit ihnen auseinanderzusetzen.

4 Zentrale Befunde aus PISA, PIRLS/IGLU, TIMSS und DESI

In diesem Abschnitt sollen die wichtigsten Befunde aus den Schulleistungsstudien aufgeführt werden. Da PISA 2009 die Bilanz eines Jahrzehnts Bildungsmonitorings zieht, sollen zunächst diese Befunde vorgestellt und dann mit den Ergebnissen der anderen Studien in Beziehung gesetzt werden.

4.1 Lesekompetenz

Befunde aus PISA

Für PISA ergeben sich hinsichtlich der Lesekompetenz der Schüler(innen) in Deutschland zusammenfassend folgende Befunde (vgl. PISA-Konsortium Deutschland 2001, 2002, 2004, 2005; 2007, 2008 sowie Klieme, Artelt u.a. 2010):

• In der ersten Erhebungsrunde von PISA im Jahr 2000 lag die Lesekompetenz der Schüler(innen) in Deutschland signifikant unter dem OECD-Durchschnitt. Danach stieg sie zwar schwach aber stetig über die PISA-Erhebungszeitpunkte hinweg an. Nach neun Jahren war diese Veränderung 2009 erstmals statistisch signifikant. Der durchschnittliche Lesekompetenzwert der Schüler(innen) in Deutschland lag damit im Mittelfeld der OECD-Staaten.

• Die Leistungsunterschiede zwischen starken und schwachen Lesern haben sich zwischen PISA 2000 und 2009 verringert. Dies ist in erster Linie auf eine Halbierung des Anteils der sehr schwachen Leserinnen und Leser seit PISA 2000 zurückzuführen.

• Trotzdem war der Anteil von 15-jährigen, die in PISA 2009 nur sehr basale Leseanforderungen meistern (18.5 Prozent), immer noch substanziell. Schüler(innen) mit so geringer Lesekompetenz sind zweifellos unzureichend auf eine Ausbildungs- und Berufslaufbahn vorbereitet und müssten aufgrund ihrer geringen Lesekompetenz auch in anderen Schulfächern massiv benachteiligt sein.

- Der Anteil exzellenter Leserinnen und Leser unter den 15-jährigen Schüler(innen)n in Deutschland hat sich seit PISA 2000 nicht signifikant verändert, so dass deutsche Schüler(innen) in der internationalen Spitzengruppe nach wie vor unterrepräsentiert waren.
- Zwar konnten sich die Jugendlichen mit Migrationshintergrund in Deutschland seit PISA 2000 substanziell verbessern, doch waren die Kompetenznachteile dieser Jugendlichen in Deutschland sowohl in der ersten als auch in der zweiten Generation weiterhin groß. Im Vergleich zu PISA 2000 hat sich der der Einfluss der zu Hause gesprochenen Sprache auf die Lesekompetenz deutlich reduziert.
- In Deutschland (wie auch in einem Großteil der anderen OECD-Staaten) zeigten Mädchen deutlich höhere Leseleistungen als Jungen und gaben auch erheblich häufiger an, gern und in ihrer Freizeit zu lesen.
- Insgesamt gaben im internationalen Vergleich überdurchschnittlich viele Jugendliche (41 Prozent) in Deutschland an, in ihrer Freizeit nicht zum Vergnügen zu lesen.
- Im Bereich der diagnostischen Kompetenz deutscher Lehrkräfte zeigte sich in PISA 2000, dass sehr leseschwache Kinder im Unterricht offenbar nicht erkannt werden. Lediglich rund 10 Prozent der Jugendlichen, die mit dem Leseverständnistest als extrem leseschwach identifiziert wurden, wurden auch von ihren Lehrkräften als sehr leseschwach eingestuft (PISA-Konsortium Deutschland 2001).

Befunde aus PIRLS/IGLU

Ein Blick auf die Lesekompetenz von Grundschülern offenbart hingegen ein gänzlich anderes Bild als es PISA für die Sekundarstufe I zeichnet. So hat Deutschland im internationalen Vergleich bei PIRLS/IGLU 2006 erfreulich gut abgeschnitten und in allen Dimensionen der Lesekompetenz bessere Ergebnisse in den Leseleistungen erzielt als bei der ersten Erhebung 2001 (vgl. Bos, Lankes u.a. 2003, 2004; Bos, Hornberg 2007).

Die Lesekompetenz von Kindern, die in Deutschland eine vierte Klasse besuchen, lag im oberen Viertel der PIRLS/IGLU 2006 Teilnehmerstaaten, und keine Viertklässlerpopulation der Europäischen Union schnitt bei dieser Studie signifikant besser ab. Zudem hatten sich die Leseleistungen seit PIRLS/IGLU 2001 signifikant verbessert.

- In allen Teilnehmerstaaten lasen Mädchen besser als Jungen. In Deutschland war diese Differenz jedoch vergleichsweise gering: In keinem Teilnehmerstaat war sie signifikant kleiner.
- Andererseits gab fast jedes zehnte Mädchen und jeder fünfte Junge an, niemals zum Vergnügen außerhalb der Schule zu lesen. Dieser Befund macht deutlich, dass die Schule weiterhin besondere Leseanreize schaffen und eine geschlechtersensible Leseförderung anstreben sollte.
- Der Anteil der „Risikokinder" am Ende der vierjährigen Grundschulzeit war 2006 in Deutschland vergleichsweise gering: Im internationalen Vergleich gelang

es nur zwei Staaten, diesen Anteil signifikant geringer zu halten. Unbefriedigend war hingegen, dass nur gut 10 Prozent der deutschen Viertklässler als Spitzenleser klassifiziert werden konnten. Doch schnitten die Viertklässler in Deutschland 2006 sowohl im unteren als auch im oberen Leistungsbereich besser ab als 2001.

• Demgegenüber steht, dass zwar für 21 Prozent der getesteten Schüler(innen) laut Lehrkrafturteil ein Förderbedarf bestand, jedoch nur 13 Prozent der Viertklässlerinnen und Viertklässler in Deutschland entsprechende zusätzliche Angebote erhielten.

• In Deutschland schnitten die Schüler(innen) bei der direkten Entnahme von Informationen aus Texten signifikant besser ab als bei komplexeren Verknüpfungsprozessen auf Basis von Hintergrundwissen.

• Der Deutschunterricht folgt in Deutschland zu weiten Teilen immer noch eher traditionellen Mustern. Anspruchsvollere, die Problemlösefähigkeit der Schüler(innen) anregende Formen des Leseunterrichts, wie etwa das Verfassen eigener Texte oder eine kreativ gestaltende Verarbeitung des Gelesenen, waren im Rahmen von PIRLS/IGLU tendenziell weniger oft zu finden, ebenso wie differenzierende und individualisierende Maßnahmen.

• International und auch in Deutschland erreichen die Kinder, die eine vorschulische Einrichtung besucht hatten, eine höhere Lesekompetenz als Kinder, bei denen das nicht der Fall war.

• Kinder aus bildungsnahen Elternhäusern hatten in Deutschland einen im internationalen Vergleich besonders deutlichen Leistungsvorsprung vor Kindern aus bildungsfernen Elternhäusern.

• In Deutschland erzielten Kinder ohne Migrationshintergrund signifikant bessere Leseleistungen als Kinder mit Migrationshintergrund. Allerdings zählte Deutschland dabei zu den sieben Teilnehmerstaaten, in denen dieser Vorsprung 2006 signifikant geringer war als 2001.

• Kinder aus bildungsfernen Elternhäusern wurden im Vergleich zu ihren Klassenkameraden aus bildungsnahen Familien von ihren Lehrkräften und Eltern erst bei deutlich höheren Leistungswerten als gymnasialtauglich eingestuft.

Die Schüler(innen) in Deutschland verfügten am Ende der vierten Jahrgangsstufe nicht nur über eine hohe Kompetenz im Leseverständnis, sondern im internationalen Vergleich waren die Disparitäten zwischen den schwachen und den guten Lesern vergleichsweise gering. Mit dem Blick auf PISA 2009 lässt sich feststellen, dass sich die in der Grundschule beobachteten Disparitäten im Sekundarbereich erheblich verstärken. In der Grundschule sind in den letzten Jahren viele Maßnahmen und Projekte durchgeführt worden, deren Anliegen es war, neben der Erhöhung der Lesekompetenz auch die Motivation der Schüler(innen) sowie ihr Leseengagement zu steigern. Dies ist offenbar gelungen.

4.2 Mathematische Kompetenz

Befunde aus PISA

Im Jahre 2012 wird die Mathematik wie schon 2003 bei PISA wieder den Erhebungsschwerpunkt bilden. Bei PISA 2009 war sie Nebendomäne. Trotzdem kann in vielerlei Hinsicht auch hier eine zehnjährige Bilanz hinsichtlich der Mathematikkompetenz der Schüler(innen) in Deutschland gezogen werden:

• Die mittlere mathematische Kompetenz der Schüler(innen) in Deutschland ist von PISA 2003 zu PISA 2009 angestiegen und lag 2009 erstmals signifikant über dem OECD-Durchschnitt.

• Doch entsprach der Abstand deutscher Schüler(innen) zur internationalen Spitzengruppe nach wie vor in etwa dem Kompetenzzuwachs, der innerhalb eines Schuljahres erreicht wird.

• Auch die Streuung der mathematischen Kompetenz in Deutschland war weiterhin deutlich höher als im OECD-Durchschnitt und entsprach fast drei Schuljahren.

• Die relative Position Deutschlands im Vergleich zu seinen Nachbarstaaten verbesserte sich von 2000 bis 2009. War die mittlere mathematische Kompetenz der 15jährigen Schüler(innen) in Deutschland 2003 noch signifikant niedriger als in sechs seiner neun Nachbarstaaten, so erreichten 2009 nur noch Schüler(innen) aus der Schweiz und den Niederlanden signifikant höhere mathematische Kompetenzen als in Deutschland.

• Auch konnte der Anteil der Jugendlichen mit sehr geringen mathematischen Kompetenzen von PISA 2003 zu PISA 2009 signifikant reduziert werden. Trotzdem verfügten 2009 immer noch knapp 20 Prozent der Jugendlichen in Deutschland nur über schwache mathematische Kompetenzen.

• Auf der höchsten mathematischen Kompetenzstufe befanden sich in den OECD-Staaten durchschnittlich 3.1 Prozent der 15-jährigen Schüler(innen). Dieser Anteil fiel in Deutschland mit 4.6 Prozent signifikant höher aus.

• Die erzielten Mittelwerte mathematischer Kompetenz variierten in Deutschland stark zwischen den Bildungsgängen. Schüler(innen) im Bildungsgang Gymnasium erreichten die höchsten Werte, das geringste Niveau mathematischer Kompetenz war im Bildungsgang Hauptschule zu verzeichnen. Die Kompetenzwerte streuten jedoch auch innerhalb der Bildungsgänge erheblich.

Befunde aus TIMSS

Ziel von TIMSS 2007 war unter anderem der internationale Vergleich von Fachkompetenzen in Mathematik der Schüler(innen) der 4. Jahrgangsstufe (Bos, Bonsen u.a. 2008).

- Im internationalen Vergleich 2007 lag die durchschnittliche Mathematikleistung der Schüler(innen) am Ende der Grundschulzeit in Deutschland im oberen Drittel und signifikant über dem OECD-Durchschnitt.
- Es ergab sich allerdings für Deutschland ein deutlicher Abstand zu den Staaten mit den höchsten Kompetenzwerten in Mathematik (z.B. dem EU-Staat England).
- Die Leistungsstreuung (Standardabweichung) war in Deutschland vergleichsweise gering. Dies galt auch für die Leistungsspanne zwischen besonders leistungsschwachen und leistungsstarken Kindern.
- In Deutschland verfügte jedoch ein Fünftel der Schüler(innen) der vierten Klassenstufe allenfalls über elementares mathematisches Wissen und mathematische Fähigkeiten und Fertigkeiten.
- Rund 75 Prozent der Grundschülerinnen und -schüler waren im mittleren Kompetenzbereich anzusiedeln und konnten elementares mathematisches Wissen und mathematische Fähigkeiten und Fertigkeiten in einfachen Situationen und bei der Lösung von mehrschrittigen Aufgaben mit inner- oder außermathematischem Kontextbezug anwenden.
- Nur 6 Prozent der Schüler(innen) verfügten über mathematische Fähigkeiten und Fertigkeiten zur Lösung verhältnismäßig komplexer Probleme und konnten zudem ihr Vorgehen erläutern.
- Deutschland gehört zu dem Drittel der Teilnehmerstaaten, in denen die Jungen in Mathematik gegenüber den Mädchen einen signifikanten Vorsprung hatten. In Bezug auf das mathematische Fähigkeitsselbstkonzept zählte Deutschland zu den Ländern mit den höchsten Differenzen zwischen Mädchen und Jungen.
- In Deutschland entsprach der Kompetenzunterschied zwischen Kindern mit und ohne Migrationshintergrund für Mathematik schätzungsweise einem Lernzuwachs von einem Schuljahr.
- Nahezu unabhängig von der erreichten Kompetenzstufe gelingt es der deutschen Grundschule offenbar, eine positive Einstellung gegenüber der Mathematik zu vermitteln. Auch hatten die Schüler(innen) in deutschen Grundschulen im Durchschnitt ein hohes mathematikbezogenes Fähigkeitsselbstkonzept. Ein positiver Zusammenhang zwischen dem mathematischen Fähigkeitsselbstkonzept und den Leistungen der Schüler(innen) konnte festgestellt werden.

4.3 Naturwissenschaftliche Kompetenz

Befunde aus PISA
Mit dem Schwerpunktgebiet Naturwissenschaften bestand bei PISA 2006 erstmals die Möglichkeit, die naturwissenschaftlichen Kompetenzen der Jugendlichen differenzierter abzubilden (PISA Konsortium Deutschland 2007). In PISA 2009, als die Naturwissenschaften nur Nebendomäne waren, zeigten sich keine deutlichen Veränderungen zu den Ergebnissen von 2006 (vgl. Klieme, Artelt u.a. 2010).

- Bereits zwischen 2000 und 2006 hat es bei PISA in Deutschland signifikante und auch in der Größenordnung deutliche Zuwächse in der naturwissenschaftlichen Kompetenz gegeben. Diese veränderten sich von 2006 bis 2009 nicht signifikant.
- Die naturwissenschaftliche Kompetenz der Schüler(innen) in Deutschland lag weiterhin statistisch signifikant oberhalb des OECD-Durchschnitts. Doch war die Streuung der naturwissenschaftlichen Kompetenz in Deutschland nach wie vor sehr hoch. Sie entsprach in etwa dem mittleren Kompetenzzuwachs, den Schüler(innen) in drei Schuljahren zu verzeichnen haben.
- Knapp 15 Prozent der Jugendlichen in Deutschland befanden sich unter oder auf der niedrigsten Stufe naturwissenschaftlicher Kompetenz. Dieser Anteil war signifikant niedriger als im OECD-Durchschnitt.
- Der Anteil der Schüler(innen) auf den beiden höchsten naturwissenschaftlichen Kompetenzstufen lag in Deutschland mit 8.5 Prozent signifikant über dem OECD-Mittelwert. Signifikant größere Anteile dieser Spitzengruppe als in Deutschland fand man in Europa nur in Finnland.
- Weder im OECD-Durchschnitt noch in Deutschland war ein signifikanter Unterschied der mittleren naturwissenschaftlichen Kompetenz von Mädchen und Jungen zu beobachten.
- In Deutschland hatte gut ein Drittel der 15-Jährigen weniger als 2 Stunden regulären Naturwissenschaftsunterricht pro Woche erhalten, während ein fast gleich großer Anteil mindestens 4 Stunden pro Woche in den Naturwissenschaften unterrichtet wurde. Schüler(innen), die mehr als 4 Stunden Naturwissenschaftsunterricht erhielten, lagen im Durchschnitt 73 Kompetenzpunkte (das entspricht in etwa zwei Schuljahren) über den Schüler(innen)n, die weniger als 2 Stunden Unterricht erhalten hatten.
- Auch im Bereich der Naturwissenschaften fanden sich in Deutschland große Kompetenzunterschiede zwischen Jugendlichen mit und ohne Migrationshintergrund. Die Jugendlichen mit Migrationshintergrund kamen in der Regel auch aus Familien, die durch einen deutlich unterdurchschnittlichen sozioökonomischen Status gekennzeichnet waren und in denen zu Hause unterdurchschnittlich häufig nicht Deutsch gesprochen wurde.
- Bezüglich ihres Interesses an den Naturwissenschaften unterschieden sich in Deutschland die Jugendlichen mit Migrationshintergrund jedoch nicht von den Jugendlichen ohne Migrationshintergrund.

Befunde aus TIMSS

TIMSS 2007 richtete den Blick auch auf die Kompetenz von Grundschülerinnen und -schülern in den Naturwissenschaften und kam zu folgenden Ergebnissen (vgl. Bos, Bonsen u.a. 2008):

- Deutschland lag im oberen Leistungsdrittel aller Teilnehmerstaaten. Der Abstand Deutschlands zum zusammengefassten Mittelwert der an TIMSS teilnehmenden

Staaten der EU war nicht signifikant, wohl aber der Abstand zum Mittelwert der OECD-Staaten, hier lagen die deutschen Jugendlichen höher.

- Allerdings lagen die deutschen Schüler(innen) erheblich unter den Staaten mit den höchsten Kompetenzwerten in den Naturwissenschaften (z.B. England).
- Der Unterschied zwischen den kompetenzschwächeren und kompetenzstärkeren Schüler(innen)n war in Deutschland im Vergleich zu anderen Staaten im naturwissenschaftlichen Bereich gering. In Deutschland besaßen etwa ein Viertel aller Schüler(innen) höchstens elementares Wissen über naturwissenschaftliche Sachverhalte und hatten Schwierigkeiten, dieses Wissen produktiv anzuwenden.
- Etwa zwei Drittel aller Schüler(innen) in Deutschland konnten ihr Basiswissen auf naturwissenschaftsbezogene Situationen anwenden und alltägliche Phänomene erklären.
- Ca. 10 Prozent der Schüler(innen) in Deutschland waren am Ende ihrer Grundschulzeit in der Lage, naturwissenschaftliche Zusammenhänge zu verstehen und zu begründen sowie einfache Versuchsanordnungen zu interpretieren und Schlussfolgerungen zu ziehen.
- Betrachtet man die Unterschiede zwischen Jungen und Mädchen, so zeigte sich, dass Deutschland derjenige Staat unter den teilnehmenden OECD- und EU-Staaten mit den größten Geschlechterdifferenzen zugunsten der Jungen war.
- Die äußerst positive Grundhaltung der Kinder gegenüber dem naturwissenschaftlichen Unterricht spiegelte sich auch im Vertrauen in ihre eigenen Kompetenzen wider: Die Kinder in deutschen Grundschulen ließen im Durchschnitt ein hohes naturwissenschaftsbezogenes Fähigkeitsselbstkonzept erkennen, wobei es signifikante Unterschiede im Fähigkeitsselbstkonzept zugunsten der Jungen gab.
- Im naturwissenschaftlichen Bereich zeigte sich in Deutschland eine noch größere Differenz zwischen Kindern mit und ohne Migrationshintergrund als in Mathematik und entsprach schätzungsweise eineinhalb Lernjahren. Größere Unterschiede zwischen den beiden Gruppen ließen sich nur in Österreich beobachten.

4.4 Fremdsprachenkompetenzen

Für die DESI-Studie, die 2003/04 einmalig als Ergänzung zu PISA durchgeführt wurde, werden hier nur die Ergebnisse für das Fach Englisch vorgestellt, weil PISA 2009 in Bezug auf die Lesefähigkeit der Schüler(innen) aktuellere Befunde gibt:

- Im Fach Englisch erreichten zwei Drittel der Schüler(innen) am Ende der 9. Jahrgangsstufe ein Leistungsniveau, das typischerweise in den Lernzielen für die Hauptschulen formuliert wird. Dies bedeutet, dass breite Teile der Schüler(innen) aus höheren Bildungsgängen nicht die gesteckten Ziele erreichten.
- Nur rund ein Drittel der Schüler(innen) erreichte die für den Mittleren Schulabschluss vorgesehenen Kompetenzen.

- Ein Anteil von 10 bis 15 Prozent der Schüler(innen), die sich ausschließlich in Gymnasien befinden, lag mit ihren Leistungen weit über den Erwartungen am Ende der Sekundarstufe I.
- Im Englisch-Unterricht waren längere sprachproduktive Sequenzen seltene Ereignisse.

5 Kompetenzen von angehenden Mathematiklehrkräften

TEDS-M (Blömeke, Kaiser u.a. 2010a, 2010b), das eine Bildungsebene höher ansetzte als die Schulleistungsstudien, fokussierte die Kompetenzen angehender Mathematiklehrkräfte und kam zu folgenden Ergebnissen:

- Im Grundschulbereich zeigten sich in kaum einem Land so große Unterschiede in den fachbezogenen Kompetenzen der Lehrkräfte wie in Deutschland.
- Deutsche Grundschullehrkräfte schnitten im internationalen Vergleich sowohl in Bezug auf ihre fachliche als auch ihre fachdidaktischen Kompetenz hervorragend ab, wenn sie in ihrer Ausbildung das Fach Mathematik studiert hatten.
- Ohne Mathematik als Schwerpunkt wurde nur ein Mindestniveau erreicht, das dem internationalen Mittel entsprach. Die Leistungsspitze fiel allerdings schmal aus und fast drei Viertel der Lehrkräfte konnten Unterrichtsprozesse in Mathematik nicht mit hinreichender Sicherheit auf hohem Niveau strukturieren und evaluieren.
- Vor allem die stufenübergreifend ausgebildeten Grund-, Haupt- und Realschullehrer ohne Mathematik als Studienfach, die als Klassenlehrkräfte in der Grundschule aber Mathematik unterrichten müssen, wiesen große Defizite in der fachlichen und fachdidaktischen Kompetenz auf.
- Im internationalen Vergleich der Kompetenzen der Lehrkräfte der Sekundarstufe 1 zeichnete sich eine Gruppe von fünf Ländern dadurch aus, dass sowohl die fachliche als auch die fachdidaktischen Kompetenz der Lehrer(innen)signifikant über dem Durchschnitt lag.
- Die deutschen Gymnasiallehrer(innen) zeichneten sich im internationalen Vergleich durch herausragende mathematische und mathematikdidaktische Kompetenzen aus. Fast zwei Drittel der deutschen Gymnasiallehrkräfte zeigten in Mathematik Leistungen auf dem höchsten Kompetenzniveau, in Mathematikdidaktik erreichten 80% der angehenden Lehrkräfte das obere Kompetenzniveau.
- Dramatisch gering waren dagegen zum Teil die Leistungen der angehenden deutschen Lehrkräfte an Haupt- und Realschulen. Fast die Hälfte verfügte nur über ein mathematisches und mathematikdidaktisches Wissen, das dem untersten Kompetenzniveau entsprach. Demnach hatten diese Lehrkräfte zum Teil selber Schwierigkeiten, mathematische Aufgaben zu lösen, die auf dem Niveau der zu unterrichtenden Schüler lagen.

Kognitiv anregender Mathematikunterricht wird Lehrkräften mit mangelndem mathematischen und fachdidaktischen Wissen schwer fallen. Er ist jedoch die Voraussetzung, um die staatlich gesetzten Bildungsstandards der Grundschule und für den mittleren Bildungsabschluss zu erreichen. Angesichts eines anzunehmenden Zusammenhangs von Lehrerkompetenzen und Schülerleistungen eröffnet sich hier ein Weg, durch systematische Reformen in der Lehrerausbildung Schülerleistungen zu steigern.

6 Konsequenzen aus den großen internationalen Schulleistungsstudien: Folgerungen für das deutsche Schulsystem, den Fachunterricht und die Schulforschung

6.1 Strukturelle Reformen

Es dürfte mittlerweile weitgehender Konsens sein, dass mit den Publikationen der internationalen Schulleistungsuntersuchungen Veränderungen im Bildungswesen auf breiter Front stattgefunden haben. Diese Veränderungen wurden oftmals mit Verweis auf TIMSS, PISA, DESI oder PIRLS/IGLU begründet, ohne dass sich aber empirische Evidenz für die Maßnahmen aus den Studien ergab. Schulstrukturell sind die wichtigsten Konsequenzen:

- Ausbau von Ganztagsschulen
- Ausbau des Kindergartenangebots
- Ausbau der Sprachförderprogramme in Schulen und Kindergärten
- Einführung der flexiblen Eingangsstufe in der Grundschule
- Einführung von zentralen Prüfungen (z.B. Zentralabitur in 15 Bundesländern, in allen Bundesländern mit Ausnahme von Rheinland-Pfalz; zentrale Prüfungen für den Mittleren Schulabschluss)
- Abschaffung des 13. Jahrganges in der gymnasialen Oberstufe (bundesweit bis 2016)
- Abschaffung des Kurssystems in der gymnasialen Oberstufe. Die meisten Länder sind inzwischen zu „kanonförmigen Oberstufenmodellen" zurückgekehrt oder gerade dabei. In 12 Ländern ist die Unterscheidung zwischen Leistungs- und Grundkursen fast oder ganz abgeschafft
- Einführung der Profiloberstufe in Bremen, Nordrhein-Westfalen, Niedersachsen, Schleswig-Holstein und Hamburg
- Abschaffung der Orientierungsstufe in vereinzelten Bundesländern (z.B. Niedersachsen)
- Verpflichtende Belegung der Mathematik in allen Jahrgängen der gymnasialen Oberstufe

- Umbau des allgemeinbildenden Sekundarschulsystems von der klassischen Mehr-gliedrigkeit hin zu einem Zwei-Säulen-Modell, in dem neben dem Gymnasium nur noch eine nicht-gymnasiale Schulform existiert, deren Bezeichnung je nach Land unterschiedlich ist (Mittelschule, Sekundarschule, Gemeinschaftsschule). Auch in dieser Schulform können leistungsstarke Jugendliche in eine Oberstufe, die zum Abitur führt, übertreten
- Inklusionsprogramme, in denen lernbehinderte, verhaltensauffällige und körper-lich behinderte Kinder allgemeinbildende Schulen besuchen

6.2 Bildungsmonitoring und Bildungsstandards

Hinsichtlich der Lehrplanarbeit dürften die wichtigsten Konsequenzen in der Ent-wicklung und Verabschiedung länderübergreifender Bildungsstandards liegen. Eng angelehnt an das Literacy-Konzept, die anglo-amerikanischen Arbeiten (NCTM 1991, 2000), die Arbeiten des Europarats (2001) und eine Expertise von Klieme, Avenarius u.a. (2003) sind in Expertengruppen in den Jahren 2003 und 2004 Standards für das Ende der 4. Jahrgangsstufe, den Hauptschul- und den Mittle-ren Schulabschluss erarbeitet worden (im Internet unter http://www.kmk.org oder www.iqb.hu-berlin.de). Die Standards unterscheiden sich von traditionellen Lehr-plänen dadurch, dass in sehr schlanker Form Kompetenzerwartungen formuliert werden, ohne Stoffgebiete en detail auszubuchstabieren. Die Standards benennen präzise, verständlich und fokussiert die wesentlichen Ziele pädagogischer Arbeit, ausgedrückt als erwünschte Lernergebnisse bzw. Kompetenzen der Schüler(innen) zu bestimmten Zeitpunkten ihrer Bildungsbiographien. Kompetenzen werden da-bei in Anlehnung an Weinert (2001b) etwas verkürzt als beim Schüler verfügbare oder von ihm erlernbare kognitiven Fähigkeiten und Fertigkeiten verstanden, die notwendig sind, um fachspezifische Probleme lösen zu können. Alle 16 Länder haben sich dazu verpflichtet Sorge zu tragen, dass im Fachunterricht Lerngelegen-heiten geschaffen werden, um die Standards zu erreichen (Implementation der Bil-dungsstandards).

Auf der Basis der Bildungsstandards hat die KMK in ihren „Plöner Beschlüssen" vom Juni 2006 eine Gesamtstrategie zur Qualitätssicherung im allgemein bilden-den Schulsystem vorgelegt, die präzisiert, wie das nationale Bildungsmonitoring zukünftig durchgeführt werden soll. Auf der Grundlage von landesweit repräsenta-tiven Stichproben soll in den Ländern festgestellt werden, welche Anteile der Schü-lerpopulation die Standards erreichen bzw. überschreiten. Die Beschlüsse sehen im Grundschulbereich vor, dass die Überprüfung der Bildungsstandards im Fünf-Jah-res-Rhythmus in der 4. Jahrgangsstufe geschehen soll, und zwar zeitlich gekoppelt an die PIRLS/IGLU-Studie, welche ebenfalls einem Fünf-Jahres-Rhythmus folgt. Neben diesem nationalen Monitoring wird sich Deutschland weiterhin an den in-ternationalen Studien (PIRLS/IGLU, TIMSS) beteiligen. Letztmalig in PIRLS/

IGLU 2006 wurde der Ländervergleich auf der Basis internationaler Instrumente durchgeführt. Im Jahre 2011 mit der nächsten PIRLS/IGLU- und TIMSS-Erhebung wird es dann auf der Basis der Bildungsstandards zu einem Ländervergleich in den Fächern Deutsch und Mathematik kommen. Dies wiederholt sich dann passend zum PIRLS/IGLU-Rhythmus alle fünf Jahre.

Im Bereich der Sekundarstufe I sehen die Plöner Beschlüsse vor, dass letztmalig 2006 der nationale Vergleich zwischen den Ländern auf der Basis der PISA-Instrumente erfolgte. Seit 2009 wird der nationale Vergleich zwischen den Ländern auf Grundlage der Bildungsstandards durchgeführt, in 2009 für die Sprachen Deutsch, Englisch und Französisch, 2012 folgt der Vergleich in Mathematik und den Naturwissenschaften, 2015 folgen wieder die Sprachen, 2018 Mathematik und die Naturwissenschaften. Die Ländervergleiche in der Sekundarstufe I passen sich damit einem sechsjährigen Rhythmus an, getrennt für die Sprachen und Mathematik und die Naturwissenschaften. Berücksichtigt werden Schüler(innen) der 9. Jahrgangsstufe.

Im Grundschul- und Sekundarbereich wird damit eine Strategie realisiert, welche das nationale Bildungsmonitoring explizit an die vorgegebenen Lernziele koppelt und Schulpolitik, Schuladministration, Lehrkräfte und Eltern über die Erträge in den verschiedenen Länder der Bundesrepublik Deutschland regelmäßig informiert. Abschließend kann festgehalten werden, dass mit den internationalen Schulleistungsstudien der letzten Jahre viele Informationen über die Realität in deutschen Schulen und Klassenräumen zusammengetragen wurden und es abzuwarten bleibt, ob die neuen Erkenntnisse in die Optimierung von Wissenserwerbsprozessen münden werden.

Literatur

American Association for the Advancement of Science (AAAS) (Hrsg.) (1993): Benchmarks for science literacy. Project 2061. New York: Oxford University Press.

American Association for the Advancement of Science (AAAS) (Hrsg.) (1998): Blueprints for reform project 2061. New York: Oxford University Press.

Baumert, J./ Artelt, C./ Klieme, E./ Stanat, P. (2001): PISA – Programme for International Student Assessment: Zielsetzung, theoretische Konzeption und Entwicklung von Messverfahren. In Weinert, F.E. (Hrsg.): Leistungsmessungen in Schulen. Weinheim: Beltz/PVU, 285-310.

Baumert, J./ Bos, W./ Lehmann, R. (Hrsg.) (2000a): Dritte Internationale Mathematik- und Naturwissenschaftsstudie: Mathematische und naturwissenschaftliche Bildung am Ende der Schullaufbahn, Bd. 1: Mathematisch-naturwissenschaftliche Grundbildung am Ende der Pflichtschulzeit. Opladen: Leske+Budrich.

Baumert, J./ Bos, W./ Lehmann, R. (Hrsg.) (2000b): Dritte Internationale Mathematik- und Naturwissenschaftsstudie: Mathematische und naturwissenschaftliche Bildung am Ende der Schullaufbahn, Bd. 2: Mathematische und physikalische Kompetenzen am Ende der gymnasialen Oberstufe. Opladen: Leske+Budrich, 229-270.

Baumert, J./ Köller, O. (1998a): Nationale und internationale Schulleistungsstudien: Was können sie leisten, wo sind ihre Grenzen? In: Pädagogik, 50 (6), 12-18.

Baumert, J./Lehmann, R./Lehrke, M./Schmitz, B./Clausen, M./Hosenfeld, I./Köller, O./ Neubrand, J. (1997). TIMSS – Mathematisch-naturwissenschaftlicher Unterricht im internationalen Vergleich. Deskriptive Befunde. Opladen: Leske+Budrich.

Baumert, J./ Stanat, P. (2006): Internationale Schulleistungsvergleiche. In Rost, D.H. (Hrsg.): Handwörterbuch Pädagogische Psychologie. Weinheim: Beltz/PVU, 291-2002.

Baumert, J./ Stanat, P./ Demmrich, A. (2001): PISA 2000: Untersuchungsgegenstand, theoretische Grundlagen und Durchführung der Studie. In: PISA-Konsortium Deutschland (Hrsg.): PISA 2000. Basiskompetenzen von Schüler(innen)n im internationalen Vergleich. Opladen: Leske+Budrich.

Beck, B./ Klieme, E. (Hrsg.) (2007): Sprachliche Kompetenzen: Konzepte und Messung. DESI-Studie. Weinheim: Beltz/PVU.

Bloom, B . J. (1956). Taxonomy of educational objectives: The classification of educational goals. Handbook 1: Cognitive Domain. New York.

Blömeke, S./ Kaiser,G./ Lehmann, R. (Hrsg.) (2010a): TEDS-M 2008 Professionelle Kompetenz und Lerngelegenheiten angehender Mathematiklehrkräfte für die Sekundarstufe I im internationalen Vergleich. Münster: Waxmann.

Blömeke, S./ Kaiser,G./ Lehmann, R. (Hrsg.) (2010b): TEDS-M 2008 Professionelle Kompetenz und Lerngelegenheiten angehender Primarstufenlehrkräfte im internationalen Vergleich. Münster: Waxmann.

Bos, W./ Bonsen, M./ Baumert, J./ Prenzel, M./Selter, C./ Walther, G. (Hrsg.) (2008): TIMSS 2007. Mathematische und naturwissenschaftliche Kompetenzen von Grundschulkindern in Deutschland im internationalen Vergleich. Münster: Waxmann.

Bos, W./Hornberg, S./Arnold, K.-H./Faust, G./Fried, L./Lankes, E.-M./Schwippert, K./ Valtin, R. (Hrsg.). (2007). IGLU 2006. Lesekompetenzen von Grundschulkindern in Deutschland im internationalen Vergleich. Münster: Waxmann.

Bos, W./ Lankes,. E.-M./ Prenzel, M./ Schwippert, K./ Walther, G./ Valtin, R. (Hrsg.) (2003): Erste Ergebnisse aus IGLU. Schülerleistungen am Ende der vierten Jahrgangsstufe im internationalen Vergleich. Münster: Waxmann.

Bos, W./Lankes, E.-M./Prenzel, M./Schwippert, K./Valtin, R./Walther, G. (Hrsg.) (2004): IGLU. Einige Länder der Bundesrepublik Deutschland im nationalen und internationalen Vergleich. Münster: Waxmann.

Bybee, R. W. (1997): Towards an understanding of scientific literacy. In: Gräber, W./ Bolte, C. (Hrsg.): Scientific literacy – An international symposium. Kiel: Institut für die Pädagogik der Naturwissenschaften (IPN), 37-48.

DESI-Konsortium (Hrsg.) (2006): Unterricht und Kompetenzerwerb in Deutsch und Englisch. Zentrale Befunde der Studie Deutsch Englisch Schülerleistungen International. Frankfurt: DIPF.

Europarat (Hrsg.) (2001): Gemeinsamer europäischer Referenzrahmen für Sprachen: lernen, lehren, beurteilen. Berlin: Langenscheidt.

Freudenthal, H. (Hrsg.) (1977): Mathematik als pädagogische Aufgabe (Bd. 2).Stuttgart: Klett.

Freudenthal, H. (Hrsg.) (1983): Didactical phenomenology of mathematical structures. Dordrecht: Reidel.

Husén, T. (Hrsg.) (1967): International study of achievement in mathematics. A comparison of 12 countries (Bde. 1 & 2). Stockholm: Almquist & Wiksell.

Klieme, E./ Baumert, J./ Köller, O./ Bos, W. (2000): Mathematische und naturwissenschaftliche Grundbildung: Konzeptuelle Grundlagen und die Erfassung und Skalierung von Kompetenzen. In: Baumert, J./ Bos, W./ Lehmann, R. (Hrsg.) (2000a). Dritte Internationale Mathematik- und Naturwissenschaftsstudie: Mathematische und naturwissenschaftliche Bildung am Ende der Schullaufbahn, Bd. 1: Mathematisch-naturwissenschaftliche Grundbildung am Ende der Pflichtschulzeit. Opladen: Leske+Budrich, 85-133.

Klieme, E./ Avenarius, H./ Blum, W./ Döbrich, p./ Gruber, H./ Prenzel, M./ Reiss, K. /Riquarts, K./ Rost, J./ Tenorth, H.-E./ Vollmer, H.J. (2003): Zur Entwicklung nationaler Bildungsstandards. Eine Expertise. Bonn.

Klieme, E./ Artelt, C./ Hartig, J./ Jude, N./ Köller, O./ Prenzel, M./ Schneider, W./ Stanat, P. (Hrsg.) (2010): PISA 2009. Bilanz nach einem Jahrzehnt. Münster: Waxmann.

KMK (2004): Beschlüsse der Kultusministerkonferenz: Bildungsstandards im Fach Mathematik für den Mittleren Schulabschluss. Beschluss vom 4.12.2003. München: Luchterhand. München: Luchterhand.

KMK (2004a): Bildungsstandards im Fach Deutsch für den Primarbereich. Beschluss vom 15.10.2004. München: Luchterhand.

KMK (2004b): Bildungsstandards im Fach Mathematik für den Primarbereich. Beschluss vom 15.10.2004. München: Luchterhand.

KMK (2004c): Bildungsstandards im Fach Deutsch für den Mittleren Schulabschluss. Beschluss vom 4.12.2003. München: Luchterhand.

KMK (2005): Beschlüsse der Kultusministerkonferenz: Bildungsstandards im Fach Biologie für den Mittleren Schulabschluss. Beschluss vom 16.12.2004. München: Luchterhand.

KMK (2005a): Beschlüsse der Kultusministerkonferenz: Bildungsstandards im Fach Chemie für den Mittleren Schulabschluss. Beschluss vom 16.12.2004. München: Luchterhand.

KMK (2005b): Beschlüsse der Kultusministerkonferenz: Bildungsstandards im Fach Physik für den Mittleren Schulabschluss. Beschluss vom 16.12.2004. München: Luchterhand

KMK (2006): Gesamtstrategie der Kultusministerkonferenz zum Bildungsmonitoring. München: Luchterhand.

Köller, O./ Baumert, J./ Bos, W. (2001): TIMSS: Third International Mathematics and Science Study. In: Weinert, F.E. (Hrsg.): Leistungsmessungen in Schulen. Weinheim: Beltz/PVU, 269-284.

Köller, O./Knigge, M./Tesch, B. (Hrsg.) (2010): Sprachliche Kompetenzen im Ländervergleich. Überprüfung der Erreichung der Bildungsstandards für den Mittleren Schulabschluss für Deutsch und die erste Fremdsprache in der neunten Jahrgangsstufe. Münster: Waxmann.

National Research Council (NRC) (Hrsg.) (1995): National science education standards. Washington, DC: National Academy Press.

National Council of Teachers of Mathematics (NCTM) (Hrsg.) (1989): Curriculum and evaluation standards for school mathematics. Reston, VA: NCTM.

National Council of Teachers of Mathematics (NCTM) (Hrsg.) (1991): Professional standards for teaching mathematics. Reston, VA: NCTM.

National Council of Teachers of Mathematics (NCTM) (Hrsg.) (2000): Professional standards for school mathematics. Reston, VA: NCTM.

OECD (Hrsg.) (2003): Education at a glance. Paris: Organisation for Economic Co-Operation and Development.

OECD (Hrsg.) (2006): Assessing scientific, reading and mathematical literacy. A framework for PISA 2006. Paris: Organisation for Economic Co-Operation and Development.

PISA-Konsortium Deutschland (Hrsg.) (2001): PISA 2000. Basiskompetenzen von Schüler(innen)n im internationalen Vergleich. Opladen: Leske+Budrich.

PISA-Konsortium Deutschland (Hrsg.) (2002): PISA 2000. Die Länder der Bundesrepublik Deutschland im Vergleich. Opladen: Leske+Budrich.

PISA-Konsortium Deutschland (Hrsg.) (2003): PISA 2000. Ein differenzierter Blick auf die Länder der Bundesrepublik Deutschland. Opladen: Leske+Budrich.

PISA-Konsortium Deutschland (Hrsg.) (2004): PISA 2003. Der Bildungsstand der Jugendlichen in Deutschland – Ergebnisse des zweiten internationalen Vergleichs. Münster: Waxmann.

PISA-Konsortium Deutschland (Hrsg.) (2005): PISA 2003 – Die Länder der Bundesrepublik Deutschland im Vergleich. Münster: Waxmann.

PISA-Konsortium Deutschland (Hrsg.) (2006): PISA 2003. Untersuchungen zur Kompetenzentwicklung im Verlauf eines Schuljahres. Münster: Waxmann.

PISA-Konsortium Deutschland (Hrsg.) (2007): PISA 2006 in Deutschland – Die Kompetenzen der Jugendlichen im dritten Ländervergleich. Münster: Waxmann.

PISA-Konsortium Deutschland (Hrsg.) (2008): PISA 2006 – Die Ergebnisse der dritten internationalen Vergleichsstudie. Münster: Waxmann.

Roberts, D. (2007): Scientific literacy/science literacy. In: Abell, S./ Lederman, N. (Hrsg.): Handbook of research on science education. Mahwah: Lawrence Erlbaum.

Tenorth, H.-E. (1994): „Alle alles zu lehren": Möglichkeiten und Perspektiven allgemeiner Bildung. Darmstadt: Wissenschaftliche Buchgesellschaft.

Weinert, F. E. (2001a): Vergleichende Leistungsmessung in Schulen – Eine umstrittene Selbstverständlichkeit. In: Weinert, F.E. (Hrsg.): Leistungsmessungen in Schulen. Weinheim: Beltz/PVU, 17-31.

Weinert, F. E. (2001b): Concept of competence: A conceptual clarification. In: Rychen, D.S./ Salganik, L.H. (Hrsg.): Defining and Selecting Key Competencies. Göttingen: Hogrefe and Huber Publishers, 45-65.

Sibylle Rahm und Nikolaus Schröck

Schulentwicklung – von verwalteten zu eigenverantwortlichen Schulen

Aus schultheoretischer Sicht ist Schule eine gesellschaftliche Einrichtung, die sich vor dem Hintergrund gesellschaftlicher Veränderungen kontinuierlich weiterentwickelt. In der Theorie der Schulentwicklung wird dieser Veränderungsprozess systematisch erfasst. Die Reform der Einzelschule wird organisationstheoretisch fundiert betrieben und wissenschaftlich untersucht.

Systematische Schulentwicklung ist ein Lernprozess, bei dem die Ressourcen aller schulischen Statusgruppen mobilisiert werden. Schulen sind nicht länger verwaltete Einrichtungen der Kultusbürokratie, sondern sie übernehmen selbst die Verantwortung für die Entwicklung von Schul- und Unterrichtsqualität. Die Akzentuierung der Eigenverantwortung der einzelnen Schule ist gekoppelt an staatliche Normierung und Kontrolle.

Mit der Deregulierung des Bildungssystems, die eine Erhöhung der schulischen Gestaltungsmöglichkeiten mit sich bringt, verbindet sich die Absicht, Qualitätsdefizite des Bildungssystems im internationalen Vergleich auszutarieren und die Bildungsergebnisse zu kontrollieren. Dezentralisierung ist gekoppelt an Rezentralisierung.

Mit der Schulentwicklung verändern sich die Ansprüche an professionelles Lehrer(innen)handeln. Das Professionsprofil umfasst neben klassischen Tätigkeiten der Lehrkraft das kooperative Gestalten und Erforschen innovativer Schulpraxis.

1 Theorien zur Schulreform

Aus schultheoretischer Perspektive ist Schulentwicklung ein in historischen Begründungszusammenhängen zu verortendes, notwendiges Unternehmen, das Bildungsinstitutionen dazu verhilft, angemessene Antworten auf gesellschaftliche Problemlagen und Entwicklungen zu finden. Der seit Beginn der 90er Jahre entfaltete Schulentwicklungsansatz eröffnet im Gegensatz zur historisch-hermeneutisch ausgerichteten pädagogischen Schultheorie eine sozialwissenschaftlich fundierte Perspektive auf die Reform der Schule (vgl. Tillmann 2010). Schulentwicklung wird als systematischer strukturierter Lernprozess im Systemzusammenhang verstanden. Die Gewährung von schulischer Eigenverantwortung ist in allen Bundesländern die Regel, die länderspezifischen Regelungen bezüglich der Autonomiegrade der Bildungsinstitutionen sind jedoch different (vgl. Vbw 2010).

1.1 Systematische Schulentwicklung

Schulentwicklung muss aus schultheoretischer Sicht in der Tradition kontinuierlicher Schulreform, die sich normativen Bildungsidealen verpflichtet weiß, gesehen werden. Reformpädagogische Initiativen stellten bereits Anfang des 20.Jahrhundert Forderungen nach einer Autonomie der Bildungseinrichtungen (vgl. Rahm 2010a). Sie kritisierten die staatlichen Schulen als verwaltete Einrichtungen, in denen Lehrkräfte als Unterrichtsbeamte ihren Dienst nach Vorschrift absolvieren. Schulen sollten dagegen Orte der Ermöglichung von Entwicklungsprozessen junger Menschen sein. Deshalb bedürfe es freier selbstbestimmter Räume, in denen innovative pädagogische Konzepte verwirklicht werden könnten.

Die historischen Forderungen nach einer Verlagerung der Verantwortung auf die Einzelschule sind mittlerweile vor dem Hintergrund gesellschaftlichen Wandels und der Notwendigkeit einer Flexibilisierung des Bildungsangebotes umgesetzt. Die Deregulierung des Bildungswesens ist in allen Bundesländern Norm. Die gewachsene Autonomie der Einzelschule wird in der Schulentwicklungstheorie nicht nur als Fortschreibung kontinuierlicher Schulreform betrachtet. Sie ist darüber hinaus ein sozialwissenschaftlich fundierter Ansatz zur effektiven Ressourcennutzung und der Optimierung des Bildungsoutputs (vgl. Rahm 2010a). Die Deregulierung dient einer Optimierung der Leistungen des Bildungssystems im internationalen Kontext.

Schulentwicklung muss dabei in einem „Systemzusammenhang" (Kempfert/Rolff 1999, 21) gesehen werden. Dieser beinhaltet die Organisations-, Unterrichts- und Personalentwicklung. Als systematische Weiterentwicklung der Einzelschule spielen Entwicklungsprozesse in allen drei Bereichen eine Rolle (vgl. Meyer 2002).

Schulentwicklung kann auf drei Ebenen betrieben werden:
* auf der Subjektebene der an Schulentwicklung beteiligten Personen (Mikrosystem)
* auf der Organisationsebene der Einzelschule als Handlungseinheit (Mesosystem)
* auf der Bildungssystemebene mit der Perspektive auf Einzelschulen im Verbund (Makrosystem)

Die Entwicklungsebenen sind miteinander vernetzt: jede Veränderung auf einer der Handlungsebenen führt zu Veränderungen im System, das als bewegliches Ganzes auf Impulse der Organisationsmitglieder und auf Reinterpretationen von Reformen seitens der Akteure antwortet sowie auf strukturierte Entwicklungsvorgaben, die von der Bildungsverwaltung initiiert werden.

In der Schulentwicklung erhalten die Bildungsinstitutionen den Auftrag, sich in ihrer Qualität weiterzuentwickeln. Die Bildungsverwaltung unterstützt und evaluiert die schulischen Reformmaßnahmen. Die Einzelschule als Sache des Staates ist dabei eingebunden in Vorgaben der Gesamtsystemebene in Form von zentralen Steuerungs- und Entscheidungsorganen, kann jedoch Veränderungsprozesse vor Ort gezielt betreiben. Dabei entfaltet jede Schule ihr eigenes Profil, das heißt pädagogische Schwerpunktsetzungen, durch die sie sich von anderen Schulen unterscheidet. So können wir feststellen:

Schulentwicklung bezeichnet den selbstorganisierten systematischen Prozess einer Einzelschule hin zur qualitätsorientierten Profilbildung innerhalb staatlicher Vorgaben.

In Veröffentlichungen der frühen 90er Jahre des 20. Jahrhunderts wurde die Möglichkeit der Einzelschule, sich weiterzuentwickeln, besonders hervorgehoben, um den Perspektivenwechsel, der in der Bewahrung der Problemlösekapazität von Schulen liegt, zu unterstreichen (vgl. Rolff 1991). Im Sinne der Organisationsentwicklung werden Schulen als lernende Organisationen verstanden. Ziel eines Organisationsentwicklungsprozesses sind die Selbstentwicklung der Mitglieder und die Selbsterneuerung der Organisation zur Erhaltung und Verbesserung der Aufgabenerfüllung.

Schulentwicklung gelingt nur dann, wenn den Bildungsinstitutionen Gestaltungsräume, die die Evaluation der Veränderungen beinhalten, zugestanden werden. Immer dient Schulentwicklung einer Verbesserung der Qualität von Schulen. In ihrer Arbeit entwickeln Schulen (vgl. Holtappels 2003; Rahm 2005; Gieske 2011):

- Schulprofile: Schwerpunktsetzungen, die eine Schule von einer anderen unterscheiden
- Schulleitbilder: normative Vorstellungen der Schulgemeinschaft für die Gestaltung des schulischen Zusammenlebens und Zusammenarbeitens (Zielvorstellungen)
- Schulprogramme: schriftlich fixierte, ganzheitliche pädagogische Konzepte, Konkretisierung von Leitbildern, zukunftsorientierte Programmatiken und Entwicklungsziele (Strategien). Sie sind Anknüpfungspunkt für Evaluation, die datengestützte Überprüfung der Qualität von Schule
- Schulkonzepte: pädagogisch-organisatorische Gesamtkonzeption, Bausteine planvoller Schulentwicklung, Arbeitsformen, Lern- und Erziehungsansätze

1.2 Implikationen der Schulautonomie

Die autonome Schule ist ein historisch verbürgtes Konstrukt, das die gemeinsame Verantwortung aller am Bildungsprozess Beteiligten unterstreicht. In der pädagogischen Schulentwicklung wird diese historische Verankerung dezidiert diskutiert. In der Tradition der inneren Schulreform wird Schulentwicklung als Selbstbildungsprozess der Institutionsmitglieder, in dem der Zusammenhang von gutem Unterricht, einer an Mündigkeit orientierten Subjektentwicklung und den dafür angemessenen institutionellen Bedingungen bearbeitet wird, betrachtet. Im Zentrum der pädagogischen Schulentwicklung steht damit die Unterrichtsentwicklung. Die Tradition der Schulentwicklung wird akzentuiert.

Systematische Schulentwicklung versteht sich dagegen als sozialwissenschaftliche Strategie, eine Organisation von innen heraus weiterzuentwickeln. Akteure sind die Mitglieder einer Organisation sowie die Schulleitung und externe Berater(innen). Die systematische Schulentwicklung wurde aus der Sozialpsychologie und der humanistischen Psychologie heraus entwickelt, zeigt jedoch auch deutliche Affinitäten zur evolutionären Systemtheorie (vgl. Rolff 2010, 30).

Schulentwicklung ist somit ein Verfahren, das einerseits an historische Reformpostulate anknüpft sowie andererseits diese in moderne Organisationsentwicklungsstrategien überführt. Schulentwicklung wird den Regelschulen (Mesoebene) vor dem Hintergrund beschleunigten sozialen Wandels, der Bildungsorganisationen vor neue Herausforderungen stellt, je nach länderspezifischen Voraussetzungen von der Bildungssystemebene (Makroebene) abverlangt. Holtappels (2003) nennt vier Begründungszusammenhänge für Schulentwicklung:

- Veränderte Sozialisationsbedingungen (Pluralisierung der Lebensformen, Individualisierungstendenzen und Verlust von Erfahrungsräumen sowie die Mediatisierung von Erfahrungen)
- Wandel der Bildungsanforderungen (zunehmende Bedeutung der Vermittlung von Schlüsselqualifikationen)
- Strukturelle und pädagogische Probleme der Schule (Chancenungleichheit, Umgang mit Heterogenität, Leistungsdruck und Trend zu höheren Bildungsabschlüssen)
- Erweiterung der Erkenntnisse über Schulorganisation, Unterricht und Erziehung (Unterrichtsforschung, Schulentwicklungsforschung, Lehrer(innen)belastungsstudien etc.)

2 Systemsteuerung

Schule als Sache des Staates ist ein historisch-gesellschaftlich gerahmter Lernort. Bildungseinrichtungen verfolgen die Ziele der gesellschaftlichen Reproduktion und der Innovation. In diesem Zusammenhang bedarf es staatlicher Vorgaben, die die Organisation, die Struktur, die Inhalte sowie die Zertifizierungen betreffen. Da die Schule jedoch nicht nur eine rein verwaltete Einrichtung, wie etwa das Finanzamt, darstellt, sondern einen Ort, an dem Bildungsprozesse ermöglicht werden, bedarf es darüber hinaus der Bereitstellung von pädagogischen Freiräumen.

In der Schulentwicklung erfolgt eine Abkehr von bloßen Gesamtsystemstrategien. Das Bildungssystem kann nicht länger im Top-down-Verfahren reguliert werden.

Die Fokussierung der Einzelschule stellt einen Reformansatz dar, der die Problemlösekapazität der einzelnen Bildungsinstitution in den Vordergrund rückt. Im Gegensatz zur makropolitischen Orientierung der Steuerung des Gesamtsystems stellt die Schulentwicklung eine mesopolitische Maßnahme dar.

Im Hintergrund steht ein strategischer Wechsel in der Steuerung von Schulentwicklungsprozessen: weg von der Top-down-Strategie, hin zur Bottom-up-Strategie. Wurde Schule bisher als bürokratisch verwaltete Institution wahrgenommen, die von einer zentral administrierten Bildungsplanung gesteuert werden sollte, geht es heute um die Schule als *lernende Organisation*, die sich aktiv selbst verändert und auf Herausforderungen gestaltend eingeht (vgl. Fullan 1999; Krainz-Dürr 1999; Schratz/Steiner-Löffler 1999). Die Einzelschule als Akteur der Schulentwicklung rückte zunächst als „Gestaltungseinheit" (Fend 1986, 275), dann als „Motor der Entwicklung" (Rolff 2007, 11) in den Blickpunkt.

Altrichter zeigt auf, dass im Zuge dieser Veränderung der Steuerung von Schulentwicklungsprozessen drei Phasen unterschieden werden können (vgl. Altrichter 2006, 6ff):

- Die *Phase der Ermöglichungsstrategie* dauerte bis in die erste Hälfte der 1990er Jahre an. In dieser Zeit lag sowohl die inhaltliche als auch die organisatorische Verantwortung allein bei den Lehrkräften der Einzelschule.
- Die *Phase der Anforderungsstrategie* schloss sich an. Die sowohl intern als auch extern formulierten Anforderungen zeigten sich z.B. in Konzepten wie verpflichtender Schulprogrammarbeit, Selbst- und Fremdevaluation oder der Einführung von Vergleichsarbeiten.
- Die *Phase der Steuerung der Selbststeuerung* basiert auf den Ergebnissen der internationalen Schulvergleichsstudien (TIMSS, PISA). Externe Vorgaben wie Bildungsstandards und regelmäßige Vergleichsarbeiten sollen nun die Entwicklung der Einzelschule steuernd begleiten.

In allen Phasen geht es um die Autonomie der einzelnen Schule und um ihre Problemlösekompetenz.

Die Wendung zur qualitätsorientierten Organisationsentwicklung und die gleichzeitige Abwendung von ausschließlichen Gesamtsystem-Strategien sind notwendige Antworten auf gesellschaftliche Rahmenbedingungen und Herausforderungen der Gegenwart. Ausgangspunkt ist die Erkenntnis, dass Innovationen nicht verordnet und umstandslos implementiert werden können. Schulen als bewegliche soziale Systeme zeichnen sich aus durch (vgl. Rolff 1991):

- begrenzte Technologisierbarkeit des pädagogischen Prozesses (Erziehungsprozesse erfordern persönliche Begegnungen)
- professionellen Berufszuschnitt (pädagogisches Handeln als professionelle Tätigkeit)

- immanente Kontrollunsicherheit (notwendige Autonomie der Lehrkräfte widerstrebt der Kontrolle durch die Behörde)
- zellulare Struktur und gefügeartige Kooperation (Klassenzimmerorientierung und lose Koppelung der Einzelaktivitäten)
- Eigenart pädagogischer Ziele (komplexe, widersprüchliche Orientierungen in den Bildungs- und Erziehungszielen)

Auch wenn die Systemsteuerung nicht länger als technokratische Gesamtstrategie betrieben werden kann, bedarf es andererseits zusätzlicher soziologischer Makroperspektiven auf die Steuerung des Gesamtsystems. Bildungssysteme sind rationale Organisationen, die gesellschaftlich erwünschte Lernprozesse organisieren (vgl. Fend 2006). Unter bildungsökonomischer Perspektive geht es um die Investition in Humankapital und um die Vermittlung von Qualifikationen, die ein Funktionieren der Gesellschaft und höchstmögliche Stabilität gewährleisten. In der empirischen Bildungsforschung werden Bildungsproduktionsmodelle diskutiert, die die Herstellung von Bildungsqualität nicht der Einzelschule überlassen wollen (vgl. Berkemeyer 2010). Maßnahmen auf der Ebene der Einzelschule bedürfen der Ergänzung durch makropolitische Steuerungsvorgaben. Diese sind ein legitimes Mittel der gesamtgesellschaftlichen Planung im Systemzusammenhang. Regulierung und Deregulierung antworten auf bildungsökonomische Anliegen, wie etwa eine effektive Ressourcennutzung oder die Optimierung von Outcomes. Vor dem Hintergrund internationaler Schulleistungsvergleichsstudien dient die Systemsteuerung dem Ausgleich von empirisch belegbaren Defiziten im Bildungsbereich.

2.1 Potentiale lernender Organisationen

Wenn Schulen sich entwickeln und Gestaltungsautonomie beanspruchen, kann es zu einer Ausschöpfung der Potentiale ihrer Mitglieder kommen. Schulen als soziale Organisationen entfalten sich nach Per Dalin (1999) in den Dimensionen:

1. Werte (Leitorientierungen)
2. Strukturen (Kommunikation, Aufgaben)
3. Relationen (Beziehungen)
4. Strategien (Leadership)
5. Umgebung (außerschulische Gegebenheiten)

Die Gestaltungsautonomie der Schule besagt, dass die Schule Ort der Veränderung ist. Sie treibt Entwicklungen in den Bereichen Inhalte, Organisation, Personal, Bewirtschaftung, Qualitätssicherung, Evaluation, Entwicklung und Berichterstattung voran.

Die Lernende Schule (vgl. Schratz/Steiner-Löffler 1999) wird verstanden als eine sich selbst organisierende Einrichtung, an deren Gestaltung alle an Schule Beteiligten mitwirken. Sie versteht sich als Ort des Miteinanderlebens und –arbeitens, an dem Konflikte produktiv gelöst werden. Wissenschaftlich wird sie als funktionale Einrichtung zur Qualitätsentwicklung begründet (vgl. Holtappels 2003) und untersucht. Als Leitorientierungen einer sich selbst entwickelnden Schule gelten die folgenden Dimensionen (vgl. MacBeath 2007, 66):

1. a learning school
2. high expectations
3. ownership of change
4. shared goals
5. effective communication
6. focus on pupil learning
7. effective leadership
8. home-school partnership
9. positive relationships
10. staff collaboration

Die schulische Entwicklungsarbeit betrifft den Aufbau eines Organisationsdenkens aller Schulmitglieder. Schulentwicklung, kooperativ gedacht, ist ein Lernprozess, bei dem organisationseigene Ressourcen über das Zusammenwirken aller schulischen Statusgruppen mobilisiert werden (vgl. Rahm 2010b).

Peter M. Senge entwickelt die Kunst und Praxis der lernenden Organisation, in der es gilt, die organisationseigenen Kräfte in ihrem Zusammenwirken zu erkennen (Systemdenken), die Potentiale der Mitglieder auszuschöpfen (Personal Mastery; Selbstführung und Persönlichkeitsentwicklung), mentale Modelle bewusst zu machen, gemeinsame Visionen zu entwickeln und im Team zu lernen (vgl. Senge 1999, 14ff). Schratz und Steiner-Löffler übertragen die systemische Perspektive auf die Lernende Schule, die von der Vision zur Aktion schreitet und dabei alle Beteiligten in den Entwicklungsprozess einbindet und ihre Ressourcen ausschöpft (vgl. Schratz/Steiner-Löffler 1999). In einem gemeinsamen schulischen Lernprozess muss die bloße Klassenzimmerperspektive des Einzelkämpfers/der Einzelkämpferin überwunden werden. Es gilt, neue schulische Realitäten in einem Ko-Konstruktionsprozess, der die Ressourcen der Beteiligten einbindet, zu erschaffen (vgl. Rahm 2010b).

Die Bewältigung schulischer Entwicklungsaufgaben, die Organisationsentwicklung, die Personalentwicklung, die Lehrplanentwicklung, die Unterrichtsentwicklung und die Erziehungsentwicklung führen zum Aufbau einer Schulkultur, die sich als Lern-, Erziehungs- und Organisationskultur begreifen lässt (vgl. Meyer 2002; Holtappels 2003). Während die Lernkultur einer Schule sich an den Lernarrangements, der Lernorganisation, der Breite des Angebots und der curricularen Ausdifferenzierung ablesen lässt, bezieht sich die Erziehungskultur auf die Förderung der Fach-, Selbst- und Sozialkompetenz der Schülerinnen und Schüler. Die

Organisationskultur betrifft dagegen die Frage, inwieweit die Schule als soziale Organisation zur Entfaltung als Lernende Schule gelangt ist und in diesem Sinne eine organisationseigene Anpassung an Veränderungen sowie eine eigenverantwortliche Gestaltung erreicht hat. Die Gestaltungsautonomie der Schule bezieht sich auf folgende Felder (vgl. Holtappels 2003, 109ff):

• administrative Autonomie
• Finanzautonomie
• Personalautonomie
• pädagogische Autonomie
• Selbstentwicklung und Selbstevaluation

In keinem der aufgeführten Bereiche kann Schule vollständige Unabhängigkeit erreichen. Sie kann aber sehr wohl Gestaltungsspielräume, etwa bezüglich der Schulverwaltung, der Verwendung der zugewiesenen Mittel, der Einstellung des Personals, der Entwicklung von curricularen Akzenten, der Evaluation von Innovationen wahrnehmen.

2.2 Schulführung

Im Zuge der Schulentwicklung haben sich die Ansprüche an Schulleitung entscheidend verändert. Mit der Übertragung einer Gestaltungsautonomie an die einzelne Schule erhalten die Führungskräfte anspruchsvolle Leitungsaufgaben. Schulleitungen und Mitglieder des mittleren Managements einer Schule lenken den Entwicklungsprozess. Sie agieren als ‚Change Agents‘, die eine Richtung vorgeben und die Innovation vorantreiben (vgl. Rahm/Schröck 2008). Einerseits agieren Schulleitende in tradierten bürokratischen Strukturen. Andererseits müssen sie einen Systemblick entwickeln, bei dem die Schule als bewegliches Ganzes erfasst wird. Sie stoßen Wandel an, müssen die Qualitätsentwicklung jedoch auch managen (vgl. Rolff 2011). Neben die operative Gestaltung des Entwicklungsprozesses tritt eine Kunst der Führung, die wir als Leadership bezeichnen. Sie lässt sich an folgenden Kriterien festmachen:

1. Langfristige Orientierung: Visionen kommunizieren, Rahmenbedingungen für deren Umsetzung schaffen, Entwicklungen anregen
2. Zielfindung: Profil der Schule entwickeln, Maßnahmen der Entwicklung einleiten, Schulkultur fördern
3. Führung: kooperativ-situativ handeln, Präsenz, aktive Schulentwicklung
4. Erwartungen: hohe Erwartungen an Lehrkräfte und Schüler(innen), Anreizsituationen schaffen
5. Einstellungen: klare Wertvorstellungen, Schlüsselwerte, Engagement für Schulentwicklung und die beteiligten Statusgruppen (vgl. Dubs 2005, 176)

Schulleitungshandeln ist einer der Schlüsselfaktoren für die Qualitätsentwicklung an lernenden Schulen. Nach Bonsen et al. (2002) sind 1. zielbezogene Führung, 2. Innovationsförderung, 3. Partizipation in der Entscheidungsfindung, 4. Organisationskompetenz einer Schulleiterin/eines Schulleiters ausschlaggebend für die Qualität einer Schule. Orientiert sich eine Schulleitung an gemeinsam formulierten pädagogischen Zielen, die als Operationalisierung der übergeordneten Vision oder des Leitbildes der Schule betrachtet werden, unterstützt sie nachhaltig die Entwicklungsprozesse der Organisation. Damit fördert sie gleichzeitig das innovative Potential der Schule. In diesem Sinne ist der Schulleiter/die Schulleiterin der ‚Change Agent', der zentrale Akteur für Wandel und Innovation einer Schule.

Steuergruppen übernehmen die Schulführung auf der Ebene des mittleren Managements. Sie bündeln die organisationseigenen Kräfte und unterstützen und verbreitern somit die Basis der Schulentwicklungsarbeit. Sie können auf unterschiedliche Art und Weise gebildet werden: durch Wahl der Mitglieder durch die Lehrer(innen)konferenz oder auch durch Aushandeln der Mitglieder durch verschiedene Gruppen im Kollegium. In allen Fällen ist eine vorherige Abklärung der Aufgaben und Kriterien für die Zusammensetzung wichtig. Kriterien für die Zusammensetzung einer Steuergruppe können u.a. sein: Vertretung der verschiedenen Abteilungen einer Schule (zum Beispiel geisteswissenschaftlicher, naturwissenschaftlicher, musischer Bereich), angemessene Beteiligung der Geschlechter, Mischung von jung und alt, Einbeziehung von Aktivisten, Mitglied der Schulleitung (unabdingbar), Personalrat, ggf. Schüler(innen) und Elternvertreter(innen).

Hauptaufgaben von Steuergruppen sind (vgl. Schröck 2009, 14):
• Organisation und Moderation des Schulentwicklungsprozesses
• Initiierung und Koordinierung verschiedener Projekte mit der Entwicklung der ganzen Schule
• Abstimmung des durch Schulentwicklung entstehenden Qualifizierungsbedarfs
• Einleitung, Vorbereitung und Begleitung einer schulinternen Evaluation
• Information des Kollegiums und aller übrigen am Schulentwicklungsprozess Beteiligten (Eltern, Schüler(innen), außerschulische Kooperationspartner(innen))

Bei der Einrichtung von Steuergruppen muss beachtet werden, dass sie sich in einem Spannungsfeld zwischen Schulleitung und Kollegium befinden. Die Nähe der Steuergruppe zur Schulleitung bei gleichzeitiger Verpflichtung auf die Interessen des Kollegiums stellt einen kritischen Befund dar (vgl. Berkemeyer/Holtappels 2007, 123). Zudem bringt eine „Steuergruppe Machtverschiebungen in die Organisation" (Altrichter/Messner/Posch 2004, 106) und die Hierarchiestruktur der Organisation Schule kann für Steuergruppen zum Problem werden (vgl. Schröck 2009).

3 Ansätze und Strategien der Schulentwicklung

Die Deregulierung des Schulsystems erfordert Systemdenken. Schulentwicklung, die das System Schule als Ganzes erfasst, muss die drei Handlungsfelder Organisationsentwicklung, Personalentwicklung und Unterrichtsentwicklung im Blick haben.

- *Organisationsentwicklung*: Formulierung gemeinsamer Ziele im Kollegium, Erstellung eines Schulleitbildes und eines Schulprogramms, Teamarbeit, Lernen und Kooperieren im Kollegium, Umgang mit Ressourcen, Umsetzung von Vorgaben
- *Personalentwicklung*: Erweiterung von Handlungskompetenzen des Personals, Fort- und Weiterbildung, auf die Schule abgestimmte Neueinstellungen, Hospitationen, Superversionen, Mitarbeiter(innen)gespräche, Schulungen der Leitung
- *Unterrichtsentwicklung*: Entfaltung von Unterrichtskulturen, Verbesserung des Unterrichtsangebotes, Förderung der Selbst-, Sozial- und Fachkompetenz der Schüler(innen), Umgang mit Heterogenität im Unterricht, Lernen lernen, neue Unterrichtsmethoden, Teamteaching, Hospitationen.

Die Entwicklungskonzepte einzelner Schulen können mit Hilfe fundierter Gestaltungsstrategien in die Praxis umgesetzt werden. Schulentwicklung gelingt jedoch nur dann, wenn Veränderungsbereitschaft in Kollegien besteht (Organisationslernen kann nicht verordnet werden!), wenn ausreichende Unterstützungsmaßnahmen der Bildungsverwaltung vorhanden sind und wenn die Einzelschulen sich im Verbund mit anderen weiterentwickeln können. Dazu bedarf es eines klugen Bildungsmanagements, das auf der Gesamtsystemebene strukturelle Gestaltungsvorgaben, Leitziele und Qualitätsstandards, Rahmenkonzepte und Reformprogramme vorgibt. Rolff schlägt ein ganzheitliches System von Qualitätsmanagement vor, das die Visions- und Strategieentwicklung, die Steuerung inklusive der Evaluation, die Struktur beziehungsweise Innenarchitektur der Schule sowie die Schul- und Lernkultur mit all ihren Widerständigkeiten umfasst (vgl. Rolff 2011, 189f). Basis aller Strategieentwicklung sind ein Wissen um gewachsene Reformkulturen und die Fähigkeit, die Ressourcen der Mitglieder einer Organisation zu mobilisieren.

3.1 Schulentwicklung als Qualitätsentwicklung

Die Strategie der Organisationsentwicklung ist ein sozialwissenschaftlicher Ansatz, um eine Organisation von innen heraus weiterzuentwickeln. Sie ist ein offenes, planmäßiges und zielorientiertes Vorgehen, das für alle Beteiligten Lernanlässe schafft. Im Vordergrund stehen die Selbstentwicklung der Mitglieder und die Selbsterneuerung der Organisation.

Zwar steht die Verbesserung des Unterrichts an vorderster Stelle aller Entwicklungsinitiativen; da die Reform des Unterrichts jedoch nicht losgelöst von strukturellen Gegebenheiten in den Schulen oder den persönlichen Voraussetzungen der Mitglieder einer Organisation betrachtet werden kann, steht im Mittelpunkt aller Reformbemühungen die Entwicklung der Organisation. Im pädagogischen Qualitätsmanagement, das der Sicherung und der Entwicklung schulischer Qualität dient, werden Handlungskreise, die zur schulischen Qualitätsentwicklung beitragen, skizziert. Auf inhaltlicher Ebene müssen ein Leitbild und ein Schulprogramm erstellt werden. Auf der Ebene operativen Handelns geht es um die Qualitätsentwicklung im Unterricht. Auf der Führungsebene geht es um die Steuerung des schulischen Entwicklungsprozesses, während der Evaluations-Handlungskreis den Abgleich von Zielen der Schulentwicklung mit den Ergebnissen der internen und der externen Evaluation vollzieht. Zielführendes Handeln, Teamarbeit und Feedbackkultur werden in diesem Modell als ‚Treiber‘ der systematischen Schulentwicklung betrachtet (vgl. Rolff 2011, 1ff).

Systematisch betriebene Qualitätsentwicklung führt zu einer zyklischen Bewegung, in der Ergebnisse aus einer ersten Runde des Qualitätsmanagements in eine zweite Runde einfließen und zu Verbesserungen in der Schule führen. Diese Zirkularität lässt sich am deutlichsten in einem Qualitätskreislauf darstellen.

Grundlage aller Qualitätskreislaufmodelle ist der sogenannte Deming-Kreis, benannt nach dem Begründer des TQM-Ansatzes, W. Edward Deming. Dieser besteht aus vier Phasen: Plan – Do – Check – Act, wobei der Prozess nicht zwangsläufig mit der Planungsphase beginnt, sondern auch in anderen Prozessabschnitten seinen Anfang nehmen kann. Grundlage bildet die Bestandsaufnahme der Organisation. Auf der Basis schulischer und unterrichtlicher Ziele können dann eine Qualitätsverbesserungsmaßnahme geplant und ein Arbeitsprogramm erstellt werden (plan). Die Reformmaßnahme wird durchgeführt oder im kleinem Maßstab getestet (do), um dann anhand der Ziele evaluiert zu werden (check). In der folgenden Phase (act) werden auf der Basis der Evaluationsergebnisse Konsequenzen gezogen. Die Reforminitiative kann zum Beispiel optimiert werden, bevor sie in den schulischen Alltag als schulisches Innovationsprojekt implementiert wird. Der Qualitätsentwicklungsprozess ist jedoch damit nicht abgeschlossen, denn Schulen als gesellschaftliche Einrichtungen müssen ständig neue Antworten auf gesellschaftlichen Wandel geben. Die Verbesserung der Schulqualität über pädagogisches Qualitätsmanagement ist damit eine stabile Herausforderung für Bildungsinstitutionen.

Der Ansatz der Organisationsentwicklung als systematische Entwicklungsstrategie für lernende Schulen erfährt eine kritische Würdigung in der Fachdebatte. Vertreter(innen) hermeneutischer Ansätze der Schulentwicklung positionieren sich in geisteswissenschaftlicher Tradition und intendieren das Verstehen des Sinnganzen aller Schulentwicklung. Unter Berücksichtigung historischer Perspektiven werden kommunikative, wertorientierte Kommunikationsleistungen in der Institution Schule rekonstruiert. Schulentwicklung wird verstanden als die Herstellung einer Kommunikationsstruktur, die gemeinschaftliches Handeln ermöglicht. Im hermeneutischen Dialog werden auf der Basis von Anerkennung und Wertschätzung Verständigungen über gelungene Schul- und Unterrichtspraxis vollzogen. Ziel ist nicht die Herstellung eines Bildungsproduktes, sondern die Zusammenführung und Akzeptanz differenter Sichtweisen (vgl. Bohl 2010). In der schulischen Begleitforschung werden solche Zusammenhänge wissenschaftlich untersucht und in den schulischen Entwicklungsprozess eingebracht.

Der Ansatz der pädagogischen Schulentwicklung basiert auf der Anerkennung kontinuierlicher Schulreform. Kritisiert werden die mit den Erhebungs-, Auswertungs-, Feedbackphasen verbundenen Belastungen der Lehrkräfte. Argumentiert wird hier aus der Perspektive schulischer Reformpraxis, in der die Unterrichtsentwicklung eine zentrale Rolle spielt. Damit verbindet sich die Forderung nach einer Straffung des Innovationsmanagements und der Akzentuierung der Personalentwicklung in Form von Qualifizierungsangeboten. In diesem Zusammenhang wird die Verbindung zu historischen Reforminitiativen im Schulbereich, die vorwiegend von Expert(inn)en der Praxis entwickelt wurden, gesucht. Im Hintergrund stehen kontinuierliche Unterrichtsreformen, die in der Tradition Innerer Schulentwicklung stehen (vgl. Bastian 2010).

Unterrichtsentwicklung kann demgemäß entweder als Fortschreibung historischer Reformpraxis praktiziert oder im systematischen Prozess der Organisationsentwicklung entfaltet werden. In der Systematik des Datensammelns, des Klärens und Vereinbarens von Zielen, der Anpassung der Mittel zur Planung und Umsetzung der Vorhaben und der Evaluation des Prozesses und der Ergebnisse eröffnen sich Möglichkeiten einer kommunikativen Vernetzung aller Schulmitglieder.

Das Schulprogramm, das die Ziele einer Bildungseinrichtung formuliert, intendiert die innerschulische Verständigung und Vernetzung der Mitglieder einer Schulgemeinschaft. Schratz nennt sechs Bausteine des Schulprogramms (vgl. Schratz 2003)
- Kommunikation (Vorstellung des Schulprofils, der Schulform, der Schüler(innen)-population)
- Leitbild (Ethos, Grundsätze, Leitvorstellungen)
- Ist-Stand (Dokumente, Methoden, Prozesse)
- Zielsetzungen (pädagogisch, fachlich, überfachlich)
- Maßnahmen und Aktionen (Arbeitsstruktur, Meilensteine, Teambildung)
- Qualitätssicherung (Bereiche, Methoden, Zeitpunkt/Ablauf, Dauer)

3.2 Unterstützungssysteme

Strategien zur Gestaltung autonomer Einzelschulen bedürfen einer Unterstützung durch externe Begleitung und Beratung. In diesem Zusammenhang wird der Wandel der Schulaufsicht zu einem Beratungs- und Unterstützungssystem angestrebt. Über externe Evaluationen gibt die Schulaufsicht Rückmeldung über die Erreichung der angestrebten Entwicklungsvorhaben. Ziel ist die Stärkung der Einzelschule. Vor dem Hintergrund der Notwendigkeit kontinuierlicher Qualitätsentwicklung im Bildungswesen hat die Schulaufsicht einerseits Interesse an der Überwachung der Einhaltung von Standards, andererseits ist sie beteiligt an der Qualitätsentwicklung und der Qualitätssicherung von Schulen. Über Zielvereinbarungen kann die Qualitätsentwicklung an Schulen effizient gestaltet werden.

Beratende Funktionen werden darüber hinaus von Universitäten, wissenschaftlichen Instituten, Lehrer(innen)bildungseinrichtungen sowie pädagogischen Beratungsdiensten der Schulaufsicht übernommen. Die externe Begleitung dient der Förderung der Selbstentwicklungskompetenz von Schulen. Externe Berater(innen) garantieren den Blick von außen. Sie liefern Hilfe zur Selbsthilfe, ohne maßgeblich selbst in den Entwicklungsprozess einzugreifen. Seitens der Schulen wird um Unterstützung im Bereich der Moderation, der Methoden, der Gestaltung, der Analyse, der Wissensvermittlung gebeten. Der Vorteil einer externen Begleitung liegt in der Überwindung einer immanenten Betriebsblindheit: der Berater/die Beraterin kann durch seine/ihre Außenstellung komplexe Entwicklungsprozesse leichter anstoßen, ohne in die Gefahr der Verwicklung in einen innerschulischen Interessenkonflikt zu geraten. Externe Moderator(inn)en liefern das Know-how für die Durchführung eines systematischen und systemischen Schulentwicklungsprozesses.

Lehrer(innen)forschung kann darüber hinaus unterstützend wirken. Die Schulbegleitforschung ist der Aktionsforschung zuzuordnen (vgl. Altrichter/Posch 1998). Im Prozess der Profilbildung einer Einzelschule durch Selbstorganisation können Lehrer(innen) eine reflexive Haltung zur Praxis einnehmen, gemeinsame Bewertungsprozesse initiieren sowie Forschungsprojekte, die auf Systematisierung zielen, betreiben. Hier bieten sich Kooperationsmöglichkeiten für Wissenschaftler(innen), Studierende, Referendar(inn)e(n), Lehrer(innen) und Seminarleiter(innen). Unternommen werden die wissenschaftliche Untersuchung von Handlungsfeldern und die Begleitung schulischer Entwicklungsprozesse. Aktion und Reflexion lassen sich im Entwicklungsverlauf aufeinander beziehen, so dass Qualitätssicherung und Qualitätsentwicklung wissenschaftlich fundiert vonstattengehen können.

4 Evidenzbasierte Schulentwicklung

Grundlage einer Diskussion um Schulqualität ist die Auseinandersetzung mit den normativen Grundlagen einer Bewertung von Schulen. Darüber hinaus sind Ergebnisse internationaler Schulqualitätsforschung zu berücksichtigen.

4.1 Schulqualität

Qualität ist kein beobachtbares Merkmal einer Sache, sondern das Resultat einer Bewertung (vgl. Heid 2000). Schulqualität ergibt sich vor dem Hintergrund dieser Erkenntnis als Konstrukt, das die Voraussetzungen für gelingendes Lernen der Schüler(innen) liefert. Aus mikropolitischer Perspektive betrachtet sind Schul- und Unterrichtsqualität orientierende Größen für systematische Schulentwicklung, die nur vor Ort und unter Einbeziehung der Ressourcen aller Beteiligten entwickelt werden kann. Aus makropolitischer Perspektive bedarf die Produktion von Bildungsqualität unterstützender Maßnahmen und Kontrollen, um internationalen Ansprüchen an gute Bildungsoutputs gerecht zu werden.

Aus den Ergebnissen der Schulqualitätsforschung können, je nach Strukturierung, unterschiedliche Bereiche von Schulqualität definiert werden.

Haider (1998) schlägt z.B. fünf Qualitätsbereiche vor:
1. Die Qualität des Unterrichts
2. Die Qualität des Lebensraumes Klasse und Schule
3. Die Schulpartnerschaft und die Außenbeziehungen der Schule
4. Die Qualität des Schulmanagements
5. Die Lehrer: Professionalität und Personlentwicklung

Kempfert/Rolff (1999, 28) empfehlen die Fokussierung folgender Qualitätsbereiche:
1. Fachunterricht
2. überfachlicher Unterricht
3. Erziehungskonzept – Schülerorientierung
4. Schulkultur
5. Lehrerkooperation
6. Schulleitung
7. Schulmanagement
8. Personalentwicklung
9. Elternarbeit
10. Außenbeziehungen

4.2 Ergebnisse der Schulqualitätsforschung

Internationale Forschungsergebnisse weisen auf folgende Kriterien guter Schulen hin (vgl. Fend 2000, 60):
• klare Konzeption pädagogischer Leitideen
• effiziente Führung in Fragen des Unterrichts
• hohe Erwartungen bezüglich der Leistungen der Schüler(innen)
• gestaltete Schulumwelt (sicher, ästhetisch, ordentlich)
• bestmögliche Zeitnutzung
• häufige Beobachtung der Fortschritte der Schüler(innen)
• positive Beziehungen zwischen Schule, Familie, Gemeinde

Die Unterrichts- und die Bildungsforschung stellen eine Fülle von Daten zu Lernklima, effektiven Lehrer(inne)n, Optimal- und Problemklassen, zur Lernkultur im Unterricht, zur Erziehungskultur, zur Leistungsorientierung, zum sozialen Klima in Schulen, zur Schulorganisation und zum Management von Schulen zur Verfügung (vgl. Holtappels 2003, 55ff). Zahlreiche Untersuchungen widmen sich der Rolle der Schulleitung in Schulentwicklungsprozessen und belegen die erhöhte Verantwortung der Schulleitung als Steuerungsinstanz in Schulentwicklungsprozessen. Die Verbesserung des Unterrichts ist das Ziel aller Schulentwicklung. Der gute Unterricht ist ein empirisch fundiertes Konstrukt, das als Orientierungsrahmen dient (vgl. Helmke 2003). Darüber hinaus wird Unterrichtsentwicklung gesteuert durch nationale Bildungsstandards, die Fähigkeiten und Fertigkeiten der Schüler(innen) als Regelstandards benennen (vgl. Klieme et al. 2003). Die Gewährung von Gestaltungsautonomie in der Schul- und Unterrichtsentwicklung ist damit gerahmt durch empirisch und normativ fundierte Setzungen, die den Entwicklungsprozessen vor Ort eine Richtung vorgeben. Eigenverantwortung ist gekoppelt an Normierung und Rechenschaftslegung.

4.3 Evaluationsverfahren in der Schulentwicklung

Schulen müssen sich in der Schulentwicklung sowohl internen als auch externen Evaluationen stellen. Evaluation bedeutet den Prozess des systematischen Sammelns und Analysierens von Daten mit dem Ziel begründeter Bewertung (vgl. Kempfert/ Rolff 1999, 23). Die Herausforderung an Schulen liegt in der Entwicklung einer Evaluationskultur, in der Rückmeldungen zur Praxis als geläufige Qualitätsentwicklungsmaßnahme verstanden werden.
Zu unterscheiden sind Evaluationen auf der Ebene der Schulklasse und des Unterrichts, auf der Ebene der Schule und auf der Ebene der Lernerfolgsfeststellung. Die systematische Prüfung der Qualität in einzelnen Tätigkeitsfeldern kann als internes oder als externes Verfahren stattfinden. Schulinterne Evaluation ist ein Qualitätsentwicklungsprozess, der durch die Schule selbst eingeleitet, geplant und durch-

geführt wird. Externe Evaluation wird dagegen durch die Schulinspektion, durch Fachleute aus anderen Bildungseinrichtungen oder durch Expert(inn)en aus dem außerschulischen Bereich (z.B. der Ausbildungsbetriebe) durchgeführt. Dabei ist es für die Entwicklung der Einzelschulen förderlich, wenn die externe Evaluation von einer Haltung des ‚kritischen Freundes‘ geprägt ist, da ansonsten die Gefahr einer Vorspiegelung stimmiger Verhältnisse vor Ort besteht (‚Fassadenevaluation‘). Formative Evaluation bezieht sich auf die Bedingungen schulischer Arbeitsverläufe, während summative Evaluation die Ergebnisse pädagogischer Prozesse, etwa am Ende eines Projektes, erhebt (vgl. Holtappels 2003, 203f).

Unterrichts-, Fach- und Projektevaluation fügen sich unmittelbar in schulinterne Entwicklungsverläufe ein, während die Schulprogrammevaluation und die Evaluation der gesamten Bildungseinrichtung größere Vorhaben darstellen, die in das Gesamtsystem hineinwirken.

4.4 Lehrer(innen)forschung

Die eigenverantwortliche Schule hat ein genuines Interesse an der Aufklärung komplexer Arbeitszusammenhänge. Die Entwicklung von Qualität in Schulen kann anknüpfen an dieses Interesse. Die Aktionsforschung propagiert eine Datenerhebung durch Lehrkräfte. Das Potential der Lehrer(innen)forschung, die in der Regel im Verbund mit Universitäten und Lehrer(innen)bildungseinrichtungen betrieben wird, liegt im Aufbau von Reflexion in der Handlung. Durch die Ausbalancierung von Aktion und Reflexion und durch die theoriegeleitete Analyse komplexer Wirklichkeiten ergeben sich Möglichkeiten einer theoriegeleiteten Erkenntnis.

Lehrer(innen)forschung ist (vgl. Altrichter/Posch 1998):
• Forschung der Betroffenen
• Forschung aus der schulischen Praxis heraus
• Bindeglied zwischen Theorie und Praxis
• Forschungs- und Entwicklungsvorhaben zugleich
• Ort der Konfrontation unterschiedlicher Perspektiven
• Instrument zur Weiterentwicklung der professionellen Gemeinschaft

Erkenntnis und Entwicklung sind beim Ansatz der Lehrer(innen)forschung eng miteinander verknüpft. Die Möglichkeit, Praxis über Forschung der im Feld Involvierten aufzuhellen, wird im Sinne hermeneutischer Schulentwicklung als Instrument der qualitätsorientierten Schulentwicklung und als Maßnahme zur Professionalisierung des Berufsstandes betrachtet.

5 Professionalisierung durch Schulentwicklung

Mit der Schulentwicklung verändern sich Ansprüche an die Professionalität von Lehrkräften. Sie sind aufgefordert, den organisationalen Wandel einzuleiten und zu gestalten. Schulentwicklung ist auf das Engagement und die Lernbereitschaft von Lehrer(inne)n angewiesen. Das Handlungsrepertoire von Lehrer(inne)n muss sich erweitern. In der eigenverantwortlichen Schule erhalten Lehrkräfte zahlreiche zusätzliche Gestaltungs- und Entwicklungsaufgaben. Die Entwicklung von Schule und Unterricht beinhaltet anspruchsvolle Aufgaben, die das pädagogische Professionsprofil erweitern. Lehrer(innen) müssen lernen, nicht nur aus der Perspektive des Klassenzimmers heraus zu agieren, sondern sie sind darüber hinaus gehalten, in Kooperation mit anderen schulische Qualität zu sichern. Das erweiterte Aufgabenspektrum und der Zuwachs an Autonomie des Lehrberufs weisen auf eine Professionalisierung durch Schulentwicklung.

Eine der Herausforderungen der Schulentwicklung liegt in der Notwendigkeit eines Erwerbs kooperativer Handlungsorientierungen. In der Schulentwicklung entwickeln die Mitglieder des Kollegiums in Kooperation eine gemeinsam verantwortete Gestalt von Schule. Schulentwicklung stellt für Lehrkräfte einen zusätzlichen Aufgabenbereich dar. Über die klassischen Aufgaben des Lehrberufs (unterrichten, erziehen, beraten, betreuen) hinaus wird das Mitwirken an Schulentwicklungsprozessen erwartet. Schulentwicklung fügt den klassischen Aufgabenfeldern des Lehrberufs folgende Tätigkeitsfelder hinzu (vgl. Rahm 2010a; Esslinger 2002):

- kooperieren
- planen
- innovieren
- evaluieren/forschen
- lernen
- leiten

Kooperieren bedeutet das Zusammenwirken von zwei oder mehreren Personen im Sinne einer Effektivierung der Aufgabenbewältigung und der Erhöhung beruflicher Zufriedenheit. Lehrer(innen) planen einerseits individuell innerhalb der im System vorgegebenen Perspektiven, indem sie beispielsweise innovative Entwürfe für Unterricht vorlegen oder Vorschläge für die Gestaltung eines Schulfestes unterbreiten. Innovieren als dritte Perspektive stellt eine Veränderungstätigkeit innerhalb des Systems Schule dar. Evaluieren/Forschen meint Kontrolle innerhalb des Systems beziehungsweise den Prozess der Selbstvergewisserung/Reflexion im Sinne pädagogischer Qualitätsentwicklung. Lernen als Element einer auf Schulentwicklung hin orientierten Berufsauffassung ist ein Verhalten, das der von der Organisationsentwicklung propagierten Sicht auf Schule als lernender Organisation entspricht. Die Bedeutung des Leitens in Schulentwicklungsprozessen ist durch empirische

Untersuchungen belegt. Schulleiter(innen) haben entscheidenden Einfluss auf die Qualität der Bildungseinrichtung (vgl. Bonsen et al. 2002).

6 Herausforderungen durch Spannungsfelder der Schulentwicklung

Die Aufforderung zur Entwicklung pädagogischer Visionen, die Notwendigkeit ihrer Verschriftlichung in Schulprogrammen und die Pflicht zur Rechenschaftslegung durch Evaluation und Berichterstattung können auf Widerstände treffen. Forderungen nach vermehrter Planungsarbeit oder pädagogischem Engagement als Eigeninitiative können seitens des Lehr- und Leitungspersonals blockiert werden. Vor dem Hintergrund ihres Entwicklungsauftrags steht die eigenverantwortliche Schule unter antinomischen Spannungen. Spannungsfelder der Schulentwicklung ergeben sich beim Aufbau kooperativer Beziehungen nicht nur innerhalb einer Schule, sondern auch auf der Gesamtsystemebene, auf der eine Kooperation von Aus- und Weiterbildungsinstitutionen erforderlich wird. Gegensätzliche Orientierungen sind etwa:
• Bewahren und Verändern
• Gleichheit und Differenz
• Autonomie und Kontrolle
• Individuum und Gemeinschaft
• Arbeitsbelastung und Arbeitserleichterung
• Internationalisierung und Regionalisierung
• Standards und Abweichungen

Schulen sind als gesellschaftliche Reproduktionsinstanzen aufgefordert, über Bildungsangebote Kontinuität in der gesellschaftlichen Entwicklung zu gewährleisten. Schulen stehen damit vor dem Dilemma, einerseits kulturelle Orientierungen bewahren zu müssen, andererseits Innovationen hervorbringen zu wollen, die angemessene Antworten auf den sozialen Wandel geben. Ein weiteres Problemfeld liegt im Umgang mit Differenzen im Kollegium lernender Schulen: die funktionale Ausdifferenzierung unter den Mitgliedern einer Schule führt zu Spezialisierungen, die dem historisch hergeleiteten Selbstverständnis von Gleichheit unter den Mitgliedern widersprechen. Eine weitere Spannungszone betrifft die gesteuerte Verordnung von Autonomie. Entwicklungsaufträge an Schulen sind verknüpft mit internen und externen Evaluationen, die die erhofften Freiheiten begrenzen. Weitere Einschränkungen ergeben sich im Zusammenhang mit der Notwendigkeit, in Schulentwicklungsprozessen Organisationsdenken zu entwickeln und damit die Klassenzimmerperspektive zu überschreiten, was als Bedrohung der individuellen pädagogischen Autonomie erlebt werden kann. Konfliktherde sind darüber hinaus die erhöhte Arbeitsbelastung bei gleichbleibenden Ressourcen im Bildungsbereich, die als Verwaltung von Missständen und Mehrbelastung erlebt werden können. Fortsetzen lässt sich die Liste der Ungereimtheiten mit dem Hinweis auf die Internationalisierung der Debatte um Bildungsorientierungen, die im Kontrast zur Regionalisierung der Schulentwicklungsinitiativen steht. Schließlich ergibt sich das Problem der Auseinandersetzung mit international gültigen Standards, die den selbstverantwortlich lernenden Schulen Entwicklungsrichtungen vorgeben.

Die Spannungsfelder der Schulentwicklung sind als produktive Gegensätzlichkeiten zu verstehen. Sie treiben Innovationen dann voran, wenn sie als notwendige Energien in Veränderungsprozessen verstanden werden. Die Verlagerung der Verantwortung an die Einzelschule als Ort der Veränderung bedeutet immer auch, dass Triebkräfte der Veränderung und solche des Bewahrens aufeinandertreffen, und dass ein konstruktives Miteinander, in dem unterschiedliche Perspektiven zugelassen werden, erzeugt werden muss. Sowohl auf der Gesamtsystemebene als auch auf der Einzelschulebene können widersprüchliche Orientierungen in Dialoge münden. Verstanden als Lernprozesse für alle Beteiligten aktivieren sie kreatives Potential, das für den Weg von verwalteten zu eigenverantwortlichen Schulen dringend benötigt wird (vgl. Rahm/Schley 2005).

Literatur

Altrichter, H./Posch, P. (1998): Lehrer erforschen ihren Unterricht. Bad Heilbrunn/Obb.: Klinkhardt.

Altrichter, H. (2006): Schulentwicklung. Widersprüche unter neuen Bedingungen. Bilanz und Perspektive nach 15 Jahren Entwicklung von Einzelschulen. In: Pädagogik 53 (3), 6-10.

Altrichter, H./Messner, E./Posch, P. (2004): Schulen evaluieren sich selbst. Ein Leitfaden. Seelze: Kallmeyer.

Bastian, J. (2010): Pädagogische Schulentwicklung. In: Bohl, T./Helsper, W./Holtappels, H.G./Schelle, C. (Hrsg.): Handbuch Schulentwicklung. Bad Heilbrunn: Klinkhardt, 93-96.

Berkemeyer, N. (2010): Die Steuerung des Schulsystems. Theoretische und praktische Explorationen. Wiesbaden: VS.

Berkemeyer, N./Holtappels, H.G. (2007): Arbeitsweise und Wirkungen schulischer Steuergruppen. Empirische Studie zur Steuerung der Schulentwicklungsarbeit im niedersächsischen Projekt „Qualitätsentwicklung in Netzwerken". In: Berkemeyer, N./ Holtappels, H.G. (Hrsg.): Schulische Steuergruppen und Change Management. Theoretische Ansätze und empirische Befunde zur schulinternen Schulentwicklung. Weinheim, München: Juventa, 99-138.

Bohl, T. (2010): Hermeneutische Schulentwicklung. In: Bohl T./Helsper, W./ Holtappels, H.G./Schelle, C. (Hrsg.): Handbuch Schulentwicklung. Bad Heilbrunn: Klinkhardt, 90-93.

Bonsen, M. et al. (2002): Wie wirkt Schulleitung. In: Rolff, H.-G. et al. (Hrsg.): Jahrbuch der Schulentwicklung. Band 12. Weinheim, München: Juventa, 287-322.

Dalin, P. (1999): Theorie und Praxis der Schulentwicklung. Neuwied: Luchterhand.

Dubs, R. (2005): Die Führung einer Schule. Leadership und Management. Zürich: Franz Steiner.

Esslinger, I. (2002): Berufsverständnis und Schulentwicklung. Bad Heilbrunn: Klinkhardt.

Fend, H. (1986): Gute Schulen – schlechte Schulen. Die einzelne Schule als pädagogische Handlungseinheit. In: Die Deutsche Schule 78 (3), 275-293.

Fend, H. (2000): Qualität und Qualitätssicherung im Bildungswesen. Wohlfahrtsstaatliche Modelle und Marktmodelle. In: Zeitschrift für Pädagogik, 41 Beiheft. Weinheim, Basel: Beltz, 55-72.

Fend, H. (2006): Neue Theorie der Schule. Einführung in das Verstehen von Bildungssystemen. Wiesbaden: VS.

Fullan, M. (1999): Die Schule als lernendes Unternehmen. Konzepte für eine neue Kultur in der Pädagogik. Stuttgart: Klett-Cotta.

Gieske, M. (2011): Vom Schul-Programm zum systematischen Schul-Entwicklungsprogramm. In: Rolff, H.-G. (Hrsg.): Qualität mit System. Köln: Link, 218-242.

Haider, G. (1998): Schulqualität ist meßbar. In: Das Schulblatt 3, 13-15.

Heid, H. (2000): Qualität: Überlegungen zur Begründung einer pädagogischen Beurteilungskategorie. In: Zeitschrift für Pädagogik 41. Beiheft. Weinheim, Basel: Beltz, 41-54.

Helmke, A. (2003): Unterrichtsqualität. Seelze: Kallmeyer.

Holtappels, H.G. (2003): Schulqualität durch Schulentwicklung und Evaluation. München, Unterschleißheim: Luchterhand.

Kempfert, G./Rolff, H.-G. (1999): Pädagogische Qualitätsentwicklung. Weinheim, Basel: Beltz.

Klieme, E. et al. (2003): Zur Entwicklung nationaler Bildungsstandards (Expertise) hrsg. vom BMBF. Berlin.

Krainz-Dürr, M. (1999): Wie kommt Lernen in die Schule? Zur Lernfähigkeit der Schule als Organisation. Innsbruck: StudienVerlag.

MacBeath, J. (2007): Improving School Effectiveness: Retrospective und Propective. In: Townsend, T. (Hrsg.): International Handbook of School Effectiveness and Improvement, 57-74.

Meyer, M. (2002): Schulentwicklung. In: Kiper, H./Meyer, H./Topsch, W.: Einführung in die Schulpädagogik. Berlin: Cornelsen, 183-192.

Rahm, S. (2005): Einführung in die Theorie der Schulentwicklung. Weinheim, Basel: Beltz.

Rahm, S. (2010a): Theorien der Schule und ihrer Entwicklung. In: Rahm, S./Nerowski, C. (Hrsg.): Enzyklopädie Erziehungswissenschaft Online (EEO). Fachgebiet Schulpädagogik. Weinheim, München. (www.erzwissonline.de: DOI10.3262/EEOO9100144).

Rahm, S. (2010b): Kooperative Schulentwicklung. In: Bohl, T./Helsper, W./Holtappels H.G./Schelle, C. (Hrsg.): Handbuch Schulentwicklung. Bad Heilbrunn: Klinkhardt, 83-86.

Rahm, S./Schley, W. (2005): Von der Kraft der Paradoxien. In: journal für schulentwicklung (3), 9-21.

Rahm, S./Schröck, N. (2008): Wer steuert die Schule? Zur Rekonstruktion dilemmatischer Ausgangslagen für Schulleitungshandeln in lernenden Schulen. Bad Heilbrunn: Klinkhardt.

Rolff, H.-G. (1991): Schulentwicklung als Entwicklung von Einzelschulen? In: Zeitschrift für Pädagogik (6), 865-886.

Rolff, H.-G. (2007): Studien zu einer Theorie der Schulentwicklung. Weinheim, Basel: Beltz.

Rolff, H.-G. (2010): Schulentwicklung als Trias von Organisations- Unterrichts- und Personalentwicklung. In: Bohl, T./Helsper, W./Holtappels, H.G./Schelle, C. (Hrsg.): Handbuch Schulentwicklung. Bad Heilbrunn: Klinkhardt, 29-36.

Rolff, H.-G. (2011): Das System des UQM im Überblick. In: Rolff H.-G. (Hrsg.): Qualität mit System. Köln: Link, 1-16.

Schratz, M. (2003): Qualität sichern. Schulprogramme entwickeln. Seelze: Kallmeyer.

Schratz, M/Steiner-Löffler, U. (1999): Die lernende Schule. Weinheim, Basel: Beltz.

Schröck, N. (2009): Change Agents im strukturellen Dilemma. Eine qualitativ-rekonstruktive Studie zu Orientierungen schulischer Steuergruppen. Wiesbaden: VS.

Senge, P. (1999): Die Fünfte Disziplin. Stuttgart: Klett.

Tillmann, K.-J. (2010): Schultheorie, Schulentwicklung, Schulqualität. In: Altrichter, H. (Hrsg.): Schulentwicklung. Hohengehren: Schneider, 1-27.

Vbw – Vereinigung der Bayerischen Wirtschaft e.V. (Hrsg.) (2010): Bildungsautonomie: Zwischen Regulierung und Eigenverantwortung – die Bundesländer im Vergleich. Wiesbaden: VS.

Wolfgang Schönig
Schulevaluation –
eine neue Steuerungsphilosophie für die
Qualitätsentwicklung und -sicherung
in der Schule

Schulevaluation hat angesichts der Suche nach neuen Steuerungsmodellen für die Entwicklung und Sicherung der Schulqualität international eine immense Bedeutung erhalten. Sie vermag der einzelnen Schule Hinweise für die Verbesserung der Schulwirklichkeit in wesentlichen Praxisdimensionen zu geben, dient aber auch der staatlichen Bildungsplanung auf regionaler, nationaler und internationaler Ebene. Wegen der unterschiedlichen Interessen ist es wichtig, die Funktionen und Ebenen der Evaluation sowie die dazu gehörenden Evaluationsformen und -instrumente zu unterscheiden. Von besonderem Interesse für Lehrkräfte ist die Evaluation auf der Ebene der einzelnen Schule: Zur Unterstützung der Entwicklung der einzelnen Schule gibt es bereits bewährte Verfahren und Erfahrungen, die zur kritischen Analyse, Bewertung und Gestaltung der eigenen Schulpraxis genutzt werden können. Trotz der Entwicklungsimpulse, die von Evaluation ausgehen können, wirft sie eine Reihe von Problemen bildungstheoretischer, schultheoretischer, schulpraktischer und methodologischer Art auf.

1 Evaluation der Schule im Kontext der Postmoderne

„Spieglein, Spieglein an der Wand, wer ist die Schönste im ganzen Land?" – Wer denkt bei dieser Frage nicht an das Grimmsche Reifungsmärchen vom Schneewittchen. Das Spiegelbild soll Auskunft geben über das äußere Erscheinungsbild, aber auch über die innere Befindlichkeit, über die eigene Verfasstheit. Bisweilen gerät der Spiegel aber auch zu einer Projektionsfläche für verborgene Wünsche, Emotionen und Ängste; er wird dann zum Zerrspiegel. Zurzeit sind in den Schullandschaften der Industrieländer zahlreiche ‚Spiegel' aufgestellt, die uns Aufschluss über die Qualität der Bildungsinstitution Schule geben sollen.

Das Wort Evaluation kommt aus dem Lateinischen ‚valere' (wörtlich: ‚stark sein') und meint im Allgemeinen die Ermittlung eines Wertes oder eine Bewertung. Mit Blick auf das Schulwesen kann man zwischen einem weiteren und einem engeren

Verständnis von Evaluation unterscheiden. In einem weiten Sinn[1] versteht man unter Evaluation im Schulwesen die Bewertung der Voraussetzungen, Folgen und Ergebnisse von Bildungsanstrengungen. Dabei können solche Bewertungen verschiedene Bereiche des nationalen oder internationalen Schulwesens zum Gegenstand haben, so beispielsweise auf nationaler Ebene das gesamte Schulwesen der Bundesrepublik (Makrosystem), die Schulen eines Bundeslandes (Exosystem), die Einzelschule (Mesosystem) oder den Unterricht und die Schulklasse (Mikrosystem).

Findet Schulevaluation im Kontext von Schulforschung statt, kann man von Schulevaluationsforschung oder von Schulevaluation im engeren Sinn sprechen. Nach diesem Begriffsverständnis zeichnet sich Evaluation durch die explizite Verwendung wissenschaftlicher Forschungsmethoden und -techniken aus. Im Hinblick auf die einzelne Schule lässt sich eine solche Evaluation durch zweierlei charakterisieren: Erstens geht der Bewertung der einzelnen Schule eine systematische, mit Hilfe wissenschaftlicher Methoden und -techniken durchgeführte Sammlung und Analyse von Informationen über die Arbeit der Schule voraus. Zweitens werden die für die Bewertung der Daten herangezogenen Kriterien transparent gemacht.

Wie kommt es aber, dass uns der Evaluationsbegriff so häufig begegnet? Ist die Evaluation ein neues Zauberkonzept aus der Schatztruhe der angewandten Sozialforschung? Mitnichten, denn Verfahren der systematischen Überprüfung betrieblicher Abläufe und Produktionsergebnisse sind im privatwirtschaftlichen Sektor seit Jahrzehnten eine Selbstverständlichkeit. Auch im Schulwesen hat es immer wieder vereinzelte Wirksamkeitskontrollen gegeben mit dem Ziel, die Qualität und Modellhaftigkeit von Schulversuchen der Länder oder einzelne Schulkonzepte zu überprüfen. Man denke z.B. an die Evaluation der nordrhein-westfälischen Kollegstufe (Gruschka 1976), an das Modell des doppeltqualifizierenden Abschlusses (Abitur und Berufsausbildung) der Hibernia-Schule Wanne-Eickel (Fintelmann 1979), an das Team-Kleingruppen-Modell der Integrierten Gesamtschule Göttingen-Geismar (Schlömerkemper/Winkel 1987) oder an die Evaluation der Bielefelder Laborschule (Watermann u.a. 2005). Zu erinnern ist zudem an die großen Schulsystemvergleiche von Helmut Fend (Fend 1998). Und auch die Kontrolle der Schülerleistungen mittels Ziffernbeurteilung ist eine Form der Evaluation – wenn auch eine mit eingeschränkter Aussagekraft. Ungewöhnlich ist allerdings, dass die Frage nach der Schulqualität und Qualitätskontrolle vor allem mit TIMSS, PISA, IGLU und anderen Konzepten die Ebenen des Schulsystems und der einzelnen Schule erreicht hat. Vor allem auf der Mesoebene stehen Lehrkräfte vor neuen Aufgaben, denn es wird von den Bildungsverwaltungen der Länder mehr und mehr erwartet,

---

1 Die vielfältigen Definitionsversuche zur Kennzeichnung von Evaluation und Evaluationsforschung kommen bei aller Unterschiedlichkeit darin überein, dass sie das Moment der Bewertung bzw. Beurteilung beinhalten. Bereits Suchmann (1967) hält im ersten Textbuch zur Evaluation und Evaluationsforschung Bewertung als gemeinsames Moment von Evaluation und Evaluationsforschung fest.

dass sie die Gestaltungsspielräume in ihren Schulen gemeinsam nutzen und die eigene Praxis evaluieren (im Überblick: Schönig 2007a).

Maßgebend für die Hochkonjunktur des Evaluationsthemas ist eine **Steuerungskrise**, in die der Staat als Veranstalter von Schule geraten ist. Das Evaluationsthema ist eingebettet in einen Reformkontext mit hoher Brisanz und ein Reflex auf die gesellschaftliche Modernisierung in der Postmoderne, die eine unaufhaltsame Entwicklungsdynamik entfacht hat und die Schulen vor schwer lösbare Probleme stellt. Schulen sind genötigt, Antworten zu suchen auf die rapide veränderten Bedingungen des Aufwachsens. Zu denken ist vor allem an pädagogische Herausforderungen wie an den Umbruch der Familie, den Erfahrungsverlust in den Lebenswelten, die Mediatisierung des Lebens durch neue Kommunikationstechnologien, die zunehmende Interkulturalität und die Pluralität der Bildungshintergründe der Kinder. Weil sich an den konkreten Schulstandorten recht unterschiedliche Problemkonfigurationen ergeben haben und die einzelnen Schulen darauf mit individuellen Konzepten reagieren, hat sich faktisch eine bislang nicht gekannte Schulvielfalt ergeben (Rolff 1991). Was dem Pädagogen lieb und teuer sein mag, wird dem Staat zum Problem: die ‚Individualisierung' und Ausdifferenzierung der Schullandschaften und damit der Verlust von Einheitlichkeit und Vergleichbarkeit im Schulwesen. Wie kann der Staat ein bestimmtes Qualitätsniveau des Schulsystems noch garantieren, wenn die Schulen sich erheblich voneinander unterscheiden?

Festzuhalten ist, dass die staatlichen Steuerungsinstrumente zur Qualitätssicherung in dem Maße nicht mehr greifen, wie die Pluriformität im Schulwesen zunimmt. Deshalb ist der Staat dabei, die Steuerungssysteme auszuwechseln. Bislang hat er sich auf das System der **Regelsteuerung** (auch Inputorientierung) verlassen. Durch ein engmaschiges Regelungsnetz in Form von Erlassen, Verwaltungsvorschriften, Rechtsverordnungen, Lehrplänen, Schulbüchern usw. ist für die Schulen ein enger Handlungskorridor vorgegeben worden. Entsprechend dem bürokratietheoretischen Grundsatz, dass das Verhalten von Menschen den vorgegebenen Strukturen folgt, wurden die staatlichen Kontrollstrukturen vertikal-hierarchisch angeordnet. Wenn die Kontrolle überhaupt durchgeführt wurde, so bezog sie sich auf die einzelne Lehrkraft (vgl. Fauser 1986), nicht aber auf die Qualität der einzelnen Schule im Ganzen. Diese Steuerungsphilosophie ist heute obsolet, weil sich gezeigt hat, dass die Schulqualität nur sehr bedingt von außen steuerbar und kontrollierbar ist (Lange 1999, Peek 2001). Die Länderregierungen folgen nunmehr einem Trend, der inzwischen alle Industrienationen und somit sämtliche Bundesländer der BRD kennzeichnet. Sie ersetzen die Regelsteuerung sukzessive durch ein System der **Zielsteuerung** (auch Outputorientierung). Damit ist gemeint, dass ein erheblicher Teil der Regelungen zurückgenommen (Deregulierung) und der Handlungsspielraum der Schulen durch einen größeren Entscheidungsrahmen erweitert wird. Dadurch soll die relative Autonomie der Einzelschule vergrößert werden. Zugleich werden die Schulen aber auch **rechenschaftspflichtig** gemacht. Mehr Freiheit zieht mehr

Verantwortung und damit mehr Rechenschaftslegung über das ‚Produkt Bildung‘ nach sich (Liket 1993). Anders gesagt ist dies der Versuch einer Gratwanderung zwischen der Erweiterung der Ermessens- und Entscheidungsspielräume für die einzelne Schule einerseits und der Festlegung von Qualitätsstandards für das gesamte Schulwesen andererseits (Klieme 2003). An dieser Stelle kommt die Schulevaluation wieder ins Spiel. In den Bundesländern hat sich der Gesetzgeber dazu entschlossen, den Schulen einen Qualitätsnachweis abzuverlangen. Mit der Novellierung der Schulgesetze sind die Schulen verpflichtet worden, Schulentwicklungspläne, so genannte **Schulprogramme**, zu verfassen. Zumeist soll deren Wirksamkeit in der Praxis evaluiert und ein entsprechender Bericht von der Schule an die Schulaufsicht verfasst werden. Schulentwicklung und Schulevaluation sollen zusammengehen.

2 Funktionen, Ebenen und Formen der Schulevaluation

Schulevaluation ist ein äußerst komplexer **sozialer** Prozess. Dies wird oft übersehen, weil die Aufmerksamkeit der Interessenten einseitig auf die **technische** Seite, d.h. auf die Durchführbarkeit bestimmter Verfahren gelenkt wird. Damit jedoch keine falschen Erwartungen an die Leistungsfähigkeit der Schulevaluation entstehen, ist es wichtig, ihren Dimensionen und Funktionen im Einzelnen nachzuspüren. Ich greife dabei auf eine Systematik von Gruschka (1976) zurück, die im Zusammenhang meines Beitrags eine heuristische Funktion erfüllen soll.

Funktionen der Evaluation / Dimensionen der Evaluation		Evaluation zum Zwecke der Optimierung	Evaluation zum Zwecke der Legitimation (Sicherstellung der Anerkennung einer schulischen Innovation)
Was?	produktorientiert		
	prozeßorientiert		
Wann?	summativ		
	formativ		
Durch wen?	restriktiv		
	offen		

Abb. 1: Matrix zur Unterscheidung von Dimensionen und Funktionen der Evaluation nach Gruschka (1976)

Eine erste Akzentuierung des Evaluationsgegenstandes ergibt sich, wenn wir danach fragen, **was** denn überhaupt untersucht werden soll. Soll es beispielsweise die Unterrichtsqualität auf der Ebene einer einzelnen Schulklasse, die Wirksamkeit eines Erziehungskonzepts auf einer bestimmten Jahrgangsstufe einer Schule, die Zusammenarbeit von Elternhaus und Schule, die Öffnung einer Schule zu ihrem Umfeld, die Mitbestimmungsformen in schulischen Gremien oder gar das Kompetenzniveau einer repräsentativen Zahl fünfzehnjähriger deutscher Schüler(innen) im internationalen Vergleich sein? Das Interesse kann grundsätzlich gerichtet sein auf eine punktuelle Erhebung zu einem bestimmten Zeitpunkt oder auf die Entwicklung innerhalb eines bestimmten Zeitrahmens. Im ersten Fall handelt es sich um eine Bestandsaufnahme von (mehr oder weniger exakt messbaren) Ergebnissen, die zu einem gegebenen Zeitpunkt erzielt worden sind (Output). Dabei bleibt der Weg, der zu diesen Ergebnissen geführt hat, im Dunkeln: So kann z.B. eine Befragung aller Eltern einer Schule jahrgangsspezifisch darüber Aufschluss geben, wie zufrieden sie mit den Lehrkräften, dem kulturellen Angebot der Schule, den zusätzlichen Förderungs- und Betreuungsleistungen, den Mitbestimmungsmöglichkeiten usw. sind. Anders ist es im zweiten Fall. Hier ist das Interesse auf die Entwicklung in einem zeitlichen Kontinuum gelenkt. So ist beispielsweise denkbar, dass ein Lehrerkollegium sich darüber Gewissheit verschaffen möchte, welche Schritte dazu geführt haben, dass sich die einst geringe Wertschätzung der Schule durch die Eltern zur hohen Anerkennung der schulischen Arbeit und zu starkem Elternengagement entwickelt hat. An welchen Situationen, Prozessen, Schlüsselereignissen und Differenzerfahrungen lässt sich die Qualitätsverbesserung der Schule-Eltern-Kooperation festmachen und was lässt sich daraus – vielleicht für künftige Problemkonstellationen – lernen? Die Unterscheidung von Produkt- und Prozessorientierung lässt sich leichter an der schulischen Leistungsbeurteilung nachvollziehen. Die Evaluation von Schülerleistungen in der Schule findet täglich durch das formalisierte System der Leistungsbeurteilung statt. ‚Gemessen' werden jedoch nur jene Leistungen, die die Schüler(innen) zu einem bestimmten Zeitpunkt erbringen. Die Prozesse des Lernfortschritts und deren Qualität für die Entwicklung von Erfolgszuversicht, Motivation und Leistungsselbstbild spielen dabei kaum eine Rolle.

Mit dieser Unterscheidung hängt die zweite zwischen **summativ** und **formativ** eng zusammen. Vordergründig gesehen macht sie auf den Zeitpunkt der Evaluation aufmerksam: Wird sie am Ende eines Prozesses durchgeführt und besiegelt damit ein Ergebnis oder ist sie in den laufenden Prozess integriert, begleitet also durch wiederholte Rückmeldungen eine Entwicklung? Genauer betrachtet machen sich an diesem Unterschied jedoch verschiedene wissenschaftstheoretische Positionen und Forschungsansätze fest. Empirisch-analytische und qualitative Forschungsansätze stehen sich auch heute noch recht unversöhnlich gegenüber. Kurz gefasst versuchen die einen, eine empirische Untersuchung so anzulegen, dass die Ergebnisse objektiv, also vom Forscher unabhängig sind. Die exakte Messung soll die weitgehende Quantifizierbarkeit und Vergleichbarkeit der Ergebnisse gewährleisten. Dazu müssen selbstverständlich die wissenschaftlichen Gütekriterien (Objektivität, Reliabilität und Validität) erreicht und testtheoretische Standards berücksichtigt werden. Dieser Ansatz ist an einer zeitlichen Trennung von Hypothesenformulierung, Messung und Interpretation bzw. Wiedergabe der Ergebnisse orientiert. PISA ist ein gutes Beispiel für die wissenschaftliche Exaktheit in diesem Sinne, denn hier sind durch standardisierte Tests auf internationaler Ebene große Datenmengen produziert worden, die eine recht zuverlässige Klassifizierung von Schülerkompetenzen (Lesekompetenz, mathematische Grundbildung, naturwissenschaftliche Grundbildung) in unterschiedliche Kompetenzniveaus erlauben (vgl. z.B. Deutsches PISA-Konsortium 2001). Demgegenüber ist der qualitative Ansatz daran interessiert, diese drei Schritte im Untersuchungsprozess miteinander zu verschränken. Er zielt darauf, im Prozess der Informationsermittlung Interventionsalternativen zu erarbeiten und sie den Beteiligten vorzustellen, damit ihnen rechtzeitig Entwicklungsoptionen eröffnet werden. Wo Schulevaluation in dieser Weise partizipativ ausgerichtet ist und Praxisforschung und Praxisentwicklung zirkulär ineinandergreifen, erwartet man Lösungen, die zur Praxis der Beteiligten besonders gut passen. Der qualitative Ansatz ist also primär am einzelnen Fall ausgerichtet und verzichtet auf die schroffe Trennung von Evaluatoren und Betroffenen. Es sei nur am Rande bemerkt, dass die konfrontative Gegenüberstellung beider Positionen ebenso künstlich wie unergiebig ist. Tatsächlich brauchen sie einander.

Die nächste Dimension betrifft die personale und personelle Seite der Evaluation. Wer führt sie durch und für wen ist sie gedacht? Wer sind die Nutznießer der Evaluation? Die Gegenüberstellung von **restriktiv** und **offen** suggeriert freilich eine Trennung von Interessenten, wie sie in der Praxis kaum gegeben ist. „Restriktiv" meint eine klare Trennung von Evaluatoren und Praktikern. Dies ist z.B. dann der Fall, wenn eine Evaluationsagentur von einem Ministerium damit beauftragt wird, in Schulen Inspektionen durchzuführen oder wenn in allen zehnten Jahrgangsstufen der Schulen eines Bundeslandes ein standardisierter Test durchgeführt wird. „Offen" meint hingegen, dass vor der Evaluation noch nicht klar ist, wer die Evaluation durchführt, welche Beteiligungschancen es gibt und wie das Verhältnis von externen Evaluatoren und dem Personal in Schulen sein wird. Beide Begriffe sind jedoch irreführend, solange nicht klar ist, welche Ziele mit der jeweiligen Evaluation verfolgt werden. So muss die Trennung von ‚Forschern' und ‚Beforschten' nicht unbedingt nachteilig für die Praxisentwicklung sein. Vielmehr können Personen, die eine Schule mit einer gewissen Distanz betrachten, sehr wertvolle Anregungen geben. In der modernen Literatur zur Schulevaluation hat sich deshalb die Unterscheidung von **interner** und **externer Evaluation** eingebürgert (Burkard/Eikenbusch 2000). Sie zielt jeweils auf die Qualitätsentwicklung der einzelnen Schule. Interne Evaluation oder **Selbstevaluation** bedeutet, dass die Verantwortung für die

Gestaltung und Durchführung einer Evaluation in der einzelnen Schule liegt und von Personen durchgeführt wird, die in der Schule arbeiten. Dies setzt den kompetenten Umgang mit den Evaluationsinstrumenten voraus. Die Kenntnis der eigenen Schule kann einen raschen Zugang zu den Zielen und Gegenständen der Evaluation ermöglichen. Manchmal hat der Spiegel aber auch blinde Flecken. Tabus dürfen nicht berührt werden, und man sieht nur das, was man in der ‚Kulturgeschichte der Schule' zu sehen gelernt hat (Schönig 2000, 2002). In diesem Punkt scheint es die **Fremdevaluation** leichter zu haben. Sie wird von Experten durchgeführt, die nicht in der Schule arbeiten, die also auch nicht in die Konfliktstrukturen des Kollegiums einbezogen sind: staatliche Kommissionen, Wissenschaftler, Lehrerfortbildner, Schulleiter und Lehrer anderer Schulen. Die Schwierigkeit der Fremdevaluation liegt wiederum darin, dass erst eine Vertrauensbasis geschaffen werden und den Evaluatoren ein Zugang zu den schuleigenen kulturellen Codes gewährt werden muss. Erst dann ist eine Verständigung über die Ziele, Bereiche, Verfahren und Instrumente der Evaluation möglich. Das Vertrauensverhältnis hängt wiederum davon ab, wie die gesammelten Informationen verwendet werden sollen. Sollen sie ausschließlich der Entwicklung der Schule oder vielleicht dem Qualitätsvergleich mit anderen Schulen durch die Schulverwaltung dienen? Ist der erste Fall gegeben, steht Evaluation im Kontext der Organisationsberatung der einzelnen Schule (Schönig 2000) und erfüllt die Aufgabe der kritischen Aufklärung bzw. Selbstaufklärung. Die externe Evaluation hat dann eher den Charakter einer von außen begleiteten Selbsterforschung. Die Evaluatoren sind dann Peers, d.h. Gleichgesinnte bzw. ‚kritische Freunde', die eine von Wertschätzung und Achtung geprägte Beziehungsform nutzen, um dem jeweiligen Kollegium Impulse für die Qualitätsentwicklung zu geben (Messner 2001, Schratz 2001). Die Grenzen zwischen Selbst- und Fremdevaluation sind jedoch fließend. Um überhaupt klare Kategorien, Kriterien und Ziele für die Fremdevaluation im Sinne der Praxisoptimierung zu gewinnen, sind die externen Experten auf brauchbare Informationen aus der betreffenden Schule angewiesen. Fremdevaluation setzt also bis zu einem gewissen Grade Selbstevaluation voraus. In jedem Fall entscheidet aber die Qualität der Kooperation darüber, ob für die Schule nützliche Informationen zu Tage gefördert werden.

Diese Überlegungen sind bereits von einer weiteren Unterscheidung ausgegangen, derjenigen zwischen der **Optimierungsfunktion** und der **Legitimationsfunktion**[2]. Eine strikte Trennung beider ist kaum möglich, aber die eine oder andere Funktion wird im Vordergrund stehen. So ist es bei der Optimierung das vorrangige Interesse zu prüfen, ob die in der Schulpraxis vorfindlichen Praktiken und Ressourcen in einem sinnvollen Verhältnis zu den definierten Arbeitszielen stehen. Die Analyse und

---

2 Eine weitere Ausdifferenzierung der Funktionen der externen Evaluation findet sich bei Norbert Maritzen (2009). Er meint, dass die Mixtur aus verschiedenen Funktionen „als deutlicher Hinweis darauf gewertet werden [kann], dass hinsichtlich der Zielsetzungen von Schulinspektionen gegenwärtig noch erhebliche Unsicherheiten bestehen" (Maritzen 2009, 87).

Bewertung dieses Verhältnisses soll Entscheidungen über die systematische Verbesserung der Praxis herbeiführen (Schulentwicklung). Es versteht sich von selbst,
dass dies eine wichtige Aufgabe insbesondere der schulischen Akteure an ihrem
Arbeitsplatz ist. Insofern liegt die Optimierungsfunktion dichter bei der skizzierten
Selbstevaluation und Fremdevaluation im Sinne der **Beratung.**

Natürlich hat auch der Staat als Veranstalter institutionalisierter Schulbildung ein
genuines Interesse daran, dass das Lehren, Lernen und Leben in der Schule ‚optimal' verläuft. Aber als Instanz, die zu verantworten hat, dass bestimmte Standards
schulischer Bildung erreicht werden, ist der Staat gegenüber den unterschiedlichen
Interessengruppen der Gesellschaft rechenschaftspflichtig[3]. Er muss die Inhalte,
Prinzipien und Standards der schulischen Arbeit überwachen und legitimieren,
d.h. nachweisen, dass sie für die **Reproduktion** von Wirtschaft, Kultur und Gesellschaft vernünftig und zweckmäßig sind. In diesem Sinne ist der Fokus des Interesses nicht primär auf die Wirksamkeit einer einzelnen Schule, sondern vielmehr
auf das Schulsystem im Ganzen gerichtet. Es ist zu bedenken, dass PISA von der
OECD, also von der Gesellschaft für ökonomische (!) Zusammenarbeit und Entwicklung durchgeführt worden ist. Durch den Ländervergleich soll ein **internationaler Bildungswettbewerb** entfacht werden. Es geht darum, das Wirtschaftswachstum anzuregen und Europa zu einem global konkurrenzfähigen Wirtschaftsraum
zu entwickeln. Eine qualitativ hoch stehende schulische Bildung scheint dafür die
zentrale Voraussetzung zu sein. Dieses Motiv ist ja keineswegs ein pädagogisches,
sondern vor allem ein wirtschaftliches. Der makroskopische Blick der Evaluation
offenbart – im Bild gesprochen – welche Länder ihre Hausaufgaben nicht gut genug
gemacht haben. Die Staatsführungen derjenigen Länder, die in den PISA-Rankings
schlecht abgeschnitten haben, sehen sich nunmehr einem erhöhten **Legitimationsdruck** ausgesetzt. Ob PISA tatsächlich die Bildungsqualität ganzer Schulsysteme
misst, steht allerdings auf einem anderen Blatt. Und es ist zudem fraglich, ob der
Bildungswettbewerb überhaupt ein **passendes** Steuerungsmittel ist, um eine wie
auch immer geartete Schulqualität zu erhöhen (Weiß 2009).

Evaluation auf der Ebene eines Bundeslandes

Die bisherigen Überlegungen haben bereits anklingen lassen, dass Evaluation sich
auch auf die Schulen eines Bundeslandes beziehen kann. In der Praxis begegnet uns
eine ganze Reihe von Akronymen für standardisierte Tests, die eher irritieren als
Transparenz schaffen. Es sei nur an zwei Beispielen aufgezeigt, wie die Regierungen

---

3 Im Grundgesetz der Bundesrepublik Deutschland heißt es in Artikel 7 Abs. 1: „Das gesamte Schulwesen steht unter der Aufsicht des Staates." Damit verpflichtet sich der Staat, ein Höchstmaß an
qualitätsreicher Bildung für alle Heranwachsenden vorzuhalten bzw. Bildungsungleichheit zu soweit
möglich zu unterbinden. Angesichts internationaler Bildungsmaßstäbe, die sich im Zuge der Globalisierung herauskristallisieren, ist dieser rechtsstaatliche Grundsatz jedoch immer schwerer zu realisieren.

einzelner Bundesländer daran gegangen sind, ihre Schulsysteme oder zumindest Teile davon zu vermessen. Anzusprechen sind die Studien VERA und MARKUS. Sie haben die Funktion gemeinsam, dass sie auf der Ebene eines Bildungssystems Informationen über die Rahmenbedingungen, die Funktionsmerkmale von Schule und Unterricht sowie die Kompetenzen und Einstellungen von Schüler(innen) bereitstellen, damit die Landesregierungen Maßnahmen der Steuerung und Bildungsplanung ergreifen können. Man spricht in diesem Zusammenhang von **Systemmonitoring**.

VERA (= **VER**gleichs**A**rbeiten) ist ein jährlich in der Verantwortung des zepf der Universität Koblenz-Landau durchgeführter standardisierter Test, der sich (von VERA 8 abgesehen) an die Grundschulen richtet. Die Vergleichsarbeiten geben Aufschluss über die Unterrichtsentwicklung, die Sprachentwicklung und den Förderbedarf der Kinder. Sie sollen zudem überprüfen, inwieweit die Bildungsstandards erfüllt werden, und die diagnostische Kompetenz der Lehrkräfte steigern. Seit dem Schuljahr 2009/10 sind alle Bundesländer an dem Verfahren beteiligt.

Das rheinland-pfälzische **MARKUS**-Projekt ist eine vollständige Erhebung der Mathematikleistungen an allen 8. Klassen im Zeitraum 1999 bis 2002. Auch hier wurden die Ergebnisse an die beteiligten Klassen schriftlich rückgemeldet, ergänzt um Interpretationshilfen. MARKUS erläutert die Qualitätsmerkmale des untersuchten Mathematikunterrichts, gibt Auskunft über die starken und schwachen Seiten des beurteilten Unterrichts, stellt die Fachleistungen in Relation zum Landesdurchschnitt und macht darauf aufmerksam, welche für die jeweilige Schule typischen Merkmale das Lernen erleichtern oder erschweren. Außerdem wird berücksichtigt, inwieweit die jeweilige Klasse in ihren spezifischen Merkmalen (Klassengröße und -zusammensetzung) von der landestypischen Klasse abweicht. Die Klassen bzw. deren Lehrkräfte wurden vor der Rückmeldung der Ergebnisse soweit anonymisiert, dass sie von der Schulaufsicht nicht identifizierbar sind. Dadurch wurde sichergestellt, dass die Rückmeldungen für den persönlichen Gebrauch angeboten wurden und darüber hinaus die Schulaufsicht nur die allgemeineren Befunde erhielt.

Diese Praxis macht darauf aufmerksam, wie sensibel der Umgang mit wissenschaftlich erhobenen Informationen gehandhabt werden muss. Damit ist nicht zugleich auch gesagt, dass die Rückmeldung für die Betroffenen nützlich ist. Denn die Daten liefern nur **begrenzt Hinweise zu den Ursachenzusammenhängen**, und sie liefern Vorschläge, geschweige denn didaktische Konzepte zur Behebung von Defiziten nicht gleich mit: „Nach diesem Verständnis sind Vergleichsuntersuchungen ein Einstieg in den Prozess der Qualitätsverbesserung sowie ein externer Auslöser für bildungspolitische und für schulinterne Reflexionen" (Peek 2001, 335). Es ist also ein **arbeitsethisches Gebot**, die Betroffenen nicht mit den Daten allein zu lassen. Schulen benötigen Interpretationshilfen, wenn die Transformation der Ergebnisse in eine verbesserte Praxis gelingen soll. Es stellen sich Anfragen an ein System der Schulberatung, das erst noch einzurichten wäre (Schönig 2000, Rolff 2001). Vermutlich gelingt die praktische Nutzung der Evaluationsergebnisse dann am besten, wenn die Akteure in der Schule ihre Praxis in Kooperation mit externen Teams selbst untersuchen (Optimierungsfunktion). Deshalb wird im Punkt 4 das Augenmerk noch einmal auf die Evaluation in der einzelnen Schule gelenkt.

3 Externe Evaluation – einige internationale Erfahrungen

Während in Deutschland die Evaluation der einzelnen Schule eine kurze, erst Mitte der 90er Jahre einsetzende Tradition besitzt, gibt es innerhalb der Europäischen Gemeinschaft Länder, die auf eine langjährige Praxis insbesondere der externen Evaluation der einzelnen Schule zurückschauen können. Der Blick auf die in Europa entwickelte Evaluationspraxis verdeutlicht die Vielfalt der Ansätze zur Evaluation der einzelnen Schule (vgl. Schönig 2007a, Böttcher/Kotthoff 2007, Schönig/Baltruschat/Klenk 2010). Das Beispiel der externen Evaluation in Bayern zeigt exemplarisch auf, wie sich dieser internationale Trend in der Bundesrepublik niederschlägt.

3.1 Internationale Evaluationstrends

In den Staaten der europäischen Gemeinschaft gibt es verschiedene Ansätze im Bereich externer Schulevaluation. Sie unterscheiden sich bezüglich ihres Gegenstands (z.B. Ausrichtung an pädagogischen Aufgaben oder an Fragen der Administration und Mittelbewirtschaftung), bezüglich der Evaluatoren (zentrale Schulbehörde, Schulinspektion, örtliche Kommune) und hinsichtlich der jeweils verfolgten Zielsetzung. Während ein Teil der Evaluationsansätze darauf ausgerichtet ist zu überprüfen, ob die Schule die jeweils geltenden Bestimmungen und Normen einhält (Legitimationsfunktion), gibt es eine Reihe anderer externer Evaluationsansätze, die ihre Zielsetzung in der Beratung bzw. Betreuung der einzelnen Schule finden. Diese Ansätze nützen Evaluation als Form der Schulentwicklung (Optimierung). In vielen europäischen Staaten wird externe Evaluation von Personen durchgeführt, die den zentralen Schulbehörden unterstellt sind. In diesen Staaten werden die Evaluationskriterien zumeist in Form von Kriterienkatalogen von zentraler Stelle vorgegeben (vgl. 3.2). Die folgenden Beispiele vermitteln einen Eindruck vom Spektrum der Konzeptionen, von den länderspezifischen Gepflogenheiten, aber auch von den Korrekturen, die in den letzten Jahren durchgeführt worden sind.

- Einen starken Einfluss auf die Evaluation in der Bundesrepublik, insbesondere auf die Bundesländer Niedersachsen und Nordrhein-Westfalen, hatte die Evaluationskonzeption der **Niederlande**. Dort basiert die externe Evaluation auf dem Schulaufsichtsgesetz des Jahres 2002 (WOT-Gesetz). Die *periodiek kwaliteitsonderzoek* (PKO) wird alle vier Jahre an jeder Schule auf der Basis eines Katalogs mit bis zu 81 Indikatoren durchgeführt. Dafür zuständig ist eine relativ unabhängige

Evaluationsagentur, die *Inspectie van het Onderwijs*. Bemerkenswert ist, dass es sich um eine „proportionelle" Evaluation handelt: „Je qualitativ besser die Selbstevaluation ist, desto bescheidener wird die externe Evaluation durchgeführt... Die *Inspectie van het Onderwijs* konzentriert sich in ihrer Arbeit auf *die* Schulen, die die Inspektion am meisten benötigen" (Weerts 2007, 45). Die Ergebnisse des Schulbesuchs werden nach Rückkopplungsschleifen mit der jeweiligen Schule im Internet veröffentlicht, um der Öffentlichkeit „immer mehr Einblick in die *black box* der Schulen" zu gewähren (ebd., 49). Seit einigen Jahren scheint sich das sog. ABC-Modell durchzusetzen, das drei aufeinander aufbauende Evaluationsphasen unterscheidet: die interne Evaluation, die peer evaluation (‚kritische Freunde' aus anderen Schulen) und die Schulinspektion.

- Rainer Domisch und Hannu-Pekka Lappalainen (2007) berichten von einem positiven Evaluationsklima in **Finnland**. Dort wurde die traditionelle Schulinspektion Anfang der 1990er Jahre abgeschafft, weil sie „einmal zu wenig brauchbare Informationen über den realen Zustand des Schulwesens lieferte und zum zweiten keinen wesentlichen Beitrag zur Qualitätsentwicklung der Schulen leistete" (ebd., 166). Seitdem wird die Schulqualität hauptsächlich durch das Testen von Schülerleistungen zu bestimmten Zeitpunkten ermittelt. Allerdings werden die Tests nicht ‚flächendeckend', sondern an einer repräsentativen Zahl von Schulen (ca. 120) und Schülern (4000 bis 5000) durchgeführt. In das Expertenteam zur Konstruktion der Tests werden Lehrkräfte einbezogen, um die Erfahrungen mit der jeweiligen Schülerjahrgangsgruppe und die Unterrichtspraxis berücksichtigen zu können. Die Ergebnisse einzelner Schulen werden nicht veröffentlicht und Ranglisten gibt es nicht.

- Ein Gegenbild zu diesem erfreulichen Eindruck aus Skandinavien zeigen die **USA**. Nachdem die Bush-Regierung das No-Child-Left-Behind-Gesetz erlassen hat, ist eine ausgeprägte Testeuphorie der staatlichen Behörden ausgebrochen: „Zentralisierte und hoch standardisierte Tests mit spürbaren Folgen für Schüler und Schulen sind das dominante, im Prinzip sogar das einzige Instrument zur Rechenschaftslegung" (Böttcher/Kotthoff 2007, 19). Zudem sind bedenkliche Begleiterscheinungen festzustellen: „Kritische Stimmen berichten von Testbetrug, curricularer Verengung oder verschlechtertem Lernklima" (ebd.).

Dieser knappe Ausschnitt aus der Evaluationslandschaft lässt erkennen, dass es eine einheitliche, staatenübergreifende Evaluationskonzeption nicht gibt. Vielmehr wird der jeweilige Evaluationsansatz bestimmt durch die Geschichte und Kultur des Landes, die bildungspolitischen Leitlinien, die wissenschaftlichen Orientierungen und nicht zuletzt durch das Maß an Vertrauen, das eine Gesellschaft ihren Schulen entgegenbringt (vgl. für die Evaluation im Kanton Aargau ausführlich: Stuke 2010).

3.2 Evaluation in der Bundesrepublik Deutschland am Beispiel Bayerns

Das Kultusministerium des Freistaates Bayern hatte die Schulevaluation lange abgelehnt, geht aber seit wenigen Jahren in die vorgezeichnete Richtung. Mit ihrem Brief vom 10.05.2004 an alle Schulleitungen bayerischer Schulen machte die damalige Kultusministerin Monika Hohlmeier darauf aufmerksam, dass am Institut für Schulqualität und Bildungsforschung (ISB) eine Qualitätsagentur eingerichtet worden ist. Deren Aufgabe ist es, nach und nach ein flächendeckendes Evaluationssystem einzurichten. Seit dem 01.08.2008 ist im Bayerischen Gesetz über das Erziehungs- und Unterrichtswesen, Art. 113a (nach der Novellierung des BayEUG seit 01.08.2010 Art. 113c) verankert, dass alle Schulen zur internen und externen Evaluation **verpflichtet** sind.

Das hatte zur Folge, dass an der Dillinger Akademie für Lehrerfortbildung und Personalführung (ALP) zahlreiche Evaluationsteams ausgebildet worden sind, die die Schulen inspizieren. Im Schuljahr 2009/10 waren es 98 Teams, die 710 Schulen evaluiert haben[4]. Insgesamt wurden bis einschließlich Schuljahr 2009/10 2.842 von 3.867 staatlichen Schulen extern evaluiert[5]. Ein Evaluationsteam hat i. d. R. vier Mitglieder, drei schulische Evaluatoren der betreffenden Schulart (Lehrer(innen), Seminarlehrer(innen), Schulleiter(innen)) und einen nichtschulischen Evaluator (Beschäftigter eines Wirtschaftsunternehmens oder Elternteil).

Die inhaltliche Basis für die externe Evaluation bietet ein umfangreiches Qualitätstableau, das nach vier Qualitätsbereichen unterteilt ist. Diese sind wiederum in 16 Teilbereiche und 23 Kriterien untergliedert.

---

4 Broschüre des Staatsinstituts für Schulqualität und Bildungsforschung Qualitätsagentur: Evaluation an Bayerns Schulen: Aktuelles 2010

5 www.isb.bayern.de/isb/indexasp; aufgerufen am 05.11.2011

Qualitätstableau 4 Qualitätsbereiche - 16 Teilbereiche - 23 Kriterien			
Rahmen- bedingungen (beschreibend)	**Prozessqualitäten Schule (bewertend)**	**Prozessqualitäten Unterricht und Erziehung (bewertend)**	**Ergebnisse schulischer Arbeit (beschreibend)**
Standort der Schule	Leitung der Schule	Ablauf	Unterrichtscharakteristik
	• Unterstützende Personal- führung • Zielorientiertheit der Leitung • Effizienz der Arbeitsorga- nisation	• Effizienz der Lernzeitnut- zung • Effizienz der Verhaltens- regulierung	
Schülerschaft Personalstruktur	Arbeit des Kollegiums • Offenheit gegenüber dem schulischen Umfeld • Abgestimmtheit der kollegialen Arbeit	Darstellung • Strukturiertheit der Dar- stellung • Klarheit der Darstellung	Niveau der Lernergebnisse
Materielle und finanzielle Ressourcen	Entwicklung der Schule • Offenheit für Verände- rungen • Systematik der Qualitäts- entwicklung • Systematisches Monito- ring	Gestaltung • Individuelle Unterstüt- zung • Förderung selbstgesteu- erten Lernens • Förderung der Lernmoti- vation • Sicherung des Lernerfolgs • Förderung überfachlicher Kompetenzen	Zufriedenheit [mit der Arbeit der Schule]
Organisatorische Besonderheiten	Schulkultur • Achtung der Beteiligten • Interessensförderung • Intensität der Mitwirkung • Förderung der Identifika- tion mit der Schule • Förderung der Integrati- on/Inklusion	Unterrichtsklima • Lernförderlichkeit des Un- terrichtsklimas	

Abb. 2: Qualitätstableau der externen Evaluation (Bayerisches Staatsministerium für Unterricht und Kultus [2]2010, 13)

Der Vergleich mit anderen Bundesländern zeigt, dass sich die dort verwendeten Qualitätstableaus nur unwesentlich voneinander unterscheiden (für Hessen vgl. Rauschenberger 2010). Auch die Abläufe der Evaluation gleichen sich. In Bayern ist der Kern der Evaluation ein dreitägiger Schulbesuch, der auf Beobachtungen im Schulhaus und auf dem Pausenhof, auf Unterrichtsbesuche und Gespräche mit den Mitgliedern der Schule zielt. Dem Schulbesuch geht eine längere Phase voraus, die nicht nur dessen Vorbereitung, sondern bereits der Erhebung von Daten dient. Dazu zählt eine Online-Befragung von Lehrkräften und Schülern sowie ein Befragung der Eltern und ggf. der Ausbildungsbetriebe in Papierform. Nach dem Schulbesuch werden die Daten aufbereitet, mit der Schule kommuniziert und in eine Berichtsform gebracht mit dem Ziel, mit der Schule Handlungs- bzw. Zielvereinbarungen zu formulieren. An dieser Stelle ist auch die Schulaufsicht einbezogen, die ihrerseits den Bericht erhält. Die folgende schematische Übersicht gibt einen differenzierten Überblick über die Verfahrensschritte:

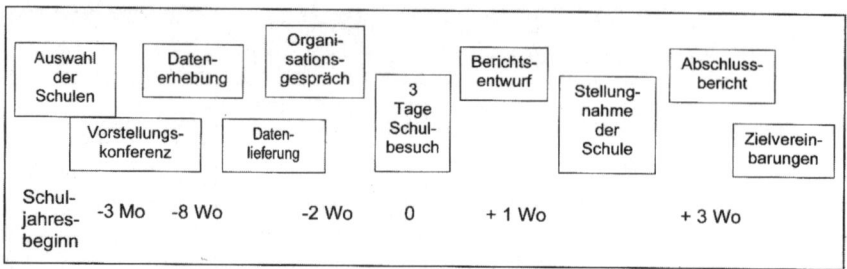

Abb. 3: Vorgehen der Evaluationsteams (Schießl 2007, 58)

4 Evaluation und die Entwicklung der einzelnen Schule – zur Evaluation als Verfahren

Anstelle einer differenzierten methodischen Beschreibung soll deshalb hier nur ein Strukturaufriss der Evaluation auf der Ebene der einzelnen Schule gegeben werden, wie er sich bereits unter Punkt 3.2 am Beispiel Bayerns abgezeichnet hat.

Die Evaluation auf der Ebene der einzelnen Schule versucht, durch die exakte Analyse der konkreten Arbeitssituation eine stabile Grundlage für die Gestaltung der Praxis zu schaffen. Entsprechend vielfältig sind die Evaluationsinstrumente und Arbeitsweisen, und die Kooperation der Beteiligten wird durch Evaluation in besonderer Weise herausgefordert. Aufgrund der zellularen Organisationsstruktur der Schule ist sie jedoch **strukturell kooperationsarm**. Lehrer(innen) insbesondere auf der Sekundarstufe sehen sich als Spezialisten für ihre Unterrichtsfächer und arbeiten als Einzelne an ihrem Arbeitsplatz Schulklasse. Deshalb besitzen Schulen kaum Informationen über die Wirksamkeit ihrer Gesamtleistungen. Schulevaluation will diesem Sachverhalt dadurch begegnen, dass systematisch und langfristig Informationen über die schulische Arbeit gesammelt, analysiert und bewertet werden. Es soll ein gemeinsamer Reflexionshorizont eröffnet werden, damit Lehrer(innen) ihre ‚Zellen' verlassen und gemeinsam in ein Boot steigen, um den Kurs des Schiffes Schule zu bestimmen.

Das Anliegen der systematischen Kooperation wirft ein entsprechendes Licht auf die Verfahrensseite der Evaluation, gleich ob die Evaluation vom Kollegium selbst oder gemeinsam mit externen Partnern durchgeführt wird. Evaluation ist ein **zyklischer Prozess**, in dem einzelne Verfahrensschritte sinnvoll aufeinander bezogen sind (Ministerium 1999).

• Die Basis für eine Bestandsaufnahme ist ein **klares Verständnis von Schulqualität** und den entsprechenden Zielen. Zu denken ist beispielsweise an einen Unterricht, der die Eigentätigkeit und Selbstständigkeit der Heranwachsenden fördert, an die Disziplin im Schulhaus, an den Umgangston im Klassenzimmer, an die Kooperationsformen im Kollegium usw. Bereits hier findet eine Verständigung im Kollegium statt, wie sie für den Schulalltag nicht üblich ist: Das Kollegium verschafft sich Gewissheit darüber, was ihm an einer guten Schule wichtig ist.

- Diese Verständigung führt dazu, diejenigen Bereiche der Schulpraxis ausfindig zu machen, über die man Näheres erfahren möchte, z.b. über das Gelingen/ Misslingen der Kooperation mit den Eltern auf einer bestimmten Jahrgangsstufe, den Verbleib der Schulabgänger, das Methodenrepertoire der Lehrkräfte oder das Lernangebot im extracurricularen Bereich. Soll ein solcher definierter Bereich untersucht werden, müssen die Qualitätsmerkmale in Qualitätsindikatoren bzw. Evaluationskriterien übersetzt werden. Es muss sich zeigen lassen, an welchen konkreten Verhaltensweisen und Phänomenen des Schulalltags sich die Qualität erweist. Qualitätsindikatoren bzw. Evaluationskriterien sind also ‚Anzeiger' oder ‚Messgrößen', die eine relativ trennscharfe Festlegung von beobachtbaren Wirklichkeitsausschnitten erlauben (s. das Qualitätstableau für die bayerische Evaluation). Nur so ist es möglich, **aussagekräftige** und **zuverlässige Instrumente** für die Untersuchung zu konzipieren. Wenn z.B. die Qualität des offenen Unterrichts zur Diskussion steht, so müssen eindeutige und klare Indikatoren vorliegen, um entsprechende Schülerverhaltensweisen feststellen zu können. Woran erweist sich also die vom offenen Unterricht favorisierte Selbstständigkeit und Eigenverantwortlichkeit im Lernen? Indikatoren könnten sein: Die Schüler(innen) machen von den vielfältigen Lernangeboten Gebrauch. Sie probieren eigene Lösungswege aus und überprüfen die Lernergebnisse. Sie sind in der Lage, eigene Ergebnisse in der Lerngruppe zu präsentieren. Sie verwerten Informationen anderer für die Dokumentation eines bestimmten Lerninhalts usw. (vgl. Brügelmann/Brügelmann 1995). Es sei nur am Rande bemerkt, dass sich für alle offenen Lernweisen besondere Evaluationsprobleme stellen, weil sie sich naturgemäß einer exakten, d.h. summativen Evaluation weitgehend entziehen und weil brauchbare Evaluationsinstrumente rar sind.
- Bevor die Evaluationsinstrumente konzipiert werden, sind einige Fragen zu beantworten, die die Vorgehensweise absichern helfen. Es ist zu klären, wer welche Aufgaben in welchem Zeitrahmen übernimmt und wem die zu gewinnenden Daten zugänglich gemacht werden sollen. Wie wird die Rückmeldung der Daten (Datenfeedback-Konferenz) organisiert? Welche Informationen liegen schon vor (z.B. Dokumente und Statistiken der Schule)? Was lässt sich aus eigener Kraft organisieren, wann ist Unterstützung von außen gefragt?
- Mit dem Sammeln und Aufbereiten der Daten stellt sich das zentrale Problem der Evaluation, zu aussagekräftigen Ergebnissen zu gelangen. Da manche Evaluationsinstrumente den hohen wissenschaftlichen Güteansprüchen kaum genügen können, sollte darauf geachtet werden, dass die Ergebnisse zumindest **widerspruchsfrei** sind, im kollegialen Diskurs **anerkannt** werden können (soziale Validierung) und für die Verbesserung der Praxis **nützlich** sind. Einige Evaluationsmethoden, die für die Schulevaluation in Frage kommen, seien kurz genannt:

- **Schriftliche Befragung** im Kollegium, in der Schülerschaft oder der Elternschaft. Die gute Operationalisierung der Fragen ermöglicht einen Überblick über die quantitative Verteilung der Antworten und damit über die Antwortschwerpunkte. Die Anonymität des Verfahrens lässt es zu, dass auch kritische Punkte offen angesprochen werden.
- **Interviews/strukturierte Gespräche** schließen sich in der Regel an Befragungen an. Sie dienen einer **vertiefenden Betrachtung**, wo komplexe Sachverhalte eines eingehenden Dialogs bedürfen. Die Befragten können selbst bestimmte Gewichtungen vornehmen, eigene Themen einbringen und Anregungen für weitere Arbeitsschritte formulieren. Es versteht sich von selbst, dass diese qualitativen Ergebnisse schwerer zu interpretieren sind und deshalb der Hilfe durch die Befragten bedürfen. Zudem ist ein solches Verfahren so zeitaufwändig, dass nur wenige Personen befragt werden können.
- **Schulleistungstests** bieten eine solide Grundlage für die **vergleichende Messung** in Schulklassen (vgl. Kap. von Köller & Schöps). Solche Tests geben zwar zuverlässige Spiegelbilder der Fachleistungen von Schulklassen zu einem bestimmten Zeitpunkt, beziehen aber Prozessmerkmale nicht mit ein. Über die Ursachen von Leistungsdifferenzen sagen sie also nichts. So gesehen können sie allenfalls **Gesprächsanlässe** und Ausgangspunkte für eine weitere Kausalanalyse bieten.
- Die **Beobachtung** ist ein klassisches Instrument der Sozialforschung. Sie ist insofern 'unmittelbarer' als andere Verfahren, als sie einen **direkten Einblick** in die Praxis und (als teilnehmende Beobachtung) den Kontakt mit den Beteiligten bietet. Dem steht gegenüber, dass sie störanfällig ist, weil sie leicht unter einer verzerrten Wahrnehmung des Beobachters leidet. Zudem wird das Handlungsfeld durch das Vorhandensein des Beobachters verändert, weil die Beobachtung nicht unbedingt erwünscht ist und die Betroffenen sich womöglich anders als sonst verhalten. In jedem Fall ist die Beobachtung darauf angewiesen, dass klare und gut eingegrenzte Beobachtungskategorien ausgewählt werden.
- Die **Dokumentenanalyse** hat den Vorteil, dass Prozessverläufe auch rückblickend verfolgt werden können. So kann z.B. festgestellt werden, wie sich die Herkunft der Schülerschaft einer Schule in einem bestimmten Zeitrahmen verändert hat, ob es Veränderungen im Übertrittsverhalten zu anderen Schulen gibt und wie die Leistungsbilanzen (gemessen an Schulnoten) im Zeitverlauf aussehen. Aufschlussreich unter organisationskulturellem Gesichtspunkt können auch die Schulchroniken sein. Diese Informationen haben den Vorteil, dass die den 'Glaubwürdigkeitstest' leichter bestehen als stärker subjektiv geprägte Verfahren. Aber sie haben häufig den Nachteil, dass sie schwer aufzubereiten sind und nur bedingt Rückschlüsse auf die Ursachen zulassen.
- Die **Bewertung und Präsentation** der Daten, z.B. durch ein externes Team, ist ein sensibler und wichtiger Schritt, denn von der Aussagekraft der Befunde hängt

deren **Akzeptanz** ab. Häufig werden zu viele Ergebnisse präsentiert, die in keinem kohärenten Zusammenhang stehen und deren Praxisrelevanz von den Betroffenen nicht erkannt wird. Zu entscheiden ist, zu welchem Zeitpunkt, in welchem Umfang und auf welcher Stufe der Aggregation die Daten präsentiert werden. Zu warnen ist vor dem Fehler der Geringschätzung der vorhandenen Praxis einer Schule durch externe Evaluatoren. Sie kann das Aus für die Schulentwicklung bedeuten.

- Abschließend müssen im Kollegium auf der Grundlage der empirischen Befunde **Vereinbarungen für die Weiterarbeit** getroffen werden. Evaluation, die nicht in Schulentwicklungsprozesse mündet, bleibt Selbstzweck und lähmt letztlich die Initiative eines Kollegiums. Schulevaluation ist eine Voraussetzung für die Selbsterneuerung der Schule, allerdings keine hinreichende Bedingung. Wie mit den Befunden verfahren wird, ist in hohem Maße abhängig von der Organisationskultur und dem **Sozialklima im Kollegium** (Schönig 2000). Wo die **Veränderungsbereitschaft** des Kollegiums gering ist, weckt Evaluation eher Zweifel und Abwehr. Umgekehrt ist ein „Modus gemeinschaftlicher Aufgabenbewältigung" (Fend 1998) ein guter Indikator dafür, dass das jeweilige Kollegium die Evaluationsergebnisse für sich zu nutzen weiß. Aufs Ganze gesehen ist Schulevaluation mehr als ein bloß technischer Vorgang oder ein Verfahren. Er bedeutet vielmehr die Arbeit an den grundlegenden pädagogischen Normen und **Einstellungen** des Kollegiums.

5 Schulevaluation im Blickwinkel der Pädagogik – eine kritische Betrachtung

Die zahlreichen Problemfelder der Evaluation lassen es angemessen erscheinen, sie im Folgenden systematisch zu betrachten. Qualitätsentwicklung durch Qualitätsnachweise scheint eine schlüssige Reaktion auf die Pluralisierung in Bildungssystemen zu sein. Angesichts der extrem gestiegenen fachlichen und extracurricularen Anforderungen auf dem Arbeitsmarkt können wir uns vor sich hin dümpelnde Schulen nicht mehr erlauben. So gesehen ist das internationale Systemmonitoring ebenso unausweichlich wie die Qualitätskontrolle auf der regionalen und lokalen Ebene. Es fragt sich jedoch, wie Evaluation so angelegt werden kann, dass sie **zur Pädagogik der Schulen passt** und von ihnen zur Optimierung der eigenen Praxis genutzt werden kann. Passen Evaluation und Pädagogik überhaupt zusammen? Zu klären ist deshalb auch, welches Verständnis von Schule und Bildung insbesondere den internationalen Leistungsstudien unterliegt.

- Zunächst ist festzuhalten, dass die Lehrkräfte für die Evaluation nicht fortgebildet, geschweige denn im Studium auf diese Aufgabe vorbereitet werden. Insofern ist leicht nachvollziehbar, wenn sie sich in der Praxis durch diese **Metaaufgabe** häufig überfordert sehen (Buhren/Killus/Müller 1998, Rolff 2001). **Abwehr** kann dann das Ergebnis sein. Das zeigt auch der Blick in die internationale Schullandschaft. Wolfgang Böttcher und Hans-Georg Kotthoff machen am Beispiel Englands darauf aufmerksam, dass Stress durch den hohen Vorbereitungsaufwand, Misstrauen gegen die Behörden und die Taktik einer geschönten Evaluation verbreitet sind. Evaluation wird also auch unterlaufen, abgewehrt und behindert (vgl. Weiß 2009). Unter den gegenwärtigen Arbeitsbedingungen kann Schulevaluation oft nur halbherzig betrieben werden. Sie benötigt erhebliche zeitliche und methodische Ressourcen sowie die Qualifizierung und Beratung der Lehrkräfte, damit die Rechnung der Qualitätsverbesserung überhaupt aufgehen kann.

- Je mehr Evaluation einem technischen Verständnis folgt, desto mehr verkennt sie die tatsächliche Rationalität der Einzelschule: Schulen sind keine zweckrationalen Gebilde, sondern **Organisationskulturen** von äußerster sozialer Vielschichtigkeit und Komplexität (Schönig 2000, 2002). Jegliche Evaluation zielt auf Transparenz und Offenlegung einer gegebenen Praxis. Organisationskulturen sind jedoch bestrebt, Probleme hinter einer Mauer zum Verschwinden zu bringen. Eine jede Lehrkraft weiß die Autonomie ihrer Tätigkeit zu schätzen und zu schützen. Kooperation zwischen Lehrkräften wird nur insoweit gepflegt, als sie der eigenen Autonomie nicht im Wege steht. Die ‚Gegenleistung‘ dafür, dass man ‚in Ruhe‘ arbeiten kann, besteht darin, dass man den Kollegen/die Kollegin auch in Ruhe lässt. Die unausgesprochene **Nichteinmischungsnorm** ist eingebettet in einen **Gleichheitsmythos**, der alle gegen Angriffe von innen oder außen zu immunisieren versucht. Hans-Günter Rolff bezeichnet dies als Egalitäts-Autonomie-Syndrom (Rolff 2001). Evaluation in der Schule trifft also auf eine sozialpsychologisch brisante **Tiefenstruktur in Kollegien**, die nur durch langfristige Lernprozesse, nicht aber durch zyklisch angelegte punktuelle Evaluation zu verändern ist. Evaluationsprojekte an Hauptschulen haben ergeben, dass Evaluation als ein Generator der Selbstreflexion nur dann gelingen kann, wenn zuvor eine gemeinsame Vertrauensbasis von Kollegium und Evaluationsteam geschaffen worden ist (Schönig 2007b). Andernfalls kann sie destruktiv wirken.
- Hier schließt sich ein Hinweis von Franz E. Weinert an. Er hat uns mahnend ins Stammbuch geschrieben hat, dass die Erwartungen an die **rasche Leistungsanhebung** in unseren Schulen im Anschluss an PISA **unrealistisch** sind. Zum einen sind Schulleistungen „das kumulative Ergebnis langfristiger Lernprozesse; das Leistungsniveau hängt stärker von den bereits erworbenen Vorkenntnissen als vom aktuellen Unterrichtsgeschehen ab. Der Unterricht besteht nicht aus einzelnen Lektionen, die man kurzfristig verändern, vielleicht sogar besser gestalten kann, sondern ist ein Geschehen, das durch die Atmosphäre im Klassenzimmer, durch stabile Erziehungs-, Lehr- und Interaktionsstile und schließlich durch die pädagogischen Kompetenzen der Lehrer(innen) maßgeblich determiniert wird. Die pädagogische Kompetenz von Lehrkräften ist das Ergebnis eines

zeitaufwändigen Expertiseerwerbs" (Weinert 2001, 361, 362; Hervorhebung d. Verf.). Zum anderen darf man vor diesem Hintergrund und angesichts der stabilen Lehrroutinen „nur dann eine substantielle Veränderung des Unterrichts, des Lernens und Leistens erwarten, wenn ganze Bündel von pädagogischen und didaktischen Maßnahmen zugleich ergriffen werden" (ebd., 362). Mit anderen Worten sind Eingriffe in die Schulorganisation, die Schulfinanzierung, die Lehreraus- und -fortbildung erforderlich, wenn die im großen Stil praktizierten Evaluationen überhaupt fruchten sollen.

- Zu fragen ist auch, inwieweit PISA etwas mit der Qualität des deutschen Schulsystems im Ganzen zu tun hat, denn die öffentlichen Diskussionen suggerieren nach mehreren PISA-Generationen immer noch den Qualitätsvergleich verschiedener nationaler Schulsysteme. Tatsächlich konzentriert sich PISA auf ein bestimmtes **Segment** des schulischen Lernens: auf Lesekompetenz, mathematische Grundkompetenz und naturwissenschaftliche Grundkompetenz. PISA legt gewissermaßen Schnitte an das tägliche unterrichtliche Lerngeschehen bzw. an dessen **Ergebnisse** an und präpariert aus der Komplexität der schulischen Erscheinungen einen bescheidenen Kern heraus. Schulqualität bedeutet jedoch erheblich mehr und lässt sich nicht allein an drei Dimensionen festmachen. Aus der Schulqualitätsforschung wissen wir schon länger, dass es um das Zusammenspiel einer ganzen Reihe von Merkmalen geht: die Lernatmosphäre, die erzieherische Kraft des Kollegiums, eingespielte Kooperationsformen zwischen den Lehrkräften, ein Klima des Vertrauens und der Hilfsbereitschaft, individuelle Förderung auch der langsam Lernenden, eine unterstützende Schulleitung, akzeptierte Regeln für Disziplin und Ordnung usw. (vgl. Fend 1998). PISA gibt also mitnichten Auskunft über die Qualität des deutschen Schulsystems im Ganzen, noch erfasst es das, was wir seit der Humboldtschen Tradition Bildung nennen.

- Jede externe, staatlich angeordnete Evaluation hat ein vorgängiges **Verständnis von Schule**. Das Problem ist, dass dieses Verständnis nicht offengelegt wird, mehr noch, dass es mit dem Deckmantel einer **Reformsemantik** und des modernen Governance-Vokabulars verschleiert wird (Koch 2010, Schönig 2010). Die öffentliche Rede von der Bildung als einem Wettbewerbs- und Standortfaktor deutet an, dass es mit der Evaluation nicht primär um die Verbesserung der pädagogischen Verhältnisse in unseren Schulen geht, sondern um ein **marktanaloges**, funktionalistisches Lernverständnis. Mit Hilfe neuer Steuerungsoptionen sollen jene Kompetenzen erzeugt werden, die sich auf dem Arbeitsmarkt verwerten lassen. Die Schule soll der Mehrung des „Humankapitals" dienen. Die Schulevaluation folgt deshalb einem Grundzug der Moderne, der als Ökonomisierung des Sozialen beschrieben worden ist (vgl. Koch 2010). Die Normen der institutionellen Zurichtung der Schule sind der externen Evaluation immanent. Sie sind gleichbedeutend mit Vorentscheidungen, so sagt es Koch, die „schulprägenden Charakter" haben: „Durch die Evaluation wird Schule nicht nur *bewertet*, sondern *gemacht…*" (Koch 2010, 45). An dieser Stelle ist zu sehen, wie dringlich ein pädagogisch bestimmter Diskurs über die Theorie der Schule angesichts eines fortschreitenden Steuerungswahns ist.

- Daraus folgt, dass der **Bildungsanspruch** der Schule, der in jedem Lehrplan formuliert ist, unterlaufen wird. Der Bildung geht es darum, den ganzen Menschen in ein konstruktives Verhältnis zu sich, zu seinen Mitmenschen und zur Dingwelt zu stellen(vgl. Kap. von Dörpinghaus & Uphoff). In diesem Zusammenhang ist zudem die pädagogische Kritik substanziell, die auf die unterschiedlichen Charaktere von gängigen Evaluationsverfahren und Pädagogik aufmerksam macht. Der Evaluation geht es um einen aussagekräftigen Ausschnitt aus der Komplexität der Schule zu einem bestimmten Zeitpunkt – um eine Momentaufnahme. Sie ist also **statisch**. Pädagogik dagegen hat es immer mit Prozessen zu tun. Sie ist **dynamisch**, ergebnisoffen und an den Entwicklungsverläufen interessiert. So gesehen kann das, was heute ‚gemessen' wird, morgen schon ganz anders sein (Rauschenberger 2010). Dies wirft ein bezeichnendes Licht auf PISA. Die Studie dokumentiert allenfalls das, was die Schüler(innen) mit dem Stift zu Papier gebracht haben, also eine weitestgehend abstrahierte Handlung – das vorläufige Ende einer Lernspur. Und sie fragt nicht nach Hilfsbereitschaft, solidarischem Handeln und Mündigkeit, nicht nach dem vertieften Nachdenken, dem Ringen um Erkenntnis, den Umwegen eines probierenden, entdeckenden und praktischen Lernens, sie fragt ebenso wenig nach den Fächern Latein und Französisch wie nach Religionslehre, Kunst oder Musik. Das Erlernen von Grundkompetenzen, wie sie uns PISA zeigt, hat aber erst dann etwas mit Bildung zu tun, wenn dieses Lernen integriert ist in das Streben nach Lebenstüchtigkeit und Weltverstehen.

- PISA wie auch andere vergleichende Leistungstests wecken den Wunsch, die Erhöhung des Bildungsniveaus als ‚Humankapital' möge zugleich auch das Wirtschaftswachstum positiv beeinflussen. Dieser Wunsch wird enttäuscht, weil sich die funktionalistische Human-Ressource-Hypothese empirisch nicht belegen lässt. Diese Hypothese besagt, dass es einen kausalen Zusammenhang zwischen der Wirtschaftskraft eines Landes und der Qualität seines Schulsystems gibt. Wenn man zwischen den Staaten Rangplätze nach dem Bruttoinlandsprodukt pro Einwohner bildet und sie zu den PISA-Rankings in Beziehung setzt, wird die Hoffungslosigkeit dieses Unterfangens schnell deutlich. Aus fiskalischem Blickwinkel ist im Übrigen darauf aufmerksam zu machen, dass nationale und internationale Vergleichsuntersuchungen sehr kostspielig sind. Der erste Testdurchlauf von IGLU hat beispielsweise 1,3 Mio. Euro gekostet. Hans Brügelmann plädiert stattdessen für eine künftige Umverteilung der Mittel zu Gunsten kleiner Evaluationsprojekte, die den Lehrkräften in ihren Schulen konkrete Hilfen anbieten. Er rechnet vor, dass sich in 50 bis 100 Schulbezirken derlei Projekte mit Optimierungsfunktion durchführen ließen (Brügelmann 2003).

Aufs Ganze gesehen stellen sich mit Evaluation noch zahlreiche Fragen schultheoretischer, bildungstheoretischer und soziologischer Art. In der Bundesrepublik stehen wir erst am Anfang einer langen Entwicklung, die zeigen wird, wie das Verhältnis von Nutzen, pädagogisch Wünschbarem und unerwünschten Wirkungen der Evaluation zukünftig aussehen wird.

Literatur

Bayerisches Staatsministerium für Unterricht und Kultus (2010): Externe Evaluation an Bayerns Schulen. Das Konzept, die Instrumente, die Umsetzung. 2. Aufl., München.

Becker, G./Ilsemann, C. von/Schratz, M. (Hrsg.) (2001): Qualität entwickeln: Evaluieren. Friedrich Jahresheft XIX 2001. Seelze: Friedrich Verlag.

Böttcher, W./Kotthoff, H.-G. (Hrsg.) (2007): Schulinspektion: Evaluation, Rechenschaftslegung und Qualitätsentwicklung. Münster: Waxmann.

Brügelmann, H. (2003): In fünf Jahren... Über Kerncurricula, Bildungsstandards und Leistungstests. In: Neue Sammlung 43(2), 235-237.

Brügelmann, H./Brügelmann, K. (1995): Kann man „Offenen Unterricht" beurteilen? In: Die Grundschulzeitschrift, 87. Jg., 36-39.

Buhren, C.G./Killus, D./Müller, S. (1998): Selbstevaluation von Schule – und wie Lehrerinnen und Lehrer sie sehen. In: Rolff, H.-G./Bauer, K.-O./Klemm, K./Pfeiffer, H. (Hrsg.): Jahrbuch der Schulentwicklung: Daten, Beispiele und Perspektiven Bd. 10. München: Juventa, 235-269.

Burkard, Chr./Eikenbusch, G. (2000): Praxishandbuch Evaluation in der Schule. Berlin: Cornelsen Scriptor.

Deutsches PISA-Konsortium: PISA 2000 (2001): Basiskompetenzen von Schülerinnen und Schülern im internationalen Vergleich. Opladen: Leske und Budrich.

Domisch, R./Lappalainen, H.-K. (2007): Evaluierung schulischer Qualität in Finnland. In: Böttcher, W./Kotthoff, H.-G. (Hrsg.): Schulinspektion: Evaluation, Rechenschaftslegung und Qualitätsentwicklung. Münster: Waxmann, 165-173.

Fauser, P. (1986): Pädagogische Freiheit in Schule und Recht. Weinheim, Basel: Beltz.

Fend, H. (1998): Qualität im Bildungswesen. Schulforschung zu Systembedingungen, Schulprofilen und Lehrerleistung. Weinheim, München: Juventa.

Fintelmann, K.J. (1978/1979): Studie über die Integrierbarkeit von beruflicher und allgemeiner Bildung (IBA), 2 Bde. Bonn (hrsg. vom Bundesminister für Bildung und Wissenschaft).

Gruschka, A. (Hrsg.) (1976): Ein Schulversuch wird überprüft – Das Evaluationsdesign für die Kollegstufe NW als Konzept handlungsorientierter Begleitforschung. Kronberg: Athenäum.

Klieme, E. (2003): Bildungsstandards. Ihr Beitrag zur Qualitätsentwicklung im Schulwesen. In: Die Deutsche Schule 95(1), 10-16.

Koch, L. (2010): Evaluation und Pädagogik: ein Widerspruch. In: Schönig, W./ Baltruschat, A./Klenk, G. (Hrsg.): Dimensionen pädagogisch akzentuierter Schulevaluation. Baltmannsweiler: Schneider Verlag Hohengehren, 37-47.

Lange, H. (1999): Qualitätsentwicklung in Schulen. In: Die Deutsche Schule 91(2), 144-160.

Liket, T.M.E. (1993): Freiheit und Verantwortung. Das niederländische Modell des Bildungswesens. Gütersloh: Bertelsmann.

Maritzen; N. (2009): Schulinspektionen. Zur *Transformation von Governance-Strukturen* im Schulwesen. In: Die Deutsche Schule 101(1), 85-96.

Messner, R. (2001): Eine Schule evaluiert sich selbst. Ein Beispiel wissenschaftlich unterstützter Selbsterforschung. In: Becker, G./Ilsemann, C. von/Schratz, M. (Hrsg.): Qualität entwickeln: evaluieren. Seelze: Friedrich, 64-66.

Ministerium für Schule und Weiterbildung, Wissenschaft und Forschung des Landes Nordrhein-Westfalen MSWWF (1999): Evaluation – eine Handreichung. Düsseldorf (aus der Schriftenreihe Schule in NRW, Heft 9033).

Nordrhein-Westfalen MSWWF (1999): Qualitätsentwicklung und Qualitätssicherung. Aufgabenbeispiele Klasse 10 für Deutsch, Mathematik und Englisch. Düsseldorf (drei Hefte aus der Schriftenreihe Schule in NRW, Heft 9028/1-3).

Peek, R. (2001): Die Bedeutung vergleichender Schulleistungsmessungen für die Qualitätskontrolle und Qualitätsentwicklung von Schulen und Schulsystemen. In: Weinert, F.E. (Hrsg.): Leistungsmessungen an Schulen. Weinheim und Basel: Beltz, 323-335.

Rauschenberger, H. (2010): Schulevaluation als Herausforderung der Pädagogik. In: Schönig, W/ Baltruschat, A./Klenk, G. (Hrsg.): Dimensionen pädagogisch akzentuierter Schulevaluation. Baltmannsweiler: Schneider Verlag Hohengehren, 23-35.

Rolff, H.-G. (1991): Schulentwicklung als Entwicklung von Einzelschulen? Theorien und Indikatoren von Entwicklungsprozessen. In: Zeitschrift für Pädagogik 37(6), 865-886.

Rolff, H.-G. (2001): Was bringt die vergleichende Leistungsmessung für die pädagogische Arbeit in Schulen? In: Weinert, F.E. (Hrsg.): Leistungsmessungen an Schulen. Weinheim und Basel: Beltz, 337-352.

Schießl, O. (2007): Externe Evaluation von Schulen in Bayern. In: Schönig, W. (Hrsg.) (2007): Spuren der Schulevaluation. Zur Bedeutung und Wirksamkeit von Evaluationskonzepten im Schulalltag. Bad Heilbrunn: Klinkhardt, 54-62.

Schlömerkemper, J. (unter Mitarbeit von Winkel, K.) (1987): Lernen im Team-Kleingruppen-Modell. Frankfurt a. M., Bern, New York, Paris: Lang.

Schönig, W. (2000): Schulentwicklung beraten. Das Modell mehrdimensionaler Organisationsberatung der einzelnen Schule. Weinheim, München: Juventa.

Schönig, W. (2002): Organisationskultur der Schule als Schlüsselkonzept der Schulentwicklung. In: Zeitschrift für Pädagogik 48(6), 815-834.

Schönig, W.: (Hrsg.) (2007a): Spuren der Schulevaluation. Zur Bedeutung und Wirksamkeit von Evaluationskonzepten im Schulalltag. Bad Heilbrunn: Klinkhardt.

Schönig, W. (2007b): Die Schule fremd werden lassen. Von der soziodynamischen Dimension der Schulevaluation. In: Schönig, W. (Hrsg.): Spuren der Schulevaluation. Zur Bedeutung und Wirksamkeit von Evaluationskonzepten im Schulalltag. Bad Heilbrunn: Klinkhardt, 100-112.

Schönig, W. (2010): Glaubwürdigkeitstests oder: Schultheoretische und bildungstheoretische Überlegungen zum pädagogischen Reduktionismus der Schulevaluation. In: Schönig, W./Baltruschat, A./Klenk, G. (Hrsg.): Dimensionen pädagogisch akzentuierter Schulevaluation. Baltmannsweiler: Schneider Verlag Hohengehren, 61-84.

Schönig, W./Baltruschat, A./Klenk, G. (Hrsg.) (2010): Dimensionen pädagogisch akzentuierter Schulevaluation. Baltmannsweiler: Schneider Verlag Hohengehren.

Schratz, M. (2001): Peers und andere kritische Freunde. Advokaten für Qualität. In Becker, G./Ilsemann, C. von/Schratz, M. (Hrsg.) (2001): Qualität entwickeln: Evaluieren. Friedrich Jahresheft XIX 2001. Seelze: Friedrich Verlag, 67.

Stuke, Th. (2010): Dimensionen einer pädagogisch akzentuierten Schulevaluation. In: Schönig, W./ Baltruschat, A./Klenk, G. (Hrsg.): Dimensionen pädagogisch akzentuierter Schulevaluation. Baltmannsweiler: Schneider Verlag Hohengehren, 85-107.

Suchmann, E.A. (1967): Evaluative Research: Principles and Practice in Public Service & Social Action Programs. New York: Russell Sage Foundation.

Watermann, R./Thurn, S./Tillmann, K.-J./Stanat, P. (Hrsg.) (2005): Die Laborschule im Spiegel ihrer PISA-Ergebnisse. Pädagogisch-didaktische Konzepte und empirische Evaluation reformpädagogischer Praxis. Weinheim, München: Juventa

Weerts, F. (2007): Das niederländische Inspektionsmodell: Selbstevaluation und Fremdevaluation in Proportion. In: Schönig, W. (Hrsg.): Spuren der Schulevaluation. Zur Bedeutung und Wirksamkeit von Evaluationskonzepten im Schulalltag. Bad Heilbrunn: Klinkhardt, 42-53.

Weinert, F.E. (Hrsg.) (2001): Leistungsmessungen in Schulen. Weinheim, Basel: Beltz

Weinert, F.E. (2001): Perspektiven der Schulleistungsmessung – mehrperspektivisch betrachtet. In: Weinert, F.E. (Hrsg.): Leistungsmessungen in Schulen. Weinheim, Basel: Beltz, 354-365.

Weiß, M. (2009): Schule und Wettbewerb (Teil 1 und 2). In: SchVw HE/RP, H. 2, 34-36 und H. 3, 69-71.

Maria Hallitzky, Silke Marchand und
Norbert Seibert

Ausgewählte didaktische Modelle und ihre Bedeutung für eine theoriegeleitete Erforschung und Praxis des Unterrichts

Der Beitrag zeichnet ausgewählte didaktische Modelle in ihren jeweiligen Grundgedanken nach, zeigt wissenschaftstheoretische Rückbindungen auf und systematisiert sie nach ihrer Funktion im Hinblick auf Fragen der Unterrichtsforschung und der Planung und Gestaltung von Unterricht. Im Unterricht werden viele verschiedene Faktoren relevant, die auf unterschiedliche Arten zusammenwirken. Didaktische Theorien und Modelle haben unterschiedliche Funktionen in der Beschreibung, Analyse, Reflexion und Planung dieser Faktoren. Solche Funktionen werden nachfolgend systematisiert und an ausgewählten didaktischen Theorien und Modellen vorgestellt.

Sie sind nach ihrer jeweiligen Herangehensweise und Schwerpunktsetzung geordnet: Die Theorie und Modelle der ersten Gruppe beschäftigen sich mit den verschiedenen Elementen, die Unterricht ausmachen, und ihren Wechselwirkungen. In der zweiten Gruppe sind Theorien und Modelle dargestellt, die Zielsetzungen für den Unterricht ins Zentrum ihrer Betrachtung rücken. Die Theorien und Modelle der dritten Gruppe konzentrieren sich darauf, wie Unterricht geplant werden kann und welche Gestaltungsprinzipien ihm zugrunde liegen.

Am Ende des Kapitels wird sowohl diskutiert, inwiefern die dargestellten Theorien und Modelle geeignet sind für eine Anwendung auf offene Lehr-Lern-Situationen, als auch, welche Verbindungen zwischen Allgemeiner Didaktik und empirischer Lehr-Lern-Forschung auf Basis der dargestellten Theorien und Modelle denkbar sind.

1 Die Komplexität des Unterrichts

Didaktik ist, je nach Verständnis, die Wissenschaft vom Unterricht, die Theorie von Unterricht, die Theorie der Bildungsinhalte, die Theorie der Organisation von Lernprozessen oder die Anwendung psychologischer Lehr- und Lerntheorien. Allgemeine Didaktik beschäftigt sich mit allen Situationen, in denen gelernt und gelehrt wird. Ihr thematischer Schwerpunkt ist der Unterricht, dessen Erziehungs-dimension mit bedacht wird.

Didaktische Theorien, Modelle und Konzepte sollen helfen, Lehr-Lern-Situationen besser verstehen, untersuchen, gestalten und reflektieren zu können. Jank und Meyer (2002, 35) definieren ein didaktisches Modell als „erziehungswissenschaftliches Theoriegebäude zur Analyse und Modellierung didaktischen Handelns". Es soll „theoretisch umfassend und praktisch folgenreich die Voraussetzungen, Möglich-keiten, Folgen und Grenzen des Lehrens und Lernens [...] klären". Von einem didaktischen Modell wird damit gefordert, sowohl für die Theorie (und deren Wei-terentwicklung durch die Wissenschaft) als auch für die Praxis (die Planung, Ge-staltung und Reflexion von Unterricht) relevant zu sein.

Wenn Menschen etwas genauer beschreiben, untersuchen und vergleichen wollen, suchen sie sich Kriterien dafür. Manche Eigenschaften des betrachteten Gegen-stands treten dabei in den Vordergrund, andere in den Hintergrund. Äpfel und Birnen beispielsweise lassen sich zwar kaum in ihrem Apfelgeschmack miteinan-der vergleichen, wohl aber hinsichtlich ihres Vitamingehalts, ihrer Farbe, ihres Ge-wichts usw. Die Frage der Vergleichbarkeit wird hier zur Frage der Abstraktion und damit auch der Reduktion von Komplexität, indem z.B. die Farben „apfelgrün" und „birnengrün" auf die Gemeinsamkeit „grün" reduziert werden.

Didaktische Theorien und Modelle wollen das für den Gegenstand Unterricht leis-ten: Sie geben Kriterien vor, nach denen man den Gegenstand gedanklich einord-nen, ihn vergleichen und untersuchen kann. Auch dabei werden bestimmte Krite-rien in den Vordergrund gerückt und andere treten in den Hintergrund, teilweise sogar soweit, dass man den Eindruck bekommen könnte, sie gerieten in Vergessen-heit (vgl. Terhart 2010, 28). Für die Praxis zeigen sie damit, worauf Lehrpersonen achten könnten oder sollten und geben auf diese Art Handlungsorientierung. Für die Forschung liefern sie Anhaltspunkte, an denen sich Forschungsfragen ausrich-ten können.

Didaktische Theorien und Modelle können danach unterschieden werden, wie sie an den Gegenstand Unterricht herangehen. Manche didaktischen Modelle legen ih-ren Schwerpunkt darauf, zu erklären, wie verschiedene Elemente von Unterricht aufeinander wirken. Sie treffen damit noch keine Aussage darüber, wie Unterricht sein sollte; sie sind also nicht normativ im Hinblick auf die Ziele des Unterrichts. Andere Theorien und Modelle betonen dagegen besonders die (Bildungs- und Er-ziehungs-)Ziele des Unterrichts, z.B. dass Schüler(innen) zu mündigen Bürger/

innen werden sollen. Diese Theorien und Modelle sind offen normativ, indem sie Ziele vorgeben, die sie für anstrebenswert in schulischem Unterricht halten. Eine dritte Gruppe konzentriert sich darauf, Aussagen darüber zu machen, wie Unterricht geplant werden und gestaltet sein sollte. Auch diese Theorien und Modelle sind normativ, allerdings nicht im Hinblick auf die Ziele des Unterrichts, die in der Regel nicht reflektiert werden, sondern im Hinblick auf die Gestaltung des Unterrichts.

Im Folgenden werden Modelle aus jeder der drei Gruppen vorgestellt.

2 Wie wirken verschiedene Elemente von Unterricht aufeinander?

2.1 Die lerntheoretische Didaktik Paul Heimanns

Die lerntheoretische Didaktik, unter der Federführung von Paul Heimann und der Mitarbeit von Gunter Otto und Wolfgang Schulz entstanden, ist in der Fachliteratur auch als „Berliner Schule" bekannt geworden. Heimann leugnet zwar den Begriff der Bildung nicht, hält ihn aber nicht für gewichtig genug, um ihn in das Zentrum seiner Theorie zu setzen. Im Vergleich zu Klafki versteht sich Heimann als Empiriker und er argumentiert phänomenologisch. Es geht ihm darum, eine Struktur von Unterricht zu gewinnen, welche die typischen Phänomene von Unterricht verdeutlichen und damit eine Grundlage sein kann, um Lehramtsstudierende das Theoretisieren über Unterricht zu lehren. Da jede Unterrichtssituation einmalig ist, nicht in ein einziges System passt und von keiner Wissenschaft vollständig erfasst werden kann, wählt er das kategorial-analytische Vorgehen und postuliert für seine Herangehensweise Wertfreiheit. Für den Phänomenologen Heimann sind nur beobachtbare Erscheinungsformen und Strukturen von Interesse, nicht etwa Erziehungs- oder Bildungsziele, die sich einer empirischen Überprüfung entziehen würden. In der Anwendung der didaktischen Lehre soll vielmehr erreicht werden, unterrichtliche Strukturen zu erkennen, Faktoren zu analysieren, Probleme zu exponieren, Tatsachen, Normen und Organisationsformen zu beurteilen und didaktische Entscheidungen vorbereiten zu können. Wege hierzu sind die distanzierte und nicht wertende Analyse des Unterrichts und die konstruierende Unterrichtsplanung in Entscheidungssituationen. Eine didaktische Theorie kann nach dem Verständnis Heimanns nur ein Vorverständnis der didaktischen Wirklichkeit liefern, woraus sich keine endgültigen unterrichtlichen Entscheidungen ableiten ließen. Somit ist eine Trennung zwischen Normenanalyse und Normensetzung getroffen, wodurch die lerntheoretische Didaktik empiriefähig wird.

Um die Komplexität von Unterricht für die Studierenden transparent werden zu lassen, unterscheidet Heimann zwischen konstanten konstitutiven und variablen situationsabhängigen Elementen. Die Analyse ergibt sechs unveränderliche strukturelle Elemente: Intentionen, Inhalte, Methoden und Medien als sog. Entscheidungsfelder, über die im Unterricht Entscheidungen gefällt werden müssen, und anthropologisch-psychologische und sozial-kulturelle Voraussetzungen als Bedingungsfelder, deren spezifische Bedingungen der Unterricht beachten muss.

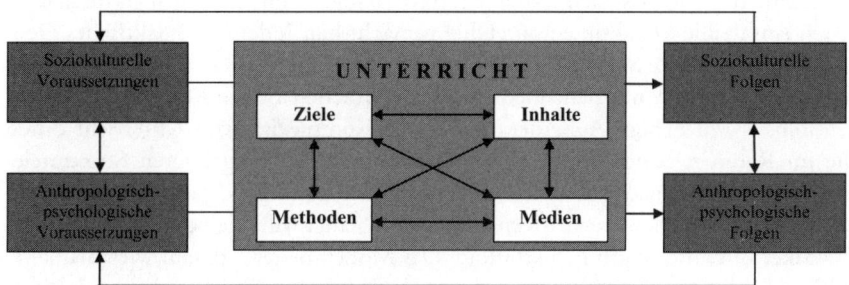

Abbildung 1: Bedingungs- und Entscheidungsfelder in der lerntheoretischen Didaktik Paul Heimanns

Die Planung von Unterricht verfolgt die Frage, welche Absichten an welchen Inhalten unter Anwendung welcher Methoden und Unterrichtsmedien verwirklicht werden sollen, die Analyse von Unterricht untersucht, welche Entscheidungen tatsächlich verwirklicht worden sind. Entscheidungs- und Bedingungsfelder werden jeweils einer doppelten Reflexion unterzogen: einer Strukturanalyse, die unterschiedliche Dimensionen des Unterrichts aufzeigt, und einer Faktorenanalyse, welche normbildende, bedingungssetzende und formschaffende Faktoren untersucht und die spezifische Situation der am Lehr- und Lernprozess beteiligten Personen berücksichtigt.

Die Strukturanalyse richtet den Blick auf die zwei Bedingungs- und vier Entscheidungsfelder. Sie stellt die erste Reflexionsebene dar und dient dazu, die Elemente zu bestimmen, aus denen jeder Unterricht zusammengesetzt ist. Diese erste Reflexionsebene wird ergänzt durch die Faktorenanalyse. Sie stellt die zweite Reflexionsebene dar und soll klären, unter welchen Bedingungen Unterricht tatsächlich stattfindet.

Dafür werden drei Faktoren betrachtet: Normierende Faktoren, konditionierende Faktoren und organisierende Faktoren. Als normierende Faktoren werden individuelle oder gesellschaftliche Orientierungen, zum Beispiel spezifische kulturell bedeutsame Sichtweisen und ihr Einfluss auf die Ausrichtung oder Gestaltung von Unterricht hinterfragt. Bei den konditionierenden Faktoren geht es um die Einschätzung der beiden Bedingungsfelder: In welcher Weise wirken die soziokulturellen und anthropologisch-psychologischen Voraussetzungen und wie sind diese im Klassenverband oder auf einzelne Schüler(innen) bezogen zu berücksichtigen? Die organisierenden Faktoren werden einer Formenanalyse unterzogen: Wie effektiv sind die im Unterricht eingesetzten Verfahren und Organisationsstrukturen und welche empirische Evidenz liegt diesen zugrunde?

Im Gegensatz zu Klafkis Primat der Bildungsinhalte bzw. (später) der Zielsetzungen behauptet Heimann eine Interdependenz der verschiedenen Faktoren und gesteht dem Praktiker zu, mit jedem Faktor innerhalb des Entscheidungsfeldes die Unterrichtsplanung beginnen zu können.

Zusammenfassend lässt sich festhalten, dass Heimann mit seinem strukturanalytischen Ansatz die Didaktik empiriefähig gemacht hat, indem er didaktisches Denken für benachbarte Sozialwissenschaften öffnete. Sein Verdienst ist auch, didaktisches Denken für Unterrichtsmedien als wesentlichen Bestandteil von Unterricht sensibilisiert zu haben. Außerdem hat er die Komplexität von Unterricht durch die im Rahmen seiner Struktur- und Faktorenanalyse aufgezeigten Strukturelemente deutlich gemacht. Da Heimann wegen der Unvergleichbarkeit unterrichtlicher Situationen keine normativen Aussagen machen will, bleibt er allerdings dem Praktiker Orientierungshilfen schuldig. Das Modell bietet – darauf wies Blankertz kritisch hin – keine Kriterien, nach denen die Lehrkraft selbst entscheiden könnte, welche Entscheidungen unter welchen Bedingungen die besseren seien.

Fragwürdig bleibt, ob die lerntheoretische Didaktik mit der Schwerpunktsetzung des Lernens in Verbindung gebracht werden kann, weil ihr hochschuldidaktischer Ansatz vor allem das Theoretisieren lehren will und der Lernbegriff selbst nicht thematisiert wird.

2.2 Das Angebots-Nutzungs-Modell unterrichtlicher Wirkungen (Andreas Helmke)

Das Angebots-Nutzungs-Modell zur Wirkungsweise des Unterrichts geht zurück auf Helmut Fend und wurde von Andreas Helmke zusammen mit Franz Weinert ausdifferenziert. Während das Berliner Modell der Didaktik Faktoren des Unterrichts zu isolieren versucht, damit Studierende Unterricht anhand dieser Faktoren empirisch-deskriptiv beschreiben und reflektieren können, entstand das Angebots-Nutzungs-Modell mit einem anderen Ziel. Die Autoren hatten beobachtet, dass die empirische Forschung nahezu unüberschaubar viele pädagogisch-psychologische Kenntnisse hervorbrachte, die sich auf Zusammenhänge zwischen isolierten Unterrichtsmerkmalen bezogen, die aber zum Teil widersprüchlich waren und die Einbindung der betrachteten Faktoren in das komplexe Unterrichtsgeschehen nicht berücksichtigten. Das Angebots-Nutzungs-Modell verdeutlicht daher die Komplexität des Zusammenwirkens verschiedener Einflussgrößen, indem es die wichtigsten Variablen bündelt, die einen Lernerfolg bei Schüler(innen) mit einer relativ hohen Wahrscheinlichkeit erwarten lassen. Es erfasst zentral den Unterricht als Angebot, die Lernaktivitäten der Schüler(innen) als Nutzung und die fachlichen und überfachlichen Effekte bzw. Wirkungen des Unterrichts als Ertrag. Zugleich integriert es Merkmale auf der Personebene von Lehrkräften und Schüler(innen) und Kontextmerkmale auf der Ebene der Schulklasse, der Schule, der Familie und der Gesellschaft. Helmke bildet diese in sechs sogenannten Erklärungsblöcken ab: Merkmale der Lehrperson, Unterrichtsqualität, Individuelle Eingangsvoraussetzungen, Mediationsprozesse, Lernaktivitäten und Kontextvariablen. Hinter diesen Erklärungsblöcken verbirgt sich jeweils wiederum ein mehr oder weniger ausdifferenziertes Kriterienbündel, das Variablen erfasst, die sich in der Unterrichtsforschung übereinstimmend als bedeutsam erwiesen haben. In dem Erklärungsblock Unterrichtsqualität sind beispielsweise sogenannte Universalprinzipien wie Passung, Klarheit, Methodenvariation, Individualisierung und Motivierung sowie Merkmale der Klassenführung, der Quantität der Lernzeit und der Lerngelegenheiten sowie die Qualität des Lehrmaterials gebündelt. Auch zwischen diesen Prinzipien und Merkmalen gibt es Interdependenzen. Das Modell zeigt, dass Unterricht in seiner Wirkung durch Personmerkmale auf Seiten der Lehrenden und der Lernenden maßgeblich beeinflusst wird und dass Zusammenhänge zwischen spezifischen Unterrichtsmerkmalen und spezifizierten Effekten auch kontextabhängig sind.

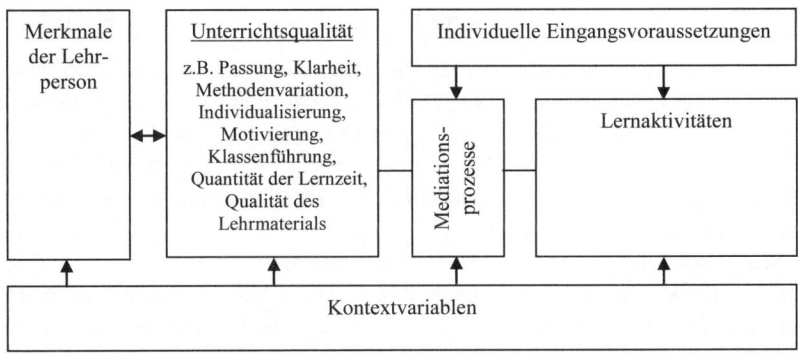

Abbildung 2: Die sechs Erklärungsblöcke des Angebots-Nutzungs-Modells

Die Begriffe Angebot und Nutzung drücken dabei aus, dass der Unterricht ein Angebot darstellt, das von Schülern unterschiedlich genutzt wird. Helmke sieht in dieser Deutung von Unterricht als Angebot ein konstruktivistisches Element des Lehr-Lern-Prozesses realisiert: Das unterrichtliche Angebot führt nicht unbedingt direkt zu den gewünschten Wirkungen, sondern ist in seiner Nutzung von Faktoren abhängig, die in der Person der Schüler(innen) und ebenso in den Kontextbedingungen begründet liegen können. So überwindet das Angebots-Nutzungs-Modell tendenziell eindimensionale Sichtweisen auf Unterricht, wie etwa das Prozess-Produkt-Paradigma methodischen Handelns oder das Persönlichkeitsparadigma bei der Suche nach dem guten Lehrer. Helmke verdeutlicht dies an dem Beispiel, dass ein und derselbe Unterricht für einen Teil der Schüler(innen) günstig, für einen anderen Teil eher von Nachteil sein kann. So benötigen Schüler(innen) mit geringeren Vorkenntnissen mehr lenkende und informative Vorgaben als Schüler(innen) mit umfassendem Vorwissen. Mit einer solchen Gesamtsicht der Faktoren wird deutlich, dass es zwischen den Faktoren sowohl kombinatorische als auch kompensatorische Effekte geben kann oder anders ausgedrückt, dass einzelne Faktoren zusammenwirken und sich sogar verstärken bzw. fehlende Qualitätsmerkmale durch andere ausgeglichen werden können. Damit wird zudem klar, dass Unterricht in vielfältiger Weise gelingen oder auch misslingen kann und dass Forschung keine direkt umsetzbaren Handlungsanweisungen geben, sondern lediglich für bedeutsame Einflüsse auf das Unterrichtsgeschehen und deren Berücksichtigung durch die Lehrkräfte sensibilisieren kann. Dies gilt umso mehr, als sich auch hinter den einzelnen Erklärungsblöcken wiederum differenzierte und nicht abschließend erforschte Kriterienbündel verbergen.

3 Welche Ziele sollte Unterricht verfolgen?

3.1 Die bildungstheoretische Didaktik von Wolfgang Klafki

Klafkis bildungstheoretischer Ansatz basiert auf dem geisteswissenschaftlichen Didaktikverständnis, welches bis ca. 1960 die bestimmende Richtung didaktischen Denkens war: Ein Begriff von Bildung ist Voraussetzung und Kernpunkt didaktischer Entscheidungen. Lerninhalte und Lernziele werden nach dem Bedeutungsgehalt für die Gegenwart und Zukunft der Schüler(innen) ausgewählt. Inhaltliche Entscheidungen haben Vorrang vor der Methodik und werden historisch-hermeneutisch begründet und pädagogisch verantwortet.

Das Verständnis von Bildung ist konstituierend für alle didaktischen Entscheidungsprozesse. Es muss in gleicher Weise auf die individuelle Selbstverwirklichung wie auf Mitmenschlichkeit und gesellschaftliche Interessen bezogen sein und soll als angestrebte Allgemeinbildung für jeden heranwachsenden Menschen gleiche Berechtigungen in einer demokratischen Gesellschaft ermöglichen. Bildung ist sowohl ein Prozess als auch eine Haltung, eine aktive Selbstbeteiligung, welche die Internalisierung von Tugenden und Werthaltungen voraussetzt, damit der Heranwachsende in der Begegnung mit der kulturellen Wirklichkeit sittliche, theoretische, religiöse und pragmatische Kategorien gewinnen kann. Klafki geht von einem kategorialen Bildungsverständnis aus. Es überwindet die Gegenüberstellung eines materialen Bildungsverständnisses als einer Anhäufung von Informationen oder Wissen und eines formalen als der Ausformung von „Kräften" und der Beherrschung von Lern- und Verarbeitungsstrategien. Das kategoriale Bildungsverständnis betrachtet den Menschen als aktives Wesen, das sich durch Selbsttätigkeit die Welt in ihren wesentlichen Dimensionen erschließen kann und durch diese Tätigkeit und die daraus resultierende innere Haltung auch für die Welt aufgeschlossen ist.

Nicht alle Lerninhalte sind geeignet, Bildung in diesem Sinne anzubahnen. Somit stellt sich die Frage einer angemessenen Auswahl.

Klafki entwickelt als Entscheidungshilfe für Lehrer(innen) die „didaktische Analyse", die nicht als Verlaufsschema gedacht ist, sondern nach den genannten didaktischen Prinzipien der Exemplarizität und der Gegenwarts- und Zukunftsbedeutung für den Heranwachsenden die Auswahl der Lerninhalte mit dem entsprechenden Bildungsgehalt erleichtern sollte. Die fünf zentralen Fragen der didaktischen Analyse, nämlich die Frage nach der Bedeutung des Lerninhalts für die Gegenwart und Zukunft der Schüler(innen), die Frage nach der Sachstruktur, nach dem exemplarischen Gehalt und der Zugänglichkeit zum Lerninhalt sind gleichsam die komprimierte didaktische Konzeption der bildungstheoretischen Didaktik und können als Modell gelten für eine fundierte Analyse der Bildungsinhalte und des Bildungsgehaltes unter der Prämisse des kategorialen Bildungsverständnisses. Für die methodische Realisierung im Unterricht gibt die bildungstheoretische Didaktik Lehrern jedoch keine Reflexionshilfen, da sie als Didaktik im engen Sinne konzipiert worden ist, die sich primär der Frage nach den Inhalten widmet.

3.2 Die kritisch-konstruktive Didaktik von Wolfgang Klafki

Zwei Entwicklungslinien sind für die Neukonzeption der bildungstheoretischen Didaktik als kritisch-konstruktive Didaktik eruierbar. Es ist zum einen ein gewandeltes Wissenschaftsverständnis, welches zwar immer noch auf geisteswissenschaftlichen Elementen aufruht, jedoch auch erfahrungswissenschaftliche und ideologiekritische Erkenntnisse integriert. Zum anderen wird die Aufklärungs- und Demokratisierungsbewegung der sechziger Jahre insofern stärker berücksichtigt als die Leitziele Emanzipation und Mündigkeit aufgenommen werden. Der Bildungsbegriff ist immer noch die zentrale Kategorie, wird aber nun durch ein Didaktikverständnis im weiteren Sinne um die Methodenfrage und die Medienentscheidungen ergänzt.

Diese Erweiterung hat zur Folge, dass der kategoriale Bildungsbegriff zwar nicht ganz aufgegeben, aber umgedeutet wird zu einem allgemeinen Bildungskonzept: Drei angestrebte Fähigkeiten, die zur Selbstbestimmung, zur Mitbestimmung und zur Solidarität, konkretisieren nun das ehemalige Postulat der doppelseitigen Erschließung in den Zielvorstellungen der Mündigkeit und der Emanzipation. Mit der Bezeichnung kritisch-konstruktiv charakterisiert Klafki die wünschenswerte Haltung des Individuums gegenüber den gesellschaftlichen Verhältnissen und die Notwendigkeit, sein Handlungs-, Gestaltungs- und Veränderungsinteresse zu wecken. Durch die Ausdehnung des Bildungsbegriffes auf die gesellschaftliche Mitverantwortung nehmen nun „Schlüsselprobleme" eine zentrale Rolle ein und das ehemalige Verständnis von Bildung als Begegnung mit der kulturellen Wirklichkeit wandelt sich zu einer Auffassung von Bildung als Interaktion im Zusammenhang von Lehren und Lernen.

Mit der kritisch-konstruktiven Didaktik gibt Klafki den Primat der Bildungsinhalte auf zugunsten des Primates der Zielsetzungen und Lernziele. Er unterscheidet nun Themen mit potentiell emanzipatorischem Charakter, z.B. die Bearbeitung von Schlüsselproblemen, und Themen mit instrumentellem Charakter, z.B. den Lese- und Schreibunterricht. Um die Selbststeuerung und Selbstkontrolle des Schülers zu fördern, postuliert Klafki jetzt vor allem verstehendes und entdeckendes Lernen. Zur Veranschaulichung dieser didaktischen Theorie entwickelt er für die Praktiker ein „vorläufiges Perspektivenschema", das eine Art Problematisierungsraster für den Gesamtkomplex der Entscheidungen, Entscheidungsvoraussetzungen und Entscheidungsbegründungen darstellt. Besonders interessant in dieser bewusst offenen Form der Perspektivenplanung sind die methodischen Strukturierungen, weil nun die Methodenfrage gleichberechtigt neben die Inhaltsfrage rückt.

3.3 Das „Hamburger Modell" von Wolfgang Schulz

Wolfgang Schulz, ein ehemaliger Mitarbeiter Paul Heimanns, wechselte 1976 auf eine Professur nach Hamburg. Wegen der zunehmenden Kritik am technologischen Charakter und an der postulierten Wertfreiheit der lerntheoretischen Didaktik entwickelte Wolfgang Schulz das „Hamburger Modell", das von geisteswissenschaftlicher, empirisch-analytischer und kritischer Wissenschaftsauffassung beeinflusst ist. Als Aufgabe der Didaktik bestimmt er die Klärung der Voraussetzungen für einen emanzipatorisch wirksamen Unterricht, in dem die Interessen der Schüler(innen), Eltern und Lehrer(innen) in gleicher Weise berücksichtigt werden. Die Kernfragen seiner didaktischen Theorie umfassen drei Komplexe: Was ist Emanzipation? Kann der Unterricht einen Beitrag dazu leisten? Und wie kann der Unterricht diesen Beitrag einbringen?

Schulz fasst Emanzipation pragmatisch und versteht darunter die möglichst weit gehende Verfügung des Menschen über sich selbst. Vor diesem Hintergrund charakterisiert er vor allem die Unterrichtsgestaltung und die Gestaltung des Schullebens als aktive Übung in Emanzipation. Demzufolge entwickelt Schulz im Gegensatz zu Heimann kein Entscheidungsmodell, sondern ein Handlungsmodell.

Dieses Handlungsmodell greift auf die Entscheidungsfelder im Berliner Modell zurück und behält die Interdependenz bei, benennt die einzelnen Faktoren jedoch anders, fügt sie neu zusammen und stellt einen größeren Zusammenhang des didaktischen Umfeldes durch die Einbeziehung der institutionellen und gesellschaftlichen Bedingungen her. Die zentralen Faktoren heißen jetzt: Unterrichtsziele (vormals: Intentionen und Themen), Ausgangslage (der Lernenden und Lehrenden), Vermittlungsvariablen (früher: Methoden und Medien) und Erfolgskontrolle (die Selbstkontrolle der Schüler(innen) und Lehrer(innen), vorher nicht gesehen).

Dem Lehrer bietet Schulz im Bereich der Intentionen drei Zielkategorien an: Kompetenz, Autonomie und Solidarität, die er jeweils auf drei Erfahrungsbereiche bezieht: auf Sacherfahrungen, Gefühlserfahrungen und Sozialerfahrungen. Es entsteht ein komplexes Raster zur Bestimmung von Richtzielen als „relevante Emanzipationshilfe", die er auf vier Planungsebenen (Perspektivplanung, Umrissplanung, Prozessplanung, Planungskorrektur) angewendet wissen will.

Damit öffnet er sein didaktisches Verständnis für die Interessen und Bedürfnisse der Schüler(innen), vor allem in der Prozessplanung und Planungskorrektur. Durch Lebens- und Handlungsorientierung und durch die Orientierung an individuellen und kollektiven Behinderungen der Schüler(innen) wird der Schritt von einer Lehrerdidaktik zu einer Lehrer-Schüler-Didaktik vollzogen, die dem zentralen Ziel der Emanzipation gerecht wird.

Schulz rückt ab von Heimanns Wertfreiheit und entwirft eine didaktische Theorie, die der Idee der Emanzipation verpflichtet ist. Dabei gelingt es ihm, den technokratischen Charakter der „Berliner Didaktik" aufzubrechen, indem er den Unterricht in einen größeren Zusammenhang einbettet und institutionelle und gesellschaftliche Einflüsse stärker berücksichtigt. Die Partizipation aller am Unterricht Beteiligten an der Planung, insbesondere die stärkere Berücksichtigung der Interessen und Bedürfnisse der Schüler(innen), bedingt eine Öffnung des Unterrichts, die sich leider im Planungsmodell erschöpft, ohne wirkliche Hilfen für die Durchführung und Gestaltung von Unterricht zu geben.

3.4 Der Kommunikationsbegriff im Zentrum der didaktischen Theorie bei Karl-Hermann Schäfer, Klaus Schaller und Rainer Winkel

Karl-Hermann Schäfer und Klaus Schaller haben ihre kritisch-kommunikative Didaktik 1971 vorgelegt.

Das primäre Ziel des Unterrichts ist für sie nicht, Zöglinge zu perfektionieren, sondern über gesellschaftliches Handeln der einzelnen Personen die Gesellschaft insgesamt zu optimieren. Für Schaller soll Unterricht, in Anlehnung an Comenius, menschliche Dinge verbessern. Schäfer bringt aus seiner Beschäftigung mit Schleiermacher die Einbindung des gesellschaftlichen Kontexts mit ein.

Das Attribut „kritisch" weist darauf hin, dass die kritisch-kommunikative Didaktik ideologiekritisch ist. Ähnlich wie Klafki fordern Schäfer und Schaller, Lehrkräfte müssten die pädagogische Verantwortung dafür übernehmen, die gesellschaftliche Praxis so zu gestalten, dass die Gesellschaftsmitglieder selbstbestimmt, demokratisch und emanzipiert aus fremden Zwängen zusammenleben können. Die kritisch-kommunikative Didaktik schließt damit an die Frankfurter Schule um Horkheimer, Adorno und Habermas an. Erziehung soll nach dem Verständnis der kritisch-kommunikativen Didaktik Menschen dazu befähigen, im rationalen Gespräch Verbesserungen gegebener Verhältnisse auszuhandeln und daran mitzuarbeiten, die ausgehandelten Verbesserungen in die Tat umzusetzen. Dieses Erziehungsverständnis erklärt auch das Attribut „kommunikativ".

Kommunikation spielt für die kritisch-kommunikative Didaktik eine wichtige Rolle. Sie thematisiert neben der Kommunikation selbst die Gefahren ihres Scheiterns und ihres manipulativen Gebrauchs. „Optimale Information" und „permanente Diskussion" werden als Voraussetzung dafür betrachtet, die Grundaufgaben der Erziehung zu erfüllen, nämlich Reflexion und Engagement. Lernende, die in diesem Sinn optimal informiert sind, verfügen über ein weites Spektrum von Kenntnissen und sind dadurch zu einem eigenen Urteil fähig. „Permanente Diskussion" ist im Sinn dieser Theorie nur möglich, wenn die Lernenden die Ansichten und Haltungen der Lehrkraft hinterfragen können und dürfen. Dabei soll Autorität in den Hintergrund treten zugunsten rationaler Ko-Operation für alle.

Die Institution Schule soll Kommunikationsprozesse in Gang bringen, die den Lernenden eine handlungsorientierte, kreative Auseinandersetzung mit der Welt erlauben. Die kommunikative Pädagogik geht davon aus, dass starre, vorgefertigte Ziele in der Erziehung Heranwachsende nicht darauf vorbereiten, in demokratischen Prozessen das Gemeinwesen zukunftweisend weiter zu entwickeln und neue, kreative Möglichkeiten des Zusammenlebens zu entwerfen und durchzusetzen.

Schäfer hat ein didaktisches Schichtenmodell auf Basis der Kommunikationstheorie entwickelt, das ermöglichen soll, verschiedene didaktische Theorien in ein Gefüge einzuordnen. So wie Watzlawick bei kommunikativen Handlungen eine Inhalts- und eine Beziehungsebene unterscheidet, erhalten in der kommunikativen Didaktik Inhalts- und Beziehungsdimension des Unterrichts gleiches Gewicht.

Bei der Inhaltsdimension geht es nicht darum, vorgegebenen Lehrstoff dogmatisch zu vermitteln. Stattdessen sollen die Lernenden an Inhalte herangeführt werden, die ihnen die Grenzen aufzeigen, an denen die Wirklichkeit kritisch zu hinterfragen ist. Ein solches Hinterfragen zählt zu den Zielen einer kritisch-kommunikativen Didaktik (Selbstbestimmung, Demokratie und Emanzipation).

Bei der Beziehungsdimension unterscheidet Schäfer, in Anschluss an Bateson, komplementäre und symmetrische Beziehungsphänomene. Symmetrische Interaktionsformen gelten demnach als das Ideal der Kommunikation zwischen gleichwürdigen und – was unterrichtstheoretisch freilich nicht realistisch anzunehmen ist – gleichberechtigten Partnern. Da die Perspektiven der Kommunikationspartner(innen) unterschiedlich sind, können sich kommunikative Beziehungskonflikte ergeben. So können z.B. Lernende es als Herrschaftsausübung empfinden, wenn Lehrende ihre Leistungen benoten, während Lehrende die gleiche Handlung als Rückmelden eines Lernstandes auffassen können, der den Lernenden Nutzen bringen soll. Jede Seite reagiert bei einem solchen Konflikt darauf, wie sie die Botschaft der anderen Seite aufgefasst hat. Die kommunikativen Handlungen bedingen sich also gegenseitig. Da zu den Zielen einer kritisch-kommunikativen Didaktik Emanzipation und Selbstbestimmung gehören, sind metakommunikative Akte nötig: Man thematisiert die Kommunikation selbst, insbesondere Ungleichheiten in Form komplementärer Beziehungsstrukturen, und versucht so, die Interaktionen zu demokratisieren.

Rainer Winkel schließt an die Arbeit von Schäfer und Schaller an. In seiner kritisch-kommunikativen Didaktik werden Störfaktoren im Unterricht in die Unterrichts-planung und -analyse einbezogen. Solche Unterrichtsstörungen betrachtet Winkel als Chance emanzipativen Lernens. Äußerungen der Lernenden, auch störende, werden als Mitteilungen verstanden. Ihre Ursachen werden hinterfragt, die Pers-pektive der Lernenden wird in die Suche nach einer je unterrichtsadäquaten Lö-sung einbezogen. Ziel dieses Vorgehens ist es, das Lehrende und Lernende einander besser verstehen, ohne dass damit gleich ein Einverständnis impliziert wäre. Winkel diagnostiziert zwei Fehllösungen im Umgang mit Unterrichtsstörungen: Verhal-tensmodifizierende oder gruppendynamische Programme hätten letztlich, ebenso wie Lehrertrainingsprogramme, manipulativen Charakter und entsprächen nicht der Theorie der Mit- und Selbstbestimmung, den erkenntnistheoretisch zentralen Konstituenten der kritischen Erziehungswissenschaft. Dagegen sei die metakom-munikative, an Habermas' „herrschaftsfreiem Diskurs" orientierte und bei Schäfer und Schaller als „rationale Verhandlung" thematisierte Pädagogik zu idealistisch. Sie würde schulischen Unterricht mit dem Geltungsanspruch wissenschaftlicher Wahrheitssuche überfordern.

Das Einbeziehen des Störungsaspekts bei Winkel ist neu und ergänzt die bisher be-schriebenen Modelle, die sich nur auf Vermittlungs-, Inhalts- und Beziehungsaspekt gestützt haben. Konsequenzen für unterrichtliches Handeln stellt Winkel allerdings nur umrisshaft und wenig systematisch dar. Für den pädagogischen Bereich ist sein Zugriff daher wertvoller als für die didaktisch-methodische Unterrichtsplanung.

4 Wie kann Unterricht geplant und gestaltet werden?

4.1 Die informationstheoretisch-kybernetische Didaktik Felix von Cubes

Die informationstheoretisch-kybernetische Theorie Felix von Cubes bezieht ihre Argumentation aus dem kritischen Rationalismus. Sie beansprucht Wertfreiheit, weil jede Theorie intersubjektiv überprüfbar sein müsse. Diese Art didaktischer Theoriebildung beruht auf keiner Tradition und ist heute aufgrund ihres geschlos-senen Denkens fast in Vergessenheit geraten, obwohl die Kybernetik als erster An-satz einer Systemtheorie die Grundlagen für systemisches Denken gelegt hat.

Zielstellung ist die Optimierung von Lehrstrategien mit folgenden Anforderun-gen: Wie kann mit möglichst wenig Zeitaufwand das beabsichtigte Ergebnis mit möglichst hoher Zustimmung des Adressaten erreicht werden? Dominierend für von Cubes Ansatz sind die Begriffe Steuerung und Kontrolle, die er als Extrakt der Termini Erziehung, Ausbildung, Lehre und Unterricht erarbeitet. Der Unterrichts-prozess wird als kybernetischer Regelkreis gesehen: von Cube unterscheidet einen Soll-Wert als Ziel, einen Regler als Strategen, Stellglieder als personale oder apersonale Informationsvermittler und Messfühler als eine Art Lernzielkontrolle. Das systemisch geschlossene Denken von Cubes wird besonders daran deutlich, dass er innerhalb dieses Regelkreises die Schüler(innen) hinsichtlich ihrer individuellen Lernvoraussetzungen als Störgröße bezeichnet.

Interessant erscheint die Redundanztheorie des Lernens. Sie behauptet, dass der Lernprozess dann am effektivsten ist, wenn der Informationswert einer Nachricht für den Lerner am Ende gegen Null geht. Lernen bedeutet in diesem Sinne Informationsabbau oder Redundanzerzeugung. Redundanz im Sinne der Erzeugung von Informationsüberschuss lässt sich an einem Beispiel verdeutlichen:

Wenn ein Text zum ersten Mal gehört wird, beanspruchen viele unbekannte Aussagen die gesamte Aufmerksamkeit. Bei erneutem Hören des gleichen Textes wird die Informationsaufnahme durch die Identifikation von Textstellen erleichtert, die bereits beim ersten Zuhören erkannt wurden. Ein mehrmaliges Vorlesen führt dazu, dass immer mehr Informationen in den eigenen Wissensspeicher eingelagert werden, solange bis der Text keine neuen Informationen mehr bieten kann. Redundanz fördernd sind auch Superzeichen (Strukturen, Oberbegriffe, Gesetzmäßigkeiten, Bilder etc.), welche die enthaltenen Informationen auf einen Begriff oder ein Schema reduzieren.

Die Erzeugung von Redundanz soll durch Lehrprozesse gesteuert werden. Der zu lernende Zusammenhang muss so dargeboten werden, dass die kognitive Strukturierung der einzelnen Elemente möglichst leicht eingesehen werden kann. Von Cube unterscheidet Strategien zur Erlangung von Kenntnissen, Erkenntnissen, Einstellungen, Fertigkeitsstrategien und Strategien zur Erzeugung produktiver, kreativer und kritischer Denkfähigkeit. Sobald das Lernverhalten des Adressaten, die zugrunde liegenden Bedingungsfelder oder die soziale Komplexität besondere Aufmerksamkeit erfordern, spezifiziert von Cube die allgemeinen Strategien in Detailstrategien. Den größten Nutzen hat diejenige Strategie, die bei einem Minimum an Zeit und Aufwand ein Maximum an Sicherheit bietet. Dieses Maximum an Sicherheit will von Cube mit der Einrichtung von didaktischen Stationen erreichen, an denen eine Rückkopplung von Ist- und Soll-Wert gemessen werden soll. Werden Schüler(innen) von sich aus eigentätig oder kreativ, müssen nach den Vorstellungen von Cubes vermehrt didaktische Situationen geplant werden, um eventuelle Abweichungen vom Soll-Wert schnellstens korrigieren zu können.

Diese didaktische Theorie, wertfrei und als strenges geschlossenes System konzipiert, ignoriert allerdings den Schüler als Persönlichkeit. Wenn Felix von Cube versucht, die Komplexität des Unterrichts auf eine mathematische Formel zu reduzieren und von Funktionszusammenhängen spricht, so muss er notwendigerweise ein geschlossenes System postulieren, welches jedoch der Unterrichtswirklichkeit nicht angemessen ist. Dieser Ansatz wurde deshalb in der Fachliteratur auch heftig kritisiert. Die Systemtheorie ist jedoch stark modifiziert in zahlreichen neueren didaktischen Theorieansätzen wiederzufinden. Solche Ansätze gehen allerdings auf Theorien offener Systeme zurück, wie sie z.B. von Niklas Luhmann entwickelt wurden.

4.2 Werner Sachers „Didaktik der Lernökologie"

Werner Sachers „Didaktik der Lernökologie" wurde erst 2006 publiziert und ist damit eines der jüngsten didaktischen Modelle. Sacher nimmt darin bewusst nicht die Perspektive des Lehrenden, sondern eine Lernerperspektive ein und spricht nicht mehr vom Lehren, sondern von der Organisation von Lernarrangements. Diese Organisation von Lernarrangements wird nicht nur für den Schulunterricht, sondern auch für medienbasiertes Lernen ohne einen präsenten Lehrer oder Tutor grundgelegt. Die Lehrerinstruktion stellt in diesem Modell lediglich eine Einflussgröße unter vielen anderen dar und ist in manchen Arrangements sogar entbehrlich. Unterrichtsplanung ist für Sacher „Lernorganisation". Diese stützt er auf konstruktivistische Grundannahmen, auf kommunikations- und medienwissenschaftliche Erkenntnisse und verbindet sie mit traditionellen phänomenologischen und geisteswissenschaftlichen Ansätzen.

Mit der Unterscheidung äußerer und innerer Lernumgebungen, Lernsituationen, Lernhandlungen usw. nimmt Sacher einen Grundgedanken des Konstruktivismus auf. Nicht die von einem Beobachter wahrgenommene äußere Lernumgebung ist für den Lernprozess entscheidend, sondern die innere, die der Lerner jeweils konstruiert. Diese innere Lernumgebung ist nicht nur ein Ausschnitt aus der äußeren, sondern ist angereichert um individuelle, in der äußeren Lernumgebung nicht wahrnehmbare Faktoren. Hierzu gehören Vorwissen, Wünsche, Selbstkonzept, Fantasievorstellungen, Metakognitionen, usw. Die innere Lernumgebung wird nicht auf eine vorausberechenbare Weise durch die äußere erzeugt. Aber sie ist auch nicht unabhängig von ihr. Lernende konstruieren ihre „Weltbilder" nicht gänzlich subjektiv, sondern in einem konsensuellen gesellschaftlichen und kulturellen Rahmen.

Ein Dilemma der Didaktik besteht nun offensichtlich darin, dass nur die äußere Lernumgebung von einem Instruktor geplant und beherrscht werden kann, dass aber letztlich die innere Lernumgebung des Lerners für seinen Lernerfolg Ausschlag gebend ist. Es kommt also darauf an, die äußere Lehr- bzw. Lernumgebung so zu gestalten, dass die innere darin sich mit möglichst vielen Anknüpfungspunkten repräsentiert findet und der Lerner die ihm/ihr zugedachte Lernumgebung zu erheblichen Teilen wahrnehmen kann.

Für die Unterrichtsplanung oder – mit Sachers eigenen Begriffen – für die Prozesse der Lernorganisation arbeitet Sacher erstmals die grundlegende Bedeutung der Imagination heraus, d.h. der Vorstellungs- und Fantasietätigkeit. Sacher zufolge ist es ein gravierender Mangel der bisherigen Didaktik, die imaginativen Prozesse der Lernorganisatoren vernachlässigt zu haben. Die Prozesse der Lernorganisation unterteilt er deshalb in den Imaginations- und den Reflexionszyklus. Im Imaginationszyklus stellt der Lernorganisator sich vor, wie das betreffende Thema im Leben auftritt, wie es den Lernenden begegnet und welche Rolle es im Schul- und Bildungsbereich spielt.

Der Reflexionszyklus beinhaltet eine differenzierte und systematische Sachstrukturanalyse entlang der drei Leitfragen nach der Struktur, der Bedeutung und nach den Repräsentationsformen der Sache sowie deren Aneignungsbedingungen für die Lerner. Im Reflexionszyklus wird schließlich auch überlegt, welche Voraussetzungen die Lernenden für das Lernen der Sache mitbringen und welche Möglichkeiten darin für den Lerner liegen.

Für das Imaginieren und Reflektieren der Lerner durch den Lernorganisator schlägt Sacher vor, von wenigen „Referenzlernern" auszugehen, die jeweils Gruppen von Lernern mit ähnlichen Lernbiografien und ähnlichem Lernstand repräsentieren. Dies führt weg von der Orientierung an einem (fiktiven) Durchschnittsschüler und erscheint andererseits realistischer als der Anspruch, jeden einzelnen Lerner individuell zu berücksichtigen.

Sacher unterscheidet zwischen über- und unterdeterminierten Lernumgebungen. Unterdeterminiert sind für ihn Lernumgebungen, bei denen nicht alle Elemente einer Lerneinheit festgelegt sind. Dazu kann es entweder wegen mangelhafter Planung und Organisation kommen oder wenn die Lernenden bewusst selbst die Lerneinheit komplettieren sollen. Überdeterminiert sind dagegen Lerneinheiten, bei denen den Lernenden mehrere alternative Lernumgebungen, -aufgaben oder -tätigkeiten angeboten werden. Über- und unterdeterminierte Lerneinheiten bilden verschiedene Konzepte offenen Unterrichts ab.

Durch differenziertere Unterscheidungen gelangt Sacher zu 14 Arten des Lernens, die innerhalb der Lernarrangements in unterschiedlicher didaktischer Intention eingesetzt und curricular angeordnet werden können, z.B. im Zusammenhang einer behutsamen Einführung der Lerner in offenen Unterricht. Zu einer eigenen Systematik der Lernarten gelang er, indem er fünf Kriterien anlegt:

1. Ist das Lernen inzidentell (unbeabsichtigt) oder intentional (absichtlich)?
2. Ist das Lernen authentisch oder teilnehmend?
3. Sind die Lernenden direkt in die Situation einbezogen oder beobachten sie die Situation nur?
4. Wenn die Lernenden die Situation beobachten: Beobachten sie diese unmittelbar oder über Mediendarstellungen?
5. Zielt das Lernen auf Verstehen oder auf bloße Imitation ab?

Sacher zeigt Möglichkeiten auf, mit der entwickelten Begrifflichkeit unterschiedlich strukturierte Lernarrangements zu beschreiben, zu dokumentieren, zu analysieren und zu erforschen, z.B. linear aufeinander folgende verpflichtende Lerneinheiten, wie sie für den traditionellen Schulunterricht charakteristisch sind, Lernarrangements mit Lerneinheiten, die in variabler Reihenfolge abgearbeitet werden können, solche mit fakultativen und alternativen Lerneinheiten bis hin zu komplexen Lernarrangements mit einer Vielzahl möglicher Lernwege, wie sie für modernes mediengestütztes Instruktionsdesign kennzeichnend sind.

4.3 Kersten Reich als ein Vertreter systemtheoretisch-konstruktivistischer Didaktik

Konstruktivistische Theorieangebote gehören zwar zu den gegenwärtig sehr häufig thematisierten wissenschaftlichen Positionen, fußen aber auf einer ideengeschichtlichen Tradition, die von Platon über Kant und den deutschen Idealismus bis in die Gegenwart in verschiedenen Spielarten die Philosophiegeschichte mitprägte. Insofern ist konstruktivistisches Denken nichts revolutionär Neues, umfasst aber Erkenntnisse, die der Didaktik neue Impulse gegeben haben. Wahrnehmung und Erkenntnis werden unter konstruktivistischer Perspektive als Konstruktionsprozesse des menschlichen Subjekts verstanden und sind damit Produkte subjektiver Operationen, die sich nicht beliebig übertragen lassen, sondern – z.B. durch Instruktion – allenfalls angeregt werden können. Reich versteht seine Didaktik als systemisch-konstruktivistische Didaktik, da er sich methodisch auf die Grundlagen der systemischen Beratung und die Ergebnisse der neueren Kommunikationstheorien beruft. Reich identifiziert die Beziehungsdimension menschlichen Handelns als beeinflussbares Konstrukt, das sich in interaktionistischen Prozessen gegenseitigen Verstehens bzw. gegenseitiger Interpretation immer wieder neu gestaltet. Für Reich steht die Beziehungsebene des Unterrichts im Vordergrund und erst in zweiter Linie konzentriert er sich auf die inhaltliche Dimension des Unterrichts. Dies bedeutet für Reich, dass im Unterricht beziehungsmäßige Kontexte zu schaffen sind, die das Lernen erleichtern. Zugleich distanziert er sich von einer radikalkonstruktivistischen Erkenntnistheorie und folgt einem sozial-konstruktivistischen Verständnis, indem er von einer kommunikativ-interaktiven Kokonstruktion gesellschaftlicher Wirklichkeit ausgeht.

Die theoretischen Grundannahmen, die seiner Didaktik zugrunde liegen, fasst er in vier Postulaten zusammen. Das erste Grundpostulat didaktischer Theoriebildung fasst Didaktik nicht als Theorie der Abbildung, der Rekonstruktion von Wissen und Wahrheit, sondern als einen Ort möglichst weitreichender eigener Weltfindung für Lernende und Lehrende. Reich entfaltet dieses Didaktikverständnis in einem sogenannten „Dreiklang von Erfinden, Entdecken und Enttarnen".

Als Erfinder (Konstruktion) unserer Wirklichkeit gelingt uns Menschen der Aufbau von Weltbildern – Bezug nehmend auf Piaget – nur in interaktiven Konstruktionsprozessen. Er erfordert deshalb ein hohes Maß an Selbsttätigkeit und Selbstbestimmung. D.h. Lehrende und Lernende müssen an Entscheidungen über und im Unterricht gemeinsam beteiligt sein. Die Perspektive des Entdeckers (Rekonstruktion) umschreibt die Feststellung, dass wir mit der Konstruktion subjektiver Weltbilder auf die Konstrukte anderer zurückgreifen können, ja unter lernökonomischen Gesichtspunkten zurückgreifen müssen, also vorliegende Konstruktionen lediglich neu entdecken. Die Leistung des Begriffs der Rekonstruktion besteht darin, die Notwendigkeit der bewussten Einbeziehung reproduzierender Elemente in die Planung von Lehr-Lernprozessen oder mit anderen Worten die Verbindung von Instruktion und Konstruktion theoretisch zu untermauern. Mit dem Begriff des Enttarnens (Dekonstruktion) der Wirklichkeit geht es Reich darum, neue Blicke zu riskieren, neue Perspektiven zu eröffnen und die didaktisch-methodische Forderung zu unterstreichen, Unterricht so anzulegen, dass zu Rückfragen, zur Suche nach Alternativen und zur Einnahme von eigenen Positionen ermutigt und angeleitet wird.

Das zweite, dritte und vierte Grundpostulat didaktischer Theoriebildung beschäftigen sich mit der Funktion von Didaktik im Hinblick auf die Idee der Emanzipation des Menschen und die Rollenverteilung zwischen Lehrkräften und Schülern. Selbst- und Mitbestimmung werden nach Reich in Beziehungen ausgehandelt und unter verschiedenen Beobachterperspektiven analysiert. Damit ist verbunden, dass die vorherrschende Lehrerdominanz nicht umgekehrt wird in ein schülerdominiertes Verhältnis, sondern die wechselseitige Beziehung betont wird. Insbesondere offene Formen des Unterrichtens werden häufig unter Bezugnahme auf eine konstruktivistische Erkenntnistheorie begründet. In einer radikalen Form würde konstruktivistisches Denken aber jede Form didaktischen Denkens als Selbstwiderspruch entlarven und unmöglich machen, wenn Lernen ausschließlich als eigene Konstruktion verstanden und eine Vermittlung von außen grundsätzlich abgelehnt wird.

4.4 Impulse der Neurowissenschaften (Gerhard Friedrich und Gerhard Roth)

In den Neurowissenschaften existieren physiologisch fundierte Kenntnisse über menschliche Lern- und Entwicklungsprozesse im Zusammenspiel von Gehirn und Umwelt. In pädagogischen und didaktischen Kontexten werden sie erst seit den 1990er Jahren und verstärkt, jedoch immer noch zaghaft, seit etwa 2000 rezipiert. Mit Nicole Becker (2006) lassen sich dabei zwei Strömungen unterscheiden: Bei der bildungstheoretisch orientierten Rezeption der neurowissenschaftlicher Erkenntnisse wird geprüft, inwiefern sich tradierte, bisher nicht gestützte pädagogische Forderungen physiologisch untermauern lassen, um so aus neurowissenschaftlichen Erkenntnissen normative Handlungsanregungen zu gewinnen. Dem gegenüber steht die Rezeption, die auf Lehren und Lernen bezogen ist. Becker unterteilt sie weiter in zwei Richtungen. Während die einen versuchen, neurowissenschaftliches Wissen in vorhandene didaktische Modelle einzufügen, sind die anderen bestrebt, eigenständige, neurobiologische Lehr-Lern-Theorien zu entwickeln.

Zu dieser zweiten Richtung zählt beispielsweise die Neurodidaktik von Gerhard Friedrich (2005). Friedrich versucht Hirnforschung und Allgemeine Didaktik zu verbinden, indem er die Beziehungen der Disziplinen systematisch analysiert. Zentral in Friedrichs Konzept ist die Wahrnehmung, die er als aktiv gesteuerten, selektiven und zielgerichteten Such- und Konstruktionsprozess betrachtet. Obwohl dies konstruktivistisch anmutet, möchte sich Friedrich nicht einer konstruktivistischen Didaktik zuordnen lassen, sondern plädiert für einen undogmatischen Methodenpluralismus sowohl in der Erziehungswissenschaft als auch in der Gehirnforschung. Gerhard Roth (2011) geht davon aus, dass die Persönlichkeit eines Menschen bestimmt, wie er lehrt und lernt. Er verknüpft die kognitive und die emotional-motivationale Entwicklung der Kinder und Jugendlichen und beschreibt eine vierdimensionale anatomisch-funktionale Grundstruktur der Persönlichkeit, bestehend aus dem limbischen System, dem subcorticalen Bereich, den limbischen Anteilen der Großhirnrinde und dem sechsschichtigen Isocortex.

- Im limbischen System entstehen Affekte, Gefühle, Motive, Handlungsziele, Gewissen, Empathie, Moral und Ethik. Diese Instanz ist bestimmend für das individuell-egoistische und das soziale Handeln.
- Im subcorticalen Bereich, der von der Großhirnrinde umhüllt wird, finden die unbewusst ablaufenden neuronalen Prozesse statt. Die untere limbische Ebene des vegetativ-affektiven Verhaltens ist dabei für das biologische Überleben von Bedeutung. Die mittlere limbische Ebene der emotionalen Konditionierung, Belohnung und Motivation bringt emotionale Ereignisse mit den Grundgefühlen der Angst, Abwehr oder Überraschung in konditionierender Weise in Verbindung. Mit der Ausschüttung von Dopamin hält sie ein Belohnungssystem bereit, das modulierend auf die motivationale Verhaltenssteuerung wirkt.
- Die limbischen Anteile der Großhirnrinde bilden als dritte, oberste limbische Ebene den Verarbeitungsort der bewussten, überwiegend sozial vermittelten Emotionen. Es ist die Ebene des individuell-sozialen Ich, auf dem die individuellen Regeln moralischen und ethischen Verhaltens entstehen, die für die Unterstützung und Wertschätzung der eigenen Person durch die Mitmenschen wesentlich sind. Sie nimmt gegenüber den Antrieben der unteren beiden limbischen Ebenen eine zügelnde und impulshemmende Funktion ein.
- Im sechsschichtigen Isocortex, dem oberen Stirnhirn, ist die kognitiv-sprachliche Ebene angesiedelt. Sie bildet gegenüber den drei limbischen Ebenen ein relativ unabhängiges System der Intelligenz, der Handlungsplanung und der Entwicklung von Zielvorstellungen. Diese relative Unabhängigkeit führt z.B. dazu, dass die Handlungsmöglichkeiten, die im sprachlich-kognitiven Zentrum entwickelt wurden, nicht direkt mit einem Handlungsimpuls verbunden sind, sondern im limbischen System quasi unabhängig bewertet werden, worauf dann die Entscheidung zu handeln beruht. Gleichzeitig bedeutet das aber auch, dass es schwierig ist, mit rationalen Argumenten das Verhalten beeinflussen zu wollen.

Auf dieser Basis bietet Roth ein Modell des Verstehens an, das darstellt, wie genetische und Umwelteinflüsse auf die Entwicklung des Zusammenwirkens von emotionalen und rational-kognitiven Steuerungsarealen im Gehirn wirken. Dadurch, dass unbewusste, vorbewusste und bewusste Prozesse für die Konstruktion eines individuellen Weltbildes verantwortlich sind, ist der Mensch nicht nur Konstrukteur seines Weltbildes, sondern in gewisser Weise auch Produkt seiner durch Vorerfahrungen (zum Teil im Unterbewussten) gespeicherten Denkmöglichkeiten. Roth hinterfragt damit die Grundannahmen des radikalen Konstruktivismus und gibt eine neurobiologische Erklärung dafür, dass Verstehen sich nicht nur im Subjekt vollzieht, sondern subjekt- und kontextgebunden ist.

Roth ist zuzustimmen, wenn er einschränkt, dass erst zu überprüfen sei, in welchem Maße Neurowissenschaftler einschließlich der empirisch experimentell arbeitenden Psychologen die Prozesse des Lehrens und Lernens bereits in ihrer Komplexität und Differenziertheit ausgeleuchtet und verstanden haben, um daraus unterrichtspraktische Schlüsse zu ziehen. Als Problem der Rezeption der Neurowissenschaften im didaktischen Bereich kann betrachtet werden, dass die daraus gewonnenen Aussagen und Erkenntnisse so allgemein bleiben, dass sie für die tägliche Unterrichtsarbeit erst konkretisiert werden müssen. Beispielsweise führt die bildungstheoretisch orientierte Rezeption zu Hinweisen auf die Notwendigkeit einer qualitätsvollen Gestaltung von anregungsreicher Umgebung. Roth bietet eine rhapsodische Auflistung von Vorschlägen für eine „Bessere Schule, bessere Bildung", z.B. zur Gestaltung der Beziehung zwischen Lehrkräften und Schüler(innen), zum Umgang mit Konflikten und Gewalt, zur Gestaltung des Klassenraums u.s.w. In ihrer Allgemeinheit sind die Vorschläge sicherlich zutreffend, allein können sie aber nicht leisten, was von didaktischen Theorien und Modellen erwartet wird.

Es ist deshalb nur ein Teil der notwendigen Schlussfolgerung, wenn Roth betont, Pädagogik und Didaktik müssten einerseits gesicherte Erkenntnisse der Psychologie und Neurobiologie aufnehmen und in ihre Konzepte des Lehrens und Lernens einbringen und sich andererseits intensiv um die Alltagspraxis des Unterrichts kümmern, um Antworten auf diejenigen Frage suchen, die dieser Alltagspraxis entstammen. Um die Kluft zwischen Grundlagenforschung und handlungsorientierender Praxisforschung zu überwinden, ist zudem ein vertiefter Dialog zwischen Vertreter(inne)n der verschiedenen beteiligten Wissenschaftsdisziplinen und Schul- und Bildungspraktikern notwendig.

5 Diskussion

Wie eingangs dargestellt, wird von einem didaktischen Modell gefordert, sowohl für die Theorie (und deren Weiterentwicklung durch die Wissenschaft) relevant zu sein als auch für die Praxis (die Planung, Gestaltung und Reflexion von Unterricht). Wissenschaftlich betrachtet treffen sich im Feld der Unterrichtsforschung Allgemeine Didaktik und empirische Lehr-Lern-Forschung mit ihren unterschiedlichen Forschungstraditionen. Während die Allgemeine Didaktik traditionell geisteswissenschaftlich geprägt war, ist die pädagogisch-psychologisch dominierte Lehr-Lern-Forschung empirisch ausgerichtet. Aktuell ist unumstritten, dass die Allgemeine Didaktik auch empirisch forschen muss, um als Bezugswissenschaft der Lehrenden ihre praktische Relevanz sicher zu stellen.

Dafür stellt sich die Frage, wie vornehmlich hermeneutisch entwickelte didaktische Theorien, Modelle und Konzepte einer empirischen Überprüfung zugänglich gemacht werden können. Die drei Gruppen von didaktischen Theorien und Modellen, die in diesem Beitrag dargestellt wurden, liefern dafür unterschiedliche Ansätze.

Die erste Gruppe der Theorien und Modelle, die hauptsächlich oder ausschließlich untersuchen, welche Faktoren Unterricht ausmachen und wie diese zusammenhängen, wurde bereits für empirische oder aus empirischer Forschung entwickelt. Diese Theorien und Modelle können allerdings keine normative Orientierung geben und sind somit für eine handlungsorientierende Bezugswissenschaft der Lehrenden nicht ausreichend.

Die zweite Gruppe der Theorien und Modelle, die die Leitziele des Unterrichts in den Mittelpunkt rücken, ist einer empirischen Überprüfung nicht in gleicher Weise zugänglich. Die Theorien und Modelle dieser Gruppe liefern eine normative Fundierung didaktisch-methodischen Handelns, die für eine Orientierung bietende Bezugswissenschaft für Lehrende unverzichtbar erscheint. Für empirische Arbeiten können sie als Basis dienen, um zu überprüfen, ob die Indikatoren, die untersucht werden sollen, überhaupt das abbilden, was Unterricht vorrangig leisten soll. Die begründete Forderung, den Unterricht so auszurichten, dass er die Mitbestimmungsfähigkeit fördert, kann Lehrenden helfen, sich in der Fülle unterrichtlicher Entscheidungen an diesem Leitziel zu orientieren. Empirisch Forschende können ihre Auswahl zu erhebender Variablen und ihre Schlussfolgerungen anhand dieses Leitziels reflektieren. Ob aber jemand durch den Unterricht „mitbestimmungsfähig" geworden ist, ist empirisch schwer zu überprüfen bzw. nachzuweisen.

Die dritte Gruppe der Theorien und Modelle, die sich dadurch auszeichnen, dass sie vorgeben, wie Unterricht gestaltet werden sollte, weist ebenfalls eine wenig empirische Herangehensweise auf. Die ihr zuordenbaren Theorien und Modelle versuchen einerseits, besonders orientierungstiftend für Lehrende zu sein, in dem sie aufzeigen, wie Unterricht betrachtet und günstigerweise umgesetzt werden sollte. Andererseits sind sie so allgemein gehalten, dass sie häufig schwer auf praktische Anwendungssituationen zu übertragen sind. Die Leitziele dieser Theorien und Modelle sind häufig implizit mitgedacht, aber nicht transparent reflektiert. Wenn beispielsweise, wie bei von Cube, das Ziel ist, Lehrstrategien so zu optimieren, dass mit möglichst geringem Zeitaufwand und möglichst hoher Zustimmung der Lernenden das angestrebte Ergebnis erreicht wird, steckt dahinter klar eine Betonung der Lehrperspektive, die mit einer symmetrischen Beziehung zu den Lernenden, wie sie beispielsweise in der kritisch-kommunikativen Didaktik angestrebt wird, nicht zu vereinbaren ist. Mit ihren unterschiedlichen Blickwinkeln auf Lehr-Lern-Situationen liefern die Modelle und Theorien dieser Gruppe wesentliche, begründete und schlüssige Anregungen für die Planung und Gestaltung von Unterricht, die sowohl in die normativ-reflexive als auch in die empirische Richtung ausbaufähig sind.

Dass alle drei Herangehensweisen für eine zeitgemäße Allgemeine Didaktik nötig sind, lässt sich auch am Beispiel des Offenen Unterrichts zeigen. Seit den 1980er Jahren taucht in praxisbezogenen Kontexten und im Bereich der Fort- bzw. Weiterbildung zunehmend der Begriff „Öffnung von Unterricht" oder „offener Unterricht" auf, ohne dass es je eine explizite Didaktik offenen Unterrichts als einheitliches Theorieverständnis gegeben hätte. Wird der Begriff „Offenheit" explizit verwendet, so bezeichnet er vor allem reformpädagogisch inspirierte Alternativmodelle zu lehrerzentriertem, methodisch uniformem „Paukunterricht". Damit aber bleibt der Begriff unscharf. Im Kern geht es immer um die Frage „Wer darf und kann unter welchen Prämissen und mit welchen Zielstellungen über Inhalte und Methoden des Unterrichts entscheiden?"

Diese Frage wäre mit dem rein empirischen Zugang einer Lehr-Lern-Forschung nicht zu klären, da ein solcher Zugang die Leitziele eines geisteswissenschaftlich geprägten Offenheitsbegriffs vernachlässigen würde. So ließe sich zwar beispielsweise analysieren, wer in einer Unterrichtssituation über Inhalte und Methoden entscheidet, aber daraus wäre ohne entsprechende unterrichtliche Leitziele nicht ableitbar, ob die analysierte Unterrichtssituation mit dem geeigneten Maß an Offenheit gestaltet war. Weder würde das Unterrichtsziel reflektiert, noch könnte Orientierung für die Praxis gegeben werden.

Ein Zugriff über rein geisteswissenschaftliche Theorien könnte zwar helfen zu klären, mit welchen Leitzielen der Offenheitsbegriff überhaupt verbunden ist und worauf folglich bei Unterrichtsforschungen zu achten wäre. Für die Unterrichtspraxis blieben solche Reflexionen allerdings folgenlos, wenn sie nicht mit realen Unterrichtssituationen verbunden und somit empiriefähig gemacht werden könnten. Hier zeigt sich, dass beide Ansätze verknüpft werden sollten: Einer empirischen Überprüfung muss eine sorgfältige Auseinandersetzung mit den Leitzielen des Unterrichts voraus gehen. Außerdem darf die Komplexität realer Unterrichtssituationen nicht vergessen werden, auf die eingangs hingewiesen wurde. Gute didaktische Theorien und Modelle dürfen die Komplexität nur so weit reduzieren, dass ihre Ergebnisse für die Praxis relevant und umsetzbar bleiben. Einen methodologischen Ansatz zur Lösung dieses Problems stellt beispielsweise die didaktische Entwicklungsforschung von Einsiedler dar. Diese soll beiden Referenzsystemen der Allgemeinen Didaktik (universitärer Forschung und Bildungspraxis) gerecht werden. Forscher(innen) und Lehrer(innen) erarbeiten, erproben und überprüfen gemeinsam Unterrichtsmaterialien und Handlungsempfehlungen für das Lehren. Die Ergebnisse könnten im Idealfall in neue didaktische Modellvorstellungen münden, die in der Lage sind, blinde Flecken bisher existierender didaktischer Zugriffe aufzudecken. In dieser interdisziplinären Zusammenarbeit liegt auch die Chance, die verschiedenen wissenschaftlichen Zugänge zum Lehren und Lernen, wie Roth es einfordert, zusammenzuführen und den didaktischen Anforderungen der Alltagspraxis zunehmend nahe zu kommen.

Literatur

Becker, N. (2006): Die neurowissenschaftliche Herausforderung der Pädagogik. Bad Heilbrunn: Klinkhardt.

Cube, F. von (1965, 1982): Kybernetische Grundlagen des Lernens und Lehrens. 1. Aufl., 4. Aufl., Stuttgart: Klett-Cotta.

Einsiedler, W. (Hrsg.) (2011):Unterrichtsentwicklung und Didaktische Entwicklungsforschung. Bad Heilbrunn/Obb.: Klinkhardt.

Friedrich, G. (2005): Allgemeine Didaktik und Neurodidaktik. Eine Untersuchung zur Bedeutung von Theorien und Konzepten des Lernens, besonders neurobiologischer, für die allgemeindidaktische Theoriebildung. Frankfurt am Main: Peter Lang.

Heimann, P./Reich, K./Thomas, H. (Hrsg.) (1976): Didaktik als Unterrichtswissenschaft. Stuttgart: Klett.

Helmke, A. (2010): Unterrichtsqualität und Lehrerprofessionalität. Diagnose, Evaluation und Verbesserung des Unterrichts. Stuttgart, Seelze: Klett, Kallmeyer.

Jank, W./Meyer, H. (2002): Didaktische Modelle. 5., völlig überarbeitete Auflage. Berlin: Cornelsen.

Klafki, W. (1963): Studien zur Bildungstheorie und Didaktik. Weinheim: Beltz.

Klafki, W. (1991): Neue Studien zur Bildungstheorie und Didaktik. Zeitgemäße Allgemeinbildung und kritisch-konstruktive Didaktik. 2. erw. Aufl. Weinheim/Basel: Beltz.

Reich, K. (2000): Systemisch-konstruktivistische Pädagogik. Einführung in Grundlagen einer interaktionistisch-konstruktivistischen Pädagogik. 3., überarb. Aufl., Neuwied/Kriftel/Berlin: Luchterhand.

Roth, G. (2011): Bildung braucht Persönlichkeit. Wie Lernen gelingt. Stuttgart: Klett-Cotta.

Sacher, W. (2006): Didaktik der Lernökologie. Lernen und Lehren in unterrichtlichen und medienbasierten Lernarrangements. Bad Heilbrunn: Klinkhardt.

Schäfer, K.-H./Schaller, K.(1976): Kritische Erziehungswissenschaft und kommunikative Didaktik. 3., durchges. Aufl., Heidelberg: Quelle & Meyer.

Schulz, W. (1980): Ein Hamburger Modell der Unterrichtsplanung – Seine Funktion in der Alltagspraxis. In: Adl-Amini, B./Künzli, R. (Hrsg.): Didaktische Modelle und Unterrichtsplanung, München: Juventa.

Terhart, E. (2010): Didaktische Theorien und Modelle. Studienmaterial der FernUniversität Hagen, Fakultät für Sozial- und Kulturwissenschaften. Hagen 2010.

Winkel, R. (1987): Kommunikative Didaktik. In: Gudjons, H./Teske, R./Winkel, R. (1987): Didaktische Theorien. 4. Aufl., Hamburg: Bergmann und Helbig.

Alexander Gröschner und Marc Kleinknecht
Qualität von Unterricht – Ansätze aus der Perspektive der Unterrichtsforschung

Im Beitrag wird aus der Perspektive der empirischen Unterrichtsforschung zunächst eine Begriffsdefinition von Unterrichtsqualität vorgenommen. Im Anschluss werden vier Forschungstraditionen der empirischen Unterrichtsforschung vorgestellt: der Persönlichkeitsansatz, das Prozess-Produkt-Modell, das Angebots-Nutzen-Modell und der Expertiseansatz. Dabei wird insbesondere auf die gegenwärtigen systembedingten Ansätze des Lehrens und Lernens des Angebots-Nutzen-Modells fokussiert, die zur Beschreibung von Lehr-Lern-Prozessen im Unterricht hinzugezogen werden. In einem Überblick werden daraufhin zentrale Befunde zu ausgewählten Qualitätsmerkmalen erläutert und im Ausblick ein weiterer Entwicklungs- und Forschungsbedarf festgehalten.

1 „Qualität" von Unterricht – (k)ein neues Thema für die Schulpädagogik

Die Frage nach der Qualität von Unterricht ist für die Schulpädagogik keinesfalls neu. Im Gegenteil: Sie gehört zum Kern schulpädagogischen Denkens seit jeher. Aus allgemeinem, bildungshistorischem Blickwinkel spielte die Frage einer „guten" Erziehung und Bildung – und damit einhergehend die Frage der Vermittlung in Form „guten" Unterrichts – insbesondere im Anschluss an das Werk von u.a. Comenius (1592-1670) und Weigel (1625-1699) im 17. Jahrhundert, von Pestalozzi (1746-1827) und Herbart (1776-1841) im 18. und 19. Jahrhundert sowie in den reformpädagogischen Strömungen des ausgehenden 19. und 20. Jahrhunderts, u.a. bei Dewey (1859-1952), Freinet (1896-1966) und Montessori (1870-1952), eine entscheidende Rolle (vgl. Apel 1990).

Comenius forderte in seiner „Didactica Magna" (1657/2007) einen am Lehrplan orientierten Anschauungsunterricht für Kinder, Weigel (1682) erprobte sog. „Schwebeklassen", bei denen sich Schulbänke rhythmisch bewegten, um seinen Studenten das Auswendiglernen von Formeln und lateinischen Begriffen zu erleichtern. Pestalozzi forcierte eine Elementarbildung „mit Kopf, Herz und Hand" und Herbart plädierte für einen Unterricht, der sich vor allem an den Interessen der Kinder orientierte. Im 20. Jahrhundert schuf Montessori neue Unterrichtsmaterialien, bei denen ein „spielendes" Lernen betont wurde, während Dewey in seiner Laborschule an der Universität Chicago Schüler vor allem in Projekten zusammenarbeiten ließ und Freinet ebenso „lebensweltnahe" Gegenstände als an den kindlichen Interessen geleitete Materialien und zu der Zeit verfügbare technische Medien (wie die Druckerpresse) in den Unterricht integrierte (vgl. Gröschner 2005, 49-66).

Die ausgewählten Beispiele, die in ihrer Wirkungsgeschichte sehr unterschiedlich einzuordnen sind (Tenorth 2011), verdeutlichen, dass es in der Frage der institutionalisierten Bildung seit jeher um Unterrichtsprozesse und ihre Verbesserung geht sowie um die Rolle von Pädagogen und Lehrern, ihre Ausbildung, ihr methodisches Handwerkszeug und ihren Umgang mit Kindern und Jugendlichen. Darüber hinaus ist die Schaffung einer lernförderlichen Umgebung, die das Lernen der Schüler im Kontext ihrer Lernvoraussetzungen – als Kern der Frage nach qualitätsvollem Unterricht – unterstützt, bedeutsam.

Aus heutiger Sicht ist es für eine Auseinandersetzung mit dem Untersuchungsgegenstand notwendig, festzuhalten, dass die Unterrichtsqualitätsforschung ebenfalls eingebettet ist in Rahmenkonzepte, die das Bildungswesen umfassend beeinflussen. Die dazugehörige Schuleffektivitätsforschung beschäftigt sich u.a. mit Fragen der Schulstrukturen, Lehr- und Bildungsplänen, Finanzierungs- und Steuerungsansätzen im Bildungswesen sowie mit Ansätzen in der Lehrerbildung und den allgemeinen sozioökonomischen und soziokulturellen Hintergründen von Kindern und Familien, die Einflüsse für das Lernen in Schule und Unterricht darstellen (Klieme/ Rakoczy 2008). Anders als früher steht heute nicht die alleinige Verbesserung von Unterrichtsprozessen, sondern die empirische Untersuchung von Unterricht im Mittelpunkt und damit die Schaffung eines evidenzbasierten Ausgangspunkts für zielgeleitete Veränderungen (Prenzel 2012). Die Auseinandersetzung mit der Frage nach der Qualität von Unterricht erfolgt damit aus der Perspektive einer *empirisch* ausgerichteten Unterrichtsforschung.

In der Unterrichtsforschung (häufig auch synonym mit Lehr-Lern-Forschung verwendet), die sich insbesondere im letzten Drittel des 20. Jahrhunderts etabliert hat, geht es um die Erforschung von formellen (institutionalisierten) und informellen Lehr-Lern-Prozessen. In diesem Buchkapitel stehen die institutionellen Lehr-Lern-Prozesse und somit die Interaktionsprozesse von Schülern und Lehrern im Unterricht im Vordergrund. Dabei wird im Folgenden auf zentrale theoretische Ansätze und empirische Befunde zur Unterrichtsqualität und ihren Zusammenhang mit Schülermerkmalen (z.B. Lernvoraussetzungen) und Lehrermerkmalen (z.B. fachdidaktisches bzw. pädagogisches Wissen) eingegangen.

In Abgrenzung zu allgemeindidaktischen Ansätzen der Schulpädagogik orientiert sich die Unterrichtsforschung weniger an theoretisch-normativen Bildungsmodellen als vielmehr an pädagogischen-psychologischen Lehr-Lerntheorien (Klauer/ Leutner 2007, 14; Terhart 2002). Der „neue" Fokus liegt demzufolge in einer *theoriegeleiteten, empirischen Untersuchung der Lehr-Lern-Prozesse unter Berücksichtigung*

der Lerngelegenheiten im Unterricht sowie der Voraussetzungen der am Unterricht beteiligten Individuen und diesbezüglichen Kontextfaktoren.
Im Anschluss an eine Begriffsdefinition von „Unterrichtsqualität" (Abschnitt 2) werden grundlegende Forschungstraditionen (Abschnitt 3) und empirische Befunde zu zentralen Qualitätsaspekten von Unterricht aus der Perspektive der Unterrichtsforschung (Abschnitt 4) erläutert. Ein Fazit und Ausblick für die weitere Entwicklung und Forschung beschließen das Kapitel (Abschnitt 5).

2 Begriffsverständnis von „Unterrichtsqualität" aus der Perspektive der Unterrichtsforschung

Aus der Sichtweise der Unterrichtsforschung ist die Frage nach der Qualität von Unterricht nur durch die empirische Überprüfung der Wirkungen bzw. Effekte des Unterrichts auf das Lernen zu beantworten (Ditton 2006). Dementsprechend definiert Einsiedler Unterrichtsqualität als

> „[...] Bündel von Unterrichtsmerkmalen, die sich als ‚Bedingungsseite' (oder Prozessqualität) auf Unterrichts- und Erziehungsziele (Kriterienseite oder Produktqualität) positiv auswirken, wobei die Kriterienseite überwiegend von normativen Festlegungen bestimmt ist und der Zusammenhang von Unterrichtsmerkmalen und Zielerreichung von empirischen Aussagen geleitet ist." (Einsiedler 2002, 195)

Eine für jeden Unterricht gültige abgeschlossene Liste von Merkmalen oder *ein* erfolgreiches methodischen Vorgehen kann es nach dieser Definition nicht geben. Die Frage nach der Qualität ist davon abhängig,
• welche Ziele auf der Kriterienseite definiert werden (z.B. kognitive oder motivationale Ziele),
• aus welcher Perspektive der Unterricht beurteilt wird (aus Schüler-, Lehrer- oder Beobachterperspektive),
• welche Schülervoraussetzungen und Klassenzusammensetzungen vorzufinden sind und
• wie die Schülerinnen und Schüler selbst das Unterrichtsangebot nutzen (vgl. Helmke 2007).

Die aktuellen Modellierungen unterscheiden sich von früheren Ansätzen erstens, indem neben Leistungsdaten der Schülerinnen und Schüler weitere Faktoren zur Erklärung von Unterrichtserfolg aufgenommen werden. Dazu gehören auf der Schülerseite etwa die Nutzung des Unterrichtsangebots durch die Schülerinnen und Schüler und ihre kognitiven bzw. motivational-affektiven Lernvoraussetzungen (Jurik/Gröschner/Seidel 2013). Auf der Seite der Lehrperson werden Faktoren wie fachliche, fachdidaktische und pädagogische Expertise sowie selbstregulative Fähigkeiten und Werthaltungen einbezogen (Kunter et al. 2011).

Zweitens orientiert sich die empirische Forschung heute in höherem Maße als früher an theoretischen Vorstellungen zu optimalen Lehr-Lern-Prozessen und zur Struktur des Unterrichts. Ausgehend von kognitiven und sozio-konstruktivistischen Theorien des Lernens wird Unterricht als Gelegenheitsstruktur für verständnisvolle Lernprozesse verstanden (u.a. Baumert/Kunter 2006). Die Struktur wiederum lässt sich in eine *Sichtstruktur* und eine *Tiefenstruktur* unterteilen, wobei Sichtstrukturen die Inszenierungsformen (Sozialformen des Unterrichts, methodische Konzeption) und die Tiefenstrukturen die Aktionsformen innerhalb dieser Sichtstrukturen (z.B. Frage- und Antwortverhalten von Schülern und Lehrern, Art der Aufgabenstellungen) umfassen (vgl. Reusser 2008).

3 Forschungstraditionen

Die Darstellung der Forschungsansätze konzentriert sich auf Hauptlinien, die auch als Paradigmen der Unterrichts- und Lehrerforschung bezeichnet werden (u.a. Gröschner/Seidel/Shavelson in press). In vier Unterkapiteln werden der „Persönlichkeitsansatz" (3.1), das „Prozess-Produkt"-Modell (3.2) sowie dessen Weiterentwicklung in Form des „Angebot-Nutzen"-Modells (3.3) und schließlich der „Expertiseansatz" (3.4) beschrieben.

3.1 Der Persönlichkeitsansatz

In den 1950er und frühen 1960er Jahren dominierte in der Unterrichtsforschung die Suche nach allgemein gültigen Merkmalen der „guten" Lehrperson. Gesucht wurden Persönlichkeitseigenschaften einer Lehrperson, von denen man annahm, diese seien ausschlaggebend für den „Lehrerfolg" und – davon abgeleitet – den Lernerfolg von Schülerinnen und Schülern. Dabei wurden z.B. neben Intelligenz und fachlichem Wissen ebenso „Führungsstile" als Einflussfaktoren für „guten" Unterricht betrachtet. Jedoch zeigte sich insgesamt in den damaligen Studien ein wenig einheitliches Bild hinsichtlich der maßgebenden Kriterien für die „gute" Lehrperson und den darauf aufbauenden „guten" Unterricht. Der Persönlichkeitsansatz wurde insbesondere in der Lehrerforschung, z.B. in der Forschung zur Berufszufriedenheit/Berufsbelastung und zum Kompetenzaufbau von Lehrpersonen weiter verfolgt und ist dort in den letzten Jahren ausdifferenziert worden (u.a. Mayr 2011). In der Forschung zur Unterrichtsqualität richtet sich der Blick seit Ende der 1960er Jahre, u.a. mit neuen Ansätzen wie dem Prozess-Produkt-Modell, verstärkt auf die konkrete Lehrer-Schüler-Interaktion im Unterricht.

3.2 Das Prozess-Produkt-Modell: Instruktionsbedingtes Lehren und Lernen

Das Prozess-Produkt-Modell konzentriert sich auf das konkrete Verhalten der Lehrperson im Unterricht. Auf der Basis einer behavioristischen Lerntheorie untersuchten diesbezügliche Studien Ende der 1960er bis in die 1980er Jahre die Wirkung von einzelnen Lehrerfertigkeiten auf das Schülerverhalten, zumeist die Schülerleistungen (vgl. Rosenshine/Furst 1973). Das Prozess-Produkt-Modell bildete vor allem die Basis für zahlreiche Studien der US-amerikanischen „Teacher-Effectiveness-Forschung", in der die Effektivität hauptsächlich am Lehrerverhalten im Unterricht festgemacht wurde (Seidel/Shavelson 2007).

Im Vergleich zur heutigen Forschung war die methodische Vorgehensweise weniger durch komplexe theoretische Modellierungen zum Lehren und Lernen geleitet, als vielmehr von einem funktionalen Verständnis von Unterrichtsqualität her geprägt (vgl. Klieme et al. 2006). Das Lehrerverhalten wurde dabei als „Prozessvariable" betrachtet, welche das Lernen auslöst (z.B. durch das Frageverhalten), während das Schülerverhalten die „Produktvariable" darstellte (vgl. Gröschner/Seidel/Shavelson in press). Im Mittelpunkt der Wirkungsmodelle stand somit der von Caroll (1963) formulierte Zusammenhang von Instruktionsqualität und Lernzeit. Demnach erweist sich ein Merkmal dann als bedeutend, wenn es zu einer höheren Lernzeit und damit zu einem höheren Lernerfolg der Schülerinnen und Schüler führt. Im Fokus dieses Forschungsansatzes standen vor allem Einzelmerkmale von Unterricht, wie etwa bei Caroll (1963) die Verständlichkeit, Sequenzierung und Adaptivität, die durch den Lehrer vorgenommen wird.

Dem Prozess-Produkt-Ansatz entstammen erste Ergebnisse zur Wirksamkeit eines Unterrichts, der auf die Bedeutung eines lehrergeleiteten und kontrollintensiven Unterrichts hinweist (Ditton 2006). Insbesondere Metastudien, die Ergebnisse mehrerer Studien bündeln, verweisen auf einige robuste Merkmale einer solchen direkten Instruktion (u.a. Wang/Haertel/Walberg 1993). Die Kritik am sogenannten Prozess-Produkt-Paradigma richtete sich auf die starke Reduktion komplexer Zusammenhänge auf eine einfache Prozess-Produkt-Relation sowie die additive und weitgehend theorielose Auflistung von Einzelmerkmalen (Seidel/Shavelson 2007).

3.3 Das Angebot-Nutzen-Modell: Systembedingtes Lehren und Lernen

Die kognitive Wende in den 1980er Jahren führte zu veränderten Vorstellungen von Lernen, das nicht mehr als von Reizen stimulierte Verhaltensänderung definiert, sondern als aktiv-konstruktive und selbstregulative Handlung von Individuen begriffen wurde (vgl. Bransford/Brown/Cocking 2000). Ab den 1990er Jahren wurde der Prozess-Produkt-Ansatz somit verfeinert bzw. erweitert. Diese macht sich unter anderem in einer theoretischen Fundierung im Rahmen der Pädagogischen Psychologie bemerkbar, bei der neben kognitiv-rationalistischen auch kognitiv-konstruktivistische und sozio-konstruktivistische Vorstellungen des Lehr- und Lernprozesses zunehmend eine wichtige Rolle spielen (vgl. Hasselhorn/Gold 2006, 225ff). Zudem haben die systemtheoretischen Ansätze der empirischen Schulforschung und die Unterrichtsklimaforschung die Unterrichtsforschung beeinflusst.

Nach dem Angebots-Nutzen-Modell wird Unterricht als ein Angebot von Lerngelegenheiten betrachtet, das die Schülerinnen und Schüler bestmöglich aktiv einbeziehen und vertieftes Lernen unterstützen soll. In diesem Ansatz beeinflussen Eigenschaften der Lehrperson die Art und Weise, in der die Lerngelegenheiten während des Unterrichts angeboten werden. Die Effekte der Lehrperson auf das Schülerlernen werden somit durch den Unterricht vermittelt (Gröschner/Seidel/Shavelson in press). Die Anschlussfähigkeit an didaktische Vorstellungen ist darin zu sehen, dass Unterricht „ganzheitlich" und vor dem Hintergrund subjektbezogener Lernprozesse betrachtet wird (vgl. Reusser 2008).

Die aktuelle Unterrichtsforschung orientiert sich an einem mehrdimensionalen Angebot-Nutzen-Modell (Helmke 2009) oder auch Prozess-Produkt-Mediations-Modell (Reusser/Pauli/Waldis 2010), das die Wirkbeziehungen theoretisch zu Grunde legt und sie gleichzeitig empirisch erforscht. Das Angebot-Nutzen-Modell von Helmke (2009) benennt mehrere für die Wirkungen relevante Erklärungsblöcke (vgl. Abbildung 1).

Die Wirkung ist nach diesem Modell nicht allein von einem guten Angebot abhängig, sondern ebenso von den Lernaktivitäten (Nutzung) und der Wahrnehmung und Interpretation durch die Lernenden. Der „Faktor" Lehrperson hat einen direkten Einfluss auf das Unterrichtsangebot, die Eingangsvoraussetzungen (Lernpotenzial) und der Familienhintergrund beeinflussen die Lernaktivitäten sowie indirekt auch die Wahrnehmung und Interpretation. Der Kontext wiederum wirkt sich sowohl auf die Angebots-, als auch auf die Nutzungsseite aus. In ihrem „systemischen Modell von Unterrichtsqualität" gehen Reusser und Pauli (2003) über die Unterrichtsebene hinaus und illustrieren das Zusammenspiel von Faktoren auf Mikro-, Meso- und Makroebene. Auf der Mesoebene der Schule bzw. Familie wirken Merkmale der Einzelschule als *angebotsbezogene* bzw. das ökonomische, soziale und kulturelle Kapital als *nutzungsbezogene* Faktoren. Schließlich sind auf der Systemebene die Ausbildung der Lehrkräfte bzw. die Lehrpläne und pädagogische Traditionen auf Angebotsseite bedeutungsvoll, während auf der Nutzungsseite die soziokulturellen Bedingungen relevant sind.

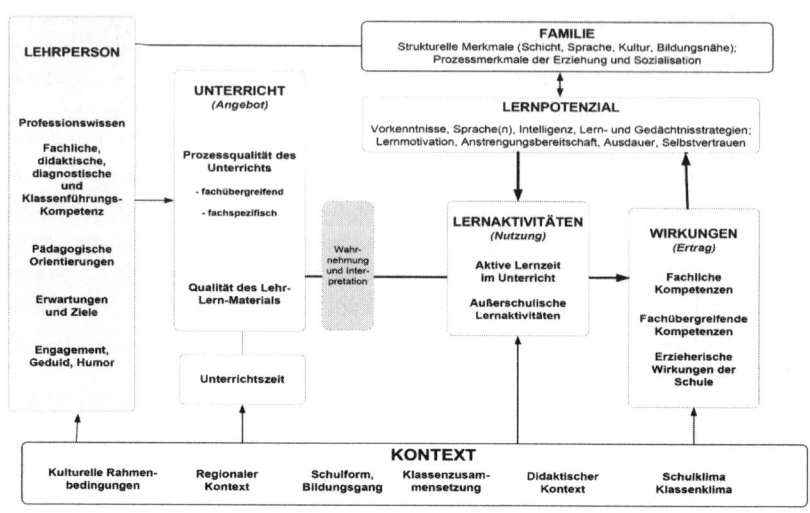

© Helmke 2009

Abbildung 1: Angebot-Nutzen-Modell (nach Helmke 2009)

Die heutigen Prozess-Produkt-Mediations-Modelle erscheinen damit wesentlich komplexer und vielschichtiger als die frühen Prozess-Produkt-Modelle, da sie unterschiedliche Ziele von Unterricht erfassen (multikriterial) und die verschiedenen Prozessebenen des Unterrichts (mehrebenenanalytisch) berücksichtigen (vgl. Helmke 2007). Als Beispiel für einen daraufhin ausgerichteten Forschungsansatz kommt beispielsweise in der videobasierten Unterrichtsforschung das Bemühen zum Ausdruck, Unterrichtsprozesse in ihrer Komplexität multikriterial und mehrperspektivisch zu erfassen und Merkmale bzw. Muster sowohl mikrologisch als auch gleichzeitig systematisch zu beschreiben (vgl. Reusser/Pauli/Waldis 2010).

3.4 Die Expertiseforschung: Kompetenzen von Lehrkräften

Die Expertiseforschung beschäftigt sich mit der Entwicklung von Kompetenzen sowie der Struktur des professionellen Wissens und Könnens. Der Forschungsansatz ist von kognitionspsychologischen Vorstellungen geprägt und richtet den Fokus auf das Denken und Wissen von Lehrkräften. Er grenzt sich vom durch den Behaviorismus inspirierten Prozess-Produkt-Ansatz dadurch ab, dass weniger Teilfertigkeiten und Verhaltensweisen untersucht werden als vielmehr übergreifende Wissens- und Kompetenzaspekte (vgl. Krauss 2011).

Durchgesetzt hat sich eine Unterscheidung von kognitiven Kompetenzen bzw. Expertise (z.B. Wissen und Überzeugungen) und nicht-kognitiven Kompetenzen (z.B.

motivationale Orientierungen und Selbstregulation) (Krauss 2011). Beim Wissen wird vor allem zwischen Fachwissen (subject-matter content knowledge), fachdidaktischem (pedagogical content knowledge) und pädagogisch-psychologischem (pedagogical content knowledge) Wissen unterschieden (vgl. Shulman 1987).

Aus Perspektive der Unterrichtsqualitätsforschung stellt sich die Frage, wie sich die Expertise in einzelnen Wissensbereichen auf das Unterrichtsangebot und das Lernen von Schülerinnen und Schüler auswirkt (vgl. Helmke 2007, 41). Dazu wird in größeren Studien wie etwa der COACTIV-Studie[1] (vgl. Kunter et al. 2011) die Expertise von Lehrkräften mit einem Test zum Professionswissen sowie mit weiteren Fragebögen (z.B. zum berufsbiographischen Hintergrund u.ä.) gemessen und die Ergebnisse mit den Einschätzungen und Testergebnissen der Lernenden sowie den Ratingurteilen von Expertinnen und Experten zur Unterrichtsqualität in Beziehung gesetzt.

Damit wird deutlich, dass in die aktuellen Modellierungen von Unterrichtsqualität alle vier skizzierten Forschungsansätze hineinwirken und nicht von einem Paradigmenwechsel der Unterrichtsforschung, sondern eher von Weiterentwicklungen und Schwerpunktverlagerungen gesprochen werden kann.

4 Befunde zu zentralen Qualitätsaspekten von Unterricht

Das Angebot-Nutzen-Modell macht deutlich, dass Unterricht von verschiedenen Faktoren abhängig ist. Eine Aufzählung von Qualitätsmerkmalen ist damit auch mit Hinweisen zu deren eingeschränkter Aussagekraft verbunden. Die im Folgenden beschriebenen Merkmale beruhen auf Studien, die Wirkungen von Unterrichtsmerkmalen auf die Lernleistung und Lernmotivation überwiegend im mathematisch-naturwissenschaftlichen Unterricht untersucht haben (für einen breiteren Fächerüberblick vgl. Seidel 2011). Zunächst wird kurz auf aktuelle Merkmalsübersichten eingegangen, anschließend werden drei Basisdimensionen der überfachlichen Unterrichtsqualität ausführlicher dargestellt.

In der Literatur finden sich mehrere Listen von Merkmalen bzw. Kriterien, die einen Überblick über wichtige Prozessmerkmale des Unterrichts bieten (Lipowsky 2009; Meyer 2004). Sie rekurrieren meist auf Metastudien, die die Befunde der Wirkungsstudien bündeln und die mittlere Stärke von Effekten verschiedener Merkmale auf unterschiedliche Zielvariablen wiedergeben (Seidel/Shavelson 2007). Lipowsky (2009) nennt die Merkmale *Strukturiertheit des Unterrichts, inhaltliche Klarheit* und *Kohärenz des Unterrichts, Feedback, kooperatives Lernen, Übungen, kognitive Aktivierung* und *unterstützendes Unterrichtsklima*. Bei Meyer (2004) finden sich ergänzend das *sinnstiftende Kommunizieren*, die *Methodenvielfalt*, klare *Leis-*

---

1 COACTIV steht für das Projekt „Professionswissen von Lehrkräften, kognitiv aktivierender Mathematikunterricht und die Entwicklung mathematischer Kompetenz"

tungserwartungen und *vorbereitete Umgebung*. Kritisch eingewandt werden kann, dass die einzelnen Merkmale einen unterschiedlich hohen Abstraktionsgrad aufweisen. Während etwa *Feedback* eine relativ klar definierte Tätigkeit der Lehrperson umschreibt, verweist *kognitive Aktivierung* auf ein breites Spektrum von Verhaltensweisen, die mit weiteren Untermerkmalen zu erfassen sind (Lipowsky 2009).

Aus diesem Grund ist eine aktuelle Tendenz zu beobachten, die Merkmale zu Qualitätsdimensionen auf einem einheitlichen Abstraktionsniveau zu bündeln und sie auch theoretisch zu verorten. Im Kontext der TIMSS-Videostudie[2] wurde im Jahr 1995 zum ersten Mal der Vorschlag unterbreitet, die unterschiedlich komplexen Merkmale in drei Qualitätsdimensionen zusammenzufassen. Ein Unterricht, der gleichzeitig zu einer hohen kognitiven Verstehensleistung und Motivation führt, zeichnet sich demnach durch

1. eine störungspräventive Klassenführung und klare Strukturierung der Inhalte,
2. ein schülerorientiertes Sozialklima und eine konstruktive Unterstützung sowie
3. ein kognitiv-aktivierendes Unterrichtsangebot aus (vgl. Klieme/Schümer/Knoll 2001, 51).

In Studien zum Mathematikunterricht konnte gezeigt werden, dass sich diese drei Dimensionen als Modell für Unterrichtsqualität eignen. Die Dimensionen lassen sich in hohem Maß reliabel und mittels unterschiedlicher Erhebungsinstrumente (Lehrer- und Schülerfragebögen, Unterrichtsbeobachtung) auch objektiv erfassen (vgl. Klieme et al. 2006). Im Folgenden werden einige wesentliche Befunde zu den Dimensionen aufgeführt.

4.1 Klassenführung/Strukturierung

Eine effiziente Klassenführung bedeutet, dass Lehrkräfte einen möglichst störungsarmen Ablauf des Unterrichts gewährleisten bzw. mit auftretenden Störungen wirkungsvoll umgehen und auf diese Weise die zur Verfügung stehende Lernzeit maximal nutzen (vgl. Weinert 1996, 124). In aktuellen Ansätzen werden ausgehend von den frühen Arbeiten von Kounin (1976) die proaktiven und präventiven Maßnahmen und weniger der reaktive Umgang mit Unterrichtsstörungen betont (vgl. Evertson/Emmer/Worsham 2007). Vorrangige Aufgabe der Lehrperson ist es demnach, Regeln und soziale Verfahrensweisen sorgfältig zu planen und zu vermitteln, sowie auf dieser Basis angemessen und geplant strategisch mit Störungen umzugehen. Die Befunde von Metastudien verweisen auf die zentrale Bedeutung eines störungsarmen Unterrichts und die dadurch erhöhte effiziente Lernzeit sowie deren Einfluss auf die Leistungen der Schülerinnen und Schüler (Seidel/Shavelson 2007). In enger Verbindung zu Merkmalen der Klassenführung stehen Merkmale der inhaltlichen und organisatorischen Strukturierung (Evertson/Emmer/Worsam 2007). Unter inhaltlicher Strukturierung ist einerseits ein artikulierter und lernprozessbe-

---

2. TIMSS = Third International Mathematics and Science Study

zogener Stoffaufbau im Verlauf der Stunde zu verstehen; in der Didaktik hat sich hierfür in Anlehnung an Herbart (1965) die Bezeichnung „Artikulationsschema" oder „Artikulations(stufen)modell" etabliert. Andererseits ist hierunter der kognitionspsychologisch begründete Einsatz von inhaltlich strukturierenden Hinweisen zu fassen, etwa in Form expliziter Zielangaben, Inhaltsübersichten und Zusammenfassungen (Seidel 2011, 559f). Die organisatorische Strukturierung beschreibt die Eindeutigkeit der Arbeits- und Verhaltensregeln und die Sicherung eines reibungslosen Ablaufs der Stunde.

Auf die Bedeutung der Strukturierungsqualität im Unterricht mit schwächeren Lernenden verweisen die Ergebnisse von Snow und Swanson im Rahmen der ATI-Forschung (Aptitude-Treatment-Interaction-Forschung) (vgl. Swanson 1999). Schwache Schülerinnen und Schüler sind demnach auf klar definierte Aufgaben und Fragen, eine schrittweise Stoffpräsentation und eine aktive Begleitung durch die Lehrperson angewiesen (vgl. Kirschner/Sweller/Clark 2006). Beim Einsatz anspruchsvoller Aufgaben scheint es notwendig zu sein, sie durch inhaltliche Maßnahmen im Klassenunterricht und in den Arbeitsphasen zu unterstützen.

4.2 Schülerorientierung/Unterstützung

Mit dieser Dimension ist das individuelle Eingehen auf Potenziale und Bedürfnisse der Lernenden angesprochen, womit ein positives Lehrer-Schüler-Verhältnis ebenso thematisiert wird wie ein didaktisch adaptives Vorgehen. Als Voraussetzung für ein konstruktives Unterstützungsverhalten ist die Fähigkeit zur domänenspezifischen Diagnose von Lernschwierigkeiten anzusehen (z.B. von typischen Fehlern). Erklärungen und Rückmeldungen sollten sachlich-konstruktiv sein und den Lernenden eine eigenständige und anspruchsvolle Bewältigung der Aufgabe ermöglichen (vgl. Hattie/Timperley 2007; Kluger/deNisi 1996). Dies umfasst auch eine generelle Wertschätzung der Lernenden als Personen (Cornelius-White 2007) und den geduldigen Umgang mit individuellen Schwierigkeiten und Fehlvorstellungen (vgl. Davis 2003).

Häufig untersucht wurden vor allem das Rückmeldeverhalten und das sog. „Scaffolding". Metaanalysen zur Wirksamkeit des Gesamtkonstrukts ‚Lehrerfeedback' verweisen beispielsweise auf mittlere Effektstärken bezüglich Lernerfolg und Motivation (Hattie/Timperley 2007). Rückmeldungen wirken demnach dann positiv auf die Lernprozesse von Schülerinnen und Schülern, wenn sie in konstruktiver Weise auf deren Optimierung zielen und konstruktive Informationen beinhalten (Kluger/DeNisi 1996).

Das Scaffolding wird oftmals vor dem Hintergrund des Konzepts der kognitiven Meisterlehre modelliert und empirisch untersucht (Collins/Brown/Newman 1989). Der Grundgedanke hierbei ist, dass die Lehrperson kognitive Lernprozesse bei Schülern zunächst aktiv anleitet bzw. unterstützt, sich dann im weiteren Verlauf aber sukzessive zurücknimmt und sich dem Lernfortschritt der Schüler anpasst. Unterschiedliche Studien deuten auf eine positive Wirksamkeit der Meisterlehre und des Scaffolding hin (vgl. Perry et al. 2002).

4.3 Kognitive Aktivierung

Unter der Dimension kognitive Aktivierung werden Aspekte des Lehrerhandelns subsumiert, die auf ein eigenaktives und anspruchsvolles Lernen zielen und vertiefte Denkprozesse ermöglichen (vgl. Klieme/Schümer/Knoll 2001; Seidel 2011). Problemhaltige Aufgabenstellungen bilden dabei den Kern des Unterrichts, wobei die Lehrperson die Aufgabenauswahl so zu gestalten hat, dass sich die Schülerinnen und Schüler im Laufe des Lernprozesses verstärkt selbstständig mit diesen Aufgaben auseinandersetzen können. Weiterhin erscheint es elementar, dass die Lehrperson die Aufgabenbearbeitung begleitet, indem das Vor- und Alltagswissen bzw. die Konzepte der Schülerinnen und Schüler immer wieder thematisiert und mit den neuen Erkenntnissen in Beziehung gesetzt werden (vgl. Bohl/Kleinknecht 2009; Kleinknecht et al. 2011). Wichtig sind außerdem aktivierende Impulse, die zur argumentativen und diskursiven Auseinandersetzung mit einem Sachverhalt führen (Pauli 2010).

Bei der kognitiven Aktivierung handelt es sich im Vergleich zur Dimension Klassenführung bzw. Strukturierung um ein neueres und mehrdimensionales Konstrukt, das Bezüge zu fachdidaktischen Aspekten aufweist (Pauli 2008). Insbesondere im Rahmen von Interventionsstudien zum mathematisch-naturwissenschaftlichen Unterricht konnte die Wirksamkeit kognitiv aktivierender Elemente nachgewiesen werden (u.a. Adey/Robertson/Venville 2002; Reiss et al. 2006; Wahser/Sumfleth 2008). Auf der Basis von Schüler- und Lehrerbefragungen sowie Aufgabenanalysen der COACTIV- und PISA[3]-2003-Studien konnte gezeigt werden, dass neben der Klassenführung das kognitive Potenzial der Unterrichtsaufgaben im Mathematikunterricht den bedeutendsten Prädiktor für die mathematische Leistungsentwicklung in Klasse 10 (ohne Hauptschulen) darstellt (vgl. Kunter et al. 2006).

Für den naturwissenschaftlichen Unterricht zeigte sich z.B. im Rahmen der PISA-Studie, dass Schülerinnen und Schüler in den meisten Unterrichtsstunden Ideen erklären (59%), ihre Meinung äußern (56%), Diskussionen führen (45%) und im Klassengespräch Unterrichtsstoff erarbeiten (40%) (Seidel et al. 2007). Kognitiv aktivierende Elemente wie die Durchführung eigener Experimente (22%), eigene Fragestellungen auszutesten (25%) oder Experimente selbst zu entwickeln (14%), kommen eher selten im Unterricht vor (Seidel 2011).

Zusammenfassend wird deutlich, dass die Befunde zur Unterrichtsqualität den Blick vor allem auf die Lehr-Lern-Prozesse des Unterrichts lenken. Als weitgehender Konsens gilt, dass „guter Unterricht" nicht durch bestimmte Inszenierungsfor-

---

3 PISA – Programme for International Student Assessment

men auf der Oberflächenebene zu erreichen ist. Vielmehr geben die Qualitätsmerkmale Hinweise zur Gestaltung des Lehrerverhaltens auf einer Tiefenstrukturebene (vgl. Reusser 2008).

5 Fazit und Ausblick

Die empirisch ausgerichtete Unterrichtsforschung richtet den Fokus der Frage nach der Qualität von Unterricht vor allem auf die lernprozessbezogene Gestaltung und damit auf Aspekte, die die (klassischen) allgemeindidaktischen und schulpädagogischen Modelle (vgl. Jank/Meyer 1994; Klafki 1996) bislang ausgespart haben. Die Ansätze der Allgemeinen Didaktik konzentrieren sich vorwiegend auf der Prozessplanung *vorausgehende* Fragestellungen, vor allem auf eine bildungstheoretisch begründete Auswahl von Inhalten. Ebenso beschränkte sich die Diskussion um Unterrichtsmethoden lange Zeit auf die Frage nach dem optimalen Unterrichtsverlauf (z.B. Instruktion vs. Konstruktion, schülerorientiert vs. lehrerzentriert). Die Planung und Gestaltung von Aktionsformen, z.B. die Frage nach der Art und Weise, wie Aufgaben bzw. Fragen im Unterricht gestellt werden und Rückmeldungen erfolgen, stand dagegen weniger im Mittelpunkt. Eine Ausnahme stellt die von Aebli (1983) entwickelte kognitionspsychologische Didaktik dar, die ausgehend von den Lern- und Verstehensprozessen der Lernenden sowohl Artikulationsstufen als auch optimales Lehrerverhalten thematisiert. Wie Terhart (2002) jedoch deutlich macht, konzentrieren sich die allgemeindidaktischen Ansätze vor allem auf den Ausbildungsprozess von angehenden Lehrpersonen und weniger auf die empirische Untersuchung unterrichtlichen Handelns von Lehrerinnen und Lehrern sowie die Lehr-Lern-Prozesse, die im Fokus der Unterrichtsforschung stehen.

Aus der Perspektive der empirischen Unterrichtsforschung sind die vorliegenden Ansätze und Befunde zur Qualität von Unterricht, insbesondere zu Unterrichtsmerkmalen, ein bedeutendes Fundament für die Aus- und Fortbildung von Lehrpersonen sowie unter Berücksichtigung weiterer Einflussfaktoren (etwa der Lernkultur im Kollegium oder dem Schulklima) für die Unterrichts- und Schulentwicklung. Während die unterrichtsprozessfernen Theorien der Allgemeinen Didaktik der Gefahr ausgesetzt sind, zu einem „Stratosphärendenken" (Heimann 1962) jenseits konkreter Veränderungsprozesse zu führen, können die empirischen Befunde der Unterrichtsforschung konkretere Ausgangspunkte für die Weiterentwicklung von Unterricht und Schule liefern (vgl. Klauer/Leutner 2007). Sie bieten unter anderem den Gegenstand für gezielte (videobasierte) Trainingsmaßnahmen. So wird beispielsweise in der Lehrerausbildung videografierter Unterricht anhand von Qualitätsaspekten zur Schulung der professionellen Unterrichtswahrnehmung von Lehramtsstudierenden analysiert (Seidel/Blomberg/Stürmer 2010) oder es finden Trainings zum Umgang mit Konflikten im Kontext des Klassenmanagement statt (Havers 2001). In Lehrerfortbildungen, z.B. im Mathematikunterricht, wird in „Videozirkeln" das Verständnis von Schülerlernprozessen gefördert (Borko 2012) oder in fachdidaktisch-pädagogischen Coachings adaptives Unterrichten (Vogt/Rogalla 2009) thematisiert. Insgesamt ist zu berücksichtigen, dass die Qualität von Unterricht und die Aussagekraft von lernwirksamen Unterrichtsmerkmalen davon abhängig sind, welche grundlegenden Ziele im Unterricht angestrebt und welche Inhalte vermittelt werden sollen. Diese Ziele und Inhalte sind oftmals (fach)spezifisch und können je nach Fokussierung variieren. Vor diesem Hintergrund ist eine Herausforderung für die Unterrichtsqualitätsforschung darin zu sehen, die Annäherung zu den Fachdidaktiken weiter zu fördern und zunehmend eine interdisziplinäre und fachdidaktisch fundierte Unterrichtsforschung zu etablieren (vgl. Klieme/Rakozcy 2008).

Schließlich ist es für die Weiterentwicklung der Unterrichtsqualitätsforschung notwendig zu fragen, wie die Unterrichtsqualität stärker in der *schulischen Praxis* (insbesondere in der systematischen Weiterentwicklung von Schule und Schulkultur) verankert werden kann. Eine Verzahnung mit Schulentwicklungsprozessen kann dazu beitragen, die Implementation empirischer Befunde der Unterrichtsforschung weiter zu verbessern. Darüber hinaus sind Ansätze der stärkeren Kooperation der Lehrerbildungsphasen in Deutschland (Hochschule, Vorbereitungsdienst, Beruf) weiter auszubauen, um eine nachhaltige und ganzheitliche (d.h. phasenübergreifende) Lehrerprofessionalisierung im Kontext anhaltenden berufsbezogenen Lernens zu ermöglichen (Gröschner 2011).

Der Prozess der zunehmenden Implementation von Ergebnissen der Unterrichtsforschung sowohl in die Lehrerbildung als auch in die Schulpraxis kann zugleich die weitere Auseinandersetzung mit der Frage nach der Qualität von Unterricht sowie die Frage nach der Qualität von Schule beeinflussen (vgl. Grossman et al. 2009). Die Forschung in beiden Bereichen ist ein zentrales und interdependentes Element für die Weiterentwicklung der Schulpädagogik und empirischen Bildungsforschung sowie für die nachhaltige Gestaltung pädagogischer Praxis.

Literatur

Adey, P./Robertson, A./Venville, G. (2002): Effects of a cognitive acceleration programmes on Year 1 pupils. In: British Journal of Educational Psychology 72 (1), 1-25.

Aebli, H. (1983): Zwölf Grundformen des Lehrens. Eine Allgemeine Didaktik auf psychologischer Grundlage. Stuttgart: Klett.

Apel, H. J. (1990): Schulpädagogik. Eine Grundlegung. Köln/Wien: Böhlau Verlag.

Baumert, J./Kunter, M. (2006): Stichwort: Professionelle Kompetenz von Lehrkräften. In: Zeitschrift für Erziehungswissenschaft 9, 469-520.

Bohl, T./Kleinknecht, M. (2009): Aufgabenkultur. In: Blömeke, S./Bohl, T./Haag, L./Lang-Wojtasik, G./Sacher, W. (Hrsg.): Handbuch Schule. Bad Heilbrunn: Klinkhardt/UTB, 331-334.

Borko, H. (2012): The Problem-Solving Cycle and Teacher Leader Preparation. In: Gläser-Zikuda, M./Seidel, T./Rohlfs, C./Gröschner, A./Ziegelbauer, S. (Hrsg.): Mixed Methods in der empirischen Bildungsforschung. Münster: Waxmann, 259-271.

Bransford, J. D./Brown, A. L./Cocking, R. R. (2000): How people learn: Brain, mind, experience, and school. Washington, D.C.: National Academy Press.

Caroll, J. B. (1963): A model of school learning. In: Teachers College Record 64, 723-733.

Collins, A./Brown, J. S./Newman, S. E. (1989): Cognitive apprenticeship: Teaching the craft of reading, writing, and mathematics. In: Resnick, L. B. (Hrsg.): Knowing, learning and instruction. Essays in honor of Robert Glaser, Hillsdale, N.J.: Erlbaum, 453-494.

Comenius, A. (1657/2007): Große Didaktik: Die vollständige Kunst, alle Menschen alles zu lehren. 10. Auflage, hg. von A. Flitner. Stuttgart: Klett-Cotta.

Cornelius-White, J. (2007): Learner-centered teacher-student relationships are effective. A meta-analysis. In: Review of Educational Research, 77(1), 113-143.

Davis, H. A. (2003): Conceptualizing the role and influence of student teacher relationships on children's social and cognitive development. In: Educational Psychologist 38 (4), 207-234.

Ditton, H. (2006): Unterrichtsqualität. In: Arnold, K.-H./Sandfuchs, U./Wiechmann, J. (Hrsg.) (2006): Handbuch Unterricht. Bad Heilbrunn: Klinkhardt, 235-243.

Einsiedler, W. (2002): Das Konzept „Unterrichtsqualität". In: Unterrichtswissenschaft 30 (3), 194-196.

Evertson, C. M./Emmer, E. T./Worsham, M. E. (2007): Classroom Management for Elementary Teachers, 7. Auflage. Boston: Allyn & Bacon.

Grossman, P./Compton, C./Igra, D./Ronfeldt, M./Shahan, E./Williamson, P. W. (2009): Teaching Practice: A Cross-Professional Perspective. In: Teachers College Record, 111(9), 2055-2100.

Gröschner, A. (2005): Pragmatische Medienkompetenz und Medienethik – Pädagogische Anknüpfungen an John Dewey. Jena: IKS.

Gröschner, A. (2011): Innovation als Lernaufgabe. Eine quantitativ-qualitative Studie zur Erfassung und Umsetzung von Innovationskompetenz in der Lehrerbildung. Münster: Waxmann.

Gröschner, A./Seidel, T./Shavelson, R. J. (in press): Methods for Studying Teacher and Teaching Effectiveness. In: Hattie, J./Anderman, E. M. (Eds.): International Guide To Student Achievement. London/New York: Routledge.

Hasselhorn, M./Gold, A. (2006): Pädagogische Psychologie. Erfolgreiches Lernen und Lehren. Stuttgart: Kohlhammer

Hattie, J./Timperley, H. (2007): The power of feedback. In: Review of Educational Research, 77 (1), 81-112.

Havers, N. (2001): Mit Disziplinschwierigkeiten umgehen lernen. Das Münchner Lehrertraining. In: Grundschule 33 (9), 33-35.

Heimann, P. (1962): Didaktik als Theorie und Lehre. In: Die Deutsche Schule 54, 407-427.

Helmke, A. (2007): Unterrichtsqualität – erfassen, bewerten, verbessern. Kallmeyer: Seelze.

Helmke, A. (2009): Unterrichtsqualität und Lehrerprofessionalität – Diagnose, Evaluation und Verbesserung des Unterrichts. Seelze-Velber: Kallmeyer/Klett

Herbart, J. F. (1965): Pädagogische Schriften, Band 2. Düsseldorf: Küpper.

Jank, W./Meyer, H. (1994): Didaktische Modelle. Berlin: Cornelsen.

Jurik, V./Gröschner, A./Seidel, T. (2013): How student characteristics affect girls' and boys' verbal engagement in physics instruction. In: Learning and Instruction, 23, 33–42

Kirschner, P. A./Sweller, J./Clark, R. E. (2006): Why minimal guidance during instruction does not work: an analysis of the failure of constructivist, discovery, problem-based, experimental, and inquiry-based teaching. In: Educational Psychologist, 42 (2), 75-86.

Klafki, W. (1996): Neue Studien zur Bildungstheorie und Didaktik, 5. Auflage. Weinheim: Beltz.

Klauer, K. J./Leutner, D. (2007): Lehren und Lernen. Einführung in die Instruktionspsychologie. Weinheim/Basel: Beltz.

Kleinknecht, M./Bohl, T./Maier, U./Metz, K. (2011): Aufgaben und Unterrichtsplanung. In: Jahrbuch für Allgemeine Didaktik 1, 59-75.

Klieme, E./Lipowsky, F./Rakoczy, K./Ratzka, N. (2006): Qualitätsdimensionen und Wirksamkeit von Mathematikunterricht. In: Prenzel, M./Allolio-Näcke, L. (Hrsg.): Untersuchungen zur Bildungsqualität von Schule, Abschlussbericht des DFG-Schwerpunktprogramms. Münster: Waxmann, 127-146.

Klieme, E./Rakozcy, K. (2008): Empirische Unterrichtsforschung und Fachdidaktik. Outcome-orientierte Messung und Prozessqualität des Unterrichts. In: Zeitschrift für Pädagogik 54 (2), 222-237.

Klieme, E./Schümer, G./Knoll, S. (2001): Mathematikunterricht in der Sekundarstufe I: „Aufgabenkultur" und Unterrichtsgestaltung. In: Bundesministerium für Bildung und Forschung (Hrsg.): TIMSS – Impulse für Schule und Unterricht. Forschungsbefunde, Reforminitiativen, Praxisberichte und Video-Dokumente, Bonn: BMBF, 43-58.

Kluger, A. N./DeNisi, A. (1996): The effects of feedback interventions on performance: A historical review, a meta-analysis, and a preliminary feedback intervention theory. In: Psychological Bulletin 119 (2), 254-284.

Kounin, J. S. (1976): Techniken der Klassenführung. Bern: Huber.

Krauss, S. (2011): Das Experten-Paradigma in der Forschung zum Lehrerberuf. In: Terhart, E./Bennewitz, H./Rothland, M. (Hrsg.): Handbuch der Forschung zum Lehrerberuf. Münster: Waxmann, 171-191.

Kunter, M./Baumert, J./Blum, W./Klusmann, U./Krauss, S./Neubrand, M. (Hrsg.) (2011): Professionelle Kompetenz von Lehrkräften. Ergebnisse des Forschungsprogramms COACTIV. Münster: Waxmann.

Kunter, M./Dubberke, T./Baumert, J./Blum, W./Brunner, M./Jordan, A. (2006): Mathematikunterricht in den PISA-Klassen 2004. Rahmenbedingungen, Formen und Lehr-Lernprozesse. In: Prenzel, M./Baumert, J./Blum, W./Lehmann, R./Leutner, D./Neubrand, M. (Hrsg.): PISA 2003. Untersuchungen zur Kompetenzentwicklung im Verlaufe eines Schuljahres. Münster: Waxmann, 562-194.

Lipowsky, F. (2009): Unterricht. In: Wild, E./Möller, J. (Hrsg.): Pädagogische Psychologie. Heidelberg: Springer, 73-101.

Mayr, J. (2011): Der Persönlichkeitsansatz in der Lehrerforschung. In: Terhart, E./Bennewitz, H./Rothland, M. (Hrsg.): Handbuch der Forschung zum Lehrerberuf. Münster: Waxmann, 125-148.

Meyer, H. (2004): Was ist guter Unterricht? Berlin: Cornelsen Scriptor.

Pauli, C. (2008): Unterrichtsbeobachtung. In: Hellmich, F. (Hrsg.): Lehr-Lernforschung und Grundschulpädagogik. Bad Heilbrunn: Klinkhardt, 143-155.

Pauli, C. (2010): Klassengespräche – Engführung des Denkens oder gemeinsame Wissenskonstruktion selbstbestimmt lernender Schülerinnen und Schüler. In: Bohl, T./Kansteiner-Schänzlin, K./Kleinknecht, M./Kohler, B./Nold, A. (Hrsg.): Selbstbestimmung und Classroom-Management. Forschungsbefunde, Praxisbeispiele, Perspektiven. Bad Heilbrunn: Klinkhardt, 145-161.

Perry, N. E./Vandekamp, K. O./Mercer, L. K./Nordby, C. J. (2002): Investigating teacher-student interactions that foster self-regulated learning. In: Educational Psychologist, 37 (1), 5-15.

Prenzel, M. (2012): Empirische Bildungsforschung morgen: Reichen unsere bisherigen Forschungsansätze aus? In: In: Gläser-Zikuda, M./Seidel, T./Rohlfs, C./Gröschner, A./Ziegelbauer, S. (Hrsg.): Mixed Methods in der empirischen Bildungsforschung. Münster: Waxmann, 273-285.

Reiss, K./Heinze, A./Kuntze, S./Kessler, S./Rudolph-Albert, F./Renkl, A. (2006): Mathematiklernen mit heuristischen Lösungsbeispielen. In: Prenzel, M./Allolio-Naecke, L. (Hrsg.): Untersuchungen zur Bildungsqualität von Schule. Abschlussbericht des DFG-Schwerpunktprogramms. Münster: Waxmann, 194-208.

Reusser, K. (2008): Empirisch fundierte Didaktik – didaktisch fundierte Unterrichtsforschung. Eine Perspektive zur Neuorientierung der Allgemeinen Didaktik. In: Zeitschrift für Erziehungswissenschaft 10. Sonderheft 9, 219-237.

Reusser, K./Pauli, C. (2003): Mathematikunterricht in der Schweiz und in weiteren sechs Ländern. Bericht über die Ergebnisse einer internationalen und schweizerischen Video-Unterrichtsstunde. Doppel-CD-Rom. Zürich: Universität Zürich, Pädagogisches Institut.

Reusser, K./Pauli, C./Waldis, M. (2010): Unterrichtsgestaltung und Unterrichtsqualität. Ergebnisse einer internationalen und schweizerischen Videostudie zum Mathematikunterricht. Münster: Waxmann.

Rosenshine, B./Furst, N. (1973): The use of direct observation to study teaching. In: Travers, R. M. (Hrsg.): Second handbook of research on teaching. Chicago: Rand McNally, 122-183.

Seidel, T. (2011): Lehrerhandeln im Unterricht. In: Terhart, E./Bennewitz, H./Rothland, M. (Hrsg.): Handbuch der Forschung zum Lehrerberuf. Münster: Waxmann, 605-629.

Seidel, T./Blomberg, G./Stürmer, K. (2010): Observe – Validierung eines videobasierten Instruments zur Erfassung der professionellen Wahrnehmung von Unterricht. In: Zeitschrift für Pädagogik 56, 296-306.

Seidel, T./Prenzel, M./Wittwer, J./Schwindt, K. (2007): Unterricht in den Naturwissenschaften. In: PISA-Konsortium Deutschland (Hrsg.): PISA 2006. Die Ergebnisse der dritten internationalen Vergleichsstudie. Münster: Waxmann, 147-180.

Seidel, T./Shavelson, R. J. (2007): Teaching Effectiveness Research in the Past Decade: The Role of Theory and Research Design in Disentangling Meta-Analysis Results. In: Review of Educational Research 77 (4), 454-499.

Shulman, L. S. (1987): Knowledge and teaching: Foundations of the new reform. Harvard. In: Educational Review 57 (1), 1-22.

Swanson, H. L. (1999): Interventions for students with learning disabilities. A meta-analysis of treatment outcomes. New York: The Guildford Press.

Terhart, E. (2002): Fremde Schwestern. Zum Verhältnis von Allgemeiner Didaktik und empirischer Lehr-Lern-Forschung. In: Zeitschrift für Pädagogische Psychologie 16 (2), 77-86.

Tenorth, H.-E. (Hg.) (2011): Klassiker der Pädagogik, 2 Bde. München: C.H. Beck.

Vogt, F./Rogalla, M. (2009): Developing Adaptive Teaching Competency through coaching. In: Teaching and Teacher Education 25 (8), 1051-1060.

Wang, M. C./Haertel, G. D./Walberg, H. J. (1993): Toward a knowledge base for school learning. In: Review of Educational Research 63, 249-294.

Wahser, I./Sumfleth, E. (2008): Training experimenteller Arbeitsweisen zur Unterstützung kooperativer Kleingruppenarbeit im Fach Chemie. In: Zeitschrift für Didaktik der Naturwissenschaften 14, 219-241.

Weigel, E. (1682): Kunst- und Tugendlehr. In: Ders., Gesammelte pädagogische Schriften, hrsg. von H. Schüling. Giessen: Universitätsbibliothek.

Weinert, F. E. (1996): Lerntheorien und Instruktionsmodelle. In: Weinert, F. E. (Hrsg.): Psychologie des Lernens und der Instruktion. Enzyklopädie der Psychologie, Serie der Pädagogischen Psychologie, Band 2. Göttingen: Hogrefe, 1-18.

Thomas Eberle
Medienerzieherische und mediendidaktische Konzepte

Auf der Basis aktueller Studien wird das Medienverhalten von Kindern und Jugendlichen dargestellt. Es bildet die Basis für pädagogische Überlegungen. Um Medienverhalten zu verstehen und sinnvolle Mediennutzung zu fördern, wird deren Motivation beleuchtet. Medienerzieherische und -didaktische Ansätze werden anschließend dargestellt sowie einige unterrichtliche Möglichkeiten aufgezeigt.

Für Schule stellen sich folgende Kernfragen: Wie können schulische Mediendidaktik und -erziehung in Einklang gebracht werden? Wie kann Schule ihre Qualität steigern, indem sie gerade nicht Medienentwicklungen hinterher rennt, aber auch nicht schlechter umsetzt, was besser in Medien zu finden ist? Wie wird mit und ohne Medien Qualität entwickelt bzw. ausgebaut?

1 Medien, technische Innovation und Pädagogik

Medien sind fast allgegenwärtig, unterliegen raschen technischen Veränderungen und eröffnen Möglichkeiten. Aus dem Bildungsauftrag, auf der Basis gesellschaftlicher Entwicklungen und in Hinblick auf Chancen, Herausforderungen und Probleme im Kontext von Medienangeboten und ihrer Nutzung ist unschwer abzuleiten, dass Schulen als Systeme und einzelne Lehrkräfte sich mit Medien, Möglichkeiten ihrer Nutzung und der Qualifizierung von Schüler(innen) auseinandersetzen müssen. Nicht selten wird ein eigenes Fach zur Umsetzung medienpädagogischer Aufgaben gefordert, dies ist aber politisch nicht durchsetzbar (Kammerl & Ostermann 2010, 56). Medien sind Unterrichtsmittel, Lehr- und Arbeitsmaterial, aber auch Gegenstand kritischer Betrachtung unter dem Aspekt gezielter Kompetenzförderung. Die Informations- und Wissensgesellschaft bedarf in hohem Maße der Medientechnik und ihrer vielfältigen Nutzungsmöglichkeiten. Wissensmanagement ist von hoher Bedeutung (vgl. Reinmann & Mandl 2010) und ohne elektronische Medien nur eingeschränkt zu realisieren.

Medien

Medien (lat. medius = Mittler, medium = Mitte oder Öffentlichkeit) sind (im Kontext von Medienerziehung und -didaktik) Informations- und Kommunikationsmittel. Einem weiten Medienbegriff zufolge hat jede Interaktion und Kommunikation eine mediale Komponente; dies gilt auch für direkte Kommunikation ohne technische Hilfsmittel, da sie sich der Symbolsysteme (z.B. Sprache und Gestik) bedient.

Medien im Sinne eines engen, technischen Medienbegriffs (vgl. Eberle 2000, 18-20; Tulodziecki 1992, 13f) sind Mittel der Eigenkommunikation, der Kommunikation und des Austausches von Informationen zwischen einzelnen Personen und Gruppen sowie der massenhaften Verbreitung. Medien übermitteln Botschaften vom Sender zum Empfänger, verwenden dabei Zeichen- und Symbolsysteme sowie ein Signalsystem (vgl. Spanhel 2006, 72). Interaktive Medien bieten Kommunikation in beide Richtungen: Empfänger werden zum Sender und umgekehrt.

Wird von Medien gesprochen, so sind im medienpädagogischen, medienerzieherischen und mediendidaktischen Kontext in den meisten Fällen überwiegend Informations- und Kommunikationstechniken gemeint. Viele Jahre wurde auch der Begriff „Neue Medien" verwendet. Ursprünglich als Gegenbegriff zu Printmedien und tradierten Medien wie Lauf- und Standbild (Photo und Film) verwendet, verändert sich dieser jedoch Begriff ständig, so dass der Begriff „neue Medien" zu Verwirrungen führen kann.

Im hier gegebenen thematischen Rahmen wird ein *engerer, technischer Medien-Begriff* verwendet (Vgl. Tulodziecki 1992, 13f)

Medien dienen:
- der *Übermittlung* von Informationen[1] und Emotionen, also von Nachrichten, Daten, Meinungen, Gefühlen, von Unterhaltungs- und Bildungsangeboten,
  a) zwischen einzelnen Menschen und (kleinen) Gruppen (z.B. durch Brief, E-Mail, Telefon, Videokonferenzsystem, Zugriff auf Daten in internen Netzen, Übertragen virtueller materieller Werte im Computerhandel mit Aktien oder Waren) und
  b) zwischen Sendern und einem großen Nutzerkreis (Massenmedien wie z.B. Presse, Rundfunk, Fernsehen sowie einem großen Nutzerkreis via Internet zugängliche Angebote)
- der *Speicherung* von Informationen, die von demselben Nutzer oder anderen Menschen zu einem späteren Zeitpunkt wieder abgerufen werden können;
- der *Verarbeitung* von Informationen;
- der *Instruktion*, als Mittel der Veranschaulichung (z.B. Demonstrationsobjekte), der Unterstützung der Instruktion von Lehrpersonen sowie der Darbietung von (Lern-)Inhalten (z.B. Lehrbuch, -film, Bildungssendung), teilweise mit Erfolgs-

---

1 In allen Teilen der Definition werden Informationen nicht als ausschließlich objektiv verstanden, sondern auch als subjektiv, indem emotionale Äußerungen und individuelle Wertungen mit übermittelt werden.

kontrolle und unterstützenden Angeboten, je nach Verhalten des Nutzers (z.B. Instruktionssysteme wie CBTs, WBTs, virtuelle Lernumgebungen);
- der *Eigenkommunikation* der Mediennutzer (z.b. der Speicherung eigener Texte, Bilder und Videos, der Erinnerung via Organizer-Funktion in Computer, Tablet oder Mobiltelefon).

Als *Massenmedien* werden diejenigen Medien bezeichnet, die sich an eine große Anzahl von Rezipienten oder Nutzern richten, also traditionell Presse, Kino, Funk und Fernsehen (vgl. z.B. Schorb & Schell 1989, 3f). Massenmediale Kommunikate können zunehmend individuell und zeitversetzt abgerufen werden, so dass der Zeitpunkt der Nutzung variieren kann. Bei massenhaft angewählten Internetangeboten sowie Video-on-Demand-Systemen erscheint es ebenfalls sinnvoll, von Massenmedien zu sprechen. (Vgl. Eberle 2000, 19f)
Medial verarbeitete Informationen sind nicht per se objektiv oder valide. Informationen beinhalten die *subjektive Sicht* des Senders einer Information, so dass Fakten, Meinungen, Bewertungen, Emotionen, manipulative Elemente sowie Fehlinformationen gespeichert, verarbeitet und übermittelt werden können. Im Sinne einer konstruktivistischen Auffassung und angesichts der physiologischen Grenzen menschlicher Informationsverarbeitung (vgl. v. Glasersfeld 1992) kommen Inhalte nicht vollständig beim Empfänger an und werden nicht umfassend in seinem Gedächtnis abgelegt. Vielmehr werden selektiv bestimmte Elemente wahrgenommen, mit bisherigen Erfahrungen und Kognitionen verknüpft und zum Aufbau einer eigenen Struktur über die Inhalte verwendet.
Auch wenn Geräte „benutzerfreundlicher" werden, sind sie nicht ohne Lernleistung zu bedienen. Nutzer müssen Medien anwenden lernen und sich mit den Beschränkungen der Bedienung arrangieren.
Zusammenfassend sind Medien demnach Werkzeuge der Kommunikation, die diese ermöglichen oder unterstützen. Dabei sind Einschränkungen hinsichtlich ihrer Verfügbarkeit sowie ihrer technischen und inhaltlichen Verlässlichkeit gegeben.

2 Mediennutzung Heranwachsender

Mediennutzung und Medienrezeption sind konkurrierende Begriffe mit überlappender Bedeutung. Medienrezeption betont die Aufnahme medialer Angebote, Mediennutzung hingegen die aktive Beteiligung des Menschen, sei es in der Informationsverarbeitung bei der Wahrnehmung medialer Angebote oder der Erstellung von Kommunikaten.
Kinder und Jugendliche nutzen in der Regel täglich Medien. Welche Medien und Formate genutzt werden, hängt von der Zugänglichkeit in der jeweiligen Situation ab, von persönlichen Vorlieben und Verhaltensalternativen.

2.1 Medienverhalten von Vorschulkindern und Kindern

Tendenziell sind die bedeutendsten Medien für Vorschulkinder Bücher und Hörmedien. Rasch kommt das Fernsehen hinzu, das zum Leitmedium wird und ab mittlerem Grundschulalter bis ins Erwachsenenalter durchschnittlich mehr als zwei Stunden täglich genutzt wird (Schell 2006). Auch Computer werden bereits im Vorschulalter genutzt, im Idealfall unter Anleitung Erwachsener.

Die KIM-Studie 2010 analysiert Mediennutzung und Freizeitaktivitäten von 6- bis 13-jährigen Kindern in unterschiedlichen Schularten (vgl. mpfs 2011b).

• Zugang zu Medien bei 6- bis 13-Jährigen

Die Versorgung der Haushalte mit Kindern ist ähnlich derer mit Jugendlichen (siehe unten). Eigene Medien der Kinder werden angeführt vom CD Player, knapp die Hälfte hat einen eigenen Fernseher, 38% haben ein eigenes Radio.

13% nutzen Computer offline täglich, weitere 42% mehrfach pro Woche. 31% hören täglich Radio, insgesamt die Hälfte der Kinder mindestens mehrfach pro Woche. Ebenfalls 50% nutzen das Handy mindestens mehrfach die Woche, davon 31% täglich.

16% spielen täglich Computer-/Konsolen-/Onlinespiele, weitere 46% mehrfach die Woche. 74% verbringen die Freizeit regelmäßig mit der Familie, 70% mit Sport. Während über 75% mehrfach die Woche Musik hören, machen 19% zumindest einmal pro Woche selbst Musik.

• Nutzung ohne Begleitung

Während die Hälfte der 6- bis 7-Jährigen allein Musikmedien nutzt und mehr als 40% allein fernsehen, sind allein Chatten, Surfen SMSen und E-Mails-verschicken bei ihnen eher die Ausnahme; die Nutzung steigt aber mit jeder Alterskohorte.

Im Vergleich zu 2008 verliert das Fernsehen leicht an Bedeutung im Vergleich zur Online-Nutzung. Insgesamt sehen aber 76% (allein oder gemeinsam) täglich fern, weitere 19% mehrfach die Woche. 40% hören täglich Musik, weitere 41% mehrfach die Woche.

• Nicht-mediale und mediale Lieblingstätigkeiten von Kindern

Als liebste mediale und nicht-mediale Freizeit-Aktivitäten werden bei drei möglichen Nennungen und kleinen Unterschieden zwischen Mädchen und Jungen Freunde treffen (52%), draußen spielen (43%) und Fernsehen (32%) genannt. 41% der Jungen und 19% der Mädchen nennen PC/Konsolen-/Onlinespiele, 11% der Mädchen und 29% der Jungen Sporttreiben. Internet wird mit 14% bei Mädchen und 17% bei Jungen als eine der drei liebsten Freizeitbeschäftigungen genannt. Auffällig geringe Bedeutung haben mit unter 10% der Nennungen Jugendgruppe und Malen/Zeichnen/Basteln. Eine Jugendgruppe besucht knapp ein Drittel der Befragten.

Insgesamt zeigt sich, dass bereits Grundschulkinder vielfältige Zugänge zu Medien haben und manche davon überwiegend alleine nutzen. Im Vergleich zu Jugendlichen hat Internetnutzung bei Kindern noch eine geringere Bedeutung. 57 Prozent der Kinder nutzen zumindest selten das Internet. Nur jeder vierte 6- bis 7-Jährige nutzt das Internet; bei den 12- bis 13-Jährigen sind bereits 90% Internet-Nutzer (mpfs-Medienpädagogischer Forschungsverbund Südwest 2011a, 30).

2.2 Medienverhalten Jugendlicher

• Computer-, Online- und Konsolenspiele
Vier Fünftel der Jugendlichen sind Computer-, Konsolen- und Onlinespieler. 42 Prozent spielen regelmäßig, etwa ein Fünftel spielt mehrfach pro Woche alleine, ein Sechstel misst sich zumindest mehrmals pro Woche in Onlinespielen mit anderen Mitspielern. Jugendliche verbringen durchschnittlich 50 Minuten pro Werktag mit Bildschirmspielen. Ein Drittel spielt weniger als eine Stunde pro Tag, drei Prozent spielen mehr als 4 Stunden pro Tag (mpfs 2011a, 65).
Aber Computer sind auch Arbeitsgeräte: Die Hälfte der Jugendlichen nutzt Computer oder Internet zu Hause, um für die Schule zu lernen (ebd., 65)

• Bedeutung von Medien aus Sicht der Jugendlichen
In Tabelle 1 wird die Nutzung direkt gegenübergestellt, so dass tendenzielle Unterschiede zwischen Mädchen und Jungen besser zu vergleichen sind.

Tabelle 1: Welche Medien empfinden Jugendliche als „sehr wichtig" oder „wichtig"? (mpfs 2011a, 7, N=1205)

Medium	Mädchen (Prozent der Befragten)	Jungen (Prozent der Befragten)
Internet	**92**	89
Musik hören	86	**88**
Handy nutzen	**87**	75
Bücher lesen	**65**	42
Radio hören	**64**	53
Fernsehen	54	**58**
Computerspiele	26	**60**

Bei leichten geschlechtsspezifischen Unterschieden ist für beide Geschlechter Internet, Musik hören und Handy nutzen wichtig oder sehr wichtig. Bücher lesen und

Radio erachten mehr Mädchen als Jungen als bedeutsam, beim Fernsehen ist es leicht umgekehrt. Computerspiele erachten mehr als doppelt so viele Jungen (60%) als Mädchen (26%) für wichtig oder sehr wichtig.

• Häufigkeit der Mediennutzung und andere Freizeitaktivitäten
Etwa zwei Drittel der Jugendlichen nutzen Handy und Internet täglich. Über drei Viertel der Jugendlichen nutzen Handy, Internet, Fernsehen MP3 und Radio mehrfach pro Woche in ihrer Freizeit, die meisten darunter sogar täglich. Nonmediale Freizeitaktivitäten der Jugendlichen sind vor allem Freunde/Leute treffen, Sport, Ausruhen. Etwa ein Viertel der Jugendlichen nimmt mehrmals pro Woche oder sogar täglich an Familienaktivitäten teil. Ein Viertel der Befragten macht selbst Musik (vgl. mpfs 2011a, 8u.13).

• Individuelle Unterschiede
Eine eigene Fernsehrezeptionsstudie Ende der 90er Jahre, also in Zeiten, als Computer noch weniger bedeutsam waren, zeigte deutlich, dass die individuelle Nutzung erhebliche Abweichungen von den in Studien und Konsumforschung errechneten Durchschnittswerten aufweist. Die durchschnittliche tägliche Fernsehzeit von Jugendlichen einer siebten Hauptschulklasse lag zwischen 15 Minuten und sechs Stunden 27 Minuten täglich. Die Jugendlichen bevorzugten unterschiedliche Formate, im Genre Reality-TV sahen Jungen tendenziell mehr Action und drastische Bilder, Mädchen mehr Talksendungen. Bei einzelnen war es aber auch genau umgekehrt (vgl. Eberle 2000).

2.3 Unterscheidung bedenklicher und unbedenklicher Formen der Mediennutzung

• Communities und soziale Netzwerke als Beispiel für die Ambivalenz der Nutzung
Viele ältere Mitbürger haben datenrechtliche Bedenken gegenüber Communities, die sich das Recht auf Inhalte sichern und kommerzielle Interessen verfolgen. Eltern und Lehrkräfte fürchten, dass z.B. Party-Bilder später negative Folgen für ihre Kinder bzw. Schüler(innen) haben könnten. Jugendliche hingegen erfahren Nachteile, wenn sie nicht in Facebook oder anderen Communities sind.
Jugendliche, die wir im Rahmen von Forschungsprojekten kennenlernten, berichten, dass sie ohne Facebook viele Informationen nicht oder nur auf Anfrage erhalten und somit teilweise ausgeschlossen sind. Eine Entscheidung für oder gegen die Nutzung bestimmter Dienste wird somit zur Entscheidung über Teilhabe.
Welche Bedeutung diese Communities haben, zeigen folgende Nutzerdaten: Chatrooms werden bereits von 6- bis 13-Jährigen genutzt. In absteigender Reihenfolge sind das SchülerVZ (dessen Chat 14% der 6- bis 13-Jährigen zumindest selten verwenden), Knuddels (das 18% der Mädchen nutzen), ICQ, Facebook, MSN,

lokalisten, wer-kennt-wen, Kindernetz, Schulhof-Chat, schueler.cc (mit 3% Nutzern) (vgl. mpfs 2011b, 37).

Knapp die Hälfte (47%) der 10- bis 11-Jährigen nutzt Chats mindestens selten. Darunter befinden sich 9% tägliche und weitere 22% häufige Nutzer (ebd., 37). Online-Communities nutzen täglich/mehrmals die Woche 60% der 12- bis 13-Jährigen, 80% der 14- bis 15-Jährigen und 83% der 16- bis 17-Jährigen (mpfs 2011a, 47). Fast drei Viertel nutzen Facebook. Bei durchschnittlich 206 sogenannten Freunden ist der Nutzerkreis nicht überschaubar (mpfs 2011a, 65).

Die Unterscheidung problematischer und unproblematischer Formen der Mediennutzung ist nicht trivial.

• Problematische Angebote

Auf Angebotseite wurden vor allem Gewaltverherrlichung, Volksverhetzung und Pornographie, insbesondere Kinderpornographie, als gefährlich eingestuft. Das trifft zum einen die Angst vor schädlichen Inhalten bei kindlichen und jugendlichen Rezipienten, zum andern aber auch die Problematik von Gewalt und Missbrauch bei der Herstellung.

Unterschiedliche Studien belegen, andere widerlegen allgemeine direkte Zusammenhänge zwischen medialer Gewalt und Gewaltpotenzial ihrer Nutzer. Die meisten Jugendlichen werden nicht zum Gewalttäter. Kinder- und Jugendliche aus problematischen Milieus, die entweder selbst Ohnmacht gegenüber physischer Gewalt oder Gewalt als höchst erfolgreiches Mittel zur Durchsetzung eigener Interessen erleben bzw. erlebt haben, können aber durch mediale Gewalt im rezeptiven (Film/Fernsehen) oder aktiven Gebrauch (Computer- bzw. Konsolenspiel) zusätzlich negativ beeinflusst werden. Medieninhalte haben zudem nicht nur Einflüsse im Extrembereich, sondern beeinflussen auch in Vorstellungen über Partnerschaft und Berufschancen oder sind Vorbild für Familienfeste, z.B. Hochzeiten. Angeregt durch mediale Vorbilder und Castingshows träumen viele Jugendliche davon, Sänger, Model oder Fußballprofi zu werden.

Da bereits Grundschulkinder vielfältige Medien und das Internet in der Freizeit – teilweise ohne elterliche Regulation – nutzen, birgt das mediale Freizeitverhalten der Kinder große Herausforderungen für die Medienerziehung. Laut KIM-Studie 2010 sind 8% der 6- bis 13-jährigen Kinder bereits auf unangenehme Sachen gestoßen, drei Prozent sahen Inhalte, die ihnen Angst machten und 16% waren auf Seiten, die sie selbst als für Kinder ungeeignet einstufen, darunter zu 54% Erotik/Porno, 20% Gewalt/Prügelszenen, 9% Horrorvideos. Obwohl nur ein Teil der Kinder Internetzugang hat, sind immerhin 12% der 8- bis 9-Jährigen und 21% der 12- bis 13-Jährigen auf ungeeignete Inhalte gestoßen (vgl. mpfs 2011b, 38-39).

Rechts- und linksradikale Ideologen nutzen Medien, um ihr Gedankengut zu verbreiten und sich zu Aufmärschen zu verabreden. Orientierungslose Jugendliche, Heranwachsende mit Misserfolgs- und Ohnmachtsgefühlen oder Alkoholproblemen erhalten über alle erdenklichen medialen Kanäle ideologische und rassistische Schriften, multimediale Angebote und Musik.

• Problematische von Heranwachsenden selbst erstellte Beiträge

Da es inzwischen einfach ist, Videos zu drehen und Bilder sowie Filme online zu verbreiten, sind fallweise auch Gewaltformen in Kombination mit Medien zu beklagen, das sog. Cybermobbing gegen Lehrer(innen)und Mitschüler(innen). Hierzu zählt unter anderem auch Handyslapping, die Verbreitung von selbstgedrehten Gewaltvideos, das 2006 zu Handyverboten an bayerischen Schulen beitrug. Weitere Schwierigkeiten ergeben sich aus privaten Bildern, Videos und Chats in Communities, die entweder gleich unbeschränkt oder für sogenannte Freunde sichtbar sind. Da manche Kinder und Jugendliche jedoch keine genauere Kenntnis über die Personen in ihrem virtuellen „Freundeskreis" besitzen, können auch fremde Personen diese Informationen missbräuchlich nutzen.

2.4 Motivation der Mediennutzung

Wer Medienverhalten erklären oder beeinflussen will, muss sich mit der Motivation zur Nutzung, den Bedürfnissen und ihrer Befriedigung befassen. Da insbesondere in Ballungsräumen Inhalte auf tragbaren Geräten abgerufen werden können, sind neue Möglichkeiten entstanden, die gleichzeitig Chancen und Herausforderungen für Unterricht und Erziehung bieten.

Mediennutzung beispielsweise zu Bildungszwecken muss ebenso motiviert sein oder tätigkeitsspezifische Vollzugsanreize bieten wie umgekehrt Verhaltensalternativen, die Heranwachsenden mit als problematisch erachteter Medienverhalten angeboten werden (vgl. Eberle 2000, 117ff).

Medienrezeption kann durch unterschiedliche Bedürfnisse und Interessen motiviert sein. Sie erfolgt teilweise gezielt, teilweise als Alltagsroutine ohne viel Nachdenken. Gezielte Informationsbeschaffung aus besonderem Anlass, Recherche für die Hausaufgabe, die Projektarbeit oder das Referat, An- oder Abmelden von bestimmten Online-Diensten sowie die bewusste Entscheidung, wieder mal ein Buch zu lesen, statt Fernzusehen (oder umgekehrt), also Routinen zu durchbrechen – all dies sind Anlässe für Motivationsprozesse in denen verschiedene Möglichkeiten abgewägt werden, oder volitionale Vorgänge (Willensentscheidungen), um bestimmte Ziele zu erreichen.

Medien und ihre Kommunikate bieten in unterschiedlicher Weise Möglichkeiten zum Abschalten und Eskapismus sowie zur Kommunikation mit anderen. Insbesondere aktiv zu beeinflussende Medien wie Spiele, Communities, Blogs etc. bieten tätigkeitsspezifische Vorzugsanreize und Gratifikationen (vgl. Eberle 2000). Medien dürfen Unterhaltungsmedien sein. Wer am Computer, Laptop oder Tablet arbeitet oder lernt, gleichzeitig aber online ist und Nachrichten erhält, ist mit vielen Möglichkeiten der Ablenkung zwischendrin konfrontiert.

Der eigenen Medienrezeptionsstudie zufolge wollen Schüler(innen) von Medien fürs Leben lernen. Das kann teilweise eine Rationalisierung sein, um auch eskapistisches Fernsehen zu legitimieren. Mehr als die Hälfte der befragen Schüler(innen) gibt z.b. an, aus einer Reality-TV-Sendung über einen Fast-Unfall in den Bergen gelernt zu haben (vgl. Eberle 2000, 296ff). Mediennutzung, wie oben dargelegt, unterscheidet sich je nachdem, ob Familienmitglieder oder Freunde zugegen sind. Dies lässt sich unter anderem dadurch erklären, dass Fernsehnutzung im Familienkreis als gemeinsame Aktivität verstanden wird, die dadurch mehr an Bedeutung gewinnt.

„Heranwachsende nutzen Medien zur Unterhaltung, insbesondere aber als Wissens- und Informationsquellen und als Orientierungsfundus für Persönlichkeits- und Lebenskonzepte." (Schell 2006, 1). Die Analyse des Verhaltens Jugendlicher in vernetzten Informationswelten zeigt, dass diese sich orientieren, positionieren, einbringen und andere aktivieren (Theunert 2011, 76-79). Die Mitmachoptionen des Web 2.0 helfen, um sich selbst und seine Verortung in der Welt zu suchen und zu testen (vgl. Theunert & Wagner 2011, 9).

Da viele Medien emotional ansprechen, bieten sie tätigkeitsspezifische Vorzugsanreize, also Spannung, Unterhaltung und motivieren die weitere Nutzung. Teilweise werden Leistungsthematiken angesprochen. So konnten Fritz und Kollegen bereits in den 90er Jahren bei exzessiven Computerspielern Zusammenhänge zwischen Computerspiel, tätigkeitsspezifischen Vollzugsanreizen, Erfolgserlebnissen und Motivation durch Misserfolg in der Schule aufzeigen (vgl. Wegge, Kleinbeck & Quäck, 1995).

3 Medienpädagogik, Medienerziehung -didaktik als Aufgabe von Schule

Dass Kinder und Jugendliche Medien nutzen, ist an sich ist noch kein Grund, dass Schule medienerzieherisch aktiv wird. Problematisch ist, wenn manche Heranwachsende Medien nicht gewinnbringend für die Bildung und persönliche Weiterentwicklung nutzen können. Es gibt Anzeichen, dass die 1970 von Tichenor, Donohue und Olien postulierte und 1984 von Baacke erweiterte Wissenskluft-These (Baacke 1984, 327ff) nach wie vor Aktualität besitzt. Ein Indiz dafür ist, dass 22% der Gymnasiasten die Tagesschau sehen, aber nur 11% mit Real- oder Hauptschulbildung. Theunert (2008, 44f) zufolge hat die Medienforschung der letzten Jahre gezeigt, dass bildungsbevorzugte Jugendliche mit Unterstützung ihres Milieus Nutzen aus den Medien ziehen können, während bildungsbenachteiligte Jugendliche für die Risiken wie gewalthaltige Actionwelten und lebensferne Traumwelten besonders anfällig sind. „Die konvergente Medienwelt verschärft die Bildungskluft" (Theunert & Wagner 2008, S. 128).

Schule soll einerseits Medien gewinnbringend einsetzen (Mediendidaktik), anderseits Schüler(innen) befähigen, Medien dienlich und verantwortungsvoll einzusetzen (Medienerziehung). Medienerziehung und Mediendidaktik können zwar analytisch getrennt und fallweise im Unterricht isoliert betrachtet werden, sind aber untrennbar miteinander verwoben. Ein im Unterricht eingesetztes Medium hat sowohl eine didaktische, als auch eine medienerzieherische Komponente. Medienpädagogik wird teilweise in der Literatur als Überbegriff für Medienerziehung und Mediendidaktik verwendet, andere Quellen nutzen den Begriff der Medienerziehung nicht, sondern ausschließlich den der Medienpädagogik (vgl. Spanhel 2006, 11).

Der Bedeutung von Kompetenzen im Bereich der Informationstechnik wurde bereits 1987 durch die Einführung der Informationstechnischen Grundbildung an Schulen durch die Bund-Länder-Kommission für Bildungsplanung und Forschungsförderung Rechnung getragen. Bildung ist Ländersache, insofern sind die Regelungen überwiegend landesspezifisch, weisen aber Übereinstimmungen auf. Aktuell gilt in Bayern die Bekanntmachung des Bayerischen Staatsministeriums für Unterricht und Kultus vom 15. Oktober 2009, Az.: III.4-5 S 1356-5.625 über Medienbildung, Medienerziehung und informationstechnische Bildung in der Schule. Ähnlich wie in anderen Bundesländern wird Medienerziehung als fächerübergreifende Aufgabe für alle Jahrgangsstufen mit Verankerung in den Lehrplänen gekennzeichnet.

3.1 Medienerzieherische Ansätze

Medienerziehung strebt die verantwortungsvolle und gewinnbringende Nutzung der Medien an. Jugendliche sollen befähigt werden, Informationen bildungswirksam zu nutzen und Medien zu aktiver Teilnahme an der Gesellschaft und zur Artikulation eigener Anliegen zu verwenden.

Diese Zusammenfassung medienerzieherischer Anliegen integriert viele einzelne Ziele:

- Ermöglichen des Lernens mit dem Ziel eigenständiger Lebensbewältigung
- Vermittlung von Medienkompetenz als Kulturtechnik
- Medien in Dienst nehmen und für eigene Zwecke gewinnbringend einsetzen:
  - Rezeptiv (Informationen einholen etc.)
  - Produktiv (Informationen verarbeiten, Medien als Mittel des persönlichen Ausdrucks)
- Bewahren vor Schaden (z.B. durch unvorsichtige Weitergabe persönlicher Daten)
- Verantwortungsvoller Umgang mit eigenen und fremden persönlichen Daten
- Achten der Rechte anderer (Menschenwürde, Privatsphäre, geistiges Eigentum und Urheberrecht, vgl. Plagiate, Raubkopien aller Art)
- Kritische Einstellung gegenüber Inhalten – Plausibilitätsprüfung, Ideologien und Manipulation erkennen
- Sinnvolle Freizeitgestaltung (Problem: Was gilt als sinnvoll?)

- Herstellung authentischer Erfahrungen (ein scheinbarer Widerspruch)
- adäquater Umgang mit Bedürfnissen und Interessen
- Mündigkeit/Emanzipation
- Medien als einen Zugang zur Welt erkennen und andere Zugänge situationsangepasst nutzen
- Werterziehung

Die genannten einzelnen Ziele sind nicht vollständig realisierbar und nicht widerspruchsfrei (vgl. zu Zielen auch Eberle 2000, 317-320, Kammerl & Ostermann 2010, Theunert 2011). Medienerziehung lässt sich hinsichtlich ihrer Vorgehensweise unterschiedlichen Ansätzen zuordnen: Bewahrpädagogische Ansätze, Geschmacksbildung und Vorbildfunktion.

Bewahrpädagogische Bestrebungen versuchen, Kinder und Jugendliche von schädlichen Einflüssen fernzuhalten. Sie sind in Teilen realisierbar, faktisch aber außer bei Kleinkindern schwierig umzusetzen. Negative Einflüsse und Gefahren wie Gewaltverherrlichung, Ideologien, Volksverhetzung, Fehlinformationen und Kinderpornographie sind gegeben. Mit unterschiedlichen Maßnahmen wurde versucht, den Zugang zu derartigen Inhalten zu verhindern oder zumindest zu erschweren. Bedenken bestehen hinsichtlich der Beeinflussung der Einstellung Heranwachsender zu Demokratie, Minoritäten und Migranten, Sexualität und anderem Geschlecht sowie über adäquates Verhalten, insbesondere bei Konflikten. In bestimmten Fällen, z.B. Amokläufen von Schüler(innen), sind mediale Vorbilder für Gewaltphantasien und -taten erkennbar oder wurden vermutet.

Dass bereits Grundschulkinder Medienangebote allein nutzen und dabei auch auf für sie ungeeignete Inhalte stoßen (mpfs 2011a, 38-39), zeigt die Begrenztheit bewahrpädagogischer Bestrebungen. Jugendschutzmaßnahmen mit Freigaben ab bestimmten Altersstufen und die nächtliche Ausstrahlung nicht jugendfreier Fernsehinhalte helfen verantwortungsbewussten Erziehern. Über Mitschüler(innen) und Internetserver sind viele Inhalte zugänglich. Hard- und Softwareschutz bleibt löchrig, erschwert aber den Zugang (zumindest ein wenig).

Insofern sind weitere Anstrengungen nötig, die Heranwachsende befähigen, verantwortungsvoll zu handeln. Es ist sinnvoll, mit Kindern und Jugendlichen über Inhalte zu sprechen und Medien gemeinsam zu verwenden, so dass sinnvolle Mediennutzung vorgelebt wird. Das gilt sowohl für die Schule als auch die Familie. Bereits die Kinopädagogen versuchten, durch Zeigen von aus ihrer Sicht wertvollen Medien zur Geschmacksbildung beizutragen.

Ansätze der Kompetenz- und Verantwortungsförderung

– Medienanalyse und -kritik

Ein intellektueller Zugang ist die Analyse von Medieninhalten, manipulativen Kommunikaten oder das beispielhafte Besprechen von Sendungen oder Webseiten mit zweifelhaften Inhalten. Dieser Zugang ist besonders in weiterführenden Schulen und in der Oberstufe möglich, wenn Schüler(innen) ein entsprechendes Reflexionsniveau und Freude an intellektueller Durchdringung aufweisen. Bei Jüngeren ist es sinnvoll, anhand konkreter Anlässe Vor- und Nachteile sowie ethische Fragen zu thematisieren.

– Aktive Medienarbeit /-pädagogik

Medienproduktion, oft als Aktive Medienarbeit oder Aktive Medienpädagogik bezeichnet (Schell 2003), hat den Vorteil des handelnden Lernens. Wenn Schüler(innen) Videos drehen und schneiden, lernen sie auch die Möglichkeiten subjektiver Kamera, schneller Schnitte und die Probleme gekürzter Interviewaussagen kennen, lernen aber zugleich, Medien in Dienst zu nehmen.

Aktive Medienpädagogik ermöglicht, gerade im schulischen Bereich, eine Verbindung erzieherischer und didaktischer Ziele, was unten weiter ausgeführt wird.

3.2 Mediendidaktische Ansätze

Abhängig vom Konzept der Unterrichtsplanung und -strukturierung wird der didaktische Einsatz von Medien mehr oder weniger intensiv betrachtet. Bei Lernsoftware, Blended Learning oder Fernunterricht sind Medien und Mensch-Maschine Interaktion zentrale Qualitätskriterien. Eine verbreitete Vorgehensweise bei Lehrkräften hingegen ist die Planung nach einem Artikulationsschema. Im Rahmen dieser Planung wird überlegt, welche Medien zur Veranschaulichung oder Motivationsförderung zur Verfügung stehen. In anderen Fällen bilden Medien (ein Filmbeitrag, eine Animation, ein Präparierversuch mit Mikroskopeinsatz oder eine Simulation) den Ausgangspunkt für die dann entworfene Unterrichtseinheit mit Arbeitsaufträgen und -materialien. In einfachen Kategorien gedacht dienen Medien der Veranschaulichung von Sachverhalten („ein Bild sagt mehr als 1000 Worte"), der Motivation zur Auseinandersetzung mit dem Unterrichtsgegenstand (das jeweilige Medium ermöglicht Zugänge, legt Sachverhalte einleuchtend dar oder soll durch tätigkeitsspezifische Vollzugsanreize die Auseinandersetzung mit Aufgaben fördern).

Der „Belohnungsfilm" – für vorher anstrengendes Unterrichtsgeschehen ist in seiner Wirksamkeit begrenzt, da er extrinsisch motivieren soll, zum anderen haben die Heranwachsenden im Alltag viele Möglichkeiten der Medienrezeption.

„Unter Berücksichtigung der Rahmenbedingungen kann Unterrichtsgestaltung als Entscheidungsfeld bestimmt werden, in dem die Wahl der Medien in einer interdependenten Relation mit den Zielen, Inhalten und Methoden des Unterrichts steht", stellt Kammerl (2010, 251) fest.

Medientaxonomische, behavioristische, kognitionstheoretische und konstruktivistische Ansätze

Mediendidaktische Konzepte hängen eng mit unterschiedlichen Auffassungen von Lernen zusammen. Kron und Sophos (2003, 53ff) unterscheiden medientaxonomische, behavioristische, kognitionstheoretische und konstruktivistische Ansätze.

Im Folgenden wird diese Systematisierung aufgegriffen und durch Kurzbeschreibungen sowie Kernfragen gekennzeichnet.

- Medientaxonomische Ansätze sind in den 1960er Jahren auf der Basis kybernetischer Betrachtung von Unterricht und vor dem Hintergrund der Gestaltung von Lernmaschinen entstanden. Ziel ist die Kategorisierung und Systematisierung von Medien hinsichtlich eines lernzielorientierten Einsatzes. Kernfrage: Was können die unterschiedlichen Medien leisten?
- Behavioristische Ansätze versuchen durch geeignetes Antwortverhalten (der Software) Lernerfolg herbeizuführen. Zentrale Fragen sind: Wie oft muss geübt werden? Welche Art von Lob und Tadel sind erfolgreich?
- Kognitionstheoretische Ansätze haben die kognitiven Vorgänge bei Lernprozessen im Blick und konzentrieren sich dabei auf die Interaktion der Person mit ihrer Umwelt (Lebenswelt/Lernkultur/Lernangebot). In den 70er Jahren angelehnt an die Theorien Piagets stellen sich aktuell Fragen hinsichtlich der (möglichst intuitiven) Bedienung von Medien, die Mensch-Maschine-Kommunikation (z.B. bei der Unterstützung von Menschen mit beginnender Demenz). Kernfrage: Wie müssen Medienangebote gestaltet werden, damit sie kognitives Lernen optimal unterstützen?
- Konstruktivistische Ansätze (Kron & Sophos 2003) berücksichtigen insbesondere die Tatsache, dass Lernprozesse beim Lerner selbst erfolgen müssen, dass dieser Gestalter seiner Lernprozesse sein oder werden soll und dass Lernen sozial eingebunden erfolgt. Kernfrage: Wie können Lernumgebungen gestaltet werden, dass sie aktives, selbstgesteuertes, konstruktives, situiertes und sozial eingebundenes Lernen ermöglichen (vgl. Reinmann & Mandl 2006, 638)?

Die folgende Tabelle zeigt am Beispiel von Lernsoftware Zusammenhänge zwischen unterschiedlichen Typen von Lernprogrammen, ihren Aufgaben und Funktionen, mediendidaktischen Konzepten und lerntheoretischem Hintergrund (vgl. Tabelle.)

Tabelle 2: Software, Funktionen, mediendidaktische Konzepte, lerntheoretischer Hintergrund (Kron & Sofos 2003, 174)

Softwaretypus	Funktionen	Mediendidaktische Konzepte	Lerntheoretischer Hintergrund
Präsentations- und Visualisierungssoftware	Erinnern und Rezipieren von Faktenwissen	Lehrerzentrierung, Modulorientierung	Behaviorismus
Drill- und Testsoftware	Üben und Festigen von Faktenwissen	Modulorientierung, Aufgabenorientierung	Behaviorismus
Tutorielle Systeme	Auswählen, Entscheiden	Aufgabenorientierung, Systemorientierung	Kybernetik
Intelligente tutorielle Systeme	Modellieren von Lösungsstrategien, Lösen von Problemen	Aufgabenorientierung, Entdeckungsorientierung, Handlungsorientierung	Kybernetik Kognitivismus
Simulationen	Verstehen komplexer Relationen, Entdecken neuer Zusammenhänge	Entdeckungsorientierung, Handlungsorientierung	Kognitivismus, Konstruktivismus
Hypermedia	Handeln nach Plan. Konstruieren, subjektiver Bedeutung	Entdeckungsorientierung, Handlungsorientierung	Konstruktivismus

Medienkompetenz der Lehrkräfte und Teufelskreis der Medienbildung

Medien müssen aber nicht nur vorhanden sein, sondern auch von kompetenten Personen eingesetzt werden. Kammerl und Ostermann (2010, 49ff) haben in einer Studie einen Teufelskreis der Medienbildung dokumentiert. Sie zeigen auf, dass unzureichend mediengebildete Schüler(innen) mit Defiziten in die Lehrer(innen) bildung einhergehen und somit als Lehrkräfte erneut mit geringer medienpädagogischer Kompetenz an die Schulen gehen.

Es geht also nicht nur um die technische Ausstattung von Schulen, beispielsweise mit Smartboards, sondern auch um Lehrkräfte, die diese adäquat einsetzen können; im Beispiel nämlich diese nicht nur als Beamer benutzen, sondern die Gestaltungs- und Einsatzmöglichkeiten von Smartboards gewinnbringend ausschöpfen.

Technische Ausrüstung von Schulen und Elternhäusern und Bildungsgerechtigkeit

Schulen weisen eine Bandbreite von iPad-, Net- oder Notebookklassen in Pilotprojekten und abgelegter Hardware aus Unternehmen auf. Schule, die Medien intensiv einsetzt, muss darauf achten, dass sie nicht Ungleichheit verstärkt, weil einem Teil der Schüler(innen) nötige Ressourcen fehlen. Bildungsferne Haushalte verfügen oft über erstaunlich gute Medienausstattung. Die Finanzierung von Internetanschluss, Smartphones mit hochwertiger Hardware und Flatrates, Tablet-PCs etc. ist für Familien an der Armutsgrenze und insbesondere für viele Alleinerziehende nicht einfach, manchmal auch nicht zu bewältigen.

3.3 Möglichkeiten schulischer Umsetzung von Medienpädagogik und -didaktik

Unterricht in Schule und außerschulischen Lernumgebungen bietet eine Fülle von Möglichkeiten zur Medienerziehung und -didaktik. Bevorzugt werden hier Beispiele gewählt, die medienpädagogische, mediendidaktische und persönlichkeitsbildende Ziele integrieren.

Medien im normalen Unterrichtseinsatz

Im Unterrichtsalltag können und sollten traditionelle als auch elektronische Medien eingesetzt werden um Informationen einzuholen, aufzubreiten, um Arbeitsergebnisse festzuhalten und zu präsentieren. Medien sind – außer in Unterrichtseinheiten mit Medienkritik, in Lektionen zur Förderung bestimmter technisch-instrumenteller Fähigkeiten und bei Reflexion von Mediennutzung – nicht Hauptziel oder -zweck, sondern dienliches Werkzeug.

Internet, E-Portfolios CBT und WBT

Dass Internetnutzung Gefahren birgt, muss in den Unterricht einbezogen werden, um Schüler(innen) möglichst zu schützen. Internet als Wissensbasis zu ignorieren, ist aber kein Weg zur Qualifizierung von Schüler(innen) und verhindert Bildungschancen.

E-Portfolios bieten gute Möglichkeiten der Dokumentation und erneuten Sichtung von Arbeitsergebnissen. Sie müssen ebenso wie Portfolios in Papierform angeleitet und regelmäßig gepflegt werden.

Zur Differenzierung und Individualisierung bieten sich unter anderem Computer-Based- und Web-Based-Trainings sowie weitere via Internet zugängliche Angebote von Lehrkräften, Schulbuchverlagen und Laien an, die jedoch hinsichtlich ihrer Eignung für den konkreten Zweck geprüft werden müssen.

Gerade Schüler(innen) mit Defiziten oder Nachholbedarf bedürfen der Zuwendung und Ermutigung sowie der Rückmeldung für den Einsatz – auch in Hinblick auf eine Förderung positiver Selbstwirksamkeitserwartungen. Insofern kann Förderung nicht an mediale Möglichkeiten delegiert werden. Umgekehrt können Lernschwierigkeiten im Kleingruppenunterricht aufgearbeitet werden, während andere Schüler(innen) selbstständig an Projekten oder anderen Themen arbeiten und hierfür Medien nutzen.

Lernplattformen

Lernplattformen bieten mehr als ihre im Schul- und Hochschulbereich verbreitete Nutzung als Dateiablage. Wenn Schüler(inne)n entsprechende Rechte zugewiesen werden, können sie auf Lernplattformen (z.B. Moodle) Unterrichtsinhalte selbst bearbeiten und anderen Schüler(inne)n zur Verfügung stellen oder ein gemeinsames elektronisches Portfolio erstellen. Durch Einbinden von Links werden zudem weitere Inhalte bereitgestellt. Schüler(innen) lernen dabei auch, fremde Inhalte zu kennzeichnen und richtig zu zitieren.

Selbst erstelltes Audio- und Videomaterial kann Mitschüler(inne)n zur Verfügung gestellt werden. Wenn Schüler(innen) Informationen aufbereiten, zusammenfassen und strukturieren, kommen ihnen positive Effekte des Learning by Teaching zugute: Wer unterrichtet und erklärt, vertieft selbst die Inhalte und lernt dazu.

Hörfunkprojekte

Projekte und projektähnliche Verfahren bieten viele Möglichkeiten, Schüler(innen) in unterschiedlichen Kompetenzbereichen zu fördern. Die Integration von Zielen der Medienerziehung, -didaktik und Förderung von Schlüsselkompetenzen wird beispielhaft an Hörfunkprojekten dargestellt. Diese bringen nicht nur das Medium Radio näher. Übungen wie z.B. Reizwortgeschichten, von Schüler(innen) selbst geschriebene Hörspiele und Reportagen oder die Umsetzung literarischer Vorlagen sind geeignet, Schüler(innen) in ihrer Sprach-, Selbst und Sozialkompetenz zu fördern. Bisher ist die Datenbasis relativ klein, so dass die ersten Ergebnisse vorsichtig zu interpretieren sind und weiterer Forschung bedürften. Hörfunkarbeit in zwei Klassen zeigte jedoch im Vergleich zu normalen Schulwochen ohne messbare Veränderungen deutliche (Kurzfrist-)Effekte: Nach Einschätzung der Schüler(innen) und der Lehrkräfte wurde die Zuhörfähigkeit gesteigert, obwohl das nicht primäres Ziel war. Deutliche messbare Effekte auf die selbst eingeschätzte Teamfähigkeit sowie auf Selbstwirksamkeitserwartungen wurden ebenso festgestellt.

Via Hörfunkprojekt gaben an einer oberbayerischen Hauptschule die Neuntklässler ihre Erfahrungen mit Berufswahl und Praktika an die jüngeren Schüler(innen) weiter. Fremdsprachenunterricht profitiert nicht nur vom wieder entdeckten Sprachlabor, sondern auch von Hörfunkarbeit (vgl. Eberle 2011). Hinweise über die Didaktik von Hörfunkprojekten sowie Übungsformen und konkrete Umsetzung finden sich auf der vom Autor betreuten Projekthomepage www.mitsprechen-durchstarten.de.

Planspiel und Simulation

Simulationen und Planspiele führen Konsequenzen von Handlungsentscheidungen vor Augen, beispielsweise in Simulationen über ökologische Folgen des eigenen Handelns. Andere Simulationen ermöglichen das Erleben physikalischer Gesetze in der Schwerelosigkeit, beispielsweise wenn Schüler(innen) selbst virtuelle Objekte in Bewegung setzen können und diese sich ungebremst weiter fortbewegen.

Lehrer(innen)- und Schüler(innen)rolle

Lehrkräfte, die Medien im Unterricht einsetzen, haben einen gewissen Aufwand und manchmal Schüler(innen), die surfen oder chatten, statt mitzuarbeiten. Andererseits haben die Rahmenbedingungen von Medienerziehung auch erzieherische Wirkung. Da während der Video- oder Audio-Aufnahmen jedes Geräusch oder Wort stört, wird eine ruhige Arbeitsatmosphäre durch die Aufgabe vorgegeben, nicht durch mahnende oder strafende Lehrkräfte.

Mitschüler(innen) und Lehrer(innen)können aber ungeahnte Kompetenzen und Kreativität kennen lernen. In einem vom Lehrstuhlteam des Autors evaluierten Projekt erstellte eine Gruppe verhaltensauffälliger Jungen zielstrebig ein spannendes Hörspiel. Ein anderer Schüler, der sich schwer in den Klassenverband integrieren konnte, verfasste eine Geschichte und übernahm fallweise die Führungsrolle beim Umsetzen in ein Hörspiel.

Gendersensible Medienpädagogik

Mediennutzung weist, wie oben dargestellt und in Studien belegt (vgl. mpfs 2011a, Eberle 2000), tendenzielle Unterschiede in Interessen und Nutzungsweisen zwischen Jungen und Mädchen auf. Gleichzeitig finden sich immer Personen, die diesen Tendenzen genau nicht entsprechen. Gendersensibles Umgehen in medienerzieherischen und -didaktischen Maßnahmen heißt einerseits, Rollenstereotype nicht zu verstärken, sondern aufzubrechen, andererseits aber nicht so weit zu gehen, dass Kompetenzen einzelner nicht mehr zum Tragen kommen dürfen. Ein kleiner, oft sogar eher vermuteter als tatsächlicher Unterschied in der Vorerfahrung der Beteiligten sollte nicht dazu führen, dass andere keine Chance zur Weiterentwicklung bekommen. Jungen dürfen sich gerne um Technik kümmern, aber auch Mädchen sollten die Gelegenheit dazu bekommen. Mädchen sind im Gegenzug oft eloquenter, umso mehr sollten auch Jungen Sprechanteile übernehmen. In den Projekten des Verfassers, vom ITG- und Informatik-Unterricht Anfang der 1990er Jahre bis hin zu aktuellen Hörfunk-, Web- und Multimedia-Projekten, war es nie ein Problem, Jugendlichen mit geringeren Vorerfahrungen oder - geringem Selbstvertrauen die nötige Unterstützung zu geben. Sie konnten ihre Kompetenzen erweitern und verantwortungsvolle Aufgaben übernehmen.

Pädagogische Projekte unterscheiden sich von rein produktorientierten: In pädagogischen Projekten werden im Sinne der Kompetenzerweiterung auch Schüler(innen) mit Lernschwierigkeiten ermuntert, Aufgaben zu übernehmen – nicht nur die jeweils Besten werden eingesetzt. Je nach Fähigkeit können gegebenenfalls kürzere Sprechtexte, einfachere Schnittaufgaben bei Audio- und Videomaterial die Einstiegshürden überwinden helfen, manchmal sprechen Einzelne nur wenige Sätze. Immer wieder wurden Projektbeteiligte davon überrascht, dass viele Nischen fanden, Kompetenz zu zeigen. Vertrauen in die Bewältigung gepaart mit einer Arbeitsatmosphäre, in der niemand ausgelacht wird, führten Schüler(innen) zu unerwartet hochwertigen Ergebnissen. Selbst gewählte Aufgaben und Ermutigung sind wichtige Schlüssel zum Erfolg.

Fazit

Die Koordinatorin der Expertenkommission des BMBF-Berichts „Kompetenzen in einer digital geprägten Kultur" charakterisiert die Bedeutung von Medienkompetenz so: „Im 21. Jahrhundert ist Medienkompetenz Schlüssel für die Teilhabe und für die Entwicklung einer aktiven und selbstbewussten Rolle in Gesellschaft und Arbeitswelt. Sie kommt nicht einfach zu den bisherigen Anforderungen an den gebildeten Menschen hinzu, vielmehr wandeln sich auch traditionelle Kompetenzen unter dem Einfluss der Computermedien." (Schelhowe 2009, 1)
Schule ist gefordert, viele unterschiedliche Ziele zu integrieren.
Medienpädagogik als integrierte Aufgabe aller Schulen und Fächer bedeutet, dass Möglichkeiten zur Umsetzung im Unterricht gesucht und genutzt werden müssen. Medienkompetenz ist integrativer Bestandteil von kommunikativer Kompetenz und Handlungskompetenz (vgl. Theunert 2008, 41). Da Handlungskompetenz(en) Fachkompetenzen, Methodenkompetenzen, sozial-kommunikative Kompetenzen und personale Kompetenzen umfassen (Erpenbeck und Weinberg 1999, 154), sind Maßnahmen sinnvoll, die neben Medienkompetenz auch andere Kompetenzbereiche fördern.
Schüler(innen) benötigen nicht nur Medienerziehung, um rezeptiv Medien zu nutzen, sie benötigen auch mediendidaktische Kenntnisse, um multimediale Möglichkeiten sinnvoll einzusetzen – beispielsweise in der Präsentation von Arbeitsergebnissen.
„Medienpädagogische Kompetenz setzt sich zusammen aus:
1) einer medienerzieherischen Kompetenz.
2) einer mediendidaktischen Kompetenz,
3) einer sozialisationsbezogenen Kompetenz im Medienzusammenhang,
4) der eigenen Medienkompetenz der Lehrpersonen und
5) einer Schulentwicklungskompetenz im Medienzusammenhang."
(Kammerl & Ostermann 2010, 51)

Mediale Möglichkeiten müssen – wie anfangs festgestellt – hinsichtlich ihrer Leistung für Bildung und positive Lebensgestaltung überprüft werden. Heranwachsende brauchen hierzu Unterstützung. Medienkompetenz von Lehrkräften ist hierfür ebenso Voraussetzung wie fundiertes Handlungswissen über Medienerziehung und -didaktik. Wenn Lehrer(innen)und Schüler(innen) Medien in Dienst nehmen, werden sie ihre Handlungskompetenz erweitern.

Literatur

Baacke, D. (1984): Veränderung der Kommunikation - Veränderung der Medienpädagogik. In: merz (medien und erziehung) 28 (6), 327-346.

Bayerisches Staatsministerium für Unterricht und Kultus (Hrsg.) (2009): Bekanntmachung vom 15. Oktober 2009, Az.: III.4-5 S 1356-5.625 über Medienbildung, Medienerziehung und informationstechnische Bildung in der Schule.

Bertelsmann Stiftung, Institut für Schulentwicklungsforschung (Hrsg.) (2012): Chancenspiegel. Zur Chancengerechtigkeit und Leistungsfähigkeit der deutschen Schulsysteme. Zusammenfassung zentraler Befunde. Verfügbar unter: http://www.bertelsmann-stiftung.de/bst/de/media/xcms_bst_dms_35692_35693_2.pdf (11.3.2012).

Eberle, T. (2000): Motivation des Fernsehverhaltens Jugendlicher. Grundlagen, Verhaltensanalyse, Selbstauskünfte und Beurteilung des Reality-TV. Bad Heilbrunn: Klinkhardt.

Eberle, T. (2011): Innovativer Englischunterricht mit selbst gestalteten Hörfunkelementen. In: Eisenmann, M. (Hrsg.): Differenzierung im Englischunterricht. Eichstätt: Academic Press, 137-151.

Erpenbeck, J./Weinberg, J. (1999): Lernen in der Leonardo-Welt – Von der Weiterbildung zur Kompetenzentwicklung in offenen und selbstorganisierten Lernarrangements. In: Arnold, R./Gieseke, W. (Hrsg.): Die Weiterbildungsgesellschaft. Neuwied: Luchterhand, 144-160.

Fritz, J. (Hrsg.) (1995): Warum Computerspiele faszinieren. Empirische Annäherung an Nutzung und Wirkung von Bildschirmspielen. Weinheim/München: Juventa.

Glasersfeld, E. von (1992): Konstruktion der Wirklichkeit und des Begriffs der Objektivität. In: Gumin, H./Meier, H. (Hrsg.): Einführung in den Konstruktivismus. München, Zürich: Piper, 9-39.

Kammerl, R. (2010): Medien im Unterricht. In: Mägdefrau, J. (Hrsg.): Schulisches Lehren und Lernen. Pädagogische Theorie an Praxisbeispielen. Bad Heilbrunn: Klinkhardt, 250-276.

Kammerl, R./Ostermann, S. (2010): Medienbildung - (k)ein Unterrichtsfach? Eine Expertise zum Stellenwert der Medienkompetenzförderung in Schulen. Hamburg: Medienanstalt Hamburg /Schleswig Holstein. Verfügbar unter: http://www.ma-hsh.de/cms/upload/downloads/Medienkompetenz/ma_hsh_studie_medienbildung_web.pdf (25.2.12).

Kron, F.W./Sofos, A. (2003): Mediendidaktik. München: Ernst Reinhardt.

mpfs-Medienpädagogischer Forschungsverbund Südwest (Hrsg.) (2011a): JIM 2011 – Jugend, Information, (Multi-) Media; Basisstudie zum Medienumgang 12- bis 19-Jähriger in Deutschland. Stuttgart: Landesanstalt für Kommunikation Baden- Württemberg. Verfügbar unter: http://www.mpfs.de/fileadmin/Studien/JIM2001.pdf (26.03.2011).

mpfs-Medienpädagogischer Forschungsverbund Südwest (Hrsg.) (2011b): KIM- Studie 2010 – Kinder + Medien, Computer + Internet; Basisuntersuchung zum Medienumgang 6- bis 13-Jähriger in Deutschland. Stuttgart: Landesanstalt für Kommunikation Baden- Württemberg. Verfügbar unter: http://www.mpfs.de/fileadmin/KIM-pdf10/KIM2010.pdf (26.03.2012).

Reinmann, G./Mandl, H. (2006): Unterrichten und Lernumgebungen gestalten. In: Krapp, A./Weidenmann, B. (Hrsg.): Pädagogische Psychologie. Ein Lehrbuch. Weinheim: Beltz, 613-658.

Reinmann, G./Mandl, H. (2010): Wissensmanagement und Weiterbildung. In: Tippelt, R./von Hippel, A. (Hrsg.): Handbuch Erwachsenenbildung/Weiterbildung. Wiesbaden: VS Verlag für Sozialwissenschaften, 1049-1066.

Schelhowe, H. (2009): Vorwort. In: Bundesministerium für Bildung und Forschung (Hrsg.): Kompetenzen in einer digital geprägten Kultur. Medienbildung für die Persönlichkeitsentwicklung, für die gesellschaftliche Teilhabe und für die Entwicklung von Ausbildungs- und Erwerbsfähigkeit. Bielefeld: Bertelsmann. 1. Verfügbar unter: http://www.bmbf.de/pub/kompetenzen_in_digital_kultur.pdf (04.03.12).

Schell, F. (2003): Aktive Medienarbeit mit Jugendlichen. Theorie und Praxis. München: KoPäd.

Schell, F. (2006): Mediennutzung, Medienaneignung und medienpädagogische Folgerungen (Thesenpapier). In: Bundeszentrale für politische Bildung (Hrsg.): 10. Bundeskongress für politische Bildung, März 2006, Thema: „Zwischen Inszenierung und Information". Sektion 9 Kompetenz und Erziehung in der Mediengesellschaft. Verfügbar unter: http://www.bpb.de/files/UQPFWC.pdf (11.3.12).

Schorb, B./Schell, F. (1989): Vom Werkzeug zum Lehrer. Die Bedeutung von Lehr- und Lernmedien für die Schule. In: Schorb, B., Faulstich-Wieland, H. et al.: Bildung trotz Computer? Eine Zwischenbilanz des informationstechnischen Unterrichts. Ehningen bei Böblingen: expert-Verlag, 1-11.

Spanhel, D. (2006): Handbuch Medienpädagogik. In 5 Bänden. 3. Medienerziehung. Erziehungs- und Bildungsaufgaben in der Mediengesellschaft. Stuttgart: Klett-Cotta.

Theunert, H. (2008) Jugendmedienschutz und Medienkompetenz. Kongruenz. Koexistenz, Konkurrenz. In Dörken-Kucharz, T. (Hrsg.): Medienkompetenz - Zauberwort oder Leerformel des Jugendmedienschutzes? Zauberwort oder Leerformel des Jugendmedienschutzes? Baden-Baden: Nomos, 35-46.

Theunert, H. (2011): Jugend zwischen medialer Informationsflut und Informationsproduktion. In Theunert, H./Wagner, U. (Hrsg.): Alles auf dem Schirm? Jugendliche in vernetzten Informationswelten. München: kopaed, 69-86.

Theunert, H./Wagner, U. (2008): Neue Wege durch die konvergente Medienwelt. Eine Untersuchung zur konvergenzbezogenen Medienaneignung der 11- bis 17-Jährigen. In Dörken-Kucharz, T. (Hrsg.): Medienkompetenz – Zauberwort oder Leerformel des Jugendmedienschutzes? Zauberwort oder Leerformel des Jugendmedienschutzes? Baden-Baden: Nomos, 117-128.

Theunert H./Wagner U. (2011): Alles auf dem Schirm? In Theunert, H./Wagner, U. (Hrsg.): Alles auf dem Schirm? Jugendliche in vernetzten Informationswelten. München: kopaed, 7-12.

Tulodziecki, G. (1992): Medienerziehung in Schule und Unterricht. 2. neubearb. Auflage. Bad Heilbrunn: Klinkhardt.

Wegge, J./Kleinbeck, U./Quäck, A. (1995): Motive der Bildschirmspieler. Die Suche nach virtueller Macht, künstlicher Harmonie und schnellen Erfolgen? In: Fritz, J. (Hrsg.): Warum Computerspiele faszinieren. Empirische Annäherung an Nutzung und Wirkung von Bildschirmspielen. Weinheim/München: Juventa, 214-237.

Ewald Kiel
Unterrichtsprinzipien

Der folgende Beitrag klärt zunächst den Begriff „Unterricht" und Probleme der Definition von Unterrichtsprinzipien. Darauf folgt eine Darstellung zunächst der fundierenden und dann der regulierenden Unterrichtsprinzipien. Der gesamte Beitrag versucht, anders als häufig üblich, geisteswissenschaftliche Traditionen auf die empirische Unterrichtsforschung zu beziehen.

1 Kontext und Definition

Unterricht lässt sich in einem ersten Schritt begreifen als ein auf Lernen, Bilden und Erziehen gerichtetes pädagogisches Handeln innerhalb der spezifischen Rahmenbedingungen einer Institution, die schulisch oder auch außerschulisch sein kann, deren Lerner Erwachsene oder Kinder und Jugendliche sind. Soziale Organisationen, als Institutionen in denen gelernt wird, zeichnen sich durch vielfältige normative Reglementierungen aus. Dies sind in der Schule z.B. Curricula, Bildungsstandards, Schulgesetze, Verwaltungsvorschriften, Schulordnungen. Die normativen Reglementierungen können bisweilen wissenschaftlichen Erkenntnissen widersprechen. Vor diesem Hintergrund bezeichnet Unterricht in einem zweiten Schritt die an einen institutionellen Rahmen gebundenen interdependenten Beziehungen zwischen

- Unterrichtsgegenstand („Stoff", „content"),
- geplanten rational gesteuerten Tätigkeiten des Lernens und Lehrens, die von Lehrpersonen, den Lernern, computergestützten Lernplattformen oder anderen vorstrukturierten Materialien vorausplanend und prozessbegleitend gegliedert werden, und
- außerplanmäßigen, bisweilen intuitiven Prozessen des Lehrens und Lernens (vgl. Dick/Carey 1996: Glöckel 1990, 315).

Unterricht als komplexes Beziehungsgeflecht in diesem Sinne ist ein Angebot an die Lerner, welches von ihnen nicht notwendigerweise angenommen werden muss (vgl. Helmke 2004). Um dieses Beziehungsgeflecht zu ordnen, ist es sinnvoll, Prinzipien zu formulieren, die den Prozess der Organisation und Strukturierung für die Umsetzung von Unterricht oder für Zwecke der Forschung definieren und unterstützen.

Nach dieser Charakterisierung von Unterricht sind Unterrichtsprinzipien:
- übergreifende Handlungsempfehlungen oder Inszenierungshinweise für die Gestaltung von Unterricht als Lernangebot, die sich auf ausgewiesene normative, empirische und theoretische Prämissen gründen;
- ein Beleg für Kontinuität und Diskontinuität überlieferter Ziel- und Gestaltungsvorstellung von Unterricht und seiner Begründungen;
- wesentlicher Teil der Expertise von Lehrer(inne)n;
- abhängig von einer Anpassung an die individuellen Eingangsvoraussetzungen und an die individuellen Verarbeitungsmöglichkeiten der Lerner;
- abhängig von den Kooperationen und Kollaboration der Lerner untereinander oder der Lerner mit der Lehrkraft;
- keine Garantie für die Annahme des Lernangebots durch die Lerner.

Diese Definition des Begriffs „Unterrichtsprinzipien" greift einerseits zurück auf Flechsigs Definition „didaktischer Prinzipien" (vgl. Flechsig 1991) und andererseits auf das heute weit verbreitete Angebot-Nutzen-Modell des Unterrichts von Andreas Helmke (2004).

Man unterscheidet häufig fundierende (manchmal auch konstituierende genannt) und regulierende Unterrichtsprinzipien (vgl. Wiater 2009), eine Unterscheidung, welcher der folgende Beitrag folgt, weil sie sehr verbreitet ist, obwohl nach Meinung des Autors diese Unterscheidung in der Literatur bisher nicht wirklich disjunkt erfolgt (vgl. Glöckel 1990; Wiater 2011a; 2011b). Dieses Definitionsproblem und die Verwendung der Worte „häufig" und „meist" deuten an, dass die Überlegungen zur Unterscheidung und Menge von Prinzipien recht disparat sind. Hier ist jedoch zu bedenken, dass Unterricht einen Raum von Möglichkeiten bietet, über den viele unterschiedliche Prinzipien auf unterschiedlichen Ebenen formuliert werden können. Ebenso hat der Begriff „Prinzip" sowohl in der Philosophiegeschichte als auch in der Geschichte der Erziehungswissenschaft recht unterschiedliche Ausprägungen erfahren.

Insgesamt gibt es gegenwärtig sehr verschiedene Paradigmen, Unterrichtsprinzipien zu artikulieren. Der Begriff selbst kommt aus einer geisteswissenschaftlichen Tradition. Heute jedoch erfolgt die Beschäftigung mit der Gestaltung von Unterricht besonders intensiv auf der Basis empirischer Unterrichtsforschung, die einerseits für ähnliche Phänomene und Begriffe andere Lexeme verwendet, als dies die geisteswissenschaftliche Tradition tut. Andererseits haben beide Traditionen andere Formen der Modellbildung. Die Betonung der Domänenspezifität von Wissen in der empirischen Unterrichtsforschung führt zusätzlich zu einer Reihe fachdidaktischer Formulierungen von Unterrichtsprinzipien.

Neben der empirischen Unterrichtsforschung und den Fachdidaktiken gibt es zusätzlich im angelsächsischen Raum das „Instructional Design", welches man als Pendant zur Allgemeinen Didaktik in Deutschland betrachtet (vgl. Seel 1999). Das

Instructional Design verwendet ebenfalls eigene Begriffe, Modelle und Lexeme, die nur teilweise kompatibel mit den geisteswissenschaftlichen sind. Dies führt im weiteren Verlauf des Beitrags dazu, dass Unterrichtsprinzipien mit den üblichen geisteswissenschaftlichen Lexemen eingeführt werden, Begründungen sich dann aber sowohl an Lexemen und Modellen empirischer Forschung und an Modellen des Instructional Designs orientieren. Damit sollen die verschiedenen Traditionen aufeinander bezogen werden, eine Aufgabe, die bei wachsendem Expertentum zunehmend vernachlässigt wird! Die Fachdidaktiken bleiben wegen ihrer Vielfältigkeit weitgehend ausgeblendet.

2 Fundierende Unterrichtsprinzipien

Die fundierenden Unterrichtsprinzipien sind meist Zielgemäßheit, Schüler(innen)-gemäßheit und Sachgemäßheit (vgl. Glöckel 1990). Hier wird Erfolgssicherung begründet als weiteres fundierendes Prinzip eingeführt, weil es in engem Zusammenhang zur Zielgemäßheit steht (anders Wiater 2011a; 2011b).

2.1 Zielgemäßheit

Zielgemäßheit bedeutet im Sinne einer modernen Unterrichtstheorie, die sich an den einflussreichen Überlegungen Gagnés (vgl. Gagné 1973) orientiert, dass Unterrichten ein planmäßiges Handeln ist, welches Intentionen verfolgt. Vorbereitet wird eine solche Lernorganisation, deren Ergebnisse sich beobachten lassen, durch die Formulierung so genannter operationalisierbarer Lernziele, ein Konzept, welches Robert Mager in den sechziger Jahren in den USA populär gemacht hat (vgl. Mager 1965) und das danach seinen Weg nach Deutschland gefunden hat. Diese Lernziele sind idealerweise durch folgende Komponenten gekennzeichnet:
- die *Situation*, in der Leistung gezeigt werden soll,
- die *(nicht direkt beobachtbare)* zu erlernende *Fähigkeit,*
- das *Objekt*, an dem die Leistung gezeigt werden soll,
- die *(beobachtbare) Aktion,* die die/der Lernende durchführen soll und
- die *Hilfsmittel, Beschränkungen* oder *spezifischen Bedingungen.*
(vgl. Gagné/Briggs/Wager 1992).

Dies ergibt mindestens ein Doppelverb-Lernziel, bei dem das eine Verb die nicht beobachtbare Fähigkeit nennt und das andere die Aktion, in der die Fähigkeit gezeigt wird. Ein Beispiel für ein Lernziel, welches alle genannten Komponenten enthält, könnte wie folgt lauten: Die Schüler(innen) identifizieren (Fähigkeit) ihnen vorgelegte echte Pflanzen (Objekt), indem sie in Dreier- oder Vierergruppen (Situation) Wurzeln, Blatt und Stamm benennen (Aktion). Ein Bestimmungsbuch darf hinzugezogen werden (Hilfsmittel).

Die geisteswissenschaftliche Pädagogik, beispielsweise vertreten durch Wolfgang Klafki, bietet als generalisierende Leitlinie für Selektionsentscheidungen in Hinblick auf Inhalte, die dann zu Lernzielen führen, folgende Leitfrage an: Inwieweit ist der *Unterrichtsgegenstand* dazu geeignet, Erfahrungen, Erkenntnisse, Einsichten, Fähigkeiten, Fertigkeiten, Einstellungen zu gewinnen, die für die Gegenwart oder Zukunft der Schüler(innen) *bedeutsam, nützlich* oder gar *unverzichtbar* sind (vgl. Klafki 1996). Damit trifft sich die geisteswissenschaftliche Pädagogik durchaus mit Strömungen des amerikanischen Instruktionsdesigns, wie etwa dem weiter unten dargestellten Motivationsmodell von Keller, in dem die Dimensionen „Relevanz" und „Zufriedenheit" auf ähnliche Aspekte deuten wie „Bedeutsamkeit" und „Nützlichkeit" (vgl. Keller 2010).

2.2 Erfolgssicherung

Das Prinzip der Erfolgssicherung hängt unmittelbar mit dem Prinzip der Zielgemäßheit zusammen. Wenn man Zielgerichtetheit als zentralen Aspekt pädagogischen Handelns und damit auch des Unterrichtens betrachtet, dann ist das Erreichen von Zielen das zentrale Kriterium, um die Qualität von Unterricht feststellen zu können (vgl. Helmke 2004, 20f). Hierzu bedarf es zum einen der Überprüfung der Zielerreichung durch Leistungstests, nicht um einen Selektionsauftrag zu erfüllen, sondern um einen diagnostischen Blick dafür zu entwickeln, welche Lerner etwa noch gefördert werden müssen, ob die gewählten Vermittlungsformen möglichst viele Schüler(innen) erreicht haben, manche Lerner unterfordert sind usw. Zum anderen zeigt sich Erfolgssicherung an einem weniger leicht beobachtbaren Kriterium. Für den Instruktionsdesigner David Merrill (2002) ist dieses Kriterium die Auseinandersetzung mit dem in der Schule erworbenen Wissen im Alltag der Schüler(innen), etwa wenn sie zu Hause vom Gelernten erzählen oder es gar gegenüber Eltern verteidigen, etwa weil diese das Gelernte nicht kennen oder ihm widersprechen.

2.3 Schüler(innen)gemäßheit

Schüler(innen)gemäßheit verlangt die Anpassung der Inhaltsvermittlung an die Voraussetzungen der Schüler(innen). Die verschiedenen Strömungen der Reformpädagogik, die bekanntermaßen eine Pädagogik vom Kinde aus forderten, waren die ersten, welche kindliche Interessen, Bedürfnisse und Vorkenntnisse als zentralen Aspekt von Vermittlungsprozessen ansahen. Die moderne Lerntheorie spricht in diesem Zusammenhang von Adaptivität. Darunter versteht Helmke eine „Variation der fachlichen und überfachlichen Inhalte, Anpassung der Schwierigkeit und des Tempos an die jeweilige Lernsituation und die Lernvoraussetzungen der Schüler(gruppen), sensible[n] Umgang mit heterogenen Lernvoraussetzungen und Schüler(innen)merkmalen, besonders im Hinblick auf Unterschiede im sozialen, sprachlichen und kulturellen Hintergrund sowie im Leistungsniveau" (Helmke 2009, 44). Liegt eine solche Passung nicht vor, ist die Wahrscheinlichkeit größer, dass Lerner das Lernangebot ablehnen oder es nicht verarbeiten können, weil es etwa kognitiv zu anspruchsvoll ist.

Neben der Formulierung von Helmke gibt es viele verschiedene Listen von Voraussetzungen (vgl. Stern 2004; Stöger/Gruber 2011), deren Berücksichtigung oder Adressierung ein höheres Maß an Schüler(innen)gemäßheit bewirken soll. Stöger und Gruber betonen, dass man Lernvoraussetzungen nicht isoliert betrachten darf, sondern ihren systemischen Charakter erkennen muss. Deshalb heißt es bei ihnen: „Der Begriff *Lernvoraussetzungen* meint die Netzwerke an Elementen, die Lernergebnisse verbessern" (Stöger/Gruber 2011, 267).

2.4 Sachgemäßheit

Sachgemäßheit bezieht sich auf die sachgerechte Behandlung von Unterrichtsthemen. Was sachgerecht bedeutet, kann durchaus umstritten sein

- in der Wissenschaft oder dem Fach selbst,
- im Unterricht, in dem man darüber streiten kann, inwieweit eine didaktische Reduktion von Komplexität einen Unterrichtsgegenstand fachlich nicht mehr richtig erscheinen lässt,
- bei Einzelpersonen oder Institutionen einer partikularisierten Gesellschaft, die Sachgerechtigkeit jeweils unterschiedlich bewerten.

In der deutschen Pädagogik hat es einen Streit zwischen Heinrich Roth (1906-1983) und Wolfgang Klafki darüber gegeben (vgl. Peterßen 1982, 21), ob zur Unterrichtsvorbereitung eine sogenannte vorpädagogische Sachanalyse stattfinden solle, bei der es nicht darauf ankomme, welche Bedeutung der Inhalt für die Lerner haben könne. Es gehe nur um die Sache aus wissenschaftlicher Perspektive. Klafki hingegen verlangte eine pädagogische Sachanalyse, die den Lerner immer mitdenke. Neuere Studien für den Bereich Mathematikunterricht, wie die COAKTIV-Studie, deuten an, dass große Fachkompetenz ein wichtiger Prädiktor für guten Unterricht sei (vgl. Kunter et al. 2011). Dies könnte auf der einen Seite durchaus als Argument für Heinrich Roth verstanden werden. Auf der anderen Seite muss nach der wissenschaftlichen Analyse der Sache immer eine Berücksichtigung der Schüler(innen)gemäßheit erfolgen.

Neben dieser aus der geisteswissenschaftlichen Pädagogik entlehnten Charakterisierung von fundierenden Unterrichtsprinzipien ist es interessant zu betrachten, wie empirische Lehr-Lernforschung, in diesem Fall die Teacher-Effectiveness-Forschung, die Fundierung von Unterricht betrachtet. Seidel und Shavelson haben ein in der empirischen Unterrichtsforschung weitgehend konsensfähiges Lernmodell auf der Basis einer Metaanalyse entwickelt, nach dem Lernen (vgl. Seidel/Shavelson 2007, 459f)

- ein *konstruktiver* Prozess ist, in dem Lerner aktiv Wissen aufbauen und organisieren;
- *domänenspezifisch* ist, d.h. absichtsvolles Lernen in Schulkontexten ist an Inhaltsbereiche gebunden (in der Schule die Fächer); Lehrpersonen müssen diese Inhaltsbereiche gut kennen und Lerner konstruieren ihr Wissen bezogen auf Inhaltsbereiche und nicht losgelöst von diesen;
- *sozial* ist, weil der Aufbau und Organisation von Wissen meist kommunikativ im Klassenzimmer stattfindet;
- *intentional* ist, aufgrund von selbstgesetzten Zielen oder Zielen, die den Lernern vorgegeben werden, aber dann als Lernerziele integriert werden;
- *evaluativ* ist, indem die gesetzten Ziele von Lernern oder Lehrpersonen kontrolliert werden;
- *regulativ* ist, indem Lerner die Gelegenheit haben, Prozesse des Stimulierens, Kontrollierens und Regulierens lernen zu internalisieren.

Die vier Begriffe „Zielgemäßheit, Schüler(innen)gemäßheit, Sachgemäßheit, Erfolgssicherung" lassen sich in diesem Modell durchaus identifizieren. Die in diesem Modell genannte Intentionalität weist große Ähnlichkeit zur Zielgemäßheit auf, betont jedoch auch die Möglichkeit der Zielsetzung durch die Schüler(innen) und weist auf das später noch erörterte Prinzip der Selbsttätigkeit hin. Die Sachgemäßheit findet sich in der Domänenspezifität und die Erfolgssicherung in der evaluativen Kontrolle durch Lerner und Lehrpersonen. Das Modell insgesamt kann als komplexer Ausdruck von Schüler(innen)gemäßheit betrachtet werden, die jedoch ihren besonderen Ausdruck in den Ausdrücken „konstruktiver Prozess" und „regulativ" findet.

3 Regulierende Unterrichtsprinzipien

3.1 Artikulation

Seit über Unterricht nachgedacht wird, spielt die Frage der Strukturierung von Lehr-Lernsituationen eine große Rolle (vgl. Kiel 2012). Johann Friedrich Herbart (1776-1841), der Begründer der modernen Unterrichtstheorie, hat mit seinem Phasenschema des Unterrichts bis in die heutige Zeit Einfluss auf Überlegungen zur Strukturierung von Unterricht. Herbart geht zunächst von zwei Phasen aus. Einerseits gibt es die „Vertiefung" in einen Lerngegenstand, die bei den Lernern zur Klarheit über Sachzusammenhänge führen soll. Andererseits gibt es die „Besinnung", bei der die Vorstellungselemente systematisch in den bisherigen Vorstellungsbestand eingeordnet und angewendet werden sollen. Herbart konstatiert dann vier weitere Phasen, von denen die ersten zwei die „Vertiefung" und die zweiten beiden die „Besinnung" charakterisieren:

1. „Klarheit", das ist die Präsentation oder die Darbietung des Unterrichtsgegenstandes,
2. „Assoziation", damit ist die Verknüpfung des Unterrichtsgegenstandes mit schon früher aufgenommenen Einsichten und Vorstellungen gemeint,
3. „System", das ist die Systematisierung,
4. „Methode", unter der Herbart das Üben versteht (vgl. Herbart 1982).

Herbart und seinen Nachfolgern, den sogenannten Herbartianern wie Tuiskon Ziller (1817-1882) oder Wilhelm Rein (1847-1929), welche weitere Phasen hinzufügten, ist zum Vorwurf gemacht worden, den Unterricht durch solche Schemata in ein starres Korsett zu zwängen. Unterrichtsqualität wurde häufig allein an der Einhaltung dieser Schemata gemessen, unabhängig davon, was diese Schemata bei den Lernern erreichten.

Die Reformpädagogik (beginnend Anfang des 20. Jahrhunderts), welche die Interessen des Kindes und dessen Eigenständigkeit in den Mittelpunkt stellt, hat sich vehement gegen ein solches Korsett gewehrt. Gleichzeitig entwickelten die verschiedenen Strömungen der Reformpädagogik auch hier Phasenmodelle von Unterricht, die man ebenfalls wie Herbarts Modell als Artikulationsschemata bezeichnen kann. Bekannte Modelle stammen z.B. von John Dewey (1859-1952) oder Georg Kerschensteiner (1854-1932).

Im Folgenden werden exemplarisch zwei zeitgenössische Artikulationsschemata vorgestellt. Merrill (2002), ein ‚grand old man' des Instruktionsdesigns, beruft sich, für einen Amerikaner ungewöhnlich, in seinem Schema explizit auf die Tradition von Herbart. Das zweite Schema stammt ursprünglich von Müller und Uhland der ETH Zürich und wurde dann in der Diskussion um kompetenzorientierten Unterricht weiter entwickelt (vgl. Städeli et al. 2010).

Das Schema von Merrill soll einleitend jeweils mit seinen eigenen Worten erläutert werden (Merrill 2002):

1. *„Learning is promoted when learners are engaged in solving real-world problems."*
„Real world problems" sind Fragestellungen aus der Lebenswelt der Lerner, etwa wie binde ich mir einen Schnürsenkel, wie baue ich einen Starenkasten, wie kann ich die Höhe eines Baumes messen, ohne ihn abzusägen etc. In dieser Aussage Merrills findet sich eine Reihe von Bezügen zur deutschen Didaktik, die dem Amerikaner Merrill wohl nicht bewusst sind. Wolfgang Klafki hat im Rahmen der Fortentwicklung seiner geisteswissenschaftlichen Pädagogik das Konzept der „Schlüsselprobleme" entwickelt. Dies sind Kategorien von „real world problems", wie „gesellschaftlich produzierter Ungleichheit", die „Friedensfrage" oder „Umweltfragen" (vgl. Klafki 1996), die man ebenfalls möglichst in der kindlichen Lebenswelt aufspüren sollte.

2. *"Learning is promoted when existing knowledge is activated as a foundation for new knowledge."*
Die Aktivierung von vorhandenem Vorwissen und die Möglichkeit Wissensstrukturen miteinander zu verknüpfen gilt seit Herbart über die Reformpädagogik bis zur modernen Kognitionspsychologie als ein wesentlicher Garant erfolgreichen Unterrichtens (vgl. Zimbardo/Gerrig 2004, 452). Die Diskussion um subjektive Theorien hat darüber hinaus gezeigt, dass vorhandene subjektive Theorien über naturwissenschaftliche Vorgänge wirkmächtiger sind als durch Lehrende vermittelte wissenschaftliche Theorien oder Expertenstrukturierungen (vgl. Heran-Dörr 2006). Insofern gibt die Demonstration des Vorwissens wichtige Hinweise für nötige Korrekturen durch die Lehrkräfte (vgl. Wahl 2006, 11ff).

3. *"Learning is promoted when new knowledge is demonstrated to the learner."*
Die moderne Lerntheorie macht deutlich, dass die fachgerechte Präsentation von Wissen durch Veranschaulichungen, reales Handeln oder Simulationen sehr fruchtbar ist und sich gegenüber Formen des rein verbalen, sogenannten fragend-entwickelnden Unterrichts, überlegen zeigt. Verschiedene Kriterien des Veranschaulichens bei einer Demonstration werden im Abschnitt über Veranschaulichung (3.6) erläutert.

4. *"Learning is promoted when new knowledge is applied by the learner."*
In diesem Kontext haben problemorientierte Anwendungen Vorrang vor anderen. Dabei sollten unterschiedliche variierende Fragestellungen bearbeitet werden. Wichtig ist hierbei die Rolle der Lehrperson, die Feedback gibt, nötigenfalls korrigierend eingreift, jedoch im Fortgang eines Lehrgangs Formen der Korrektur oder des Coachings verringert (vgl. Kiel 1999, 54).

5. *"Learning is promoted when new knowledge is integrated into the learner's world."*
Hierunter versteht Merrill u.a. die Freude, sein Wissen im Alltag Freunden oder Eltern zu demonstrieren, es einzusetzen sowie es zu verteidigen, wenn es etwa als unsinnig, nicht angemessen oder falsch „angeklagt" wird. Mit dieser Forderung schließt sich der Kreis der Prinzipien Merrills, denn die „Demonstration", der „Einsatz", die „Verteidigung" im Alltag ergeben sich natürlich leichter, wenn es sich um Probleme aus der Welt des Alltags handelt, auf die sich das Gelernte bezieht.

Merrills "First Principles" können so auch als moderne Anweisung zur Strukturierung von Unterricht verstanden werden. Formuliert man seine Prinzipien in Anweisungen, an Lehrkräfte und Lehramtsstudierende, zur Strukturierung um, dann lauten sie (vgl. Kiel 2007):
• Wählen Sie als Ausgangspunkt des Unterrichts möglichst ein Problem aus der Lebenswelt der Schüler(innen)!

- Sorgen Sie dafür, dass es Situationen gibt, in denen Vorwissen über den Unterrichtsgegenstand aktiviert wird!
- Demonstrieren Sie neues Wissen z.B. durch Veranschaulichungen, reales Handeln oder Simulationen! Dies kann durch Sie selbst, aber auch durch Schüler(innen) geschehen!
- Gestalten Sie den Unterrichtsverlauf oder Unterrichtsgang so, dass Schüler(innen) ihr Wissen auf variierende Probleme anwenden können!
- Regen Sie an, das neue Wissen oder neue Fähigkeiten außerhalb des Unterrichts zu demonstrieren, einzusetzen und nötigenfalls zu verteidigen!

Das zweite Artikulationsschema von Städeli et al., AVIVA genannt, lässt sich im Überblick wie folgt darstellen (vgl. Städeli et al. 2010, 33):

	Phasen	„Direktes Vorgehen"	„Indirektes Vorgehen"
A	Ankommen und Einstimmen	Lernziele und Programm werden bekannt gegeben.	Die Situation, das Problem wird vorgestellt; die Lernenden bestimmen Ziele und Vorgehen weitgehend selbst.
V	Vorwissen aktivieren	Die Lernenden aktivieren ihr Vorwissen unter Anleitung und strukturiert durch die Methoden der Lehrperson.	Die Lernenden aktivieren ihr Vorwissen selbständig.
I	Informieren	Ressourcen werden gemeinsam entwickelt oder erweitert, die Lehrperson gibt dabei den Weg vor.	Die Lernenden bestimmen selbst, welche Ressourcen sie sich noch aneignen müssen, und bestimmen, wie sie konkret vorgehen wollen.
V	Verarbeiten	Aktiver Umgang der Lernenden mit den vorgegebenen Ressourcen: verarbeiten, vertiefen, üben, anwenden, konsolidieren.	Aktiver Umgang der Lernenden mit den neuen Ressourcen: verarbeiten, vertiefen, üben, anwenden, diskutieren.
A	Auswerten	Ziele, Vorgehen und Lernerfolg überprüfen.	Ziele, Vorgehen und Lernerfolg überprüfen.

Das Modell versucht, Lernprozesse abzubilden, um darauf aufbauend ein Analyse- und Orientierungsraster für die Planung und Durchführung von Unterricht zu gewinnen. Dabei wird immer von einem Lehr-Lern-Arrangement („Situation") ausgegangen, welches Möglichkeiten zur Aneignung neuer oder zur Anwendung vorhandener Kompetenzen bietet. Die Unterscheidung in „direktes" (eher instruktionsorientiertes) und „indirektes" (eher selbstreguliertes) Vorgehen deutet dabei den Grad der Lenkung durch den Lehrenden an. Ziel ist es im Sinne eines kompetenzorientierten Unterrichts, die Lerner zunehmend zu selbstgesteuertem Lernen zu befähigen (vgl. Städeli et al. 2010).

Die vorliegenden Schemata verdeutlichen die bis zu Herbart zurückreichende Tradition. Doch betonen moderne Schemata einen lebensnahen, problemorientierten Ausgang von Unterricht. Für das AVIVA-Schema wie für das Schema von Merrill gilt, dass sie nur begrenzt starre Abläufe repräsentieren, da jede Phase mehrfach durchlaufen werden kann.

3.2 Motivierung

Von den vielen modernen Motivationstheorien sollen im Folgenden zwei international besonders einflussreiche kurz vorgestellt werden. Beide beschäftigen sich sehr konkret mit der Gestaltung von motivierenden Handlungen als flankierende Maßnahme von Unterricht. Es handelt sich um die Modelle von Deci und Ryan sowie um das über Jahrzehnte entwickelte Modell des Instruktionsdesigners John Keller.

Deci und Ryan (1993) formulieren in ihrer empirisch entwickelten Selbstbestimmungstheorie des Lernens drei Aspekte, die förderlich für das Lernen sind – das Autonomieerleben, das Kompetenzerleben und das Erleben sozialer Einbindung (vgl. Braune 2012):

- *Autonomieerleben* haben Schüler(innen), wenn sie ihr Tun als ein Tun mit Handlungsspielräumen erleben, z.B. Arbeitsaufgaben nach eigenen Plänen erledigen, sich aus einem Pool von Aufgaben die auswählen, die ihr Interesse wecken.
- *Kompetenzerleben* liegt vor, wenn sich Schüler(innen) selbstwirksam erleben und den Eindruck haben, ihre Aufgaben sachgemäß und erfolgreich erledigen zu können. Dazu benötigen sie genaue Zielkriterien, wann eine Aufgabe sachgemäß und erfolgreich erledigt ist.
- *Erlebte soziale Einbindung* erfahren Schüler(innen), wenn ihr Umgang mit gestellten Anforderungen durch Lehrer(innen) und andere für sie wichtige Erwachsene anerkannt wird und sie sich in die Schulgemeinschaft, aber auch darüber hinaus, eingebunden fühlen (vgl. Straka 2001).

Die Aufgabe der Lehrkraft ist es nun, diese drei Aspekte den Lernern im Unterricht zu ermöglichen. Vieles von dem, was Deci und Ryan fordern, wird durch konstruktivistisch beeinflusste Modelle oder auch durch Unterrichtsmodelle reformpädagogischen Arbeitsunterrichts im Sinne von Hugo Gaudig (1860-1923), Kerschensteiner oder Dewey ermöglicht. Deci und Ryan plädieren dafür, eine extrinsische Motivation, also eine Motivation, die von außen etwa durch Belohnungen zustande kommt, in eine intrinsische zu überführen, also in eine Motivation, die aus dem Individuum selbst kommt. Dabei wird die intrinsische Motivation besonders durch die Unterstützung von Autonomieerfahrung und das Kompetenzerleben gefördert (vgl. Braune 2012).

John M. Keller hat sein Modell in mehr als 30 Jahren entwickelt (vgl. Keller 1987; Keller 2010), wobei die Grundkomponenten, der achtziger Jahre, stabil geblieben sind. Er nennt vier große Motivationsstrategien, „Aufmerksamkeit" erzeugen, „Relevanz" verdeutlichen, „Zuversicht" in Hinblick auf das Lösen einer Aufgabe ermöglichen und „Zufriedenheit" bei den Lernern erzeugen. Jede dieser Strategien zerfällt in kleinere Einheiten, die wiederum als Handlungen der Lehrkraft operationalisiert werden können. Das untere Schaubild zeigt diese Strategien auf:

DAS ARZZ-MOTIVATIONSMODELL NACH KELLER

Strategien			
Aufmerksamkeit	**Relevanz**	**Zuversicht**	**Zufriedenheit**
Unvereinbarkeit/ Konflikt herstellen	Bedürfnissen gerecht werden	Selbstattribuierung fördern	natürliche Konsequenzen erfahrbar machen
konkret sein	derzeitigen Wert aufzeigen	Selbstvertrauen	negative Einflüsse vermeiden
Variabilität gewährleisten	zukünftigen Nutzen aufzeigen	nach Schwierigkeiten strukturieren	positive Entwicklungen bestärken
Humor zeigen	Erfahrungen verknüpfen	Lernvoraussetzungen adressieren	Erwartungen artikulieren und realisierbar machen
Nachfragen ermöglichen	Wahlmöglichkeiten eröffnen	auf Positives mit Feedback, Lob und Aufmerksamkeit reagieren	unerwartete Auszeichnungen gewähren
Teilnahme ermöglichen	Vorbild geben		

Jedes der hier aufgeführten hellen Kästchen kann weiter operationalisiert werden. Einen guten Überblick über solche Operationalisierungen bietet Braune (2012).

3.3 Selbsttätigkeit

Manche Autorinnen und Autoren machen einen Unterschied zwischen „Selbsttätigkeit" und „Handlungsorientierung" (vgl. Wiater 2011a; 2011b). Dieser Beitrag folgt dieser Unterscheidung nicht, denn Selbsttätigkeit ist immer ein Handeln und unter Handlungsorientierung wird meist ein Handeln der Lerner verstanden (vgl. Haag 2011).

Das Prinzip der Selbsttätigkeit ist in der Pädagogikgeschichte in Ansätzen schon bei Rousseau (1712-1778), Johann Heinrich Pestalozzi (1746-1827) bis zu verschiedenen Konzepten der Reformpädagogik etwa bei Dewey, Kerschensteiner oder Gaudig von großer Bedeutung. Philosophiegeschichtlich ist dieses Prinzip einerseits stark vom amerikanischen Pragmatismus beeinflusst worden, etwa der Aussage von William James etwas sei dann wahr, wenn es funktioniere (vgl. James 1994). Dieses Überprüfen des Funktionierens spielte in dem von Dewey („Learning by doing!") propagierten erfahrungsorientierten Lernen eine zentrale Rolle. Eines der wichtigsten in diesem Kontext der Reformpädagogik entwickelten Modelle ist das Modell des Projektunterrichts (vgl. Bastian et al. 1997). Andererseits ist eine weitere philosophiegeschichtliche Quelle natürlich die Aufklärung, etwa das berühmte Diktum Immanuel Kants (1724-1804), dass Menschen sich aus selbstverschuldeter Unmündigkeit zu befreien haben (vgl. Kant 1999). Dies ist eine Aufforderung zur Selbsttätigkeit, wie sie sich in der der Aufklärung beeinflussten deutschen Bildungstheorie zeigt, die von Hentig auf die schöne Formel bringt, der richtige Gebrauch des Wortes Bilden sei „sich bilden", wer gebildet werde, werde zum Gebilde, aber nicht zum Gebildeten (vgl. von Hentig 1999). Schule hat in diesem Sinne die Aufgabe, die Möglichkeit zu bieten, „sich zu bilden".

Als eine moderne Ausformulierung des Prinzips der „Selbsttätigkeit" (Glöckel 1990; Wiater 2011b, 103) erscheint das oben beschriebene Modell von Deci und Ryan. Selbsttätigkeit ist hier unter die Begriffe „Autonomieerleben" und „Kompetenzerleben" subsumierbar. Autonomieerleben bezieht sich auf die Möglichkeit, selbst mit zu entscheiden über Ziele und Methoden innerhalb eines Lernprozesses. Kompetenzerleben kann es nur geben, wenn ein Lerner selbst etwas tut, an etwas arbeitet und mit seinem Wissen durch Aktivität zu einer Lösung kommt. Selbsttätigkeit in diesem Sinne bedeutet jedoch nicht, dass Lerner ganz auf sich allein gestellt sind, sie bedürfen der Unterstützung und Anleitung, um Autonomie zu erfahren – z.B. durch die Einführung von Lerntagebüchern, Reflexionsrunden über den Einsatz von Lernstrategien, schüler(innen)internen Mentorensystem etc.

3.4 Kooperation

Jenseits der Wissensvermittlung ist der Anspruch Menschen zur Zusammenarbeit zu erziehen in unserer modernen Welt ein wichtiger, weitgehend unumstrittener Wert. Wenn Klafki in seiner Bildungstheorie neben der Selbstbestimmungsfähigkeit auch Mitbestimmungsfähigkeit und Solidaritätsfähigkeit als zentrale Werte verankert, dann setzt dies ein Erleben dieser Werte in Lehr-Lernsituationen voraus (vgl. Klafki 1996). Formen kooperativen Lernens erlauben ein Erleben dieser

Werte. Eine andere, nicht wertrationale, sondern zweckrationale Begründung für Kooperation als regulierendes Unterrichtsprinzip ergibt sich aus dem allgegenwärtigen Optimierungsdenken (vgl. Nida-Rümelin 2011). Aufgabenstellungen, Anreizsysteme und Rahmenbedingungen der Zusammenarbeit sind in diesem Sinne so zu gestalteten, dass sie nur von einer Gruppe gelöst werden können, deren Gruppenmitglieder wechselseitig voneinander abhängig sind (vgl. Slavin 1993; Cohen 1994). Dies wird u.a. erreicht bei Aufgabenstellungen, in denen

- es keine eindeutige oder standardisierbare Lösung gibt (das Ergebnis der Aufgabenbearbeitung ist idealerweise ein Resultat eines gruppeninternen Aushandlungsprozesses),
- möglichst viele Gruppenmitglieder ihre individuellen Stärken einbringen können (die Aufgabe sollte möglichst viele Fähigkeiten erfordern wie z.b. kognitive Fähigkeiten möglicherweise in unterschiedlichen Wissensdomänen, motorische Fähigkeiten, ästhetische, anspruchsvolle und weniger anspruchsvolle Fähigkeiten etc.) und
- keine extrinsische Belohnung mit der schnellen/erfolgreichen Lösung der Aufgabe verknüpft wird, weil sich Belohnung bei vorhandener intrinsischer Motivation ungünstig auf den Lernverlauf auswirken kann.

Eine wichtige Unterscheidung der modernen Lehr-Lernforschung ist in diesem Zusammenhang der Unterschied zwischen Kooperation und Kollaboration (vgl. Fischer/Neber 2011). Bei der Kollaboration sind die Lerner in der Gestaltung ihrer Rollen in der Zusammenarbeit recht frei. Mit anderen Worten, sie müssen die Grenzen ihrer Selbstbestimmung mit ihren „Peers" aushandeln, etwa festlegen, wer eine Recherche macht, wer die Gruppenergebnisse protokolliert, wer für eine Präsentation eine Grafik erstellen kann und wie diese aussehen soll usw. Bei der Kooperation werden Rollen und damit verbundene Spielräume und Grenzen enger festgelegt.

3.5 Differenzierung

Die Frage der Differenzierung im Unterricht gewinnt nicht nur wissenschaftlich, sondern auch normativ-politisch an Bedeutung. Durch die 2009 erfolgte Ratifizierung der UN-Konvention über die Rechte behinderter Menschen gilt es, auch Lerner mit besonderem Förderbedarf in die Regelschulen zu integrieren. Artikel 24 verlangt von den Vertragsstaaten „ein inklusives Bildungssystem auf allen Ebenen". Dies ist unter anderem nur mit besonderem Aufwand in Hinblick auf eine innere Differenzierung möglich.

Üblicherweise unterscheidet man zwischen äußerer Differenzierung, der Differenzierung nach Schulformen (Hauptschule, Realschule, Gymnasium, Schulen für

Lerner mit besonderem Förderbedarf) und der inneren Differenzierung, der Differenzierung in der einzelnen Unterrichtsstunde.

Innere Differenzierung ermöglicht den Umgang mit heterogenen Lernvoraussetzungen innerhalb einer Lerngruppe, wie z.b. unterschiedlichen Leistungsvermögen, Interessen, Lerntempi etc. Saalfrank (2012, 73) hat in Anlehnung an Paradies und Linser in folgendem Schaubild die verschiedenen Möglichkeiten der inneren Differenzierung zusammenfassend dargestellt.

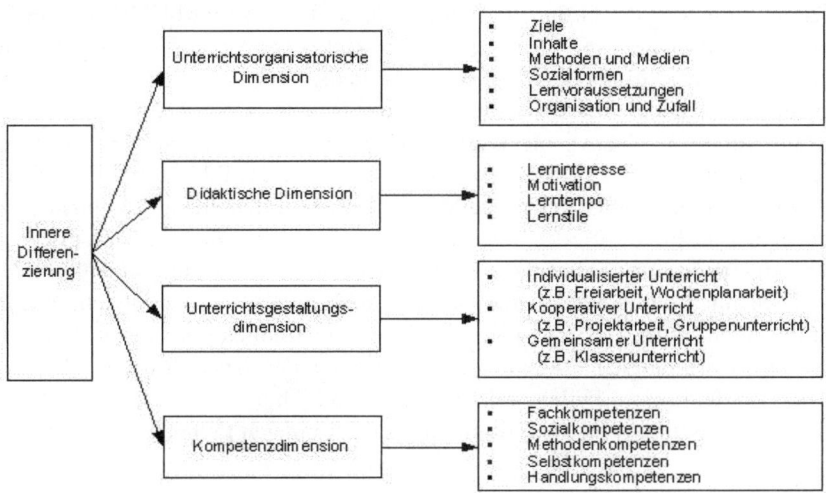

Wie innere Differenzierung vor dem Hintergrund dieser Dimensionen funktionieren kann, lässt sich am besten mit Hilfe eines Beispiels veranschaulichen, welches auch den zuvor eingeführten Begriff der Kollaboration konkretisiert:

In einem Gymnasium in der 11. Klasse lässt ein Lehrer zu Beginn der Physikstunde einen Fernseher laufen. Es läuft die Sendung „Sesamstraße". Ernie und Bert machen Witze. Die Schüler(innen) sind verwundert, lachen. Nach zwei Minuten beendet der Lehrer den Fernsehausschnitt. Er fragt: „Wie kommen Ernie und Bert in diesen Fernseher? Wie kommen Bild und Ton in das Fernsehgerät?" Die Schüler(innen) sind verblüfft und äußern verschiedene Ideen. Einer spricht von Wellen, welche durch die Luft das Fernsehbild transportieren. Eine andere verweist auf das Problem von Sender und Empfänger, ein weiterer spricht vom Unterschied zwischen Plasma und LED-Fernsehern bei der Bilderzeugung. Der Lehrer sammelt die verschiedenen Ideen an der Tafel in einer Tabelle. Es werden fünf verschiedene Expertengruppen gebildet, die bis zur nächsten Physikstunde, eine Woche später, herausfinden sollen, was es mit der Wellennatur auf sich habe, wie Plasma oder LED-Bildschirme arbeiten, was Sendemasten leisten müssen ...

Die Gruppenbildung erfolgt im Dialog mit dem Lehrer. Ein Schüler äußert, sein Vater habe einen Elektroladen, wo es verschiedene nicht mehr im Gebrauch befindliche Fernseher gäbe, er werde bestimmt erlauben, einige dieser Fernseher zu demontieren. Drei Schülerinnen möchten sofort in diese Gruppe, der Lehrer stimmt dem zu und fordert einen vierten Schüler auf, ebenfalls in diese Gruppe zu gehen. Dieser Schüler ist dafür bekannt, kein besonders guter „Physiker" zu sein. Die Gruppe, die sich mit der Wellennatur beschäftigt, besteht vor allem aus mathematisch begabten Schülern. Die Gruppe erhält kurze Recherchehinweise. Die weitere Einteilung der Gruppen geschieht auf ähnliche Art und Weise. Es gibt Interessenbekundungen von Schülern und Vorschläge des Lehrers an einige Schüler dieser oder jener Gruppe als Mitglied beizutreten.

In dieser Form der inneren Differenzierung gelingt es der Lehrkraft, mit den Schüler(inne)n an einem gemeinsamen Ziel, einem „real world problem", zu arbeiten, nämlich die Frage zu beantworten „Wie kommt das Bild in den Fernseher?" Dabei haben die Schüler(innen) die Möglichkeit, an unterschiedlichen Inhalten zu arbeiten. Gleichzeitig werden verschiedene Lerninteressen und Lernvoraussetzungen berücksichtigt, etwa wenn die mathematisch begabten Schüler(innen) sich mit der Wellennatur auseinandersetzen sollen. Dieses Beispiel veranschaulicht, wie im Sinne von Paradies und Linser verschiedene Dimensionen der inneren Differenzierung ineinandergreifen können. Einen umfassenden Überblick über die Möglichkeiten der inneren Differenzierung bietet Wolf-Thorsten Saalfrank (2012), der die hier dargestellten einzelnen Komponenten der inneren Differenzierung intensiv bespricht.

3.6 Veranschaulichung

Der Veranschaulichung als wichtigem Unterrichtsprinzip wird von Pädagog(inn)en traditionell ein bedeutsamer Platz eingeräumt. Bei Martin Wagenschein (1896-1988), der Tradition Pestalozzis folgend, heißt es: „Mit realer Anschauung, nicht mit wortreicher Beschreibung der Dinge muss der Unterricht beginnen. Aus solcher Anschauung entwickelt sich ein sicheres Wissen." Konkret sieht dies bei Wagenschein wie folgt aus: „Ohne etwas zu sagen, und ohne Eile, zeigte ich Lichtbilder in großer Zahl, auf denen zu sehen waren: Geröllhalden, Felsstürze, Lawinen, Gletscher, Moränen, Flusstäler, Wasserfälle, Brandungen, Deltas und so fort; und zwar hintereinander. Die Schüler konnten dazu sagen, was ihnen einfiel, auch Fragen stellen; die ich aber nicht beantwortete. Nach einiger Zeit konvergierten diese Fragen auf eine, umfassende, alle Bilder betreffende, Frage, die nicht in die Vergangenheit, die in die Zukunft blickt, nämlich: Wie soll das enden? Alles geht zu Tal. Wird eine Zeit ohne Berge kommen?" (Wagenschein 1991, 80f).

Die modernen geisteswissenschaftlichen Pädagog(inn)en beziehen sich in ihren Überlegungen zur Anschauung theoretisch häufig auf ein weiteres berühmtes Diktum von Immanuel Kant, einem Zeitgenossen Pestalozzis: „Anschauungen ohne Begriffe sind blind. Gedanken ohne Inhalt sind leer" (Kant 1956, 98). Wie könnte man diesen Satz veranschaulichen? Sabine Weiß hat dies mit einem schönen Beispiel getan und damit den Wert von Veranschaulichungen in Hinblick auf das Kantzitat veranschaulicht (vgl. Weiß 2012):

Schaut Catweazle, der aus dem Mittelalter um 900 Jahre in die Jetztzeit katapultierte Waldmensch, unter die Motorhaube eines Autos, so sieht er nur ein Gewirr von Drähten und merkwürdigen Gegenständen ohne Sinn und Zusammenhang. Drähte? Selbst dieser Begriff fehlt ihm, geschweige denn, dass er versteht, was ein Motor ist.

– Anschauungen ohne Begriffe sind blind.

Dagegen liest ein jetzt lebender Mensch in einem technischen Anleitungsbuch und versteht jeden Satz, der dort über die Funktionsweise des Motors geschrieben steht. Er kennt Begriffe wie Zündkerze und Keilriemen, doch ein Blick auf den Motor seines Autos belehrt ihn: Ohne Hilfe eines Mechanikers kann er dennoch nichts reparieren.

– Gedanken ohne Inhalt sind leer.

Etwas vereinfachend lässt sich hieraus ableiten, dass Lehrpersonen die Aufgabe haben, Lernern zu ermöglichen, Begriffe mit Anschauungen zu verknüpfen und Gedanken mit Inhalt zu füllen. In dem eingangs genannten Beispiel von Wagenschein mündet die Anschauung in eine Frage der Lerner, die auf Begriffe und Inhalte zielt. Die Veranschaulichung wird zur Problemorientierung.

Wichtige theoretische Beiträge zur Veranschaulichung kommen heute aus dem Bereich psychologisch orientierter Forschung. Dort wird etwa von Allan Paivio (1986) oder Jerome Bruner (1974) das vielfache Kodieren von Unterrichtsinhalten hervorgehoben. Bruner unterscheidet als Kodierungen die enaktiven, ikonischen und symbolischen Repräsentationsformen von Wissen (vgl. Weiß 2012).

Enaktive Repräsentationsformen von Wissen liegen z.B. vor, wenn etwa im Mathematikunterricht Bruchrechnen mit dem Zerschneiden realer Torten veranschaulicht wird; wenn der Begriff „Vertrauen" durch einen sogenannten Vertrauensspaziergang veranschaulicht wird, bei dem einer Teilnehmerin oder einem Teilnehmer die Augen verbunden werden und eine andere oder ein anderer diese ‚blinde' Teilnehmerin bzw. diesen ‚blinden' Teilnehmer etwa eine Stunde durch die Stadt führt. Enaktiv heißt in diesem Zusammenhang Wissen in Form von Handlungen kodieren.

Ikonische Repräsentationsformen liegen z.B. in dem eingangs genannten Beispiel von Wagenschein vor, der Lichtbilder zeigt. Ikonisch wäre auch ein Pappmodell des Kolosseums in Rom oder der Grundriss einer römischen Villa im Geschichtsunterricht. Bei der ikonischen Kodierung geht es um Bilder und räumliche Schemata.

Symbolische Repräsentationsformen sind z.B. das, was Sie gerade lesen – die Buchstaben dieses Textes. Symbole bedürfen keiner bildlichen Vorstellung mehr. Die Buchstabenfolge „Schwein" ist bildlich nicht an ein reales Schwein gebunden. Sprache ist einer unserer zentralen symbolischen Repräsentationsformen. Andere symbolische Repräsentationsformen finden wir in der Formelsprache der Mathematik oder der Logik.

Ein weiterer Strang psychologischer Forschung zur Veranschaulichung kommt aus dem Umkreis von Jean Piaget (1896-1980). Piaget, ein Schweizer Entwicklungspsychologe, der von Bruner sehr geschätzt wurde, interpretiert das Denken als ein Verinnerlichen von Handlungen. Er legt besonderen Wert auf eine Doppelstruktur von Wissenserwerb: Einerseits muss neues Wissen immer anschlussfähig an vorhandene Denkschemata sein. In seinen Worten heißt das, Wissen muss assimiliert werden. Wir wenden bekannte Schemata auf Wahrnehmungen und Erfahrungen an. Andererseits werden wir im Verlaufe unseres Wissenserwerbs dazu gezwungen, unsere vorhandenen Denkschemata zu verändern, um neue Wahrnehmungen oder Erfahrungen zu verarbeiten. Diese Veränderung bekannter Schemata nennt er Akkomodation. Im Wechselspiel von Assimilation und Akkomodation bauen wir neue Wissensstrukturen auf (vgl. Piaget 1973).

Weiß hat in Anlehnung an den ‚Piagetianer' Kubli folgende Anweisungen für eine gelungene Veranschaulichung entwickelt (Weiß 2012):

„Nutzen Sie die epistemische Neugier der Schüler:

Stimuli, die neu, überraschend, komplex, widersprüchlich oder mehrdeutig sind, tragen oftmals zur Entstehung einer kognitiven Wachheit bei, die als epistemische Neugier bezeichnet wird. Wird diese geweckt, sind Schüler motiviert, sich mit einer Thematik intensiver zu befassen bzw. Aufgabenstellungen zu lösen. [...]

Tun Sie hin und wieder etwas Unerwartetes:

Wenn etwas alltäglich oder gewöhnlich geworden ist, sollten Lehrkräfte Ungewöhnliches einbringen und mit neuartigen Aspekten ihres Lehrverhaltens, der Veranschaulichung oder der Thematik überraschen. Dabei sollten möglichst viele Sinne der Schüler aktiviert werden, denn das erhöht den Anteil dessen, was über einen längeren Zeitraum behalten wird.

Verwenden Sie einen einmaligen und unerwarteten Kontext, wenn Sie die Anwendung von Konzepten und Prinzipien darstellen:

Anders als beim Erlernen von Neuem, wo Vertrautes angeboten werden sollte, geht es bei der Anwendung von bereits Gelerntem darum, Unerwartetes einzubringen, um Interesse und Transfervermögen der Schüler zu fördern. So empfiehlt sich z.B. ein widersprüchliches Beispiel, bei dem die richtige Lösung zu erarbeiten ist. Auch der Einsatz neuer und noch unbekannter Medien kann bereits Gelerntes und somit Bekanntes wieder interessant gestalten und neue Blickwinkel ermöglichen.

Nutzen Sie die verschiedenen Mittel der Veranschaulichung:

Um Sachverhalte verständlich und greifbar zu machen, verwenden Sie Veranschaulichungsmittel wie zum Beispiel Wandtafel, Modell oder Film. Nicht jedes dieser Mittel eignet sich dabei für jedes Unterrichtsthema gleich gut, es ist eine genaue Betrachtung der Eignung sowie der Vor- und Nachteile erforderlich, um ein Thema passend zu veranschaulichen.

Setzen Sie die Veranschaulichung gezielt ein:

Es sind verschiedene Gesichtspunkte möglich, unter denen dem Schüler Anschauung vermittelt werden kann. Wecken Sie dabei bei den Schülern Freude an der Thematik, indem Sie Veranschaulichung gezielt dazu einsetzen.

Steuern Sie die Veranschaulichung durch Aufträge:

Um der Zersplitterung der Aufmerksamkeit vorzubeugen, bietet es sich an, die Ziele einer Veranschaulichung schon vorzubereiten, bevor der sinnliche Kontakt stattfindet. Schüler wissen, dass sie im Anschluss Fragen und/oder Arbeitsaufträge zu bearbeiten haben. Eine Möglichkeit, dies zu erreichen, ist die Umkehrung der von Didaktikern vorgeschlagenen Abstraktionskette *Wirklicher Gegenstand Modell Bild*. Die Diskrepanz aus der Fantasie, die sich aus den zuvor gestellten Aufträgen ergibt, und der Wirklichkeit kann sehr reizvoll sein.

Verhelfen Sie zur Assimilation:

Geben Sie den Schülern Zeit, um die Realität nach ihrem eigenen, dem Alter entsprechenden Begriffssystem zu ordnen. So können Fragestellungen vertieft und Antworten darauf diskutiert werden. Schüler sollten auch genügend Zeit haben, ihre eigenen Gedanken und Auffassungen in Worte zu fassen, denn Material zur Veranschaulichung von Inhalten wird von ihnen oft in einer völlig eigenen und für den Lehrenden unerwarteten Art und Weise wahrgenommen.

Hilfestellungen zur Beobachtung geben:

Leisten Sie Hilfestellung bei der Beobachtung, wenn die konkrete Realität komplex ist. Ziehen Sie dazu z.b. Vergleiche heran, die Schüler darin unterstützen, Neues und Unbekanntes zu erkennen und zu verstehen.

Begrenzen Sie die Veranschaulichung:

Setzen Sie die Veranschaulichung sparsam, aber dafür langsam und vertieft ein. Eine Veranschaulichung kann vor allem dann begrifflich erfasst werden, wenn nicht zu viele Reize gleichzeitig auf den Schüler einströmen. Vermeiden Sie unbedingt Reiz- und Informationsüberflutung.

Schaffen Sie zu Beginn der Stunde einen anschaulichen Einstieg:

Ein anschaulicher, motivierender Einstieg, der das Interesse der Schüler zu wecken vermag und der die Wichtigkeit des zu erlernenden Stoffes aufzeigt, gibt entscheidenden Ausschlag über den Erfolg der Lerneinheit. Meistens werden Relevanz und Interessensgehalt neuer Aufgaben von der Lehrkraft nicht herausgestellt, sondern mit neutralen oder sogar negativen Hinweisen versehen" (Weiß 2012, 115ff).

3.7 Übung

Es ist Gegenstand unseres Alltagswissens, dass Üben hilfreich für den Erwerb von Kompetenzen ist. Sprichworte oder Redensarten wie „Übung macht den Meister", „Vor den Erfolg haben die Götter den Schweiß gesetzt" oder „Genie ist ein Prozent Inspiration und 99 Prozent Transpiration" weisen auf die Bedeutung des Übens hin und sie konnotieren darüber hinaus die Idee, dass das Üben irgendwie unangenehm sei, denn wer schwitzt schon gern.

Diese Erkenntnisse aus dem Alltagswissen finden sich auch in den ersten Schritten der wissenschaftlichen Pädagogik wieder, wenn etwa Herbart in dem weiter oben beschriebenen Artikulationsschema als vierte Phase mit „Methode" vor allem das Üben meint. Auch der „Spätherbartianer" Willmann (1839-1920), der die vornehmste Aufgabe von Lehrkräften darin sieht, den Stoff in „die Köpfe hineinzuarbeiten" (Willmann 1904, 37), betonte die Bedeutung des Übens als „Einprägen" durch Aufgaben und „Einüben" durch „Fragen". Darüber hinaus verlangte er eine dauernde Kontrolle des Eingeübten und Eingeprägten im Sinne einer Erfolgssicherung.

Aus pädagogischer Sicht lässt sich das Üben wie folgt definieren: „Um den Lernerfolg einer Unterrichtseinheit längere Zeit zu erhalten, müssen die aufgenommenen Kenntnisse, Fertigkeiten und Verhaltensweisen gesichert, d.h. sinnvoll wiederholt, angewendet und transferiert werden, um sie für neue Lernsituationen verfügbar zu machen. Ziel jeglicher Übung ist die Verbesserung und Steigerung des bereits Erreichten" (Weiss/Lerche 2008, 144).

Üben hat aus dieser pädagogischen Perspektive sehr viel mit der Nachhaltigkeit von Lernerfolg zu tun. Dies führt u.a. dazu, dass andere Autor(inn)en anstatt vom Prinzip der „Übung" vom Prinzip der „Ergebnissicherung /Nachhaltigkeit" sprechen (vgl. Wiater 2011b).

Die moderne Gedächtnisforschung betrachtet das Üben als Voraussetzung für eine Automatisierung, die es ermöglicht, Gedächtnisinhalte wie Faktenwissen und Fertigkeiten mühelos abzurufen und zu aktivieren (vgl. Shiffrin/Schneider 1977; Oerter/Schuster-Oeltzschner 1988). Bei vielen alltäglichen Fertigkeiten und Techniken spielt Automatisierung eine große Rolle, z.B. beim Auto- und Radfahren, Lesen, Schreiben und Rechnen. Ist eine Handlung oder Tätigkeit durch ständige Übung mechanisiert und automatisiert worden, dann ist der psychische Aufwand für deren Abruf sehr gering und es entstehen Kapazitäten, die für andere kognitive Leistungen genutzt werden können. Jemand, der etwa automatisiert lesen kann, kann sich intensiver mit den Inhalten auseinandersetzen als eine Person, bei der das Lesen aufgrund mangelnder Lesekompetenz nur stockend von statten geht.

Für gelungene Übungsaufgaben gelten all die Prinzipien, die im vorliegenden Beitrag unter dem Begriff „Motivierung" genannt wurden. D.h. gute Übungsaufgaben zeichnen sich durch die Berücksichtigung der Dimensionen „Aufmerksamkeit", „Relevanz", „Zuversicht" und „Zufriedenheit" aus. Zusätzlich erscheint vor dem Hintergrund der sogenannten soziokonstruktivistischen Lerntheorien eine gelungene Übungsaufgabe als ein reales Problem, welches aus der Lebenswelt der Lerner stammt (vgl. Kiel et al. 2011). Lerche fasst eine gelungene Übungsaufgabe vor dem Hintergrund konstruktivistischer und soziokonstruktivistischer Überlegungen wie folgt in einer Grafik zusammen (vgl. Lerche 2011, 97):

Was braucht man für eine gute Aufgabe / Herausforderung?

Literatur

Bastian, J./Gudjons, H./Schnack, J./Speth, M. (Hrsg.) (1997): Theorie des Projektunterrichts. Hamburg: Bergmann, Helbig.

Braune, A. (2012): Motivation. In: Kiel, E. (Hrsg.): Unterricht sehen, analysieren, gestalten. Bad Heilbrunn: Klinkhardt, 37-63.

Bruner, J. (1974): Entwurf einer Unterrichtstheorie. Berlin: Springer.

Cohen, E. G. (1994): Designing groupwork: Strategies for the Heterogeneous Classroom. New York: Teachers College Press.

Deci, E. L./Ryan, R. M. (1993): Die Selbstbestimmungstheorie der Motivation und ihre Bedeutung für die Pädagogik. In: Zeitschrift für Pädagogik, 39(2), 223-238.

Dick, W./Carey, L. (1996): The Systematic Design of Instruction, 4. Auflage. New York: Harper-Collins.

Fischer, F./Neber, H. (2011): Kooperatives und Kollaboratives Lernen. In: Kiel, E./Zierer, K. (Hrsg.): Unterrichtsgestaltung als Gegenstand der Wissenschaft. Basiswissen Unterrichtsgestaltung. Band 2. Hohengehren: Schneider, 103-112.

Flechsig, K.-H. (1991): Kleines Handbuch didaktischer Modelle, 3. erweitere Auflage. Nörten-Hardenberg: Zentrum für didaktische Studien.

Gagné, R. M. (1973): Die Bedingungen des menschlichen Lernens. Hannover: Schroedel.

Gagné, R. M./Briggs, L./Wager, W. (1992): Principles of Instructional Design, 4th Edition. Fort Worth, TX: HBJ College Publishers.

Glöckel, H. (1990): Lehrbuch der allgemeinen Didaktik. Bad Heilbrunn: Klinkhardt.

Haag, L. (2011): Problemorientierung, Handlungsorientierung, Erfahrungsorientierung. In: Kiel, E./ Zierer, K. (Hrsg.): Unterrichtsgestaltung als Gegenstand der Praxis. Basiswissen Unterrichtsgestaltung. Band 3. Hohengehren: Schneider, 31-48.

Helmke, A. (2004): Unterrichtsqualität. Erfassen. Bewerten. Verbessern, 3. Auflage. Seelze: Kallmeyer.

Helmke, A. (2009): Unterrichtsqualität und Lehrerprofessionalität. Seelze: Kallmeyer.

Heran-Dörr, E. (2006): Entwicklung und Evaluation einer Lehrerfortbildung zur Förderung der physikdidaktischen Kompetenz von Sachunterrichtslehrkräften. Dissertation LMU München. Online abrufbar unter: http://edoc.ub.uni-muenchen.de [04.11.2011].

Hentig, H. von (1999): Bildung. Ein Essay. München: Hanser.

Herbart, J. F. (1982): Allgemeine Pädagogik aus dem Zweck der Erziehung abgeleitet (1806). In: Asmus, W. (Hrsg.): Johann Friedrich Herbart. Pädagogische Schriften. Band 2. Stuttgart: Klett-Cotta, 9-155.

James, W. (1994): Der Pragmatismus. Hamburg: Meiner.

Kant, I. (1956): Werke in zehn Bänden, hrsg. von W. Weischedel. Band 2. Darmstadt: Wissenschaftliche Buchgesellschaft.

Kant, I. (1999): Was ist Aufklärung? Ausgewählte kleine Schriften. Hamburg: Meiner.

Keller, J. M. (1987): Development and Use of the ARCS Model of Instructional Design. In: Journal of Instructional Development 10(3), 4-5.

Keller, J.M. (2010): Motivational design for learning and performance. New York u.a.: Springer.

Kiel, E. (1999). Cognitive Apprenticeship. In: Peterßen, W. H. (Hrsg.): Kleines Methodenlexikon. München u.a.: Oldenburg, 54-56.

Kiel, E. (2007): Epistemologie pädagogischen Handelns. In: Reinmann, G./Kahlert, J. (Hrsg.): Der Nutzen wird vertagt... Bildungswissenschaften im Spannungsfeld zwischen Profilbildung und Nutzenorientierung. Berlin u.a.: Pabst, 46-63.

Kiel, E. (2012): Strukturierung. In: Kiel, E. (Hrsg.): Unterricht sehen, analysieren, gestalten. Bad Heilbrunn: Klinkhardt, 21-36.

Kiel, E./Kahlert, J./Haag, L./Eberle, T. (2011): Herausfordernde Situationen in der Schule. Ein fallbasiertes Arbeitsbuch. Bad Heilbrunn: Klinkhardt.

Klafki, W. (1996): Neue Studien zur Bildungstheorie und Didaktik. Zeitgemäße Allgemeinbildung und kritisch-konstruktive Didaktik, 5. Auflage. Weinheim, Basel: Beltz.

Kunter, M./Baumert, J./Blum, W./Klusmann, U./Krauss, S./Neubrand, M. (Hrsg.) (2011): Professionelle Kompetenz von Lehrkräften. Ergebnisse des Forschungsprogramms COACTIV. Münster u.a.: Waxmann.

Lerche, T. (2011): Virtuelle Lernplattformen. In: Kiel, E./Zierer, K. (Hrsg.): Unterrichtsgestaltung als Gegenstand der Wissenschaft. Basiswissen Unterrichtsgestaltung. Band 2. Hohengehren: Schneider, 87-102.

Mager, R. (1965): Lernziele und Programmierter Unterricht. Weinheim: Beltz.

Merrill, D. (2002): First Principles of Instruction. In: Educational Technology Research and Development 50(3), 43-59.

Nida-Rümelin, J. (2011): Die Optimierungsfalle. Philosophie einer humanen Ökonomie. München: Irsiana.

Oerter, R./Schuster-Oeltzscher, M. (1988): Gedächtnis und Wissen. In: Oerter, R./Montada, L. (Hrsg.): Entwicklungspsychologie. Weinheim: PVU, 537-577.

Piaget, J. (1973): To understand is to invent: The future of education. New York: Viking Press.

Paivio, A. (1986): Mental representations. A dual coding approach. New York: Oxford University Press.

Peterßen, W. (1982): Handbuch zur Unterrichtsplanung. München: Ehrenwirth.

Saalfrank, W.-T. (2012): Differenzierung. In: Kiel, E. (Hrsg.): Unterricht sehen, analysieren, gestalten. Bad Heilbrunn: Klinkhardt, 65-97.

Seel, N. M. (1999): Instruktionsdesign: Modelle und Anwendungsgebiete. In: Unterrichtswissenschaft 27(2), 2-11.

Seidel, T./Shavelson, R. J. (2007): Teaching Effectiveness Research in the Past Decade: The Role of Theory and Research Design in disentangling Meta-Analysis Results. In: Review of Educational Research 77(4), 454-499.

Shiffrin, R.M./Schneider, W. (1977): Controlled and automatic human information processing. In: Psychological Review 84, 127-190.

Slavin, R.E. (1993): Kooperatives Lernen und Leistung: Eine empirisch fundierte Theorie. In: Huber, G.L. (Hrsg.): Neue Perspektiven der Kooperation. Ausgewählte Beiträge der Internationalen Konferenz 1992 über Kooperatives Lernen (Grundlagen der Schulpädagogik. Band 6). Baltmannsweiler: Schneider, 151-170.

Städeli, C./Grassi, A./Rhiner, K./Obrist, W. (2010): Kompetenzorientiert unterrichten. Das AVIVA-Modell. Bern: hep.

Stern, E. (2004): Schubladendenken, Intelligenz und Lerntypen. Zum Umgang mit unterschiedlichen Lernvoraussetzungen. In: Friedrich Jahresheft. Heterogenität: Unterschiede nutzen – Gemeinsamkeiten stärken (22), 36-39.

Stöger, H./Gruber, H. (2011): Lernvoraussetzungen von Schülern. In: Kiel, E./Zierer, K. (Hrsg.): Unterrichtsgestaltung als Gegenstand der Wissenschaft. Basiswissen Unterrichtsgestaltung. Band 2. Hohengehren: Schneider, 265-284.

Straka, G.A. (2001): Lernkompetenz – Dimensionen, Bedingungen und Möglichkeiten ihrer Förderung. In: Franke, G. (Hrsg.): Komplexität und Kompetenz. Ausgewählte Fragen der Kompetenzforschung. Bielefeld: BIBB, 179-199.

Wagenschein, M. (1991): Verstehen lehren. Genetisch – Sokratisch – Exemplarisch. Weinheim: Beltz.

Wahl, D. (2006): Lernumgebungen erfolgreich gestalten. Bad Heilbrunn: Klinkhardt.

Weiß, S. (2012): Veranschaulichung. In: Kiel, E. (Hrsg.): Unterricht sehen, analysieren, gestalten. Bad Heilbrunn: Klinkhardt, 99-120.

Weiss, G./Lerche, T. (2008): Übung. In: Kiel, E. (Hrsg.): Unterricht sehen, analysieren, gestalten. Bad Heilbrunn: Klinkhardt, 143-169.

Wiater, W. (2009): Unterrichtsprinzipien. Donauwörth: Auer.

Wiater, W. (2011a): Fundierende Unterrichtsprinzipien. In: Kiel, E./Zierer, K. (Hrsg.): Unterrichtsgestaltung als Gegenstand der Praxis. Basiswissen Unterrichtsgestaltung. Band 3. Hohengehren: Schneider, 87-94.

Wiater, W. (2011b): Regulierende Unterrichtsprinzipien. In: Kiel, E./Zierer, K. (Hrsg.): Unterrichtsgestaltung als Gegenstand der Praxis. Basiswissen Unterrichtsgestaltung. Band 3. Hohengehren: Schneider, 95-117.

Willmann, O. (1904): Über die Vorbereitung des Lehrers für die Unterrichtsstunden. In: Willmann, O. (Hrsg.): Aus Hörsaal und Schulstube. Gesammelte kleinere Schriften zur Erziehungs- und Unterrichtslehre. Freiburg: Herder, 136-140.

Zimbardo, P.G./Gerrig, R.J. (2004): Psychologie. Eine Einführung. München u.a.: Pearson.

Ludwig Haag und Doris Streber
Klassenführung

Klassenführung wird als zentrale Lehrerkompetenz gesehen, die zur Professionalität beruflichen Handelns zählt. Der Begriff meint mehr als die Beschränkung auf Aspekte der Disziplin und den Umgang mit Unterrichtsstörungen, doch er meint weniger als das Gesamt der Unterrichtsgestaltung. Klassenführung kommt im Unterricht eine Schlüsselfunktion zu, wie die Ergebnisse der internationalen Lehr-Lern-Forschung zeigen. Klassenführung hat prominente Vorläufer und im Begriff laufen historisch gewachsene Ideen zusammen. Es werden zentrale Traditionslinien herausgearbeitet, anhand derer aufgezeigt wird, was heute Klassenführung bedeutet. Unter dem Aspekt einer neuen Lernkultur geht es um eine Neubestimmung der Rolle des Lehrers in der Klasse. Es geht um allgemeine Lehrerratschläge, die zur Prävention und Intervention taugen. In einem Ausblick wird aufgezeigt, wie Klassenführung im umfassenderen Kontext von Schulentwicklung aufgehoben sein könnte.

„Ich setze es als bekannt voraus, daß der Grund von den Fehlern der Zöglinge wirklich oft in den Erziehern liege." (Salzmann: Ameisenbüchlein, 1806).

Wenn auch der Lehrer nicht für alles im Klassenzimmer verantwortlich ist, so ist seine zentrale Position unstrittig. Doyle (1986) analysiert Unterricht als äußerst komplexes Geschehen und beschreibt dieses mit Hilfe von sechs Dimensionen. Unterricht in der Klasse sei geprägt durch:

- *Multidimensionality* – große Anzahl an Ereignissen, deren Vernetzung und multiple Konsequenzen
- *Immediacy* – Ereignisse geschehen schnell, folgen schnell aufeinander
- *Unpredictability* – Ereignisse nehmen unerwartete unvorhersehbare Wendungen, werden gemeinsam produziert und sind daher kaum antizipierbar
- *History* – frühere Erfahrungen in der Klasse formen nachfolgende Ereignisse
- *Simultanity* – verschiedene Ereignisse geschehen zeitgleich
- *Publicness* – Klassenräume sind öffentliche Plätze, und Ereignisse werden häufig von einem Großteil der Schüler miterlebt.

Die Intention ist klar: Damit im Klassenzimmer gelernt werden kann, ist es nötig, hierfür einen geordneten Rahmen zu schaffen – dafür ist der Lehrer verantwortlich. Klassenführung geht von einer grundsätzlich schwierigen Lernsituation aus. Sie will

Lernen in einer Situation ermöglichen, die komplex ist und durch Unsicherheit bestimmt wird.

1 Begriff der Klassenführung

Im Folgenden soll aufgezeigt werden, dass Klassenführung eine komplexe Lehrerkompetenz ist, die quer zu anderen zentralen Lehrerkompetenzen steht.

1.1 Klassenführung als Querschnittsthema

2004 wurden von der ständigen Konferenz der Kultusminister der Länder (KMK) Standards für die Lehrerbildung im Bereich der Bildungswissenschaften formuliert. So wurden folgende vier Kompetenzbereiche definiert, die angehende Lehrer(innen) erfüllen sollen:

1. Kompetenzbereich: Unterrichten
2. Kompetenzbereich: Erziehen
3. Kompetenzbereich: Beurteilen/Beraten
4. Kompetenzbereich: Innovieren.

Klassenführung kann man als Querschnittsthema betrachten, das in allen Kompetenzbereichen zu Hause ist:

– Klassenführung, um Schüler(innen) zu aktivieren, ist eine didaktische Aufgabe und fällt in den Kompetenzbereich Unterrichten.
– Klassenführung, um Konflikte zu lösen, ist eine pädagogische Aufgabe und fällt nach obiger Einteilung in den Kompetenzbereich Erziehen.
– Da seit den PISA-Ergebnissen der Umgang mit Heterogenität eine zentrale Forderung heutigen Unterrichtens ist, muss ein Lehrer - bei aller Fokussierung auf die ganze Klasse - auch den einzelnen Schüler im Blick haben. Um dieser Aufgabe gerecht werden zu können, ist eine professionelle Diagnose des Einzelfalles eine notwendige Voraussetzung. Somit hat Klassenführung auch eine diagnostische Dimension und fällt in den Kompetenzbereich Beurteilen/Beraten.
– Da unter Lehrern unterschiedliche Ansichten vom Führen einer Klasse bestehen und diese Differenzen die Durchsetzung einer Führung erschweren, umgangssprachlich das Ziehen an einem Strang, verweist der Begriff auf einen Konsens unter Lehrern, zumindest ein und derselben Schule, und fällt in den Kompetenzbereich Innovieren, bei dem es um Schulentwicklung geht.

1.2 Definitionen

Seit den Studien zur Unterrichtsqualitätsforschung wird heute der Begriff weit gefasst:

Es geht um das Kerngeschäft von Lehrern, das Unterrichten, d.h. Lerninhalte auswählen, Sachverhalte erklären, Übungsmaterialien bereitstellen, Gruppenarbeiten organisieren, Lernergebnisse kommunizieren, um nur zentrale Aspekte zu nennen.
Es geht um Aspekte der Lehrerpersönlichkeit.
Es geht um die Lehrerkompetenz im didaktisch-methodischen Bereich.
Es geht auch, wenn man den Aspekt der Führung betont, um die Lehrer-Schüler-Beziehung.

Hier sollen zwei Definitionen angeboten werden:
– Klassenführung befasst sich mit der „Gestaltung der auf Lernarbeit zielenden Interaktion zwischen Schüler(innen) und Lehrer(innen) in dem institutionalisierten sozialen Rahmen der Schulklasse" (Kiel 2009, 337). Sie will aktivieren, anleiten und beraten, Lernarbeit grundsätzlich ermöglichen, das Lernen für Schüler zur Verpflichtung machen und auch die Lehrer(innen) auf Vorbereitung und Durchführung von angemessenen Lehrtätigkeiten festlegen.
– Bohl (2010) drückt das Gemeinte sehr kurz und ebenso präzise aus: „Es geht schlicht darum, die Basis für wirksame Lernprozesse zu legen" (22).

1.3 Systematischer Blick auf Klassenführung

Wenn man die Fülle an Definitionsversuchen und Modellen sichtet, lässt sich folgendes Beziehungsgeflecht ausmachen. Klassenführung bezieht sich auf:
„– *die Kommunikation im Unterricht:* Lehrende müssen didaktisch anleiten und zum Lernen verpflichten, und zwar so, dass die Schüler(innen) ihre Ansichten äußern und prüfen, sich in einer sachbezogenen Kommunikation mit anderen eine Meinung bilden und ihre Argumente im kommunikativen Umgang erproben können (vgl. Apel 2002, 84 f).
– *die Organisation von Unterricht:* Lehrende müssen Lernumgebungen und Lernprozesse für eine Klasse vorstrukturieren.
– *die Regulation von Unterricht:* Lehrende müssen Lerndisziplin herstellen und garantieren" (Haag & Lohrmann 2008, 270).

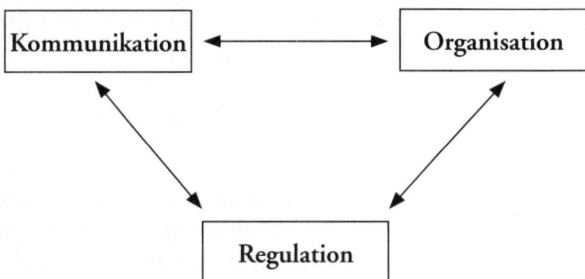

Abb. 1: Zusammenhang zwischen Kommunikation, Organisation und Regulation

Die Abbildung weist auf folgende Abhängigkeiten hin:

1. Kommunikation im Unterricht ist eine notwendige Voraussetzung, damit Lernen erst ermöglicht wird (Organisation). Umgekehrt kann eine gut vorbereitete Lernumgebung (Organisation), bei der sich Lernen leicht einstellen mag, eine günstige Voraussetzung sein, damit Kommunikationsprozesse zwischen allen Beteiligten angebahnt werden können.
2. Kommunikation im Unterricht ist eine gute Voraussetzung, damit Lerndisziplin (Regulation) erst ermöglicht wird. Umgekehrt kann eine gut funktionierende Regulation, bei der sich Lerndisziplin leicht einstellen mag, eine günstige Voraussetzung sein, damit Kommunikationsprozesse zwischen allen Beteiligten angebahnt werden können.
3. Lerndisziplin im Unterricht (Regulation) ist eine notwendige Voraussetzung, damit Lernen erst ermöglicht wird (Lernumgebung). Umgekehrt kann eine gut vorbereitete Lernumgebung, bei der sich Lernen leicht einstellen mag, eine günstige Voraussetzung sein, damit Lerndisziplin leichter ermöglicht wird.

2 Bedeutung der Klassenführung für gelingenden Unterricht

Mittlerweile liegen zahlreiche Primärstudien vor, die Bedingungen für Schülerleistungen erklären. Im Folgenden werden prominente Übersichten aufgeführt.

2.1 Forschergruppe um Wahlberg

International am bekanntesten ist die Aufstellung auf den Seiten 272 ff des Artikels von Wang, Haertel und Walberg (1993), die aufgrund des Materials von 61 Unterrichtsforschungs-Experten, 91 Metaanalysen und 179 Handbuchartikeln und Reviews angefertigt wurde. Noch vor den metakognitiven und kognitiven Schülervoraussetzungen steht als Einzelbedingung an erster Stelle das Klassenmanagement. Auch weitere Lehrervariablen wie die Lehrer-Schüler-Interaktion, die instruktional genutzte Unterrichtszeit, Schul- und Klassenklima sowie Instruktionsmethoden liegen vor unterrichtsferneren Variablen wie Schulpolitik, Schulorganisation oder Curriculumfragen.

2.2 Angebot-Nutzungs-Modell von Helmke (2003)

Im deutschsprachigen Raum ist das Angebot-Nutzungs-Modell von Helmke (2003) weit verbreitet. Unterricht wird hier verstanden als ein Angebot, garantiert noch keine Wirkungen per se, sondern diese sind abhängig, ob überhaupt und wie die Schüler(innen) es nutzen. Neben Kontextfaktoren auf unterschiedlichen Ebenen (hier geht es sowohl um weite kulturelle Rahmenbedingungen als auch um das ganz spezifische Klassenklima) und der Familie mit ihren unterschiedlichen strukturellen sowie Prozessmerkmalen ist vor allem die Lehrperson eine zentrale Größe auf der Angebotsseite. Und im Modell von Helmke wird eigens „Klassenführungskompetenz" als eine Einzelgröße genannt.

Gleichsam ausgekoppelt aus dem komplexen Modell skizziert Helmke (2007, 45, Abb. 1) ein Wirkungsgeflecht der Klassenführung.

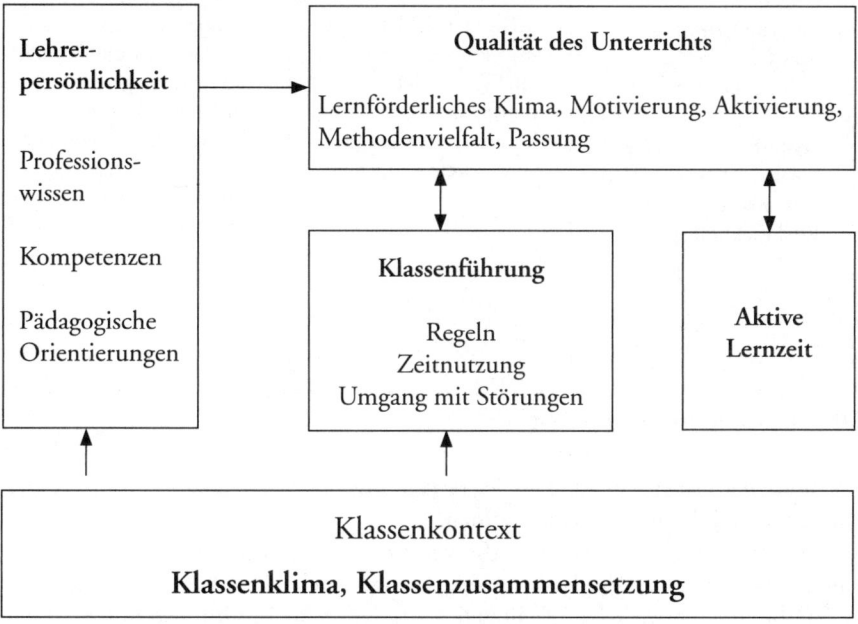

Abb. 2: Wirkungsmodell der Klassenführung

2.3 Merkmale guten Unterrichts

Heute haben Merkmalskataloge guten Unterrichts Hochkonjunktur in der Lehrerbildung.
Folgende Abbildung (nach Bohl und Kucharz 2010, 65, Abb. 9) zeigt eine repräsentative Zusammenstellung solcher Merkmalskataloge. Die von uns fettgedruckten Begriffe zeigen die große Bedeutung, die Klassenführung im „Konzert" aller anderen Merkmale hat.

Lipowsky 2007	Meyer 2004	Helmke 2006
– allgemeindidaktische Merkmale – **effektive Klassenführung** – **klare Strukturierung** – kooperatives Lernen – Übungen und Wiederholungen – Hausaufgaben – Klassenklima – fachdidaktische Merkmale – kognitive Aktivierung – Fokussierung und inhaltliche Kohärenz – Rückmeldungen	– **klare Strukturierung** – hoher Anteil echter Lernzeit – lernförderliches Klima – inhaltliche Klarheit – sinnstiftendes Kommunizieren – Methodenvielfalt – individuelles Fördern – intelligentes Üben – transparente Leistungserwartungen – vorbereitete Umgebung	– **effiziente Klassenführung** und Zeitnutzung – lernförderliches Klima – vielfältige Motivierung – **Strukturiertheit** und Klarheit – Wirkungs- und Kompetenzorientierung – Schülerorientierung und Unterstützung – Förderung aktiven, selbstständigen Lernens – Angemessene Variation von Methoden und Sozialformen – Konsolidierung, Sicherung, Intelligentes Üben – Passung an Schüler(gruppe)

Abb. 3: Merkmalskataloge „guten" Unterrichts

In moderner Lesart können diese Merkmale auch als Standards und Kompetenzen in der Lehrerbildung betrachtet werden.

Die bekannteste Klassifikation dürfte von Oser (2001) sein, der 88 Standards für die Lehrerbildung auf der Basis von Expertengesprächen mit Verantwortlichen der Lehrerbildung entwickelte. Nachträglich wurden sie in 12 Gruppen unterteilt, die jeweils wiederum eine unterschiedliche Anzahl von Standards beinhalten. Klassenführung taucht nicht explizit auf, doch ist sie folgenden Standardgruppen unterlegt: 1: Lehrer-Schüler-Beziehung und fördernde Rückmeldung, 3: Bewältigung von Disziplinproblemen und Schülerrisiken und 4: Aufbau und Förderung von sozialem Verhalten.

3 Vorläufer – notwendige Aspekte von Klassenführung

3.1 Erziehender Unterricht

Im Folgenden soll nun der Begriff des erziehenden Unterrichts auf seine Wurzeln hin untersucht werden, um damit aufzeigen zu können, welch Potential der Begriff für vorliegendes Thema beinhaltet. Der Pädagoge Johann Friedrich Herbart hat schon früh das Postulat der Erziehungskontinuität zwischen Schule und Elternhaus formuliert. Er sprach bereits 1806 von „erziehendem Unterricht". Um was ging es eigentlich Herbart dabei? Im Folgenden beziehen wir uns vor allem auf den Artikel von Keck (2004), auch die Zitate sind hieraus entnommen.

Herbart ging es um das Erziehungsziel, über die Bildung des Gedankenkreises die sittliche Charakterstärke zu erhalten. Der Unterricht soll zunächst den Gedankenkreis bilden. Darunter versteht Herbart die Aneignung von Vorstellungen, wobei er nicht nur an kognitives Aufnehmen, sondern auch an Gemütszustände denkt. Diese Apperzeption ist für Herbart etwas Anderes als ein äußerliches Lernen. „Apperzipieren heißt, etwas in die Ganzheit der Person aufnehmen, heißt einverleiben und einverseelen" (Keck 2004, 16). Unterricht hat als Hauptfunktion für Planmäßigkeit und System gegenüber Umgang und Erfahrung und für Festigkeit zu sorgen. Auch hat Unterricht, um nicht bloß Vielwissen zu produzieren, auf das Prozedere von „Vertiefung" und „Besinnung" zu achten. Dies gelingt durch die Artikulation in Stufen von der anschaulichen Klarheit, Beziehung stiftenden Assoziation über eine systematische Zuordnung zur methodischen Einübung.

Ein solch gedachter Unterricht ist ein erziehender.

Und nun kommt ein für unser Thema zentraler Aspekt:

Der Gedankenkreis, also rational und emotional verankert, schafft „Charakterstärke der Sittlichkeit" jedoch nicht allein. Unterricht muss durch Ordnung und Disziplin (Herbart fasst beide Begriffe mit „Regierung") und durch „Zucht" in Gang gehalten werden.

In dieser Einbettung des Unterrichts in Erziehung ist nun vollständig Herbarts berühmter Satz zu verstehen:

„Ich gestehe gleich hier, keinen Begriff zu haben von Erziehung ohne Unterricht, so wie ich rückwärts, in dieser Schrift wenigstens, keinen Unterricht anerkenne, der nicht erzieht" (Keck 2004, 17).

3.2 Klassenführung im Kontext der Erziehungsstilforschung

Gerade von den seit Jahrzehnten vorliegenden empirischen Ergebnissen zur Erziehungsstilforschung sind forschungsbasierte Ratschläge und Impulse in die Klassenzimmer gekommen. Zwei prominente Forschergruppen werden hier vorgestellt.

Lewin, Lippitt & White (1939)
Die wohl ältesten und auch am bekanntesten dürften die Untersuchungen von Lewin, Lippitt und White (1939) sein. Sie untersuchten in einem experimentellen Setting anhand von Freizeit-Bastelgruppen die Wirkung des autoritären, demokratischen und laissez-faire Führungsstils auf Gruppenatmosphäre, Produktivität, Zufriedenheit, Gruppenzusammenhalt und Effizienz.

Sowohl in der erbrachten Leistung als auch in Aspekten des Wohlbefindens war der demokratische Stil den andern überlegen. Unter autoritärer Leitung wurde zwar gut gearbeitet, jedoch nur so lange der Führer anwesend war. In den laissez-faire Gruppen wurde am wenigsten produktiv gearbeitet.

Tausch & Tausch (1970)

Unter anderem unter dem Einfluss der 68er-Bewegung fand ein Umdenken in der Erziehungsstilforschung statt. Die Diskussion über eine angemessene Form der Erziehung bildete einen Schwerpunkt in der erziehungswissenschaftlichen und -psychologischen Forschung. Dem Ehepaar Annemarie und Reinhard Tausch kommt das Verdienst zu, die damals aktuelle Diskussion der Erziehungsstilforschung von Amerika nach Deutschland gebracht zu haben.

Während Lewin und Mitarbeiter konkret Verhalten beobachteten, gingen diese methodisch vom Sprachverhalten der Lehrer aus. Die Art der Führung lasse sich im Sprachverhalten der Lehrer festmachen, so ihre Annahme. Die aufgezeichneten Sprachäußerungen klassifizierten sie in zwei Dimensionen: eine Lenkungs-Dimension (hohe vs. keine Lenkung) und eine affektive Dimension (Wertschätzung vs. Geringschätzung). Bekannt geworden ist die Zuordnung beider Dimensionen in einem Koordinatensystem. In diesem stellten die Tauschs drei Interaktionstypen fest, die seitdem als die Führungsstile „autokratischer Führungsstil": hohe Lenkung und Geringschätzung, „laissez-faire Führungsstil": keine Lenkung und affektiv wertneutral und „sozial-integrativer Führungsstil": mittlere Lenkung und positive Wertschätzung in die Literatur eingegangen sind.

Anstelle des typologischen Konzepts von Lewin und Mitarbeitern entwickelten Tausch und Tausch ein dimensionsorientiertes Konzept mit den beiden erwähnten Dimensionen, das unzählig mehr als die drei erwähnten Interaktionstypen zulässt. „Es muss tatsächlich mit ebenso vielen Führungsstilen gerechnet werden, wie sich unabhängig voneinander variierende Dimensionen von Beziehungen zwischen Führer und Gefolgschaft aufweisen lassen" (Ulich 1977, 86).

3.3 Sozialpsychologische Aspekte

Klaus Ulich (2001) macht deutlich, dass Schulalltag neben einem Lern- und Leistungsalltag auch immer ein Beziehungsalltag ist. Er betrachtet Schule unter dem Aspekt der in ihr ablaufenden interpersonalen Prozesse, also auch die Lehrer-Schüler-Interaktion (76 ff), und der darauf einwirkenden institutionellen Gegebenheiten.

Für vorliegenden Zusammenhang ist folgendes von Bedeutung:

Lehrererwartungen
Hier ist auch auf die reichhaltige und gut belegbare Befundlage der Lehrererwartungen zu verweisen. Sie soll hier nur skizziert, nicht ausgeführt werden.
Dieser Punkt bedeutet für Klassenführung zweierlei:
(1) Lehrertypisierungen und -erwartungen stellen ein völlig normales und alltägliches Geschehen im Klassenzimmer dar und haben Auswirkungen auf die Schüler(innen), ja sie können sich auch auf die Führung und dann auf das Verhalten ganzer Klassen auswirken.
(2) Diese Erwartungen der Lehrer(innen) können sich selbst bestätigen.

Schülererwartungen
Umgekehrt ist natürlich auch zu bedenken, dass Schüler(innen) an ihre Lehrer(innen) ihre Erwartungen richten – wiederum mit entsprechenden Konsequenzen.
Ulich berichtet von einer Studie, deren Hauptresultat sich als Ambivalenz der Erwartungen zusammenfassen lässt:
- „*Einerseits* haben die Schüler/innen ein ausgeprägtes Interesse an formaler Gleichheit, Gleichberechtigung und demokratischen Entscheidungen im Umgang mit Lehrer/innen; *andererseits* erwarten sie von ihnen Autorität und Durchsetzungsfähigkeit.
- *Einerseits* wünschen sich die Schüler/innen, dass die Lehrer/innen individuell und persönlich auf sie eingehen; *andererseits* sollen die Lehrer/innen sachlich und gerecht sein" (Ulich 2001, 102).

Dies bedeutet, dass es dem Lehrer nicht gelingen kann, all diesen widersprüchlichen Erwartungen gleichermaßen nachzukommen. Wer agiert nach dem Motto „sowohl – als auch", „von jedem ein bisschen", letztendlich bleibt ein solcher Lehrer blass und profillos.

Geschlechtsspezifische Unterschiede
Lehrer(innen) verteilen ihre Aufmerksamkeit quantitativ und qualitativ unterschiedlich auf Schüler. Und das hat Auswirkungen auf die Klassenführung: Je starrer solche geschlechtsspezifischen Wahrnehmungen ausfallen, desto unterschiedlicher ist das Verhalten gegenüber den Schülern.
Bekannt geworden sind die Forschungen von Frau Wagner in den 70/80er Jahren des letzten Jahrhunderts. Zentrale Ergebnisse aufgrund von Unterrichtsbeobachtungen bei 50 Grundschullehrer(innen) sind:

– Jungen werden häufiger getadelt als Mädchen.
– Jungen werden häufiger gelobt als Mädchen.
– Bei gleich häufigem Meldeverhalten werden Jungen öfter aufgerufen.

Der Grundtenor der Studie wie auch der gleichnamige Artikel lautet: „Auf Jungen achtet man einfach mehr" (Frasch & Wagner 1982).

Unterrichtsklimaforschung
Im Folgenden beziehen wir uns vor allem auf den Übersichtsartikel von Eder (2010).
„Klima lässt sich als die von den Betroffenen wahrgenommene Konfiguration bedeutsamer Merkmale innerhalb der jeweiligen schulischen Umwelt umschreiben." (Eder 2010, 694).
Für das Klima auf Klassenebene scheint eine Strukturierung nach vier Dimensionen sinnvoll:
– Beziehungen zwischen Schülern und Lehrern
– Beziehungen der Schüler untereinander
– Qualität des Unterrichts
– Lernhaltungen der Schüler.

Die wohl bekanntesten Messverfahren zur Messung des Klimas in Schulklassen im deutschsprachigen Raum sind die „Landauer Skalen zum Sozialklima (LASSO)" von v. Saldern und Littig (1987) und der „Linzer Fragebogen zum Schul- und Klassenklima (LFSK)" von Eder (1998; LSK: 8.-13. Klasse und Eder und Mayr 2000; LFSK: 4.-8. Klasse).

Satow (1999) konnte nachweisen, dass ein sog. „Mastery-Klima" unmittelbare Einflüsse auf die Schulleistungen, auf das Befinden in der Schule und auf die Prüfungsangst hat. Auch ist es indirekt für schulische Selbstwirksamkeitserwartungen verantwortlich. Unter Mastery-Klima versteht er eine Kombination aus einer individualisierten und unterstützenden Lehrer-Schüler-Interaktion, insbesondere aus Fürsorglichkeit, Schülerzentriertheit und individueller Bezugsnormorientierung. Hier wird die zentrale Bedeutung des Lehrers deutlich.

Hascher (2004) trägt in ihrem Forschungsüberblick zum Wohlbefinden in der Schule genügend Belege bei, die den Einfluss des unterrichtlichen Klimas als eine Quelle des Wohlbefindens von Schülern aufzeigen, die die affektive Entwicklung der Schüler betonen und die generell als ein relevanter Faktor für die Genese von positiven Emotionen in der Schule gelten.

4 Traditionslinien von Classroom Management

Classroom Management – ein in seiner Tradition durch und durch amerikanischer Begriff – wird hier von verschiedenen Traditionslinien aus beleuchtet. Damit kann gezeigt werden, wie sich der Begriff erweitert und wie die unterschiedlichen Ansätze mit ihren systematischen Forschungserkenntnissen sich auf Schule ausgewirkt haben.

4.1 Behavioristische Ansätze

An Labortieren experimentell gewonnene Erkenntnisse und Gesetzmäßigkeiten über das Lernen wurden systematisch auf menschliches Lernen übertragen und damit auch in den Schulkontext getragen.

Klassenführung bestand hauptsächlich aus dem reaktiven Umgang mit Störungen und den richtigen Lehrerreaktionen auf unerwünschte Verhaltensweisen der Schüler(innen). Im Mittelpunkt stand der Lehrer. Er war alleine verantwortlich für die Herstellung von Disziplin, Ruhe und Ordnung. Ein klares Regelwerk, Lehrerlob und Ignorieren wurden zu Schlagwörtern verhaltenstheoretisch begründeter Klassenführung. Verstärkungslernen wurde zu einem zentralen Baustein der pädagogischen Verhaltensmodifikation und damit auch für Steuerungsprozesse im Klassenzimmer. Mithilfe von Verstärkern wie zum Beispiel Belohnungen, Lob, Tadel und Sanktionen versuchte er den Schülern das erwünschte Verhalten klar zu machen.

So ist das traditionelle Ziel für den Lehrer gewesen, Disziplin zu erhalten und wiederherzustellen, damit reibungslos Lernen ermöglicht wird.

Und die im Behaviorismus gewonnenen Erkenntnisse sind natürlich heute noch gültig. Am Thema der Bestrafung, einem Dauerthema im pädagogischen Kontext, soll dies aufgezeigt werden. Aus behavioristischer Sicht wurden viele Aspekte zur Bestrafung experimentell im Labor und auch empirisch in Feldforschungen beigetragen:

Kauffman (2005, 306-307) schlägt aufgrund eines Reviews über den Forschungsstand über Bestrafung folgende Richtlinien im Umgang mit Bestrafung vor.
1. Bestrafung sollte für ernstes Fehlverhalten reserviert sein, das mit einer Beeinträchtigung der sozialen Beziehungen einhergeht.
2. Bestrafung sollte in Verbindung mit einem Verhaltensaufbau und Programmen durchgeführt werden, die positive Konsequenzen für entsprechendes Verhalten betonen.
3. Bestrafung sollte von Personen durchgeführt werden, die warmherzig gegenüber den Tätern sind und wenn diese ein akzeptables Verhalten zeigen.

4. Bestrafung sollte sachlich durchgeführt werden, nicht angstbesetzt, bedrohend oder moralisierend.
5. Bestrafung sollte fair, einheitlich und sofort erfolgen, sie sollte klar vorhersehbar, sofort und nicht aus einer Laune heraus oder zeitlich versetzt erfolgen.
6. Bestrafung sollte verhältnismäßig erfolgen, auf geringes Fehlverhalten sollte eine geringe, auf ernsthafteres Fehlverhalten eine stärkere Bestrafung erfolgen.
7. Bestrafung, wenn möglich, sollte eher eine Einbuße an Privilegien/Belohnungen oder ein Entzug von Aufmerksamkeit beinhalten als aversive Reize.
8. Bestrafung sollte sich auf das Fehlverhalten beziehen und dem Delinquenten die Möglichkeit der Wiedergutmachung einräumen.
9. Bestrafung sollte ausgesetzt werden, wenn ihre Wirkung nicht sofort klar wird. Es ist besser nicht zu bestrafen als ineffektiv zu bestrafen, da sonst die Toleranz für aversive Konsequenzen wächst.
10. Für alle Beteiligten sollte es klar fixierte Regeln für Bestrafung geben.

4.2 Ökologische Ansätze

Kounin (1970)

Zur ersten Wende kam es durch die Studien von Kounin Ende der 60er Jahre. Während vor Kounins Studien Klassenführung hauptsächlich aus dem reaktiven Umgang mit Störungen bestand, wurde Klassenmanagement stärker proaktiv. Die Prävention von Störungen rückte nun vermehrt in den Fokus. Die Studie „Techniken der Klassenführung" von Kounin (1970; deutsch 1976) gilt als Klassiker dieser Forschungsrichtung.

Eine Analyse seiner Videoaufzeichnungen ergab, dass ganz bestimmte Verhaltensweisen von Lehrer(innen) existieren, die mit dem Führungserfolg korrelieren. In der Studie zeigte sich: Je besser es den Lehrkräften gelang, die folgenden Merkmale umzusetzen, umso besser arbeiteten die Schüler(innen) mit und umso weniger Fehlverhalten zeigten sie. Die von Kounin beschriebenen „Techniken" sind also präventive Verhaltensdimensionen, Handlungsweisen also, die Störungen schon vor ihrem Auftreten verhindern sollen. Und die Beherrschung dieser derart definierten Klassenführungstechniken, so erkennt Kounin, gibt dem Lehrer ein Instrumentarium an die Hand, das den individuellen Handlungsspielraum erweitert und Alternativen ermöglicht, ja dem Lehrer erlaubt, seine Lernziele zu erreichen. Die Bedeutung der Klassenführungstechniken offenbart sich in Kounins Schlusssatz: „Die Beherrschung der Gruppenführungstechniken enthebt den Lehrer fortan seiner Führungssorgen" (149).

Klassenführungstechniken:

– *Allgegenwärtigkeit* (withitness) und *Überlappung* (overlapping)

Beide Dimensionen betreffen die Fähigkeit des Lehrers, den Schülern zu signalisieren, dass er über ihr Verhalten informiert ist, sowie seine Fähigkeit, mehreren gleichzeitig auftretenden Problemen seine Aufmerksamkeit zuzuwenden und Störungen nebenbei zu beheben. Das von Kounin gewählte Kunstwort „withitness" soll verdeutlichen, dass es hier darum geht, die sprichwörtlichen „Augen im Hinterkopf" zu haben (vgl. 90).

– *Reibungslosigkeit* (smoothness) und *Schwung* (momentum)

Hier geht es vor allem um die Steuerung von Unterrichtsabläufen.

Beide Parameter messen die Fähigkeit des Lehrers, den Unterrichtsablauf zu steuern und unnötige Unterbrechungen, Leerlauf oder Hektik zu vermeiden. Kounins Ergebnis lautet, dass Reibungslosigkeit und Schwung signifikant mit dem Schülerverhalten korrelieren (115). Er kommt zu dem Schluss, dass die beiden genannten Dimensionen eine erhebliche Rolle bei der Klassenführung spielen, z.B. was Kontrolle von Fehlverhalten und Bereitschaft zur Mitarbeit anbelangt (116).

– Aufrechterhaltung des Gruppen-Fokus: *Gruppenmobilisierung* (group alerting), *Rechenschaftsprinzip* (encouraging accountability) und *Beschäftigungsradius* (high participation formats)

Einmal betrifft es die Fähigkeit des Lehrers, die Klasse auch dann im Fokus zu behalten, wenn er sich einem einzelnen Schüler zuwendet. Zum andern zieht er die Gruppenmitglieder für ihre Tätigkeiten zur Verantwortung. Außerdem geht es um Verhaltensvorschriften und Arbeitsanforderungen für Schüler(innen), die grade nicht drangenommen werden.

– *Programmierte Überdrussvermeidung*

Hier geht es um die Eigenart der Aktivitäten, mit denen sich die Schüler(innen) beschäftigen sollen. Der Begriff positive Valenz bedeutet Gefallen, der Begriff negative Valenz bedeutet Ablehnung.

– *Valenz* und *intellektuelle Herausforderung* (higher participation formats)

Den Lehrkräften gelingt es, alle Schüler(innen) für die Unterrichtsinhalte zu begeistern und ihre Arbeitsbereitschaft zu wecken. Die Lernaufgaben sind zwar intellektuell herausfordernd, aber zu bewältigen, die Anforderungen passen also zur Leistungsfähigkeit der einzelnen Schüler(innen).

Beispiel: Während die eine Hälfte vom Lehrer den Stoff nochmals erklärt bekommt, kann die bessere Hälfte der Klasse sich individuell oder in Gruppen mit weiterführendem Lernmaterial vertraut machen.

– *Abwechslung* und *Herausforderung bei der Stillarbeit*

Lernaktivitäten in Einzelarbeitsphasen sind methodisch phantasievoll gestaltet und intellektuell herausfordernd.

Seit den Studien von Kounin werden weniger die Interventionen bei Unterrichts-störungen thematisiert als vielmehr der Präventionsgedanke. Es geht nun weniger um einzelne Problemschüler(innen) als vielmehr um die Klassen als Ganzes.

Die Forschung beschäftigte sich mit der Frage, was ein Lehrer tun müsse, damit Störungen erst gar nicht auftreten. Auch in diesem neuen Verständnis macht aller-dings das Verhalten der Lehrkraft den Unterschied und ist entscheidend dafür, ob Ordnung und Struktur im Unterricht vorhanden sind. Somit wird auch in dieser Auffassung die Chance nicht genutzt, mehr Verantwortung an die Schüler(innen) zu übergeben. Der Lehrer bleibt Alleinverantwortlicher. Gemeinsame Entschei-dungsfindungen, gemeinsames Gestalten der Lernumgebung und gruppenorien-tiertes Konfliktlösen wird erst später vermehrt in den Fokus von Klassenmanage-ment gerückt.

Forschergruppe um Evertson (Evertson, Emmer & Worsham 2006; Emmer & Evertson 2009)

Einen großen Beitrag zum Wandel des Verständnisses hin zu einem lernerzentrier-ten Classroom Management liefern die wissenschaftlichen Arbeiten von Evertson und Mitarbeitern.

Neben Kounin ist im amerikanischen Raum das Team um die Forscherin Evertson zu nennen.

Stellvertretend für eine ihrer zahlreichen Studien sei folgende Primärstudie ge-nannt. Anschließend werden Merkmale von Klassenführung aufgezeigt.

Ein Jahr lang untersuchte die Forschergruppe um Evertson 27 Klassen der 3. Ele-mentarstufe. Dabei wurden zum Halbjahr zwei Gruppen gebildet, die Klassen mit den effektiveren und weniger effektiven Lehrern. Rückblickend wurde das Manage-mentverhalten der ersten Schulwochen beider Lehrergruppen analysiert. Die effek-tivere Lehrergruppe führte gleich zu Beginn in Regeln ein und griff bei Fehlverhal-ten sofort ein. Nachfolgende Studien – auch in der Sekundarstufe – zeigten, dass die Etablierung eines Classroom Managements gleich zu Beginn eines Schuljahres sowie das konsequente Einhalten derselben die Leistungen der Schüler(innen) för-derten.

In über 20 Jahre dauernder Forschungsarbeit entwickelten und evaluierten die Au-toren elf Punkte, die bei einem effektiven Klassenmanagement in unterschiedlichen Schulstufen zu berücksichtigen sind. Diese elf Punkte finden auch in der deutsch-sprachigen Literatur zum Thema Beachtung (vgl. Helmke 2003; Mägdefrau 2010).

1. Klassenraum vorbereiten
   Es geht vor allem darum, dass Staus und Störungen im Vorfeld vermieden werden.
2. Regeln planen und Verfahrensweisen klar festlegen
   Zu Schuljahresbeginn wird klar festgelegt, was in der Klasse erlaubt und verboten ist.
3. Konsequenzen festlegen
   Belohnungen und Bestrafungen werden für angemessenes sowie unangemessenes Verhalten eingeführt.
4. Unterbindung von unangemessenem Verhalten
   Schülerfehlverhalten wird sofort und konsistent unterbunden.
5. Regeln und Prozeduren unterrichten
   Neben einem Festlegen von Regeln zu Schuljahresbeginn muss im Laufe des Schuljahres immer wieder darauf hingewiesen werden, notfalls müssen neue hinzutreten.
6. Gemeinschaftsfördernde Aktivitäten
   Zum Schuljahresbeginn wird über Aktivitäten wie Ausflüge, Spiele, gemeinsame Projekte das Zusammengehörigkeitsgefühl entwickelt.
7. Strategien für evtl. Probleme
   Rechtzeitig werden Strategien geplant, wie man mit potentiellen Problemen umgeht.
8. Überwachen des Schülerverhaltens
   Schüleraktivitäten und deren soziale Prozesse werden genau beobachtet, um früh auftauchende Probleme identifizieren zu können und die Wirksamkeit der eigenen Handlungen zu reflektieren.
9. Vorbereiten des Unterrichts
   Der Unterricht muss gut vorbereitet sein, so dass auch für die heterogene Schülerschaft unterschiedlich schwierige Lernaktivitäten möglich sind.
10. Verantwortlichkeit des Schülers
    Schülern wird ihre Verantwortlichkeit für die Ergebnisse ihrer Arbeiten klargemacht, und sie werden dabei unterstützt, ihre Selbstwirksamkeit zu entwickeln.
11. Unterrichtliche Klarheit
    Der Unterricht wird klar strukturiert, dabei werden ausreichend redundante Informationen gegeben.

Die Autoren betonen, dass auf ein solch einmal aufgestelltes Regelsystem in einer Klasse immer wieder hingewiesen werden muss, damit es „in Fleisch und Blut" übergeht. Auch müssen die genannten Techniken in ein unterstützendes und vertrauensvolles Klima eingebettet sein.

Seit den Ansätzen der 90er Jahre ist das Augenmerk ganzheitlicher nicht nur auf die Lehrerseite, sondern auch auf die Schülerseite gelegt worden. Klassenführung soll nun beitragen, dass die Schüler(innen) Selbstständigkeit und Selbstregulation im Aneignen von Lernstoff entwickeln und gemeinsame Verantwortung bei Konflikten tragen. Woolfolk (2001) beschreibt die neue Anforderung an das Klassenmanagement als „management for self-management".

In dem Maße, in dem zunehmend Schulen neben dem Leistungsaspekt auch soziales und emotionales Lernen in den Fokus nehmen, wird auch der Begriff weiter gefasst. So sehen Elias und Schwab (2006) als zentrales Ziel von Classroom Management, eine Lernumgebung zu schaffen, bei der sowohl schulisches Lernen als auch soziale und emotionale Fähigkeiten und Fertigkeiten gefördert werden, um in dieser Welt zu bestehen. Classroom Management muss beides, Ordnung aufrechterhalten und ein umfassendes Lernen ermöglichen.

Im Allgemeinen kann festgestellt werden, dass sich das Verständnis von Klassenführung zu einem mehrdimensionalen Geflecht gewandelt hat, das heutzutage viel mehr Facetten aufweist als noch vor 50 Jahren.

5 Klassenführung in einer „neuen Lernkultur"

Kaum ein Thema wird in den letzten Jahren in der Lehr- und Lernforschung so intensiv diskutiert wie das Problem der fehlenden Anwendung von Wissen. Obwohl die Lernenden Wissen erwerben, tun sie sich schwer, es zur Lösung von Alltagsproblemen zu nützen.

Die gegenwärtig vorgebrachte Kritik an traditionellem Unterricht entzündet sich vor allem an Fragen wie

– Wie lässt sich „träges" Wissen vermeiden? (Renkl 2010)
– Wie sind Lernende zu eigenverantwortlichem Arbeiten zu motivieren?
– Wie kann neues Wissen mit praktisch bedeutsamen Kontexten verbunden werden?

In den letzten Jahren wird offenbar aus Unzufriedenheit mit den bisherigen Vorstellungen von Lernen, eben Lernen als einfache Informationsverarbeitung oder sogar als Dressur, von einer „neuen Lernkultur" gesprochen. In Deutschland ist die Forschergruppe um Mandl hervorzuheben, hinzuweisen ist auf den Übersichtsartikel von Reinmann-Rothmeier und Mandl (2001).

Hier sind vor allem die Ansätze des situierten Lernens zu nennen (Resnick 1987; Greeno, Smith & Moore 1993). Diese Ansätze gehen von folgenden Grundannahmen aus (vgl. Gräsel 1997).

• Lernen ist situations- und kontextgebunden.
• Lernen ist ein aktiver, konstruktiver Prozess.

- Lernen ist ein selbstgesteuerter Prozess.
- Lernen ist immer soziales Aushandeln von Bedeutungen.
- Motivation ist eine zentrale Bedingung für Lernen.

Hieraus werden auch veränderte Rollen für Schüler(innen) wie Lehrer(innen) abgeleitet:
Die Lernenden sollen eine aktivere Rolle übernehmen.
Unterrichten ist eher im Sinne von Unterstützen, Anregen, Bereitstellen günstiger Lernsituationen, Beraten zu sehen.
Bei all diesen Ansätzen geht es um eine Neubestimmung der Rolle des Lehrers in der Klasse.

Ganz konkret, was bedeutet Klassenführung unter den möglichen Varianten offenen Unterrichts, dem Tutoriellen Lernen, dem Gruppenunterricht und Projektunterricht?
Diese Unterrichtskonzepte können zu einer Überforderung der Schüler(innen) führen, speziell dadurch, dass die Schüler unter Umständen wenig zielführende Strategien verwenden. Man muss in Betracht ziehen, dass selbstständiges Arbeiten nicht einfach vorausgesetzt werden kann. Man darf nicht stillschweigend davon ausgehen, dass die Lernenden ihre Fehler und Schwierigkeiten bei der Bearbeitung von Aufgaben bemerken und selbstständig korrigieren können.

Selbstständiges Lernen kann aber auch gefördert werden, wenn die folgenden Maßnahmen eingehalten werden:
- Lernende müssen zum selbstständigen Lernen angeleitet werden.
- Selbstständiges Lernen sollte in allen Fächern erfolgen, es gibt kein inhaltsneutrales Lernen.
- Transfermöglichkeiten müssen eingeübt und besprochen werden, Transfer stellt sich nicht von selbst ein.

6 Prävention/Intervention (Nolting 2002)

Weshalb wird hier auf Nolting (2002) eingegangen, der einen „Klassiker" über Störungen in der Klasse schreibt? Er selbst gibt die Antwort: „Präventiv wirken vor allem Verhaltensweisen, die auf ein gutes ‚Lernmanagement' hinauslaufen" und „Mit Disziplinproblemen muss man nicht ‚fertig werden', man muss sie verhindern" (41).
Nolting lässt in seinem Leitfaden zur Vorbeugung und Konfliktlösung Kounins Dimensionen miteinfließen. Er geht von Präventionsmaßnahmen und Interventionen aus.

– **Präventionen**

Er schlägt präventiv vier disziplinrelevante Bereiche des Lehrerverhaltens vor:

1. Prävention durch breite Aktivierung

Hier liegt der Akzent auf Unterrichtsführung bzw. Lernmanagement mit dem Ziel der Klassenaktivierung. Dies meint Kounin mit „Aufrechterhaltung des Gruppen-Fokus" und „Programmierte Überdrussvermeidung".

Nolting spricht zentrale Aspekte von Aktivierung an:

– Die Betonung auf „breite" umfasst eben die Aktivierung möglichst der ganzen Klasse.

– Aktivierung bedeutet neben didaktisch-methodischer Gestaltung auch das Ausdrucksverhalten wie Stimme, Mimik, Gestik und Bewegung im Raum.

– Fragestellen für breite Aktivierung bedeutet:
  • Frage stellen
  • Den Blick wandern lassen
  • Evtl. Denkpause gewähren
  • Aufnehmen von Antworten: Alle mal dran nehmen

– Bei Stillarbeit und Gruppenarbeit wird die Aktivierung in die richtige Aufgabe verlagert.

– Da es sich für den Schüler sichtbar sein muss, aktiv gewesen zu sein, kommt es auf positive Kommentare an. So muss ein Lehrerlob echt klingen und auch präzise sein. Ebenso sollte es den persönlichen Fortschritt betreffen, was die pädagogische Diagnostik unter „Individueller Bezugsnormorientierung" versteht.

2. Prävention durch Unterrichtsfluss

Hier liegt der Akzent auf Vermeidung eigener Unterbrechungen des eigentlichen Unterrichts. Dies meint Kounin mit „Reibungslosigkeit und Schwung".

Hier geht es um folgende Aspekte:

– Wartezeiten vermeiden

Rutter u.a. (1980) analysierten in ihrer Londoner Sek-I-Studie „Fünfzehntausend Stunden", einen wie hohen Teil der Stundenzeit die Lehrer(innen) effektiv dem Thema der Stunden widmeten und nicht mit dem Aufbau von Geräten, Verteilen von Materialien, Bewältigen von Unterrichtsstörungen usw. zubrachten. Die echte Lernzeit variierte im Schulvergleich zwischen 65 % und über 85 %.

  • So geht es darum, für einen zügigen Wechsel von einer Aktivität zu einer anderen zu sorgen.
  • Für einen zügigen Wechsel sind auch klare Instruktionen wichtig.
  • Längere Dialoge mit Einzelnen kann für den Rest der Klasse bloßes Warten bedeuten.

– Eigene „Störungen" unterlassen

Hier sollten Lehrer(innen) aufpassen, dass sie nicht ihren eigenen Unterricht durch deplazierte Äußerungen „stören", indem sie beispielsweise auf Unterrichtsstörungen übermäßig ausführlich und ausschweifend reagieren.

3. Prävention durch klare Regeln
Hier liegt der Akzent auf Erwartungen an das Schülerverhalten, bezogen auf Lernaktivitäten sowie Unterlassung von Störungen.
Bei der Einführung von Regeln ist zu beachten:
– so wenig wie möglich
– so einsichtig wie möglich
– so positiv wie möglich.
4. Prävention durch Präsenz- und Stoppsignale
Hier liegt der Akzent auf Überwachung des Schülerverhaltens hinsichtlich der Einhaltung der Regeln. Dies subsumiert Kounin unter „Allgegenwärtigkeit".
Wahl, Weinert und Huber (1984, 410ff) gehen von sieben Kriterien aus, die bei
einer Stoppstrategie zu beachten sind:
– freundlicher Ton
– Anordnung in Form einer Bitte
– frühzeitiges Eingreifen
– definierte Toleranzgrenze
– anfangs häufiges Eingreifen
– Beachtung aller Schüler(innen)
– Bekräftigung des erwünschten Zustandes.

– Interventionen
Nolting schlägt lehrer- und gruppenzentrierte Strategien vor.
Als Grundmuster für ein lehrerzentriertes Vorgehen mögen in vielen Situationen
folgende Reaktionsweisen dienen:
– direkte Bitte oder Aufforderung, dieses oder jenes zu tun
– Begründungen oder Erläuterungen, die auf Einsicht abzielen
– Fragen nach dem Geschehen
– aktives Zuhören gegenüber den Schülern
– Ich-Botschaften
– humorvolle Reaktionen
– eigene Vorschläge
– Fragen nach Lösungen.
Um ein Problem erstmals als solches zu erkennen, um dann intervenieren zu können, sind folgende Hilfen für die Problemdiagnose hilfreich:
– die Beschreibung des Problems
– die Selbstreflexion
– der Perspektivenwechsel
– die Beobachtung
– die Befragung.

7 Zentrales Thema für Schulentwicklungsprozesse

Das Klassenmanagement kann nicht losgelöst vom Kontext verstanden werden, sondern Merkmale der Schule und ihres Umfeldes, der Unterrichtssituation, der Klasse und der Lehrperson beeinflussen die Ausgestaltung der Klassenführung. Doch damit ist das eigentliche Problem nicht gelöst, die Frage nach den Zielen von Erziehung. Sie ist die Kernfrage, wenn es um das konkrete Unterrichten geht. Genau hier sehen wir Fortschritte im Verbund von Wissenschaft und konkretem Handeln vor Ort: Befunde zur Schulentwicklung zeigen, wie wichtig für eine Schule ein Ziehen an einem gemeinsamen Strang ist. Gute Schulen nehmen heute diesen Ball auf, verwenden hierfür Zeit, indem sie sich zu pädagogischen Konferenzen, Studientagen, Besinnungstagen etc. zurückziehen. Ein wirklicher Fortschritt in der Schullandschaft!

Die Ergebnisse von COMP (Evertson & Harris 1999) zeigen genau dies. Wenn ganze Schulen an dem Trainingsprogramm mitgemacht haben, gab es positive Auswirkungen auf der ganzen Schulebene: Diese Schulen waren leistungsorientierter, man verlor weniger Zeit, die Lehrereinstellungen waren positiver, die Schulkommunikation stieg, man tauschte sich mehr untereinander aus. Es gab weniger Schülerentlassungen (73).

Literatur

Apel, H. J. (2002): Herausforderung Schulklasse. Klassen führen - Schüler aktivieren. Bad Heilbrunn: Klinkhardt.

Bohl, T. (2010): Forschung für den Unterricht: Zwischen selbstbestimmtem Lernen und Classroom-Management. In: Bohl, T./Kansteiner-Schänzlin, K./ Kleinknecht, M./ Kohler, B.und Nold, A. (Hrsg.): Selbstbestimmung und Classroom-Management.. Bad Heilbrunn: Klinkhardt, 15-30.

Doyle, W. (1986): Classroom organizsation and management. In: Wittrock, M.C. (Hrsg.): Handbook of Research on Teaching. London: Macmillan, 392-431.

Eder, F. (1998): Linzer Fragebogen zum Schul- und Klassenklima für die 8.-13. Klasse (LSK 8-13): Göttingen: Hogrefe.

Eder, F. (2010): Schul- und Klassenklima. In: Rost, D.H. (Hrsg.): Handwörterbuch Pädagogische Psychologie, 4. Auflage. Weinheim: Psychologie Verlags Union, 694-703.

Eder, F./Mayr, J. (2000): Linzer Fragebogen zum Schul- und Klassenklima für die 4.-8. Klasse (LFSK): Göttingen: Hogrefe.

Elias, M.J./Schwab, Y. (2006): From Compliance to Resposibility: Social and Emotional Learning and Classroom Management. In:. Evertson, C.M/ Weinstein, C.S. (Eds.): Handbook of Classroom Management. New York: Routledge, 309-341.

Emmer, E.T./Evertson, C. M. (2009): Classroom Management for Middle and High School Teachers (8th ed.): Pearson: Upper Saddle River.

Evertson, C.M./Harris, A.H. (1999): Support for managing learning-centered classrooms: The classroom Organization and management program. In: Freiberg, H.J. (Ed.): Beyond behaviorism. Changing the classroom management paradigm. Boston: Allyn and Bacon, 59-74.

Evertson, C.M./Emmer, E.T./Worsham, M.E. (2006): Classroom Management for Elementary Teachers. Boston: Allyn and Bacon.

Frasch, H./Wagner, A. (1982): Auf Jungen achtet man einfach mehr. In: Brehmer, I. (Hrsg.): Sexismus in der Schule. Weinheim: Beltz, 260-278.

Gräsel, C. (1997): Problemorientiertes Lernen. Göttingen: Hogrefe.

Greeno, J. G./Smith, D, R./Moore, J. L. (1993): Transfer of situated learning. In: Detterman, D. K./ Sternberg R. J. (Hrsg.): Transfer on trial: Intelligence, cognition, and instruction. Norwood/ NJ: Ablex, 93-167.

Haag, L./Lohrmann, K. (2008): Führung des Lernens/Klassenführungskompetenz. In: Standop, H./ Jürgens, E. (Hrsg.): Taschenbuch Grundschule. Hohengehren: Schneider, 262-272.

Hascher, T. (2004): Wohlbefinden in der Schule. Münster: Waxmann.

Helmke, A. (2003): Unterrichtsqualität. Erfassen – Bewerten – Verbessern. Seelze-Velber: Kallmeyer.

Helmke, A. (2007): Aktive Lernzeit optimieren - Was wissen wir über effiziente Klassenführung? In: Pädagogik, 59 (5), 44-49.

Kauffman J.M. (2005): Characteristics of emotional and behavioral disorders of children and youth, 8th ed. Upper Saddle River, NJ: Prentice-Hall.

Keck, R. W. (2004): J. F. Herbarts Theorem vom Erziehenden Unterricht – ein bildungsgeschichtlicher Klärungsversuch. In: Koch, L./Schorch, G. (Hrsg.): Erziehender Unterricht. Bad Heilbrunn: Klinkhardt, 11-21.

Kiel, E. (2009): Klassenführung. In: Apel, H.J./Sacher, W. (Hrsg.): Studienbuch Schulpädagogik, 4., durchgesehene Auflage. Bad Heilbrunn: Klinkhardt, 337-354.

Kounin, J.S. (1970): Discipline and group management in classrooms. New York: Holt, Rinehart & Winston.

Kounin, J.S. (1976): Techniken der Klassenführung. Bern/Stuttgart: Huber/Klett. (2006: Reprint bei Waxmann, Münster).

Lewin, K./Lippitt, R./White, R.K. (1939): Patterns of aggressive behavior in experimentally created social climates. In: Journal of Social Psychology 10, 271–301.

Mägdefrau, J. (2010): Klassenführung. In Mägdefrau, J. (Hrsg.): Schulisches Lehren und Lernen: Bad Heilbrunn: Klinkhardt, 49-67.

Nolting, H.-P. (2002): Störungen in der Schulklasse. Ein Leitfaden zur Vorbeugung und Konfliktlösung. Weinheim: Beltz.

Oser, F. (2001): Standards: Kompetenzen von Lehrpersonen. In: Oser, F./Oelkers, J. (Hrsg.): Die Wirksamkeit der Lehrerbildungssysteme. Von der Allrounderbildung zur Ausbildung professioneller Standards. Zürich: Rüegger Verlag, 215-342.

Reinmann-Rothmeier, G./Mandl, H. (2001): Unterrichten und Lernumgebungen gestalten. In: Krapp, A./Weidenmann, B. (Hrsg.): Pädagogische Psychologie Weinheim: Beltz/PVU, 601-646.

Renkl, A. (2010): Träges Wissen. In: Rost, D.H. (Hrsg.): Handwörterbuch Pädagogische Psychologie, 4. Auflage. Weinheim: Psychologie Verlags Union, 854-858.

Resnick, L. B. (1987): Learning in school and out. In: Educational Researcher, Heft 9, 13-20.

Rutter, M./Maughan, B./Mortimer, P./Ouston, J. (1980): Fünfzehntausend Stunden. Schulen und ihre Wirkung auf die Kinder. Weinheim: Beltz.

Salzmann C.G.(1806): Ameisenbüchlein, oder Anweisung zu einer vernünftigen Erziehung der Erzieher. Schnepfenthal: Buchhandlung der Erziehungsanstalt.

Satow, L. (1999): Zur Bedeutung des Unterrichtsklimas für die Entwicklung schulbezogener Selbstwirksamkeitserwartungen. In: Zeitschrift für Entwicklungspsychologie und Pädagogische Psychologie, 31, 171-179.

Sekretariat der Ständigen Konferenz der Kultusminister der Länder (2004): Standards für die Lehrerbildung: Bildungswissenschaften. www.kmk.org/fileadmin/veroeffentlichungen_beschluesse/Ohne_Datum/00_00_00-Lehrerbildung-in-Deutschland.pdf (abgerufen am 25.6.2011).

Tausch, R./Tausch, A.-M. (1970): Erziehungspsychologie, 5. gänzl. neu gestaltete Auflage. Göttingen: Hogrefe.

Ulich, D. (1971, 1977): Gruppendynamik der Schulklasse, Möglichkeiten und Grenzen sozialwissenschaftlicher Analysen. München: Ehrenwirth.

Ulich, K. (2001): Einführung in die Sozialpsychologie der Schule. Weinheim: Beltz.

V. Saldern, M./Littig, K.E. (1987): Landauer Skalen zum Sozialklima. Weinheim: Beltz.

Wahl, D./Weinert, F.E./Huber, G.L. (1984): Psychologie für die Schulpraxis. München: Kösel.

Wang, M.C./ Haertel, C.D./Walberg, H.J. (1993): Toward a Knowledge Base for School Learning. In: Review of Educational Research, 63 (3), 249-294.

Woolfolk, A. (2001): Educational psychology (8th ed.): Boston: Allyn & Bacon.

Uwe Maier
Planung, Gestaltung und Evaluation von Lehr-Lernprozessen

Die Planung, Gestaltung und Evaluation von Lehr-Lernprozessen ist Kern der professionellen Arbeit von Lehrkräften. In diesem Beitrag soll aus einer lehr-lerntheoretischen Perspektive gefragt werden, welche wissenschaftlichen Grundlagen bei der Gestaltung und Evaluation von Lehr-Lernprozessen zu beachten sind. Hierfür wird auf Befunde der Lernpsychologie und der Lehr-Lernforschung zurückgegriffen. Vor dem Hintergrund lehr-lerntheoretischer Modelle und der aktuellen Diskussion über Kompetenzorientierung werden dann in vier Schritten grundlegende Planungsüberlegungen für die Gestaltung und Evaluation von Lehr-Lernprozessen abgeleitet. Diese Überlegungen können sowohl erfahrenen Lehrkräften als Anhaltspunkt für die Unterrichtsentwicklung als auch Lehramtsstudierenden bzw. Referendarinnen und Referendaren als Leitfaden für die schriftliche Unterrichtsvorbereitung dienen.

1 Einleitung

Das Zentrum des professionellen Handelns von Lehrkräften ist die Planung, Gestaltung und Evaluation von Lehr-Lernprozessen. Im KMK-Beschluss zu den Standards für die Lehrer(innen)bildung (vgl. KMK 2004, 3) heißt es hierzu: „Lehrerinnen und Lehrer sind Fachleute für das Lehren und Lernen. Ihre Kernaufgabe ist die gezielte und nach wissenschaftlichen Erkenntnissen gestaltete Planung, Organisation und Reflexion von Lehr- und Lernprozessen sowie ihre individuelle Bewertung und systemische Evaluation." Woran erkennt man aber einen qualitativ hochwertigen Unterricht? Was sollten Lehrkräfte bei der Planung von Lehr-Lernprozessen berücksichtigen? In diesem Beitrag soll versucht werden, einfache, praktikable aber dennoch wissenschaftlich fundierte Antworten auf diese Fragen zu geben. Die Herangehensweise soll dabei eine lehr-lerntheoretische sein (vgl. Straka/Macke 2002). Lehr-lerntheoretisch bedeutet, dass zunächst nach den lerntheoretischen Grundlagen von Unterricht zu fragen ist. Hier ist ein Blick in die Lernpsychologie und die empirische Lehr-Lernforschung unverzichtbar. In einem zweiten Schritt werden bisherige Modelle und Theorien der Unterrichtsplanung skizziert. In einem dritten Schritt werden dann entlang von konkreten Unterrichtsbeispielen vier Strategien der Unterrichtsplanung zusammengefasst: Normative und fachwissenschaftliche

Vorgaben klären, Voraussetzungen und Schritte des Wissenserwerbs darstellen, Elemente des Lehr-Lernprozesses methodisch gestalten sowie Ablauf und Ergebnis des Lehr-Lernprozesses evaluieren und reflektieren.

2 Grundlagen für die Gestaltung und Evaluation von Lehr-Lernprozessen

Ziel von Unterricht ist, dass Schüler(innen) fachspezifisches Wissen erwerben. Lehrkräfte sollen den Wissenserwerbsprozess so gut wie möglich unterstützen, d.h. Lernprozesse initiieren, begleiten und den Kompetenzerwerb fortlaufend überprüfen. Lehrkräfte sollten deshalb in groben Zügen über die grundlegenden Mechanismen des Lernens Bescheid wissen und Unterrichtsgestaltung danach ausrichten können (2.1). Aber auch die Lehr-Lernforschung bietet wertvolle Hinweise für die methodische Gestaltung von Lehr-Lernprozessen (2.2). Darüber hinaus spielen auch grundlegende Prinzipien der pädagogischen Diagnostik sowie Befunde der jeweiligen Fachdidaktikforschung eine wichtige Rolle für adäquate Planungsentscheidungen. Aus Platzgründen werden diese Grundlagen in den Beispielen jedoch nur angedeutet.

2.1 Lernpsychologische Grundlagen

Die Lernpsychologie erforscht bereits seit über 100 Jahren Bedingungen, Prozesse und Ergebnisse des menschlichen Lernens. Ergänzt wird dieses Wissen in den letzten Jahrzehnten durch faszinierende Fortschritte in der Hirnforschung (Neurobiologie, Neurophysiologie). Für einen vertieften Einblick in die lernpsychologischen und neurowissenschaftlichen Forschungsparadigmen, Theorien und Befunde gibt es eine ganze Reihe von guten Überblicksdarstellungen (vgl. Edelmann 2000; Steiner 2001; Goswami 2004; Myers 2008; Grewe 2010; Roth 2011). An dieser Stelle interessiert vor allem, welche lernpsychologischen Befunde bei der Gestaltung von Lernumgebung zu berücksichtigen sind. An ausgewählten Befunden soll dies skizziert werden:

Wissenserwerb hängt von der Wissensart ab

Lehrkräfte sollten die grundlegende Unterscheidung zwischen deklarativem und prozeduralem Wissen kennen. Beide Wissensformen sind mit unterschiedlichen Gedächtnisformen assoziiert und der Erwerb der jeweiligen Wissensart unterliegt unterschiedlichen Bedingungen. Prozedurales Wissen betrifft sowohl Wahrnehmungsprozesse, motorische Prozesse als auch interne, kognitive Prozeduren (Faktenwissen wie Einmaleinsaufgaben, Assoziationen, Auswendiglernen von Gedichten). Deklaratives Wissen besteht aus Begriffen, die Ähnliches Zusammenfassen (Abstraktion) und Verknüpfungen zwischen diesen Begriffen (Relationen) herstellen. Bei komplexen Lernzielen spielen beide Wissensarten bzw. Gedächtnisformen eine Rolle. Beim Schreiben von Texten benötigen Schüler(innen) sowohl prozedurales Grammatikwissen als auch deklaratives Wissen über Textsorten oder den jeweiligen Schreibinhalt.

Die Wissensart determiniert den Lehr-Lernprozess. Möchte man den Schülerinnen und Schülern das Rad fahren beibringen (prozedurales Wissen), sollte man anders vorgehen als beim Lehren der Grundbegriffe der Mechanik im Physikunterricht (deklaratives Wissen). Schüler(innen) lernen eine Schwimmtechnik nicht durch lange Unterrichtsgespräche, sondern durch Beobachten, Nachahmen und Ausprobieren. Die Lehrkraft oder fortgeschrittene Schüler(innen) führen die Schwimmtechnik oder bestimmte Teilbewegungen vor (z.B. Kraulbeinschlag). Der oder die Lernende beobachtet diese Handlung am Modell und repräsentiert sie bereits kognitiv (mentale Vorstellung der Ausführung der Handlung). Durch die Attraktivität des Modells entsteht die Motivation zur Nachahmung. In weiteren Schritten führt der oder die Lernende erstmals die Prozedur selbst durch und verbessert sich durch kontinuierliche Übung und Rückmeldung (Selbst- und Fremdbeobachtung). Wenn der Schüler bzw. die Schülerin Erfolg hat, erfährt er oder sie durch sich selbst oder die Lehrkraft eine positive Verstärkung. Gleiches gilt übrigens für eine komplexe kognitive Kompetenz wie ‚Texte schreiben können‘. Auch hier können Formen des Beobachtungslernens über Schreibkonferenzen oder über Methoden des Cognitive Apprenticeship (die Lehrkraft macht vor, wie man einen Text schreibt) effektiv sein. Der Aufbau von deklarativem Wissen verläuft nach ganz anderen Regeln und Mustern. Vor allem kognitive Lerntheorien sind in der Lage zu beschreiben, wie Schüler(innen) beispielsweise physikalische Grundbegriffe wie Kraft, Arbeit und Leistung erwerben. Die Lehrkraft muss hier zunächst einmal von den Alltagsvorstellungen der Schüler(innen) ausgehen. Mit Experimenten, Phänomenen, etc. gilt es dann, diese Prä-Konzepte in Frage zu stellen und die wissenschaftlichen Konzepte anzubahnen (Konzeptwechsel). Von entscheidender Bedeutung ist, dass die Schüler(innen) ein Begriffsnetz aufbauen. Dabei ist zu klären, wie die Konzepte Kraft, Arbeit, Energie und Leistung miteinander zusammenhängen. Die Verknüpfung der einzelnen Begriffe mit Beispielen und Experimenten spielt eine wichtige Rolle, diese Begriffsnetze zu stabilisieren. Im Unterricht muss immer wieder in diesen Begriffsnetzen „gewandert" werden (vgl. Aebli 2003). Ein Physikunterricht, bei dem man sofort mit Formeln rechnet ist hierfür völlig kontraproduktiv. Die Schüler(innen) lernen dann die physikalischen Formeln auswendig und wenden sie schematisch an. Damit entsteht kein vertieftes deklaratives Wissen.

Wissenserwerb hängt von exekutiven Funktionen (Metakognition) ab

Neurowissenschaftliche Studien zeigen mittlerweile sehr deutlich, dass die im Stirnhirn lokalisierten exekutiven Funktionen von besonderer Bedeutung für anspruchsvolle Lernprozesse sind. Unter exekutiven Funktionen versteht man beispielsweise Prozesse der Planung, Überwachung und Kontrolle von Lernprozessen. In der Lernpsychologie spricht man von metakognitivem Wissen oder metakognitiven Strategien. Studien zeigen ebenfalls, dass man diese exekutiven Funktionen trainieren kann. Man kann Schüler(innen) dazu bringen, dass sie über ihre Lernprozesse nachdenken. Wie gut haben sie die Zeit bei den Hausaufgaben genutzt? Machen sie sich eine Skizze, bevor sie versuchen, eine Textaufgabe in Mathematik zu lösen? Ein gutes Beispiel für das Training von exekutiven Funktionen ist die Planung von Schreibprozessen in der modernen Schreibdidaktik (vgl. Fix 2008). Geschichten, Texte, etc. werden nicht auf Anhieb geschrieben. Man will den Schülerinnen und Schülern vermitteln, dass Schreiben ein Prozess ist, den es zu planen und zu strukturieren gilt. Ein Text entsteht in mehreren Schritten: Brainstorming, erste Skizze, inhaltliche Überarbeitung, erste Ausformulierung, Korrektur der Sprache, Reinschrift. Dabei wechselt der Schüler oder die Schülerin jeweils zwischen der Arbeit am Text und der metakognitiven Ebene: Über den eigenen Text nachdenken, mit anderen Schülerinnen und Schülern über mögliche Korrekturen reden. Genau dieser Wechsel der Ebenen ist besonders effektiv für einen nachhaltigen Wissenserwerb.

Wissenserwerb hängt von Emotionen ab

Die Abhängigkeit des Lernens von Emotionen ist mittlerweile auch vielfach durch die Hirnforschung bestätigt worden. Angst löst beispielsweise Fluchtreaktionen aus und hemmt komplexere Lernprozesse. Wer flieht sollte sich nicht mehr auf Details der Umgebung konzentrieren, sondern seinen Blick starr nach vorne richten. Gerade die Wahrnehmung der Umgebung und zusätzlicher Aufgabeninformationen ist jedoch eine wesentliche Voraussetzung für komplexes Problemlösen. Kreatives Arbeiten ist damit in entspannter Stimmung (ohne große Emotionen) am besten möglich. Intensive Emotionen (auch intensive Freude) beanspruchen dagegen das Arbeitsgedächtnis.

Eine langfristige, intrinsisch motivierte Beschäftigung mit Lerninhalten ist vor allem dann möglich, wenn Lernende in einen Zustand der konzentrierten Versenkung kommen können. Csikszentmihalyi (1992) nannte diesen Zustand „flow" und fand ihn vor allem bei Bergsteigern oder Schachspielern. Flow bzw. intrinsische Motivation sind Voraussetzungen für die dauerhafte, eigenständige Beschäftigung mit Lerngegenständen. Flow wird unterstützt durch eine optimale Passung von Anforderung und Können, erlebter Autonomie, Fokussierung der Aufmerksamkeit, Neuigkeitswert der Information (Neugierde), Kontrollerfahrung und sozialer Einbindung (vgl. Csikszentmihalyi/Schiefele 1993). Auch die Vertrauenswürdigkeit und Authentizität der Lehrperson spielen eine entscheidende Rolle bei der emotionalen Verarbeitung von Wissen (vgl. Roth 2011). Schüler(innen) erkennen sofort, ob es eine Lehrkraft ernst mit ihnen meint oder ob sie sich ihnen gegenüber zynisch oder unterwürfig verhält.

Wissenserwerb hängt von konstruktiven Rückmeldungen ab

Besonders leistungsförderlich sind häufige, positive Rückmeldungen direkt nachdem ein Schüler oder eine Schülerin ein gewünschtes Lernverhalten gezeigt hat. Diese Erkenntnis hatten bereits die behavioristischen Lernpsychologen Anfang des 20. Jahrhunderts (vgl. Thorndike 1913) und forderten daraufhin die Anzahl von positiven Verstärkungen in Schulen deutlich zu erhöhen. Auch in kognitiven und konstruktivistischen Lerntheorien wurde die Bedeutung von informativen, konstruktiven Rückmeldungen an Lernende thematisiert. Leistungsrückmeldungen wirken dann am nachhaltigsten und können zu vertieftem Lernen beitragen, wenn sie die Aufmerksamkeit von der Ebene der reinen Aufgabenlösung zumindest auf die Ebene der Aufgabenbearbeitungsprozesse lenken können (vgl. Kluger/DeNisi 1996; Hattie/Timperley 2007). Dies kann vor allem die mit dem Feedback transportierte Information leisten. Mündliche Kommentare oder auch schriftliche Hinweise auf Lösungswege und Fehlerquellen sind hier wesentlich effektiver als Noten.

2.2 Befunde der empirischen Lehr-Lernforschung

Eine weitere Grundlage für die Planung und Evaluation von Lehr-Lernprozessen sind die Befunde der empirischen Lehr-Lernforschung (vgl. Brophy/Good 1986; Fraser et al. 1987; Einsiedler 1997; Seidel/Shavelson 2007). Eine sehr gute und kompakte Zusammenfassung zentraler Ergebnisse der Lehr-Lernforschung findet sich bei Brophy (1999). Ein Meilenstein in der Zusammenfassung von Ergebnissen der Lehr-Lernforschung ist allerdings die Studie von Hattie (2009). Der australische Lehr-Lernforscher entwickelte die früheren Metaanalysen weiter und stellte eine Synthese von 800 Metaanalysen vor, in denen sich insgesamt 138 Variablen identifizieren lassen, die signifikant mit Schulleistung zusammenhängen. Damit handelt es sich um die umfassendste Metaanalyse von Metaanalysen in diesem Bereich überhaupt. Schaut man sich die Ranglisten von Hattie (2009) in einzelnen Bereichen an, zeichnen sich wichtige Aussagen für eine effektive Unterrichtsgestaltung ab:

- Den größten Einfluss auf ihre Leistungen haben die Schüler(innen) selbst. Durch ihr Vorwissen, ihr Fähigkeitsselbstbild (das durch gute Noten aufgebaut wird) und ihren jeweiligen kognitiven Entwicklungsstand werden Lernprozesse und damit Leistungen in Tests wesentlich determiniert. Der Einfluss von Unterricht und Lehrkräften wird durch diese Variablen immer in den Schatten gestellt.
- Erfolgreich sind Lehrkräfte, die klar und strukturiert unterrichten können und dies in Lehrer(innen)fortbildungen und ganz speziell in sog. Micro-teaching Kursen lernen konnten. Ebenso von Bedeutung ist die Pflege einer guten Lehrer(innen)-Schüler(innen)-Beziehung. Die Leistungen der Schüler(innen) sind dann hoch, wenn Lehrkräfte von ihnen gute Leistungen erwarten und sie dabei unterstützen und nicht bloßstellen.

- Besonders effektiv ist Unterricht dann, wenn direktes und an Kriterien orientiertes Feedback zur Verfügung gestellt wird, die Übungen und Wiederholungen sich über einen längeren Zeitraum verteilen, Phasen des kooperativen Lernens und des metakognitiven Lernens (Problemlösestrategien, Fragestrategien) eingebaut werden.

Bereits hier wird deutlich, dass die Befunde der lernpsychologischen Forschung und der Lehr-Lernforschung der Tendenz nach in die gleiche Richtung gehen. Relevante und empirisch bestätigte Merkmale guten Unterrichts sind: Lernzeitnutzung und Klassenmanagement, Unterrichtsklarheit und Verständlichkeit, Feedback und lernzielorientierte Überprüfung der Lernergebnisse, unterstützendes Klassenklima sowie Einübung von Lern- und Selbstregulationsstrategien.

3 Lehr-lerntheoretische Modelle

Wie werden nun diese Grundlagen für die Gestaltung schulischer Lehr-Lernprozesse in didaktische Modelle überführt, die Lehrkräften und vor allem Lehramtsstudierenden pragmatische Leitlinien für die Unterrichtsgestaltung an die Hand geben können? Die Allgemeine Didaktik bietet hierfür eine fast nicht mehr zu überblickende Fülle theoretischer Ansätze und Modelle. In einschlägigen Werken werden in der Regel verschiedene Ansätze, die sich jeweils aus einer anderen Perspektive mit Unterricht auseinandersetzen, unterschieden (vgl. Blankertz 1969; Peterßen 2000; Baumgart/Lange/Wigger 2005): Bildungstheoretische Didaktikmodelle, reformpädagogisch orientierte Unterrichtskonzeptionen, Didaktikmodelle mit dem Schwerpunkt auf Kommunikation und Interaktion sowie Lehr-lerntheoretische Didaktikmodelle (bzw. lern-lehrtheoretische Didaktik).

Die in diesem Beitrag vorgeschlagenen Strategien für die Analyse, Planung und Evaluation von Lehr-Lernprozessen reihen sich in die Theorietradition der lehr-lerntheoretischen Didaktikmodelle ein (vgl. Straka/Macke 2002). Ausgangspunkt dieser Theorielinie ist die Idee der Artikulation. Zu Beginn des 19. Jahrhunderts findet sich bei Herbart erstmals die Vorstellung, dass aus einem grundlegenden Lernrhythmus auch ein grundlegender Lehrrhythmus folgen soll (vgl. Prange 1986). Der Begriff „lehr-lerntheoretische Didaktik" ist vor allem mit dem sog. „Berliner Modell" der Unterrichtsplanung von Heimann, Otto und Schulz (1977) konnotiert. Als Gegenentwurf zur bildungstheoretischen Didaktik (vgl. Klafki 1958), in der die Unterrichtsplanung vom Lerninhalt aus gedacht wurde, sollten Lehramtsanwärter(innen) mit dem Berliner Modell die zentralen Faktoren der Unterrichtsplanung (Inhalte, Ziele, Methoden, Medien) zusammen mit anthropogenen und soziokulturellen Bedingungsfaktoren reflektieren.

Idealtypisch wurde die Idee der lehr-lerntheoretischen Didaktik in den 1980er Jahren von Aebli in seiner psychologischen Didaktik aufgegriffen. Als lehr-lerntheoretisch kann diese Didaktik bezeichnet werden, weil ganz explizit vom Lernergebnis und den Lernprozessen aus über den zu planenden Unterricht nachgedacht wird. Aebli (2003) beschreibt vor dem Hintergrund lernpsychologischer Erkenntnisse drei große Lernzielbereiche für schulisches Lernen: Handlungsabläufe, Operationen (v.a. mathematische Operationen) und begriffliches Wissen aufbauen. In einem zweiten Schritt stellt Aebli dar, wie man aus lernpsychologischer Perspektive den Wissensaufbau im jeweiligen Lernzielbereich verstehen muss. In einem dritten Schritt werden dann Schlussfolgerungen für die Gestaltung von Unterricht gezogen. Lehr-lerntheoretische Didaktikmodelle leisten damit immer eine Beschreibung der zu erreichenden Lernziele (Kompetenzen, Bildungsstandards, Wissen) und eine Beschreibung möglicher (empirisch geprüfter) Wege zu diesen Lernzielen (Lehr-Lerntheorien). In den beiden nachfolgenden Abschnitten wird aus der Vielzahl möglicher Muster zur Beschreibung von Lernzielen und Lehr-Lerntheorien eine Auswahl getroffen.

3.1 Beschreibungsstrukturen für Lernziele

Jede Lehrkraft muss wissen, was die Schüler(innen) in einem Fach langfristig lernen sollen. Hierfür benötigen Lehrkräfte Lernzieltaxonomien oder wissenschaftlich standardisierte Begrifflichkeiten zur Beschreibung von Lernergebnissen. Vor allem in der lernzielorientierten Didaktik der 1960er/70er Jahre wurde hierauf viel Wert gelegt. Ein Klassiker, der immer noch in der Sprache von Lehrkräften über Lernziele seinen Niederschlag findet, ist die „Taxonomy of Educational Objectives" von Benjamin Bloom und Kollegen. Bloom et al. (1956) ordnen Lernziele nach der Komplexität der geforderten Verhaltensweisen im kognitiven Bereich. Mittlerweile liegt eine revidierte Bloom'sche Taxonomie vor (vgl. Anderson/Krathwohl 2001). Diese ist im Vergleich zu ihrer Vorgängerversion zweidimensional angelegt. Analysiert werden sowohl die kognitiven Prozesse als auch das mit einem Lernziel bzw. einer Aufgabe verknüpfte Wissen, d.h. es wird explizit zwischen verschiedenen Wissensarten (Faktenwissen, prozedurales Wissen, konzeptuelles Wissen, metakognitives Wissen) unterschieden.

Es gibt noch eine Fülle weiterer, fächerübergreifender Lernzieltaxonomien (vgl. Biggs/Collis 1982). Für die Unterrichtsplanung ist es jedoch unverzichtbar, dass man sich neben einer gut handhabbaren allgemeindidaktischen Lernzielklassifikation auch die fachdidaktischen Begrifflichkeiten zur Beschreibung erwünschter Lernergebnisse aneignet. Ein erster Einstiegspunkt sind die nationalen Bildungsstandards, die in den Jahren 2003 und 2004 unter dem Eindruck des PISA-Schocks von der Kultusministerkonferenz für zentrale Fächer wie Mathematik, Deutsch, erste Fremdsprache entwickelt wurden. Bildungsstandards sind nach bestimmten Bildungsabschnitten (Primarstufe, Hauptschulabschluss, Mittlerer Schulabschluss) zu erreichende, fachspezifische Kompetenzen. Es handelt sich somit um fachdidaktische Beschreibungen relevanter Lernziele und um kompetenzorientierte Beschreibungen von schulischen Lernzielen.

Nach Weinert (2001, 27f) versteht man Kompetenzen als „die bei Individuen verfügbaren oder durch sie erlernbaren kognitiven Fähigkeiten und Fertigkeiten, um bestimmte Probleme zu lösen, sowie die damit verbundenen motivationalen, volitionalen und sozialen Bereitschaften und Fähigkeiten, um die Problemlösungen in variablen Situationen erfolgreich und verantwortungsvoll nutzen zu können." Einfach gesagt versucht man mit den nationalen Bildungsstandards festzulegen, welches Wissen Schüler(innen) in bestimmten Fächern anwenden können sollten. Es werden nicht mehr nur Kataloge schulischer Lerninhalte aufgelistet (z.B. welche Autor(inn)en und Texte werden im Deutschunterricht gelesen). Vielmehr geht es darum festzulegen, wie Schüler(innen) mit Literatur umgehen können sollten. Vor dem Hintergrund der eingangs skizzierten Befunde der Lernpsychologie ist diese neue Perspektive auf schulisches Lernen absolut notwendig. Flexibles, gut vernetztes Wissen wird nur dann aufgebaut, wenn es in verschiedenen Kontexten zur Anwendung kommen kann.

3.2 Lehr-Lerntheorien

Die wohl umfangreichste Systematisierung von Verlaufsformen bzw. Artikulationsformen in Abhängigkeit von Lernprozessen, Lernzielen bzw. Lerninhalten wurde von Oser und Baeriswyl (2001) vorgelegt. In diesem Ansatz wird zwischen Basismodellen und Sichtstrukturen unterschieden. Basismodelle (Verlaufsformen, Artikulationsschemata) beschreiben die relativ festgelegte innere Struktur des Lernens in Abhängigkeit des jeweils zu erwerbenden Wissens. Die konkrete methodische Umsetzung des Basismodells hat dagegen mehr Freiheitsgrade. Diese wird als Sichtstruktur bezeichnet. Oser und Baeriswyl (2001) nutzen die Metapher der „Choreographie", um den Zusammenhang zwischen Basismodell des Lernens einerseits und Sichtstruktur des Lehrprozesses andererseits zu beschreiben. Bei einer Choreographie kann eine vorgeschriebene Schrittform (Lernprozess) innerhalb bestimmter Grenzen frei variiert werden (Lernumgebung).

Insgesamt beschreiben Oser und Baeriswyl (2001) zwölf Basismodelle. Die geläufigsten Basismodelle sollen hier kurz skizziert werden (Beispiele wurden ergänzt):
Basismodell ‚Problemlösen': Konfrontation mit einer Problemstellung, Herausarbeitung der Problematik, eventuelle Reformulierung der Aufgabe; Hypothesenentwicklung zum Problemlösen, Anwendung heuristischer Strategien; Erprobung der Problemlösungen durch Versuch und Irrtum oder auf systematische Weise; Bewertung der gefundenen Problemlösungen und Versuch der Übertragung auf weitere Fälle; Einbettung der Problemlösung in einen breiteren Lernkontext.
Basismodell ‚Konzepte aufbauen': Direkte oder indirekte Stimulation des Vorwissens im Hinblick auf das zu erlernende Konzept; Einführung eines prototypischen Beispiels für das neue Konzept; Analyse der diskriminierenden Merkmale des Konzepts; aktiver Umgang mit dem neuen Konzept; Anwendung des neuen Konzepts in weiteren Kontexten.

Basismodell ‚Prozeduren, Routinen, Algorithmen aufbauen‘: Eine Kette oder Teilkette von Handlungen, Regeln, Algorithmen erproben oder beobachten; eine mentale Repräsentation dieser Handlungskette entwickeln durch einen Überblick oder Benennung der Teilprozeduren; Ausführen der einzelnen Teilprozeduren mit sofortigem, kontrollierenden Feedback; Ausführung der Gesamtprozedur und Wiederholung von Teilschritten; Wiederholung bis zur Automatisierung.

Die Basismodelle orientieren sich zum Teil an den grundlegenden Wissensarten (siehe oben) ‚konzeptuelles Wissen‘, ‚deklaratives Begriffswissen‘. Am Beispiel des Basismodells ‚Problemlösen‘ wird allerdings auch deutlich, dass bestimmte Lernprozesse bzw. bereits in der Pädagogik vorhandene Lehr-Lerntheorien von Oser und Baeriswyl (2001) aufgegriffen und systematisiert wurden.

4 Strategien der Analyse, Gestaltung und Evaluation von Lehr-Lernprozessen

In diesem Abschnitt sollen nun Verfahren und Schritte vorgeschlagen werden, wie man vor dem Hintergrund der lerntheoretischen und lehr-lerntheoretischen Grundlagen Unterricht planen und reflektieren kann. Dabei handelt es sich um keine geschlossene Planungstheorie oder ein in sich abgeschlossenes didaktisches Modell. Vielmehr handelt es sich um fachübergreifende Strategien der Planung und Evaluation von Unterricht, in die sich lernpsychologische Grundlagen, Lehr-Lerntheorien, aber auch fachdidaktische Vorgaben einfügen können.

4.1 Normative und fachwissenschaftliche Vorgaben klären

Ausgangspunkt für die Gestaltung von Lehr-Lernprozessen sind Vorgaben darüber, welches Wissen Schüler(innen) in einem bestimmten Fach erwerben sollen. Diese Vorgaben finden sich sowohl in den nationalen Bildungsstandards als auch in den länderspezifischen Lehrplänen. Idealerweise ergänzen sich diese normativen, d.h. vom Staat gesetzten Vorgaben. Lernziele und Kompetenzen können jedoch nur dann verstanden und im Detail erfasst werden, wenn Lehrkräfte den entsprechenden fachwissenschaftlichen Hintergrund ausreichend genau kennen. In einer schriftlichen Unterrichtsplanung sollte deshalb gezeigt werden, dass man etwas von der Sache versteht (fachwissenschaftlicher Hintergrund) und gleichzeitig weiß, welche Aspekte dieser Sache von den Schülerinnen und Schülern beherrscht werden sollten (Bildungsstandards, Lehrpläne).

Fachwissenschaftlicher Hintergrund und Kompetenzanalyse

Zur Darstellung des fachwissenschaftlichen Hintergrunds einer Thematik oder einer Kompetenz muss auf relevante Fachliteratur zurückgegriffen werden. Diese gilt es auf die konkrete Thematik bzw. Kompetenz hin zu reduzieren und darzustellen.

Wie sieht das zu erlernende Wissen bei einem Experten aus? Hierzu eignen sich beispielsweise auch grafische Darstellungen, um die fachwissenschaftlichen Grundlagen zu visualisieren (z.b. Concept-Map zum Begriff Photosynthese). Bei überwiegend deklarativem Wissen sollten Begriffsdefinitionen, Begriffsvernetzungen, wichtige Fakten, etc. geklärt werden. Für eine Unterrichtseinheit zu Grundbegriffen der Mechanik sollte beispielsweise dargestellt werden, wie man die Begriffe Kraft, Gravitation, Gewichtskraft, Masse physikalisch definiert und wie sie zusammenhängen. Bei überwiegend prozeduralem Wissen muss gefragt werden, über welche Kompetenzen ein Experte in diesem Bereich verfügt.

Wenn es im Unterricht um das Schreiben von Texten geht (Zeitungsartikel, Inhaltsangabe, Brief, etc.), wäre zu klären, wie Schreibprozesse bei Experten ablaufen. Was versteht man unter Schreibkompetenz? Es geht hier sowohl um literarisches Wissen (deklaratives Wissen) über einzelne Textsorten als auch um die Klärung des Schreibprozesses (prozedurales Wissen) und der Bewertungskriterien. In der schriftlichen Unterrichtsvorbereitung kann man beispielsweise auf eine aktuelle Definition von Schreibkompetenz nach Fix (2008, 33) zurückgreifen: „Schreibkompetenz wird verstanden als die Fähigkeit, pragmatisches Wissen, inhaltliches (Welt- und bereichsspezifisches) Wissen, Textstrukturwissen und Sprachwissen in einem Schreibprozess so anzuwenden, dass das Produkt den Anforderungen einer (selbst- oder fremdbestimmten) Schreibfunktion (z.B. Anleiten, Erklären, Unterhalten...) gerecht wird."

Lernziele formulieren

Nach der Klärung von fachwissenschaftlichen Grundlagen (notwendiges Fachwissen bei Sachthemen; Kompetenzanalyse bei prozeduralem Wissen) müssen Lernziele für einen zeitlich abgrenzbaren Lehr-Lernprozess formuliert werden. Eine Orientierung an 45-Minuten Stunden ist zwar für Lehrkräfte sowie für Praktikantinnen und Praktikanten pragmatisch, entspricht aber nicht den Lernrhythmen der Schüler(innen). Wenn man erreichen möchte, dass Schüler(innen) im Zahlenraum bis 1000 geschickt Addieren und Subtrahieren können, muss man eine Zeitspanne von mehreren Monaten, vielleicht sogar Schuljahren berücksichtigen. Eine Unterrichtsplanung von Unterrichtsstunde zu Unterrichtsstunde ist, vom Standpunkt der Kompetenzorientierung aus gesehen, völlig absurd. Genauso absurd ist es, für einzelne Unterrichtsstunden Lernziele zu formulieren. Das Lernziel ‚Im 1000er-Raum geschickt rechnen zu können' gilt für ein ganzes Schuljahr. Man kann natürlich verschiedene ‚Teillernziele' unterscheiden. In diesem Fall wären dies verschiedene Strategien des geschickten Rechnens im 1000er Raum. Allerdings macht es wenig Sinn, in einer Stunde Teilstrategie 1 zu behandeln und in der nächsten Mathematikstunde Teilstrategie 2. Die Strategien des geschickten Rechnens müssen vielleicht nach und nach eingeführt werden, sollten jedoch die Planung einer Lehr-Lernsequenz von Anfang an prägen.

Um Lernziele für einen längerfristig angelegten Lehr-Lernprozess formulieren zu können, bieten sich folgende Arbeitsschritte an: Darstellen, welche Lern- und Bildungsziele sowohl in den Lehrplänen als auch in den entsprechenden KMK-Bildungsstandards relevant sind und anschließende Formulierung zentraler Lernziele für die geplante Lehr-Lernsequenz. Am Beispiel „Texte verfassen" soll dies verdeutlicht werden. In den Bildungsstandards im Fach Deutsch für den Hauptschulabschluss (Jahrgangsstufe 9; Beschluss der Kultusministerkonferenz vom 15.10.2004, 11f) wird der Kompetenzbereich Schreiben in Lernziele aufgegliedert: „z.B. über Schreibfertigkeiten verfügen; richtig schreiben; einen Schreibprozess eigenverantwortlich gestalten; Texte planen und entwerfen, (…)".

Diese normativen Vorgaben bilden den Rahmen für konkrete Lernziele einer Unterrichtseinheit zum Thema ‚Inhaltsangabe':

• Die Schüler(innen) können ihren Schreibprozess planen und überwachen (Text lesen, Stichworte notieren, erste Fassung, inhaltliche Überarbeitung, Rechtschreibkontrolle)

• Die Schüler(innen) kennen zentrale Kriterien einer Inhaltsangabe und können diese bei der Planung und Überarbeitung ihrer Texte anwenden

• Die Schüler(innen) können Inhaltsangaben zu verschiedenen Textsorten verfassen (literarische Texte, Sachtexte, etc.)

4.2 Voraussetzungen und Schritte des Wissenserwerbs darstellen

Nachdem feststeht, was die Schüler(innen) innerhalb einer Lehr-Lernsequenz lernen sollen, muss geklärt werden, wie weit die einzelnen Schüler(innen) in ihren Lernprozessen bereits fortgeschritten sind. Auf welcher Stufe der Wissens- bzw. Kompetenzentwicklung befinden sie sich jeweils? Unterricht macht nur dann Sinn, wenn er an das Vorwissen bzw. die Vorerfahrungen der Lernenden anknüpfen kann. Um dies in Erfahrung zu bringen, benötigen Lehrkräfte zunächst eine grobe Vorstellung darüber, welche Schritte und Stufen Schüler(innen) durchlaufen, bis sie eine Prozedur beherrschen oder deklaratives Wissen erworben haben. Zweitens sollten Lehrkräfte in der Lage sein, den aktuellen Stand des Wissenserwerbs bzw. der Kompetenzentwicklung zumindest von einzelnen Gruppen innerhalb der Klasse beschreiben zu können.

Vorwissen und Stufen des Wissenserwerbs bzw. der Kompetenzentwicklung

Was weiß man in dem entsprechenden Lernbereich über den Prozess des Wissenserwerbs bzw. der Kompetenzentwicklung? Bei deklarativem Wissen spricht man eher von Wissenserwerb und sollte folgende Fragen stellen: Von welchem Alltagswissen ist bei Schülerinnen und Schülern auszugehen? Welche Begriffe, Beispiele, etc. werden genutzt, um erste wissenschaftliche Vorstellungen in diesem Bereich aufzubauen? Welches Vorwissen aus anderen Bereichen ist relevant für den Lernprozess? Bei prozeduralem Wissen spricht man eher von Kompetenzerwerb und sollte folgende Fragen stellen: Welche motorischen oder sensorischen Voraussetzungen sind unabdingbare Voraussetzung für den Erwerb von prozeduralem Wissen (Lesen, Schwimmen, etc.)? Welche Stufenmodelle der Kompetenzentwicklung gibt es?

Der Blick in die fachdidaktische Literatur ist an dieser Stelle unverzichtbar. Es muss geprüft werden, ob es zu einem bestimmten Kompetenzbereich wie ‚geschickte Rechenstrategien‘ oder ‚Texte verfassen‘ bereits fachdidaktisch einschlägige Modelle zur Kompetenzentwicklung gibt. Wenn nicht, ist zumindest zu eruieren, ob bestimmte Stufen oder Phasen des Wissenserwerbs in der Literatur beschrieben werden. Ein erster Ansatzpunkt für eine Recherche sind Handbücher für Lehrer(innen) zum Schulbuch. Darüber hinaus sollten Lehramtsstudierende aber auch Grundlagenwerke der jeweiligen Fachdidaktik zur Kenntnis nehmen. Wenn keine einschlägige fachdidaktische Literatur zur Verfügung steht, kann man auf Basismodelle oder Artikulationsschemata in der allgemeindidaktischen Literatur zurückgreifen (siehe Lern-Lehrtheorien in Abschnitt 3.2).

Ein Beispiel für die Analyse des Wissenserwerbsprozesses: Strategien des geschickten Addierens und Subtrahierens im Zahlenraum bis 1000 sind lernpsychologisch gesehen übergeordnete Prozeduren, die auf eine Reihe von Subprozeduren und deklaratives Wissen flexibel zurückgreifen (vgl. Rathgeb-Schnierer 2005; Gasteiger 2011). Schüler(innen) benötigen vor allem eine umfangreiche Grundlage an Zahlenkenntnis, beispielsweise Kenntnis der Grundaufgaben der Addition bis 10, Einmaleinsaufgaben, Nachbaraufgaben sowie mentale Repräsentationen des Zahlenstrahls und der Hundertertafel. Dieses Wissen muss automatisiert sein, bevor unterschiedliche Rechenstrategien erprobt werden können. Beim geschickten Rechnen kommt es nun darauf an, dass Schüler(innen) zunächst nachdenken, welche Rechenstrategie sich für welche Aufgabe eignet. Es müssen jeweils die Bedingungen, unter denen der Einsatz einer Rechenstrategie effektiv ist, artikuliert werden. Hier spielt die Modellierung durch die Lehrkraft, vor allem durch lautes Nachdenken, lautes Vorrechnen, Visualisieren, Experimentieren mit Rechenaufgaben, etc. eine entscheidende Rolle. Bei Kenntnis mehrerer Strategien kann die flexible Anwendung geübt werden. Mit Schülerinnen und Schülern sollte zunächst besprochen werden, wie man jeweils vorgeht. Vor allem die Phase des Nachdenkens über eine mögliche Strategie muss geübt werden.

Erfassen der Lernvoraussetzungen durch formative Leistungsdiagnostik

Vor dem Hintergrund dieser Überlegungen ist es möglich, das Vorwissen bzw. den Lernstand einzelner Schüler(innen) zu beschreiben. Hierfür kann zunächst auf vorliegende Leistungs- und Beobachtungsdaten zurückgegriffen werden. Für diese ‚Anamnese‘ können folgende Fragen gestellt werden:

- Gibt es bereits Informationen darüber, was bisher in dieser Klasse bezüglich der Lernziele unterrichtet wurde (kurze Darstellung der Inhalte des bisherigen Lehr-Lernprozesses)?
- Was berichtet die Praktikumslehrkraft oder Lehrkräfte der vorangehenden Schuljahre über die bisherigen Schüler(innen)leistungen in diesem Lernbereich?
- Welche Beobachtungen konnten bisher in der Klasse gemacht werden? Gibt es einzelne Schüler(innen) mit besonderen Stärken oder Schwächen in diesem Lernbereich?
- Wie wurde bisher auf diese Schüler(innen) reagiert? Wurde in diesem Lernbereich bisher eine Niveaudifferenzierung praktiziert?
- Was weiß ich über die weiteren, relevanten Lernvoraussetzungen: Sprache, Lesekompetenz, Lernstrategien, Arbeitsverhalten, Motivation, Sozialverhalten, Regeln und Rituale in der Klasse, konkrete Arbeitstechniken in Bezug auf Medien und Arbeitsmaterialien (Hefte, Ordner, Klassenbücherei, etc.), kulturelles Umfeld, Elternhaus, etc.

Zur Erfassung des Vorwissens bieten sich formative Leistungsdiagnosen an. Dies sind kurze, nicht benotete Leistungsmessungen zur Prüfung des aktuellen Lernstands in einem ganz spezifisch definierten Bereich. Zur Erfassung der aktuellen Lernvoraussetzungen für eine Lehr-Lernsequenz ‚Geschicktes Rechnen im 1000er Raum' würde sich folgende Vorgehensweise anbieten: Man wählt eine Reihe von Subtraktions- und Additionsaufgaben aus, die durch geschickte Rechenstrategien einfacher gelöst werden können als durch eine standardisierte Prozedur, wie sie bei der Einführung jeweils erworben wird (erst 100er addieren, dann 10er, dann Einer). Eine Beispielaufgabe hierfür wäre: 598 + 75 = . Man muss die Schüler(innen) auffordern, ihre Rechenschritte im Einzelnen zu notieren. Noch besser ist es, wenn man die Schüler(innen) einzeln beobachtet und sie bittet, diese Aufgabe laut vorzurechnen. Wenn Schüler(innen) 600 + 75 = 675 und dann noch − 2 = 673 vorrechnen, ist dies ein Indiz, dass geschickte Rechenstrategien bereits vorhanden sind. Schüler(innen), die hier stur zunächst 10er und dann Einer addieren, haben noch kein Verständnis für verschiedene Rechenwege entwickelt. Diese Vorwissensanalyse ist dann der ideale Anknüpfungspunkt für einen Einstieg in die Thematik.

Zur Erfassung von konzeptuellem Vorwissen gibt es eine ganze Reihe interessanter und in der Schule gut einsetzbarer Verfahren (vgl. Maier/Hofmann/Zeitler 2012). Will man im Physikunterricht herausfinden, was die Schüler(innen) unter ‚Kraft' oder ‚Energie' verstehen, eignen sich grafische Verfahren oder Interviews. Ein grafisches Verfahren wäre beispielsweise die Erstellung einer Concept-Map oder das Zeichnen von Vorstellungen zu einem Begriff: Wie stellst du dir Energie vor? Ebenso könnte man Schüler(innen) direkt zu den Begriffen befragen. Für die schnelle Erfassung des konzeptuellen Vorwissens in einer Schulklasse sind die grafischen Verfahren einfacher durchzuführen. Auch hier gilt, dass die Vorwissensanalyse den Einstieg in die Thematik ebnet.

4.3 Elemente des Lehr-Lernprozesses methodisch gestalten

Auf Basis der Lernzielanalyse und der Beschreibung von Lernvoraussetzungen und Vorwissen können Schritte für die Gestaltung des Lehr-Lernprozesses geplant werden. Schrittfolgen für Lehr-Lernprozesse in Abhängigkeit von bestimmten Lerninhalten bzw. Lernzielen werden in Form von Basismodellen oder Artikulationsschemata (siehe Theorieteil) vorgeschlagen:

- Beim Lernziel ‚Inhaltsangabe verfassen' muss das Basismodell zum Aufbau von Handlungsroutinen gewählt werden: Teilprozeduren klären und üben; Modelle für die übergreifende Prozedur bereitstellen (Lehrer(in) zeigt, wie man eine Inhaltsangabe schreibt); Beispiele für die Handlungsroutine analysieren; erste Versuche; sofortige Rückmeldung und Korrektur von Teilschritten; Übung bis zur Automatisierung.

- Beim Lernziel ‚Zusammenhänge zwischen Kraft, Energie, Arbeit verstehen' muss auf das Basismodell Konzepte aufbauen zurückgegriffen werden (siehe Abschnitt 3.2.): Klärung der alltagssprachlichen Präkonzepte zu den Begriffen; Einführung prototypischer Beispiele; Analyse und Definition der diskriminierenden Merkmale (inwiefern unterscheidet sich der Begriff ‚Energie' von ähnlichen Begriffen wie ‚Kraft', ‚Arbeit'); aktiver Umgang mit dem neuen Konzept (Beschreibung von Bewegungsabläufen); Anwendung des neuen Konzepts in weiteren Kontexten (z.B. Umwandlung von Lageenergie in Bewegungsenergie).

Diese Basismodelle bzw. Artikulationsschemata müssen nun in methodische Sichtstrukturen überführt werden. In der Didaktikliteratur findet man eine ganze Reihe von Begriffen und Systematisierungen für methodische Sichtstrukturen (Sozialformen, Handlungsmuster, Aktionsformen, etc.). Diese methodischen Elemente der Unterrichtsgestaltung lassen sich auf wesentliche Grunddimensionen reduzieren, die jeweils in Abhängigkeit des Lernziels und des Basismodells eine bestimmte Ausprägung annehmen sollten. Dabei sollte die Orientierung an den lernpsychologischen Grundlagen und den Befunden der Lehr-Lernforschung stärker dominieren als der vordergründige Wunsch nach Realisierung von Unterrichtsmethoden, die gerade ‚en vogue' sind:

- Wissen präsentieren (von der Lehrkraft gelenkt) vs. Wissen entdecken lassen (von Schülerinnen und Schülern gelenkt): Prozedurales Wissen muss zunächst sehr genau modelliert werden. Wenn Schüler(innen) einen ganz bestimmten Rechenalgorithmus lernen sollen, muss dieser vorgerechnet und unter Aufsicht der Lehrkraft eingeübt werden. Gleiches gilt für das Verfassen einer Inhaltsangabe. Hier sind bestimmte Vorgaben wichtig, die den Schülerinnen und Schülern am besten durch frühzeitiges Präsentieren von Wissen vermittelt werden können. Entdeckendes Lernen zu Beginn des Wissenserwerbs bietet sich dagegen eher bei komplexeren Handlungsroutinen oder konzeptuellem Wissen an. Wenn man Schüler(innen) für Strategien des geschickten Rechnens sensibilisieren möchte, wäre eine Phase des entdeckenden und experimentierenden Lernens zunächst sinnvoll. Man könnte Schüler(innen) ermuntern, verschiedene Rechenwege einfach mal zu erproben und anschließend zu bewerten. Auch ein Einstieg in eine Unterrichtseinheit zu mechanischen Grundbegriffen könnte Elemente entdeckenden Lernens nutzen (Wo kommen im Alltag Kräfte und Energie vor? Wie lassen sich diese beschreiben? etc.). Dieser Phase folgt dann aber eine lehrer(innen)gelenkte Phase des Konzepterwerbs, in der die neuen Grundbegriffe definiert und anhand von Beispielen gefestigt werden.

- An bestimmten Stellen des Lehr-Lernprozesses kann es äußerst hilfreich und motivierend sein, konkrete Beispiele und lebensweltliches Wissen einzubauen. Beispielsweise beim Aufbau von begrifflichem Wissen durch konkrete Positiv- und Negativbeispiele zum physikalischen Energiebegriff, bei der Unterfütterung von konzeptuellem Wissen durch episodisches Wissen (Geschichten über physikalische Phänomene). Beim Erwerb von prozeduralem Wissen ist es dagegen eher ratsam, zunächst einmal auf eine lebensweltliche Situierung zu verzichten. Schüler(innen) lernen Lösungsstrategien zu Textaufgaben zunächst einmal an ganz simplen, aber der Lebenswelt völlig entkleideten Textaufgaben. Alles andere könnte zu einer Überforderung führen. Gleiches gilt für die Einübung grammatikalischer Regeln. Erst wenn die grundlegenden Prozeduren einigermaßen automatisiert sind, können sie in anderen Kontexten, d.h. auch lebensweltlichen Kontexten zur Anwendung kommen. Dann machen auch komplexe, alltagsorientierte Textaufgaben (wie man sie z.B. bei PISA hat) Sinn.

- Sowohl lernpsychologische Befunde als auch die Lehr-Lernforschung zeigen überdeutlich, dass häufige, positive Verstärkungen und häufiges, konstruktives Feedback in jeden Lehr-Lernprozess integriert werden müssen. Lehrkräfte müssen sich fragen, an welchen Stellen im Lehr-Lernprozess die Ergebnisse der Schüler(innen) genau kontrolliert werden müssen? Wie gibt man den Lernenden eine informative Rückmeldung? Ein einfaches, jedoch probates Mittel hierfür sind Aufgaben mit Selbstkontrollmöglichkeiten. Hierfür gibt es mittlerweile eine große Fülle von Lernmaterialien und digitaler Lernmedien. Diese funktionieren jedoch nur bei einfachem Faktenwissen oder einfachem prozeduralem Wissen (Rechenalgorithmen). Bei komplexeren Lernzielen sind das genaue Hinsehen und das Besprechen von Schüler(innen)produkten unverzichtbar. Lehrkräfte müssen sich verschiedene Rechenstrategien genau erklären lassen, gute Ideen verstärken, auf fehlerhafte Überlegungen hinweisen und andere Rechenwege vorschlagen bzw. die Schüler(innen) erneut zum Nachdenken anregen. Lernmedien und Lernmaterialien können auch in diesem Punkt die Lehrkraft nicht annähernd ersetzen.

- Die Erfassung der Lernvoraussetzungen und des Vorwissens führt direkt zur Frage der Differenzierung. Für welche Schüler(innen) muss man aufgrund unterschiedlicher Lernvoraussetzungen unterschiedlich schwierige Aufgaben stellen? Wenn ein Teil der Schüler(innen) bereits verschiedene Rechenstrategien im 1000er Raum kennt, können diese mit Anwendungsaufgaben konfrontiert werden. Ziel ist dann die Automatisierung und Flexibilisierung der Strategien. Ein anderer Teil der Schüler(innen) in einer Grundschulklasse kennt jedoch nur einen Additionsalgorithmus im Zahlenraum bis 1000. Hier müssten zunächst weitere Rechenstrategien eingeführt werden, bevor es zu Anwendungsaufgaben kommen kann.

• Eine weitere wichtige Frage ist die nach den Medien und Repräsentationsformen des Wissens. Welche Darstellungsformen sind für einen bestimmten Lerninhalt am günstigsten? Rechenwege können beispielsweise symbolisch (Zahlen und Rechensymbole), aber auch grafisch (Hundertertafel, Zahlenstrahl) bzw. in Mischformen verdeutlicht werden. Ebenfalls können Rechenwege verbalisiert werden, d.h. sprachlich repräsentiert werden. Die immer wieder vorgetragene Idee, beim Lernen möglichst viele Sinne anzusprechen ist dabei weder lernpsychologisch fundiert, noch unterrichtspraktisch sinnvoll. Es kommt darauf an, einen für den Schüler bzw. die Schülerin und den Lerninhalt adäquaten Sinneskanal zu nutzen. Wenn man Schülerinnen und Schülern zunächst einen Rechenalgorithmus erklären möchte, kann die grafische Darstellung anhand des Zahlenstrahls sehr nützlich sein (z.B. bei +29 erst einmal 30 addieren und dann einen Schritt zurückgehen). Wenn Schüler(innen) diese einzelnen Rechenstrategien schon beherrschen und es eher auf die flexible Anwendung ankommt, können umständliche grafische Darstellungen verschiedener Strategien eher irritierend sein. Hier wäre eine Nutzung von symbolischen Darstellungen effektiver.

• Die Gestaltung der sozialen Dimension des Lehr-Lernprozesses wird häufig auf die Frage nach der Sitzordnung reduziert (Sitzkreis, Partnertische, etc.). Aus Sicht einer lehr-lerntheoretischen Didaktik sollte man allerdings darüber nachdenken, welche Formen der sozialen Interaktion den Lernprozess der einzelnen Schüler(innen) jeweils gut unterstützen könnten. Wenn es darum geht, eine konkrete Handlungsabfolge (Turnübung) oder eine kognitive Prozedur (Rechenalgorithmus) einzuüben und zu automatisieren ist schlichtweg Einzelarbeit angesagt. Auch die Kontrolle und Rückmeldung sollte hier Sache der Lehrkraft sein und nicht an Schüler(innen) delegiert werden (im Sinne eines peer feedbacks). Anders könnte es aussehen, wenn Schüler(innen) kreative Ideen für die Lösung eines mathematischen Problems entwickeln sollen. Hier könnte die soziale Interaktion in der Klein- oder Partnergruppe unter Umständen sehr anregend sein. Allerdings ist das keine Gesetzmäßigkeit. Es gibt mit Sicherheit in jeder Klasse Schüler(innen), die ihre kreativen Ideen in der Einzelarbeit besser entfalten können.

Diese Liste der methodischen Dimensionen ist nicht vollständig. Je nach Fach, Lerninhalt, Schulart, Altersstufe sind eventuell weitere methodische Aspekte zu bedenken: Schüler(innen)materialien, Einsatz von Präsentationsmedien, Stundenrituale, etc. Die hier dargestellten Dimensionen sind jedoch für jede Planung von Lehr-Lernprozessen grundlegend zu durchdenken.

4.4 Ablauf und Ergebnis des Lehr-Lernprozesses evaluieren und reflektieren

Die Evaluation von Lehr-Lernprozessen muss für Lehrkräfte eine Daueraufgabe sein und darf nicht auf einmalige, mit Notengebung verbundene Leistungsmessungen reduziert werden. Formative Evaluation bedeutet, dass man ein Programm oder eine Intervention fortlaufend hinsichtlich der Effektivität (Übereinstimmung mit den Zielen) prüft und Möglichkeiten der Korrektur und Nachsteuerung nutzt. Diese fortlaufende, formative Evaluation von Lehr-Lernprozessen beginnt bereits mit einer genauen Wahrnehmung der Lernvoraussetzungen der Schüler(innen). Wenn eine Lehrkraft weiß, wo die Schüler(innen) zu Beginn einer Lehr-Lernsequenz stehen, dann können erste Lernfortschritte oder auch Lernhemmnisse durch genaues Beobachten und sensibles Wahrnehmen recht schnell diagnostiziert werden. Erfahrene Lehrkräfte benötigen hierfür nur selten formalisierte Instrumente. Expertenwissen und genaues Hinsehen sind das formativ-diagnostische Instrumentarium zur Erfassung von Lernfortschritten. Allerdings kann man diese diagnostische Expertise von Lehrkräften auch durch formalisierte oder teil-formalisierte Diagnosen ergänzen. Für Novizinnen und Novizen (Praktikantinnen/Praktikanten, Lehramtsanwärter(innen)) ist eine systematische, formative Evaluation des eigenen Unterrichts sehr ratsam. Unterschieden wird hier zwischen einer formativen Prozessevaluation und einer formativen Leistungsdiagnostik.

Formative Prozessevaluation

Bei einer formativen Prozessevaluation stehen die Sichtstrukturen des Unterrichts im Mittelpunkt: Lehrer(innen)verhalten (Sprache, Gesten, etc.), Organisation und Klassenmanagement, Motivation der Schüler(innen), Umsetzung der geplanten Methoden. Praktikumsbetreuende Lehrkräfte oder Mitstudierende geben nach einem Unterrichtsversuch Rückmeldungen zu einzelnen Aspekten der Unterrichtsdurchführung. Aber auch etablierte Lehrkräfte können noch von formativen Rückmeldungen zur Unterrichtsdurchführung profitieren. Es gibt mittlerweile zahlreiche Projekte zur Förderung der kollegialen Hospitation als Teil der inneren Schulentwicklung. Wichtig ist, dass sich diese formative Prozessevaluation an relevanten Kriterien guten Unterrichts orientiert (siehe Befunde der Lehr-Lernforschung in Abschnitt 2.2). Es ist wenig zielführend, wenn sich Reflexionsgespräche um die Frage drehen, ob ein Arbeitsblatt gelocht war oder der Studierende die Antworten der Schüler(innen) ständig wiederholt hat. Solche handwerklichen Details sind zwar nicht unbedeutend, sie sind aber keine zentralen Kriterien zur Bewertung von Unterricht. Im Vordergrund sollten Kriterien wie Klarheit, Lernerfolg, Schüler(innen)beteiligung, Rückmeldungen, Lehrer(innen)-Schüler(innen)-Beziehung, etc. stehen. Lehramtsstudierende sollten dabei schnell ein Selbstbewertungsraster ihres eigenen Unterrichts entwickeln, das auf zentrale Aspekte fokussiert und davor schützt, aufgrund von Kleinigkeiten eigene Unterrichtsversuche allzu selbstkritisch zu sehen.

Für verschiedene Evaluationssituationen wurden bereits zahlreiche Instrumente auf Grundlage dieser Effektivitätsmerkmale entwickelt. Ein Beispiel ist das Projekt EMU der Kultusministerkonferenz (www.unterrichtsdiagnostik.de). Ziel dieses Projektes ist es, Lehrer(innen)kollegien zur Reflexion über Unterricht anzuregen, um darüber Verbesserungen anzustoßen. Das Gespräch über den eigenen Unterricht soll dabei durch den Abgleich verschiedener Perspektiven auf eine Unterrichtsstunde in Gang kommen. Lehrkräfte führen als gleichberechtigte Kolleginnen und Kollegen gegenseitige Unterrichtshospitationen durch und füllen entsprechende Einschätzungsbögen aus. Diese werden durch Fragebogen der Schüler(innen) und Fragen zur Selbsteinschätzung ergänzt.

Formative Leistungsdiagnostik

Formative Leistungsdiagnostik bedeutet, dass man über die gesamte Lehr-Lernsequenz hinweg immer wieder prüft, was Schüler(innen) tatsächlich gelernt haben (vgl. Winter 2006; Strathmann/Klauer 2010; Maier 2010). Wenn die Erfassung von Lernergebnissen erst den Abschluss des Lehr-Lernprozesses darstellt (summative Produktevaluation für die Notengebung), kann nicht mehr reagiert werden. Dies ist nicht im Sinne des Bildungsauftrags an Schulen, die Kinder und Jugendlichen bestmöglich zu fördern. Für die formative Produktevaluation bieten sich zeitlich verschieden weit gefasste Rückmeldezyklen an (vgl. Maier/Hofmann/Zeitler 2012):

- Formative Leistungsdiagnostik im Aufgabenbearbeitungsprozess:
  Die Schüler(innen) erhalten während oder direkt nach der Bearbeitung einer Übungs- oder Lernaufgabe eine Rückmeldung über die Korrektheit der Aufgabenlösung bzw. weitere Hinweise zur Aufgabenbearbeitung. Die Rückmeldung bezieht sich auf eine spezielle Aufgabenstellung und hat innerhalb der Aufgabenbearbeitung eine steuernde Wirkung, beispielsweise können Teilschritte oder Teillösungen sofort korrigiert werden.
- Formative Leistungsdiagnostik im Lehr-Lernprozess:
  Hierfür wird man die Schüler(innen) direkt vor oder an mehreren Stellen während einer Lehr-Lernsequenz eine Aufgabenstellung mit diagnostischem Potenzial oder kleine Tests bearbeiten lassen. Damit erfährt die Lehrkraft sofort etwas über das Vorwissen der Schüler(innen) oder erhält während des Lernprozesses eine sofortige Rückmeldung, die weitere Übungen und Wiederholungen steuert.
- Formative Leistungsdiagnostik zum langfristigen Wissenserwerb bzw. Kompetenzaufbau:
  Kompetenzorientierung bedeutet, dass der Wissenserwerb bzw. der Kompetenzaufbau z.B. nach einer mehrwöchigen Lehr-Lernsequenz noch keineswegs abgeschlossen ist. Wenn man mit Schülerinnen und Schülern vier Wochen lang das geschickte Rechnen im 1000er Raum übt, ist noch lange nicht gewährleistet,

dass sie es nach einem halben Jahr noch können bzw. dass sie es in neuen Anwendungssituationen flexibel abrufen werden. Um dies zu überwachen, bieten sich formative Leistungstests für zentrale Kompetenzen, die auch über mehrere Schuljahre hinweg eine Rolle spielen (Lesen, Texte schreiben, Einmaleins, flexibel Rechnen, etc.), an. Ein Ausgangspunkt für die Entwicklung dieser formativen Leistungsdiagnosen könnten die VERA-Tests in Klasse 3 und 8 sein.

Eine formative Evaluation von Lehr-Lernprozessen macht natürlich nur dann Sinn, wenn die Evaluations- oder Diagnoseinformationen sowohl von den Lehrkräften als auch von den Schülerinnen und Schülern wahrgenommen, reflektiert und in konkrete Taten umgesetzt werden. Ein Reflexionsgespräch nach einem selbständigen Unterrichtsversuch einer Praktikantin oder eines Praktikanten ist nur dann gut, wenn konstruktive Vorschläge beim Studierenden auf fruchtbaren Boden fallen. Eine Lernverlaufsdiagnose zur Lesekompetenz ist nur dann lohnenswert, wenn aufgrund der Ergebnisse differenzierende Maßnahmen zur Leseförderung ergriffen werden und sowohl Lehrkräfte als auch Schüler(innen) und Eltern von den Maßnahmen und den damit verbundenen Förderzielen in Kenntnis gesetzt werden. Damit schließt sich der Kreis einer lern-lehrtheoretischen Perspektive auf die Gestaltung von Unterricht.

Literatur

Aebli, H. (2003): Zwölf Grundformen des Lehrens. Eine Allgemeine Didaktik auf psychologischer Grundlage. Stuttgart: Klett-Cotta.

Anderson, L.W./Krathwohl, D.R. (2001): A Taxonomy for Learning, Teaching and Assessing: A Revision of Bloom's Taxonomy of Educational Objectives. New York: Addison Wesley Longman.

Baumgart, F./Lange, U./Wigger, L. (Hrsg.) (2005): Theorien des Unterrichts. Erläuterungen, Texte, Arbeitsaufgaben. Bad Heilbrunn: Klinkhardt.

Biggs, J./Collis, K. (1982): Evaluating the quality of learning: the SOLO Taxonomy. New York: Academic Press.

Blankertz, H. (1969): Theorien und Modelle der Didaktik. München.

Bloom, B.S./Engelhart, M.D./Frust, E.J./Hill, W.H./Krathwohl, D.R. (1956): Taxonomy of educational objectives. Handbook I. Cognitive domain. New York: McKay.

Brophy, J./Good, T. L. (1986): Teacher behavior and student achievement. In: Wittrock, M.C. (Hrsg.): Handbook of research on teaching, 3rd edition. New York: Macmillan Publishing Company, 328-375.

Brophy, J. (1999): Teaching, Educational Practices Series, n° 1. International Bureau of Education (UNESCO).

Csikszentmihalyi, M./Schiefele, U. (1993): Die Qualität des Erlebens und der Prozeß des Lernens. In: Zeitschrift für Pädagogik 39 (2), 207-221.

Csikszentmihalyi, M. (1992): Flow. Das Geheimnis des Glücks – Jenseits von Angst und Langeweile. Stuttgart: Klett-Cotta.

Edelmann, W. (2000): Lernpsychologie. Weinheim: Psychologie-Verlags Union.

Einsiedler, W. (1997): Unterrichtsqualität und Leistungsentwicklung – Literaturüberblick. In: Weinert, F. E./Helmke, A. (Hrsg.): Entwicklung im Grundschulalter. Weinheim: Beltz, 225-240.

Fix, M. (2008): Texte schreiben – Schreibprozesse im Deutschunterricht. UTB.

Fraser, B.J./Walberg, H.J./Welch, W.W./Hattie, J.A. (1987): Syntheses of educational productivity research. In: International Journal of Educational Research 11, 145-252.

Gasteiger, H. (2011): Strategien und eigene Wege. Warum rechnen können nicht ausreicht. Grundschulmagazin 79 (1), 7-12.

Goswami, U. (2004): Neuroscience and education. In: British Journal of Educational Psychology 74, 1–14.

Grewe, P. (2010): Hirnforschung und Unterricht – Grenzen und Möglichkeiten. In: Schulmanagement 5, 21-23.

Hattie, J. (2009): Visible learning. A synthesis of over 800 meta-analyses relating to achievement. London, New York: Routledge/Taylor/Francis Group.

Hattie, J./Timperley, H. (2007): The Power of Feedback. In: Review of Educational Research 77 (1), 81-112.

Heimann, P./Otto, G./Schulz, W. (1977): Unterricht. Analyse und Planung, 9. Auflage. Hannover.

Klafki, W. (1958): Didaktische Analyse als Kern der Unterrichtsvorbereitung. In: Die Deutsche Schule 50, 450-471.

Kluger, A.N./DeNisi, A. (1996): The effects of Feedback Interventions on performance: A historical review, a meta-analysis, and a preliminary Feedback Intervention Theory. Psychological Bulletin 119 (2), 254-284.

Maier, U. (2010): Formative Assessment – Ein erfolgversprechendes Konzept zur Reform von Unterricht und Leistungsmessung? In: Zeitschrift für Erziehungswissenschaft 13 (2), 293-308.

Maier, U./Hofmann, F./Zeitler, S. (2012): Formative Leistungsdiagnostik. Handbuch Schulmanagement. München: Oldenbourg.

Myers, D, G. (2008): Psychologie, 2. Auflage. Heidelberg: Springer Medizin Verlag.

Oser, F.K./Baeriswyl, F.J. (2001): Choreographies of teaching: Bridging instruction to learning. In: Richardson, V. (Hrsg.): AERA's Handbook of Research on Teaching, 4th Edition. Washington: American Educational Research Association, 1031-1065.

Peterßen, W.H. (2000): Handbuch Unterrichtsplanung. Grundfragen, Modelle, Stufen, Dimensionen, 9. Auflage. München: Oldenbourg.

Prange, K. (1986): Bauformen des Unterrichts: eine Didaktik für Lehrer, 2. Auflage. Bad Heilbrunn: Klinkhardt.

Rathgeb-Schnierer, E. (2005): Rechnen lernen bedeutet sehen lernen! Überlegungen zur Entwicklung von flexiblem Rechnen. In: Grundschulunterricht 52 (7/8), 18-23.

Roth, G. (2011). Bildung braucht Persönlichkeit. Wie Lernen gelingt, 2. Auflage. Stuttgart: Klett-Cotta.

Seidel, T./Shavelson, R.J. (2007): Teaching Effectiveness Research in the Past Decade. The Role of Theory and Research Design in Disentangling Meta-Analysis Results. In: Review of educational research 77 (4), 454-499.

Steiner, G. (2001): Lernen und Wissenserwerb. In: Krapp, A./Weidenmann, B. (Hrsg.): Pädagogische Psychologie – Ein Lehrbuch. Weinheim: Beltz, 139-205.

Straka, G.A./Macke, G. (2002): Lern-Lehr-Theoretische Didaktik. Münster: Waxmann.

Strathmann, A.M./Klauer, K.J. (2010): Lernverlaufsdiagnostik: Ein Ansatz zur längerfristigen Lernfortschrittsmessung. In: Zeitschrift für Entwicklungspsychologie und Pädagogische Psychologie 42, 111-122.

Thorndike, E.L. (1913): Introduction to theory of mental and social measurement. New York: Columbia University Press.

Weinert, F.E. (2001): Vergleichende Leistungsmessung in Schulen – eine umstrittene Selbstverständlichkeit. In: Weinert, F. E. (Hrsg.): Leistungsmessungen in Schulen. Weinheim, Basel: Beltz, 17–31.

Winter, F. (2006): Leistungsbewertung. Eine neue Lernkultur braucht einen anderen Umgang mit den Schülerleistungen. Baltmannsweiler: Schneider Verlag.

Ulrich Heimlich
Inklusion in Schule und Unterricht

Unter dem neuen Leitbild der inklusiven Bildung steht das deutsche Schulsystem vor der Aufgabe, inklusiven Unterricht und inklusive Schule zu entwickeln. Zur größten Herausforderung wird dabei die Bewältigung der wachsenden Heterogenität der Schüler(innen) in unterschiedlichen Schulformen. Neben einer Veränderung des Unterrichts und der Lernkultur ist dazu auch eine veränderte Kooperationskultur in Schulen erforderlich, die mit Prozessen der Schulentwicklung einhergeht. Letztlich erfordert die Umsetzung der inklusiven Bildung eine Veränderung der Schule als System.

Vorbemerkung

Mit Inkrafttreten der „UN-Konvention über die Rechte von Menschen mit Behinderungen" im Jahre 2009 tritt das deutsche Schulsystem in ein neues Entwicklungsstadium ein. Vorrang hat nunmehr die Gestaltung eines inklusiven Bildungssystems auf allen Ebenen, wie es in Artikel 24 der UN-Konvention gefordert wird. Die Konvention fungiert nach der Ratifizierung im Range eines Bundesgesetzes. Insofern ergibt sich eine rechtliche Verpflichtung in Deutschland, die Ziele der Konvention politisch umzusetzen. Diese Verpflichtung gilt ebenso für die Bundesländer. In der föderalistischen Struktur Deutschlands hat zwar die Kulturhoheit der Bundesländer nach wie vor einen hohen Stellenwert bei der Gestaltung der Bildungspolitik. Zugleich macht die UN-Konvention aber auch deutlich, dass sich die Bildungspolitik zunehmend globalisiert und international vernetzt (vgl. Ellger-Rüttgardt 2008). Insofern zeigt sich gerade der Diskurs zur inklusiven Bildung in Deutschland ebenfalls in ein Spannungsverhältnis von regionalen und internationalen Politikebenen eingebunden. Der Blick über die Grenzen beispielsweise in die europäischen Nachbarländer wird in Zukunft wohl zum festen Bestandteil in der Weiterentwicklung der eigenen Konzepte und Strukturen zählen müssen (vgl. Biewer 2009; Bürli/ Strasser/ Stein 2009). Das gilt umso mehr, als Deutschland nach 1945 mit dem Aufbau eines differenzierten „Sonderschulsystems" einen eigenständigen Weg im Vergleich zu anderen europäischen Staaten beschritten hat. Dies ist zugleich die Ausgangssituation für die inklusive Weiterentwicklung der sonderpädagogischen Förderung. Nach wie vor besuchen in Deutschland etwa 75% der Schüler(innen) mit sonderpädagogischem Förderbedarf die Förderschulen und nur ca. 25% die allgemeinen Schulen. In einem inklusiven Bildungssystem müsste dieser Anteil umgekehrt werden: Der überwiegende Teil der Schüler(innen) mit sonderpädagogischem Förderbedarf soll die allgemeine Schule besuchen. In vielen europäischen Nachbarländern wird derzeit nicht mehr darüber diskutiert, ob die inklusive Bildung im gesamten Bildungssystem realisiert werden soll, sondern vielmehr über die Frage, wie dieses allgemein akzeptierte Ziel realisiert werden kann. Die Entwicklung inklusiver Schulen ist zu einer globalen Bewegung angewachsen. Viele praktische Schulbeispiele auch aus armen Regionen der Erde zeigen, dass inklusive Schulen entwickelt werden können und nicht an geringen Mitteln scheitern müssen (vgl. die umfangreiche Projektdokumentation bei Richard Rieser 2008). Zugleich wird beim genaueren Blick in diese inklusiven Schulprojekte gezeigt, dass auch die Arbeit in inklusiven Schulen nicht ohne sonderpädagogische Förderung im Sinne von „special needs education" auskommt. Inklusive Bildung ist deshalb kein Plädoyer für die Abschaffung der Sonderpädagogik, sondern vielmehr eine Aufforderung sich zu modernisieren und sich an einem pädagogischen Reformprozess von gesamtgesellschaftlichen Ausmaßen zu beteiligen.

Vergessen wird bei der aktuellen bildungspolitischen Debatte zur Inklusion in der BRD allerdings noch häufig, dass nicht nur die Sonderpädagogik vor einem Wandlungsprozess steht, sondern auch die allgemeine Pädagogik, die Schulpädagogik und die allgemeinen Schulen verändert werden müssen. Inklusive Schulen zu entwickeln bedeutet, dass Sonderpädagogen/ -innen und sonderpädagogische Fachkompetenz zum festen Bestandteil aller allgemeinen Schulen auf allen Ebenen des Bildungssystems werden müssen. Sonderpädagogen/ -innen dürfen nicht länger nur stundenweise in allgemeinen Schulen sein, sondern müssen vielmehr mit ihrer gesamten Stundenzahl dem System allgemeine Schule zugeordnet werden. Aber letztlich zielt auch diese Neuorientierung der Sonderpädagogik auf eine Veränderung der allgemeinen Schulen ab. Wie diese Veränderungen aussehen könnten und welche Rolle dabei die Sonderpädagogik spielt, ist Gegenstand des vorliegenden Beitrages. Zielsetzung ist dabei, der Forderung der UN-Konvention nach einem inklusiven Bildungssystem Nachdruck zu verleihen und zugleich ein konkretes Entwicklungsprogramm vorzustellen, das die Unterrichts- und Schulentwicklung unterstützen kann. Zum entscheidenden Prüfstein wird dabei die Entwicklung einer guten Qualität in allen Bildungsangeboten, da erst damit die Voraussetzung für eine gelingende Inklusion geschaffen wird.

Wer sich auf neue Wege begibt, tut gut daran, sich seiner Ziele bewusst zu werden und sich gleichzeitig zu versichern, welche Wege eingeschlagen werden können. Nur so kann etwas über die jeweils nächsten Schritte gesagt werden. Inklusive Bildung (1), inklusiver Unterricht (2) und inklusive Schulentwicklung (3) sind die zentralen Elemente auf dem Weg zur Entwicklung einer inklusiven Schule.

1 Inklusive Bildung

Auf der Konferenz von Salamanca im Jahre 1994 wurde der Begriff der Inklusion in die internationale schulpädagogische Diskussion eingeführt. Eingeladen von den Vereinten Nationen beschlossen Regierungsvertreter(innen) aus nahezu 200 Staaten der Welt und zahlreiche, weltweit tätige Behindertenselbsthilfeverbände das Programm einer inklusiven Schule. „Pädagogik für besondere Bedürfnisse" lautete seinerzeit der beziehungsreiche Titel, der an die internationale Debatte zur „special needs education" anknüpfen sollte (vgl. Österreichische UNESCO-Kommission 1996). In der deutschen Übersetzung wurde der neue Begriff „inclusion" noch mit „Integration" übersetzt. Dies hat bis heute im bundesdeutschen Sprachraum zu dem Missverständnis beigetragen, dass von einer Gleichsetzung zwischen Inklusion und Integration auszugehen sei. Auch mit Inkrafttreten der UN-Konvention über die Rechte von Menschen mit Behinderungen (UN-Behindertenrechtskonvention) konnte dieses Missverständnis im Jahre 2009 noch nicht ausgeräumt werden. In Artikel 24, Abs. (1) wird von den unterzeichnenden Staaten die Selbstverpflichtung akzeptiert:

> „Die Vertragsstaaten anerkennen das Recht von Menschen mit Behinderungen auf Bildung. Um dieses Recht ohne Diskriminierung und auf der Grundlage der Chancengleichheit zu verwirklichen, gewährleisten die Vertragsstaaten ein integratives Bildungssystem auf allen Ebenen ..." (Vereinte Nationen 2010)

Die ratifizierte Fassung ist allerdings die englische, in der es heißt: „inclusive education system at all levels" (United Nations 2010). Die Bundesregierung hat dazu einen Gesetzentwurf vorgelegt, der vom Bundestag beschlossen wurde und von daher als bundesgesetzliche Grundlage der Entwicklung eines inklusiven Bildungssystems fungiert. Trotz der föderalistischen Struktur der BRD ist damit auch für die Bundesländer eine rechtliche Verpflichtung gegeben, Maßnahmen zur Entwicklung eines inklusiven Bildungssystems auf den Weg zu bringen (vgl. Art. 4, Abs. 5, UN-Behindertenrechtskonvention):

> „Die Bestimmungen dieses Übereinkommens gelten ohne Einschränkung oder Ausnahme für alle Teile eines Bundesstaates." (ebd.)

Insofern ist es im gegenwärtigen Diskurs über inklusive Bildung und angesichts der begrifflichen Verunsicherung angezeigt, die Vorstellung eines inklusiven Bildungssystems, wie sie sich gegenwärtig vor dem Hintergrund des internationalen Entwicklungsstands abzeichnet, genau zu bestimmen (Booth/ Ainscow 2002; Rustemeier/ Booth 2005; Rieser 2008).

Im Ergebnis lässt sich zunächst festhalten, dass Inklusion nicht nur als Übersetzung von Integration gelten kann. Der Begriff geht auch weit über eine optimierte Form der Integration im Sinne von Qualitätssteigerung hinaus. Inklusion meint

vielmehr eine substantielle Weiterentwicklung der Integration. Inklusive Bildungseinrichtungen verzichten von vornherein auf jegliche Formen von Aussonderung.
Alle Kinder und Jugendlichen eines Stadtteils, Wohngebietes oder Quartiers sind
willkommen. Die Unterschiedlichkeit ihrer Lernbedürfnisse, Interessen und Fähigkeiten wird als Ausgangsbedingung jeglichen Bildungsangebotes angesehen.
Heterogenität wird damit – zumindest konzeptionell – nicht als Belastung angesehen, sondern vielmehr als Bereicherung und Chance für die Gestaltung eines
Bildungsangebotes, das sich an alle Kinder und Jugendlichen richtet. Damit einher
geht die Öffnung von Bildungseinrichtungen hin zu ihrem Stadtteil und dem aktiven wechselseitigen Austausch zwischen Schulen und ihrem Umfeld. Inklusive
Bildung enthält somit auch die Dimension der Einbeziehung gesellschaftlicher
Probleme der Teilhabe. Ein inklusives Bildungssystem ist von daher keine Insel,
in der ideale Formen des gesellschaftlichen Umgangs gefördert werden. Sie ist vielmehr Bestandteil der Gesellschaft und ein Beitrag zu einer inklusiven Gesellschaft.
Ebenso wie eine demokratische Gesellschaft demokratische Schulen benötigt, wie
es John Dewey in „Demokratie und Erziehung" im Jahre 1916 beschrieben hat
(vgl. Dewey 1916/ 1993), ist eine inklusive Gesellschaft auf eine inklusive Schule
angewiesen. Das bedeutet aber auch, dass Schulen allenfalls einen Beitrag zu einer
inklusiven Gesellschaft leisten, nicht jedoch für den gesellschaftlichen Inklusionsprozess gänzlich allein verantwortlich gemacht werden können. Die größte Herausforderung für die Schulpädagogik wie für die Sonderpädagogik enthält jedoch die
Forderung der inklusiven Bildung, auf eine Unterscheidung zwischen Menschen
mit und Menschen ohne Behinderung zu verzichten, sondern vielmehr von Menschen mit individuellen Bedürfnissen auszugehen. Demnach hätten alle Kinder
und Jugendlichen in der inklusiven Schule Anspruch auf ein individuell für sie zu-
geschnittenes Bildungsangebot. Wird die Individualisierung in dieser Konsequenz
im Bildungssystem umgesetzt, so die Hoffnung, dann ist die Rede von unterschiedlichen Gruppen von Kindern und Jugendlichen hinfällig geworden. Unter dem
Anspruch einer inklusiven Bildung sollten Schulen demnach in der Lage sein, die
vielen unterschiedlichen Bedürfnisse, Interessen und Fähigkeiten von Kindern und
Jugendlichen zu erkennen und individuell passgenaue Lern- und Förderangebote
zu entwickeln. Aus sonderpädagogischer Sicht muss schon auf dieser konzeptionel-
len Ebene des Nachdenkens über inklusive Bildung der Schluss gezogen werden,
dass diese anspruchsvolle Aufgabe nicht ohne sonderpädagogische Fachkompetenz
im gesamten Bildungssystem erfüllt werden kann.

Aber was ist nun mit dem Konzept der Inklusion gemeint? Inklusion im Sinne
der ursprünglichen lateinischen Wortbedeutung von „Einschluss bzw. Enthalten-
sein" umfasst mehr als ein schulisches Verständnis von Integration. Inklusion zielt
auf eine umfassende gesellschaftliche Teilhabe in möglichst weitgehender Selbstbestimmung. Von der Zielvorstellung her ist dabei angestrebt, die Grenzen zwischen „Behinderten" und „Nichtbehinderten" aufzuheben und das selbstbestimmte

Miteinander mitten in der Gesellschaft zu verankern. Dies entspricht einer stark normativ geprägten Vorstellung von Inklusion, wie sie in der schul- und sonderpädagogischen Debatte derzeit vorherrscht (vgl. Schnell/ Sander 2004; Bürli/ Strasser/ Stein 2009). Ein Blick in das soziologische Begriffsverständnis von Inklusion lehrt jedoch, dass auch diese konzeptionelle Diskussion zur inklusiven Bildung vor dem Hintergrund konkreter gesellschaftlicher Entwicklungen der Gegenwart gesehen werden muss. Dabei zeigt sich insbesondere, dass sich die gesellschaftlichen Inklusionsmuster in modernen westlichen Industriegesellschaften in den letzten 150 Jahren nachhaltig verschoben haben. Während ursprünglich gesellschaftliche Inklusion über feste soziale Bindungen im sozialen Nahraum über Familien- und Verwandtschaftsbeziehungen sowie innerhalb der Nachbarschaft organisiert wurde, reißt die Gesellschaft der Zweiten Moderne (vgl. Beck 1986) ihre Mitglieder immer stärker aus gewachsenen sozialen Strukturen heraus. Soziale Beziehungen und Identitäten (vgl. Keupp u.a. 1999) müssen selbst gesucht und konstruiert werden. Inklusion wird in diesem Zusammenhang mehr und mehr zur Aufgabe jedes einzelnen. Es ist unschwer vorstellbar, dass Menschen mit Behinderungen oder sozialen Benachteiligungen rasch aus diesem selbst zu organisierenden Inklusionsprozess herausfallen und an den Rand der Gesellschaft gedrängt werden. Der soziologische Blick lehrt von daher, auch das Gegenteil von gesellschaftlicher Inklusion nicht außer Acht zu lassen. Westliche Industriegesellschaften haben eindeutige Tendenzen zur Exklusion. Die BRD leistet sich als eines der reichsten Länder der Erde bei Kindern und Jugendlichen eine Armutsquote, die bei ca. 16% liegt – mit steigender Tendenz (vgl. Heimlich 2008). Kinder sind für Familien heute das Armutsrisiko Nr. 1. Alleinerziehende Eltern, insbesondere Mütter und Migrantenfamilien, sind nach wie vor besonders betroffen. Inklusion und Exklusion sind von daher in modernen Gesellschaften unauflöslich miteinander verknüpfte Prozesse (vgl. Luhmann 2002, 135ff; Nassehi 1997). Der schul- und sonderpädagogische Blick auf die Inklusion sollte dieses Spannungsverhältnis also mit einbeziehen. Inklusion im pädagogischen Sinne weist somit weit über das Bildungssystem hinaus in die Gesellschaft.

> Inklusion im pädagogischen Sinne zielt vor diesem Hintergrund auf die Schaffung netzwerkartiger Strukturen in Schule und Gesellschaft ab, die zur Unterstützung der selbstbestimmten sozialen Teilhabe aller Menschen in allen gesellschaftlichen Bereichen beitragen und Tendenzen zum Ausschluss bestimmter Gruppen aus der Gesellschaft aktiv entgegentreten.

Da für die gegenwärtige bildungspolitische Debatte zum inklusiven Bildungssystem in der BRD die Unterscheidung von Inklusion und Integration eine so zentrale Bedeutung bekommen hat, sollen die derzeit bekannten Differenzen besonders mit Blick auf unterschiedliche konzeptionelle Grundsätze noch einmal im Einzelnen gegenübergestellt werden (vgl. Hinz 2002; Sander 2004 und die Kritik von Lee 2010 und Speck 2010).

Das Konzept der Integration konnte man in der Vergangenheit nur einsetzen, wenn Kindern und Jugendlichen ein sonderpädagogischer Förderbedarf attestiert wurde. Der Vorteil dieses Systems ist sicher die klare Individuumszentrierung. Zum Nachteil gereichte der Integrationspraxis das Festhalten an einer weitgehend defizitorientierten Diagnostik. Es ist zwar auf der Ebene von Publikationen sehr umfassend über förderdiagnostische Konzeptionen berichtet worden (vgl. Bundschuh 2010). Auch entsprechende förderdiagnostische Methoden und Materialien (vgl. Heimlich/ Lotter/ März 2005) liegen in praxisnaher Aufbereitung vor. Es ist jedoch in der integrativen Praxis nicht gelungen, sich konsequent von einem schädigungsbezogenen Denken zu verabschieden und zur Förderung hin umzuorientieren. Noch immer steht in der Praxis der sonderpädagogischen Diagnostik die Zuweisung zum Förderort im Vordergrund und nicht die Entwicklung von individuellen Fördermaßnahmen. Dadurch wurde in integrativen Bildungsangeboten auch der Abgrenzung von zwei Gruppen Vorschub geleistet und das Etikettierungs-Ressourcen-Dilemma (vgl. Füssel/ Kretschmann 1993) letztlich nicht überwunden. Personelle, räumliche und sächliche Ausstattung konnten integrative Bildungsangebote nur erreichen, wenn sie eine möglichst große Zahl von Kindern und Jugendlichen mit dem Etikett „sonderpädagogischer Förderbedarf" behafteten. Die Integration blieb deshalb auch häufig auf einer institutionellen Ebene des bloßen Beieinanderseins stehen, ohne zu intensiven sozialen Austauschprozessen zu gelangen. In der Konsequenz hieß das, dass auch die heil- und sonderpädagogische Fachkompetenz nur den Kindern und Jugendlichen zugutekommen konnte, die einen gutachterlich festgestellten Förderbedarf vorweisen konnten. Mit der Entwicklung integrativer Bildungsangebote ist es also durchaus gelungen, die speziellen Förderangebote der Heil- und Sonderpädagogik in die Allgemeinen Schulen zu verlagern. Ihr Charakter als spezielle Förderung für „Behinderte" ist dabei jedoch prinzipiell nie verändert worden. Insofern galt der Grundsatz der Individualisierung in integrativen Bildungsangeboten eben nicht für alle, sondern nur für Kinder und Jugendliche mit sonderpädagogischem Förderbedarf. Diese Einschränkungen einer integrativen Praxis sind in der Vergangenheit immer wieder zum Problem geworden. Sonderpädagogische Lehrkräfte und Lehrkräfte der allgemeinen Schulen haben darauf aufmerksam gemacht, dass individuelle Förderung nicht nur für Kinder und Jugendliche mit sonderpädagogischem Förderbedarf erforderlich ist. Vielmehr gibt es in der Schulpraxis eine ganze Reihe von Kindern und Jugendlichen, die vorübergehend oder in einzelnen Lernbereichen einen Bedarf an individueller Förderung haben. Auch diagnostische Fragen stellen sich in der Praxis laufend über die Gruppe der Kinder und Jugendlichen mit sonderpädagogischem Förderbedarf hinaus. Ähnliches gilt für einen hohen Beratungsbedarf bei Lehrkräften der allgemeinen Schulen beispielsweise bei Kindern und Jugendlichen mit Verhaltensproblemen. Das System der integrativen Bildung mit heil- und sonderpädagogischer Unterstützung ist somit in der BRD an seine Grenzen gestoßen, was sich nicht zuletzt in den lange

Jahre stagnierenden Anteilen der Kinder und Jugendlichen mit sonderpädagogischem Förderbedarf in Allgemeinen Schulen zeigt (vgl. Daten der KMK unter: http://www.kmk.org/statistik/schule/statistiken/sonderpaedagogische-foerderung-in-schulen.html).

In einer kurzen Formel zusammengefasst können Integration und Inklusion folgendermaßen unterschieden werden: In integrativen Bildungssystemen werden Kinder und Jugendliche mit sonderpädagogischem Förderbedarf an die allgemeinen Schulen angepasst, in inklusiven Bildungssystemen werden die Allgemeinen Schulen hingegen an die Bedürfnisse, Interessen und Fähigkeiten aller Kinder und Jugendlichen angepasst (vgl. Wilhelm/ Eggertsdóttir/ Marinósson 2006).

2 Inklusiver Unterricht

Fragen wir nach dem inklusiven Unterricht in Schulen, so steht die Unterrichtsqualität im Mittelpunkt (vgl. Heimlich/ Kahlert 2012). Auch in der deutschen Diskussion zu den Ergebnissen der PISA-Studien macht sich die Erkenntnis breit, dass strukturelle Veränderungen im Bildungs- und Erziehungssystem keineswegs ausreichen werden, um wieder Anschluss an internationale Spitzenleistungen zu erlangen. Vielmehr geht es um die mühevolle Kleinarbeit der Verbesserung von Unterrichtsqualität, eine Reformmaßnahme, die allen vorliegenden Erfahrungen aus anderen Ländern zufolge (z.B. Finnland, Kanada) schnell Zeiträume von mehr als 10-15 Jahren umfassen kann. Die Hattie-Studie hat in der Darstellung von über 800 Meta-Analysen zur Unterrichtsforschung überdies deutlich gemacht, dass der größte Einfluss in Bezug auf den Lernerfolg von der Lehrerpersönlichkeit ausgeht (vgl. Hattie 2009).

2.1 Unterrichtsqualität und Inklusion

Ein Blick in die Unterrichtsforschung zeigt uns, dass auch die empirische Bildungsforschung kaum in der Lage ist, eine exakte Antwort auf die Frage nach der Unterrichtsqualität zu geben (vgl. Ditton/ Krecker 1995; Ditton 2000). Komplexe Unterrichtssituationen zumal mit hohem Anteil von sozialen Prozessen und selbsttätigem Lernen sind forschungsmethodisch nicht einfach zu erschließen. Das mussten auch die verantwortlichen Leiter der Münchener SCHOLASTIK-Studie (vgl. Helmke/ Weinert 1997) erfahren, als sie versuchten, die Kriterien für solche Schulklassen herauszuarbeiten, die in der Leistungsförderung besonders erfolgreich waren. Sie verglichen die schulleistungsmäßig erfolgreichen Schulklassen in einer eigenen Studie erneut und versuchten, die Faktoren zu ermitteln, die für diesen Erfolg verantwortlich sind. Dabei wurden die Klassenführung, die Motivierungsqualität, die Strukturiertheit des Lehrervortrags, die Klarheit der Lehrerfragen, die individuelle fachliche Unterstützung bzw. Förderorientierung, die Variabilität der

Unterrichtsmethoden und das soziale Klima (vgl. a.a.O., 250f) über alle untersuchten Klassen hinweg genannt. Aber nur die Klarheit der Lehrerfragen bzw. Aufgabenstellung konnte als gemeinsamer signifikanter Indikator identifiziert werden, der für alle erfolgreichen Klassen in gleicher Weise bedeutsam war. Im Übrigen stimmten die untersuchten nachweislich leistungsmäßig erfolgreichen Schulklassen in den genannten Faktoren kaum überein. Dies zeigt noch einmal, dass es das monopolartige Konzept für einen guten Unterricht nicht gibt. Es bestehen vielmehr vielfältige Möglichkeiten zur Gestaltung eines erfolgreichen Unterrichts. Dies zeigen im Übrigen auch die Kriterien für guten Unterricht, wie sie aus der empirischen Unterrichtsforschung abgeleitet worden sind (vgl. Meyer 2004).

Auch die in jüngster Zeit so favorisierten reformpädagogischen Unterrichtsmodelle verbuchen dabei nicht nur Erfolge. Es ist bereits seit längerer Zeit bekannt, dass sich gerade bei Schüler(innen) mit gravierenden Lernschwierigkeiten (vgl. Heimlich 2009) strukturierte und direkt instruierende Unterrichtsmethoden als äußerst erfolgreich erweisen (vgl. Einsiedler 1986; Kasper 1994; Reinmann-Rothmeier/ Mandl 2001, 628ff; Wember 2001; Heimlich/ Wember 2012). Es gibt also durchaus vielfältige Gründe in der Unterrichtsforschung für eine „Renaissance des Frontalunterrichts" (vgl. Gudjons 2003) – wenn er denn „handwerklich" gut gemacht ist. Nachteile hat die direkte Instruktion allerdings immer dann, wenn es darum geht, erworbenes Wissen anzuwenden, auf andere Situationen zu übertragen und zum Problemlösen zu verwenden. Hier sind Lehr-Lernsituationen von Vorteil, die den Schüler(innen) Raum für eigene Entdeckungen lassen, sie ermuntern, selbst auf die Suche zu gehen, sie mit Problemen zu konfrontieren, ohne dass die Lösung bereits festliegt und die sie letztlich zum forschenden Lernen ermuntern. Wir haben in der jüngsten Vergangenheit gelernt, diese neuen Lernformen mit der konstruktivistischen Erkenntnistheorie in Verbindung zu bringen. Lernen ist demnach eben nicht nur die Fähigkeit, fertige Wissensbestandteile zu reproduzieren, sondern ebenso die Fähigkeit, neue Wissensbestandteile zu konstruieren (vgl. Benkmann 1998). Das dürfte denn auch der vorläufige Konsens in der Diskussion über guten Unterricht sein: Die Wahrheit liegt wie so häufig in der Mitte – in diesem Fall in der Mitte zwischen Instruktion und Konstruktion. Ein guter Unterricht benötigt beides: sowohl eine methodisch gut vorbereitete Lehrerinstruktion wie auch optimal gestaltete Lernumgebungen für die vielfältigen Konstruktionen der Schüler(innen) (vgl. Reinmann-Rothmeier/ Mandl 2001, 624ff).

Wo aber ist ein solcher Unterricht zu finden? Ein guter Unterricht ist beispielsweise nach vorliegenden Erfahrungen ein inklusiver Unterricht, indem ausgehend von der gewollten und bewusst begrüßten Heterogenität der Schüler(innen) sich alle an gemeinsamen Lernerfahrungen beteiligen und alle etwas zu diesen gemeinsamen Lernerfahrungen beitragen können (vgl. Heimlich 2003). Erst wenn wir dieses Problem der Heterogenität in unseren Schulklassen bewusst angehen, werden wir in der Lage sein, einen wirklich guten Unterricht zu gestalten (vgl. Graumann 2002; Lersch 2001; Lumer 2001; Walter 2004).

Was wissen wir über diesen inklusiven Unterricht? Das ist nicht nur eine Frage nach den Effekten. Es dürfte hinreichend bekannt sein, dass der inklusive Unterricht keine Nachteile für die beteiligten Schüler(innen) bringt. Die Effekte des gemeinsamen Unterrichts sind hinlänglich untersucht (vgl. Haeberlin/ Bless/ Klaghofer/ Moser 1991; Bless 1995). Aus dem Blickfeld gerät bei der Frage nach dem inklusiven Unterricht noch viel zu häufig das Problem der Treatment-Seite, die Frage nach dem Konzept, nach den entscheidenden Merkmalen des Unterrichts. Wenn der inklusive Unterricht als Konzept auf empirischer Basis gekennzeichnet werden sollte, so kann auf dem Hintergrund zentraler Studien der Integrations- bzw. Inklusionsforschung im deutschsprachigen Raum gesagt werden, dass es sich um einen Unterricht handelt,

- in dem ein hohes Maß an Selbsttätigkeit für alle Schüler(innen) realisiert wird,
- der sowohl mehr Lehrer- als auch mehr Schülerhilfe ermöglicht,
- der von den Grundelementen des offenen Unterrichts wie Freiarbeit, Spiel, Morgenkreis, Projekte, Wochenplan geprägt ist,
- der aber ebenso strukturiert-lehrerzentrierte Elemente enthält wie Klassenunterricht oder Regeln und Rituale und
- in dem das kooperative Lernen in heterogenen Lerngruppen gezielt gefördert wird (vgl. Heimlich 2007).

Es ist unmittelbar evident, dass ein solcher Unterricht allen Schüler(innen) zugutekommt. Vor diesem Hintergrund kann auch ein Vorschlag zur Definition von Unterrichtsqualität aus sonderpädagogischer Sicht nur die Aufgabe der Inklusion mit einbeziehen:

> Von Unterrichtsqualität kann erst dann gesprochen werden, wenn solche Lehr-Lernsituationen gestaltet werden, an denen alle teilhaben und zu denen alle beitragen können.

Gleichzeitig wird dabei deutlich, dass die Debatte über Unterrichtsqualität hochgradig normativ aufgeladen ist. Über pädagogische Qualität insgesamt nachzudenken, bedeutet stets Kriterien für eine gute Qualität zu entwickeln. Und im heil- und sonderpädagogischen Bereich ist Qualität nicht ohne gesellschaftliche Teilhabe von Kindern, Jugendlichen und Erwachsenen mit besonderen Bedürfnissen zu haben (vgl. Speck 1999; Beck 2001). Deshalb hängen auch Unterrichtsqualität und inklusiver Unterricht so eng miteinander zusammen.

2.2 Inklusionsdidaktische Netze

Offen bleibt in der Didaktik des inklusiven Unterrichts allerdings häufig noch die Inhaltsseite. Wie sollen Unterrichtsinhalte im inklusiven Unterricht so aufbereitet werden, dass alle Schüler(innen) daran teilhaben können und alle Schüler(innen) etwas dazu beitragen? Im inklusiven Unterricht besteht die große Herausforderung nicht zuletzt darin, dass alle möglichen Lernerfahrungen bezogen auf einen Lerngegenstand auch für alle Schüler(innen) offen gehalten werden, wie das beispielsweise für das Thema „Zeit" im Sachunterricht aufgezeigt worden ist (vgl. Seitz 2005). Deshalb ist die entscheidende Voraussetzung für den inklusiven Unterricht auch eine veränderte Lernkultur, wie sie Horst Rumpf gefordert hat (vgl. Rumpf 2010, 10f). Er kritisiert die Reduzierung des Lernens im gegenwärtigen Unterricht auf Wissenserwerb und Kompetenz. Demgegenüber sei ein Lernen erforderlich, das unter die Haut geht, sinnlich erfahrbar ist und sich auf die Begegnung mit dem Fremden einlässt (vgl. ebd.). Inklusiver Unterricht steht deshalb vor der Aufgabe, nicht nur Sprache und Denken als Lernzugänge zu einem Lerngegenstand zuzulassen, sondern emotionale, soziale und auch sensomotorische Lernerfahrungen ebenso zu ermöglichen. Aus sonderpädagogischer Sicht sollten deshalb diese verschiedenen Entwicklungsbereiche in die Unterrichtsplanung mit einbezogen werden. Zum anderen dürfen auch die unterrichtsfachlichen Aspekte nicht vernachlässigt werden. Die jeweiligen Lernbereiche (im Sinne von Unterrichtsfächern wie Deutsch, Mathematik, Sachunterricht usf.) sind in ihrer differenzierten fachlichen Struktur ebenso Grundlage des inklusiven Unterrichts und führen dazu, dass ein bestimmtes Unterrichtsthema auch rein fachlich betrachtet schon aus unterschiedlichen Blickwinkeln betrachtet werden kann. Aus der Zusammenführung von Entwicklungs- und Lernbereiche können sog. „inklusionsdidaktische Netze" gebildet werden (vgl. Heimlich/ Kahlert 2012, 174ff).

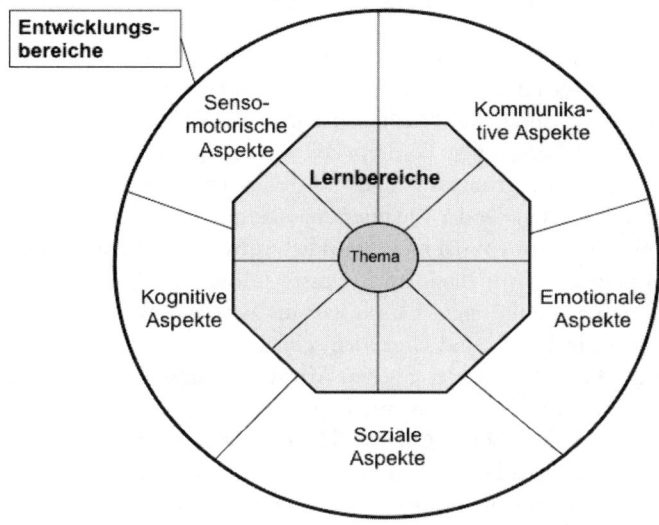

Abb. 1: Inklusionsdidaktische Netze (n. Heimlich/ Kahlert 2012)

Es handelt sich dabei um ein Planungsinstrument für den inklusiven Unterricht, das vielfältige Kombinationen zwischen den Entwicklungsaspekten und den fachlichen Aspekten eines Unterrichtsthemas zulässt. Durch Kombination der Lern- und Entwicklungsbereiche entstehen mögliche Szenarien für den inklusiven Unterricht auf der Ebene der Planung von Unterrichtseinheiten, die von vornherein auf die Teilhabe und Einbeziehung aller Schüler(innen) abzielen. Im inklusiven Unterrichts geht es deshalb nicht nur um eine individuelle und differenzierte Unterrichtsorganisation mit Hilfe von Freiarbeitsphasen, Wochenplanarbeit, Gesprächskreisen usf. Vielmehr sollte der Gedanke der Inklusion bereits in der Strukturierung der Unterrichtsinhalte verankert sein.

Die Entwicklung eines solchen inklusiven Unterrichts bleibt allerdings nicht beschränkt auf einen Klassenraum. Sie erfordert Absprachen im Kollegium einer Schule und eine intensive Zusammenarbeit der Lehrkräfte schon auf der Klassenebene. Inklusive Schulen nehmen ihren Ausgang in einer Veränderung des Unterrichts. Sie erfordern aber ebenso die Weiterentwicklung der Kooperation innerhalb des Kollegiums und mit allen Beteiligten (also auch den Schüler(innen) und den Eltern sowie weiteren Partnern außerhalb der Schule. Letztlich können inklusive Schulen nur durch einen Schulentwicklungsprozess entstehen, in dem auch das Schulleben und das Schulkonzept auf das Leitbild der Inklusion ausgerichtet werden.

3 Inklusive Schulentwicklung als Qualitätsentwicklung

Zunächst ist auch bezogen auf den Unterricht daran zu erinnern, dass Unterrichtsqualität wie überhaupt Qualität in pädagogischen und auch sonderpädagogischen Arbeitsfeldern nicht erst durch die Qualitätsdebatte entstanden sind. Ganz besonders in der sonderpädagogischen Förderpraxis wurde stets um eine möglichst gute pädagogische Qualität gerungen – und das bekanntlich unter nicht immer einfachen Bedingungen. Modelle der Qualitätsentwicklung in Schule und Unterricht leisten hier also zunächst einmal nichts wirklich substantiell Neues. Vielmehr tragen sie in einem ersten Schritt zu einem Bewusstwerdungsprozess bei – und das ist eine ihrer wichtigsten Funktionen. Lassen wir uns auf die Fragen der Qualität unserer eigenen Arbeit in Schule und Unterricht ein, so wird uns zunächst einmal bewusst, was wir als gute Qualität der eigenen Arbeit ansehen. Modelle der Qualitätsentwicklung haben also stets etwas mit Bestandsaufnahme der vorhandenen Qualität in Schule und Unterricht zu tun (vgl. Helmke 2004, 151ff).

Erst dann können wir solche gemeinsamen Aufgabenfelder entdecken, in denen wir versuchen wollen, die vorhandene pädagogische Qualität gemeinsam weiterzuentwickeln, und vor allem festlegen, wie wir diesen Entwicklungsprozess gemeinsam gestalten und letztlich dann auch evaluieren wollen.

3.1 Pädagogische Schulentwicklung und Inklusion

Der Prozess der Qualitätsentwicklung für den pädagogischen Bereich, der hier im kurzen Abriss geschildert wurde, ist als dialogischer Ansatz der Qualitätsentwicklung zu bezeichnen (vgl. Horster/ Rolff 2001). Der entscheidende Aspekt liegt hier darin, dass alle Beteiligten gemeinsam ein Konzept von pädagogischer Qualität entwickeln. Übertragen auf die Entwicklung von Unterrichtsqualität heißt dies nun, dass weder die Schulaufsicht noch die einzelne Lehrkraft allein für die Sicherung und Weiterentwicklung von Unterrichtsqualität verantwortlich sind. Vielmehr gilt es, alle Beteiligten zum Zusammenwirken einzuladen und gemeinsam ein Verständnis von Qualität und Qualitätsentwicklung zu kreieren. Es hat sich gezeigt, dass dies die praxiswirksamsten Ansätze von Qualitätsentwicklung im pädagogischen und sozialen Bereich sind. Die Betroffenen lehnen es aus gut nachvollziehbaren Gründen ab, sich von Experten/ -innen aus der Wissenschaft oder von der Schulaufsicht über externe Beratungsansätze fremdsteuern zu lassen. Qualitätsentwicklung in Schule und Unterricht läuft selbstgesteuert auf der Ebene der einzelnen Schule – oder sie bleibt nahezu wirkungslos (vgl. Fend 1998).

Deshalb hat sich in der Schulpraxis ein Konzept pädagogischer Schulentwicklung durchgesetzt, das seinen Ausgang von einer Veränderung des Unterrichts nimmt und zunehmend weitere Bereiche einer Schule mit einbezieht (vgl. Horster/ Rolff 2001; Klippert 2000). Auch bezogen auf die Entwicklung inklusiver Schulen stehen die Veränderung des Unterrichts und die Einbeziehung aller Schüler(innen) am Anfang. Auf dem Hintergrund der nunmehr fast 40jährigen Erfahrung mit integrativem Unterricht in unterschiedlichen Schulformen ist jedoch die Erfahrung vielfach dokumentiert, dass diese Veränderung des Unterrichts durch eine veränderte Kultur der Zusammenarbeit in der Schule abgesichert werden sollte (vgl. Lienhard-Tuggener, P./ Joller-Graf, K./ Mettauer Szaday, B. 2011; Metzger, K./ Weigl, E. 2010; Mittendrin e.V. 2012; Thoma, P./ Rehle, C. 2009). Dabei kommt über kurz oder lang die Schule als System in den Blick (vgl. Fend 1998; Wiater 2012). Dies wird besonders dann sichtbar, wenn wir uns auch im Bereich der Schul- und Unterrichtsforschung auf die Entwicklung einzelner Schulen einlassen.

3.2 Entwicklung inklusiver Schulen als Mehrebenenmodell

In der wissenschaftlichen Begleitung von integrativen Schulen wie beispielsweise der Integrierten Gesamtschule in Halle/S. (vgl. Heimlich/ Jacobs 2001) ist deutlich geworden, dass die Realisierung des integrativen Unterrichts in einer Jahrgangsstufe stets Auswirkungen auf die Schule als System hat. Es können nicht nur Veränderungen bei den Schüler(innen) und im Unterricht festgestellt werden, sondern ebenso bei der Zusammenarbeit im Team, bei der Gestaltung des Schullebens und der Schulkultur und letztlich auch in der externen Kooperation. Die Realisierung des inklusiven Unterrichts hatte also Effekte auf mehreren Ebenen. Selbstverständlich hängen diese Effekte letztlich von der Bereitschaft aller Beteiligten ab, die Idee der Teilhabe aller in der Schule zu leben.

Auch für die Entwicklung von Unterrichtsqualität hat sich gezeigt, dass diese am ehesten über solche ökologischen Mehrebenenmodelle realisierbar ist (vgl. Bronfenbrenner 1989; Sander 1999).

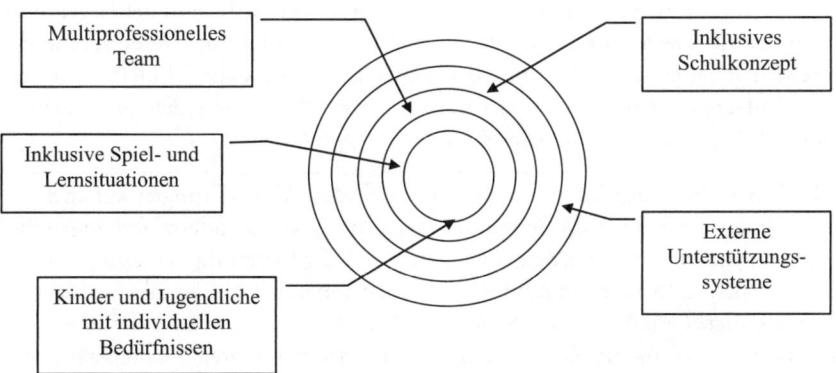

Abb. 2: Inklusive Schulentwicklung als ökologisches Mehrebenenmodell

Das zeigt noch einmal mit Nachdruck, von wie vielen Einzelfaktoren die Unterrichtsqualität beeinflusst wird. Erst im Zusammenwirken dieser Ebenen können wir die Weiterentwicklung der Unterrichtsqualität erreichen. Und Kooperation ist eine der wichtigsten Voraussetzungen für die Weiterentwicklung der Unterrichtsqualität. Sonderpädagogen/ -innen haben in diesem Zusammenhang die Aufgabe, ihre Fachkompetenz auf all diesen Ebenen mit einzubringen. Sie werden im Übrigen dringender benötigt denn je. Es ist von besonderer Bedeutung darauf hinzuweisen, dass mit der verstärkten Präsenz von Sonderpädagogen/ -innen in Allgemeinen Schulen kein Abbau und keine Reduzierung der Sonderpädagogik einhergeht. Der Bedarf an sonderpädagogischer Unterstützung wird vielmehr weiter steigen. In Bayern ist beispielsweise die Zahl der Kinder und Jugendlichen mit sonderpädagogischem Förderbedarf in den 1990er Jahren um etwa 10.000 gestiegen. Interessanterweise sind seit Anfang der 1990er Jahre die Mobilen Sonderpädagogischen Dienste (MSD) in Bayern verstärkt ausgebaut worden, ein System, das ebenfalls in Thüringen praktiziert wird. In einer Befragung der Sonderschullehrkräfte im MSD in Bayern erhielten wir die Rückmeldung, dass auf jedes Kind mit einem förmlich durch Gutachten festgestellten sonderpädagogischen Förderbedarf mindestens drei weitere Kinder kommen, die ebenfalls dringend gefördert werden müssten (vgl. Heimlich/ Eckerlein/ Schmid 2008). Das gilt bis hinein in das Gymnasium, etwa bezogen auf den Förderschwerpunkt „emotionale und soziale Entwicklung". Sonderpädagogische Fachkompetenz wird auch in allgemeinen Schulen dringend benötigt.

Allerdings kann dabei auch festgestellt werden, dass die Zusammenarbeit zwischen Sonderpädagogen/ -innen und Lehrkräften der allgemeinen Schule häufig an der Klassentür beendet ist. Sie beschränken sich meist auf Beratung und Diagnostik, möglicherweise noch auf einige organisatorische Absprachen mit informellem Charakter (sog. „Tür-und-Angel-Gespräche"). Eine Zusammenarbeit im Klassenraum im Sinne von team-teaching ist mit dem MSD in Bayern jedoch in der Regel nicht verbunden. Insofern dürfte auch der Beitrag des MSD zu einer Verbesserung der Unterrichtsqualität in der Allgemeinen Schule im Hinblick auf Schüler(innen) mit sonderpädagogischem Förderbedarf solange begrenzt sein, wie die Zusammenarbeit der Lehrkräfte nicht intensiviert wird.

Die Entwicklung der inklusiven Schulen erfordert Veränderungen auf mehreren Ebenen der Schule als System, die ausgehend von Kindern und Jugendlichen mit individuellen Förderbedürfnissen und der Gestaltung eines inklusiven Unterrichts die Intensivierung der Teamarbeit innerhalb der Schule bis hin zur gemeinsamen Gestaltung von Schulleben und Schulkonzept und darüber hinaus die Erweiterung der Zusammenarbeit mit externen Unterstützungssystemen beinhalten.

Die internationale Entwicklung zur Inklusion von Menschen mit besonderen Bedürfnissen hat eine neue Stufe erreicht. Alfred Sander und Andreas Hinz haben dieses Konzept im bundesdeutschen Sprachraum besonders bekannt gemacht (vgl. Hinz 2002; Schnell/ Sander 2004). Der von Andreas Hinz und Ines Boban ins Deutsche übertragene „Index for Inclusion" (vgl. Booth/ Ainscow 2002) für den Schulbereich enthält eine Praxishandreichung für die Entwicklung einer inklusiven Schule. Zielvorstellung ist dabei, von vornherein auf jegliche Aussonderung zu verzichten und die Heterogenität der Schüler(innen) nicht nur als Ausgangspunkt sondern vielmehr ausdrücklich zu betonen: „to celebrate diversity", wie es im Index heißt. Alle Schüler(innen) sollen in allen Situationen des Schullebens die Chance haben, teilzuhaben und etwas beizutragen. Es soll darauf verzichtet werden, von behinderten und nichtbehinderten Schüler(innen) zu sprechen, vielmehr werden die individuellen Bedürfnisse aller Schüler(innen) betont. Die entscheidende Voraussetzung wird neben der Gestaltung einer inklusiven Praxis und der Entwicklung eines inklusiven Konzeptes für die jeweilige Schule insbesondere in der Arbeit an den gemeinsamen inklusiven Werthaltungen gesehen, eine Ressource, die allen Beteiligten zur Verfügung steht. Inklusion ist sicher eine Frage von Ressourcen, aber ebenso eine Frage der Überwindung von Barrieren. Für die praktische Umsetzung in inklusiven Schulen bietet sich neben dem „Index für Inklusion" ebenfalls der Leitfaden „Profilbildung inklusive Schule" an, der den inklusiven Schulen derzeit zur Erprobung vorliegt (vgl. Fischer/ Heimlich/ Kahlert/ Lelgemann 2013).

Ausblick

Die Gretchenfrage der Inklusionsdebatte für die Sonderpädagogik lautet gegenwärtig: Gibt es eine Sonderpädagogik einschließlich sonderpädagogischer Fachkompetenz und sonderpädagogischer Professionalität ohne eigenständige sonderpädagogische Institutionen? Die Antwort auf diese Frage fällt etwa in den skandinavischen Ländern eindeutig aus. In Finnland und Schweden gibt es landesweit nur noch wenige Förderschulen. Kinder und Jugendliche mit sonderpädagogischem Förderbedarf befinden sich überwiegend in der allgemeinen Schule. Gleichwohl existieren die Sonderpädagogik als erziehungswissenschaftliche Teildisziplin und ebenso die sonderpädagogischen Studienangebote zur Qualifizierung des sonderpädagogischen Fachpersonals. Zweifellos sind hier andere pädagogische Traditionen in den Allgemeinen Schulen zugrunde zu legen. Aber zu einer Infragestellung der Sonderpädagogik ist es in diesen Ländern, die bereits weit in der Entwicklung inklusiver Schulen vorangeschritten sind, nicht gekommen. Insofern sollte die Inklusionsdebatte auch in Deutschland Anlass für eine selbstbewusste Weiterentwicklung der Sonderpädagogik in der allgemeinen Schule sein.

Allerdings ist die Sonderpädagogik auch keineswegs allein verantwortlich für die Inklusionsentwicklung. Allgemeine Schulen beginnen zu verstehen, dass die Entwicklung einer inklusiven Schule für das eigene Schulkonzept eine der größten Herausforderungen seit 1945 darstellt. Die Beteiligung von Lehrkräften der allgemeinen Schulen an der Inklusionsdebatte steigt gegenwärtig deutlich an, wie an den jüngsten Verlautbarungen der Lehrerverbände deutlich wird. Ebenso klar zeigt sich, dass die Sonderpädagogik immer noch als Initiatorin der Inklusionsdebatte in den verschiedenen Arbeitsfeldern der Schulpraxis, der Schulaufsicht und der Lehrerbildung bis hin zur Forschung tätig wird. Letztlich müssen auch die beteiligten erziehungswissenschaftlichen Teildisziplinen der Schulpädagogik und der Sonderpädagogik in einen neuerlichen Dialog eintreten, um in gemeinsamen Lehrerbildungsprojekten und in gemeinsamen Forschungsprojekten die Grundlagen für ein inklusives Bildungssystem auf allen Ebenen sowohl von der Qualifizierung als auch von der Unterrichts- und Schulkonzeption her zu schaffen. Für diesen Dialog gilt ebenfalls die Erkenntnis von Martin Buber (1878-1965): „Alles wirkliche Leben ist Begegnung." (Buber 1923/1997, 18).

Leseempfehlungen

Graumann, O. (2002): Gemeinsamer Unterricht in heterogenen Gruppen. Von lernbehindert bis hochbegabt. Bad Heilbrunn.

Heimlich, U./ Kahlert, J. (Hrsg.) (2012): Inklusion in Schule und Unterricht. Wege zur Bildung für alle. Stuttgart: Kohlhammer.

Klippert, H. (2010): Heterogenität im Klassenzimmer. Wie Lehrkräfte effektiv und zeitsparend damit umgehen können. Weinheim u. Basel.

Lienhard-Tuggener, P./ Joller-Graf, K./ Mettauer Szaday, B. (2011): Rezeptbuch schulische Integration. Auf dem Weg zu einer inklusiven Schule. Bern, Stuttgart, Wien.

Wilhelm, M./ Eggertsdóttir, R./ Marinósson, G. L. (Hrsg.) (2006): Inklusive Schulentwicklung. Planungs- und Arbeitshilfen für eine neue Schulkultur. Weinheim u. Basel.

Literatur

Beck, U. (1986): Risikogesellschaft. Auf dem Weg in eine andere Moderne. Frankfurt a.M.

Beck, I. (2001): Qualitätsentwicklung und Qualitätsbeurteilung. In: Antor, G./Bleidick, U. (Hrsg.): Handlexikon der Behindertenpädagogik. Schlüsselbegriffe aus Theorie und Praxis. Stuttgart, 341-344.

Benkmann, R. (1998): Entwicklungspädagogik und Kooperation. Sozial-konstruktivistische Perspektiven der Förderung von Kindern mit gravierenden Lernschwierigkeiten in der allgemeinen Schule. Weinheim.

Biewer, G. (2009): Grundlagen der Heilpädagogik und Inklusiven Pädagogik. Bad Heilbrunn.

Bless, G. (1995): Zur Wirksamkeit von Integration. Forschungsüberblick, praktische Umsetzung einer integrativen Schulform, Untersuchungen zum Lernfortschritt. Bern, Stuttgart.

Booth, T./ Ainscow, M. (2002): Index for Inclusion. Developing Learning and Participation in Schools. Bristol, revised edition.

Bronfenbrenner, U. (1989): Die Ökologie der menschlichen Entwicklung. Natürliche und geplante Experimente. Frankfurt a.M.

Buber, M. (1997) (Erstausgabe 1923): Ich und Du. Gerlingen, 13. Auflage.

Bundschuh, K. (2010): Einführung in die sonderpädagogische Diagnostik. 7. Auflage. München, Basel.

Bürli, A./Strasser, U./Stein, A.-D. (Hrsg.) (2009): Integration/Inklusion aus internationaler Sicht. Bad Heilbrunn.

Dewey, J. (1993): Demokratie und Erziehung. Eine Einleitung in die philosophische Pädagogik. Weinheim u. Basel.

Ditton, H. (2000): Qualitätskontrolle und Qualitätssicherung in Schule und Unterricht. In: Helmke, A./ Hornstein, W./Terhart, E. (Hrsg.): Qualität und Qualitätssicherung im Bildungsbereich: Schule, Sozialpädagogik, Hochschule. 41. Beiheft Zeitschrift für Pädagogik. Weinheim u. Basel.

Ditton, H./Krecker, L. (1995): Qualität von Schule und Unterricht. Empirische Befunde zu Fragestellungen und Aufgaben der Forschung. Zeitschrift für Pädagogik 41, 507-529.

Ellger-Rüttgardt, S. (2008): Nationale Bildungspolitik und Globalisierung. Die Herausforderungen der UN-Konvention über die Rechte von Menschen mit Behinderungen. Pädagogik wird international. In: Zeitschrift für Heilpädagogik 59, 442-450.

Einsiedler, W. (1986): Unterricht, schülerorientierter. In: Lenzen, D. (Hrsg.): Enzyklopädie Erziehungswissenschaft. Bd. 3. Stuttgart, 628-632.

Fend, H. (1998): Qualität im Bildungswesen. Schulforschung zu Systembedingungen, Schulprofilen und Lehrerleistung. Weinheim, München.

Fischer, E./Heimlich, U./Kahlert, J./Lelgemann, R. (Hrsg.) (2013): Leitfaden Profilbildung inklusive Schule. München (zu beziehen über: www.km.bayern.de).

Füssel, H.-P./Kretschmann, R. (1993): Gemeinsamer Unterricht für behinderte und nichtbehinderte Kinder: pädagogische und juristische Voraussetzungen. Gutachten für die Max-Träger-Stiftung. Witterschlick, Bonn.

Graumann, O. (2002): Gemeinsamer Unterricht in heterogenen Gruppen. Von lernbehindert bis hochbegabt. Bad Heilbrunn.

Gudjons, H. (2003): Frontalunterricht – neu entdeckt. Bad Heilbrunn.

Haeberlin, U./Bless, G./Moser, U./Klaghofer, R. (1991): Die Integration von Lernbehinderten. Versuche, Theorien, Forschungen, Enttäuschungen, Hoffnungen. 2. Auflage. Bern, Stuttgart.

Hattie, J. (2009): Visible Learning. A Synthesis of over 800 Meta-Analyses relating to Achievement. London, New York.

Heimlich, U. (2003): Integrative Pädagogik. Eine Einführung. Stuttgart.

Heimlich, U. (2007): Ansätze zu einer Didaktik des Gemeinsamen Unterrichts. In: Walter, J./Wember, F.B. (Hrsg.): Handbuch Förderschwerpunkt Lernen. Göttingen, 357-375.

Heimlich, U. (2008): Die „Schule der Armut" – Armut und soziale Benachteiligung als Herausforderung an die Lernbehindertenpädagogik. In: VHN 77, 11-22.

Heimlich, U./Eckerlein, T./Schmid, A. C. (Hrsg.) (2008): Mobile sonderpädagogische Förderung – das Beispiel Bayern. Reihe: Integrative Förderung in Forschung und Praxis. Bd. 3. hrsg. v. Ulrich Heimlich. Münster.

Heimlich, U. (2009): Lernschwierigkeiten. Sonderpädagogische Förderung im Förderschwerpunkt Lernen. Bad Heilbrunn.

Heimlich, U./Jacobs, S. (Hrsg.) (2001): Integrative Schulentwicklung im Sekundarbereich. Das Beispiel der IGS Halle/ S. Bad Heilbrunn.

Heimlich, U./Kahlert, J. (Hrsg.) (2012): Inklusion in Schule und Unterricht. Wege zur Bildung für alle. Stuttgart.

Heimlich, U./Lotter, M./März, M. (2005): Diagnose und Förderung im Förderschwerpunkt Lernen. Eine Handreichung für die Praxis. Donauwörth.

Heimlich, U./Wember, F.B. (Hrsg.) (2012): Didaktik des Unterrichts im Förderschwerpunkt Lernen. Ein Handbuch für Studium und Praxis. Stuttgart.

Helmke, A. (2004): Unterrichtsqualität. Erfassen, Bewerten, Verbessern. 2. Auflage. Seelze.

Helmke, A./Weinert, F.E. (1997): Entwicklung im Grundschulalter. München.

Hinz, A. (2002): Von der Integration zur Inklusion – terminologisches Spiel oder konzeptionelle Wei-terentwicklung? In: Zeitschrift für Heilpädagogik 53, 354-361.

Horster, L./Rolff, H.-G. (2001): Unterrichtsentwicklung. Grundlagen, Praxis, Steuerungsprozesse. Weinheim, Basel.

Kasper, H. (1994): Offene Unterrichtsformen in der englischen Primarstufe. In: Reiß, G./Eberle, G. (Hrsg.): Offener Unterricht Freie Arbeit mit lernschwachen Schülerinnen und Schülern. 2. Auflage. Weinheim, 93-114.

Klippert, H. (2000): Pädagogische Schulentwicklung. Planungs- und Arbeitshilfen zur Förderung einer neuen Lernkultur. Weinheim, Basel.

Klippert, H. (2010): Heterogenität im Klassenzimmer. Wie Lehrkräfte effektiv und zeitsparend damit umgehen können. Weinheim, Basel.

Keupp, H. u.a. (1999): Identitätskonstruktionen. Das Patchwork der Identitäten in der Spätmoderne. Reinbek b. Hamburg.

Lee, J.-H. (2010): Inklusion. Eine kritische Auseinandersetzung mit dem Konzept von Andreas Hinz. Oberhausen.

Lersch, R. (2001): Gemeinsamer Unterricht – Schulische Integration Behinderter. Neuwied, Kriftel.

Lienhard-Tuggener, P./Joller-Graf, K./Mettauer Szaday, B. (2011): Rezeptbuch schulische Integration. Auf dem Weg zu einer inklusiven Schule. Bern, Stuttgart, Wien.

Luhmann, N. (2002): Das Erziehungssystem der Gesellschaft. Frankfurt a.M.

Lumer, B. (Hrsg.) (2001): Integration behinderter Kinder. Erfahrungen, Reflexionen, Anregungen. Berlin.

Metzger, K./Weigl, E. (Hrsg.) (2010): Inklusion – eine Schule für alle. Modelle, Positionen, Erfahrungen. Berlin.

Meyer, H. (2004): Was ist guter Unterricht? Berlin.

Mittendrin e.V. (Hrsg.) (2012): Eine Schule für alle. Inklusion umsetzen in der Sekundarstufe. Mülheim a.d.R.

Nassehi, A. (1997): Inklusion, Exklusion – Integration, Desintegration. Die Theorie funktionaler Differenzierung und die Desintegrationsprobleme. In: Heitmeyer, W. (Hrsg.): Was hält die Gesellschaft zusammen? Frankfurt a.M., 113-148.

Österreichische UNESCO-Kommission (Hrsg.) (1996): Pädagogik für besondere Bedürfnisse. Die Salamanca-Erklärung und der Aktionsrahmen zur Pädagogik für besondere Bedürfnisse. Wien.

PISA-Konsortium Deutschland (Hrsg.) (2004): PISA 2003. Der Bildungsstand der Jugendlichen in Deutschland – Ergebnisse des zweiten internationalen Vergleichs. Münster.

Reinmann-Rothmeier, G./Mandl, H. (2001): Unterrichten und Lernumgebungen gestalten. In: Krapp, A./Weidenmann, B. (Hrsg.): Pädagogische Psychologie. 4. Auflage. München, 601-646.

Rieser, R. (2008): Implementing Inclusive Education. A Commonwealth Guide to Implementing Article 24 of the UN Convention on the Rights of People with Disabilities. London.

Rumpf, H. U(2010): Was hätte Einstein gedacht, wenn nicht Geige gespielt hätte? Weinheim u. München.

Rustemeier, S./Booth, T. (2005): Learning about the Index in use. A Study of the use of the Index of Inclusion in Schools and LEAs in England. Bristol.

Sander, A. (1999): Ökosystemische Ebenen integrativer Schulentwicklung – ein organisatorisches Entwicklungsmodell. In: Heimlich, U. (Hrsg.): Sonderpädagogische Fördersysteme – auf dem Weg zur Integration. Stuttgart, Berlin, Köln, 33-44 .

Sander, A. (2004): Inklusive Pädagogik verwirklichen – Zur Begründung des Themas. In: Schnell, I./Sander, A. (Hrsg.): Inklusive Pädagogik. Bad Heilbrunn, 11-22.

Schnell, I./Sander, A. (Hrsg.) (2004): Inklusive Pädagogik. Bad Heilbrunn.

Seitz, S. (2005): Zeit für inklusiven Sachunterricht. Hohengehren.

Speck, O. (1999): Die Ökonomisierung sozialer Qualität. Zur Qualitätsdiskussion in Behindertenhilfe und Sozialer Arbeit. München, Basel.

Speck, O. (2010): Schulische Inklusion aus heilpädagogischer Sicht. Rhetorik und Realität. München, Basel.

Thoma, P./Rehle, C. (2009): Inklusive Schule. Leben und Lernen mittendrin. Bad Heilbrunn.

United Nations (2010): Convention on the Rights of Person with Disabilities (http://www.institut-fuer-menschenrechte.de/de/menschenrechtsinstrumente/vereinte-nationen/menschenrechtsabkommen/behindertenrechtskonvention-crpd.html#c1911 vom 21.12.2010)

Vereinte Nationen (2010): Übereinkommen über die Rechte von Menschen mit Behinderungen (zwischen Deutschland, Liechtenstein, Österreich und der Schweiz abgestimmte Übersetzung) (http://www.institut-fuer-menschenrechte.de/de/menschenrechtsinstrumente/vereinte-nationen/menschenrechtsabkommen/behindertenrechtskonvention-crpd.html#c1911 vom 21.12.2010)

Walter, P. (2004): Schulische Integration Behinderter. Eine Einführung in die Bedingungen, Aufgaben und Perspektiven. Wiesbaden.

Wember, F.B. (2001): Adaptiver Unterricht. Sonderpädagogik 31, 161-181.

Wiater, W. (2012): Theorie der Schule. Prüfungswissen – Basiswissen Schulpädagogik. 5. Auflage.

Wilhelm, M./Eggertsdóttir, R./Marinósson, G.L. (Hrsg.) (2006): Inklusive Schulentwicklung. Planungs- und Arbeitshilfen für eine neue Schulkultur. Weinheim, Basel.

Thorsten Bohl, Britta Kohler und Diemut Kucharz
Offener Unterricht: Theorie, Empirie und praktische Konsequenzen

Der folgende Beitrag fokussiert das Thema ‚offener Unterricht' und greift damit eine Konzeption von Unterricht auf, die seit Jahrzehnten viel diskutiert, auch viel kritisiert wird, im unterrichtlichen Alltag allerdings nach wie vor wenig verbreitet ist. Der Beitrag beginnt mit begrifflichen und theoretischen Klärungen, welche insbesondere Überschneidungen mit und Abgrenzungen von verwandten Begriffen wie Individualisierung, Differenzierung und Adaptivität aufzeigen. Es folgt eine Darstellung empirischer Befunde zum offenen Unterricht, anschließend werden ausgewählte praktische Konsequenzen beschrieben.

1 Vorbemerkungen

Offener Unterricht ist inzwischen kein neuer Begriff mehr, er wird seit Jahrzehnten diskutiert. Inzwischen hat sich die Diskussionslage jedoch erheblich verändert. Zunehmend stellt sich im Kontext der derzeitigen Wirkungs- und Outputorientierung die Frage nach der Wirksamkeit des offenen Unterrichts. Was wird tatsächlich gelernt? Diese Frage lässt sich auf der Grundlage empirischer Studien nicht endgültig beantworten; dennoch sind einige Tendenzen erkennbar. Historisch betrachtet wurde diese Frage – zumindest empirisch – lange nicht gestellt. Vielmehr standen, etwa in reformpädagogischer Tradition, anspruchsvolle Zielsetzungen und innovative Unterrichts- und Schulmodelle im Vordergrund.

Offener Unterricht grenzt sich von anderen Unterrichtskonzeptionen durch die explizite und möglichst umfassende Beteiligung von Schüler(inne)n am Unterrichtsgeschehen ab. Insofern stehen hier Ziele im Vordergrund, die weit über die enge Frage der Wirksamkeit hinsichtlich fachlicher Leistungen hinausgehen. Bei offenem Unterricht handelt es sich also um eine anspruchsvolle Unterrichtskonzeption mit multiplen Zielsetzungen.

In der aktuellen Diskussion um eine zeitgemäße Schul- und Unterrichtsgestaltung angesichts der Heterogenität von Schüler(inne)n nimmt die Konzeption des offenen Unterrichts eine wichtige Stellung ein, obgleich der Begriff selbst nicht immer verwendet wird. Dabei werden häufig Prämissen oder Elemente des offenen Unterrichts übernommen oder aufgegriffen, beispielsweise dann, wenn der Umgang mit Heterogenität über Wochenpläne, über Freiarbeit oder über eine anspruchsvoll vorbereitete Lernumgebung mit vielfältigen Lernangeboten realisiert werden soll. Anliegen dieses Beitrags ist es nicht, eine Einführung oder eine praxisbezogene Konkretisierung des offenen Unterrichts zu schreiben. Dazu liegen bereits vielfältige Publikationen vor (vgl. Wallrabenstein 1991; Jürgens 1994; Krieger 1994; Vaupel 1996; Peschel 2005a, 2005b). Vielmehr soll offener Unterricht im Folgenden auf der Grundlage einer theoretischen Aktualisierung sowie neuerer empirischer Befunde diskutiert und somit der Weg für eine (auch) forschungsbasierte Weiterentwicklung bereitet werden.

2 Begriffsklärungen

2.1 Offener Unterricht und Selbstbestimmung

Der Begriff des offenen Unterrichts wurde vielfach definiert. Bereits ein erster Blick zeigt, dass er unterschiedlich verstanden bzw. verwendet wird, z.B. als „Unterrichtsstil" (Haarmann 1988, 41), als „pädagogisches Verständnis und pädagogische Haltung" und als „Sammelbegriff unterschiedlicher Reformansätze" (Wallrabenstein 1991, 53), als „Bewegung" (Jürgens 1995) oder als „grundlegende Erziehungsphilosophie" (Peschel 2005a, 2005b). Nimmt man einzelne offene Unterrichtsformen wie Wochenplanarbeit oder Freiarbeit hinzu, dann werden die Unterschiede im Begriffsverständnis noch deutlicher. Vaupel beispielsweise versteht Wochenplan als „sachliche wie zeitliche Organisationsform von Arbeitsaufträgen" (Vaupel 1996, 22).

Bei genauerer Betrachtung dieser einzelnen Begriffsverständnisse und der damit verbundenen Klärungsbemühungen zeigen sich weitere Unterschiede. Während ein Autor ausführlichere Definitionen, „Thesen" und „Bestandteile" formuliert (Wallrabenstein 1991, 53ff), schlägt ein anderer eine „Rahmenkonzeption" (Jürgens 1994, 26) vor, ein weiterer benennt u.a. „Dimensionen der Öffnung" (Peschel 2005b, 77) und eine vierte Autorin macht auf „Merkmale" und die „Dialektik linearer und offener Strukturen" aufmerksam (Hanke 2005, 42).

Versucht man, ein gemeinsames Element der meisten Beschreibungen, Klärungen und Definitionen zu identifizieren, dann wird die hohe Bedeutung des Grades an Selbst- und Mitbestimmung von Schüler(inne)n im offenen Unterricht deutlich. Damit lässt sich trotz der höchst unterschiedlichen Begriffsklärungen ein Kernmerkmal offenen Unterrichts benennen, eine vergleichsweise klare Abgrenzung gegenüber verwandten Begriffen vornehmen (s.u.) und folgende Definition begründen:

Offener Unterricht ist definiert durch ein hohes Ausmaß an Selbst- und Mitbestimmungsmöglichkeiten für die Schüler(innen), etwa in organisatorischer, methodischer, inhaltlicher oder politisch-partizipativer Hinsicht (vgl. Bohl/Kucharz 2010).

Der Grad an Selbst- und Mitbestimmung kann entlang von fünf Dimensionen konkretisiert werden:
- der organisatorischen Dimension,
- der methodischen Dimension,
- der inhaltlichen Dimension,
- der politisch-partizipativen Dimension und
- der persönlichen Dimension.

Wir sehen die persönliche Offenheit als grundlegend für pädagogische Berufe an. Die anderen vier Dimensionen können mit Blick auf die ‚Radikalität' der Mitbestimmungsmöglichkeiten der Schüler(innen) stufenartig angeordnet werden (siehe Abbildung 1). Mit dieser stufenartigen Anordnung können nun zwei weitere begriffliche Unterscheidungen eingeführt werden: die Unterscheidung zwischen ‚Selbstbestimmung' und ‚Selbstorganisation' einerseits sowie – damit verbunden – zwischen ‚offenem Unterricht' und ‚Öffnung von Unterricht' andererseits.

Der Begriff ‚Selbstbestimmung' kann aus unterschiedlichen theoretischen Perspektiven betrachtet werden. Der Bogen reicht von philosophischen und gesellschaftskritischen Perspektiven über psychologische, erziehungswissenschaftliche und schulpädagogische Sichtweisen bis hin zu schulpraktischen Betrachtungsmöglichkeiten (vgl. Häcker 2007; Bohl 2010, 15ff). Exemplarisch sei auf gesellschaftskritischer Ebene Adornos fulminante Feststellung benannt: „Die einzig wahre Kraft gegen das Prinzip von Auschwitz wäre Autonomie (…), die Kraft zur Reflexion, zur Selbstbestimmung, zum Nicht-Mitmachen" (Adorno 1971, 93). In diesem Verständnis ist bewusstes Nicht-Mitmachen, das Ablehnen der Einordnung ins Kollektiv, eine Ausprägungsform der Selbstbestimmung.

Die Übertragung einer solchen Sichtweise auf die Schule fällt nicht zuletzt angesichts der bestehenden Schulpflicht schwer. Gleichwohl: In radikalen Realisierungsformen des offenen Unterrichts (vgl. Peschel 2005a, 2005b) findet sich Selbstbestimmung insofern, als dass die Kinder hier selbst entscheiden dürfen und sollen, was sie tun möchten. Sie können hier weithin akzeptierte Ziele, z.B. das Lesenlernen, verweigern bzw. erst sehr viel später anstreben als dies an ‚normalen' Grundschulen erwartet wird. Hier besteht also durchaus das Recht zur Abgrenzung und zum ‚Nicht-Mitmachen'. Insofern lässt sich der Begriff ‚Selbstbestimmung' mit inhaltlichen und politisch-partizipativen Beteiligungsmöglichkeiten in der Schule in Zusammenhang bringen. In diesem Sinne kann eine rein methodische oder rein organisatorische Öffnung dem Begriff der Selbstbestimmung nicht gerecht werden.

Für diese beiden Öffnungsdimensionen kommt der Begriff der ‚Selbstorganisation‘ in Frage.

Der Begriff des offenen Unterrichts soll denjenigen Unterrichtskonzeptionen vorbehalten bleiben, in denen Schüler(innen) eine inhaltliche und/oder politisch-partizipative Beteiligung und somit Selbstbestimmung ermöglicht wird. Wären nur die organisatorische und die methodische Öffnung angesprochen, dann sollte, wie oben ausgeführt, nach diesem Verständnis nicht von offenem Unterricht, sondern lediglich von geöffnetem Unterricht bzw. von einer Öffnung von Unterricht und von Selbstorganisation die Rede sein (vgl. Bohl/Kucharz 2010). In Abbildung 1 wird versucht, diese begrifflichen Klärungen graphisch zu fassen.

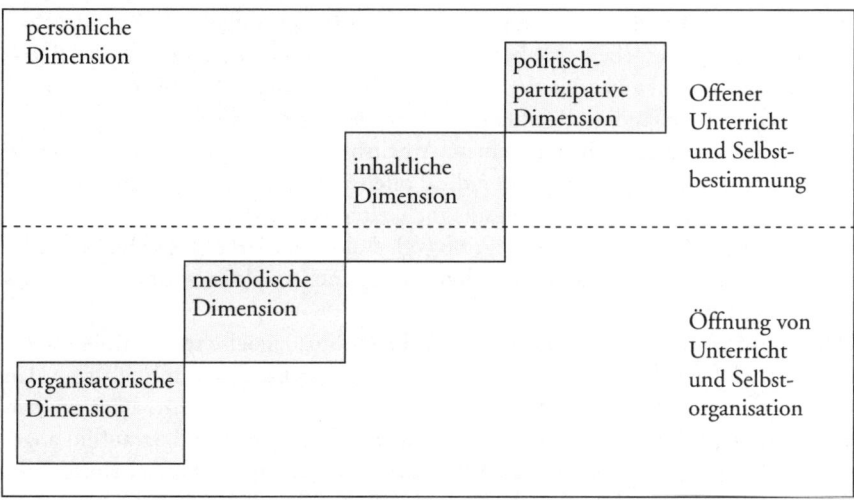

Abb. 1: Dimensionen der Öffnung von Unterricht (Bohl/Kucharz 2010, 19).

2.2 Abgrenzung: Offener Unterricht, Individualisierung, Differenzierung, Adaptivität

Sowohl in Abhandlungen zum offenen Unterricht selbst als auch in aktuellen Überlegungen zum Umgang mit Heterogenität finden sich immer wieder verwandte Begriffe, insbesondere die Begriffe ‚Individualisierung‘, ‚Differenzierung‘ sowie ‚Adaptivität‘. In ihrem jeweiligen Kern und in einer rein theoretischen Auseinandersetzung können diese Begriffe vergleichsweise problemlos voneinander und auch vom Konzept des offenen Unterrichts abgegrenzt werden. Schwieriger wird die begriffliche Unterscheidung, wenn mit diesen Begriffen konkrete Unterrichtskonzeptionen und –situationen vor Ort beschrieben werden sollen oder wenn es darum geht, Unterricht unter präzise gefassten Fragestellungen zu erforschen.

Unterrichtspraktisch gesehen kann beispielsweise Wochenplanarbeit verschiedenen Intentionen folgen und mit allen vier genannten Begriffen in Zusammenhang gebracht werden: mit offenem Unterricht (wenn beispielsweise Arbeitspläne von den Lernenden selbst erstellt werden), mit Individualisierung (wenn z.B. für jeden Lerner ein individueller Plan geschrieben wird), mit Differenzierung (wenn z.B. drei Wochenpläne mit unterschiedlich schwierigen Aufgaben ausgegeben werden) oder mit Adaptivität (wenn z.b. über die gezielte Variation von Aufgaben unterschiedliche Voraussetzungen berücksichtigt werden).

Stellt man sich der Herausforderung, die Realität im Unterricht empirisch zu erfassen und wählt etwa im Rahmen einer schriftlichen Befragung von Lehrkräften zur Realisierung und Verbreitung von offenem Unterricht beispielsweise das Item „Die Schüler arbeiten selbstständig an selbst gewählten Aufgaben" (Kanders/Rösner 2006, 94), so ergeben sich bei der Auswertung und Interpretation der Befragungsergebnisse fast zwangsläufig Schwierigkeiten. Insbesondere bleibt unklar, ob die erfragte selbstständige Bearbeitung selbst gewählter Aufgaben, beispielsweise im Auswählen von Aufgaben auf einem Arbeitsblatt mit einigen wenigen Alternativen, besteht oder ob eventuell ein radikal offener Unterricht mit inhaltlichen und politisch-partizipativen Beteiligungsmöglichkeiten gemeint ist.

Insofern ist die Abgrenzung der Begriffe (vgl. Bohl et al. 2012) keine bloße akademische Übung, sondern hat darüber hinaus unterrichtspraktische und forschungsmethodische Implikationen.

Der Begriff ‚Individualisierung' ist eher ein schulpädagogischer und allgemeindidaktischer Begriff und kennzeichnet einen Unterricht, der unmittelbar an den individuellen Voraussetzungen der Schüler(innen) ausgerichtet ist. Nimmt man dies ernst, dann sind regelmäßige diagnostische Maßnahmen und daraufhin abgestimmte Lernangebote erforderlich. Ohne diagnostische Maßnahmen könnte nicht sichergestellt sein, dass die Angebote auch individuell passend sind. Dies führt zu folgender Definition:

Individualisierung umfasst das Auswählen und Bereitstellen individuell passender Lernangebote auf der Basis einer zuvor erfolgten Erfassung der Lernvoraussetzungen einzelner Schüler(innen).

Im Extremfall könnte dies in jeder Klasse und in jedem Fach zu beispielsweise 25 unterschiedlichen Angeboten (z.B. Wochenplänen) führen, was unterrichtspraktisch allerdings kaum zu leisten ist. Seit einigen Jahren wird an manchen Schulen versucht, Individualisierung über individuelle Kompetenzpläne zu organisieren (vgl. Müller 2004) oder Individualisierung nicht auf einer unterrichtspraktischen oder organisatorischen Ebene zu konzeptualisieren, sondern als Grundeinstellung gegenüber den einzelnen Lernenden zu begreifen.

Die Abgrenzung gegenüber dem offenen Unterricht kann wie folgt präzisiert werden: Der Begriff der Individualisierung enthält keine Aussagen zur Frage der Selbst- und Mitbestimmung, und ein individualisierter Unterricht kann vollständig ohne

Selbst- und Mitbestimmungsmöglichkeiten auskommen. Möglich ist aber auch ein Verständnis von Individualisierung, bei dem einzelne Lernende, z.B. im Rahmen einer anspruchsvollen materialgeleiteten Lernumgebung, selbst auf der Grundlage ihrer Interessen oder einer selbst durchgeführten Einschätzung ihrer Lernvoraussetzungen ein ihnen passend erscheinendes Lernangebot auswählen.

Der Begriff ,Differenzierung' nimmt im Gegensatz zum Begriff der Individualisierung nicht einzelne Lernende mit ihren jeweiligen Voraussetzungen in den Blick. Stattdessen wird die Lerngruppe in möglichst homogene Untergruppen eingeteilt, die dann jeweils geeignete Lernangebote erhalten.

Differenzierung nimmt unterschiedliche Gruppen von Lernenden in den Blick und besteht im Auswählen und Bereitstellen geeigneter Lernangebote für diese Gruppen. Die Lernvoraussetzungen, nach denen die Gruppen unterschieden werden, können unterschiedlicher Art sein (z.B. Geschlecht, Vorwissen, Leistung oder Interesse) und immer wieder neu bestimmt werden.

Nicht jede Differenzierung ist damit eine Individualisierung, aber Individualisierung ist eine Spezialform (und zwar die extremste) der Differenzierung. Eine nach wie vor viel verwendete Matrix zur Differenzierung ist das „Dimensionen- und Kriterienraster" von Klafki und Stöcker (vgl. Klafki 1993, 187ff; Bohl et al. 2010, 7). Es kann als Planungs-, Analyse- und Reflexionshilfe dienen, um beispielsweise zu klären, in welcher Phase des Unterrichts welche Differenzierungsaspekte geeignet sein können. Während die Begriffe ,Individualisierung', ,Differenzierung' und auch der Begriff des ,offenen Unterrichts' eine schulpädagogische, zum Teil stark reformpädagogisch unterlegte Tradition haben, entstammt der Begriff der ,Adaptivität' einer pädagogisch-psychologischen Tradition und wird insbesondere in der Lehr-Lern-Forschung verwendet. Prominent war der Begriff bereits in den 1970er Jahren, als unter der Überschrift der ,Aptitude-Treatment-Interaction' mit sehr hohen Erwartungen über eine adaptive Unterrichtsgestaltung nachgedacht wurde, welche auf Lernermerkmale wie Ängstlichkeit oder Leistungsmotivation Bezug nehmen sollte (vgl. Schwarzer/Steinhagen 1975).

Häufig wird ,Adaptivität' zur Beschreibung eines variablen, intelligent und effizient organisierten Unterrichts verwendet, in dem eine anspruchsvolle direkte Instruktion einen wichtigen Stellenwert einnimmt. Gezielte Vermittlungsphasen wechseln in einem solchen Unterricht mit schüler(innen)orientierten Phasen ab. Zum Teil besteht hier ein sehr weites Verständnis von Adaptivität, welches auch Fragen der Diagnose und Klassenführung beinhalten kann (vgl. Rogalla/Vogt 2008). Im Folgenden soll Adaptivität in dieser Weise definiert werden:

Mit Adaptivität ist die lehrer(innen)gesteuerte Anpassung des Lernangebots an die individuellen Voraussetzungen der Lernenden auf der Basis diagnostischer Erkenntnisse gemeint. Im Vordergrund des Konzepts stehen Fragen der fachlichen Wirkungen von Unterricht; Dimensionen wie Selbst- und Mitbestimmung werden in diesem Kontext kaum diskutiert.

3 Theoretische Perspektiven

Eine Begründung und Einordnung des offenen Unterrichts über Theorien und Theorieansätze kann sehr breit erfolgen oder enger auf didaktische Theorien hin fokussiert werden. Eine breite Betrachtung könnte beispielsweise über anthropologische Sichtweisen (z.B. „Was ist dem Menschen gemäß und was heißt das für Unterricht?"), sozialisationstheoretische Konzepte (z.B. „Wie wachsen Kinder und Jugendliche heute auf und wie müsste daraufhin Unterricht konzipiert sein?") oder schultheoretische Ansätze (z.B. „Was erwartet die Gesellschaft von der Schule und was folgt daraus für Unterricht?") erfolgen. Möglich erscheint auch eine entwicklungspsychologische Betrachtung oder eine motivationspsychologische Erörterung und Begründung, indem insbesondere auf die Selbstbestimmungstheorie der Motivation (vgl. Deci/Ryan 1993) Bezug genommen wird. Diese verweist auf drei menschliche Grundbedürfnisse – Autonomie, Kompetenz und soziale Eingebundenheit –, welche erfüllt sein müssen, um optimales Lernen zu ermöglichen.

Im Folgenden wird eine fokussiertere Betrachtung gewählt. Es werden drei didaktische Theorieansätze bzw. Perspektiven skizziert und daraufhin befragt, welchen Beitrag sie zur Begründung des offenen Unterrichts leisten können.

3.1 Bildungstheoretische Perspektive

Aus einer bildungstheoretischen Perspektive geht es in Schule und Unterricht um die Befreiung des Subjekts aus Abhängigkeit und Zwängen (vgl. Bremer/Brittlingmayer 2008). Hier kann Bildung im Sinne von Selbst- und Mitbestimmungsfähigkeit und von Solidaritätsfähigkeit (vgl. Klafki 1993) als die zentrale Zielkategorie schulischen Lernens verstanden werden.

Einer der ersten Protagonisten des offenen Unterrichts, Jörg Ramseger, entwarf dann auch vor dem Hintergrund einer bildungstheoretischen Betrachtung sein Konzept von offenem Unterricht, welches er als Beitrag zur Emanzipation der Heranwachsenden begriff: „Emanzipation als oberstes Bildungsideal bedeutet die Fähigkeit, überflüssige und nicht demokratisch legitimierte Herrschaft und Zwänge zu erkennen, zu hinterfragen und gegebenenfalls überwinden zu können" (Ramseger 1985, 20). Offener Unterricht bot für ihn Gelegenheiten, um überflüssige Herrschaft abzubauen, Eigenverantwortlichkeit zu stärken und die Mündigkeit der Lernenden nicht in die Zukunft hinein zu verschieben. Durch inhaltliche, methodische und institutionelle Öffnung sollten die Lernenden bereits im Hier und Jetzt in Entscheidungsprozesse eingebunden werden.

Begreift man Bildung mit Blick auf Comenius („Alle alles ganz zu lehren") oder im Sinne von Klafki (1993, 49ff) als Allgemeinbildung mit den drei Bedeutungsmomenten „Bildung für alle", „Bildung als allseitige Bildung" und „Bildung im Medium des Allgemeinen, des alle Angehenden", so wird der hohe Anspruch bildungstheoretischer Perspektiven – und die Frage der Einlösbarkeit ihrer Ziele – noch einmal deutlich. Beispielhaft sei dies am Ziel einer „Bildung für alle" aufgezeigt: Offener Unterricht zielt selbstverständlich auf die Emanzipation *aller* Schüler(innen), auch und gerade jener, die weniger günstige Voraussetzungen mitbringen. Gleichzeitig wird immer wieder deutlich, dass nicht alle Lernenden in gleichem Maße Selbst- und Mitbestimmungsmöglichkeiten im Unterricht nutzen und mit Offenheit umgehen können. Während dieser Punkt in frühen Veröffentlichungen zum offenen Unterricht kaum oder die Problematik unterschätzend diskutiert wurde, wird in einigen aktuellen Abhandlungen genau dieser Aspekt kritisch in den Blick genommen, etwa bei Bremer und Bittlingmayer (2008) oder bei Sertl (2007). Insofern ist eine bildungstheoretische Begründung des offenen Unterrichts unersetzbar, andererseits jedoch ist dieser Anspruch eine hohe Herausforderung bei der alltäglichen Realisierung.

3.2 Konstruktivistische Perspektive

Aus konstruktivistischer Perspektive ist ein frontaler, gleichschrittiger Unterricht für alle nicht sinnvoll. Konstruktivistische Ansätze gehen von der Annahme aus, dass Lernen nicht durch eine Übernahme von Gelehrtem stattfindet, sondern dass Lernende den Lerngegenstand aktiv und konstruktiv bearbeiten, ihn verändern, neu konstruieren und schließlich in ihre bereits vorhandenen und individuellen Handlungs- und Denkstrukturen integrieren. Im Rahmen einer konstruktivistischen Sichtweise sind damit besondere Anforderungen an die Gestaltung der Lernumgebung gestellt, Phasen direkter Instruktion sind dabei nicht grundsätzlich ausgeschlossen. Die Konkretisierung dieser Anforderungen unterscheidet sich je nach Ansatz bzw. Autor(in) (vgl. Dubs 1995; Gerstenmaier/Mandl 1995; Reich 2005; Siebert 2005).

Nach Gerstenmaier und Mandl (1995, 879) muss eine konstruktivistische Lernumgebung eine Auseinandersetzung mit komplexen Problemen und authentischen Situationen ermöglichen. Wichtig sind hier multiple Perspektiven, um enge Sichtweisen zu verlassen, und insbesondere multiple Kontexte, damit das in authentischen Situationen erzeugte Wissen flexibel auf neue Probleme und andere Kontexte übertragen werden kann. Bedeutsam erscheint hier außerdem der soziale Kontext, und so soll Problemlösen vorzugsweise in Lerngruppen stattfinden, in denen die Schüler(innen) Bedeutungen und Lösungen gemeinsam aushandeln können. Schließlich wird darauf hingewiesen, dass tatsächliche Freiheitsgrade vorhanden sein müssen, welche von den Lernenden auch subjektiv wahrgenommen und genutzt werden.

Konstruktivistische Sichtweisen teilen und begründen verschiedene grundlegende Annahmen offenen Unterrichts, so z.B. hinsichtlich der Variabilität des Unterrichts oder bezüglich der Betonung individueller Zugänge und Konstruktionen bei gleichzeitiger Wertschätzung kooperativen Arbeitens. Trotz der Bedeutung tatsächlicher und auch genutzter Freiheitsgrade in konstruktivistischen Ansätzen ist der Partizipationsgedanke im offenen Unterricht jedoch ausgeprägter. Insbesondere liegen Mitbestimmungsmöglichkeiten im politisch-partizipativen Sinne (z.B. eigene Ziele und Inhalte formulieren, Tagesabläufe festlegen) nicht im Kernbereich konstruktivistischer Perspektiven.

3.3 Kompetenztheoretische Perspektive

Als dritte Perspektive soll aufgrund ihrer hohen aktuellen Bedeutung die kompetenztheoretische Perspektive in die Diskussion eingeführt werden. Auch diese Perspektive verdeutlicht die Notwendigkeit eines Unterrichts, der die enge Zielrichtung fachlich-kognitiven Lernens verlässt und auf Handlungsfähigkeit zielt.

Der derzeit sehr prominente Kompetenzbegriff wurde im deutschsprachigen Raum über internationale Schulleistungsstudien verstärkt in die bildungs- und erziehungswissenschaftliche Diskussion eingebracht, obgleich er bereits vorher vielfach diskutiert wurde, beispielsweise im Bereich der Erwachsenenbildung und Personalentwicklung (vgl. Erpenbeck/Rosenstiel 2003). Maßgeblich ist bis heute insbesondere der Kompetenzbegriff von Weinert (2001, 27f): „Dabei versteht man unter Kompetenzen die bei Individuen verfügbaren oder von ihnen erlernbaren kognitiven Fähigkeiten und Fertigkeiten, bestimmte Probleme zu lösen, sowie die damit verbundenen motivationalen, volitionalen und sozialen Bereitschaften und Fähigkeiten, die Problemlösungen in variablen Situationen erfolgreich und verantwortungsvoll nutzen zu können".

Der Begriff der Lernkompetenzen (vgl. Solzbacher 2006) umfasst Sach-, Methoden-, Sozial- und Personalkompetenzen. Die Entwicklung dieser Kompetenzen erscheint wichtig, um gesamtgesellschaftliche und individuelle Herausforderungen der Wissensgesellschaft bewältigen zu können: „Ziel aller Lernprozesse muss es daher sein, die Schüler/innen zu Experten für ihr eigenes Lernen zu machen, damit sie Aufgabenstellungen selbständig angehen und bearbeiten können" (Solzbacher 2006, 15).

In ihren Überlegungen für ein kompetenzorientiertes Lehren und Lernen fokussieren Meyer und Klapper (2006, 94f) auf eine klar bestimmte, schrittweise und gut strukturierte Anbahnung und Förderung von Kompetenzen. Sie beginnen mit einer Lernstrukturanalyse, in der die Struktur des zu vermittelnden Inhalts geklärt wird. Dieser folgt eine Lernstandsanalyse, welche die zur Lösung der Aufgabe erforderlichen Kompetenzen sowie die unterschiedlichen Kompetenzstufen der Schüler(innen) bestimmt. Dazu gehören des Weiteren die Klärung der Zugänglichkeit des Inhalts in Zusammenhang mit den Interessen der Lernenden sowie vielfältige Differenzierungsstrategien zur individuellen Förderung. Entwickelt wird eine kompetenzorientierte Aufgabenkultur mit verschiedenen Niveaus; wichtig erscheint die Förderung der Metakognition der Schüler(innen) durch Selbstreflexionen, Gesprächs- und Feedbackkultur.

Dieser kompetenzorientierte Ansatz greift damit sowohl schulpädagogische Themen (z.B. Differenzierung) als auch Elemente der Lernpsychologie und der Lehr-Lern-Forschung (z.B. Definition von Kompetenzstufen) auf. Einige Punkte entsprechen Elementen offenen Unterrichts und begründen diesen aus kompetenztheoretischer Perspektive (z.B. die Bedeutung von Lernstandsdiagnosen, von Differenzierungsmaßnahmen und von Selbstreflexion). Auf der anderen Seite bleibt auch hier, wie schon bei den konstruktivistischen Ansätzen, die Frage offen, inwiefern eine inhaltliche und politisch-partizipative Selbst- und Mitbestimmung von Schüler(inne)n vorgesehen ist.

3.4 Fazit

Alle drei theoretischen Perspektiven (bildungstheoretische, konstruktivistische und kompetenztheoretische Perspektive) können offenen Unterricht in spezifischen Teilaspekten begründen. Sowohl konstruktivistische als auch kompetenztheoretische Ansätze erfassen jedoch die weiter oben (vgl. Kapitel 2.1) ausgeführten Dimensionen der inhaltlichen und/oder politisch-partizipativen Beteiligung nicht angemessen. Eine aktive und konstruktive Aneignung und Interpretation (konstruktivistische Ansätze) oder selbstständiges Lernen zur Aneignung von Fähigkeiten im Sinne eines breiten Lernbegriffs (kompetenztheoretische Ansätze) sind zwar wichtige, aber nicht hinreichende Merkmale des offenen Unterrichts. Die aus bildungstheoretischer Perspektive zentralen Ziele Mündigkeit und Emanzipation werden sowohl von konstruktivistischen als auch von kompetenztheoretischen Ansätzen nicht ausreichend diskutiert und reflektiert. Diesen Ansätzen fehlt, trotz der Betonung von Verantwortung oder von Selbstreflexion, eine übergeordnete Zielkategorie. Insofern ist trotz aller Kritik, beispielsweise wegen einer möglichen Überfrachtung schulischen Lernens, eine bildungstheoretische Begründung des offenen Unterrichts unentbehrlich (vgl. Bohl/Kucharz 2010).

4 Empirische Befunde

Um den Forschungsstand zur Verbreitung und insbesondere zu Charakteristik und Wirksamkeit des offenen Unterrichts angemessen erfassen zu können, müssen unterschiedliche Zugänge und Studien mit unterschiedlichen Zielsetzungen berücksichtigt werden. Eine ausführliche Darstellung des Forschungsstandes sowie forschungsmethodischer Implikationen wurde bereits von verschiedenen Autor(inn)en geleistet (vgl. Lipowsky 2002; Müller-Naendrup 2008; Bohl/Kucharz 2010). Die im Folgenden ausgewählten Forschungsergebnisse sind vor dem Hintergrund grundlegender Erkenntnisse der Unterrichts-, Schul- und Bildungsforschung zu sehen (vgl. Hattie 2003). Zu beachten ist, dass häufig nicht explizit offener Unterricht untersucht wurde, sondern Elemente eines geöffneten Unterrichts im Fokus waren.

4.1 Verbreitung offenen Unterrichts

Die Verbreitung des offenen Unterrichts bzw. verschiedener Unterrichtsformen generell wird zumeist über schriftliche Befragungen von Lehrkräften nach der Häufigkeit ihres Einsatzes untersucht (vgl. Bohl 2000; Kanders/Rösner 2006; Klieme et al. 2006). Da hierbei jedoch nur selten ein Vergleich mit dem Gesamtdeputat von Lehrkräften oder mit der gesamten Unterrichtszeit der Schüler(innen) stattfindet, bleibt unklar, welchen Anteil am gesamten Unterricht eine spezifische Unterrichtsform einnimmt. Zudem fehlen zumeist genauere didaktische Analysen der Konzeptionen und es bleibt beispielsweise die interessante Frage ungeklärt, welche Beteiligungsmöglichkeiten Schüler(inne)n eröffnet werden. Dies zeigt sich etwa in der Schulleistungsstudie DESI (Deutsch Englisch Schülerleistungen International; Klieme et al. 2006). Hier wurden Lehrkräfte u.a. nach Organisationsformen gefragt, die sie „mindestens ein paar Mal pro Monat" realisieren (Tabelle 1).

Tab. 1: Anwendungshäufigkeit verschiedener Unterrichtsformen im Deutsch- und Englischunterricht nach Bildungsgang in der DESI-Studie; Prozentsatz der Lehrpersonen, die die angegebene Form mindestens ein paar Mal im Monat realisieren (Angaben der Lehrkräfte) (Klieme et al. 2006, 31)

Bildungsgang	HS		RS		IGS		Gy		Gesamt	
Fach	D	E	D	E	D	E	D	E	D	E
Arbeit mit kleinen Schüler(innen) gruppen	64	32	40	53	67	70	60	61	54	51
Diskussionsrunden	61	4	45	40	48	39	57	46	51	33
Fachübergreifendes / Fächer verbindendes Lernen	68	13	31	22	22	26	22	17	37	19
Freiarbeit	32	17	10	8	27	19	8	14	17	13
Wochenplan	15	7	14	5	22	28	10	5	14	7
Projektlernen	12	2	10	8	12	0	6	7	10	5
Peer-Tutoring	13	5	4	3	-	5	5	7	6	5
Geschlechtshomogene Kleingruppen	-	1	4	5	-	11	7	6	3	5
Lernzirkel/ Stationenlernen	10	10	3	2	-	9	3	2	5	4
Abk.: HS = Hauptschule; RS = Realschule; IGS = Integrierte Gesamtschule; Gy = Gymnasium; D = Deutsch; E = Englisch;										

Die Ergebnisse legen eine gewisse Verbreitung offener Unterrichtsformen nahe. Es zeigen sich schulartspezifische Unterschiede sowie Differenzen hinsichtlich verschiedener offener Unterrichtsformen. So wird von den genannten Unterrichtsformen die offene Unterrichtsform Freiarbeit insgesamt gesehen am häufigsten praktiziert, und an Hauptschulen und integrierten Gesamtschulen finden zusätzlich die offenen Unterrichtsformen Wochenplanarbeit, Projektlernen und Lernzirkel/ Stationenarbeit vergleichsweise häufig statt. Insgesamt scheinen Elemente eines geöffneten oder offenen Unterrichts an Sekundarschulen durchaus praktiziert zu werden, wenn auch auf einem niedrigeren Häufigkeitsniveau (vgl. Bohl 2000; Helmke/Jäger 2002; Kunter/Vos 2011). An Grundschulen ist offener Unterricht verbreiteter (vgl. Brügelmann 1997), was zweifellos auch dem dort vorherrschenden Klassenlehrer(innen)prinzip geschuldet ist. Eine einheitliche Konzeption von offenem Unterricht wird an Sekundarschulen aufgrund der starken Fächerparzellierung und -spezialisierung erheblich erschwert.

4.2 Qualität von (offenem) Unterricht

In den vergangenen Jahren wurde vielfältig zur Qualität von Unterricht geforscht, insbesondere zu überfachlichen Merkmalen eines wirksamen Unterrichts im Hinblick auf fachliche Leistungen. Über Untersuchungen wie die sog. ‚Optimalklassenstudie' (vgl. Helmke 1988) oder die SCHOLASTIK-Studie (vgl. Weinert/Helmke 1997) konnten Merkmale des Unterrichts identifiziert werden, die offensichtlich ‚guten', im Sinne von wirksamem, Unterricht – zumeist mit Blick auf Fachleistungen in Mathematik – ausmachen. Diese Forschungsarbeiten führten zu Merkmalskatalogen guten Unterrichts (vgl. Helmke 2006; Lipowsky 2007).

Derartige Merkmalskataloge sind durchaus hilfreich, um Unterricht planen, gestalten, analysieren und evaluieren zu können. Allerdings stellen sie Forscher(innen), Didaktiker(innen) und Lehrkräfte vor einige Herausforderungen. Es ergeben sich beispielsweise folgende Fragestellungen:

1. Wie sieht eine optimale Ausprägung und Intensität bei den verschiedenen Merkmalen aus? Nicht immer ist die höchste Ausprägung auch gleichzeitig die optimale.
2. Gelten die Merkmale in gleicher Weise für jeden Fachunterricht? Immerhin fanden sehr viele Untersuchungen im Mathematikunterricht statt.
3. Welchen Stellenwert haben Kontextbedingungen? Es ist z.B. denkbar, dass die Klassengröße mit Merkmalen von Unterrichtsqualität interagiert.
4. Welche normativ gesetzten Ziele sind relevant? Hier machen Merkmalskataloge guten Unterrichts nur in Teilen klare Aussagen.

Ungeachtet dieser Herausforderungen werden die ermittelten Merkmale von Unterrichtsqualität allgemein als relevant für alle Unterrichtsformen begriffen. Somit gibt es zunächst einmal keinen Grund, ihre Bedeutung für offenen Unterricht in Zweifel zu ziehen. Da sie aber vornehmlich aus der Erforschung nicht offener Unterrichtsformen stammen, erscheint es sinnvoll, ihre spezifische Ausprägung in den Blick zu nehmen. Dies lässt sich beispielsweise am Merkmal ‚Strukturiertheit und Klarheit' zeigen, welches als besonders wichtig für erfolgreiche Lernprozesse generell erachtet – und gleichzeitig von manchen Autor(inn)en (z.b. Gruehn 2000, 47) im offenen Unterricht vermisst wird. Hier ist zu vermuten, dass offener Unterricht eine andere Struktur besitzt als lehrer(innen)zentrierter Unterricht und insofern diese spezifische Strukturiertheit im offenen Unterricht anders und in spezifisch angepasster Weise erforscht werden müsste, beispielsweise über eine differenzierte Dokumentenanalyse (z.b. Analyse von schriftlichen Anleitungen in der materialgeleiteten Freiarbeit).

Genau diese Frage der spezifischen Ausprägung von Struktur im offenen oder geöffneten Unterricht thematisieren Hartinger und Hawelka (2005) in ihrem Beitrag „Öffnung und Strukturierung von Unterricht. Widerspruch oder Ergänzung?". In einer Beobachtungsstudie an 45 Grundschulklassen untersuchten sie das Merkmal Strukturierung. Bei Freiarbeit und Wochenplanarbeit konnten sie mehrere Strukturierungsmaßnahmen in jeweils unterschiedlicher Intensität identifizieren (z.b. Rituale, verpflichtende Dokumentationen, Korrekturen durch Mitschüler(innen)). Sie konnten darüber hinaus eine positive Korrelation zwischen Offenheit und Strukturierung des Unterrichts nachweisen.

In einer Schweizer Video- und Befragungsstudie mit 79 Klassen, in denen sog. ‚Erweiterte Lehr- und Lernformen' (z.b. Wochenplanarbeit, Freiarbeit) praktiziert wurden, wurden u.a. Merkmale von Unterrichtsqualität (z.b. Klarheit und Strukturiertheit, Disziplin und Klassenführung sowie kognitive Aktivierung) untersucht. Es zeigte sich, dass der Unterricht in Klassen mit ‚Erweiterten Lehr- und Lernformen' sowohl von den Schüler(inne)n selbst als auch von Expert(inn)en in seiner Qualität durchschnittlich höher eingeschätzt wurde als der Unterricht in ‚traditionell' unterrichteten Kontrollklassen (vgl. Pauli et al. 2003).

Möller et al. (2002) untersuchten in einer Laborstudie mit 190 Grundschulkindern aus acht Klassen die Effekte einer variierten Strukturierung der Lernumgebung im Sachunterricht. Sie unterschieden eine starke von einer weniger starken Strukturierung von Aufgaben und Teilfragen und bildeten entsprechende Untersuchungsgruppen. Beide Untersuchungsgruppen zeigten Lernzugewinne, wobei „ein konstruktivistisch orientierter Unterricht mit inhaltlicher Sequenzierung und kognitiv strukturierender Gesprächsführung einem stärker selbstgesteuerten, komplexeren Werkstattunterricht sowohl im Mittelwertvergleich des Prä-Posttests zum Schwimmen und Sinken als auch im Transfertest signifikant überlegen war. Die Überlegenheit zeigte sich insbesondere im Abbau von Fehlkonzepten und bei Kindern mit schwächeren Leistungsvoraussetzungen" (Möller et al. 2002, 185). Diese Studie verdeutlicht, dass wenige strukturierte komplexe Lernumgebungen nicht für alle Schüler(innen)gruppen gleich geeignet sind, sondern dass insbesondere für schwächere Schüler(innen) detaillierte inhaltliche Strukturierungsmaßnahmen und Lernhilfen hilfreich sind, um einen Sachverhalt fundiert zu durchdringen.

Lipowsky (1999) untersuchte in einer Beobachtungsstudie die Lernzeitnutzung von konzentrationsstärkeren und konzentrationsschwächeren Grundschüler(inne)n und bezog sich damit auf ein wichtiges Qualitätsmerkmal von Unterricht („aktive Lernzeit'). Er konnte zeigen, dass konzentrationsschwächere Schüler(innen) die verfügbare Lernzeit im offenen Unterricht weniger nutzten. Offensichtlich benötigen sie insbesondere in Orientierungs- und Zwischenphasen viel Zeit. Die Studie verweist auf die Notwendigkeit differenzierter Unterstützungsmaßnahmen innerhalb des offenen Unterrichts.

Insgesamt zeigt sich, dass im offenen Unterricht – wie in jedem anderen Unterricht auch – die Prozessqualität von hoher Bedeutung ist. Bei der Identifizierung bedeutsamer Merkmale von Unterrichtsqualität erscheint es wichtig, deren spezifische Ausprägung im offenen Unterricht zu beachten. Es zeigen sich zudem unterschiedliche Effekte auf unterschiedliche Schüler(innen)gruppen; insbesondere leistungsschwächere Schüler(innen) benötigen im besonderen Maße Strukturierungsmaßnahmen.

4.3 Wirksamkeit: Fachliche und überfachliche bzw. nicht kognitive Schüler(innen)leistungen

Vielfach zitiert werden immer noch zwei umfangreiche, allerdings ältere Metaanalysen (vgl. Gioconia/Hedges 1982; Peterson 1979), die im Bereich der fachlichen Leistungen für offenen Unterricht eher negative Befunde aufzeigen (vgl. Jürgens 1997; Einsiedler 1990). Inwiefern allerdings der hierbei erfasste Unterricht mit aktuellen Konzeptionen des offenen Unterrichts (im deutschsprachigen Raum) vergleichbar ist, muss offen bleiben.

Niggli und Kersten (1999) untersuchten in der Schweiz an ca. 400 Jugendlichen der achten Klassenstufe die Mathematikleistung in Klassen mit und ohne Wochenplanarbeit. Die Klassen mit Wochenplanarbeit zeigten in den Bereichen Arithmetik und Algebra schwächere Leistungen als die Kontrollgruppe ohne Wochenplanarbeit. Im Teiltest Geometrie hingegen wurden die Leistungen vom Lehrer(innen)-verhalten und vom Wochenplanunterricht nicht signifikant beeinflusst. Zudem stellten die Autor(inn)en fest, dass die Leistungsunterschiede in den Wochenplanklassen im Untersuchungszeitraum größer wurden. In ihrem Fazit betonen sie, dass Wochenplanarbeit den Unterricht zwar auf einer organisatorischen Makroebene steuern könne, die inhaltliche Verstehensintensität damit jedoch nicht mit beeinflusst werde. Daher müsse die verstehensrelevante Mikroebene stärker berücksichtigt werden: „Mit dem Organisieren von Wochenplanunterricht ist es nicht getan" (Niggli/Kersten 1999, 288).

Diese Befunde können möglicherweise über eine qualitative Studie von Huf und Breidenstein (2009) zur Praxis der Wochenplanarbeit an Gesamtschulen bestätigt werden. In dieser Beobachtungsstudie konnten Lernende als Expert(inn)en für die *organisatorische* Bewältigung von Planarbeit identifiziert werden, allerdings zuungunsten der inhaltlichen Auseinandersetzung: „Die Auflistung der Aufgaben in Form eines abzuarbeitenden ‚Plans' zeitigt tendenziell den Effekt, dass der Aspekt der ‚Planerfüllung' sich vor die inhaltliche Auseinandersetzung mit der Aufgabe bzw. der Sache schiebt" (Huf/Breidenstein 2009, 23). Andere Studien weisen allerdings keine Leistungsnachteile des offenen Unterrichts nach (vgl. Moser 1997; Pauli et al 2003).

Mit Blick auf fachliche Schüler(innen)leistungen zeigt sich damit insgesamt ein uneinheitliches Bild. Gleichwohl scheint Unterricht mit einem höheren Maße an direkter Instruktion tendenziell zu positiveren Fachleistungen zu führen als offener Unterricht. Dabei ist jedoch zu berücksichtigen, dass die Mikroprozesse im offenen Unterricht offensichtlich noch entwicklungsfähig und gleichzeitig wenig erforscht sind.

Mehrere der bereits genannten Studien untersuchten nicht nur Fachleistungen, sondern auch überfachliche Leistungen bzw. nicht kognitive Merkmale (vgl. Peterson 1979; Giaconia/Hedges 1982; Moser 1997; Niggli/Kersten 1999; Pauli et al. 2003; Hartinger/Hawelka 2005; Hartinger 2006):

Niggli und Kersten stellten fest, dass für motivationale Orientierungen und Kontrollüberzeugungen sowie Selbstwirksamkeitsüberzeugungen weniger die Frage des Wochenplanunterrichts als vielmehr die Klarheit und Verständlichkeit des Unterrichts insgesamt bedeutsam war. Moser (1997) hingegen konnte nachweisen, dass Interesse und Selbstwirksamkeit eher in fremdgesteuertem Unterricht begünstigt wurden. In der Studie von Pauli et al. (2003) konnten wiederum keine bedeutsamen Unterschiede beim Selbstvertrauen und Interesse im Fach Mathematik festgestellt werden. Ein signifikanter Unterschied zugunsten der untersuchten Klassen mit ‚Erweiterten Lehr- und Lernformen' zeigt sich beim Wohlbefinden der Schüler(innen). Hartinger (2005) konnte feststellen, dass Freiräume das Selbstbestimmungsempfinden der Lernenden nur in geringem Maße positiv beeinflussten. Bedeutsamer schienen die Autonomie- und Kontrollorientierung der Lehrperson zu sein. Das Selbstbestimmungsempfinden konnte hingegen mit einfachen Maßnahmen wie der Wahl des Arbeitsortes gestärkt werden. In einer Studie mit derselben Stichprobe (Hartinger 2006) zeigte sich in einem Extremgruppenvergleich ein interessantes Ergebnis. Trotz – bzw. vermutlich aufgrund – vorhandener Freiräume war das Selbstbestimmungsempfinden mancher Kinder negativ, sie entwickelten zudem wenig Interesse und fühlten sich weniger kompetent. Der Autor vermutet, dass diese Schüler(innen) durch „die Bewältigung der Aufgaben absorbiert…" (Hartinger 2006, 84) waren und die Wahlmöglichkeiten deshalb weniger positiv bewerteten. Damit wird deutlich, dass Formen offenen Unterrichts sehr differenziert betrachtet werden müssen und auch unterschiedliche Effekte haben können. Auch mit Blick auf überfachliche und nicht kognitive Ziele sind die Befunde für offenen Unterricht uneinheitlich. Leichte Vorteile des offenen Unterrichts sind möglich, allerdings keinesfalls zwingend. Überfachliche Ziele scheinen nach den bislang vorliegenden Ergebnissen von weiteren Faktoren wie der Kontrollorientierung der Lehrperson oder der generellen Klarheit und Verständlichkeit des Unterrichts abhängig zu sein.

4.4 Fazit

Vorgestellt wurde nur ein Teil der vorhandenen Forschungsbefunde (vgl. Bohl/Kucharz 2010). Die jeweils untersuchten Konzeptionen des geöffneten oder – in den seltensten Fällen – offenen Unterrichts sind vermutlich im Detail sehr unterschiedlich. Insgesamt ist die Befundlage uneinheitlich und noch nicht zufrieden stellend. Gleichwohl können einige Tendenzen hervorgehoben werden:

1. Fachleistungen scheinen im Unterricht mit direkter Instruktion eher höher zu sein als im offenen Unterricht. Allerdings muss offen bleiben, inwiefern dies an der bisherigen Vernachlässigung des Mikrobereiches liegen könnte.
2. Die Gestaltung und Erforschung des Mikrobereiches wurde bislang vernachlässigt. Dies zeigt sich z.B. bei der Frage der inhaltlichen Strukturierung von Aufgaben und jener der kognitiven Aktivierung.
3. Der differenzierte Umgang mit unterschiedlichen Schüler(innen)gruppen (beispielsweise mit leistungs- oder konzentrationsschwächeren oder mit gewissheitsorientierten Schüler(inne)n) wurde bislang zu wenig beachtet. Deutlich wird dies insbesondere bei der Frage der Gewährung von Freiräumen. Hier scheinen bei Forschung und Entwicklung sehr differenzierte Perspektiven notwendig zu sein.
4. Die Lehrperson selbst ist, unabhängig von der realisierten (offenen) Konzeption, von hoher Bedeutung für verschiedene Variablen, etwa für das Selbstbestimmungsempfinden der Lernenden. Merkmale und Wirkungen offenen Unterrichts hängen in besonderem Maße von der Lehrperson und ihren Kompetenzen und Einstellungen ab.

Zu erwähnen ist an dieser Stelle allerdings noch, dass die vorgestellten Forschungsbefunde im Wesentlichen auf Formen geöffneten Unterrichts und nicht radikal offenen Unterrichts beruhen. Einen solchen radikal offenen Unterricht untersuchte insbesondere Peschel (2006a und 2006b). Er konnte bei der Realisierung eines solchen Unterrichts an einer Grundschule positive Leistungsentwicklungen, gerade auch bei leistungsschwachen Schüler(inne)n, nachweisen und kommt zu dem Resümee, dass es einem unter Umständen wenig erfolgreichen geöffneten Unterricht schlicht an der notwendigen – radikalen – Offenheit mangelt.

5 Praktische Konsequenzen

Ausgehend von den vorgestellten theoretischen Überlegungen und empirischen Befunden sollen im Folgenden bedeutsame Bereiche für eine anspruchsvolle Weiterentwicklung des offenen Unterrichts betrachtet werden. Dazu wird insbesondere auf die unter 2.1 genannten Stufen der Öffnung, die unter 4.2 herausgestellte Notwendigkeit von Strukturierung sowie die unter 4.3 formulierte Bedeutung der Mikroebene Bezug genommen. Aufgegriffen werden aber auch Anregungen und Desiderate der Unterrichtsentwicklung. Weitere Bereiche und weiterführende Hinweise sind in Bohl und Kucharz (2010) enthalten.

Dimensionen und Grad der Öffnung des Unterrichts

In Kapitel 2.1 wurden unter der Überschrift ‚Offener Unterricht und Selbstbestimmung' fünf Dimensionen von Offenheit vorgestellt, von denen vier in einem Schema stufenartig angeordnet werden können, um den jeweiligen Grad an Öffnung und Partizipation anzuzeigen (vgl. Abbildung 1). Diese Dimensionen der Öffnung können stufenartig ausdifferenziert werden, um den Blick für die Beteiligung der Schüler(innen) bei jeder einzelnen Dimension zu schärfen (vgl. Peschel 2005b, 80, 85). Bezüglich der inhaltlichen Öffnung zeigt sich dann beispielsweise, wie die Öffnung mit einer Auswahl unter festgelegten Alternativen beginnen kann (z.B. „Welche Aufgabe suchst du dir aus drei gegebenen Aufgaben aus?") und ihre höchstmögliche Ausprägung in einem stark auf selbstbestimmtem und fächerübergreifendem Arbeiten basierenden Unterricht erhält (z.B. „Woran arbeitest du?").

Weiterentwicklung der Lernumgebung und der Aufgabenkultur

Die Ausführungen in Kapitel 4.2 verweisen auf die Notwendigkeit, den Fokus im Unterricht auf Prozessmerkmale zu richten und hier u.a. das Merkmal ‚Struktur' im Auge zu behalten, um insbesondere leistungsschwächere Schüler(innen) zu unterstützen. Strukturierende Hinweise beginnen bereits bei der räumlichen Ordnung des Klassenzimmers, in welchem Regale und Medien die vorhandene Struktur sichtbar werden lassen und Klarheit erzeugen sollen. Wird der Unterricht in hohem Maße über schriftlich formulierte Aufgaben organisiert, so ist die Frage bedeutsam, wie diese Aufgaben genau formuliert und didaktisch eingesetzt werden. Möglich sind beispielsweise Hinweise für die Lernenden zur Einordnung von Aufgaben in ein Themengebiet, zu geeigneten Lernhilfen oder zum Schwierigkeitsgrad (vgl. Bohl 2009).

Lernhilfen zur Unterstützung der selbstständigen Aufgabenbearbeitung

Schriftliche Lernhilfen sind ein Teilbereich der Aufgabenkultur. Sie entlasten Lehrende und unterstützen Lernende dabei, auch schwierige oder komplexe Aufgaben selbstständig zu lösen. Hänze et al. (2007) schlagen zu verschiedenen Phasen der

Aufgabenbearbeitung unterschiedliche Lernhilfen vor, welche z.B. der Aktivierung von Vorwissen, der Elaboration dienen oder eine benötigte Information zur Verfügung stellen. Im Gegensatz zur Selbstkontrolle geht es dabei nicht um die Korrektur des Ergebnisses, sondern um die Stärkung des Prozesses. Das Konzept der Selbstkontrolle läuft vor allem bei leistungsschwächeren Schüler(inne)n leicht ins Leere, weil sie entweder die Aufgabe nicht bis zum Ende lösen können oder nicht in der Lage sind, bei abweichendem Endergebnis ihren Fehler selbst zu finden und zu korrigieren.

Klassenführung

Eine effiziente Klassenführung ist in jedem Unterricht unabdingbar. Im offenen Unterricht ist sie aufgrund parallel ablaufender unterschiedlicher Handlungen und der vergleichsweise hohen Freiheitsgrade für die Lernenden besonders wichtig. Die bekannten und im lehrer(innen)zentrierten Unterricht berufsbiographisch verfestigten Führungstechniken, wie Raumregie oder verbales und nonverbales Ermahnen, greifen hier nur teilweise. Insbesondere sind Allgegenwärtigkeit und Überlappung (vgl. Kounin 1976) allein aufgrund der räumlichen Situation und der parallel stattfindenden Tätigkeiten kaum realisierbar. Dementsprechend sind hier spezifische Maßnahmen der Klassenführung in angepasster Weise zu konzeptualisieren und zu organisieren. Grundlegend sind ausgehandelte und gemeinsam vereinbarte, möglichst visualisierte Regeln, auch zu Beratungsabläufen. Interventionen erfolgen individualisiert und unauffällig, die Lernumgebung ist hoch strukturiert. Leise sachbezogene Unterhaltungen sind gestattet, müssen aber in einem Rahmen erfolgen, der andere Lernende nicht beim Arbeiten stört.

Kumulativer Aufbau der Unterrichtskonzeption an einer Schule

Offener und auch geöffneter Unterricht benötigen in unterschiedlicher Hinsicht Zeit zur Entwicklung und Etablierung. Dies betrifft sowohl die individuelle Ebene als auch die Ebene der Schule als Organisation. Darüber hinaus kann es eine bewusste Veränderung und Entwicklung offenen Unterrichts an einer Schule auch mit Blick auf die Jahrgangsstufen geben. So empfiehlt es sich insbesondere an Sekundarschulen mit ihrer ausdifferenzierten Fächerstruktur, einen kumulativen Aufbau bezüglich der Freiheitsgrade oder des Leistungsanspruchs des Unterrichts über die Jahre hinweg aktiv zu organisieren. Beispielsweise kann Unterricht von Freiarbeit in den Klassen 5 und 6 über Projektarbeit in der Mittelstufe bis hin zu themenbezogener und selbstverantwortlicher Modularbeit in der Oberstufe konzipiert werden (vgl. Risse 2009, 14).

Weitere Bereiche für eine anspruchsvolle Weiterentwicklung offenen Unterrichts

Mit Blick auf die aktuelle Frage des Umgangs mit Heterogenität ergibt sich zusätzlich zu den schon aufgeführten Bereichen insbesondere die Notwendigkeit, mit immer größer werdenden Unterschieden in den Lernvoraussetzungen und Fachleistungen produktiv umgehen zu können und Unterstützungsmöglichkeiten für Lehrkräfte zu entwickeln, die sich bewusst und mit hohem Anspruch dieser Herausforderung und Notwendigkeit stellen.

6 Literatur

Adorno, T.W. (1971): Erziehung nach Auschwitz. In: Adorno, T.W.: Erziehung zur Mündigkeit. Vorträge und Gespräche mit Hellmut Becker 1959-1969. Frankfurt a.M.: Suhrkamp, 88-104.

Bohl, T. (2000): Unterrichtsmethoden in der Realschule. Bad Heilbrunn: Klinkhardt.

Bohl, T. (2009): Offenen Unterricht weiterentwickeln. Mikroprozesse des Lernens berücksichtigen und Gesamtkonzeption optimieren. In: Pädagogik 62 (4), 6-10.

Bohl, T. (2010): Forschung für den Unterricht – zwischen selbstbestimmtem Lernen und Classroom-Management. In: Bohl, T./Kansteiner-Schänzlin, K./Kleinknecht, M./Kohler, B./Nold, A. (Hrsg.): Selbstbestimmung und Classroom-Management – Empirische Befunde und Entwicklungsstrategien zum guten Unterricht. Bad Heilbrunn: Klinkhardt, 15-30.

Bohl, T./Kucharz, D. (2010): Offener Unterricht heute. Konzeptionelle und didaktische Weiterentwicklung. Weinheim, Basel: Beltz.

Bohl, T./Kansteiner-Schänzlin, K./Kleinknecht, M./Kohler, B./Nold, A. (Hrsg.) (2010): Selbstbestimmung und Classroom-Management – Empirische Befunde und Entwicklungsstrategien zum guten Unterricht. Bad Heilbrunn: Klinkhardt.

Bohl, T./Batzel, A./Richey, P. (2012): Öffnung – Differenzierung – Individualisierung – Adaptivität. Charakteristika, didaktische Implikationen und Forschungsbefunde verwandter Unterrichtskonzepten zum Umgang mit Heterogenität. In: Bohl, T./Bönsch, M./Trautmann, M./Wischer, B. (Hrsg.): Binnendifferenzierung. Teil 1: Didaktische Grundlagen und Forschungsergebnisse zur Binnendifferenzierung im Unterricht. Immenhausen bei Kassel: Prolog-Verlag, 40-71.

Bremer, H./Bittlingmayer, U. (2008): Die Ideologie des selbstgesteuerten Lernens und die „sozialen Spiele" in Bildungseinrichtungen. In: Patzner, G./Rittberger, M./Sertl, M. (Hrsg.): Offen und frei? Beiträge zur Diskussion Offener Lernformen. Schulheft 33 (130). Innsbruck: Studienverlag, 30-51.

Brügelmann, H. (1997): Wie viele Lehrerinnen und Lehrer öffnen ihren Unterricht wirklich? In: Die Grundschulzeitschrift 11 (105), 62-63.

Deci, E. L./Ryan, R. M. (1993): Die Selbstbestimmungstheorie der Motivation und ihre Bedeutung für die Pädagogik. In: Zeitschrift für Pädagogik 39 (2), 223-238.

Dubs, R. (1995): Konstruktivismus: Einige Überlegungen aus der Sicht der Unterrichtsgestaltung. In: Zeitschrift für Pädagogik 41 (6), 889-903.

Einsiedler, W. (1990): Die neuen Lern- und Lehrformen des Grundschullehrplanes. In: Olechowski, R./Wolf, W. (Hrsg.): Die kindgemäße Schule. Wien: Verlag Jugend und Volk, 224-236.

Erpenbeck, J./Rosenstiel, L. v. (Hrsg.) (2003): Handbuch Kompetenzmessung. Erkennen, verstehen und bewerten von Kompetenzen in der betrieblichen, pädagogischen und psychologischen Praxis. Stuttgart: Schäfer-Poeschel Verlag.

Gerstenmaier, J./Mandl, H. (1995): Wissenserwerb unter konstruktivistischer Perspektive. In: Zeitschrift für Pädagogik 41 (6), 867-888.

Giaconia, R./Hedges, L. (1982): Identifying Features of Effective Open Education. In: Review of Educational Research 52 (4), 579-602.

Gruehn, S. (2000). Unterricht und schulisches Lernen. Münster: Waxmann.

Haarmann, D. (1988): Was hießt hier „offen"? Über die Mehrdeutigkeit etablierter Unterrichtskonzepte. In: Grundschule 21 (6), 37-41.

Häcker, T. (2007): Portfolio – ein Entwicklungsinstrument für selbstbestimmtes Lernen. Eine explorative Studie zur Arbeit mit Portfolios in der Sekundarstufe I, 2. Auflage. Baltmannsweiler: Schneider Verlag.

Hanke, P. (2005): Öffnung des Unterrichts in der Grundschule. Lehr-Lernkulturen und orthographische Lernprozesse im Grundschulbereich. Münster: Waxmann.

Hänze, M./Schmidt-Weingand, F./Blum, S. (2007): Mit gestuften Lernhilfen im naturwissenschaftlichen Unterricht selbstständig lernen und arbeiten. In: Rabenstein, K./Reh, S. (Hrsg.): Kooperatives und selbstständiges Arbeiten von Schülern. Zur Qualitätsentwicklung von Unterricht. Wiesbaden: Verlag für Sozialwissenschaften, 197-208.

Hartinger, A. (2006): Interesse durch Öffnung des Unterrichts – wodurch? In: Unterrichtswissenschaft 34 (3), 272-288.

Hartinger, A./Hawelka, B. (2005): Öffnung und Strukturierung von Unterricht. Widerspruch oder Ergänzung? In: Die Deutsche Schule 97 (3), 329-341.

Hattie, J. (2003): Teachers Make a Difference: What is the research evidence? Australian Council for Educational Research Annual Conference on: Building Teacher Quality. http://www.educational-leaders.govt.nz/Pedagogy-and-assessment/Evidence-based-leadership/Measuring-learning/Teachers-Make-a-Difference-What-is-the-Research-Evidence (Abruf 08.02.2012).

Helmke, A. (1988): Leistungssteigerung und Ausgleich von Leistungsunterschieden in Schulklassen: unvereinbare Ziele? In: Zeitschrift für Entwicklungspsychologie und Pädagogische Psychologie 20 (1), 45-76.

Helmke, A. (2006): Was wissen wir über guten Unterricht? In: Pädagogik 58 (2), 42-45.

Helmke, A./Jäger, R.S. (2002): Das Projekt MARKUS. Landau: VEP.

Huf, C./Breidenstein, G. (2009): Schülerinnen und Schüler bei der Wochenplanarbeit. Beobachtungen zur Eigenlogik der 'Planerfüllung'. In: Pädagogik 61 (4), 20-23.

Jürgens, E. (Hrsg.) (1994): Erprobte Wochenplan- und Freiarbeits-Ideen in der Sekundarstufe I. Heinsbach: Agentur Dieck.

Jürgens, E. (1995): Die „neue" Reformpädagogik und die Bewegung Offener Unterricht, 2. Auflage. Sankt Augustin: Academia.

Jürgens, E. (1997): Offener Unterricht im Spiegel empirischer Forschung. In: Pädagogische Rundschau 51 (6), 677-697.

Kanders, M./Rösner, E. (2006): Das Bild der Schule im Spiegel der Lehrermeinung. Ergebnisse der 3. IFS-Lehrerbefragung 2006. In: Bos, W./ Holtappels, H.-G./ Pfeiffer, H./ Rolff, H.-G./ Schulz-Zander, R. (Hrsg.): Jahrbuch für Schulentwicklung. Band 14. Daten, Beispiele und Perspektiven. München: Juventa, 11-48.

Klafki, W. (1993): Neue Studien zur Bildungstheorie und Didaktik. 6. Studie: Innere Differenzierung des Unterrichts (in Zusammenarbeit mit Hermann Stöcker). Weinheim, Basel: Beltz.

Klieme, E./Eichler, W./Helmke, A./Lehmann, R. H./Nold, G./Rolff, H.-G./Schröder, K./Thomé, G./ Willenberg, H. (2006): Unterricht und Kompetenzerwerb in Deutsch und Englisch. Zentrale Befunde der Studie Deutsch-Englisch-Schülerleistungen international (DESI). Frankfurt a. M.: Deutsches Institut für Internationale Pädagogische Forschung (DIPF). www2.dipf.de/desi/DESI_Zentrale_Befunde.pdf (Abruf 26.02.2009).

Kounin, J. S. (1976). Techniken der Klassenführung. Bern: Verlag Hans Huber.

Krieger, C. G. (1994): Mut zur Freiarbeit. Baltmannsweiler: Schneider Verlag Hohengehren.

Kunter, M./Vos, T. (2011): Das Modell der Unterrichtsqualität in COACTIV: Eine multikriteriale Analyse. In: Kunter, M./Baumert, J./Blum, W./Klusmann, U./Krauss, S./Neubrand, M. (Hrsg.): Professionelle Kompetenz von Lehrkräften. Münster: Waxmann, 85-114.

Lipowsky, F. (1999): Lernzeit und Konzentration. Grundschulkinder in offenen Lernsituationen. In: Die Deutsche Schule 91 (2), 232-245.

Lipowsky, F. (2002): Zur Qualität offener Lernsituationen im Spiegel empirischer Forschung – Auf die Mikroebene kommt es an. In: Drews, U. (Hrsg.): Freiarbeit in der Grundschule. Offener Unterricht in Theorie, Forschung und Praxis. Frankfurt: Grundschulverband, 126-159.

Lipowsky, F. (2007): Was wissen wir über guten Unterricht? In: Becker, S./Feindt, A./Meyer, H./Rothland, M./Stäudel, L./Terhart, E. (Hrsg.): Guter Unterricht. Friedrich Jahresheft. Seelze: Friedrich, 26-30.

Meyer, H./Klapper, A. (2006): Unterrichtsstandards für ein kompetenzorientiertes Lernen und Lehren. In: Hinz, R./Schumacher, B. (Hrsg.): Auf den Anfang kommt es an: Kompetenzen entwickeln – Kompetenzen stärken. Jahrbuch Grundschulforschung. Band 10. Wiesbaden: VS Verlag für Sozialwissenschaften, 89-108.

Möller, K./Jonen, A./Hardy, I./Stern, E. (2002): Die Förderung von naturwissenschaftlichem Verständnis bei Grundschulkindern durch Strukturierung der Lernumgebung. In: Zeitschrift für Pädagogik 45. Beiheft, 176-191.

Moser, U. (1997): Unterricht, Klassengröße und Lernerfolg. In: Moser, U./Ramseier, E-./Keller, C./Huber, M. (Hrsg.): Schule auf dem Prüfstand. Chur, Zürich: Rüegger, 181-214.

Müller, A. (2004): Erziehungsziel: Selbstbeobachtung und Selbstbewertung. Mit Kompetenzrastern. In: Pädagogik 56 (9), 25-29.

Müller-Naendrup, B. (2008): Was bringen offene Lernsituationen? Forschungsbefunde zur Öffnung des Unterrichts – und ihre Probleme. In: Verein der Förderer der Schulhefte (Hrsg.): Offen und frei? Beiträge zur Diskussion Offener Lernformen. Innsbruck, Wien, München, Bozen: Studienverlag, 52-70.

Niggli, A./Kersten, B. (1999): Lehrerverhalten und Wochenplanunterricht. Wirkungen auf Mathematikleistungen und nicht-kognitive Merkmale von Lernenden. In: Bildungsforschung und Bildungspraxis 21 (3), 272-291.

Pauli, C./Reusser, K./Waldis, M./Grob, U. (2003): „Erweiterte Lernformen" im Mathematikunterricht der Deutschschweiz. In: Unterrichtswissenschaft 31 (4), 291-320.

Peschel, F. (2005a): Offener Unterricht. Idee, Realität, Perspektive und ein praxiserprobtes Konzept zur Diskussion. Teil I: Allgemeindidaktische Überlegungen. Baltmannsweiler: Schneider Verlag Hohengehren.

Peschel, F. (2005b): Offener Unterricht. Idee, Realität, Perspektive und ein praxiserprobtes Konzept zur Diskussion. Teil II: Fachdidaktische Überlegungen. Baltmannsweiler: Schneider Verlag Hohengehren.

Peschel, F. (2006a): Offener Unterricht. Idee, Realität, Perspektive und ein praxiserprobtes Konzept in der Evaluation. Teil I. Baltmannsweiler: Schneider Verlag Hohengehren.

Peschel, F. (2006b): Offener Unterricht – Idee, Realität, Perspektive und ein praxiserprobtes Konzept in der Evaluation. Teil 2. Baltmannsweiler: Schneider Verlag Hohengehren.

Peterson, R. (1979): Direct Instruction Reconsidered. In: Peterson, P./Walberg, H. J. (Hrsg.): Research on Teaching. Berkeley, CA: McCutchan.

Ramseger, J. (1985): Offener Unterricht in der Erprobung, 2. Auflage. München: Juventa.

Reich, K. (2005): Systemisch-konstruktivistische Didaktik. Einführung in Grundlagen einer interaktionistisch-konstruktivistischen Pädagogik, 5. Auflage. Weinheim, Basel: Beltz.

Risse, E. (2009): Anspruchsniveau und Qualität im offenen Unterricht. Wie lassen sich Selbstständigkeit und fachliche Ansprüche am Gymnasium in einem Gesamtkonzept realisieren? In: Pädagogik 61 (4), 11-15.

Rogalla, M./Vogt, F. (2008): Förderung adaptiver Lehrkompetenz: eine Interventionsstudie. In: Unterrichtswissenschaft 36 (1), 17-36.

Schwarzer, R./Steinhagen, K. (Hrsg.) (1975): Adaptiver Unterricht. Zur Wechselwirkung von Schülermerkmalen und Unterrichtsmethoden. München: Kösel.

Sertl, M. (2007): Offene Lernformen bevorzugen einseitig Mittelschichtkinder! Eine Warnung im Geiste von Basil Bernstein. In: Heinrich, M./Prexl, U. (Hrsg.): „Neue Lernwege – Quo vadis?". Münster: Lit., 79-97.

Siebert, H. (2005): Pädagogischer Konstruktivismus. Lernzentrierte Pädagogik in Schule und Erwachsenenbildung, 3. Auflage. Weinheim, Basel: Beltz.

Solzbacher, C. (2006): Förderung von Lernkompetenz in der Schule – Empirische Befunde als Beiträge zur Schul- und Unterrichtsentwicklung. In: Hinz, R./Schumacher, B. (Hrsg.): Auf den Anfang kommt es an: Kompetenzen entwickeln – Kompetenzen stärken. Jahrbuch Grundschulforschung. Band 10. Wiesbaden: Verlag für Sozialwissenschaften, 15-32.

Vaupel, D. (1996): Das Wochenplanbuch für die Sekundarstufe. Schritte zum selbstständigen Lernen, 2. Auflage. Weinheim, Basel: Beltz.

Wallrabenstein, W. (1991): Offene Schule – offener Unterricht, 2.Auflage. Reinbek: Rowohlt.

Weinert, F. E. (2001): Vergleichende Leistungsmessung in Schulen – eine umstrittene Selbstverständlichkeit. In: Weinert, F.E. (Hrsg.): Leistungsmessungen in Schulen. Weinheim, Basel: Beltz, 17-31.

Weinert, F.E./Helmke, A. (Hrsg.) (1997): Entwicklung im Grundschulalter. Weinheim: Beltz PVU.

Werner Sacher

Überprüfung und Beurteilung von Schülerleistungen

Zahllose Studien und internationale Vergleichsuntersuchungen wie TIMSS, PISA, IGLU und DESI haben immer wieder ein erschreckendes Defizit deutscher Lehrkräfte an diagnostischer Kompetenz offenbart. Dieser Beitrag will theoretische Grundlagen und konkrete Hilfestellungen für die alltägliche Prüfungs- und Beurteilungspraxis von Lehrkräften an die Hand geben.

1 Leistung, Leistungsorientierung, Leistungsprinzip

Leistung ist der Vollzug und das Ergebnis einer Tätigkeit, die mit Anstrengung verbunden, auf die Erlangung eines Zieles gerichtet und auf Gütemaßstäbe und Anforderungen bezogen ist.

Von *Leistungsorientierung* sprechen wir, wenn die Erfüllung von Leistungsanforderungen zum bestimmenden Motiv eines Individuums oder einer Gesellschaft wird. Das *Leistungsprinzip* ist ein gesellschaftliches Verteilungsprinzip, nach dem Berufs- und Lebenschancen zugemessen werden. Es entstand in seiner modernen Ausprägung im Zusammenhang der Industrialisierung und beginnenden Demokratisierung im 18. und 19. Jahrhundert und steht in Konkurrenz mit anderen Verteilungsprinzipien – den *Vorrechten der Geburt,* die sich bis heute in der sozialen Disparität der Bildungschancen zeigen, dem *Ancienitätsprinzip* (der Vergabe von Positionen nach Alter oder der Dauer der Zugehörigkeit zu einer Institution oder zu einem Betrieb), dem *Ideologie-Prinzip* (der weltanschaulichen oder politischen Passung), dem *Bekanntheits- und Beliebtheitsprinzip* und – gewissermaßen quer zu allen diesen Prinzipien liegend – dem *Sozialprinzip,* welches jedem Mitglied der Gesellschaft ohne Rücksicht auf seine Leistung eine Minimalexistenz garantiert.

Das Leistungsprinzip ist nicht ohne weiteres aus der Arbeitswelt auf die Schule übertragbar, weil Erziehung nicht gleichbedeutend mit Anpassung ist und der Wettbewerb um Bildungs- und Lebenschancen nach wie vor nicht verzerrungsfrei funktioniert. Abgesehen davon, hat das Leistungsprinzip in letzter Zeit auch in der Arbeitswelt erheblich an Bedeutung eingebüßt: In der Zeit eines hemmungslosen „Casinokapitalismus" und einer globalisierten Weltwirtschaft wird die individuelle Leistung von Mitarbeitern zunehmend zweitrangig. Unternehmen trennen sich oft auch von hochqualifizierten Leistungsträgern, wenn sie mit Personaleinsparungen und

Betriebsverlagerungen höhere Renditen erzielen können. Und überdies besteht in unserer pluralistischen Gesellschaft über die Voraussetzung hoher Fachkompetenz hinaus kein ausreichender Konsens mehr, was eigentlich gute Leistungen ausmacht – Zuverlässigkeit, Genauigkeit, gewissenhafte Befolgung von Anweisungen, Einordnung in den Betrieb, Loyalität gegenüber dem Management, Selbständigkeit, Kreativität, Teamfähigkeit oder Kritikfähigkeit.

2 Funktionen von Prüfungen, Zensuren und Zeugnissen

Von Prüfungen, Zensuren und Zeugnissen wird erwartet, dass sie eine Vielzahl von Funktionen erfüllen: eine Selektions-, Sozialisations-, Legitimations-, Kontroll-, Rückmeldungs- und Informationsfunktion, eine diagnostische und prognostische, manchmal auch eine disziplinierende und (leider viel zu selten) eine lernerzieherische Funktion. Manche dieser Erwartungen stehen in erheblicher Spannung zueinander, so dass es schlechterdings unmöglich ist, allen gleichermaßen gerecht zu werden. Und Ziffernnoten jedenfalls sind wegen ihres abstrakten und formalen Charakters ohnehin für die meisten Funktionen ungeeignet.

Unter diesen Umständen sollten Lehrkräfte in erster Linie die unterrichtlichen und erzieherischen Funktionen, d.h. die Funktionen der Information und Rückmeldung, der Lehr- und Lerndiagnose und der Lernerziehung, zu erfüllen suchen.

3 Voraussetzungen und Gestaltungselemente einer professionellen Prüfungs- und Beurteilungspraxis

3.1 Gütekriterien der Leistungsmessung und Urteilsfehler

Die Messung von Schülerleistungen muss – wie auch Messungen in anderen Lebensbereichen – bestimmten Gütekriterien genügen:

Die *Objektivität* ist die „Unabhängigkeit des Testresultates von den situativen Testbedingungen, vor allem aber auch von den Personen, die den Test durchführen, auswerten und die Testresultate interpretieren" (Giegler 1999, 782). Im Einzelnen unterscheidet man Durchführungsobjektivität, die sich in der standardisierten Gestaltung der Leistungsüberprüfung zeigt, Auswertungsobjektivität, die bei der Korrektur und beschreibenden Erfassung der gezeigten Leistungen gegeben sein muss sowie Interpretationsobjektivität, die bei ihrer Beurteilung und Bewertung gegeben sein muss.

Die *Reliabilität* ist die Zuverlässigkeit bzw. Genauigkeit der Messung, d.h. der Grad, in dem das Messergebnis frei von Messfehlern ist. Sie zeigt sich in Testwiederholungen oder –halbierungen oder auch in Paralleltests.

Die *Validität* bzw. Gültigkeit ist das Ausmaß, in welchem tatsächlich gemessen wird, was gemessen werden soll. Im Fall einer schulischen Leistungsüberprüfung liegt Validität vor, wenn vor allem jene Fachkompetenz gemessen wird, um die es angeblich geht. Im Einzelnen unterscheidet man Inhaltsvalidität, Prognosevalidität, Übereinstimmungsgültigkeit, Konstruktvalidität und Testfairness.

Durch eine große Vielzahl von Studien wurde immer wieder nachgewiesen, dass die schulische Leistungsmessung allen diesen Gütekriterien eher schlecht als recht genügt. (Zusammenfassend vgl. Tent 1998)

Zur Verbesserung der Messqualität schulischer Leistungsbeurteilungen muss die Prüfungs- und Beurteilungspraxis an klare und transparente Regeln gebunden und der Erfahrungsaustausch in den Kollegien verstärkt werden.

Zur Verletzung der Gütekriterien kommt es häufig durch sog. *Urteilsfehler:*

Oft wird das *Beurteilungsspektrum ungleichmäßig ausgeschöpft,* d.h. es werden überwiegend gute oder schlechte, mittlere oder extreme Beurteilungen gegeben (Strenge- oder Mildefehler, Tendenz zur Mitte oder zu Extremurteilen).

Teilweise verfälschen auch *Interferenzen im Urteil (Voreingenommenheiten)* die Leistungsmessung. So ergeben sich *Reihungsfehler* aus dem Zusammenhang mit vorangehenden Urteilen oder *logische Fehler* durch voreilige Schlussfolgerungen von einem Leistungsmerkmal, das man schon kennt, auf ein anderes, erst zu beurteilendes. Wenn ein besonders prägnantes Merkmal oder auch der Gesamteineindruck die Wahrnehmung aller übrigen Einzelmerkmale bestimmt, spricht man vom *Halo-Effekt.*

Um Urteilsfehlern zu begegnen, muss man dafür Sorge tragen, dass ein Bild, das man von einem Schüler und von seiner Leistung hat, nicht zufällig oder unbewusst zustande kommt, sondern systematisch nach festen und klaren Regeln erarbeitet wird.

3.2 Bezugsnormen der Leistungsbeurteilung

Um Schülerleistungen zu bewerten, benötigt man sogen. Bezugsnormen, nach denen entschieden wird, was als gut oder schlecht gelten und ggf. mit entsprechenden Zensuren belegt werden soll. Man unterscheidet drei solche Bezugsnormen der Leistungsbeurteilung: *die soziale oder kollektive Norm,* welche Leistungen des Einzelnen an Leistungen einer Gruppe misst, *die kriteriale Norm oder Sachnorm,* welche der Beurteilung fachlich-sachliche Anforderungen zu Grunde legt, und *die individuelle oder Entwicklungsnorm,* für die der Lernfortschritt ausschlaggebend ist, der sich in einer Leistung zeigt. *Eine professionelle Beurteilungspraxis muss mindestens angeben, welche Bezugsnorm zu Grunde liegt, sonst sind Leistungsbeurteilungen von Außenstehenden nicht interpretierbar.*

Eine Leistungsbeurteilung nach der sozialen bzw. kollektiven Norm und die damit verbundene Orientierung an Anderen kollidiert offensichtlich mit dem Bildungsziel des mündigen und verantwortlichen Menschen und steht im Widerspruch zu sozialerzieherischen Intentionen, da sie Konkurrenzverhalten unter den Schülern fördert. Ferner sind Beurteilungen nach der sozialen Norm nur innerhalb derselben Gruppe vergleichbar, was bei Selektionsentscheidungen zu gravierenden Ungerechtigkeiten führen kann. Ihre Berechtigung hat diese Norm nur im Zusammenhang der Legitimierung der Beurteilung und der Prüfungspraxis, die ja schlechterdings nicht ohne Rückgriff auf Erfahrungen mit ähnlichen Gruppen (Schülerpopulationen, Altersgruppen etc.) möglich ist.

Schülerleistungen nach der individuellen Norm zu beurteilen, erscheint ebenfalls problematisch: Leistungsschwache Schüler(innen) brauchen keinen „Rabatt" bei der Beurteilung, sondern Förderung im Unterricht und auf sie abgestimmte Anforderungen in der Prüfung.

Pädagogischen Anforderungen genügt am ehesten eine Praxis, welche für die Beurteilung der Leistungen die kriteriale Norm verwendet, bei der Anlage von Prüfungen und bei der Gestaltung des Unterrichts aber neben fachlichen Gesichtspunkten auch individuelle Besonderheiten und Förderungsbedürfnisse der Schüler(innen) berücksichtigt und insoweit ergänzend auch die individuelle Norm zugrunde legt.

3.3 Benotungsmodelle

Unter einem Benotungsmodell versteht man eine Regel oder ein Regelsystem, das Schülerleistungen Bewertungen zuweist. Dabei muss diese Zuweisung folgenden Anforderungen genügen:

- Sie muss *logisch eindeutig* sein.
- Sie muss mit der jeweiligen Bezugsnorm verträglich sein *(Normvalidität)*, d.h. möglichst nur das Leistungsmerkmal messen, welches für die zu Grunde gelegte Bezugsnorm relevant ist (Rangplatz in der Gruppe, Erfüllung von Anforderungen, Lernfortschritte).
- Sie sollte die Anzahl der Entscheidungen minimieren *(Entscheidungsökonomie)*, aus denen sich eine Benotungsskala ergibt.
- Sie sollte *Flexibilität* ermöglichen, d.h. sie sollte es erlauben, unterschiedlich streng und mild zu benoten.
- Die Zuweisung von Noten sollte *fehlerkontrolliert* erfolgen. Das besagt, dass ein Benotungsmodell über die Größenordnung des unvermeidlich mit einer bestimmten Benotung verbundenen Messfehlers informieren und Möglichkeiten eröffnen muss, diesen zu minimieren.
- Sie muss die *Messfehler gerecht* (d. h. gleichmäßig auf alle Leistungsbereiche) *oder jedenfalls sinnvoll verteilen*, z. B. vor allem in Leistungsbereichen gering halten, in denen besonders genau gemessen werden muss.

3.4 Benotungsskalen

Nach der Art und Weise, wie Schülerleistungen erfasst werden, kann man prinzipiell *Punkte- und Fehlerskalen* unterscheiden. Bei Punkteskalen wird die Zuordnung der Noten nach der Anzahl der richtig gelösten Aufgaben bzw. der bewältigten Teilleistungen und den darauf gegebenen Rohpunkten vorgenommen. Bei Fehlerskalen vergibt man die Noten nach der Anzahl der gemachten Fehler bzw. der nicht bewältigten Teilleistungen. Fehlerskalen sind bei manchen Prüfungsformen (z.B. bei Diktaten) zwar für die korrigierenden Lehrkräfte unaufwendiger zu handhaben. Aber es ist psychologisch bedenklich, die Aufmerksamkeit der Schüler(innen) statt auf die richtigen Lösungen auf unterlaufene Fehler zu lenken.

Je nachdem, ob die Punkte- bzw. Fehlerbereiche für die verschiedenen Noten auf einer Skala gleich oder ungleich breit sind, kann man *gleichmäßige und ungleichmäßige bzw. lineare und nichtlineare Skalen* unterscheiden:

Lineare und nichtlineare Notenskalen

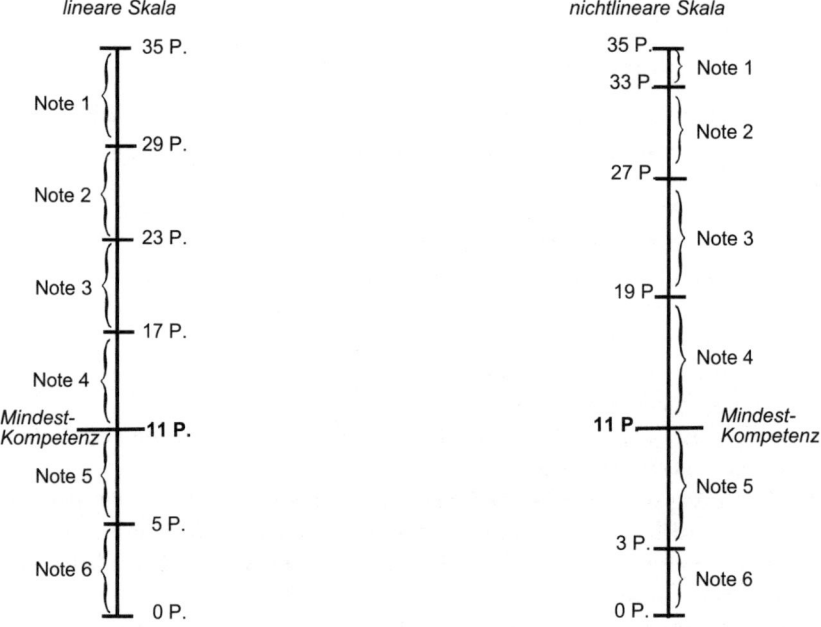

Lineare Skalen weisen jeder Notenstufe gleich breite Punkte- und Fehlerbereiche zu, schreiben also eine Einheitsbenotung fest, die jedenfalls dann pädagogisch nicht vertretbar ist, wenn die Anforderungen in verschiedenen Prüfungen differieren. In der Praxis werden häufiger auch *partiell lineare Skalen* benutzt, bei denen nicht alle, sondern nur einige Notenstufen gleich breit angelegt sind.

Ungünstig, weil gegen das Kriterium der Entscheidungsökonomie verstoßend, sind auf jeden Fall völlig *willkürlich eingeteilte Skalen*, die ohne generelle Regel jeder Note einen eigens bestimmten Punkte- oder Fehlerbereich zuweisen.

3.5 Messfehler bei der Leistungsbeurteilung

Naturwissenschaftler und Techniker kennen die Messfehler, die auch ihnen unvermeidlich unterlaufen, und berücksichtigen sie bei auf ihren Messungen basierenden Entscheidungen. Lehrkräfte hingegen haben gewöhnlich keine Ahnung davon, mit welchen Messfehlern ihre Leistungsbeurteilungen behaftet sind: Sie betragen bei umfangreicheren Prüfungen mindestens eine halbe, bei kürzeren sogar eine ganze Notenstufe nach unten und oben. D.h. man kann häufig nicht hinreichend sicher entscheiden, ob eine Schülerin oder ein Schüler an Stelle einer Drei vielleicht doch eine Zwei oder auch nur eine Vier verdient. *Unter den alltäglichen Bedingungen der Schulpraxis ist es gewöhnlich nicht möglich, mehr als zwei oder drei Leistungsniveaus einigermaßen sicher auseinander zu halten.*

Lehrkräfte glauben manchmal, ihre Beurteilung wäre genauer, wenn sie Zwischennoten geben dürften. Die Anzahl der zu vergebenden Noten und Zwischennoten verbessert jedoch nur die Anzeigegenauigkeit der gewonnenen Messergebnisse, nicht aber die Genauigkeit der Messung. Wenn es an dieser fehlt, ist eine hohe Anzeigegenauigkeit wertlos und sogar irreführend – so wie bei einer minderwertigen digitalen Personenwaage, die das Gewicht auf 50g genau anzeigt, bei zwei aufeinander folgenden Wägungen derselben Person aber Differenzen von 1 bis 2 kg misst. *Die Messgenauigkeit der schulischen Leistungsbeurteilung hängt von der Prüfungspraxis und vom Urteilsvermögen der Lehrkraft ab und nicht von der Anzahl der zu vergebenden Bewertungsstufen.*

3.6 Irrtümer „normalverteilter" Benotungsmodelle

In der Praxis erfreuen sich Benotungsmodelle einer gewissen Verbreitung, die auf der Gaußschen Normalverteilung basieren. Gewöhnlich wird dabei von dieser Verteilung abgeleitet, wie häufig die sechs Notenstufen vergeben werden dürfen: die Noten 1 und 6 für je 2,28%, die 2 und 5 für je 13,59% und die 3 und 4 für je 34,13% der Prüfungsteilnehmer. In der Praxis arbeitet man oft mit stark gerundeten und vereinfachten Zahlen oder lediglich mit der Regel, dass nur sehr wenige Sechsen und Einsen, etwas mehr Zweien und Fünfen und am meisten Dreien und Vieren vergeben werden sollten.

Solche „normalverteilten" Benotungsmodelle beruhen aber auf gravierenden Irrtümern:

• Die Normalverteilung ist eine Verteilung der großen Zahlen, d. h. sie beschreibt die Verteilung von Phänomenen, die sehr häufig auftreten. Anders als die Probanden der Eichstichprobe für einen standardisierten Leistungstest oder die Teilnehmer an einer landeweiten Vergleichsarbeit sind die 25 oder 30 Schüler(innen) einer Klasse aber gewiss nicht in diesem Sinne eine „große Zahl". Die Wahrscheinlichkeit, dass ihre Leistungen normalverteilt sind, ist also äußerst gering.

- Die Normalverteilung ist eine Zufallsverteilung, d.h. eine Verteilung zufälliger Ereignisse. Zufällig verteilt sind Schülerleistungen allenfalls am Beginn des Schulunterrichts – am ausgeprägtesten vielleicht am Anfang des ersten Schuljahres. Dann aber sollte die Förderung durch den Unterricht einsetzen, eine Vermehrung guter bis sehr guter Leistungen bewirken und die Verteilung „schief" werden lassen. D.h. die Normalverteilung ist eher die Verteilungsform von Leistungen vor einer systematischen Förderung als nach ihr.

3.7 Planung, Durchführung und Auswertung von Prüfungen

Zwei leitende Grundsätze

Die Anlage von Prüfungen muss zwei Grundsätzen folgen:

- *Dem Grundsatz der proportionalen Abbildung:* Auch wenn wir uns in einer Prüfung gewöhnlich darauf beschränken müssen, nur eine kleine Stichprobe jener Kompetenzen zu überprüfen, die wir im vorangehenden Unterricht zu vermitteln suchten, sollte diese wenigstens einen repräsentativen Querschnitt von diesem enthalten, gewissermaßen ein proportionales Abbild von ihm sein.
- *Der Grundsatz der Variabilität:* Alle Prüfungsmodalitäten bevorzugen bestimmte Schüler(innen) und benachteiligen andere. Deshalb müssen Prüfungen abwechslungsreich gestaltet werden und einen gewissen Formenreichtum aufweisen.

Auswahl der Prüfungsinhalte und der Prüfungsform

Aus dem Grundsatz der proportionalen Abbildung folgt: Was im Unterricht über lange Zeitstrecken behandelt und geübt wurde, muss auch in der Prüfung ausführlich berücksichtigt werden. Was nur am Rande angesprochen wurde, darf in ihr allenfalls eine marginale Rolle spielen.

Grundsätzlich kann man in den meisten Fächern schriftlich, mündlich oder praktisch prüfen. Größtmögliche Abwechslung zwischen diesen verschiedenen Prüfungsformen wäre nach dem Prinzip der Variabilität dringend geboten, doch setzen hier Fachtraditionen und entsprechende Vorschriften enge Grenzen. Mindestens aber muss nach dem Prinzip der proportionalen Abbildung dafür Sorge getragen werden, dass die Aktivitäten, die man in der Prüfung abfordert, auch im Unterricht ausgeübt und erlernt werden konnten.

Auswahl der Aufgabenformen

Man unterscheidet offene, halb offene und geschlossene Aufgabenformen:
Offene Aufgabenformen sind solche, bei denen Schüler(innen) nicht auf eine von der Lehrkraft schon vorher festgelegte Weise antworten müssen. Die Varianten reichen von Freiantwortaufgaben bis hin zu Essayformen. *Geschlossene Aufgabenformen* sind Multiple-Choice-Aufgaben in verschiedenen Spielarten. Die bekannteste Form *halb offener Aufgaben* sind Lückentexte.

Nach dem Prinzip der proportionalen Abbildung müssen die Aufgabenformen der Prüfung dadurch eingeübt werden, dass schon der vorangehende Unterricht entsprechende Lehr- und Arbeitsformen verwendet.

Gründlich gegeneinander abzuwägen sind auch die Vor- und Nachteile der verschiedenen Aufgabenformen:

– Geschlossene und größtenteils auch halb offene Aufgabenformen ermöglichen keine Prozessdiagnose und keine Überprüfung kreativer und selbstständiger Leistungen.

– Die Formulierung geschlossener und halboffener Aufgaben erfordert vom Prüfer einen hohen Zeitaufwand. Andererseits sind Prüfungen mit solchen Aufgaben rationell zu korrigieren und von den Schülern rasch zu bearbeiten, so dass man relativ viele Aufgaben stellen kann, was wiederum der Reliabilität zugute kommt.

– Schüler(innen) mit sprachlichen Defiziten scheitern bei geschlossenen und halboffenen Aufgaben nicht schon an sprachlichen Schwierigkeiten, was in nichtsprachlichen Fächern eine Verletzung der Validität bedeuten würde, und auch die Objektivität ist in Prüfungen mit solchen Aufgaben oft besser als in Prüfungen mit offenen Aufgaben, weil die Schülerleistungen besser vergleichbar sind.

– Geschlossene Aufgaben verführen die Schüler(innen) allerdings zum Raten. Dem kann man entgegenwirken, wenn man die Zahl der angebotenen Alternativen zur richtigen Antwort (der Distraktoren) nicht zu klein werden lässt (mindestens 3 oder 4!). Außerdem dürfen die Distraktoren nicht so unwahrscheinlich sein, dass Schüler(innen) sie von vornherein nicht in Betracht ziehen, und die Aufgabenformulierungen sollten auch keine verdeckten Hinweise auf die richtige Antwort enthalten. Außerdem muss der Rateeffekt bei der Benotung einkalkuliert werden, indem so benotet wird, dass man mit dem allein durch Raten zu erzielenden Anteil richtiger Lösungen (z.B. 25% bei jeweils 4 Antwortalternativen) noch nicht über die schlechteste Note hinauskommt.

Jede Aufgabenform bevorzugt bestimmte Schüler(innen) und benachteiligt andere. Deshalb sollte man auch hier auf Abwechslung bedacht sein (Prinzip der Variabilität).

Festsetzen des Anforderungsniveaus

Nach dem Prinzip der Proportionalität müssen Prüfungsinhalte im Unterricht auf dem Niveau behandelt worden sein, auf dem sie anschließend abgeprüft werden. Verständnis z.B. darf nur dann geprüft werden, wenn der Unterricht auch Verständnis anbahnte, nicht aber, wenn er nur Informationen vermittelte. Zur Abstimmung und Kontrolle der verschiedenen Anforderungsniveaus kann man eine der gebräuchlichen Lernzieltaxonomien benutzen.

Bestimmung des Aufgaben- und Prüfungsumfangs

Die Leistungen der Schüler(innen) werden umso zuverlässiger, d. h. mit umso geringeren Messfehlern, erkannt, je mehr Aufgaben die Prüfung enthält. Andererseits sind Aufgaben, die anspruchsvollere Kompetenzen und ganzheitliche Leistungen zum Gegenstand haben, meistens umfangreicher. Es empfiehlt sich deshalb, entweder abwechselnd einmal mit vielen kleinen Aufgaben mehr auf Breite und Vollständigkeit und ein andermal mit wenigen und komplexen mehr auf Tiefe zu prüfen oder Prüfungen generell aus zwei entsprechenden Teilen aufzubauen.

Formulierung der Aufgaben

Die Aufgaben sollten in gut verständlicher und altersgemäßer Sprache formuliert sein. Da bei vielen Schüler(innen) das Sprachverständnis in Prüfungssituationen stark eingeschränkt ist, weil diese emotional besetzt sind, sollte das Sprachniveau der Aufgaben eher noch schlichter sein als das des Unterrichts. Hilfreich sind zusätzliche Strukturierungshilfen durch Hervorhebungen, Nummerierungen, grafische Darstellungen usw. Vor allem sollten Informationen und Fragen in der Aufgabe nicht vermengt, sondern in geordneter Weise dargeboten werden.

Reihenfolge der Aufgaben

Bei schriftlichen Prüfungen ist zu bedenken, dass die Aufgaben, auch wenn die Bearbeitungsreihenfolge freigestellt wird, zumindest in der vorgegebenen Reihenfolge gelesen werden. Zudem durchbrechen erfahrungsgemäß auch nur wenige Schüler(innen) bei der Bearbeitung die vorgegebene Sequenz. Am Anfang sollte möglichst eine einfachere Aufgabe oder Frage stehen, die Gelegenheit gibt, erst einmal mit der Prüfungssituation vertraut zu werden und Sicherheit zu gewinnen („warming up"). Die höchsten Schwierigkeiten wird man im Mittelbereich der Prüfung ansiedeln. Gegen Ende zu sollten die Anforderungen wieder etwas geringer werden, weil dann meistens schon die Ermüdung einsetzt und die Konzentration nachlässt.

Ausarbeiten eines Erwartungshorizontes oder einer Musterlösung und Punkte- bzw. Fehlerzuweisung

Vor der Durchführung der Prüfung sollte ein Erwartungshorizont oder eine Musterlösung ausgearbeitet werden. Man entdeckt dann oft noch Ungereimtheiten, ungewollte Schwierigkeiten und Missverständlichkeiten. Auch die Punkte- oder Fehlerzuweisung wird dadurch meistens präziser und stimmiger, und es kann auch die Bearbeitungszeit realistischer eingeschätzt werden.

Für die Punkte- und Fehlerzuweisung müssen die zu erbringenden Leistungen in Teilleistungen zerlegt werden. Dabei sollte man die unterschiedlichen Teilschritte und Teilleistungen, auf die ein Punkt vergeben wird, etwa gleich umfänglich halten. Wie fein man zerlegt, ist letztlich Ermessenssache. Im Allgemeinen aber scheinen Schüler(innen) von „feinerer" Korrektur eher zu profitieren, weil dann kleine Teilleistungen nicht so leicht unter den Tisch fallen.

Festsetzen der Mindestkompetenz und Anlegen einer Benotungsskala

Die Mindestkompetenz ist die Leistung, welche einem Schüler abverlangt wird, der eben noch als Erreicher des gesteckten Lernziels gelten soll. Im Falle der Ziffernbenotung wird dies normalerweise die der Note 4 (= „ausreichend") entsprechende Mindestleistung sein. Dieser Wortbedeutung der Note 4 entsprechend sollte die Mindestkompetenz so gewählt werden, dass Schüler(innen), welche sie erreichen, aller Voraussicht nach auf dem jeweiligen Gebiet erfolgreich weiterlernen können. Dabei muss man die Bedeutsamkeit der Prüfungsinhalte beachten: Bei Inhalten, welche für den weiteren Lernprozess besonders wichtig sind, muss eine höhere Kompetenz gefordert werden als bei weniger bedeutsamen. Denn bei den ersteren würden sich ja Lücken und Unsicherheiten besonders schlimm rächen. Hilfreich für das Festsetzen der Mindestkompetenz sind Bildungsstandards, die festlegen, über welche Kompetenzen Schüler(innen) in den Hauptfächern am Ende bestimmter Schulstufen in der Regel verfügen müssen. Wünschenswert wären allerdings anstelle solcher Regelstandards Mindeststandards, die beschreiben, was jeder Schüler mindestens können muss.

Nach dem Festsetzen der Mindestkompetenz kann mit Hilfe einer Notenskala festgelegt werden, welche Anzahl von Rohpunkten bzw. Fehlern jeweils den sechs Notenstufen zugewiesen wird.

Planung der Prüfungssituation

Mindestens Berufsanfänger sollten auch Überlegungen anstellen zur *Dauer der Prüfung* (die sich am Arbeitstempo im Unterricht orientieren sollte), zum *Zeitpunkt der Prüfung* (Woche, Wochentag, Unterrichtsstunde), zu den *zugelassenen Hilfsmitteln* (die jenen Hilfsmitteln entsprechen sollten, die auch im Unterricht verwendet wurden), zur Gestaltung der *Eröffnungs- und Schlussphase* der Prüfung, zur *Rolle der Lehrkraft* während der Prüfung (aktiv eingreifend? nur passiv beobachtend?) und zur *Reaktion auf Täuschungsversuche der Schüler(innen).*

Gleich bleibend gestaltete und deshalb für die Schüler(innen) transparente Prüfungssituationen tragen erheblich zur Reduktion von Prüfungsangst bei!

Prüfungs- und Aufgabenanalyse

Noch vor der endgültigen Bewertung einer Prüfungsleistung sollte man sich fragen, ob die Prüfung sowohl insgesamt als auch hinsichtlich der einzelnen Aufgaben angemessen war. Fragestellungen, denen in diesem Zusammenhang nachzugehen ist, sind u. a.:

- Häuften sich Fehler und Ausfälle einer bestimmten Art, evtl. bei ganz bestimmten Aufgaben und Fragen?
- Waren die Aufgaben von angemessener Schwierigkeit?
- Gibt es Aufgaben, die Zielverfehler ebenso häufig lösten wie Zielerreicher oder sogar häufiger? (Problem der sogen. Trennschärfe)
- Wurde das gesteckte Lernziel vom Großteil der Klasse erreicht, so dass mit gutem Gewissen im Unterricht fortgefahren werden kann?
- War die Arbeitszeit möglicherweise zu knapp bemessen?
- War die Prüfung zu lang, so dass Ermüdungseffekte auftraten?
- Sind im Vergleich zu früheren Prüfungen auffällige Leistungsveränderungen bei einzelnen Schülern oder in der ganzen Klasse zu beobachten?
- War die geforderte Mindestkompetenz angemessen?

In Einzelfällen kann man durchaus einmal eine schlecht angelegte Prüfung wiederholen oder untaugliche Aufgaben aus der Bewertung nehmen. Aber der eigentliche Zweck der Prüfungs- und Aufgabenanalyse liegt nicht in der Korrektur solcher Missgriffe, sondern in der Sensibilisierung des Prüfers für die Angemessenheit von Prüfungen und Aufgabenstellungen und in der Erarbeitung eines Repertoires von bewährten Aufgaben.

Handlungskonsequenzen

Nach der Prüfung sind Konsequenzen für die Schüler(innen) und für den Unterricht zu erwägen, z. B.: Welche Kinder müssen besonders gefördert werden oder brauchen Lern- oder Schullaufbahnberatung? Was ist im Unterricht noch einmal zu wiederholen? Wie ist die Unterrichtsgestaltung zu verändern, damit alle oder einzelne Schüler(innen) künftig bessere Lernerfolge erzielen?

3.8 Besondere Prüfungs- und Beurteilungsformen

Verbale Beurteilungen

Die Forschung der letzten Jahre zeigte, dass die meisten Probleme der Ziffernbenotung – vor allem die unzureichende Erfüllung der Testgütekriterien und die Anfälligkeit für Urteilsfehler – auch durch Verbalbeurteilungen nicht gelöst werden. Weder die immer wieder behaupteten negativen Effekte von Noten (Angstinduktion, Misserfolgsorientierung, Begünstigung extrinsischer Motivation) noch die erhofften positiven Auswirkungen von Verbalbeurteilungen auf die Lernmotivation und das Selbstkonzept der Schüler(innen) ließen sich ausreichend nachweisen. Die meisten Schüler(innen), Lehrkräfte, Eltern und Arbeitgeber ziehen Noten verbalen Beurteilungen vor. Am ehesten fänden Noten mit ergänzenden Kommentaren breite Akzeptanz.

Verbalbeurteilungen sollten möglichst auf die folgenden Gesichtspunkte eingehen:

Gesichtspunkte für Verbalbeurteilungen

Sozialverhalten *(in der Lerngruppe und in der Schule):*	*Lern- und Arbeitsverhalten:*
• Gesprächsverhalten • Hilfsbereitschaft, Rücksichtnahme, Einfühlungsvermögen • Kontaktverhalten • Kooperationsfähigkeit • Konfliktverhalten, Toleranz • Kritikfähigkeit • Selbstvertrauen, Selbstsicherheit • Verlässlichkeit • Verantwortungsbewusstsein • Regelbefolgung, Pflichtbewusstsein • Disziplin	• Pünktlichkeit, Ordnung, Sorgfalt • Fleiß, Anstrengungs- und Leistungsbereitschaft • Arbeitstempo • Interesse, Neugier • Aufmerksamkeit, Mitarbeit, Konzentration • Belastbarkeit, Verkraften von Anforderungen, Ausdauer • Selbstständigkeit • Auffassungsgabe, Aufgabenverständnis • Einsatz von Arbeitstechniken, Lerntechniken, Lernstrategien • Kreativität

Bei den Formulierungen sollte man leicht zu Etikettierungen führende Eigenschaftszuschreibungen ebenso vermeiden wie Vergleiche mit anderen Schülern und quantifizierende Aussagen, welche Assoziationen mit Noten provozieren. Vorzuziehen sind verhaltensnahe Formulierungen von mittlerer sprachlicher Differenziertheit mit konkreten Empfehlungen. Auch Mängel und Lücken sollten klar ausgesprochen und nicht nur angedeutet werden.

Verbalbeurteilungen sind in verschiedenen Formen gebräuchlich. Am weitesten verbreitet sind an Eltern gerichtete *Berichtszeugnisse* und an Schüler(innen) adressierte *Zeugnisbriefe.* Daneben findet man auch *Bausteinzeugnisse,* die aus Formulierungsbausteinen zusammengesetzt sind, und *Rasterzeugnisse,* bei welchen in der Art von Multiple-Choice-Tests von der Lehrkraft auf vorgegebenen Formularen Alternativen ausgewählt und angekreuzt werden. Frei formulierte Berichtszeugnisse und Zeugnisbriefe sind zweifellos eher geeignet, Individuelles darzustellen, enthalten aber auch weniger vergleichbare Aussagen.

Die Qualität von Verbalbeurteilungen steht und fällt mit der Gründlichkeit der vorangehenden Beobachtung der Schüler(innen). Neben Beobachtungen sollten natürlich auch traditionell erhobene schriftliche und mündliche Leistungen, Werkgestaltungen, Aufführungen, gemeinsame Auswertungen von Arbeitsergebnissen, Ergebnisse von informellen Gesprächen mit Schüler(innen) und Eltern in die Verbalbeurteilungen eingehen.

Beurteilung ganzheitlicher Leistungen

In manchen Fächern und Bereichen liegen keine abzählbaren Einzelleistungen vor, sondern ganzheitliche Leistungen: im Aufsatz, beim Vorlesen, bei einem Lied- oder Instrumentalvortrag, beim Geräteturnen, bei einer bildnerischen Gestaltung oder bei einem Werkstück.

Um subjektive „Eindrucksnoten" zu vermeiden, ist die ganzheitliche Leistung zunächst in *Analyseeinheiten* zu unterteilen, denn gewöhnlich ist die Leistung eines Schülers nicht überall gleich gut. Außerdem ist ein *Satz von Beurteilungskriterien* zu verwenden, um die Vieldimensionalität ganzheitlicher Leistungen handhabbar zu machen. Und schließlich müssen verschiedene *Ausprägungsgrade* unterschieden werden, in denen ein Kriterium erfüllt sein kann.

Bei der Aufsatzbeurteilung z.B. bieten sich als Analyseeinheiten zunächst Einleitung, Hauptteil und Schluss an. Da der Hauptteil gewöhnlich sehr viel umfänglicher ist als Einleitung und Schluss, wird man ihn weiter aufgliedern, etwa nach den Hauptgedanken und den zugeordneten Abschnitten. Letztlich muss eine Einteilung gefunden werden, die bei allen Schülerarbeiten angewendet werden kann. Kriterien für die Qualität der Leistung könnten im Falle einer Erlebniserzählung etwa sein: Themenbezug, Treffen der Darstellungsform „Erlebniserzählung" (also lebendige, anschauliche und gefühlsbetonte Darstellung), Aufbau (Logik, Spannungsbogen), Wahrscheinlichkeit (d.h. das Ausmaß, in welchem das Erzählte zumindest so passiert sein könnte), Stil, Grammatik, Ideenreichtum, Originalität und evtl. auch Orthografie (als anzulegendes Kriterium strittig!). Es sind sodann *Ausprägungsgrade* zu beschreiben, d.h. wir müssen präzisieren, was als guter, durchschnittlicher, schlechter Themenbezug, Aufbau, Stil usw. gelten soll.

Um Sorge dafür zu tragen, dass die Offenheit der Aufgabenform „Aufsatz" gewahrt bleibt, sollte man die Kriterienliste und die Merkmalslisten für die Ausprägungsgrade als unabgeschlossen ansehen. Die Beurteilung einer ganzheitlichen Leistung wird letztlich ein hermeneutischer Kreisprozess bleiben müssen, der vom anfänglich undifferenzierten Gesamteindruck zu dessen Überprüfung und Korrektur an Details und schließlich zu einem differenzierteren Gesamteindruck zurückführt.

Mündliche Prüfungen

Mündliche Prüfungen sind *interaktiv:* Prüfer und Kandidat tauschen während der Prüfung beständig Inhalts- und Beziehungsbotschaften aus, welche den Verlauf und Erfolg der Prüfung stark beeinflussen. Dadurch kann es zu erheblichen Verfälschungen der Leistung kommen. Aber es liegt darin auch die Chance, mündliche Prüfungen *adaptiv* zu gestalten, indem der Prüfer sich beständig den Kandidaten anpasst. Dies wiederum bringt neben allen Vorzügen auch die Schwierigkeit mit sich, dass der Prüfer während der Prüfung mehrere Dinge zugleich tun muss: dem Kandidaten zuhören und seine gerade gebotene Leistung auf ihre fachliche Richtigkeit hin beurteilen, einschätzen, ob er über- oder unterfordert wird, sich weitere Fragen auf einem angemessenen Niveau überlegen, Beziehungsbotschaften senden und solche des Kandidaten registrieren und interpretieren.

Die abschließende Leistungsbeurteilung wird bei mündlichen Prüfungen leicht dadurch verfälscht, dass mündliche Prüfungsleistungen flüchtig sind und nicht wiederholt betrachtet werden können. Außerdem verführt der adaptive Charakter mündlicher Prüfungen dazu, unterschiedliche Maßstäbe anzulegen, zumal den Kandidaten gewöhnlich jeweils andere Fragen gestellt werden. Es ist deshalb ratsam, sich vor der Prüfung einen *Raster für den Aufbau* aus einzelnen Fragengruppen zurechtzulegen, also festzusetzen, wie viele Fragen aus welchen Teilbereichen gestellt werden und auf welchen Niveaus die Fragen sich bewegen sollen. Sodann sind *Ausprägungsgrade* der Leistung zu definieren und diesen ggf. *Punkte* zuzuweisen. Der Kandidat sollte z. T. vorgefertigte und z. T. in der Situation „erfundene" Fragen gestellt bekommen (halbschriftliches Prüfen). Dabei ist die Reihung auch der vorgefertigten Fragen der Prüfungssituation anzupassen. Gegebene Hilfestellungen müssen bei der Bewertung berücksichtigt werden. Nach Möglichkeit sollte man auch ein kurzes Protokoll führen.

Diktate und Fehlerbeurteilung

Da bei Diktaten meistens sehr strenge Notenskalen Anwendung finden, die oft schon für schon für das Erreichen der Note „ausreichend" 90% und mehr richtige Schreibungen verlangen, werden hier die *Messfehler* rasch *unerträglich groß*. Es kann unter diesen Bedingungen leicht dahin kommen, dass drei oder sogar vier Notenstufen nicht hinreichend sicher zu unterscheiden sind. Unter solchen Bedingungen macht die Vergabe von Noten eigentlich keinen Sinn mehr.

Dass die Mindestkompetenz bei Diktaten üblicher Weise so hoch angesetzt wird, hat einen einfachen Grund: Ein Diktat im Anschluss an mehrere Unterrichtsstunden, in denen z. B. Schärfungen und Dehnungen behandelt wurde, kann ja offensichtlich nicht nur und noch nicht einmal überwiegend aus Wörtern mit Schärfungen und Dehnungen bestehen. Vielmehr werden Füll- und Grundwörter den größten Teil des Textes ausmachen. Dass deren Schreibung beherrscht wird, setzt man als selbstverständlich voraus. Nun können den Schüler(innen) aber sowohl bei Schärfungs- und Dehnungsfällen als auch beim Füll- und Grundwortschatz Fehler unterlaufen. Wenn man einfach alle Fehler addiert, sind Aussagen über das Erreichen des Lernziels (hier: „Dehnungen und Schärfungen richtig schreiben") nicht möglich, denn die Fehlersumme lässt unklar, in welchem Maße orthografische Verstöße bei lernzielrelevanten Schreibungen oder bei Füll- und Grundwörtern vorliegen.

Man sollte deshalb zumindest *Fehler bei lernzielrelevanten Schreibungen und bei Grund- und Füllwörtern getrennt auszählen und bewerten.* Dabei kann dann für die Bewertung der lernzielrelevanten Schreibungen eine weniger rigide Mindestkompetenz angesetzt werden. Eine andere Möglichkeit stellen *Lückendiktate* dar: Die Schüler(innen) bekommen einen Text mit Lücken, in die hinein lernzielrelevante Wörter diktiert werden. Da keine Grund- und Füllwörter geschrieben werden müssen, besteht auch keine Notwendigkeit, eine strengere Notenskala als in anderen Fächern und Bereichen zu verwenden. Außerdem wird die Urteilssicherheit (Reliabilität) dadurch erhöht, dass man auf diese Weise sehr viel mehr lernzielrelevante Schreibungen abprüfen kann als in herkömmlichen Diktaten.

4 Leistungsbeurteilung in der Neuen Lernkultur

4.1 Merkmale der Neuen Lernkultur

Die so genannte Neue Lernkultur fußt im Wesentlichen auf zwei Grundannahmen, die durch die neuere Lehr-Lern-Forschung und durch neurobiologische Erkenntnisse bestens abgesichert sind:
– *Der Lerner ist der eigentliche Akteur seines Lernens.* Lernen kann zwar durch Andere angeregt, letztlich aber nicht von außen bewirkt werden. Ob, was und wie gelernt wird, hängt vom Lerner ab. Lernen ist ein „autopoietischer" Prozess.
– *Jeder lernt anders.* Ob, was und wie gelernt wird, hängt ab von der individuellen Lernbiografie, von den je besonderen Lernstilen und Lernstrategien, von den Motivlagen usw., mit einem Wort: von den individuellen „Anschlussmöglichkeiten".
Auf dieser Grundlage wurde eine Vielzahl von Methoden und Unterrichtsformen entwickelt, wieder entdeckt und neu konfiguriert: Wochenplanarbeit, Freiarbeit, Lernzirkel und Stationenlernen, Lern- und Medienwerkstätten, handlungsorientierter und fächerübergreifender Unterricht, situiertes und fallbasiertes Lernen, narrative Didaktik, Anchored Instruction, Cognitive Apprenticeship, Goal based Scenarios, Peer Tutoring, Lernen durch Lehren, Portfolioarbeit u. v. a. m. Auch kooperative Arbeitsformen und Projektunterricht erhielten einen neuen Anschub.

4.2 Traditionelle Prüfungs- und Beurteilungskultur versus Neue Lernkultur?

Die Methoden und Unterrichtsformen der Neuen Lernkultur kollidieren auf vielfache Weise mit der traditionellen Prüfungs- und Beurteilungskultur (Winter 2004, 77ff):
– Wenn Schüler(innen) ihren „Anschlussmöglichkeiten" entsprechend verschiedene Lernwege gehen, ist es kontraproduktiv, ihre Lernleistungen in standardisierten Prüfungssituationen mit einheitlichen Anforderungen nach einheitlichen Methoden und Kriterien zu ermitteln.

- Wenn Schüler(innen) als die eigentlichen Akteure ihres Lernens gelten, erscheint es höchst problematisch, Lernleistungen überwiegend daran zu messen, inwieweit sie Fremdanforderungen entsprechen.
- Es passt schlecht zu der von der Neuen Lernkultur intendierten Leistungsvielfalt, dass Schule traditionell fast nur kognitive Leistungen würdigt, und diese in nochmaliger Verengung auf deklaratives Wissen, d. h. auf Wissen über Sachverhalte. Prozedurales Wissen (Wissen über Vorgehensweisen), Heuristiken (Verfahren zum Gewinnen von Erkenntnissen und Lösen von Problemen) und Metakognitionen (Erkenntnisse über Kognitionen) verdienen mindestens vergleichbare Berücksichtigung.
- Auch die Beschränkung der herkömmlichen schulischen Prüfungskultur auf individuelle Leistungen ist nicht länger hinnehmbar. Leistungen, die in der Kommunikation und Kooperation mit Anderen erbracht werden, dürfen nicht länger außer Betracht bleiben.

Internationale Schulleistungsstudien wie TIMSS, PISA, IGLU und DESI sowie nationale Vergleichsarbeiten mit ihrer weitgehend an der quantifizierenden Methodik von Leistungstests orientierten Diagnose dürfen nicht zu einer entsprechenden Monokultur pädagogischer Alltagsdiagnostik verführen. Die Neue am Fördergedanken orientierte Lernkultur lässt sich nur erfolgreich realisieren, wenn Leistungen auf vielfältigen und neuen Wegen diagnostiziert werden, zumal dann, wenn mit ihr auch hohe Erwartungen verknüpft werden, Schüler(innen) individuell zu fördern. Andernfalls wird die traditionelle Prüfungs- und Beurteilungskultur die Neue Lernkultur beständig unterlaufen und zunichte machen.

4.3 Wege einer erweiterten Leistungsbeurteilung

Erweiterter Lern- und Leistungsbegriff

Zunächst bedarf es eines erweiterten Lern- und Leistungsbegriffs, der neben fachlich-inhaltlichem Lernen und Leisten (Wissen, Verstehen, Erkennen, Beurteilen von Tatsachen und Zusammenhängen) auch methodisch-strategisches Lernen (Exzerpieren, Nachschlagen, Organisieren, Planen usw.), sozial-kommunikatives Lernen (Zuhören, Argumentieren, Diskutieren, Kooperieren usw.) und persönliches Lernen (Selbstvertrauen gewinnen, ein günstiges Selbstkonzept entwickeln, Werthaltungen aufbauen usw.) umfasst.

Prozessdiagnose

Die Diagnose und Beurteilung der Lern- und Leistungsprozesse liefert entscheidende Ansatzpunkte für eine frühestmögliche Förderung der Schüler(innen). Dabei kann es keinesfalls nur darum gehen, die Annäherung an erwünschte Ergebnisse zu verfolgen. Damit würden anstelle von Prozessqualitäten solche von Teilprodukten diagnostiziert und beurteilt. Vielmehr ist auf Aspekte zu achten, die sich an den

Ergebnissen nicht zeigen können, also auf *psychodynamische Komponenten* (Motivation, Konzentration und Ausdauer, Zielstrebigkeit) sowie auf *metakognitive und soziale Kompetenzen* (Methodenbewusstsein, Selbstständigkeit, Originalität und Kreativität, sozialen Prozesse zwischen den Schülern). Als zu beobachtender und zu beurteilender Prozess kommt neben dem Lern- und Arbeitsprozess auch die Präsentation der Ergebnisse in Betracht. Im Regelfall werden Lehrkräfte bei der Prozessbeurteilung auf die Unterstützung der Schüler(innen) und ihre Selbstbeurteilungen angewiesen sein.

Diagnose kooperativ erbrachter Leistungen

Soziale Kompetenzen sind größtenteils nur im Zusammenhang von Gruppenarbeiten und Projekten diagnostizierbar. Die Diagnose kooperativ erbrachter Leistungen wirft aber erhebliche Probleme auf: Auch wenn es manchmal möglich ist, die individuellen Anteile einzelner Schüler(innen) zu identifizieren, widerspräche es doch der pädagogischen Intention dieser auf die Entwicklung kooperativer Kompetenzen zielenden Arbeitsformen, der Beurteilung und Bewertung ausschließlich individuelle Beiträge zugrunde zu legen. Andererseits kann die einheitliche Bewertung eines Teams nach der Qualität der Gruppenleistung als ungerecht empfunden werden und sie ist auch nach den geltenden rechtlichen Bestimmungen meistens unzulässig. Verzichtet man generell darauf, Projekte und Gruppenarbeiten zu bewerten oder zu benoten, besteht die Gefahr, dass die Schüler(innen) sie nur als unverbindliche Spielerei empfinden. Praktikable Beurteilungs- und Benotungsmodelle beziehen außer dem kooperativ erarbeiteten Ergebnis auch die Erkenntnis- und Lernprozesse, die sozialen Prozesse und die Präsentationsleistungen ein. Als Grundlage dienen sowohl Lehrerbeobachtungen als auch Schülerselbstbeobachtungen.

Diagnose von Leistungen im selbstgesteuerten Lernen

Auch die Diagnose selbstgesteuerten Lernens, z.B. beim Stationenlernen und in der Wochenplan- und Freiarbeit, stützt sich hauptsächlich auf Beobachtungen – Fremdbeobachtungen durch die Lehrkraft und durch Mitschüler oder auf Selbstbeobachtung. Weitere diagnostische Maßnahmen sind:

– das Vergeben von Zuständigkeiten für einzelne Stationen oder Materialien an bestimmte Schüler(innen). Dabei sollte die Zuständigkeit sowohl organisatorischer als auch fachlich-inhaltlicher Art sein. D.h. die Schüler(innen) sollten Verantwortung tragen für die Ordnung, den Aufbau, den Zustand, aber auch für die Gestaltung, die Lerninhalte, die Art der Aufgabenstellungen usw. Sie sollten „Experten" der Station bzw. des Materials sein, die Mitschüler in vielfältiger Hinsicht beraten und unterstützen können.

– die Bereitstellung von Laufkarten, auf welchen die Schüler(innen) vermerken, wann sie welche Stationen und Materialien bearbeitet haben. Auf diesen können auch Arbeitsergebnisse eingetragen werden, die wiederum von der Lehrkraft, von Mitschülern oder – soweit Ergebniskarten usw. vorhanden sind – von den Schüler(innen) selbst kontrolliert werden können.

- das Führen von Lerntagebüchern, in welche die Schüler(innen) ihre Erfahrungen beim Arbeiten, ihre Fragen und Schwierigkeiten, aber auch wichtige Erkenntnisse und Einsichten eintragen,
- die Bearbeitung von Fragebögen (die am besten zuvor mit den Schüler(innen) gemeinsam entwickelt wurden), mit denen Einzelheiten über ihr Verhalten und ihre Erfahrungen beim Arbeiten erhoben werden,
- ausführliche Plenumsbesprechungen zum Abschluss jeder Wochenplanphase, die inhaltliche und methodische Arbeitsberichte, weitere Lernvorhaben usw. zum Gegenstand haben können,
- Beratungs- und Beurteilungsgespräche der Lehrkraft mit einzelnen Schülern oder kleineren Schülergruppen,
- „Führerscheinprüfungen", d.h. Tests, zu denen man sich anmelden kann, wenn man glaubt, bestimmte Grundkompetenzen erarbeitet zu haben. Evtl. bietet es sich an, diese Tests von den Schüler(innen) selbst entwickeln zu lassen.
- das Erstellen von Skripten, Zusammenfassungen, Lernbroschüren etc. für Mitschüler und das Gestalten von Postern,
- das Anlegen von Portfolios,
- Ergebnispräsentationen vor Mitschülern.

Leistungsbeurteilung im offenen und differenzierenden Unterricht

Bei der Leistungsbeurteilung im offenen und differenzierenden Unterricht, in welchem ganz unterschiedliche Lernprozesse durchlaufen werden und sehr verschiedenartige Ergebnisse anfallen, muss die Leistungserhebung der Lehrkraft durch weitere Maßnahmen, wie z. B. von den Schülern selbst zu führende Kontrollbögen, Pensenbücher, Lerntagebücher oder Portfolios ergänzt werden. Auch hier wird man nicht ohne Schülerselbstbeurteilung auskommen. Sofern im offenen und differenzierenden Unterricht Noten erteilt werden sollen, kann ein tragfähiger Kompromiss darin bestehen, Grundanforderungen, erhöhte Anforderungen und reduzierte Anforderungen zu unterscheiden und ihnen entsprechende Notenbereiche zuzuweisen, z. B. dem Erfüllen erhöhter Anforderungen die Note 2, dem Erreichen der Grundanforderungen die Note 3 und dem Genügen reduzierter Anforderungen die Note 4. (Die Noten 1, 5 und 6 blieben in diesem Falle Niveauüber- und -unterschreitungen vorbehalten.)

Schülerselbstbeurteilung

Selbstbeurteilungen und wechselseitige Beurteilungen der Schüler(innen) sind unverzichtbare Bestandteile der Leistungsdiagnose in der Neuen Lernkultur. Schon allein der organisatorische Aufwand ist sonst für die Lehrkraft nicht zu bewältigen. Außerdem impliziert das Erziehungs- und Bildungsziel des mündigen Menschen auch den mündigen Lerner, der nicht nur seine Lernprozesse selbst organisiert, sondern auch selbst beurteilt und bewertet.

Schülerselbstbeurteilung bedeutet, dass Schüler(innen) sich eigene Urteile über Lernen und Leistungen machen – über eigene Leistungen und über die von Mitschülern. Ob es in diesem Zusammenhang auch zu Versuchen der Selbstbenotung kommt, ist eine relativ marginale Frage.

Es sind verschieden Formen zu unterscheiden:

– auf Lernergebnisse oder auf Lernprozesse bezogene Selbstbeurteilung,
– auf konkrete Aufgaben bezogene oder allgemein erfahrungsbezogene bzw. pauschale Selbstbeurteilung,
– vorausschauende, den Arbeits- und Lernprozess begleitende oder ihm nachfolgende Selbstbeurteilung.

Entscheidend ist, dass die Schüler(innen) durch die Selbstbeurteilung veranlasst werden, sich mit Zusammenhängen zwischen den Ausgangsbedingungen, ihrer Lernplanung, der Gestaltung ihrer Lern- und Arbeitsprozesse und den erzielten Ergebnissen auseinander zu setzen und schließlich ihr Lernen immer besser zu kontrollieren. Von zentraler Bedeutung für das Reflektieren über Lernen und Leisten ist die produktive Aufarbeitung von Fehlern, die in der Schulpraxis noch weithin vernachlässigt wird.

Für die *Durchführung der Selbstbeurteilung* muss man geeignete *Bedingungen* schaffen (Winter 1991, 117):

– Es muss dafür gesorgt werden, dass die Schüler zu Selbstkontrolle und Selbstbewertung motiviert sind.
– Damit die Schüler nicht durch die Doppelrolle überfordert werden, sich sowohl mit dem Lerninhalt als auch mit dem eigenen Lernen auseinander setzen zu müssen, sollten in einer Rollenaufteilung zunächst Mitschüler die Beobachtung und Kontrolle des Lernens übernehmen.
– Die zu bearbeitenden Aufgaben dürfen nicht zu einfach sein, damit der Beobachtungsaufwand gerechtfertigt erscheint, und sie sollten beobachtbare Handlungen und Operationen erfordern.
– Bewährt hat es sich, zumindest am Anfang den Schülerinnen und Schülern Handlungsmodelle, Handlungsmuster, Checklisten und Musterlösungen zur Verfügung zu stellen, damit ihre Selbstbeurteilung wirklich konkret wird.
– Um eine bloße Internalisierung von diagnostischen Praktiken und Kriterien ihrer Lehrkräfte zu vermeiden, sollten Schülerinnen und Schüler diese mitgestalten dürfen.

Portfolios

Direkte Leistungsvorlagen bzw. Portfolios sind ein Gegenentwurf gegen die traditionelle Beurteilungspraxis, bei der Außenstehende (Eltern, potenzielle Arbeitgeber usw.) der Interpretation und Bewertung von Schülerleistungen durch Lehrkräfte vertrauen müssen, ohne die Leistungen selbst einsehen zu können. Stattdessen

werden hier nach vereinbarten Kriterien ausgewählte Arbeiten und Unterrichtsmaterialien in einer Mappe (einem Portfolio) gesammelt, die z. B. bei Bewer-
bungen vorgelegt werden kann. Neben dem Bewerbungsportfolio kennt man das
Vorzeigeportfolio, das Prüfungsportfolio, das Entwicklungsportfolio und das Ar-
beitsportfolio. Die beiden letzten Varianten enthalten in der Regel neben origi-
nalen Schülerarbeiten auch Auflistungen der im Unterricht verfolgten Lernziele,
Lernentwicklungsberichte und Kommentare von Lehrkräften, Selbstbeurteilungen
von Schülern und Protokolle von sogen. Portfoliokonferenzen. Sie werden am un-
mittelbarsten fruchtbar für die schulische Arbeit, indem sie das Reflektieren über
das eigene Lernen in den Mittelpunkt stellen.

Beurteilungs-, Lern- und Entwicklungsgespräche

Beurteilungs-, Lern- und Entwicklungsgespräche sind die konsequenteste Schlussfolgerung aus der Einsicht, dass letzlich alle Formen der Leistungsbeurteilung und
-bewertung der Kommunikation von Schüler(innen), Lehrkräften und Eltern über
Lern-, Entwicklungs- und Arbeitsprozesse zu dienen haben. Die unmittelbarste
Form der Kommunikation aber ist zweifellos das persönliche Gespräch. Deshalb
ersetzte man in den letzten Jahren Zeugnisse oder wenigstens Halbjahreszeugnis-
se in manchen Bundesländern und Schulen durch solche Gespräche. Sie haben
gegenüber Noten- und Wortzeugnissen eine ganze Reihe von Vorteilen: Sie legen
Schülerinnen und Schüler viel weniger fest als Zeugnisse, ermöglichen es, auch kritische Aspekte offen anzusprechen, verringern die Gefahr von Missverständnissen,
geben Gelegenheit, verschiedene Sichtweisen und Erfahrungen auszutauschen, zu
einvernehmlichen Beurteilungen zu kommen und sinnvolle Vereinbarungen mit
Schüler(innen) und Eltern zu schließen.

4.4 Der Antagonismus von Fördern und Selektieren

Es ist nicht zu erwarten, dass die Schule in absehbarer Zeit von der Selektionsaufga-
be entbunden wird. Die Wahrnehmung dieser Aufgabe steht jedoch in erheblicher
Spannung zu dem Förderauftrag, dem sich die Neue Lernkultur überwiegend verpflichtet fühlt. Die Trennung von Lern- und Leistungssituationen (Weinert 1998),
die Verteilung von Förder- und Selektionsdiagnose auf frühere und spätere Abschnitte größerer Lerneinheiten, die Freistellung bestimmter Jahrgänge und Schulstufen von der Selektionsdiagnose und die Überprüfung von Abschluss-Qualifikati-
onen durch externe Institute und Behörden mögen diese Spannung etwas mildern.
Aufzuheben aber ist sie letztlich nur dadurch, dass man die gängige Auffassung von
Bildungsgerechtigkeit revidiert: Man wird sich von der Illusion verabschieden müssen, alle Ungleichheiten aufgrund sozialer Einflüsse und möglichst auch aufgrund
natürlicher Gegebenheiten auszuräumen. Realistischer erscheint eine Schwellen-
konzeption, der zufolge Gerechtigkeit als realisiert gilt, wenn das Bildungssystem

jedes Kind zu einer autonomen Lebensgestaltung befähigt, d. h. zur Teilnahme am sozialen, politischen, ökonomischen und kulturellen Leben der Gesellschaft (Giesinger 2007).

Literatur

Giegler, H. (1999): Test und Testtheorie. In: Asanger, R./ Wenninger, G. (Hrsg.): Handwörterbuch Psychologie. Weinheim: Beltz, 782-789.

Giesinger, J. (2007): Was heißt Bildungsgerechtigkeit? In: Zeitschrift für Pädagogik 53 (3), 362-381.

Tent, L. (1998): Zensuren. In: Rost, D. H. (Hrsg.): Handwörterbuch Pädagogische Psychologie. Weinheim: Psychologie Verlagsunion, 580-584.

Weinert, F. E.(1998): Neue Unterrichtskonzepte zwischen gesellschaftlichen Notwendigkeiten, pädagogischen Visionen und psychologischen Möglichkeiten. In: Wissen und Werte für die Welt von morgen. Bildungskongress des Bayerischen Staatsministeriums für Unterricht und Kultus. München, 101–125.

Winter, F. (1991): Schüler lernen Selbstbewertung. Ein Weg zur Veränderung der Leistungsbeurteilung und des Lernens. Frankfurt/Main: Peter Lang.

Winter, F. (2004): Leistungsbewertung. Eine neue Lernkultur braucht einen anderen Umgang mit den Schülerleistungen. Baltmannsweiler: Schneider Verlag Hohengehren.

Andreas Dörpinghaus und Ina Katharina Uphoff
Bildung als Aufgabe der Schule

Der Bildungsbegriff ist eine zentrale Leitkategorie für Schule und Unterricht. Er nimmt die Selbstzweckhaftigkeit des Menschen in den Blick ohne seine gesellschaftliche Einbindung zu leugnen. In dieser Spannung bezieht er sich kritisch-reflexiv auf Wissensbestände, Deutungsmuster und normative Orientierungen, die kulturell und gesellschaftlich als bedeutsam für die Entwicklung von Mensch und Gesellschaft erachtet werden. Bildung zeigt sich in unterschiedlichen Bestimmungen, ohne dass eine letztgültige Definition von Bildung möglich wäre. Vielmehr ist ihre Unbestimmtheit der Möglichkeitsraum, in dem sich Menschen zu mündigen Persönlichkeiten entwickeln können. Der Beitrag führt wichtige Modelle von Bildung aus, die jeweils historisch situiert Merkmale des Bildungsbegriffs auslegen. Sie reichen von den Modellen *Bildung als Erkenntnis* (Platon), als *Autonomie und Mündigkeit* (Kant), *als Selbstzweck* (Humboldt) über die kritischen Modelle *Bildung als Kritik* (Adorno), *Bildung als Kapital* (Bourdieu) bis hin zur Frage nach dem Zusammenhang von *Bildung und inhaltsbezogener Didaktik* (Klafki). Schule und Unterricht, die sich an Bildung ausrichten, betrachten den Menschen als zur Mündigkeit fähiges reflexives sowie kritisches Wesen und suchen ihn darin zu fördern.

1 Dimensionen schulischer Bildung

Bildung wird heute als Kernaufgabe schulischen Unterrichts erachtet. Die Lehrpläne aller Schularten formulieren – schulartspezifisch ausgelegt – Bildung als zentrale Aufgabe und subsumieren unter diesen Begriff vielfach ein Intentions-Konglomerat, das von der Wissens- und Wertevermittlung bis hin zur ganzheitlichen Persönlichkeitsbildung reicht.[1] Die inhaltliche Bandbreite spiegelt dabei sowohl die Unbestimmtheit und Offenheit als auch die reiche Tradition des Begriffs wider. Bildung ist im Kontext der Bildungstheorie und der Reflexion über die Aufgabe der Schule ein sehr voraussetzungsreicher Fachterminus mit einer langen Geschichte und einer eigenen komplexen Systematik.

---

1 Vgl. hierzu die Präambeln der Lehrpläne z.B. des bayerischen Schulwesens.

Schon Johann Amos Comenius fordert im 17. Jahrhundert neben dem Ausbau des Schulwesens auch die Bildung aller Menschen, und zwar auf sämtlichen Gebieten des Wissens. Schule soll nicht nur aus der bloßen Vermittlung von Fähigkeiten und Fertigkeiten bestehen, vielmehr müsse das Gelernte in einen übergreifenden Horizont der Lebensführung sowie der Selbst- und Weltgestaltung eingebettet werden. Interessanterweise wird der Bildungsbegriff bis in das 18./19. Jahrhundert nicht eigens hervorgehoben.

Im letzten Drittel des 18. Jahrhunderts erhält der Bildungsbegriff im Zuge der Aufklärung und des Neuhumanismus eine spezifische, sich zunehmend etablierende Bedeutung und avanciert schließlich zu dem vielleicht wichtigsten Fachterminus der Pädagogik. Bildung wird, wie es Wilhelm von Humboldt aufnimmt, Zweck an sich selbst (vgl. v. Humboldt, 1792/⁴2002, 64). Darin ist sie Ausdruck einer reflexiven Lebensgestaltung sowie einer Widerständigkeit gegenüber der Fremdbestimmung des Menschen. Zugleich antwortet der Bildungsbegriff in seiner terminologischen Verwendung des 18. und 19. Jahrhunderts auf neuzeitliche Problemlagen. Diese wurzeln in der Trennung von moralischem, erkennendem, ästhetischem und politischem Subjekt sowie der radikalen Differenz von Subjekt und Objekt, Mensch und Welt, Leib und Seele u.v.m. Die Frage ist dann, wie der Mensch als Mensch überhaupt noch möglich ist. So gewinnt das Bildungsverständnis seine bis in die Gegenwart hinein gültige Kontur, die den Menschen in seinem dreifachen Verhältnis betrachtet: in seinem Verhältnis zu sich, zu Anderen und zur Welt. Kurzum: Bildung situiert den Menschen in seiner „Totalität" (v. Humboldt).

Spätestens ab dem 19. Jahrhundert wird Bildung im Zuge des bürgerlichen Emanzipationsprozesses gegen das feudalistische System ein Leistungsmerkmal. Funktionalisiert im Rahmen des schulischen Berechtigungswesens dienen Bildungszertifikate dazu, den Mangel an Besitz oder Adelstiteln auszugleichen. Dabei werden zugleich neue Differenzmerkmale geschaffen. Während also unter den liberalen Ideen von Freiheit und Gleichheit einerseits tradierte Herrschaftsstrukturen überwunden werden, entstehen andererseits neue Grenzen als Ausdruck der symbolischen Macht (vgl. Bourdieu 1992). Bis heute werden über die schulische Bildung und ihre Zertifizierung berufliche Karrieren ermöglicht und soziale Privilegien reproduziert. Bildung ist damit eingebunden in die Entstehung und Fortschreibung der „feinen Unterschiede" (Bourdieu 1982); über sie werden mitunter elitäre Selbstbeschreibungen vorgenommen und ungeachtet einer „aktiven Bildungspolitik" (vgl. Dahrendorf 1965) Distinktionsmechanismen maßgeblich. Die geforderte Chancengleichheit im und durch das Bildungswesen bleibt ein nach wie vor zu lösendes Problem der Schule als Institution.

Mit der Verstaatlichung des Schulwesens stehen Schule und Bildung in einem Rechtsverhältnis, in dem die Trägerschaft, die Ausrichtung, Zielsetzungen und Inhalte genauso verfassungsrechtlich grundgelegt werden wie organisatorische Fragen. Ein Recht auf Bildung bleibt im Wesentlichen auf die gesetzlich festgelegte

Schulpflicht und den freien und gleichen Zugang zu öffentlichen Bildungseinrichtungen beschränkt.[2]Die schulischen Fächer und ihre Inhalte werden vor dem Hintergrund der Zielsetzungen seit jeher in Lehrplänen verankert, die, bezogen auf die jeweilige Schulart, den Bildungskanon einer Zeit auslegen. Als *kanonische* (materiale) Bildung umfasst sie die zu vermittelnden Bildungsinhalte und versteht sich als eine subjektive Aneignung von Kultur, die sich über die schulischen Lehrpläne tradiert. Gegenwärtig wird das inhaltsbezogene kulturelle Orientierungswissen vielfach zugunsten von standardisierten Kompetenzbeschreibungen zurückgenommen. Die Reflexionsfelder von Bildung und Kultur, einst im Bildungskanon aufgehoben, sind dennoch als Weltzugänge, Deutungsmuster und Welterklärungsmodelle unverzichtbar. Der Anspruch der Schule, Bildung als Kernaufgabe zu begreifen, ist bis heute ihrer Indienstnahme durch spezielle Zwecke ausgesetzt, so dass die Verwertbarkeit von schulischer Bildung zunehmend zum politischen Programm wird.

2 Was ist Bildung?

Der Begriff Bildung gehört zu jenen Grundbegriffen der Pädagogik, die im Alltag und in anderen Wissenschaften verwendet werden. Mit dem Begriff Bildung ist eine Reflexion verbunden, die über den Gedanken der Ausbildung und Qualifikation sowie des Kompetenzerwerbs weit hinausreicht. Daher ist es hilfreich, zunächst nach konstitutiven Bestimmungsmerkmalen zu fragen (vgl. Dörpinghaus/Uphoff 2011, 56ff).

a) Bildung ist nicht Ausbildung

Der Mensch wird nicht gebildet, sondern er bildet sich selbst in der reflexiven Auseinandersetzung mit sich und der Welt sowie in den wechselseitigen Bezügen zu anderen Menschen und Kulturen. Damit sperrt sich der Begriff Bildung im Kern gegen die bloße „Herstellung" von Subjekten und ihre Erfassung als Humankapital. Mit Bildung verbinden wir die Möglichkeit, uns in unserem Menschsein zu „verbessern", eine kritische Haltung zur Welt einzunehmen, der Welt eine interessierte Aufmerksamkeit zu schenken und überlegte Entscheidungen zu fällen. Dazu gehört auch, gemeinsam mit anderen Menschen Probleme zu durchdenken und zu beraten, uns an den Fragen der Wissenschaft oder des gelingenden Lebens gewissermaßen abzuarbeiten. So betrachtet ist Bildung die Basis jeder Ausbildung, die sich nicht mit einer stupiden und mechanischen Anwendung von Gelerntem zufrieden gibt. Das Bildungsverständnis auf Qualifizierungsprozesse oder den Erwerb von Kompetenzen zu reduzieren, trifft daher nicht das, was der Begriff an Dimensionen enthält.

---

2 So enthält das Grundgesetz kein Recht auf Bildung. Gleichwohl haben die Bundesländer den Bildungs- und Erziehungsauftrag der Schulen in ihren Verfassungen und Schulgesetzen festgeschrieben.

b) Bildung ist eine Sorge um sich

Ob sich Bildung als ein reflexives Sich bilden den normativ gesellschaftlichen Fallstricken entziehen kann, bleibt fraglich und ist zumindest die Aufgabe einer weitgehend mündigen Lebensführung. Seit der Antike impliziert Bildung die Arbeit der Menschen an sich und ihrer Gegenwart. Damit steht sie in der Tradition dessen, was die „Sorge um sich" genannt wird. Diese Selbstsorge ist eine auf das gesamte Leben bezogene Form der Achtsamkeit mit dem Ziel, sich selbst zu regieren und nicht regiert zu werden (vgl. Foucault 1978/2001). Sie umfasst die Sorge um die endliche Lebenszeit, um das Zusammenleben und um Gerechtigkeit, die Sorge um das, was wahr ist und was gewusst werden kann, sie schließt den richtigen Umgang mit den Begierden, der Lust und dem Körper ein, sie bezieht sich auf die Ernährung, auf die Pflege der Freundschaften, auf das richtige Wirtschaften und auf die richtige Lebensplanung.

c) Bildung ist die Suche nach Erkenntnis

Bildung ist im Grunde ein leidvoller Prozess, wenn sie mehr sein möchte als bloße Informiertheit oder oberflächliches Halbwissen. Schließlich verbinden wir mit ihr den Anspruch, dass sie mit Wissen und Erkenntnis zu tun habe, mit einem vielseitigen Interesse und dem Ringen um Verständnis. Die Liebe und Leidenschaft *(eros)* zum Verstehen, das Interesse an einer Sache gehören zur Bildung und zum Lernen. Der Gedanke, dass sich Menschen durch Wissenschaft bilden, findet hier seinen Ursprung.

d) Bildung ist ein Sichfremdwerden

Bis zur Moderne ist es undenkbar, dass ein Ungebildeter Lehrer oder Wissenschaftler sein kann. Um nach Erkenntnis und Wahrheit zu streben, bedarf es einer Reflexion auf die Nichtselbstverständlichkeit der Welt. Der Bildungsprozess impliziert daher zugleich ein Sichfremdwerden, das die Voraussetzung des Andersdenken-Könnens ist. Bildung ist immer auch ein Wagnis, ein Einlassen auf ein Denken, das die selbstverständlichen und vertrauten Muster verlässt. Es geht darum, sich von etwas in Frage stellen zu lassen, in einem Nichtdenken unterbrochen zu werden, dem Nicht-Wissen einen Platz einzuräumen und den Irrtum als menschlich zu betrachten. Bildung umfasst somit eine Transformation des Selbst, man muss etwas an sich ändern, den Blick umwenden und eine andere Perspektive auf die Dinge erlauben.

e) Bildung ist Verzögerung

Bildung ist ein reflexives Verhältnis, das wir gewinnen, wenn wir über uns, andere Menschen und die Welt ins Nachdenken geraten. Aber was tun wir, wenn wir den Begriff Bildung für die Frage nach unserer Subjektivität, nach Gesellschaft und Kultur herausstellen? -Wir begreifen und behandeln uns als Individuen, die für ihr Handeln Gründe haben und nicht mechanisch reagieren. Die Absage an die Verbindung von Reiz und Reaktion lässt sich über den Gedanken fassen, dass Bildung mit den Verzögerungen der unmittelbaren und kürzesten Verbindungen im Denken, Handeln und Urteilen zusammenhängt. Der Mensch ist ein Wesen, das zögern kann. Erst ist in der Verzögerung werden Erfahrungen als Bildungsprozesse möglich. Bildung als Verzögerung markiert den Übergang von der bloßen Nutzbarmachung einer Sache hin zur Frage nach ihrem Sinn und ihrer Bedeutung (vgl. Cassirer 1944/²2007, 49). In der Verzögerung ist Bildung widerständig. Diese Zeitstruktur ist daher ausschlaggebend für das Verständnis von Bildung und des menschlichen „Zur-Welt-Seins" (vgl. Dörpinghaus/Uphoff 2012).

f) Bildung als kulturelles Gedächtnis

Bildung ist die Arbeit an einem kulturellen Gedächtnis, das Fragen und Antworten bewahrt, die dem Menschen und der Gesellschaft Orientierung bieten. In die Geschichte zu blicken und ein Bewusstsein für die eigene historische Situation zu entwickeln schützt vor naiver Weltbegegnung und hinterfragt zugleich das eigene Denken. Zum kulturellen Gedächtnis gehören aber nicht nur das Wissen um die eigene Geschichtlichkeit, sondern auch die so genannten Kulturgüter, womit zunächst nichts anderes gemeint ist als gleichsam „Umständlichkeiten" (Blumenberg 1986, 124), die schnelle Lösungen verhindern. Gegenstände von Bildung sind solche des Verstehens, das seine Zeit benötigt. Das kulturelle Gedächtnis ist ein Spiegel, in dem das Fremde im Eigenen und die Vergangenheit im Gegenwärtigen sichtbar werden. Die Beschäftigung mit Kunst, Literatur und Musik, Sprache, Religion, Wissenschaft, Recht, Ökonomie und Geschichte, Natur sowie Technik ist immer die Beschäftigung des Menschen mit sich selbst, seinem Denken, seinen Gefühlen und den Formen seines Ausdrucks. Es geht also bei der Bildung des Menschen nicht um die „materiale" Anhäufung historischen Wissens, um etwa in der „Vielwisserei" als gebildet zu gelten, sondern um ein vielseitiges Interesse für Fragen, die zur Orientierung wichtig sind und auf die gemeinsame Antworten als Sinnentwürfe gesucht werden müssen.

Im nun Folgenden werden wichtige Modelle und Theorien von Bildung erläutert.

3 Platon –Bildung als Erkenntnis

Der Bildungsbegriff erfährt in der griechischen Antike eine erste Grundlegung. Bildung wird durch den Begriff der paideia gefasst. Mit paideia wird die Möglichkeit des Menschen zur freiheitlichen Lebensgestaltung, zur denkenden Einsicht in den Grund von Wahrheit und Sein gedacht sowie die Hinwendung zu Wissen und Erkenntnis intendiert. Der griechische Philosoph Platon (427–347 v. Chr.) verweist in seiner Ideenlehre und der politischen Theorie auf den Bildungsprozess als Weg des Aufstiegs von der Sphäre des Scheinbaren hin zu einem unwandelbaren Wissen. Am deutlichsten wird Platons Vorstellung von Bildung durch sein berühmtes Höhlengleichnis (vgl. Platon 2004, 269ff). Im Höhlengleichnis beschreibt Sokrates seinem Gesprächspartner eine unterirdische Höhle, die einen langgestreckten, nach oben führenden Eingang bzw. Ausgang besitzt. In ihr befinden sich Menschen, die seit ihrer Geburt so gefesselt sind, dass sie ihren Blick stets nur auf eine Höhlenwand richten können. Es ist die Welt des Scheins, der bloßen Meinung, die in dieser Weise bildhaft vor Augen geführt wird. Doch das Szenarium erweitert sich: Hinter einer Mauer, von oben herab, leuchtet ein Feuer, so dass alles, was hinter der Mauer geschieht, nur schattenhaft und als Widerhall für die Menschen wahrnehmbar ist. Die Gefangenen in der Höhle aber halten diese Trugbilder für die wirkliche Welt. Nun stelle man sich vor, ein Gefangener könnte die Fesseln ablegen, die seinen Blick auf den Schein der Welt richten. Er stünde auf und schaute zunächst in das Licht des Feuers. Vermutlich wäre er schmerzhaft geblendet und würde daher kaum die Gegenstände, die vormals die Schatten warfen, erkennen. Er würde sie auch in ihrer Präsenz nicht als wirklicher als die Schatten beurteilen. Zudem setzte sich der schmerzhafte Prozess fort, wenn der Befreite zum Ausgang der Höhle fortschreiten würde.

Der Ausgang aus der Höhle erscheint als ein mühevoller Weg. Nur langsam vollzieht sich die Loslösung von vertrauten Perspektiven auf die Welt. Auch außerhalb der Höhle ist der ehemals Gefangene geblendet durch das helle Sonnenlicht, weshalb er den Blick zunächst allein dem Boden zuwendet. Doch bald gewöhnt er sich an die Helligkeit und kann aufschauen. In einer Abfolge wird er zunächst die Schatten der Dinge, die durch die Sonne verursacht werden, erkennen, dann ihre Abbilder in der Spiegelung durch das Wasser und schließlich die wahren Dinge selbst – erst bei Nacht, im Licht des Mondes und der Sterne, dann auch tagsüber. Letztlich ist er in der Lage, in das Licht der Sonne zu schauen. Die Analogie im Höhlengleichnis wird transparent: Die Welt der Höhlenbewohner ist die empirisch-sichtbare Welt. Der gefesselte Mensch ist der Sklave seiner Sinnlichkeit, der Begierden, der Vorurteile und der Unbildung. Sich durch einen Umwendungsprozess von dieser Welt zu lösen ist Teil des eindrucksvoll beschriebenen, mühevollen Bildungs- und Erkenntniswegs des Menschen, der ohne Leiden nicht beschritten werden kann. Die Welt außerhalb der Höhle stellt sich als die wirkliche Welt des Seins dar, nämlich als Welt der Ideen, als Welt der kritischen Reflexion. Gemessen am vormaligen Zustand des Lebens in Trugbildern ordnet der Mensch seine erreichte Stellung nunmehr höher ein. Er ist in der Lage, auf die scheinbare Anerkennung in der Höhlenwelt zu verzichten und kann sein Leben im Lichte der Erkenntnis führen. Interessanterweise ist das Gleichnis aber mit der Schau der wirklichen Welt nicht beendet. Zur Lebensführung des Befreiten gehört unabdingbar die Rückkehr zu den Menschen in der Höhle, die im Schein ihrer Selbstverständlichkeiten naiv leben, von den Ansichten anderer abhängig sind und nicht zu selbst geprüftem Wissen vordringen.

Erst mit der Rückkehr in die Höhle werden Bildungsweg und Erkenntnisakt vollendet, zugleich wird die Einheit von Wissen und Handeln unterstrichen.

Für die schulische Bildung bedeutet diese Ausdeutung des Bildungsbegriffs vor allem zweierlei: Erstens zeigt sich Bildung als Weg des Sehenlernens, der mit Anstrengung verbunden ist und auf eine Transformation des Selbst abzielt. Damit ist kein Abspeichern und Verarbeiten von Informationen gemeint, sondern eine *Erfahrung*, „eine Wiederbetrachtung, [...], die nicht nur das eigene Wissen, sondern die eigene Person zur Disposition stellt" (Meyer-Drawe 2008, 206). Zweitens verdeutlicht Platon, dass mit dem Bildungsprozess kein äußerlich vorgenommenes „Einpflanzen" von Wissen gemeint ist, sondern ein Vorgang des Bewegtwerdens, das sich an der Sache selbst entzündet. Bildung hat dann etwas mit Neugierde, mit der Fähigkeit des Staunens, dem Bedürfnis Fragen zu stellen und nach Antworten zu suchen, zu tun.

4 Immanuel Kant – Bildung als Mündigkeit und Autonomie

Für Immanuel Kant ist die Bildung des Menschen als Bildung zu Autonomie und Mündigkeit eine Praktik der Freiheit und der Kritik. Kann der Mensch seine Freiheit so gebrauchen, dass er sein Leben gut führt und sich in seinem Denken und Handeln nur von Dingen leiten lässt, die er selbst als richtig erkannt hat? Ist so etwas wie Freiheit und Mündigkeit überhaupt möglich? Ausgangspunkt für die Auseinandersetzung mit solchen Fragen ist Kants Aufsatz „Beantwortung der Frage: Was ist Aufklärung?" aus dem Jahre 1784, in dem er den Weg des Menschen aus der Unmündigkeit beschreibt, die sich darin äußert, dass der Mensch nicht selbst denkt, nicht hinterfragt und nicht über Gründe und Möglichkeiten des eigenen Handelns reflektiert (vgl. Kant 1784/⁶2005, 53). Stattdessen lässt er sich vorschreiben, was er wissen kann, tun soll und hoffen darf. Da er nach Kant die Möglichkeit hat, mündig zu sein, diese aber beispielsweise aus Faulheit oder Feigheit nicht nutzt, sei seine Unmündigkeit selbstverschuldet. Wie aber werden Menschen in Unmündigkeit gehalten? Effektive Instrumente der Sicherung der Unmündigkeit sind die Androhung des Verlustes jener Geborgenheit und Sicherheit, die durch die Vormundschaft gewährleistet wird sowie Hinweise auf die Risiken der Eigenständigkeit. Da unmündige Menschen besser regiert und gelenkt werden können, wendet sich Kant gegen jede Autorität, die die Freiheit des Menschen und seine mündige Lebensführung einschränken oder gar verhindern will. Zugleich spricht er den Menschen Mut zu, ihre Vernunft öffentlich zu gebrauchen. Die Mündigkeit zielt bei Kant auf ein kritisches Subjekt ab, das versucht, sich in einer Gesellschaft voller Machtbeziehungen Freiheitsräume zu erarbeiten.

Doch die Mündigkeit in politischer Hinsicht hat bei Kant nicht das letzte Wort. Für ihn ist das wichtigste Handlungsziel des Menschen seine Autonomie, also seine moralische Selbstbestimmung in der Lebensführung. Damit Autonomie als Ziel für den Menschen in Frage kommt, muss er überhaupt als ein freies Wesen gedacht werden können, erst dann stellt sich die Frage, wie die Autonomie des Willens zum Maß der Lebensgestaltung werden kann. Für Kant besteht jedenfalls kein Zweifel daran, dass es die Aufgabe des Menschen ist, sein Leben und sein Handeln moralisch auszurichten. Kant muss also zunächst zeigen, dass der Mensch als ein Handelnder verstanden werden kann, als jemand, dem sein Handeln zugerechnet werden kann. Freiheit und Zurechenbarkeit sind ihm Prämissen für die Autonomie des Menschen und damit für seine moralische Bildung. Mit anderen Worten: Moralität, will sie ein Verdienst des Menschen sein, muss Ausdruck seiner uneingeschränkten Freiheit sein. Der Mensch kann nicht allein als ein Objekt ähnlich der Objekte in der Natur betrachtet werden. In der Natur geschehen die Dinge so, wie sie geschehen müssen, und zwar nach Gesetzen, beispielsweise denen der Physik. Bei dem Menschen muss gefragt werden, ob das, was geschieht, auch geschehen sollte, denn nur die Verursachung einer Handlung aus Freiheit ist moralisch bewertbar. Er spricht hier von der Kausalität der Freiheit, die es erlaubt, den Menschen als ein freiheitliches Wesen zu denken. Seine Bestimmung liegt dann darin, sich moralisch zu bilden, das heißt von seiner Freiheit einen moralisch-guten Gebrauch zu machen. Doch wie kann der Mensch dieser Bestimmung nachkommen?

Nach Kant verfügt der Mensch über die Anlage zum Guten, die vor allem darin besteht, grundsätzlich empfänglich für die Achtung des moralischen Gesetzes, des kategorischen Imperativs zu sein. Es ist eine Art Gefühl für den Stellenwert des Guten in der Beurteilung und der Ausübung des Handelns. Das Gute muss der Mensch aber selbst für sich wählen, weil sich die moralische Bildung eben nur in der Freiheit als Autonomie gründen kann. Dadurch, dass Kant darauf verweist, dass das moralische Gesetz, der kategorische Imperativ dem Menschen gegeben ist, gibt es offensichtlich weniger das Problem, dass der Mensch, wenn er handeln muss, nicht wüsste, was gut oder böse ist. Vielmehr ist entscheidend, ob er seinem Egoismus das letzte Wort überlässt oder ob er seine Maxime des Handelns als moralisch geboten betrachtet und sich daher auf das Gute hin selbst verpflichtet.

Das heißt, der Mensch darf bei seinem Handeln nicht darauf achten, welche Vorteile er selbst von seinem Tun erwarten kann, sondern nur darauf, ob er es allein um des Guten willen tut. Kant spricht daher auch von der Autonomie des ausschließlich guten Willens. Der Mensch wäre moralisch gut, wenn er seine Lebensführung nach dem moralischen Gesetz ausrichtete und die Autonomie des Willens zu seinem obersten „lebensregierenden" (Blumenberg 1986, 358) Handlungsgrundsatz machte. Allerdings zeigt die Erfahrung, dass die Menschen eher nach egoistischen Motiven handeln. Anders gewendet: Der Mensch ist im Grunde zum Guten veranlagt, aber er ist de facto nicht gut. Das ist der Preis der menschlichen Freiheit. Die moralische Bildung liegt also in den Händen jedes Einzelnen, sie entzieht durch die Voraussetzung der Freiheit der pädagogischen „Bewerkstelligung" und ist für den Menschen als beständige, nicht abschließbare Aufgabe formuliert. Schulische Bildung im Kontext einer Wertevermittlung und ausgerichtet an den Zielen der Autonomie und Mündigkeit hat also gerade das Spannungsfeld von Freiheit und Zwang auszuhalten und sich der Möglichkeiten und Grenzen pädagogischer Einflussnahme bewusst zu werden.

5 Wilhelm von Humboldt – Bildung als Selbstzweck des Menschen

Um die Wende zum 19. Jahrhundert setzt mit dem so genannten Neuhumanismus eine Diskussion um die Bestimmung des Menschen ein. Entgegen einer metaphysisch abgeleiteten Vollkommenheit wird das Verhältnis des Menschen zur Welt im Ausdruck individueller Selbstbestimmung thematisch. Damit verbunden wird das Problem virulent, ob der Mensch „als Mittel" gebraucht werden dürfe, um Zwecke zu verfolgen, die nicht dem Selbstzweck seiner individuellen Bestimmung entsprechen. Zugleich wird in kulturkritischer Absicht gefragt, wie der Mensch in seiner „Totalität" als sinnlich-vernünftiges Wesen möglich ist. Abseits von staatlichen Nutzenkalkülen und gesellschaftlicher Brauchbarkeit wird die Bildung des Menschen zur Arbeit an der je individuellen Bestimmung. Die Gestaltung des Lebens, die Ausformung der dem Menschen innewohnenden Kräfte als Bildungsarbeit und die individuell-autonome Entfaltung wird losgelöst von Standesgrenzen und politischen Herrschaftsstrukturen gedacht. Freiheit und Gleichheit sind die tragenden Säulen. An die Stelle der kosmischen Bezogenheit von Mensch und Welt tritt der Gedanke des Individuums als Selbstzweck, dem gerade das Verhältnis zur Welt zur Aufgabe wird.

Die Grundlagen der Bildungstheorie von Humboldts finden sich bereits in seiner Schrift „Ideen zu einem Versuch, die Grenzen der Wirksamkeit des Staates zu bestimmen" aus dem Jahre 1792. Mit der Freiheit als erster Voraussetzung, die nicht revolutionär erzwungen oder staatlich befohlen werden kann, entwirft von Humboldt den Gedanken der Bildung des Menschen in Gesellschaft und Staat als Bekenntnis zur Idee der humanitas. Es geht um das Ideal eines Zusammenlebens, in dem sich jeder um seiner selbst willen entwickelt. Der Mensch geht nicht auf in der gesellschaftlichen Position oder im Beruf, er ist aufgefordert, seine Bestimmung in sich selbst zu suchen, seine Individualität herauszubilden.

Ausgangspunkt für Bildungsprozesse ist die ausgewogene, „proportionierliche" Kräftebildung, die das je Eigene betrifft. Die Kräfte des Menschen verweisen auf seine zu realisierenden Möglichkeiten und sollen zu einem Ganzen gebildet werden.

Um sich ausprägen und entfalten zu können, brauchen die menschlichen Kräfte eine Welt außer sich, d.h. v.a. Bildungsgegenstände und –inhalte. Der Bildungsprozess vollzieht sich daher in der Struktur einer Wechselwirkung zwischen dem Menschen und seiner Welt. „Die letzte Aufgabe unsres Daseyns: dem Begriff der Menschheit in unsrer Person, sowohl während der Zeit unsres Lebens, als auch noch über dasselbe hinaus, durch die Spuren des lebendigen Wirkens, die wir zurücklassen, einen so grossen Inhalt, als möglich, zu verschaffen, diese Aufgabe löst sich allein durch die Verknüpfung unsres Ichs mit der Welt zu der allgemeinsten, regesten und freiesten Wechselwirkung." (v. Humboldt [4]2002, 235f) Der Begriff „Wechselwirkung" stellt in der Bildungskonzeption Wilhelm von Humboldts eine zentrale Kategorie dar. Die Welt als „Nicht-Mensch" ist das dem Menschen zunächst Fremde, und allein in der Ausrichtung auf sie und einem Sichfremdwerden sind Bildungsprozesse möglich. Ort der Vermittlung zwischen dem Menschen und der Welt ist die Sprache. Nur über die Sprache ist der Mensch in der Lage, die Welt denkend zu erfassen und aufzunehmen, über sie sind Welt und Mensch miteinander verwoben. Auch ein reflexiver Bezug des Menschen auf sich ist nur sprachlich möglich. Daneben ist die gesellschaftlich-historische Verankerung der Sprache zu beachten. Der Mensch wird immer schon in eine geschichtlich gewachsene Sprache hineingeboren. Für den Bildungsgedanken bedeutet dies, dass der Mensch seine Bestimmung im Rahmen einer sprachlichen und geschichtlichen Verfasstheit zu finden sucht. Wilhelm von Humboldt denkt Sprache in ihrer Vielfältigkeit. Für ihn ist sie in ihrer Verschiedenheit Weltansicht und Ausdruck eigener Lebensformen. Der Bildungsprozess ist eine gemeinsame Arbeit an der Weltsicht; Streiten und Argumentieren um Standpunkte haben nicht das Ziel einer Übereinstimmung, sondern finden in dem Bestreben der Perspektiverweiterung statt.

Von seinem freiheitlichen Bildungsverständnis getragen sind auch die humboldtschen Entwürfe zur Organisation des preußischen Bildungssystems. Eine berufliche Bildung hält er dann für sinnvoll, wenn sie auf einer allgemeinen Bildung aufbaut. Es wäre zu kurz gegriffen, Humboldt vorzuwerfen, er sei gegen eine Selbstverwirklichung im Medium der Arbeit oder gegen eine berufliche Bildung. Vielmehr ist ihm wichtig, der Bildung des Menschen eine größere Relevanz als der Ausbildung einzuräumen. „Jede Beschäftigung vermag den Menschen zu adeln […] Nur auf die Art, wie sie betrieben wird, kommt es an; und hier lässt sich wohl als allgemeine Regel annehmen, dass sie heilsame Wirkung äussert, so lange sie selbst, und die darauf verwandte Energie vorzüglich die Seele füllt, minder wohlthätige, oft nachtheilige hingegen, wenn man mehr auf das Resultat sieht, zu dem sie führt, und sie selbst nur als Mittel betrachtet." (v. Humboldt 1792/[4]2002, 78).

Mit Wilhelm von Humboldt Bildung als Aufgabe der Schule zu thematisieren, heißt, mit ihm das Ideal einer ganzheitlichen, allgemeinen Menschenbildung in den Blick zu nehmen, die sich nicht an unmittelbarer Brauchbarkeit orientiert, sondern auf die allseitige Kräftebildung ausgerichtet ist. Eine ökonomische Ausrichtung und die Steuerung der Bildungsinstitutionen nach Wettbewerbsgesichtspunkten sind mit der Humboldt´schen Bildungsauffassung nicht zu vereinen.

6 Theodor W. Adorno –Bildung als Kritik

In historischer als auch systematischer Hinsicht gibt es eine Vielzahl von Bildungskonzeptionen. Dabei ist der Bildungsbegriff selbst nicht unstrittig. Der Philosoph, Soziologe und Musiktheoretiker Theodor Wiesengrund Adorno unterzieht ihn einer scharfen Kritik. Diese Auseinandersetzung steht vor dem Hintergrund der kritischen Theorie der Frankfurter Schule. Adorno deckt eine innere Widersprüchlichkeit und Spannung des Bildungsbegriffs auf, die das Scheitern von Bildung erklären soll. Seine These ist radikal: Aus Bildung ist Halbbildung geworden. Die Halbbildung zeigt sich in einer Zuwendung zur Welt, die keiner vertieften Arbeit mehr bedarf, bei der es nicht mehr darum geht, dass die Welt, in der wir leben, verstanden werden soll. Die so genannte Kulturindustrie unterstützt diesen Verfallsprozess, indem sie jedwede Fremdheit und Widerständigkeit im Bildungsprozess aufhebt. Bildungsinhalte werden dann nur noch als Waren an den Menschen, der als Konsument fungiert, weitergegeben.

Nach Adorno ist Bildung gescheitert, weil die Spannung, die dem Bildungsbegriff im Grunde innewohnt, aufgelöst ist: Die Spannung des Aufeinanderbezogenseins von Realität und Idealität, von Gesellschaft und Kritik, von Unterwerfung und Befreiung. „Erstarrt das Kraftfeld, das Bildung hieß, zu fixierten Kategorien, sei es Geist oder Natur, Souveränität oder Anpassung, so gerät jede einzelne dieser isolierten Kategorien in Widerspruch zu dem von ihr Gemeinten und gibt sich her zur Ideologie, befördert die Rückbildung." (Adorno 1959/2003, 96)

Der zentrale Denkansatz besteht darin, dass Bildung sich in einem spezifisch gesellschaftlich gewachsenen Verständnis selbst verhindert. Um diesen Gedanken zu verstehen, ist es wichtig zu sehen, dass Bildung im Zuge des Neuhumanismus die Lebensform einer „legitimen Kultur" (Bourdieu) geworden ist. Die Bildungsidee ist nach Adorno nicht vom Bürgertum zu trennen. Die bürgerliche Gesellschaft hat dabei zwar den Gedanken der Freiheit und Gleichheit aller postuliert, ihn aber nicht realisiert. Als Ausdruck von Herrschaft verfestigt das Bürgertum seine eigene Position und grenzt sich damit vom Proletariat ab, das von Bildung – vor allem aufgrund der entfremdenden Arbeit und Ausbeutung im Kapitalismus – ausgeschlossen ist.

Adorno versucht in seiner Schrift „Theorie der Halbbildung" aus dem Jahre 1959 das Scheitern der Bildung aus diesen gesellschaftlichen Bedingungen zu erklären. Dabei wird die dialektische Denkfigur maßgeblich: Sofern sich Bildung einseitig in den Dienst der Gestaltung des realen Lebens oder ökonomischer Zwecke stellt, wird sie Anpassung und gerät in Widerspruch zu sich selbst. Dies geschieht aber auch dann, wenn sie sich von der politisch-sozialen Wirklichkeit distanziert und sich in eine autonome, nahezu ästhetische Sphäre der Geisteskultur zurückzieht. In diesem Falle wird sie blind gegenüber herrschendem Unrecht, das sie so implizit legitimiert. Dort, wo Bildung und Kultur abseits des realen Lebens als Geisteskultur stehen, dulden sie unhinterfragt die ihnen widersprechende Wirklichkeit. Gerade die Geisteskultur wird als eine Sphäre außerhalb der gesellschaftlichen Struktur und Ordnung entworfen. Bildung bleibt jedoch Bestandteil dieser Ordnung, der sie sich nicht entziehen kann – sie ist ihren Gesetzen unterworfen. So kann sich die Geisteskultur nicht frei halten von den Elementen des Nützlichen und Brauchbaren. Bildung wird folgerichtig zu einer Ware, die scheinbar erworben werden kann. In ihrem Anspruch ist sie „entleert" und lässt sich durch die Kulturindustrie vermarkten. Diese Entwicklung ist im Berechtigungswesen der bürgerlichen Gesellschaft mit seinem Tauschcharakter angelegt.

Adorno nennt das Resultat dieser Prozesse Halbbildung. Hinter dem Wort verbirgt sich nicht etwa die Hälfte der Bildung, sondern ihre Auflösung: „Das Halbverstande und Halberfahrene ist nicht die Vorstufe der Bildung, sondern ihr Todfeind." (Ebd., 111) Der Halbgebildete ist nicht an einer vertieften Auseinandersetzung interessiert. Vielmehr ist ihm das Oberflächliche eigen, er schmückt sich mit Floskeln und Halbverstandenem, um seine angenommene Gebildetheit nach außen zu dokumentieren. Er fragt nach Nutzen und Prestigegewinn und gefällt sich in der Selbstgewissheit, durch seine Informiertheit alles zu wissen, was man wissen muss. Aus den Fallstricken der Dialektik entkommt Bildung nach Adorno nicht. Das Scheitern ist bereits im Begriff angelegt und damit unvermeidbar. In einer Gesellschaft der zugerichteten und konsumierbaren Kulturprodukte hat Bildung keine Möglichkeit ihrer Realisierung. Dennoch kann als Antithese zur Halbbildung nur der Bildungsbegriff selbst dienen:

„Taugt jedoch als Antithese zur sozialisierten Halbbildung kein anderer als der traditionelle Bildungsbegriff, der selber zur Kritik steht, so drückt die Not einer Situation aus, die über kein besseres Kriterium verfügt als jenes fragwürdige, weil sie ihre Möglichkeit versäumte." (Ebd., 102)

Angesichts ihres Scheiterns ist Bildung für Adorno nur noch als Kritik an der Halbbildung möglich, eben als Selbst- und Gesellschaftskritik. Im schulischen Kontext gilt es dann, nicht das Scheitern zu beklagen, sondern aufmerksam zu bleiben gegenüber Aneignungsprozessen, die den Weg nicht in den Erfahrungs- und Verstehenshorizont der Schüler(innen) finden.

7 Pierre Bourdieu: Bildung als Kapital

Der französische Ethnologe, Soziologe und Philosoph Pierre Bourdieu (1930–2002) deutet und analysiert die Welt vor dem Hintergrund symbolischer Formen der Macht. Klassenunterschiede, Hierarchisierungen und Standeszugehörigkeiten sind Ausdruck von Kämpfen, Positionierungen und Reproduktionspraktiken im sozialen Raum. Dieser ist durch Machtverhältnisse gekennzeichnet, die sich über Sozialisationsprozesse fortführen und erhalten. Menschen sind dabei Handelnde, die im sozialen Raum positioniert und durch diesen charakterisiert sind. In Verbindung mit der sozialen Positionierung bilden sich Geschmacksformen aus, die sich in bestimmten Praktiken, bevorzugten Nahrungsmitteln, Wohnverhältnissen, Präferenzen in Sportarten, Unterhaltung oder Kunst niederschlagen. Die eigene Lebensführung wurzelt in den klassenspezifischen Wahrnehmungen sowie Urteilsformen. Durch die Verbindung von sozialem Raum und Lebensstil kann Bourdieu die unterschiedlichen gesellschaftlichen Klassen mit spezifischen Formen des Geschmacks zusammenführen. Während die obere Schicht die „feinen Unterschiede" kultiviert, sucht die mittlere Schicht sich der oberen anzupassen. Der unteren Schicht hingegen geht es in erster Linie um Existenzsicherung.

Der Handelnde ist stets bemüht, seine Position zu stabilisieren oder zu verbessern. Dazu bedarf es einer Vermittlungskategorie zwischen den sozialen Regeln der Gesellschaft und der individuellen Lebensform mit den typischen Merkmalen des Lebensstils. Der Begriff, der diese Vermittlung verständlich machen soll, ist der Begriff des Habitus. Der Habitus eines Menschen ist seine Seinsweise; er zeigt sich als eine allgemeine Grundhaltung – eine Disposition gegenüber der Welt. Soziale Realitäten finden ihren Niederschlag in der mentalen Struktur und färben auf Haltungen und Gesten der Handelnden ab. Der Habitus ist also eine Art soziales Persönlichkeitsprofil, eine soziale Struktur, die die Wahrnehmung, das Denken, Handeln und Empfinden des Einzelnen strukturiert. Kurzum: Der Habitus ist das, was wir sind. Mit dem Habitus bezeichnet Bourdieu das Ergebnis der Verinnerlichung, der Inkorporation klassenspezifischer Existenzbedingungen.

Die Bedingungen der Existenz, die zudem auf die soziale Positionierung verweisen, sind vom verfügbaren Kapital abhängig. Wenn Bourdieu von Kapital spricht, hat er nicht nur den materiellen Besitz und das Einkommen im Blick, sondern unterscheidet weitere Kapitalformen: So tritt zum ökonomischen Kapital, das unmittelbar an Geld gebunden und jederzeit in Geldwert verwandelt werden kann, das kulturelle, das soziale und schließlich das symbolische Kapital. Das kulturelle Kapital eignet sich besonders zur Inkorporierung, Institutionalisierung von Machtstrukturen. Bildungsabschlüsse und Zertifikate dokumentieren Ansehen und Prestige im sozialen Raum. Das kulturelle Kapital ist also ein wichtiges Kapital für den Karriereweg – es eröffnet allererst bestimmte Lebensläufe oder schließt sie aus. Zugleich ist das kulturelle Kapital – ähnlich der Halbbildung – verstrickt in die Destruktion von Bildung. Es inkludiert die soziale Distinktion durch Lebensstile und bestimmt so die „legitime" Kultur und den „legitimen" Geschmack.

Die dritte Kapitalart, die Bourdieu unterscheidet, ist das soziale Kapital. Es ist ein Kapital, das sich aus sozialen Netzwerken und der Zugehörigkeit zu bestimmten Gruppe speist. Profite können sich daraus ergeben, welche Menschen man kennt, welchen Umgang man hat und welche Beziehungen man pflegt. Für die Reproduktion des sozialen Kapitals ist eine unaufhörliche Beziehungsarbeit notwendig. Wertschätzung, Ehre, Anerkennung oder gesellschaftlicher Status sind Kennzeichen des symbolischen Kapitals. Das symbolische Kapital ist also stets mit den anderen Kapitalformen verwoben, wenn soziale Akteure und ihr Kapital in einem spezifischen Feld Anerkennung erfahren. In diesem Falle steigert es den Wert der anderen Kapitalformen. „Das symbolische Kapital als ein nach besonderen Wahrnehmungskategorien konstruiertes Wahrgenommenwerden setzt das Vorhandensein von sozialen Akteuren voraus, die in ihrem ganzen Denken so konstruiert sind, daß sie erkennen und anerkennen, was sich ihnen bietet, und ihm Glauben schenken, und das heißt in bestimmten Fällen: Gehorsam und Unterwerfung." (Bourdieu 1998, 176) Gerade hier werden subtile Formen der Macht thematisch, in die auch Bildung verstrickt ist. Bildung zeigt sich als eine Kapitalform, die auf Herrschaftsstrukturen, Distinktionsmechanismen und Anerkennungsprozesse verweist. Die Chancenungleichheit im schulischen Bildungssystem wird dann zum Ausdruck einer Macht, deren Reproduktion und Wirksamkeit verschleiert wird. Chancengleichheit und Bildungsgerechtigkeit sind in einem sozialen Raum, der durch Ungleichheit und Ungerechtigkeit konstituiert wird, nicht realisierbar. Vor diesem Hintergrund sind der Umgang mit Heterogenität und Diversität auch für die schulische Bildung eine wichtige Aufgabe.

8 Bildung und Didaktik

Bildung hat eine grundlegende Bedeutung für das Verständnis von Lehren und Lernen. Bildungsinhalte, die gelehrt werden, sind dabei nicht automatisch Bildungsgehalte. Der Begriff des Bildungsgehaltes ist von Otto Willmann geprägt und unterstreicht die Notwendigkeit einer bildungstheoretischen Reflexion, die Klafki v.a. in seiner „Theorie der kategorialen Bildung" aus dem Jahre 1959 vornimmt. „Der Bildungsgehalt einer Sache ist das an ihr, was im Subjekt zur Bildung werden kann." (Klafki 1959, 180) Erst die reflexive Aneignung lässt den Bildungsgegenstand gehaltvoll werden. Damit muss jedwede Didaktik vor allem bildungstheoretisch fundiert werden. Klafki verwendet den Terminus der kategorialen Bildung für die wechselseitige Erschließung von Ich und Welt, von Subjekt und Objekt. Mit dieser Bestimmung versucht er die Einseitigkeiten offenzulegen, die entstehen, wenn Bildung entweder nur von den Bildungsinhalten oder nur vom Subjekt her gedacht wird. Im didaktischen Handeln verweist er zugleich auf die Aufgabe des Lehrenden, die durch den Lehrplan legitimierten Inhalte auf ihren Bildungswert hin zu prüfen. Dieser muss erst durch eine dezidierte Analyse expliziert werden. Kern eines bildungsbezogenen Unterrichts ist im Kontext der kategorialen Bildung daher die didaktische Analyse des Unterrichtsinhalts. Mit ihr als Instrument sind solche Gegenstände für den Unterricht auszuwählen, die zur Vermittlung kategorialer Einsichten führen. Hier werden Fragen nach der Bedeutungsrelevanz der

Inhalte für Gegenwart und Zukunft ebenso richtungsweisend wie die nach dem Elementaren und Fundamentalen. Im Bildungsgehalt ist die bildende Erfahrung aufgehoben. Der Bildungsgehalt gründet in der Bildungserfahrung, die sowohl den Vollzug des Subjekts als auch den Eigenwert des bildungsrelevanten Inhalts mit einschließt.

Eine Überarbeitung seiner bildungstheoretischen Didaktik hat Klafki mit der kritisch-konstruktiven Didaktik vorgenommen, die sich dem Unterricht als Medium eines offenen Bildungsprozesses stellt. Angesichts der Legitimationsdefizite eines inhaltlich festgelegten Bildungskanons, der seiner Idee der kategorialen Bildung zugrunde liegt, fragt er danach, ob das Allgemeine der Bildung nicht in Schlüsselproblemen zu finden ist, also in zentralen Problemen, die in einer Zeit von gesellschaftlicher Bedeutung sind. Bildung hat sich nach Klafki an einer vernünftigen Selbstbestimmung und der freien Entfaltung der Persönlichkeit sowie seiner Entwicklung im Medium des Allgemeinen (Klafki [5]1996, 19f) zu orientieren. Sie wird dabei als Zusammenhang dreier (demokratietheoretischer) Grundfähigkeiten konzipiert: als Fähigkeit zur Selbstbestimmung, als Mitbestimmungsfähigkeit und als Solidaritätsfähigkeit. Die Allgemeinbildung entfaltet sich, erstens, als Bildung für alle, zweitens, als Bildung im Medium des Allgemeinen und, drittens, als Bildung in allen Grunddimensionen menschlicher Interessen und Fähigkeiten. Diese sind vor allem der Umgang mit dem eigenen Leib, die kognitiven und ästhetischen Möglichkeiten, die handwerklich-technische und die hauswirtschaftliche Produktivität, die Ausbildung zwischenmenschlicher Beziehungsmöglichkeiten und eine ethische und politische Handlungsfähigkeit.

„Wir müssen die Frage heute neu, und zwar auf dem Stand eines kritischen, historisch-gesellschaftlich-politischen und zugleich pädagogischen Bewusstseins stellen. Meine Kernthese lautet: Allgemeinbildung bedeutet in dieser Hinsicht, ein geschichtlich vermitteltes Bewusstsein von zentralen Problemen der Gegenwart und – soweit voraussehbar – der Zukunft zu gewinnen, Einsicht in die Mitverantwortlichkeit aller angesichts solcher Probleme und Bereitschaft, an ihrer Bewältigung mitzuwirken. Abkürzend kann man von der Konzentration auf epochaltypische Schlüsselprobleme unserer Gegenwart und der vermutlichen Zukunft sprechen." (Klafki [5]1996, 56)

Klafki nennt Beispiele für epochale Schlüsselprobleme: Friedensfrage, Umweltfrage, soziale Ungleichheiten, Probleme der Auswirkung und Weiterentwicklung von Informationstechnologien, Probleme der menschlichen Beziehungen, Demokratie, Gerechtigkeit, Glück usw. Diese Probleme sind historisch kontingent und in der Fortführung offen. „Allgemeinbildung muss verstanden werden als Aneignung der die Menschen gemeinsam angehenden Frage- und Problemstellungen ihrer geschichtlich gewordenen Gegenwart und der sich abzeichnenden Zukunft und als Auseinandersetzung mit diesen gemeinsamen Aufgaben, Problemen, Gefahren." (Klafki[5]1996, 53) Auch die kritisch-konstruktive Didaktik baut auf einem bildungstheoretischen Fundament auf. Der Bildungsbegriff dient als orientierende Kategorie, die pädagogische Einzelmaßnahmen zusammenhalten kann und zugleich auf eine Zielbestimmung verweist, die auf Aktivität des Subjekts im Vollzug der Selbst- und Mitbestimmung sowie der Solidaritätsfähigkeit gründet (vgl. Klafki ⁵1996, 95ff). Vor dem Hintergrund der Diskussion um Bildungsstandards kann mit Verweis auf die Frage nach Bildungsgehalten nicht zuletzt die Problematik einer Verkürzung der schulischen Bildungsaufgabe durch eine produkt- und performanzorientierte Didaktik problematisiert werden.

9 Bildungs- und Kompetenzbegriff

In den Debatten des 21. Jahrhunderts über Schule und Unterricht wird der Bildungsbegriff mit dem Begriff der Kompetenz nahezu gleichgesetzt, um ihn in der Folge als austauschbar und obsolet darzustellen. Bis heute assoziiert man mit Bildung individuellen, gesellschaftlichen, sozialen und ökonomischen Fortschritt. In dieser Anbindung sind es nun Kompetenzen, die den Bildungsdiskurs wesentlich bestimmen und durch ihre Anschlussfähigkeit an die empirische Bildungsforschung zum funktionalen Element bildungspolitischer Bestrebungen werden. „Die Kompetenzen werden so konkret beschrieben, dass sie in Aufgabenstellungen umgesetzt und prinzipiell mit Hilfe von Testverfahren erfasst werden können." (Klieme u.a. 2003, 9) Insbesondere der Vorwurf an den Bildungsbegriff, er sei nicht operationalisierbar, entpuppt sich bei genauerer Betrachtung als einsichtsnahe Feststellung, dass er sich der Kontrolle entzieht. Ein Bildungssystem, das sich zunehmend als Kontrollsystem versteht und die pädagogische Perspektive auf Schule durch eine gesellschaftlich-ökonomische verstellt, bedarf daher nur eingeschränkt des Bildungsbegriffs. Es entsteht der Eindruck, dass Bildung auf einen Grundbildungsanspruch, der sich durch basale Kompetenzen zeigt, reduziert werden könne (vgl. dazu kritisch Koch 2004). Mit dem Kompetenzmodell wird ein Habitus des lebenslangen Lerners zum Medium einer Macht, die ihren Ausdruck in einer permanenten Anpassung an vorgegebene Ordnungsmuster und die Ausbildung von Kompetenzen für solche Anpassungsleistungen zum Gegenstand hat. Ein derartiges Modell, das in seiner Positivität und Einfachheit auch die Alltagsbeschreibung der schulischen Praxis durchdringt, hat dabei keinerlei Orientierungsfunktion inne.

Kompetenzen scheinen die Zukunft moderner Bildungsarbeit einzuläuten. Franz E. Weinert versteht unter Kompetenzen die „kognitiven Fähigkeiten und Fertigkeiten", über die Personen verfügen oder die sie erlernen, „um bestimmte Probleme zu lösen, sowie die damit verbundenen motivationalen, volitionalen und sozialen Bereitschaften und Fähigkeiten, um die Problemlösungen in variablen Situationen erfolgreich und verantwortungsvoll nutzen zu können" (Weinert ²2002, 27f). Die Fähigkeit, Probleme zu lösen, steht vor dem Hintergrund der Erfordernisse moderner Gesellschaften und ist auf eine „befriedigende Lebensführung in persönlicher und wirtschaftlicher Hinsicht" (Baumert u.a. 2001, 16) ausgerichtet. Mit Foucault zeigt sich in der Übernahme dieser Zielorientierung durch den Menschen das Ergebnis einer durch das System bewirkten und kontrollierten Regierungspraxis als Gouvernementalität (vgl. Foucault 1978/2000). Darin verkehrt sich der Gedanke der „Sorge um sich" (vgl. Foucault 2007). Während der Mensch unter dem Aspekt des Bildungsgedankens als Subjekt der Sorge in den Blick rückt, wird er nach dieser Logik zum Gegenstand der Sorge und als „Humankapital" Objekt politisch-ökonomisch geplanter Qualifikationsbemühungen. Das Selbst konstituiert sich dann vorrangig nur noch durch Prozesse gesellschaftlicher Anpassung.

Mit der Kompetenzorientierung, verstärkt infolge der PISA-Studie, wird zudem eine Zeitstruktur grundgelegt, die auf die Beschleunigung und Ökonomisierung von Prozessen ausgerichtet ist. Über „Qualitätsmanagement" und „Bildungsmonitoring", durch empirische Vergleichsstudien, Evaluationen, insgesamt durch die Gewinnung von Steuerungswissen, wird das Bildungssystem zunehmend nach Effizienzkriterien gestaltet. Der Weg aus dem „bildungstechnischen Problem" (vgl. Radtke 2003, 117) wird vor allem in der Etablierung von Standards und Tests gesehen. Bildungsstandards dienen dazu, den Fortschritt evaluierbar zu machen. In ihnen zeigt sich der angelsächsische „literacy" Begriff mit einem dominierenden Rationalitätskonzept (vgl. UN LiteracyDecade). Die Standards legen fest, welche Fertigkeiten in welcher Zeit erworben werden sollen. Dabei hat die Übertragung ökonomischer Denkmodelle auf den Bildungsbereich zur Folge, „dass nicht so sehr die durch Pädagogik und Bildungspolitik vorgegebene Zielsetzung das entscheidende Steuerungsmittel abgibt, als vielmehr die Zielerreichung" (Koch 2006, 133). So erfährt Schule eine umfassende Revision in Richtung einer produktorientierten Steuerung und steht im Kontext eines Ausbildungsgedankens, der die Vieldimensionalität des Bildungsbegriffs nicht abbilden kann. Eine Ökonomisierung des Bildungsgedankens birgt die Gefahr, den Bildungsbegriff auf Nutzenkalküle zu verkürzen, deren Ursprung in betriebswirtschaftlichen Denk- und Handlungsmustern liegt. Es geht um den Verlust eines Raumes, in dem handlungsentlastet über Möglichkeiten und Grenzen von Bildung geforscht und reflektiert werden kann, und um die Fraglichkeit einer Outputorientierung, die die Auseinandersetzung mit der Sache, „ihre gedankliche Freigabe in Maßen und Zuordnungen" (Ballauff 1989, 111) verhindert. Die Beschäftigung mit dem traditionsreichen und komplexen Begriff der Bildung ist damit höchst aktuell.

10 Problemhorizonte

In gegenwärtigen Bildungsdiskursen wird der Bildungsbegriff nicht mehr ungebrochen tradiert. Vielmehr wird er zum Mittelpunkt von fundamentalen Problemstellungen. Die leibliche Fundierung menschlicher Existenz, also eine Sicht auf den Menschen, die der leiblichen Erfahrung eine grundlegende Bedeutung in

Bildungsprozesse zuspricht, und Formen der Subjektivität gelten in vielen Diskursen als Schlüssel zur Umdeutung und Kritik klassischer Auffassungen, wenn diese beispielsweise einen Dualismus von Leib und Seele oder auch Mensch und Welt zur Grundlage bildungstheoretischer Reflexionen machen (vgl. Meyer-Drawe 2008). Auch die Bedeutung der Alterität rückt ins Blickfeld (vgl. Schäfer/Wimmer 2006). Was ist das Fremde und welche Bedeutung kommt ihm in pädagogischen Prozessen zu? Welche Bedeutung haben Kulturalität und Interkulturalität (vgl. Brumlik 2006) oder Geschlechterdifferenzen für Bildungskonzeptionen (vgl. Faulstich-Wieland 2011)? Wie steht es um das Verhältnis von Pluralität und Normativität in Vorstellungen von Bildung (vgl. Koller 2012)? Drängend geworden sind zudem Fragen nach dem Zusammenhang von Bildung und Macht, verbunden mit dem Problem, inwiefern Bildung eine Praxis der Freiheit fördert (vgl. Pongratz/Wimmer et al. 2004). Welche Rolle hat noch das skeptische Nicht-Wissen in Zeiten der unbefragten Positivität von Kompetenzen(vgl. Ruhloff 2007)? Die Ökonomisierung der Bildung bleibt ein Reflexionsfeld der Bildungstheorie (vgl. Liesner/Lohmann 2009) ebenso wie die Bedeutung der Allgemeinbildung angesichts gesellschaftlicher Erwartungen (vgl. Koch 2004). Auch die Beziehung von Bildung und Politik (vgl. Euler 2003) gehört bis heute zu den Kernpunkten bildungstheoretischer Diskussionen. Und lässt sich Bildung überhaupt empirisch erforschen (vgl. Gruschka 2011)? Und wie ist das Verhältnis von Bildung und Zeit zu denken, mit dem zugleich die Bedeutung von Erfahrungen für Bildungsprozesse einhergeht (vgl. Dörpinghaus/ Uphoff 2012).

Vor allem bleiben bildungskritische Fragen virulent: Schule hat Bildung zur Aufgabe. Diese Aufgabe muss eine beständige Problemstellung schulischer Bemühungen bleiben. Adorno hat verdeutlicht, dass Bildung nur noch Halbbildung sei. Mit ihr wird jede Möglichkeit negiert, nach Bildung zu fragen oder zu suchen. Zudem verspricht das Bildungssystem eine Gleichheit aller durch Bildung und legt damit zugleich den Streit um diese Gleichheit bei. Jenseits einer pädagogischen Verbrämung des Bildungsbegriffs gilt es kritisch-skeptisch danach zu fragen, ob es im Bildungssystem möglicherweise nicht um den Einzelnen, nicht um Bildung, sondern darum geht, das Bildungssystem und mit ihm die Gesellschaft leistungsfähiger zu machen. Daher gibt es an Schulen und im Unterricht einen nicht überbrückbaren Praxiskonflikt, den die Lehrer(innen), die in der Regel den Bildungsanspruch für ihre Schülerschaft nicht aufgeben, austragen müssen.

Literatur

Adorno, T. W. (1959/2003): Theorie der Halbbildung. In: Ders.: Gesammelte Schriften. Bd. VIII: Soziologische Schriften 1. Hrsg. v. Tiedemann, R. Frankfurt a. M.: Suhrkamp, 93-121.
Ballauff, T. (1989): Antithesen in der modernen Pädagogik. In: Röhrs, H./Scheuerl, H. (Hrsg.): Richtungsstreit in der Erziehungswissenschaft und pädagogische Verständigung. Frankfurt a.M. u.a.: Peter Lang, 101-112.

Baumert, J./ Stanat, P./ Demmrich, A. (2001): PISA 2000: Untersuchungsgegenstand, theoretische Grundlagen und Durchführung der Studie. In: Baumert, J./ Artelt, J./ Klieme, E. u.a. (Hrsg.): PISA 2000. Basiskompetenzen von Schülerinnen und Schülern im internationalen Vergleich. Opladen: Leske + Budrich, 15-33.

Blumenberg, H. (1986): Anthropologische Annäherung an die Aktualität der Rhetorik. In: Ders. (Hrsg.): Wirklichkeiten, in denen wir leben. Aufsätze und eine Rede. Stuttgart: Reclam, 104-136.

Blumenberg, H. (1986): Lebenszeit und Weltzeit. Frankfurt a. M.: Suhrkamp.

Bourdieu, P. (1982): Die feinen Unterschiede. Kritik der gesellschaftlichen Urteilskraft. Frankfurt a. M.: Suhrkamp.

Bourdieu, P. (1998): Praktische Vernunft. Zur Theorie des Handelns. Frankfurt a. M.: Suhrkamp.

Bourdieu, P. (1992): Die verborgenen Mechanismen der Macht. Hamburg: VSA-Verlag.

Brumlik, M. (2006): „Kultur" ist das Thema. Pädagogik als kritische Kulturwissenschaft. Zeitschrift für Pädagogik 52, 1, 60-68.

Cassirer, E. /144/²2007): Versuch über den Menschen. Einführung in eine Philosophie der Kultur. Hamburg: Meiner.

Dahrendorf, R. (1965): Bildung ist Bürgerrecht. Plädoyer für eine aktive Bildungspolitik. Hamburg: Nannen.

Dörpinghaus, A./Uphoff, I.K. (2011): Grundbegriffe der Pädagogik. Darmstadt: WBG.

Dörpinghaus, A./Uphoff, I.K. (2012): Die Abschaffung der Zeit. Wie man Bildung erfolgreich verhindert. Darmstadt: WBG.

Euler, P. (2003): Bildung als „kritische" Kategorie. In: Zeitschrift für Pädagogik 48, 3, 413-421.

Faulstich-Wieland, H. (2011): Geschlechteraspekte in der Bildung. In: Rebel, K. (Hrsg.): Heterogenität als Chance nutzen lernen. BadHeilbrunn/Obb.: Klinkhardt, 216-232.

Foucault, M. (1978/2000): Die Gouvernementalität. In: Bröckling; U./ Krasmann, S./ Lemke, T. (Hrsg.): Gouvernementalität der Gegenwart. Studien zur Ökonomisierung des Sozialen. Frankfurt a.M.: Suhrkamp, 41-67.

Foucault, M. (1978/2001): Sich nicht regieren lassen. In: Sloterdijk, P. (Hrsg.): Foucault. Aus-gewählt und vorgestellt von PravuMazumdar. München: Diederichs, 342-348.

Foucault, M. (2007): Technologien des Selbst. In: Ders.: Ästhetik der Existenz. Schriften zur Lebenskunst. Hrsg. Von Defert, D./ Ewald, F. Frankfurt a.M., 287-317.

Gruschka, A. (2011): Pädagogische Forschung als Erforschung der Pädagogischen. Opladen:Buderich.

Humboldt, W. v. (1792/⁴2002): Ideen zu einem Versuch, die Gränzen der Wirksamkeit des Staates zu bestimmen. In: Ders.: Werke in fünf Bänden, Bd. I. Hrsg. v. Flitner, A./Giel, K., Darmstadt: WBG, 56-233.

Humboldt, W. v. (o.A./⁴2002): Theorie der Bildung des Menschen. Bruchstück. In: Ders.: Werke in fünf Bänden, Bd. I. Hrsg. v. Flitner, A./Giel, K., Darmstadt: WBG, 234-240.

Kant, I. (1784/⁶2005): Beantwortung der Frage: Was ist Aufklärung? In: Ders.: Werke in sechs Bänden. Bd. VI. Hrsg. v. Weischedel, W. Darmstadt: WBG, 51-61.

Klafki, W. (⁵1996): Neue Studien zur Bildungstheorie und Didaktik. Zeitgemäße Allgemein-bildung und kritisch-konstruktive Didaktik. Weinheim/Basel: Beltz-Verlag.

Klafki, W. (1959): Das pädagogische Problem des Elementaren und die Theorie der kategorialen Bildung. Weinheim: Beltz.

Klieme, E. u.a. (2003): Zur Entwicklung nationaler Bildungsstandards. Eine Expertise. Frankfurt: Deutsches Institut für internationale pädagogische Forschung.

Koch, L. (2004): Allgemeinbildung und Grundbildung, Identität oder Alternative? In: Zeitschrift für Erziehungswissenschaft 7, 2, 183-191.

Koch, L. (2006): Eine neue Bildungstheorie? Qualitätsentwicklung, Neues Steuerungsmodell, Evaluation und Standards. In: Frost, U. (Hrsg.): Unternehmen Bildung. Die Frankfurter Einsprüche und kontroverse Positionen zur aktuellen Bildungsreform. Paderborn u.a.: Ferdinand Schöningh, 126-139.

Koller, H.-C. (2012): Bildung anders denken. Stuttgart: Kohlhammer.

Liesner, A./ Lohmann, I. (2009): Zur neoliberalen Transformation der Bildungseinrichtungen. In: Ehrler, I./ Lichtblau, P./ Renner, E. (Hrsg.): Bildung unterm Hammer. Privatisierung und Umverteilung. Innsbruck/Wien/Bozen: Studienverlag, schulheft 133, S. 9-19.

Meyer, Drawe, K. (2008): Diskurse des Lernens. München: Wilhelm Fink.

Platon (o.A./2004): Der Staat. In: Ders.: Platon. Sämtliche Dialoge. Bd. V. Hrsg. v. Apelt, O. Hamburg: Meiner.

Pongratz, L./Wimmer, M. (Hrsg.) (2004): Nach Foucault. Diskurs- und machtanalytischePerspektiven der Pädagogik. Wiesbaden: VS Verlag für Sozialwissenschaften.

Radtke, F.-O. (2003): Die Erziehungswissenschaft der OECD – Aussichten auf die neue Per-formanz-Kultur. In: Erziehungswissenschaft, H. 27, 109-136.

Ruhloff, J. (2007): Prüfungswandel: Tauglichkeitskritik – Emanzipation –Kontrolle und Überwachung. In: Holling, A. /Ockel,E. /Siedenbiedel, R. (Hrsg.): Identität als Lebensthema. Vechta: Geest-Verlag, 153-170.

Schäfer, A. / Wimmer, M. (Hrsg.) (2006). Selbstauslegung im Anderen. Münster: Waxmann.

UN LiteracyDecade: http://www.unesco.org/en/literacy/un-literacy-decade/ [Stand: 30.6.2010]

Weinert, F. E. (^{2}2002): Vergleichende Leistungsmessung in Schulen – eine umstrittene Selbstverständlichkeit. In: Ders. (Hrsg.): Leistungsmessungen in Schulen.

Weinheim/Basel: Beltz, 17-31.

Jutta Mägdefrau
Erziehung in Schule und Unterricht

Das Phänomen der Erziehung wird in diesem Beitrag, bezogen auf das pädagogische Handeln von Lehrkräften in Schulen, dargestellt. Einführend wird der Erziehungsbegriff aus dem Blickwinkel unterschiedlicher wissenschaftlicher Teildisziplinen diskutiert. In diesem Zusammenhang wird das Problem der Normativität in Erziehungsdefinitionen und der Erziehungspraxis erläutert. Für Lehrpersonen spielen im Prozess der Erziehung insbesondere der pädagogisch angemessene Einsatz von Erziehungsmitteln, die Entwicklung eines individuellen Erziehungsstils sowie die Reflexion über Erziehungsziele eine herausragende Rolle. Erziehung wird als eine Aufgabe von Lehrpersonen entwickelt, die sich in unterschiedlichen pädagogischen Konzepten im schulischen Alltag umsetzen lässt. Drei Kategorien schulischer Erziehungs- und Wertevermittlungskonzepte werden im letzten Teil des Beitrags vorgestellt.

1 Einführung: Der Erziehungsbegriff

Mit Erziehungsprozessen befassen sich innerhalb der Erziehungswissenschaft und der Psychologie unterschiedliche Teildisziplinen aus ihrem jeweiligen fachlichen Blickwinkel. Die Psychologie behandelt das Thema Erziehung meist in der Entwicklungspsychologie oder der Pädagogischen Psychologie und fokussiert dabei familiäre Erziehung. Auch die Erziehungswissenschaft befasst sich mit Erziehung in mehreren ihrer Teildisziplinen:

a) Die Schulpädagogik untersucht Rahmenbedingungen und Verwirklichungsmöglichkeiten für schulische Erziehungsprozesse.

b) Die Allgemeine Pädagogik diskutiert das Phänomen Erziehung in ihrer gesellschaftlichen Relevanz und ihren Wert-Norm-Aspekten.

c) Die Sozialpädagogik thematisiert Erziehungshilfe und problematische Erziehungseinflüsse und -folgen.

Diese unterschiedlichen Fokussierungen führen zu einer Fülle unterschiedlicher Erziehungsdefinitionen, die durch die disziplinäre Herkunft und die damit verbundenen jeweiligen Forschungsblickwinkel beeinflusst sind.

Die Schulpädagogen Wiater und Meyer definieren Erziehung unter Berücksichtigung von Entwicklungsperspektiven des Individuums: „Erziehung ist eine notwendige, absichtsvolle und intergenerative Hilfe bei der Entwicklung des Heranwachsenden zu seiner Mündigkeit" (Wiater 2009a, 114) bzw. „Erziehung ist die absichtliche Einwirkung von Erziehern auf die heranwachsende Generation zum Zwecke der Persönlichkeitsbildung" (Meyer 1997, 27). Der Allgemeine Pädagoge Wolfgang Brezinka dagegen formuliert: „Erziehung umfasst alle Handlungen, durch die Menschen versuchen, das Gefüge der psychischen Dispositionen anderer Menschen in irgendeiner Weise dauerhaft zu verbessern oder seine als wertvoll erachteten Komponenten zu erhalten, oder die Entstehung von Dispositionen, die als schlecht bewertet werden, zu verhüten" (Brezinka 1974, 98). Deutlich verweist Brezinkas Definition auf den Wert-Norm-Aspekt von Erziehung: Erziehung soll „verbessern", „als wertvoll erachtete Komponenten erhalten" sowie „als schlecht bewertete […] verhüten". Wenn dies ohne die gleichzeitige Angabe eines übergeordneten Ziels erfolgt, ohne eine normative Festlegung also, kann Erziehung in jeder prinzipiell möglichen Erscheinungsform und Zielrichtung erfasst werden. Sie muss dann nicht zwingend demokratische Zielsetzungen haben: Der Zeitgeist bzw. politische Systeme und/oder gesellschaftliche Werte und Normen bestimmen, was verändert, verbessert, erhalten oder verhütet werden soll. In der Pädagogik der Hitlerzeit wurden z.B. eine bestimmte politische Gesinnung, Gehorsam und Unterordnung sowie körperliche Tüchtigkeit als wertvoll erachtet; zu verändern oder zu verhüten waren hingegen freigeistiges, kritisches Denken und Individualismus. An diesem Beispiel wird deutlich, dass man das Phänomen Erziehung definieren kann, ohne sich auf Werte und Normen festzulegen. Die Erziehungspraxis hingegen kann das nicht: Man kann nicht erziehen, ohne sich – zumindest indirekt – auf Werte und Normen zu beziehen.

Anders als Brezinka arbeitet der Sozialisationsforscher Hurrelmann einige der in unserer Gesellschaft geteilten übergeordneten Ziele in seine Definition ein: „Erziehung ist die soziale Interaktion zwischen Menschen, bei der ein Erwachsener planvoll und zielgerichtet versucht, bei einem Kind unter Berücksichtigung der Bedürfnisse und der persönlichen Eigenart des Kindes erwünschtes Verhalten zu entfalten oder zu stärken. Erziehung ist ein Bestandteil des umfassenden Sozialisationsprozesses; der Bestandteil nämlich, bei dem von Erwachsenen versucht wird, bewusst in den Prozess der Persönlichkeitsentwicklung von Kindern einzugreifen – mit dem Ziel, sie zu selbstständigen, leistungsfähigen und verantwortungsvollen Menschen zu bilden" (Hurrelmann 1994, 13).

Im Unterschied zur Entwicklung, die als „kumulativer Lernvorgang" beschrieben wird, wird Erziehung von dem Psychologen Franz Weinert als „Prozess der Verhaltensformung" (Weinert 2010, 133) gefasst oder bei Schnotz (ebenfalls Psychologe) als „die gezielte soziale Beeinflussung der motivationalen und kognitiv-affektiven Aspekte der Persönlichkeit eines Individuums, vor allem seiner Werthaltungen und Einstellungen, entsprechend den Regeln einer Gemeinschaft" (Schnotz 2011, 83). Beide Definitionen verzichten auf die Angabe eines übergeordneten Ziels.

Im Rahmen dieses Beitrags soll unter Verwendung und Erweiterung der Hurrelmannschen Definition Erziehung verstanden werden als derjenige Teil des Sozialisationsprozesses, bei dem Erwachsene auf ihnen anvertraute Minderjährige einflussnehmend und absichtsvoll einwirken, und zwar mit bestimmten Maßnahmen und Mitteln (i.e. Erziehungsmitteln), unter Einsatz bestimmter Verhaltensweisen (Erziehungsstilen) und mit bestimmten Absichten und Zielen (Erziehungsziele), um sie bei ihrer Persönlichkeitsentwicklung zu unterstützen, und zwar mit dem übergeordneten Ziel der Entwicklung einer mündigen, demokratiefähigen Persönlichkeit. Damit soll Erziehung hier als absichtsvolle Einwirkung auf Heranwachsende abgegrenzt werden, vom Gesamtprozess des Hineinwachsens in eine soziale Gemeinschaft, der intendierte *und* nicht intendierte Einwirkungen umfasst, und als Sozialisation verstanden werden.

Entlang dieser Definition lässt sich das Phänomen Erziehung nun erläutern, indem die einzelnen Definitionsbestandteile der Reihe nach betrachtet werden. Hierzu soll zuerst auf den Wert-Norm-Aspekt der Erziehung eingegangen werden (2), anschließend folgt jeweils ein Abschnitt zu Erziehungsmitteln (3), Erziehungsstilen (4) sowie zu Erziehungszielen (5). Dabei werden diese Dimensionen von Erziehung jeweils mit Schwerpunkt auf schulische Erziehung dargestellt. Praxisnahe Konzepte der Erziehung bzw. Wertevermittlung stehen dann im Abschnitt 6 im Zentrum.

2 Der Wert-Normaspekt des Erziehungshandelns

Werte sind den Normen und diese wiederum den Erziehungszielen übergeordnet. Unter Werten versteht man nach Kluckhohn eine Auffassung vom Wünschenswerten, die explizit oder implizit für einen einzelnen oder eine Gruppe kennzeichnend ist und die Auswahl der zugänglichen Weisen, Mittel und Ziele des Handelns beeinflusst (vgl. Kluckhohn 1951, 395). Aus kollektiv geteilten Werten (z.B. sogenannten Grundwerten wie Ehrfurcht vor dem Leben oder Freiheit) entwickeln sich Normen des Handelns, Richtlinien bzw. Soll-Vorstellungen oder auch kollektive Überzeugungen (z.B. die Norm, dass man nicht lügen soll). Gudjons bezeichnet Normen als „die pragmatische Form von Werten" (Gudjons 2008, 190). Erziehungsziele konkretisieren die geltenden Normen weiter und leiten das Handeln im Umgang mit der nachwachsenden Generation (vgl. dazu Erziehungsziele in Abschnitt 4).

Damit Heranwachsende mündige Mitglieder der Gesellschaft werden können, müssen sie mit den gesellschaftlichen Werten und Normen vertraut gemacht werden. Nun ist unsere Gesellschaft aber durch Globalisierung, Pluralisierung von Lebensformen, durch Individualisierungsprozesse, kurz: durch gesellschaftlichen Wandel unüberschaubarer geworden. Dies verunsichert viele Menschen, was Winkler zufolge ein Grund dafür sein könnte, warum man der intentionalen Erziehung (vor allem der Schule) in der öffentlichen Diskussion so viele Aufgaben zuweist: Verunsicherung befördere eine Sehnsucht, einwirken, etwas verändern oder Sicherheiten schaffen zu können – wenn es im eigenen Leben nicht gelinge, so doch wenigstens im Leben der Jüngsten in der Gesellschaft (vgl. Winkler 2006, 59). Daher wird Werteerziehung publikumswirksam eingefordert und der Schule aufgetragen. In öffentlichen Dramatisierungen, die sich außerordentlich gut verkaufen, werden mit haltloser Verfallsrhetorik die Defizite im Bereich der Werteerziehung angeprangert. Zugleich ist diese öffentlichkeitswirksame Larmoyanz völlig resistent gegenüber anderslautenden empirischen Befunden (vgl. Mägdefrau 2009).

Wer in der praktischen Erziehung tätig ist, trifft normative Entscheidungen hinsichtlich der Ziele seines erzieherischen Handelns. Ist unbedingter Gehorsam ein Erziehungsziel, dem man heute noch Geltung verschaffen möchte? Wie sieht es mit Ordnungsliebe aus? Wie mit Selbstdisziplin? Über Ziele kann es durchaus unterschiedliche Auffassungen geben, was die Frage nach einem ‚Richtig‘ oder ‚Falsch‘ von Erziehungszielen als zu kurz greifend erscheinen lässt.

Darf man ein ungehorsames Kind bestrafen? Dies wirft die Frage nach Erziehungsstil und Erziehungsmitteln auf. Erziehungsstile und -mittel haben sich im Laufe der Zeit gewandelt, denn gewandelte Ziele schlagen sich auch in gewandelten Stilen nieder. Welcher Erziehungsstil ‚passt‘ zu unseren heutigen Zielen in der demokratischen Gesellschaft? Gesellschaften treffen kollektive Wertentscheidungen, die sich in übergreifenden Wertewandelprozessen verändern können und sich in Richtlinien für erzieherisch Tätige (z.B. in Landesverfassungen, Unterrichtsgesetzen, Lehrplänen) niederschlagen. Auch diese Texte sind also von normativen Vorstellungen über Ziele und Maßnahmen in der Erziehung geprägt.

3 Erziehungsmittel

Erziehungsmittel sind „Maßnahmen zur Einwirkung auf die Persönlichkeit des Individuums" (Schnotz 2011, 85). Schnotz bildet vier Kategorien solcher Maßnahmen, nämlich Maßnahmen, die der „Orientierung über Gebote und Verbote" dienen, dem „Erkennen vorhandener Grenzen durch Erklärungen", der „Verstärkung erwünschten Verhaltens durch Belohnungen" und schließlich der „Hemmung unerwünschten Verhaltens durch Bestrafung" (ebd.). Zu den Erziehungsmitteln gehören als die zentralen Mittel Lob, Belohnung, Tadel und Strafe. Sie werden eingesetzt, um bestimmte Ziele des oder der Erziehenden zu erreichen. Dies können übergeordnete Erziehungsziele zur Förderung der Persönlichkeitsentwicklung des Kindes oder Heranwachsenden sein, sind es aber keineswegs immer. Im Unterrichtsprozess mischen sich beständig Maßnahmen der Klassenführung mit Erziehungsmaßnahmen. So setzen Lehrpersonen Erziehungsmittel wie Ermahnungen, Tadel, Strafarbeiten ein, um die Ordnung im Klassenzimmer aufrechtzuerhalten. Sie wenden damit interventive Maßnahmen der Klassenführung an (vgl. dazu ausführlich den Beitrag zu Klassenführung in diesem Band). Gleichzeitig kann man sagen, dass sie mit ihrer Maßnahme auch erzieherisch einwirken zum Beispiel im Hinblick auf das Erziehungsziel ‚Anpassungsfähigkeit', ‚adäquates Verhalten in sozialen Situationen' oder ‚Höflichkeit'.

Hiermit wird gleichzeitig die von Schnotz als „Orientierung über Gebote und Verbote" (Schnotz 2011, 85) kategorisierte Gruppe von Erziehungsmitteln angesprochen, die in der Erziehungstheorie auch als ‚Setzen von Grenzen' diskutiert wird. Der Erziehungspsychologe Fuhrer, der in seinem Lehrbuch zur Erziehungspsychologie fünf kindliche Grundbedürfnisse benennt, identifiziert bei Kindern und Jugendlichen u.a. ein „Bedürfnis nach Grenzen und Strukturen" (Fuhrer 2005, 204). Im Spannungsfeld zwischen Führung und Grenzziehung auf der einen und Autonomie und Freiheitserfahrung auf der anderen Seite treffen Erziehende Entscheidungen über Erziehungsmittel. Dieses Spannungsfeld – die zentrale pädagogische Antinomie – wurde in einer der als ‚klassisch' zu bezeichnenden frühen Erziehungstheorien von Theodor Litt in seinem berühmten Werk ‚Führen oder Wachsenlassen' bereits beschrieben (vgl. Litt 1927). Das Setzen von Grenzen ist etwas, das angehende Lehrpersonen lernen müssen. Dies betrifft zum einen die Adäquanz der Grenze, also die Frage, ob die gesetzte Grenze altersgerecht ist und der Entwicklung des Kindes entspricht, zum anderen die Frage nach den Konsequenzen bei Grenzüberschreitung (vgl. Schnotz 2011, 86). Denn Grenzüberschreitungen müssen Folgen haben, sonst würde es sich ja nicht um eine Grenze handeln. „Grenzen in der Erziehung haben meist nur zeitlich begrenzte Gültigkeit: Sie sind potentieller Gegenstand von Verhandlungen zwischen dem Individuum und seinem Erzieher, wobei sowohl Grenzverlauf als auch Sanktionen im Falle von Grenzüberschreitungen kooperativ festgelegt und verbindlich vereinbart werden können" (ebd.). In der Schule betrifft dies z.B. Fragen nach den Folgen für nicht gemachte Hausaufgaben, für körperliche Auseinandersetzungen auf dem Schulhof, für Unpünktlichkeit etc. Erziehungsmittel sind also diejenigen Maßnahmen, die Erziehende zur Einhaltung gesetzter Grenzen einsetzen.

Der/dem Heranwachsenden werden im Laufe des Sozialisationsprozesses und insbesondere im Rahmen von Erziehungsprozessen (also intentional) viele Gebote und Verbote mitgeteilt, Grenzen werden ihr/ihm durch Erklärungen vermittelt. Erziehungsmittel greifen dort, wo durch Lob und Anerkennung oder Tadel und Bestrafung normgerechtes oder normwidriges Verhalten durch die Erziehenden sanktioniert wird.

Im Kontext Schule stehen den Lehrpersonen nur bestimmte Erziehungsmittel zur Verfügung. So kann eine Lehrperson normgerechtes Verhalten loben, sie kann ermutigen und durch eine Reihe von Maßnahmen auch belohnen, also positiv verstärken, um das Wiederauftreten erwartungsgerechten Verhaltens zu erhöhen: sie kann in der Primarstufe Fleißbildchen oder Lob-Stempel austeilen, sie kann ein Spiel in Aussicht stellen, einen Wandertag, einen hausaufgabenfreien Nachmittag und vieles mehr. Sie kann aber beispielsweise nicht Belohnungen in Form von Geldbeträgen auszahlen.

Belohnungen in Form von token-Systemen (münzartige Marken, die unmittelbar nach einer positiven Verhaltensweise vergeben werden) sind in der psychologischen Forschung hinsichtlich ihrer Wirksamkeit noch ungenau erforscht. Beim token-System werden Marken nach Fehlverhalten entzogen und nach einer gewissen Zeit können die Marken gegen sogenannte Eintauschverstärker eingetauscht werden (vgl. Rost/Buch 2010, 617).

Auch im Hinblick auf Erziehungsmittel bei normwidrigem Verhalten gibt es klare Grenzen: Sogenannte Körperstrafen (z.B. Schläge, Ohrfeigen, Ohrenziehen) sind grundsätzlich verboten, auch das Auf-den-Kopf-Schlagen mit einem Schulheft bei fehlerhafter oder fehlender Ausführung einer Aufgabe gehört bereits zu körperlichen Übergriffen und steht als Erziehungsmittel nicht zur Verfügung. Beim Tadel hat die Erziehungsmitteltheorie ebenso Grenzen aufgezeigt. So unterscheidet Geissler (1982) drei Fehlformen des Tadels, nämlich den totalen, den permanenten und den Tadel aus enttäuschter Erwartung. Alle drei Formen des Tadels stellen ein Fehlverhalten von Lehrpersonen dar.

- Der totale Tadel:
  Er bewertet die gesamte Person, nicht etwa ihr Fehlverhalten allein. Die Person als Ganzes wird abgewertet und es wird eine negative Prognose für die Zukunft gestellt. Ein Beispiel dafür wäre der folgende Satz einer Lehrperson gegenüber einem Schüler nach einer Rangelei auf dem Schulhof: „Du bist ein richtiger Schlägertyp! Dich kann man eines Tages im Knast besuchen!"
- Der permanente Tadel:
  Diese Form des Tadels richtet sich auf einen Verhaltens- oder Leistungsbereich und fixiert verbal den Mangel in Leistung oder Verhalten als dauerhaft. Auch sie signalisiert Erfolglosigkeit mit einer entsprechenden Zukunftserwartung: „Und du wunderst dich über eine 5 in Mathe? Du bist einfach zu blöd für Mathe! Bist du sicher, dass du auf der richtigen Schule bist?"
- Der Tadel aus enttäuschter Erwartung:
  Die Erwartung des Erziehenden wird zum Maßstab, nicht aber das tatsächlich von den Kindern z.B. auf dieser Entwicklungsstufe zu erwartende Verhalten. Es findet eine Verschiebung vom Sachaspekt auf den Gefühlsaspekt statt. Nicht mehr die Leistung, die erbracht werden sollte, ist Inhalt dieses Tadels, sondern die Enttäuschung, die durch die nicht erbrachte Leistung ausgelöst wurde: „Das hätte ich niemals von euch gedacht. Ihr macht mich damit tief traurig, ich bin sehr enttäuscht von euch!"

Krumm und Weiß (2001a, 2001b) zeigten in ihren Studien zu kränkendem Lehrer(innen)verhalten eindrücklich, dass alle drei Fehlformen des Tadels an unseren Schulen gang und gäbe sind. Drei Viertel der befragten 10.000 Schüler(innen) berichteten davon, kränkendes, verletzendes oder ungerechtes Lehrer(innen)verhalten in den vergangenen zwei Wochen erlebt zu haben. Von den in einer anderen Studie befragten Studierenden gaben nur 23% an, sie hätten während ihrer Schulzeit keine Kränkung von Lehrpersonen erfahren. Ohne Ausnahme waren jedoch alle in der Lage, Fälle zu schildern, in denen Lehrkräfte Mitschüler(innen) gekränkt hatten (vgl. Krumm/Weiß 2001a). Die Publikationen zeigen in ihren vielen zitierten Lehrer(innen)äußerungen, dass die oben frei konstruierten Beispiele für Fehlformen des Tadels noch immer der täglichen schulischen Realität entsprechen.

Ein Tadel in pädagogisch angemessener Form tadelt das Verhalten einer Schülerin bzw. eines Schülers, nicht jedoch die Person: „Lars, ich möchte, dass du sofort aufhörst, Svens Mäppchen im Klassenzimmer herumzuwerfen, dieses Verhalten werde ich nicht dulden!"

Den Lehrpersonen stehen aber in schwereren Fällen von Regelverletzungen weitere Mittel zur Verfügung, nämlich die sogenannten Erziehungs- und Ordnungsmaßnahmen. Diese Maßnahmen sind eine in Schulgesetzen oder Schulordnungen (z.B. in Bayern im Erziehungs- und Unterrichtsgesetz Art. 86) geregelte Kategorie von Erziehungsmitteln. Sie kommen erst zum Einsatz, wenn andere durch die Lehrperson eingesetzte Mittel wie z.B. das Gespräch, die Ermahnung, Rüge und Tadel nicht ausreichen, um normgerechtes Verhalten durchzusetzen. In den rechtlichen Vorschriften sind im Sinne einer sich steigernden Logik folgende Ordnungsmaßnahmen festgelegt: schriftlicher Verweis durch die Lehrkraft, verschärfter Verweis durch die Schulleitung, Versetzung in die Parallelklasse, Ausschluss in einem Fach oder von einer Schulveranstaltung für die Dauer von bis zu vier Wochen durch die Schulleitung, Ausschluss vom Unterricht für drei bis sechs Unterrichtstage, für zwei bis vier Wochen, für mehr als vier Wochen und schließlich der Schulausschluss, der den weiteren Besuch dieser Schule untersagt.

Unter die Erziehungsmittel fällt auch der gesamte Bereich der Strafe, im pädagogischen Kontext als Erziehungsstrafe bezeichnet. Die oben erwähnten in Rechtsvorschriften geregelten Erziehungs- und Ordnungsmaßnahmen fallen unter die Erziehungsstrafen, da sie zum Teil mit erheblichen nachteiligen Folgen für das betreffende Kind verbunden sind. In der behavioristischen Lerntheorie wird Strafe als das Präsentieren eines unangenehmen Reizes (positive Bestrafung) oder das Wegnehmen eines angenehmen Reizes (negative Bestrafung) bezeichnet. Die Frage, ob Strafe die erzieherisch gewünschte Wirkung hat, ist äußerst umstritten, da Strafen auch unerwünschtes Verhalten und Trotzreaktionen provozieren können.

Auch sind Strafen oft pädagogisch problematisch: So muss eine der am häufigsten von Lehrkräften eingesetzte Strafform, die Strafarbeit, als pädagogisch äußerst fragwürdig bezeichnet werden. Ein Bildungsziel der Schule ist, Freude am Lernen zu vermitteln, um die Bereitschaft zum lebenslangen Weiterlernen zu wecken. Werden aber Arbeit und Lernen als Strafmaßnahmen eingesetzt, werden sie beim Kind negativ konnotiert. Wenn eine Tätigkeit als Strafe eingesetzt wird, kann sie nicht gleichzeitig als angenehm und erstrebenswert erfahren werden. Genau dies möchten

Lehrkräfte aber eigentlich bezüglich des Lernens erreichen. Demgegenüber werden in unseren Schulen Tag für Tag Schüler(innen) mit Sonder-, Zusatz- oder Strafarbeiten diszipliniert, wobei zwischen der Strafe und der zu bestrafenden Tat oft kein innerer Zusammenhang besteht. Ein(e) Schüler(in), die/der auf dem Pausenhof heimlich geraucht hat, wird mit einer Strafarbeit im Fach Mathematik bestraft, weil zufällig eine Mathematiklehrkraft Pausenaufsicht hatte, ein(e) Schüler(in), die/der eine(n) andere(n) gehänselt hat und ihr/ihm etwas weggenommen hat, muss nun Sonderaufgaben in Englisch erledigen. Strafen dieser Art sind besonders geeignet, fachliches Lernen mit negativen Konnotationen zu belegen.

Der Einsatz von Erziehungsstrafen verlangt, dass das Kind Einsicht in die Strafwürdigkeit seines Verhaltens hat, ihm muss vor der Handlung bewusst gewesen sein, dass das Verhalten unerlaubt oder unerwünscht ist. Nur dann ist eine Strafmaßnahme überhaupt zu rechtfertigen. Erziehungsstrafen setzen weiterhin einen personalen Bezug zwischen Erziehungsperson und der/dem Heranwachsenden voraus, man spricht hier vom ‚pädagogischen Verhältnis‘. Je besser das Verhältnis zwischen Erziehendem und Kind, desto eher wird eine Erziehungsstrafe den gewünschten Erfolg haben können. Bei einem bereits gestörten pädagogischen Verhältnis steigt die Wahrscheinlichkeit einer unerwünschten Wirkung (vgl. Fuhrer 2005, 227).

Die Wirkungen des Einsatzes von Erziehungsmitteln wurden in der pädagogischen und psychologischen Forschung vielfach untersucht, wenn auch gegenwärtig nicht so intensiv wie in den 60er bis 80er Jahren. Dabei wurden mehrfach sogenannte paradoxe Effekte des Einsatzes von Lob und Tadel nachgewiesen (vgl. Rheinberg/ Vollmeyer 2010). Es wurde beobachtet, dass ein Lob nach anstrengungsloser Erledigung einer leichten Aufgabe für eine(n) Schüler(in) entgegen der Absicht der Lehrperson keine positive Wirkung hat, sondern dass die/der gelobte Schüler(in) zu dem Schluss kommt, die Lehrperson halte sie/ihn für unfähig, eine schwere Aufgabe zu lösen. Umgekehrt kann ein Tadel nach erfolglosem Ringen um die Lösung einer besonders kniffligen Aufgabe bei der/dem Schüler(in) zu dem Schluss führen, die Lehrperson halte sie/ihn für leistungsfähig, wenn diese der/dem Schüler(in)– was der Tadel impliziert – eigentlich nämlich die Lösung der Aufgabe durchaus zutraut. Rheinberg und Vollmeyer fassen die Befunde zur paradoxen Wirkung von Lob und Tadel dennoch mit der vorsichtigen Verallgemeinerung zusammen, dass die paradoxen Effekte in der Praxis wohl eher selten auftreten, insgesamt vor allem Lob von Schülerinnen und Schülern in den allermeisten Fällen tatsächlich als positiv gemeint wahrgenommen werde. Henderlong und Lepper (2002) nehmen dennoch an, dass Lob in bestimmten Situationen schaden kann, vor allem wenn unpassende Attributionen gefördert werden (Lob bei zu leichten Aufgaben) oder wenn durch das Lob die Autonomie des Gelobten untergraben wird („Prima, du hast genau das gemacht, was du solltest!") (vgl. Rheinberg/Vollmeyer 2010, 640).

Die Überlegungen zum Einsatz von Erziehungsmitteln verdeutlichen, dass es keine Gewähr für einen ‚richtigen‘ Einsatz der Mittel gibt. Wie und ob ein Mittel wirkt, hängt von der Situation ab, in der es eingesetzt wird, von der Qualität des pädagogischen Verhältnisses, von der Entwicklungsstufe des Kindes und von vorausgegangenen Erziehungserfahrungen. Somit müssen angehende Lehrpersonen vor allem den reflexiven Umgang mit Erziehungsmitteln erlernen und sich bewusst sein, dass es keine Technologie, keine schlichten Rezepte für ihren Einsatz geben kann.

4 Erziehungsstile

Erziehende wirken auf Kinder und Jugendliche nicht nur durch direkte Maßnahmen wie Erziehungsmittel ein, sondern auch durch ihr Verhalten im Erziehungsprozess und dadurch, wie sie von den Heranwachsenden wahrgenommen und interpretiert werden. Wenn sich verschiedene Verhaltensmuster, insbesondere der Einsatz bestimmter Erziehungsmittel bei Erziehenden zu Mustern oder Konfigurationen kombinieren, spricht man von einem Erziehungsstil. Die Erziehungsstilforschung befasst sich mit der Frage der Auswirkungen von Erzieher(innen)verhalten auf die Persönlichkeitsentwicklung von Kindern und Jugendlichen. Mit Bezug auf elterliches Erziehungsverhalten definierten Krohne und Hock: „Erziehungsstile lassen sich bestimmen als interindividuell variable, aber intraindividuell vergleichsweise stabile Tendenzen von Eltern, bestimmte Erziehungspraktiken zu manifestieren" (Krohne/Hock 2010, 160). Es existieren unterschiedliche Erziehungsstilmodelle, in denen Erziehungspraktiken z.B. dichotom einander gegenüber gestellt werden. Einzelne Versuchspersonen haben dann eine bestimmte Ausprägung einer Erziehungspraktik auf der entsprechenden bipolaren Skala, z.B. Liebe versus Feindseligkeit, Autonomie versus Kontrolle, Gewährenlassen (Permissivität) versus Einschränken (Restriktivität), gelassene Distanz versus ängstliches Involvement (vgl. ebd., 161). Erziehungsstile von Lehrkräften sind weit weniger untersucht, daher resultieren viele Befunde zu Erziehungsstilen aus den Forschungen der Psychologie zu elterlichem Erziehungsverhalten.

In einer der bekanntesten Typologien des Erzieher(innen)verhaltens, die auf die Arbeiten des deutschen Psychologen Lewin zurückgehen, wurden drei Erziehungsstile unterschieden: der autoritäre Stil (auch dominativ genannt), der demokratische oder sozial-integrative Stil sowie der laissez-faire-Stil, der als permissive oder aber als vernachlässigende Variante auftreten kann.

- Der autoritäre Stil:
  Dieser Stil ist gekennzeichnet durch ein hohes Maß an Steuerung und Kontrolle durch die Lehrperson. Das Erzieher(innen)verhalten ist geprägt von emotionaler Kälte und dominanten Festlegungen, wer wann mit wem zu welchem Thema zusammenarbeitet. Sie/Er lässt den Schülerinnen und Schülern wenig Freiräume und Mitentscheidungsmöglichkeiten, sie/er kontrolliert die Lernenden und ihre Arbeiten engmaschig, die Grenzen sind eng gesteckt, es herrscht eine restrik-

tive Atmosphäre, bei der auf Fehlverhalten rasch mit Strafen reagiert wird. In Studien konnte gezeigt werden, dass dieser Stil negative Auswirkungen auf das Arbeitsverhalten der Lernenden hat: Verlässt die Lehrperson das Klassenzimmer, unterbrechen die Schüler(innen) ihre Tätigkeiten. Enge Kontrolle und geringe Autonomie führen zu Aggressionen, Apathie oder Rebellion, Schüler(innen)reaktionen, denen dann von Seiten der Lehrkraft wieder restriktiv begegnet wird (vgl. Schnotz 2011, 87f; Fuhrer 2005, 226f).

- Der demokratische Stil:
  Hier gelten Mitbestimmung, kooperatives Aushandeln von Regeln, Freundlichkeit und Wärme im Umgang miteinander als konstitutiv. Da im Rahmen dieses Stils aber nicht alle Entscheidungen auf Mehrheitsentscheidungen beruhen, sondern die Lehrperson nach wie vor die letzte Entscheidung trifft, nennt man diesen Stil auch sozial-integrativ oder auch nach Vorschlag von Baumrind (1971) „autoritativ". In einem insgesamt freundlichen emotionalen Klima werden durchaus auch Anweisungen erteilt, aber die Gründe dafür werden erläutert und die Lehrperson lässt sich auch einmal durch die Schüler(innen) umstimmen, wenn diese bessere Argumente vorbringen können (vgl. Schnotz 2011, 87).
  Der autoritative Stil ist hinsichtlich des verbalen Verhaltens vom Prinzip der Reversibilität geprägt. Das bedeutet, dass das verbale Erzieher(innen)verhalten jederzeit umgekehrt auch von Schülerinnen oder Schülern gezeigt werden könnte, ohne negative Sanktionen nach sich zu ziehen. Das heißt, die Lehrkraft spricht so mit den Kindern, wie sie umgekehrt auch mit der Lehrkraft sprechen könnten. Es werden adäquate Grenzen gesetzt und erläutert, die der Entwicklung des Kindes angemessen und für dieses verstehbar sind. „Demokratisch geführte Individuen zeigen sich an der Tätigkeit interessiert und erbringen etwa ebenso hohe Arbeitsleistungen wie autoritär geführte Individuen. Dies gilt hier aber auch unabhängig von der Anwesenheit des Leiters: Wenn dieser den Raum verlässt, wird die Tätigkeit dennoch fortgesetzt" (ebd.). Wenig Aggression und ein hohes Maß an psychosozialem Wohlbefinden gehen zudem mit der Anwendung dieses Erziehungsstils einher.
- Der Laissez-faire-Stil:
  Bei diesem Stil wendet die oder der Erziehende ein sehr geringes Maß an Lenkung und Kontrolle an, man lässt die Kinder gewähren, sie entscheiden selbst, was sie wann mit wem im Klassenzimmer tun und ob sie arbeiten wollen oder nicht. „Wenn dabei emotionale Wärme vorhanden ist, handelt es sich um die permissiv-nachgiebige Variante des Laissez-faire-Stils. Wenn die emotionale Wärme fehlt, handelt es sich um die vernachlässigende Variante" (ebd.). Grenzziehung erfolgt fast gar nicht, was aber die betroffenen Heranwachsenden mit Unbehagen erfüllt. Schnotz berichtet in seiner Darstellung des Erziehungsstils von Gefühlen des Alleingelassenseins, der Überforderung, der mangelnden Wertschätzung, die wiederum Aggression und Frustration zur Folge haben können. Die Leistungen der Kinder sind demzufolge schlecht, sie zeigen sich aggressiv und uninteressiert.

Die drei vorgestellten Erziehungsstile kommen in ihrer Reinform in der Realität wahrscheinlich selten vor. Merkmal von Typologien dieser Art ist ihre mangelhafte Differenzierung. Lehrkräfte werden vermutlich Mischformen mit gewissen Neigungen zu einem dieser Stile haben. Das ist der Grund, aus dem man in der jüngeren Forschung eher versucht hat, sich dem Thema Erziehungsstile dimensional zu nähern. Dabei versucht man, Kennwerte einzelner Personen auf mehreren Skalen (Dimensionen des Erzieher(innen)verhaltens) zu identifizieren, um zu klären, hinsichtlich welcher Dimensionen zwischen Erziehenden Ähnlichkeiten oder Unähnlichkeiten bestehen. In dimensionalen Ansätzen wurden Lehrpersonen zum Beispiel mit Blick auf den Grad ihrer Lenkung sowie das Ausmaß an emotionaler Wärme eingeordnet. Die beiden Pole von ‚Lenkung‘ reichen von Kontrolle auf der einen bis zu Autonomie auf der anderen Seite. Die Pole von emotionaler Wärme sind Feindseligkeit auf der einen und Liebe auf der anderen Seite. In dem so entstehenden 4-Felder-Raum lassen sich Lehrpersonen einordnen, die zum Beispiel mit einer hohen Skalenausprägung bei ‚Liebe‘ und geringer Kontrolle eher nachsichtig, behütend agieren (permissive Variante des Laissez-faire-Stils), während Lehrpersonen mit hoher Ausprägung in der Dimension ‚Kontrolle‘ und geringer Ausprägung auf der Skala ‚Liebe‘ ein autoritäres, forderndes Verhalten zeigen (i.e. autoritärer Stil). Der demokratische Stil fände sich dann mit hoher Ausprägung bei ‚Liebe‘ und mittlerer Ausprägung bei ‚Autonomie/Kontrolle‘ (vgl. Schnotz 2011, 88).

Die empirische Erfassung von Erziehungsstilen mittels Fragebögen ist nicht unproblematisch, weil man statt des tatsächlichen Erziehungsverhaltens eigentlich Erziehungseinstellungen erfasst. Die Befragten verorten sich aufgrund ihres Antwortverhaltens auf den verschiedenen Skalen eines Fragebogens, man weiß jedoch nichts über ihr tatsächliches Verhalten im Klassenzimmer. Beobachtungen, z.B. in Form von Videostudien, sind dagegen geeignet das tatsächliche Lehrer(innen)verhalten zu untersuchen.

Für Lehrende ist aus dem aktuellen Stand der Erziehungsstilforschung die praktische Konsequenz zu ziehen, dass der demokratische Erziehungsstil am ehesten den Anforderungen eines gelingenden pädagogischen Verhältnisses zwischen Lehrperson und Heranwachsenden entspricht. Darüber hinaus orientiert er sich an dem übergeordneten Erziehungs- und Bildungsziel schulischen pädagogischen Handelns, nämlich dem Ziel der Mündigkeit.

5 Erziehungsziele

Was sind die erwünschten bzw. unerwünschten Haltungen und Verhaltensweisen und woher wissen Erziehende, auf welche Ziele hin sie zu erziehen haben?

In multikulturellen, liberalen und pluralen Gesellschaften wie der unseren existieren nebeneinander unterschiedliche Wertsysteme mit einander zum Teil widersprechenden Wertorientierungen. Kinder und Jugendliche wachsen in divergenten Wertemilieus auf, wo in Teilen überlieferte traditionelle Orientierungen in Erziehungsverhältnissen brüchig werden, in anderen Teilen moderne Selbstbestimmungswerte demokratischer Gesellschaften auf traditionale, eher patriarchal geprägte rigide Erziehungsnormen treffen. In der Schule mit heterogen zusammengesetzter Schüler(innen)schaft treffen die durch elterliches Erziehungsverhalten geprägten Heranwachsenden auf die Erziehungsvorstellungen der Schule, verkörpert durch ihre Lehrerkräfte.

Weinert spricht in diesem Zusammenhang vom Fehlen von „kohärenten normativen Lernumwelten" (Weinert 2010, 139). Für das Hineinwachsen in die Gesellschaft sind eine Fülle von Lernprozessen notwendig, die den Aufbau von „Gewohnheiten, konventionalisierten Verhaltensmustern, Wertüberzeugungen, psychologischen Alltagstheorien, Kenntnis- und Fertigkeitssystemen, Urteilskompetenzen, Bewertungsmaßstäben und persönlichen Entscheidungsdispositionen" (ebd.) einschließen und die sich im Individuum zu einem kohärenten Selbst zusammenfügen müssen. Vor diesem Hintergrund erleichtern Erziehungssysteme, in denen gemeinsam geteilte Werte vermittelt werden, das Erziehungsgeschäft. Moderner Ausdruck dieser Einsicht sind Schulprofile, in denen gemeinsame Wertüberzeugungen transparent und zur Grundlage von Erziehungsentscheidungen gemacht werden. Eine förderliche Erziehungspartnerschaft zwischen Elternhaus und Schule, eine Diskurspraxis, in der über das Vorliegen gemeinsamer Erziehungsgrundsätze gesprochen wird, unterstützen die Herstellung weitgehend kohärenter Lernumwelten (vgl. dazu Schulische Erziehungskonzepte in Abschnitt 6).

Aber auch unabhängig davon, ob es derartige gemeinsam festgelegte Erziehungsgrundsätze gibt, ist die Lehrperson bei der Entscheidung über die erzieherischen Ziele ihres Handelns nicht ganz frei.

Grundlage des Erziehungshandelns der Lehrpersonen sind gesetzliche Bestimmungen und Vorschriften, auf deren Einhaltung die Lehrkräfte durch einen Amtseid verpflichtet sind. Maßgebend sind, neben den im Grundgesetz allgemein festgelegten Grundrechten auf Bildung und freie Entfaltung der Persönlichkeit, die Ländergesetze (vgl. z.B. Bayerische Verfassung Artikel 131) sowie die Schulgesetze (z.B. für Bayern das Bayerische Erziehungs- und Unterrichtsgesetz BayEuG), die sich wiederum rückbeziehen auf das Grundgesetz. Konkretisiert werden die Ziele der Erziehungsarbeit in Schule und Unterricht darüber hinaus in den Bildungsplänen der Länder.

Ohne dass zwischen Bildungs- und Erziehungszielen begrifflich getrennt wird, findet man in Artikel 1 des BayEuG: „Die Schulen haben den in der Verfassung verankerten Bildungs- und Erziehungsauftrag zu verwirklichen. Sie sollen Wissen und Können vermitteln sowie Geist und Körper, Herz und Charakter bilden. Oberste Bildungsziele sind Ehrfurcht vor Gott, Achtung vor religiöser Überzeugung und vor der Würde des Menschen, Selbstbeherrschung, Verantwortungsgefühl und Verantwortungsfreudigkeit, Hilfsbereitschaft, Aufgeschlossenheit für alles Wahre, Gute und Schöne und Verantwortungsbewusstsein für Natur und Umwelt. Die Schüler sind im Geist der Demokratie, in der Liebe zur bayerischen Heimat und zum deutschen Volk und im Sinne der Völkerversöhnung zu erziehen. Bei der Erfüllung ihres Auftrags haben die Schulen das verfassungsmäßige Recht der Eltern auf Erziehung ihrer Kinder zu achten" (BayEUG Artikel 1). Im Lehrplan der Realschule Bayerns findet man die folgenden Zielformulierungen: Die Realschule „vermittelt Grundlagen, Anregungen und Orientierungshilfen für die Heranbildung einer mündigen, selbstständig urteilenden und – im Sinne einer verantworteten Zivilcourage – entschlossen handelnden Persönlichkeit in einer freiheitlich demokratisch verfassten, pluralistischen Gesellschaft" (Lehrplan 2001, 13). Als Ziele werden aber auch ganz konkret aufgelistet: Arbeitstugenden wie Pünktlichkeit und Ordentlichkeit, Ausdauer, Eigeninitiative, Entscheidungsfähigkeit, Flexibilität, Kommunikationsfähigkeit, Konzentrationsvermögen, Kreativität, Lernfähigkeit und Lernwilligkeit, Selbstständigkeit, systematisches Vorgehen, Verantwortungsbewusstsein, -bereitschaft und -fähigkeit, Zuverlässigkeit (vgl. ebd., 15).

Lehrkräfte sind dem Lehrplan zufolge außerdem dazu verpflichtet, folgende Ziele in ihrem pädagogischen Handeln anzustreben: Förderung demokratischen Verhaltens, Toleranz, Selbstdisziplin, Verantwortungsbewusstsein, Hilfsbereitschaft, Respekt vor der Würde anderer Menschen, Bereitschaft zur internationalen Verständigung, ethisches Handeln und Urteilen, kulturelle Identität bei gleichzeitiger Weltoffenheit u.v.m. Die Auflistung aller dieser Ziele zeigt, in welch starkem Maße die Tätigkeit einer Lehrkraft von normativen Zielvorgaben geprägt ist. Zielunsicherheit kann sich hier eigentlich nicht einstellen, höchstens bei der Frage, wie man alle diese Ziele auch tatsächlich erreichen kann (vgl. hierzu den Abschnitt über Konzepte schulischer Erziehungsarbeit). Alle diese Erziehungsziele beinhalten ein Verständnis von ‚Ziel', bei dem davon ausgegangen wird, dass hier Eigenschaften von Zu-Erziehenden beschrieben werden, die prinzipiell veränderbar sind, eine Einwirkung auf das Kind in Richtung auf diese Ziele also eine gewisse Aussicht auf Erfolg habe.

Eine solche Auflistung der zu vermittelnden Erziehungsziele beantwortet zwar die Frage nach dem gewünschten Ergebnis des Erziehungsgeschäftes der Lehrpersonen, aber noch nicht die nach der besten Vorgehensweise, um dieses Ziel zu erreichen. Tarnai trennt daher Erziehungsziele von „erziehungsleitenden Einstellungen" bei Lehrpersonen, wobei letztere diejenigen sind, die „das Denken und Handeln im Unterricht bei der Erziehung von Schülern prägen" (Tarnai 2010, 170). Die Frage, welche Erziehungsziele Lehrer(innen) in ihrem Unterrichtshandeln tatsächlich anstreben, ist erstaunlicherweise wenig empirisch untersucht. Dagegen werden elterliche Erziehungsziele in der empirischen pädagogisch-psychologischen Forschung relativ regelmäßig erhoben. Der Allensbach Familienbericht 2011, in dem mit Hilfe einer repräsentativen Quotenauswahl der deutschen Bevölkerung insgesamt 1751 Personen befragt wurden, ergab, dass die große Mehrheit der Eltern die Erziehungsaufgabe in erster Linie in den Familien sieht. Keinesfalls lässt sich mit diesen Daten die oft von Lehrpersonen vorgebrachte Klage rechtfertigen, die Eltern überließen die Erziehung immer mehr den Schulen. Aber die Eltern wünschen sich durch die Schulen Unterstützung. Gefragt danach, welche Bildungs- und Erziehungsziele eher der Familie und welche eher den Schulen zuzuordnen seien, weisen die Eltern mehrheitlich die fachliche Bildung sowie Ziele wie Sportlichkeit, Kreativität und Leistungsbereitschaft den Schulen zu, Erziehungsziele wie Disziplin, Förderung des Selbstbewusstseins, Höflichkeit und gute Manieren aber überwiegend dem Elternhaus (vgl. IfD 2011, 32).

In der international vergleichenden Studie zu Werthaltungen bei Lehrpersonen sowie bei Schülerinnen und Schülern von Puurula aus dem Jahr 2001 zeigte sich, dass Lehrkräfte übereinstimmend emotionale Erziehung und Werteerziehung als Teil ihrer Aufgabe sehen. In den meisten Ländern ergab sich eine Top-Stellung für soziale Werte (Hilfsbereitschaft, Toleranz, Altruismus) als Ziel von Lehrpersonen gefolgt von Autonomie-Zielen (Eigenständigkeit, freier Wille) und der Förderung der Persönlichkeit (Aufrichtigkeit, Kreativität). Altruistische Werte wurden dabei sowohl von Lehrkräften als auch von Schülerinnen und Schülern höher als die anderen Werte eingestuft (vgl. Puurula 2001). Die wenigen vorliegenden deutschen Arbeiten zu Erziehungszielen von Lehrkräften bestätigen diese Befunde im Wesentlichen, dort fanden sich aber auch Lehrpersonen mit stark konservativen Erziehungszielen, u.a. Fleiß, Disziplin, Respekt (vgl. Mischo/Rheinberg 1995). In einer Studie von Patry und Hofmann (1998) in Österreich wurden Autonomieziele bei den Angaben der Befragten zur Wichtigkeit von Zielen an erster Stelle genannt, bei den Angaben zur tatsächlichen unterrichtlichen Umsetzung hingegen deutlich seltener. Es besteht also eine Diskrepanz zwischen den nach eigenen Aussagen angestrebten und den tatsächlich im Unterrichtshandeln umgesetzten Zielen (vgl. Patry/Hofmann 1998).

Normative Erziehungsdefinitionen gehen davon aus, dass Erziehungsziele das Erziehungshandeln maßgeblich bestimmen. Handlungstheoretische Modelle des Erzieher(innen)verhaltens zeigen tatsächlich, dass ein „Teil dieses Verhaltens als zielgerichtet-rational rekonstruierbar ist" (Mischo/Rheinberg 1995, 142; Wahl 1991). Das heißt im Umkehrschluss: Erziehende verhalten sich in Teilen auch nicht zielgerichtet und nicht oder wenig rational. Ist ihr Handeln dann noch als Erziehung zu bezeichnen? Im Sinne der hier verwendeten Erziehungsdefinition setzt Erziehung Intentionalität voraus.

Bei der Betrachtung des Erziehungshandelns der Lehrpersonen ist aber zwischen
- erzieherischen Einwirkungen im Sinne eines Aufrechterhaltens eines dem Lernen förderlichen Klimas in der Klasse (siehe Beitrag zur Klassenführung in diesem Band),
- erziehungsleitenden Einstellungen und
- übergeordneten Erziehungszielen der Lehrkraft zu unterscheiden.

Eine Lehrer(innen)intervention, z.B. in der Form einer strengen Ermahnung nach wiederholtem Stören durch Hereinrufen einer Antwort ohne Meldung, ist zunächst eine erzieherische (i.e. verhaltensregulierende) Maßnahme zum Zwecke der Herstellung der Ordnung im Klassenzimmer. Keine Lehrkraft wird in einer solchen Situation angeben, sie strebe gerade das Erziehungsziel ‚Mündigkeit' an. Dennoch ist ihr Unterricht insgesamt auf das Ziel ‚Mündigkeit' ausgerichtet, sie hat aber in der Störungsinterventionssituation zunächst ein anderes Ziel (Wiederherstellung der Ordnung) im Sinn. Das heißt, Lehrpersonen haben übergeordnete Erziehungsziele (z.B. Mündigkeit), sie haben erziehungsleitende Einstellungen (es ist wichtig, Kindern entwicklungsgerecht Mitentscheidungsmöglichkeiten im Unterricht zu geben) und sie haben Ziele in Erziehungssituationen, die aber eher der Aufrechterhaltung oder Wiederherstellung einer Situation dienen, in der Erziehungs- (und Bildungs-)ziele überhaupt angestrebt werden können.

6 Schulische Erziehungskonzepte

Werteerziehung, Sexualerziehung, Verkehrserziehung, Friedenserziehung, Medienerziehung; die Liste der der Schule aufgegebenen Erziehungsaufgaben ist lang und spiegelt sich in den vielen Komposita, die das Wort ‚Erziehung' beinhalten. Bei der Umsetzung schulischer Erziehungsaufgaben lassen sich grob drei verschiedene Konzepte unterscheiden:

- Konzepte des Erziehenden Unterrichts, in denen Erziehungsaufgaben integrativ im Rahmen des täglichen unterrichtlichen Geschehens durch die Lehrperson wahrgenommen werden, sie werden als indirekte Wertevermittlungskonzepte bezeichnet. Hierzu gehören auch die idealistischen Vorbild-Vorstellungen, die von einer Wirkung des Lehrer(innen)vorbilds auf das Schüler(innen)verhalten ausgehen.
- Konzepte der ‚Auslagerung' der Wertevermittlung aus dem eigentlichen Unterricht, in denen die Vermittlung von Werten, Normen oder bestimmten Erziehungsthemen in ein eigenes Unterrichtsfach, bestimmte Unterrichtsstunden oder Sonderformen schulischer Veranstaltungen verlegt werden.
- Kooperative Konzepte schulischer Erziehung, bei denen unter Einbeziehung verschiedener Kooperationspartner(innen) die Erziehungsziele angestrebt werden, hier finden sich sowohl indirekte als auch direkte Ansätze der Wertevermittlung meist in Kombination.

6.1 Indirekte Wertevermittlungsansätze: Erziehung im Unterricht

Erziehen und Unterrichten als Tätigkeitsfelder von Lehrpersonen sind schwer voneinander zu trennen. Weinert beschreibt die Verschränkung von Erziehung und Unterricht als „das Vorhandensein und/oder das Schaffen eines der individuellen

Entwicklungslage angemessenen Lebensraums, eines positiven emotionalen Klimas
(…), förderlicher sozialer Beziehungen (…) und vielfältiger Anregungen, um erwünschte Lernprozesse zu provozieren und unerwünschte zu vermeiden" (Weinert
2010, 139).

Unterricht bietet vielfältige Möglichkeiten, die erzieherisch genutzt werden können.
Dazu muss die Erziehung selbst gar nicht unbedingt ‚Thema' der Stunde sein. Jede
nach den Regeln der Gesprächsführung durchgeführte Klassendiskussion ist neben
der inhaltlichen Befassung mit einem bestimmten Gegenstand sowie der Förderung sprachlicher Ausdrucksfähigkeit und Argumentationskompetenzen auch ein
Beitrag zur Erziehung: den anderen ausreden lassen, ihm zuhören, seine Meinung
wertschätzen, andere Meinungen und fremde Weltsichten tolerieren etc. sind Erziehungsziele, die der Schule aufgetragen sind. In integrativen Erziehungskonzepten
wird der Erziehungsauftrag der Schule also nicht getrennt von ihrem Bildungsauftrag; die Lehrkraft überdenkt bei der Unterrichtsplanung die erzieherische Seite
mit und nutzt bei der Gestaltung der Lernumgebungen auch ihr erzieherisches
Potential. So werden durch kooperative Lehr-Lernverfahren wie Gruppenturniere,
durch peer-tutoring und andere Methoden des wechselseitigen Lehrens und Lernens Erziehungsziele wie Teamfähigkeit, Toleranz, Hilfsbereitschaft u.a. angestrebt.
Wertorientierender Unterricht und Fachunterricht schließen sich nicht aus: sie sind
kohärent. Wiater (2009b) unterscheidet in seiner Darstellung der Möglichkeiten
des Unterrichts, auch erzieherisch zu wirken drei Handlungsfelder, in denen die
Lehrkraft einwirken kann.

- Erstens das Handlungsfeld im Bereich der didaktischen Entscheidungen, das
  oben bereits am Beispiel der methodischen Möglichkeiten angesprochen ist. Von
  der Auswahl der Unterrichtsinhalte, über die verschiedenen Lernformen und
  Methoden oder die Art und Weise der Rückmeldung und Leistungsbeurteilung
  sind über didaktische Entscheidungen erzieherische Wirkungen möglich.
- Das zweite Handlungsfeld sind unterrichtsorganisatorische Maßnahmen, wie
  der Umgang mit Störungen und Konflikten, der Organisation dialogischer Um-
  gangsformen, des Bestehens auf der Einhaltung von Regeln und Ritualen, konsequente Verhaltensregulation u.v.m.
- Das dritte Handlungsfeld schließlich ist das personale Engagement der Lehrperson. Dazu gehören hohe Selbstreflexivität (insbesondere auch bei der Sprachver-
  wendung; siehe Ausführungen zu Reversibilität weiter oben), eine erfolgreiche
  Klassenführung sowie das Lehrer(innen)vorbild (vgl. Wiater 2009b, 332f).

Das zentrale und wohl optimistischste Konzept indirekter Wertevermittlung ist das
Vorbildkonzept. „Lehrerinnen und Lehrer selbst stellen die Repräsentanz und Akzeptanz von Werten dar und lösen Werteerfahrungen aus" (Standop 2005, 99). Das
Vorbild der Lehrperson wirkt in der Vorstellung des Vorbildansatzes unmittelbar
auf das Handeln der Heranwachsenden, indem sie sich im Sinne des Lernens am

Modell das gute, sittliche Handeln abschauen (vgl. dazu Wirksamkeit der verschiedenen Wertevermittlungsansätze in Abschnitt 6.4).

6.2 Direkte Wertevermittlungsansätze

Sexualerziehung, Verkehrserziehung und auch Werteerziehung sind Themen, die oft im Auslagerungskonzept umgesetzt werden: Es werden eigene Veranstaltungen durchgeführt, in denen diese Erziehungsthemen thematisiert werden. Das können einzelne Unterrichtsstunden sein, in denen beispielsweise im Fach Biologie Schwangerschaftsverhütung besprochen wird oder es werden, wie im Falle der Werteerziehung, ganze Unterrichtsfächer geschaffen, die sich gezielt der Wertevermittlung annehmen sollen. So ist in Berlin das Fach Ethik ab der siebten Klasse ein Pflichtfach, während Religion als Zusatzangebot freiwillig gewählt werden kann. In einer Stadt, in der weniger als 30% der Bürger(innen) katholisch oder evangelisch sind, erschien ein Unterrichtsfach, das der Vermittlung von Werten gewidmet ist und an dem alle Heranwachsenden teilnehmen müssen, als eine denkbare Lösung des Erziehungsproblems.

Didaktische Ansätze, die zu den Konzepten der Auslagerung gehören, sind neben der Einführung ganzer Unterrichtsfächer der sogenannte Wertklärungsansatz von Raths u.a. (1976), bei dem es um die Klärung individueller Wertpräferenzen ohne Einflussnahme durch die Lehrperson geht, das Konzept der Wertanalyse (vgl. Hall 1979), das zwischen Indoktrination und Werterelativismus einen Mittelweg gehen will. Danach ist es Aufgabe der Wertevermittlung durch Wertanalyse, „den Heranwachsenden mit Fertigkeiten auszustatten, Wertprobleme durch logisches, analysierendes Denken und wissenschaftsorientiertes Erforschen zu lösen und qualifizierte Entscheidungen herbeizuführen" (Mauermann 1985, 362). Dazu wird das Wertproblem im Unterricht explizit gemacht, analysiert und diskutiert. Es geht also auch hier im Sinne des Auslagerungskonzeptes um Unterricht *über* Werte, nicht um Werteerziehung *im* Unterricht (vgl. Terhart 1989). Hall stellt fünf unterrichtliche Möglichkeiten der Umsetzung des Wertanalyse-Ansatzes vor, nämlich die Bewusstwerdungsstrategie, die Gesprächsstrategie, die Argumentationsstrategie, die Begriffsbildungsstrategie und die Spielstrategie (vgl. Hall 1979, 23f). Bei der Bewusstwerdungsstrategie geht es um die Förderung des Einfühlungsvermögens und den Erwerb von Diskussionskompetenzen, bei der Gesprächsstrategie um das Einnehmen von moralischen Standpunkten im Gespräch und das Treffen von moralischen Entscheidungen. Die Argumentationsstrategie setzt auf die Förderung des Erkennens von Alternativen und Voraussehens von Konsequenzen eigener und fremder Handlungen. Unterrichtsverfahren zur Konstruktion von Wertbegriffsmodellen werden unter der Überschrift „Begriffsbildungsstrategie" (ebd.) erläutert. Hierbei werden Begriffe (z.B. Frieden) geklärt, durch Fallbeispiele identifiziert und schließlich in einem Modell erweitert und von anderen Werten abgegrenzt. Durch

Spiele (z.B. Rollenspiele) wird schließlich im Rahmen der Spielstrategie Halls Wertanalyseansatz umgesetzt.

Eines der bekanntesten Konzepte moralischer Erziehung ist die Dilemma-Diskussions-Methode von Kohlberg (1964). Auch seine Methode gehört zu den direkten Wertevermittlungsansätzen, weil auch hier die Werteerziehung selbst Unterrichtsgegenstand ist. Die Dilemma-Diskussion wurde empirisch vielfach untersucht und kann als eine der wenigen in ihrer Wirksamkeit einigermaßen bestätigten Formen der Wertevermittlung bezeichnet werden.

6.3 Kombinationskonzepte: Erziehungspartnerschaften, Schulkulturansätze

Meist werden direkte und indirekte Konzepte der Wertevermittlung in Schulen kombiniert. Eine wichtige Rolle spielen dabei auch Kooperationspartner(innen). Ein Ansatz in der Wertevermittlung ist die Bildung von Erziehungspartnerschaften zwischen der Schule einerseits und anderen Institutionen der Erziehung, allen voran den Eltern. Daneben kooperieren Schulen in Präventionsansätzen z.B. mit der Polizei (beispielsweise in der Verkehrserziehung oder der Sucht- und Kriminalitätsprävention) oder der Jugendhilfe (z.B. im Bereich der Sexualpädagogik, in außerschulischen Medienerziehungs- und Medienbildungskonzepten, in der Kriminalitätsprävention u.a.).

Von besonderer Bedeutung ist die Erziehungspartnerschaft zwischen Elternhaus und Schule, die jedoch zugleich eine wenig genutzte Möglichkeit der gemeinsamen Werteerziehung ist. Kontakte zwischen Elternhaus und Schule beschränken sich vielfach auf Pflichtelternabende und zwei Elternsprechtage im Jahr. Lehrkräfte geben derzeit an, etwa 6% ihrer Arbeitszeit der Elternarbeit zu widmen, selten überschreiten die Eltern-Lehrer(innen)-Kontakte 15 Minuten im Jahr (vgl. Fuhrer 2005). Wild und Hofer (2002) konnten zeigen, dass Lehrkräfte die Elternarbeit vielfach als nicht honorierte Mehrarbeit betrachten; sie verweisen auf ihre psychische und zeitliche Belastung und seien zudem nicht frei von Ängsten gegenüber den Eltern. Kritisch wendet Fuhrer gegen die vorherrschenden Formen der Zusammenarbeit zwischen Elternhaus und Schule ein, dass Kontakte entweder dann zustande kämen, wenn es lediglich um allgemeine, alle Kinder betreffende Fragen gehe oder aber, wenn Zwischenfälle und Probleme Kontakte erzwängen. Dies sei aber keine günstige Voraussetzung für echte Erziehungspartnerschaft, deshalb müssten neue Formen der Kooperation entwickelt werden. „Grundsätzlich muss es selbstverständlich werden, dass Eltern sich bei schulbezogenen Fragen ohne Gefühle des Unbehagens und frei von Ängsten an Lehrerinnen und Lehrer wenden, und das sollten sie tun, noch ehe diese Fragen zu Familienproblemen werden" (Fuhrer 2005, 280). Pädagogische Elternabende, bei denen eine pädagogisch beide Seiten interessierende Fragestellung thematisiert wird (z.B. professionelle und förderliche

Elternunterstützung bei Hausaufgaben, Umgang mit Computerspielen und Internet) bieten eine Möglichkeit, miteinander ins Gespräch zu kommen, die unterschiedlichen Perspektiven kennenzulernen und voneinander zu lernen, die bisher zu selten genutzt wird. Vielerorts werden bereits Modelle der Elternbeteiligung im Unterricht oder in außerunterrichtlichen Veranstaltungen (z.B. Berufsinformationsbörsen, bei denen Eltern über ihre Berufe informieren) genutzt, um neue Kooperationsformen zu erproben.

Neben der absichtsvollen Einwirkung durch Eltern und Lehrkräfte spielen Weinert zufolge im Prozess der Erziehung nicht beabsichtigte sozialisierende Wirkungen des gesamten Milieus, in dem ein Kind aufwächst, eine große Rolle (vgl. Weinert 2010, 139). Insofern bildet schließlich auch eine von Kooperation und gegenseitigem Respekt geprägte Schulkultur ein Erziehungsmilieu, das durch indirekte Einflussnahme Wertevermittlung begünstigen kann. Darüber hinaus können Schulveranstaltungen, eine Kultur von gemeinsamen Festen und Feiern u.a. direkte Wertevermittlung ermöglichen.

6.4 Wirksamkeit der Konzepte schulischer Erziehung

Die empirische Forschung überprüft die Wirksamkeit der verschiedenen Konzepte von Werterziehung. Dabei hat sie mit der sogenannten Urteils-Handlungs-Diskrepanz zu tun. Es reicht nicht, um das Richtig und Falsch zu wissen, es reicht auch nicht, die sittliche Einstellung zu haben oder ein sittliches Urteil fällen zu können, man muss letztendlich sittlich handeln. Deshalb wird in der Forschung zwischen

- dem Vorhandensein von Wissen über das richtige Verhalten,
- der Veränderung von Einstellungen und
- schließlich der Veränderung des Verhaltens in Folge von Wertevermittlung unterschieden.

Mit dem Wissen über das richtige Verhalten möchten sich pädagogisch Tätige nicht zufrieden geben, ihre Erziehungsziele liegen auf der Handlungsebene. Auf der Ebene von Einstellungsänderungen konnte besonders die Dilemma-Diskussionsmethode Wirkungen nachweisen.

Auf allen drei Ebenen des Wissens, der Einstellungen und des Verhaltens überprüfte Leming 1981 in einer Metaanalyse die Wirksamkeit moralischer Unterweisung. Es zeigte sich, dass alle Verfahren direkter moralischer Unterweisung auf der Verhaltensebene unwirksam waren. Auch das Vorbildkonzept der Wertevermittlung gilt auf der Ebene sittlichen Handelns in seiner Wirksamkeit als umstritten. Der Nachweis von Wirkungen auf der Handlungsebene ist aber auch extrem schwierig, obwohl theoretische und empirische Arbeiten, die sich mit der Urteils-Handlungs-Diskrepanz auseinandersetzen, inzwischen sehr zahlreich sind. Winkler resümiert zusammenfassend: „Es gehört zu den Grundproblemen des als Erziehung bezeichneten Geschehens, dass in ihm Wirkungen nicht unmittelbar und schon gar nicht in einer Weise erzeugt werden können, die von außen gesetzten Zielen entspricht" (Winkler 2006, 58). Vielleicht ist es für praktisch pädagogisch Handelnde genau aus diesem Grund förderlich mit Eigenschaften ausgestattet zu sein, die im Erziehungsgeschäft ohnehin förderlich sind: Geduld und Hoffnung.

Literatur

Baumrind, D. (1971): Harmonious parents and their preschool children. In: Developmental Psychology 4, 99-102.

Brezinka, W. (1974): Grundbegriffe der Erziehungswissenschaft. München, Basel: Ernst Reinhardt.

Fuhrer, U. (2005): Lehrbuch Erziehungspsychologie. Bern, Göttingen, Toronto, Seattle: Huber.

Geissler, E. (1982): Erziehungsmittel, 6. Auflage. Bad Heilbrunn: Klinkhardt.

Gudjons, H. (2008): Pädagogisches Grundwissen, 10. Auflage. Bad Heilbrunn: Klinkhardt.

Hall, R. T. (1979): Unterricht über Werte. Lernhilfen und Unterrichtsmodelle. München: Urban/ Schwarzenberg.

Henderlong, J./Lepper, M.R. (2002): The effects of praise on children's intrinsic motivation: A review and synthesis. In: Psychological Bulletin 128, 774-795.

Hurrelmann, K. (1994): Mut zur demokratischen Erziehung. In: Pädagogik 7 (8), 13-17.

Institut für Demoskopie Allensbach (2011): Monitor Familienleben 2011. Einstellungen und Lebensverhältnisse von Familien. Ergebnisse einer Repräsentativbefragung im Auftrag des Bundesministeriums für Familie. Online verfügbar unter: http://www.ifd-allensbach.de/pdf/Familienleben_2011. pdf?archivArticleID=1084076 (zuletzt 6.12.2011).

Kluckhohn, C. (1951): Values and value-orientation in the theory of action: An exploration in definition and classification. In: Parsons, T./Shils, E. (Hrsg.): Toward a General Theory of Action. Cambridge/Mass.: Harvard University Press, 388 – 433.

Kohlberg, L. (1964): Development of moral character and moral ideology. In: Hoffmann, M. L./Hoffmann, L. W. (Hrsg.): Review of child development research. New York: Russell Sage Foundation.

Krohne, H. W./Hock, M. (2010): Erziehungsstil. In: Rost, D. (Hrsg.): Handwörterbuch Pädagogische Psychologie. Weinheim: Beltz, 159-168.

Krumm, V./Weiß, S. (2001a): Was Lehrer Schülern antun – Ein Tabu in der Forschung über „Gewalt in der Schule". In: Pädagogisches Handeln 3 (4), 121-130.

Krumm, V./Weiß, S. (2001b): „Du wirst das Abitur nie bestehen". Befunde aus einer Untersuchung über verletzendes Lehrerverhalten. In: Lernchancen 3 (20), 14-18.

Lehrplan Bayern (2001): online erhältlich unter http://www.isb.bayern.de. (zuletzt 17.12.2011).

Leming, J. (1981): Curricular effectiveness in moral/values education: A review of research. In: Journal of Moral Education 10, 147-164.

Litt, T. (1927): ‚Führen' oder ‚Wachsenlassen'. Eine Erörterung des pädagogischen Grundproblems, 13. Auflage 1988, Stuttgart: Klett-Cotta.

Mägdefrau, J. (2009): Empirische Werteforschung – Ausgewählte Ergebnisse mit Relevanz für Lehrerbildung, Schule und Unterricht. In: Paradigma, Themenheft: Werte und Moral in der Schule, 48-61.

Mauermann, L. (1985): Darstellung und Kritik aktueller Konzepte zur Werterziehung in der Schule. In: Twellmann, W. (Hrsg.): Handbuch Schule und Unterricht. Band 7.1. Düsseldorf: Schwann, 357-371.

Meyer, H. (1997): Schulpädagogik. Band 1. Berlin: Cornelsen Scriptor.

Mischo, C./Rheinberg, F. (1995): Erziehungsziele von Lehrern und individuelle Bezugsnorm der Leistungsbewertung. In: Zeitschrift für Pädagogische Psychologie 9 (3/4), 139-151.

Patry J.-L./Hofmann, F. (1998): Erziehungsziel Autonomie – Anspruch und Wirklichkeit. In: Psychologie in Erziehung und Unterricht 45, 53-66.

Puurula, A. (2001): Teacher and Student Attitudes to Affective Education: a European collaborative research project. In: Compare 31 (2), 165-186.

Rheinberg, F./Vollmeyer, R. (2010): Paradoxe Effekte von Lob und Tadel. In: Rost, D. (Hrsg.): Handwörterbuch Pädagogische Psychologie. Weinheim: Beltz, 635-641.

Raths, L. E./Harmin, H./Simon, S. B. (1976): Werte und Ziele. Methoden zur Sinnfindung im Unterricht. München: Pfeiffer.

Rost, D./Buch, S. (2010): Pädagogische Verhaltensmodifikation. In: Rost, D. (Hrsg.): Handwörterbuch Pädagogische Psychologie. Weinheim: Beltz, 613-624.

Schnotz, W. (2011): Pädagogische Psychologie kompakt. Weinheim: Beltz.

Standop, J. (2005): Werteerziehung. Einführung in die wichtigsten Konzepte der Werteerziehung. Weinheim, Basel.

Tarnai, C. (2010): Erziehungsziele. In: Rost, D. (Hrsg.): Handwörterbuch Pädagogische Psychologie. Weinheim: Beltz, 168-174.

Terhart, E. (1989): Lehr-Lern-Methoden. Weinheim, München: Juventa.

Wahl, D. (1991): Handeln unter Druck. Weinheim: Deutscher Studien Verlag.

Weinert, F. E. (2010): Entwicklung, Lernen, Erziehung. In: Rost, D. (Hrsg): Handwörterbuch Pädagogische Psychologie. Weinheim: Beltz, 132-143.

Wiater, W. (2009a): Theorie der Schule, 3. Auflage. Donauwörth: Auer.

Wiater, W. (2009b): Bildung und Erziehung als Aufgabe der Schule. In: Apel, H. J./Sacher, W. (Hrsg.): Studienbuch Schulpädagogik, 4. Auflage. Bad Heilbrunn: Klinkhardt, 311- 336.

Wild, E./Hofer, M. (2002): Familien mit Schulkindern. In: Hofer, M./Wild, E./Noack, P. (Hrsg.): Lehrbuch Familienbeziehungen. Eltern und Kinder in der Entwicklung. Göttingen, Hofgrefe, 216-240.

Winkler, M. (2006): Erziehung. In: Krüger, H.-H./Helsper, W. (Hrsg.): Einführung in Grundbegriffe und Grundfragen der Erziehungswissenschaft. Opladen, Farmington Hills: Budrich UTB, 57-78.

Ludwig Haag
Die Lehrerpersönlichkeit als Erziehungsfaktor

Es dürfte nur wenige Berufsgruppen geben, die so zahlreichen Appellen an ihr Ethos, an Einsatz, Liebe, Hingabe und Vorbildhaftigkeit ausgesetzt sind, wie die Lehrerschaft. (Brezinka 1966)

Lehrerpersönlichkeit – in der Geschichte ein schillernder Begriff voller Höhen und Tiefen:
- schon in der Antike gefordert und auch abgelehnt
- in der geisteswissenschaftlichen Tradition zur Gloriole hochstilisiert
- im Behaviorismus verbannt
- im Expertenansatz durch die Hintertür wieder Einlass verschafft
- in der Professionalisierungsdebatte unter neuem Namen wieder eingeführt

„In der neueren erziehungswissenschaftlichen Literatur kommt der Lehrerpersönlichkeit kein hohes Ansehen zu. Sie gilt als Überbleibsel einer Tradition, die pädagogische Fragen normativ und ohne empirischen Rückhalt bearbeitet hat", so beginnt Herzog seine Reflexion über diesen Begriff (2001, 317). Dagegen ist die Persönlichkeit im Selbstverständnis der pädagogischen Praktiker von ungebrochener Aktualität. Der Alltag hält genügend Beispiele bereit, dass dieselben Schüler(innen) auf unterschiedliche Lehrer(innen) unterschiedlich reagieren. Es ist nicht dasselbe, wenn zwei Lehrer das gleiche tun. Als Begründung wird die Lehrerpersönlichkeit angeführt.

In einem ersten kürzeren Teil werden Studien – aus Lehrer- und Schülersicht – angeführt, die zeigen, wie Unterricht letztendlich als abhängig von der Persönlichkeit des Lehrers gesehen wird.

In einem zweiten Teil wird ein historisch-chronologisches Vorgehen gewählt. Ausgehend von den **griechischen Wurzeln** des Begriffs (2.1) werden **normative Ansätze** vorgestellt, die um die Wende zum 20. Jahrhundert florierten (2.2). Im Zuge des Behaviorismus setzten sich **empirische Ansätze** durch, die Unterricht wissenschaftlich begründen wollten und zunächst keinen Raum für individuelle Persönlichkeiten sahen (2.3). Eine **integrative Position** nimmt die Forschergruppe um Mayr ein, der wohl die fundiertesten Forschungsarbeiten zur Frage, inwieweit die Persönlichkeit von Lehrern einen relevanten Einfluss auf das Handeln hat, vorweisen kann. Die Frage nach der Lehrerpersönlichkeit ist heute in der **Professionalisierungsdebatte** des Lehrerberufes aufgehoben, und zwar so aufgehoben, dass diesem Begriff ein gebührender Platz zukommt (2.5).

1 Lehrerpersönlichkeit: Meinung heutiger Lehrer und Schüler

Lehrersicht

Auf die Frage, worin die Professionalität von Lehrkräften besteht, resümiert **Herrmann**, der in einem Forschungsprojekt Selbstaussagen von rund 100 Lehrkräften in mehreren Erhebungswellen dokumentiert (Hertramph & Herrmann 1999): „Gymnasiallehrer verweisen auf ihre fachwissenschaftliche universitäre Ausbildung, Berufsschullehrer auf ihre Berufsausbildung und -erfahrung vor Eintritt ins Lehramt, berufszufriedene und erfolgreiche Lehrer verweisen auf den Faktor Lehrerpersönlichkeit" (Herrmann 1999, 42).

Der eigene Berufserfolg und die eigene Berufszufriedenheit wird nicht einem Prozess zunehmender Professionalisierung und zunehmender fachmännischer Expertise zugeschrieben, sondern dem Faktor Persönlichkeit: Den ausschlaggebenden Erfolg, wie auf Schüler(innen) eingehen zu können, Disziplinprobleme während des Unterrichtens auch beiläufig lösen zu können, fachliche Inhalte schülergerecht vermitteln zu können, den Austausch mit anderen Kollegen herstellen zu können, garantiert aber eher die Lehrerpersönlichkeit als kompetentes professionelles Handeln.

Die Autoren fragten weiter, was diese Lehrkräfte nun unter Lehrerpersönlichkeit verstehen. Lehrer, die sich durch jahrzehntelange Erfahrung in ihrem Beruf auskennen „verstehen unter dem Begriff ,Lehrerpersönlichkeit' ein Ensemble von Eigenschaften, die *erstens* zentral für eine erfolgreiche Berufsausübung sind, sich *zweitens* nicht trennscharf umreißen lassen und *drittens* den Charakter des ,Nichterlernbaren' tragen" (Hertramph & Herrmann 1999, 53).

Lehrer sehen sich also so, dass Lehrerpersönlichkeit den Zugang zu den Schülern eröffnet und somit darüber entscheidet, ob der Beruf erfolgreich gemeistert wird. Über den Ursprung der eigenen Lehrerpersönlichkeit wird das Moment des „geborenen Erziehers" (Spranger 1958) deutlich. In etlichen Fällen wird davon berichtet, dass man bereits vor Aufnahme des Studiums gut mit Kindern/Jugendlichen umgehen konnte. Für die Berufswahlentscheidung waren auch Erfahrungen aus der eigenen Schulzeit wichtig, es wird von der Persönlichkeit der ehemaligen Lehrer gesprochen. Als erste positive Lernerfahrungen zu Berufsbeginn dienten Seminarlehrer, Mentoren als Vorbilder, die wiederum über Persönlichkeitsmerkmale beschrieben werden.

Die Lehrerpersönlichkeit spielt also aus der Sicht der Befragten eine Hauptrolle für die eigene erfolgreiche Berufsausübung, 50 bis 80 Prozent wird als Nicht-Erlernbar beschrieben. Für die aktuelle Lehrerausbildung wird die Förderung von Persönlichkeitsmerkmalen für außerordentlich wichtig gehalten.

In anderen Studien wird der Begriff der Lehrerpersönlichkeit nicht immer explizit benannt, oft stehen dafür typische Persönlichkeitsmerkmale wie Berufsethos und Erziehungsziele.

Schwänke (1988) befragte die bundesdeutschen Lehrerverbände nach dem Lehrerethos und stellte eine ziemlich heterogene inhaltliche Tendenz fest. Vier Faktoren konnten ermittelt werden:
1. Schülerbezogenheit
2. Orientierung an traditionellen Berufsregeln
3. Kooperationsbereitschaft gegenüber Kollegen, Schülern und Eltern
4. Kollegialität, im Sinne eines Inschutznehmens der Kollegen.

Maurer-Wengorz (1994) befragte ca. 200 Lehrer von 5 Gymnasien und führte davon mit 130 Lehrern thematisch strukturierte, in der Antwort offene qualitative Interviews durch.
Im Hinblick auf das Lehrerethos ließen sich drei Schwerpunktverständnisse herausarbeiten. Im Folgenden ist die prozentuale Verteilung der Lehrkräfte angegeben:
1. Sach- und Fachgerechtheit des Lehrerhandelns   23 %
   und Realisierung guten Unterrichts
2. Gerechtigkeit im Umgang und fürsorgliche   28 %
   Förderung des Schülers
3. Komplexe Ausrichtung (= Schwerpunkt 1 und 2)   49 %

Bei diesen Ergebnissen fällt auf, dass sich die Gymnasiallehrer nicht ausschließlich als Fachwissenschaftler, sondern auch als pädagogisch engagierte Unterrichtende verstehen.

Terhart et al. (1994) befragten in ihrer Studie über Berufsbiographien, die sie an 1200 Lehrern aus drei unterschiedlichen Altersgruppen an unterschiedlichen Schularten durchführten, die Lehrer, welche Aspekte des Lehrerberufs ihnen besonders wichtig seien (115 ff). Aus den Antworten der Befragten auf zwölf vorgegebene Items ergibt sich folgende Rangreihe der sechs bedeutsamsten Aspekte:
1. Gutes Verhältnis zu Schülern
2. Persönliche Atmosphäre im Unterricht
3. Geschickte Unterrichtsgestaltung
4. Engagement für den einzelnen Schüler
5. Selbstreflexion bei unerwünschtem Schülerverhalten
6. Informiertheit über persönliche Probleme

Spitzenreiter in der Wichtigkeitszuschreibung sind pädagogische Aufgaben, während die Kenntnisvermittlung ganz am Schluss liegt (Rangplatz 12: Konzentration auf den Lehrplan).

Mit Hilfe einer Clusteranalyse lassen sich zwei „Lehrertypen" identifizieren, der eine mit einer deutlichen Akzentsetzung im „persönlich-erzieherisch-involvierten" Bereich (Cluster I) und ein zweiter, der diesen und einen „objektivierend-unterrichtlich-distanzierten" Bereich (Cluster II) für etwa gleich bedeutsam hält. Dabei sind in der Grundschule und auch Hauptschule jene Lehrer überrepräsentiert, die besonderes Gewicht auf Erziehung und persönliche Beziehung legen (Cluster I). Solche Lehrer finden sich auch häufiger in der jüngsten (30-35jährige) und mittleren (40-45jährige) Altersgruppe. Dagegen finden sich in Cluster II eher Lehrer von Realschulen und Gymnasien und Lehrer der 55-60jährigen.

Schülersicht

Während die bisherigen Studien Lehrkräfte befragten, wird in folgender Studie Persönlichkeit aus Schülersicht erfragt.

Sauter (1989) gab Studierenden die Aufgabe, aus ihrer Schulzeit einen „guten und einen schlechten Lehrer" zu beschreiben. Insgesamt wurden ca. 280 Interviews ausgewertet.

In folgender Tabelle sind die meistgenannten Merkmale dargestellt, Mehrfachnennungen waren möglich:

Rang	Merkmal	Häufigkeit der Nennungen in Prozent
1	Paidotrope Einstellung	69,9 %
2	Fachkompetenz	43,9 %
3	Kompetente Unterrichtsgestaltung	41,9 %
4	Objektive Benotung	41,3 %
5	Fähigkeit zu motivieren	38,9 %

Mit Abstand am häufigsten wurde bei einem guten Lehrer die Kategorie „paidotrope Einstellung" genannt. Der Name wurde aus der Typologie des Lehrers von Caselmann (1949) entlehnt. Die paidotrope Einstellung zeigt sich in einer positiven Zugewandtheit zum Schüler. Der Schüler steht im Mittelpunkt des Interesses, nicht der Stoff. Neben diesem Beziehungsaspekt wird das Bild vom guten Lehrer im Bewusstsein ehemaliger Schüler(innen) mit den Merkmalen fachliche und methodisch-didaktische Kompetenz und objektive Benotung/Gerechtigkeit abgerundet.

2 Von der Lehrerpersönlichkeit zum professionellen Handeln

2.1 Griechische Wurzeln

Die Sophisten und Sokrates zählen als die entscheidenden Marken in der Entstehung einer Vorstellung eines Pädagogen in der europäischen Geschichte (vgl. Lichtenstein 1970). Während die Sophisten als erste das Lehren zum Beruf gemacht haben, hat Sokrates als erster das Erziehen als persönliche Berufung erfahren.

Sophisten

Die Sophisten entdeckten die Erziehung als einen strukturierten und rational lenkbaren Handlungszusammenhang. Sie waren die ersten professionellen Lehrer des Abendlandes, die einen kollektiven Unterricht erteilten. Sie machten ein Lehrangebot und vermittelten gegen angemessene Bezahlung ihren Schülern gesellschaftlich und politisch nützliche Kenntnisse und Fertigkeiten. Ganz im Sinne eines solchen Utilitarismus sahen sie beispielsweise die Rhetorik als eine bloße berufliche Technik. Die Kompetenz dazu leiteten sie aus ihren Fachstudien und aus ihrer Vertrautheit mit den für gesellschaftlich-politischen Erfolg erforderlichen Qualifikationen her. Der Unterricht löst sich aus dem Insgesamt der informellen Erziehungskräfte heraus und verselbständigt sich. In dieser Funktionalisierung des Unterrichts gerät die sittliche Substanz der Erziehung in Gefahr. An diesem sophistischen Bildungsverständnis setzt die philosophische Kritik des Sokrates an.

Sokrates

Sokrates erweckte das Normbewusstsein im Selbstaufbau der menschlichen Existenz. Plato lässt Sokrates im Laches resümieren: „Das Wesen des Erziehers ruht in dem Gesamt der Persönlichkeit" (Lichtenstein 1970, 84). So hat die Gestalt des Sokrates in allen Epochen der abendländischen Bildungsgeschichte, in denen ein besonderer Impuls zum Werdegang eines Persönlichkeitsbewusstseins lebendig war, immer wieder eine Symbolkraft ausgestrahlt. In der abendländischen Bildungsgeschichte lebt er weiter als reinste Verkörperung des erziehenden Menschen.

2.2 Normative Ansätze

Um die Wende zum 20. Jahrhundert wird die Lehrerpersönlichkeit mit Forderungen eingedeckt, die im Wesentlichen normativ begründet sind und deren empirische Grundlagen zumeist offen bleiben.

In Anlehnung an die ersten systematischen Reflexionen über das Wesen des Erziehungsprozesses und seiner Bedingungen auf seiten des Erziehers bei Pestalozzi und Herbart finden sich bis in die fünfziger Jahre des letzten Jahrhunderts Untersuchungen zum Thema der Lehrerpersönlichkeit. Die Persönlichkeit tritt an die erste Stelle der pädagogischen Wirkkräfte. Hier seien Kerschensteiner und Spranger genannt. Beide versuchten ein Ideal des Erziehers zu konstruieren.

So ist für Kerschensteiner „ein Lehrer, ... der eine volle Persönlichkeit geworden ist, ... das wertvollste Bildungsgut, das ... die größte Wirkung auf die Schüler auszuüben vermag" (1949, 110). Kerschensteiner beschreibt den Erzieher als „sozialen Typus", der durch den Drang zum pädagogischen Wirken gekennzeichnet ist.

Spranger fordert vom Erzieher das Durchdrungensein von „pädagogischer Liebe", denn diese sei das Medium erzieherischer Einflussnahme schlechthin. Zwar meint sein Begriff des „geborenen Erziehers" nicht eine schicksalhafte Begabung, aber doch ein „inneres Getriebensein zur Menschenbildung" (Spranger 1958, 22 f).

Aus der Fülle der vorhandenen Literatur zur Lehrerpersönlichkeit, in der die normativen Ansätze mit ihren unterschiedlichen Vertretern zusammengetragen werden (z.B. Gröschel 1980), können bei allen unterschiedlichen Herleitungen der Persönlichkeitsideale und bei allen Differenzen zwischen den Idealbildern folgende Gemeinsamkeiten gesehen werden (vgl. Hierdeis 1980):

– Der Begriff der Lehrerpersönlichkeit wird nicht deskriptiv, sondern normativ verstanden. Aus den systematischen Reflexionen über Erziehung wird auf wünschenswerte Eigenschaften und Wesensmerkmale des Erziehers geschlossen.
– Entscheidendes Kriterium für die Bezeichnung der Erzieherpersönlichkeit ist der Gesichtspunkt der Wirkung, nicht die Eigenschaft des Amtlichen und nicht die Absicht des Erziehers.
– Es werden ideale Lehrerpersönlichkeiten als Leitbilder für künftige Lehrer entworfen.
– Zu den Wesensbeschreibungen gehören soziale Einstellung, emotionale Zuwendung, pädagogische Liebe, Intensität des Werterlebens und Bildungswille.
– Der Lehrer stellt eine Persönlichkeit von hoher moralischer Integrität dar.
– Es fehlen eindeutige Aussagen über die Ursachen bestimmter Ausprägungen.
– Die Wurzeln eines solchen Persönlichkeitsdenkens liegen im Persönlichkeitsideal des sich selbst bildenden und selbstverantwortlichen Menschen des Deutschen Idealismus.

Damit sind wesentliche Bestimmungselemente von Persönlichkeit angesprochen, die den Alltagsgebrauch von Persönlichkeit bestimmen, Ganzheit und Individualität. Somit hat dieser Persönlichkeitsbegriff wenig mit dem gemeinsam, wie er in der Psychologie verwendet wird, wohl wissend, dass auch hier das Verständnis von der jeweiligen Auffassung über das Wesen des Menschen beeinflusst ist.

Doch wie konnte der Begriff so „florieren", den die pädagogische Literatur erst gegen Ende des 19. Jahrhunderts aufgegriffen hat? Im Gefolge an der Kritik der Herbartianer und ihrer Formalstufen des Unterrichts haben sich die Lehrer eingestanden, dass die Methode die großen Erwartungen nicht erfüllen kann, mit der sich ihr die Pädagogen nachdrücklich zugewandt hatten. An deren Stelle tritt die

Persönlichkeit, die auf der Basis von Erfahrung und Intuition Unterricht erteilt (vgl. Herzog 2001).

Die Betrachtung des Lehrers von der Persönlichkeit her beinhaltet einige Probleme. Flitner schreibt (1990, 18): „Die Anforderungen, die an diesen Beruf [Lehrer] gerichtet werden, sind ungeheuer. Kein Mensch kann sie erfüllen. ... Denn vieles ist gar nicht zu lernen, es geht an die Persönlichkeitsstruktur. Wer könnte schon Humor lernen oder Hilfsbereitschaft für Kinder, die man nicht mag?" Hier wie bei Sokrates erinnert der Gebrauch des Begriffes Persönlichkeit daran, dass die Reichweite allgemeiner Aussagen, wie sie von der Wissenschaft formuliert werden, begrenzt ist, so dass pädagogische Handlungen ohne idiosynkratische Eigenleistungen der Lehrer nicht realisierbar sind.

Die Schwäche liegt sowohl in der fehlenden empirischen Absicherung des tatsächlichen Verhaltens, als auch in der Loslösung der pädagogischen Wirksamkeit vom pädagogischen Handeln. Es bringt nichts, den Lehrer mittels umfangreicher Tugendkataloge ins Übermenschliche zu stilisieren, wenn offen bleibt, wie den Idealen Wirkungen entspringen. Nicht nur ist die Beziehung der Persönlichkeit zum Handeln generell unklar, offen bleibt auch, in welchem Verhältnis sie zu den Besonderheiten des pädagogischen Handelns steht (vgl. Czerwenka 2002). „Denn Professionalität zeigt sich nicht daran, wie einer ist, sondern wie er zu handeln weiß" (Herzog 2001, 320).

Die starke Betonung der Person des Erziehers als eigentlicher Motor des Erziehungsprozesses forderte seit den 60er Jahren des letzten Jahrhunderts heftige Kritik heraus, die ihre Argumente einem bestimmten Berufsverständnis des Lehrers verdankte, welches sich am Leitbild des primär für Wissensvermittlung zuständigen, mit Erziehungsaufgaben nicht zu belästigenden Gymnasial-Professors orientierte.

Diese Tendenz zur Bevorzugung der Wissensvermittlung als primäre Aufgabe des Lehrers wurde unterstützt durch den zunehmenden Einfluss des Behaviorismus, in dessen Konzept pädagogischer Einflussnahme Erziehung auf eine sozialtechnologische Ideologie reduziert wurde, in welcher nicht die innere Haltung eines zu Erziehenden, sondern lediglich beobachtbare und messbare äußere Verhaltensänderungen eines Lernenden betrachtet wurden.

Wenn Unterricht wissenschaftlich begründet sein soll, so ist er aus einer persönlichen Sphäre herauszulösen. „Scientia non est individuorum" stellt Allport (1949) heraus. Für individuelle Persönlichkeiten scheint es keinen Spielraum zu geben.

2.3 Empirische Ansätze

Die empirische Persönlichkeitsforschung fragt nicht danach, wie Lehrer sein sollten, sondern sie fragt danach, wie Lehrer tatsächlich sind, d. h. was sie in konkreten Situationen denken, fühlen und tun. Persönlichkeit ist hier ein Sammelbegriff für eine Vielzahl beobachtbarer bzw. aus beobachtbarem Verhalten erschließbarer Persönlichkeitsmerkmale.

Während sich in den Anfängen der empirisch orientierten Unterrichtsforschung das Interesse kaum auf den Lehrer, sondern fast ausschließlich auf den Schüler richtete, bahnte sich erst in den 50er Jahren des letzten Jahrhunderts eine radikale Umkehrung dieser Sichtweise an. Der Lehrer wird als unabhängige Variable, d.h. als Wirkfaktor betrachtet. Sein Verhalten gilt als die entscheidende Bedingungsvariable des Unterrichtsgeschehens.

Die Bemühungen, die Lehrerpersönlichkeit zu erforschen, konzentrierten sich hauptsächlich auf zwei Fragenkomplexe:

(1) Welche Persönlichkeitsmerkmale sind für Lehrer charakteristisch?

Ein Ergebnis war, dass Lehrer keine einheitliche Gruppe bilden, sondern es müssen insbesondere männliche und weibliche, Volksschul- und Gymnasiallehrer unterschieden werden. Doch den „typischen Lehrer" gibt es nicht.

(2) Welche Persönlichkeitsmerkmale kennzeichnen den effektiven Lehrer?

Ein Hauptproblem bei der Erforschung der Lehrereffektivität ist die Bestimmung des Kriteriums. Je nach Studien werden andere Kriterien für Effektivität gewählt, was die Vergleichbarkeit der Ergebnisse erschwert.

In jedem Fall konnte bei dieser Art von Forschung der Blick für die Komplexität von Unterricht geschärft werden. Dass die Lehrerpersönlichkeit eine wichtige Determinante des Unterrichtsgeschehens ist, kann nicht länger ignoriert werden. Zentrale Forschungsrichtungen sollen aufgezeigt werden:

Führungsstile

Ein entscheidender Anstoß für diese Entwicklung waren die Untersuchungen von Lewin et al. (1939) über die Auswirkungen verschiedener Führungsstile auf das Verhalten von Freizeitgruppen. Diese Untersuchungen haben eine Fülle von Studien auf dem Gebiet der schulischen Erziehung angeregt. Dabei konnten die Auswirkungen verschiedener Lehrermerkmale auf das Verhalten von Schülern nachgewiesen werden, z.B. auf Leistung, Leistungsmotivation, Aggressivität, Selbstvertrauen, Schulangst etc.

Der behavioristischen Tradition folgend wurde der Persönlichkeitsbegriff in der pädagogisch-psychologischen Forschung zunächst vermieden. Die Beobachtung, dass sich oft ein und derselbe Lehrer in sehr verschiedenen Situationen ähnlich verhält, veranlasste bald Forscher wie Tausch und Tausch (1999), die aus der Erziehungsstilforschung bekannten Verhaltensdimensionen als Persönlichkeitsmerkmale zu interpretieren.

Das Forschungsinteresse richtete sich von zentralen Persönlichkeitsvariablen wie Erziehungsstilen auf einzelne kognitive Variablen, und dann im Gefolge auf die Verknüpfung dieser Variablen. Damit ging eine Akzentverschiebung in den Kriteriumsvariablen einher. Wurden bisher Lehrermerkmale in Beziehung gesetzt zum Schülerverhalten, so fand zunächst eine Konzentration auf das Lehrerverhalten und schließlich auf die vom Handeln abstrahierten Wissensbestände wie z.B. subjektive Theorien statt.

Im Folgenden wird ein Ansatz behandelt, der in besonderem Maße in Deutschland beitrug, unterschiedliche kognitive Variablen aufeinander zu beziehen und als Funktionssystem verstehbar zu machen.

Bezugsnorm-Orientierung (BnO)

Der thematisch engste Ansatz bei der Betrachtung kognitiver Lehrervariablen war der der Bezugsnorm-Orientierung (Rheinberg 2001). Dieser Ansatz setzt als zentrale Variable einen qualitativen Unterschied der Leistungsbewertung. Vergleicht der Lehrer Lernresultate im interindividuellen Querschnitt einer Schulklasse (soziale Bezugsnorm) oder bevorzugt er den intraindividuellen Längsschnittvergleich mit zurückliegenden Resultaten desselben Schülers (individuelle Bezugsnorm)?

Bei der empirischen Forschung lassen sich vier Schritte unterscheiden:

(1) Zunächst wurde der Lehrerunterschied selbst untersucht. Hier zeigte sich, dass Lehrer mit dominant sozialer BnO ihre Vergleichsperspektive in unterschiedlichsten Kontexten beibehalten. „Gut" ist immer nur das Überdurchschnittliche, „schlecht" das Unterdurchschnittliche. Lehrer mit stark individueller BnO wechseln dagegen je nach Beurteilungskontext und -zweck die Vergleichsperspektive.

(2) Der zweite Schritt betraf die motivationalen Auswirkungen der so präzisierten Lehrerunterschiede. In einer Reihe von Feldstudien konnten die erwarteten Motivationseffekte auf der Schülerseite nachgewiesen werden. Bei Schülern von Klassenlehrern mit individueller BnO entwickelte sich das Leistungsmotiv in erfolgszuversichtlicher Richtung, während sich bei Vergleichsschülern von Klassenlehrern mit sozialer BnO dagegen die misserfolgsängstliche Motivtendenz verstärkte.

Im Einzelnen wurden positive Effekte einer individuellen BnO gefunden:
– geringere Furcht vor Misserfolg und mehr Hoffnung auf Erfolg
– weniger Prüfungsangst, weniger manifeste Angst und Schulunlust
– realistischere Zielsetzung, günstigere Attributionen und Selbstbewertungen
– höheres Selbstkonzept eigener Fähigkeit, mehr Selbstwirksamkeitserwartung und Verbesserungsmotivation und weniger Hilflosigkeit
– höhere Mitarbeitsfrequenz, mehr Spaß am Unterricht und bessere Leistungen.

(3) In einem dritten Schritt wurden Lehrertrainings zur individuellen BnO konzipiert und durchgeführt. Detaillierte Evaluationen zeigen, dass der Trainingserfolg mehr von der Verbesserungsmotivation der Lehrer als von der speziellen Trainingsmethode beeinflusst wurde.

(4) In einem letzten Schritt wurden Untersuchungen zu der Frage durchgeführt, wovon die bei den Lehrern vorfindbaren Unterschiede der BnO ihrerseits abhängen.

Mischo und Rheinberg (1995) fanden, dass die Bezugsnormorientierung in Zusammenhang mit Erziehungszielen stand, von denen sich die Lehrer im Unterricht leiten ließen. Lehrer mit individueller BnO haben höhere Werte bei den zu Erziehungszieldimensionen zusammengefassten einzelnen Erziehungszielen „Bemühen um Förderung von Persönlichkeit und Sozialverhalten" und „Bemühen um disziplinierten Unterrichtsverlauf". Dabei handelt es sich jedoch nicht um die Wünschbarkeit dieser Erziehungszieldimensionen, sondern um das Ausmaß, von dem sich Lehrkräfte tatsächlich ihr Unterrichtshandeln leiten lassen.

Eine so begonnene Ausfächerung vieler spezifischer Variabeln bringt die Gefahr eines versprengten und unübersichtlichen Forschungsstandes mit sich.

Das Problem besteht vor allem darin, dass Ausschnitte aus dem unterrichtlichen Handeln von Lehrern untersucht werden, die zum einen nur eine sehr begrenzte Bedeutung im Unterrichtsgeschehen haben, zum anderen nur einen kleinen Ausschnitt der überhaupt vorkommenden Unterrichtsereignisse repräsentieren.

Prozess-Produkt-Paradigma der Unterrichtsforschung

Das Prozess-Produkt-Paradigma entstand im Bemühen, noch systematischer das Lehrer- und Schülerverhalten im Sinne einer engen Wenn-Dann Beziehung zwischen Lehrerverhalten und Schülerleistung zu erfassen, wobei einzelne Lehrerverhaltensweisen im Sinne eng umgrenzter Fertigkeiten als Prozesse und ihre Auswirkungen auf Schülerseite als Produkte aufgefasst werden.

Empirische Befunde aus einer mittlerweile nicht mehr zu überblickenden Vielzahl von Untersuchungen belegen, dass ein Lehrer dann Fachinhalte erfolgreich unterrichtet, wenn er

- „ein reichhaltiges Repertoire von Unterrichtsmethoden flexibel einsetzt;
- die Schüler aktiviert, d.h. dafür sorgt, dass sie sich mit dem Fachinhalt beschäftigen;
- die Unterrichtszeit vornehmlich zur Stoffbehandlung nutzt;
- das Tempo und die Abfolge der Beschäftigung mit dem Fachinhalt selbst kontrolliert und auf die einzelnen Schüler abstimmt;
- den Schülern – sofern in Gruppen aufgeteilt – angemessene Aufgaben zuteilt und die Arbeit überwacht;
- sich klar und konsistent äußert, vor allem über die Struktur des Unterrichts und die jeweiligen Ziele;
- mögliche Störungen des Unterrichtsablaufs antizipierend erkennt und ihnen rechtzeitig entgegensteuert;
- ‚weiche' Übergänge von einem Thema zum anderen und von einer Instruktionsmethode zur anderen schafft;
- eine optimistische Haltung hat und sie den Schülern glaubhaft vermittelt".

(Krapp & Weidenmann 2001, 299 f)

Trotz der Berücksichtigung immer mehr und qualitativ neuartiger Variablen, setzte sich die Einsicht durch, dass man mit empirischen Methoden den universell ‚guten Lehrer' nicht identifizieren kann. Unabhängig von der Frage, was den Effektbereich ausmacht, ist es nicht möglich, mit einem Pfad von Variablen die effektspezifisch günstige Lehrkraft zu charakterisieren. Wenn man gleichzeitig verschiedene Lernkriterien der Schüler(innen) und unterschiedliche pädagogische Funktionen der Lehrkräfte berücksichtigt, gibt es auf dem Hintergrund aktueller Forschungsergebnisse viele hinreichende, aber kaum notwendige Bedingungskonstellationen erfolgreichen Lehrens. So kann beispielsweise ein von der Lehrkraft stark kontrollierender Unterricht je nach Art dieser Kontrolle sowohl positive als auch negative Auswirkungen auf die Lernleistungen der Schüler(innen) haben.

Eine gravierende Schwäche dieses Paradigmas, das zunächst nach isolierten Lehrvariablen suchte, war die Schülerseite vernachlässigt zu haben. So fanden beispielsweise Köttl und Sauer (1980), dass Extremgruppen von hoch vs. niedrig direktiv eingestellten Lehrern sich in „schwierigen" Schulklassen nicht unterscheiden. Beide Gruppen agieren hier gleichermaßen direktiv. In Klassen, die als angenehm galten, zeigten sich dagegen einige erwartete Verhaltensunterschiede zwischen beiden Lehrergruppen.

Lehrerkognitionsforschung

Im Rahmen der kritischen Auseinandersetzung mit dem Behaviorismus erfuhr auch die Unterrichtsforschung einen grundlegenden Wandel. Die Forschung zum Lehrerhandeln zeigt sich nun als Analyse der Denkprozesse beim Unterrichten. Dann (2000) umreißt die allgemeinen Grundannahmen der Lehrerkognitionsforschung folgendermaßen:

– Lehrkräfte werden als autonom und verantwortlich Handelnde gesehen, d.h. sie sind aktive Agenten bei der Erfüllung ihrer beruflichen Aufgaben.
– Bei diesem Handeln gehen sie i. d. R. zielgerichtet vor, d.h. sie verfolgen bestimmte Zwecke.
– Im Zuge des zielgerichteten Handelns strukturieren die Lehrkräfte ihren Handlungsraum aktiv-kognitiv, es laufen m. a. W. Denkprozesse, kognitive Prozesse oder handlungsbezogene Kognitionen ab.
– Bei all dem greifen Lehrkräfte auf Wissensbestände zurück. Diese im Laufe der Zeit aufgebauten kognitiven Strukturen können als professionelles Wissen bezeichnet werden, das reicher als nur Fachwissen ist.
– Das individuelle professionelle Wissen enthält auch überindividuelle gesellschaftliche Wissensbestände.

Somit wird auch wieder deutlich, dass für die Gestaltung von Unterricht die Lehrkraft zentral ist. Jetzt sind es weniger die einzelnen Fertigkeiten, die interessieren, sondern durch die Hinwendung zu kognitiven Aspekten der Lehrerpersönlichkeit rückt diese wieder in den Mittelpunkt. Jetzt allerdings sind es nicht mehr vage definierte Charakterzüge, sondern es ist das Wissen und Können für die Gestaltung von Lerngelegenheiten.

Im Rahmen der Forschung über Lehrerkognitionen ist eine Reihe von sehr komplexen Rahmenmodellen entwickelt worden. Hier soll der Expertenansatz näher aufgeführt werden, da er in der Metapher „der Lehrer als Experte" ein zentrales Element in der Professionalisierungsdebatte einnimmt (Bromme 1992, s.u.).

Expertenansatz

Während beim Prozess-Produkt-Paradigma die einzelnen Lehr-Fertigkeiten interessierten und dabei es nicht um die Frage ging, inwieweit diese alle von einer einzelnen Lehrkraft realisiert werden können, sucht demgegenüber der Expertenansatz nach dem kompetenten Lehrer in dem Sinne, dass sich Wissen und Fertigkeiten in ihm zu einer Einheit verschmelzen. Wenn der erfahrene Lehrer als Experte bezeichnet wird, geht es um die Hinwendung zu kognitiven Aspekten der Lehrerpersönlichkeit, wobei es nicht um die Analyse einzelner Handlungen, sondern um komplexe Analyseeinheiten geht. Dabei geht es nicht so sehr um quantitative Unterschiede im Sinne „Experten wissen mehr", sondern um qualitative, was den Inhalt und die Organisation des Wissens betrifft.

Im Kontext Schule können die folgenden Wissensbereiche eines Lehrers akzentuierend unterschieden werden:
– Inhaltswissen. Es umfasst das gesamte Fachwissen des zu unterrichtenden Schulfachs (beispielsweise das Wissen über Mathematik bei Mathematiklehrern).
– Curriculares Wissen. Hier handelt es sich um eine Sonderform des Inhaltswissens, die nicht identisch mit dem wissenschaftlichen Fachwissen oder dessen Anfangsgründen ist. Die Lerninhalte bilden einen eigenen Kanon von Wissen. Die Schulfächer haben in ihrem fachlichen Aufbau innerhalb der Klassenstufen und über diese hinweg eine eigene Logik, in die auch Zielvorstellungen über Schule und Unterricht eingehen und äußere Bedingungen (z.B. verfügbare Stundenzahlen) sowie Auffassungen über Eigenarten der Lerner Berücksichtigung finden. Eine Unterscheidung zwischen Inhalts- und Curricularem Wissen ist wichtig, da die Erfordernisse des Curriculums in Konflikt mit den Vorstellungen der Lehrer(innen) kollidieren können, die sich in erster Linie als kompetente Vertreter ihres Faches verstehen.
– Philosophie des Schulfachs. Hier geht es um die Überzeugungen über den Sinn und Zweck eines Schulfachs im schulischen und außerschulischen Zusammenhang. Die Philosophie des Schulfachs ist auch ein impliziter Unterrichtsinhalt. Im Mathematikunterricht beispielsweise lernen die Schüler(innen), ob ihr Lehrer der Überzeugung ist, dass der Kern der Mathematik aus Operationen mit einer klar, vorab definierten Sprache besteht, oder aus wechselseitigen Beziehungen

verwendeter Zeichen oder dass Mathematik vorrangig ein Werkzeug zur Beschreibung der Wirklichkeit ist. In den Naturwissenschaften und in Mathematik konnte anhand zahlreicher Studien nachgewiesen werden, dass solche generellen Überzeugungen die Unterrichtspraxis beeinflussen (z.B. die Art der Lehrererklärungen oder die Integration der Schüleräußerungen in den aktuellen Stoff).
- Pädagogisches Wissen. Darunter ist fächerübergreifendes Wissen über die Gestaltung des Unterrichtsablaufs, die gemeinsame Stoffentwicklung, die Strukturierung von Unterrichtszeit und über das Klassenmanagement (Aufrechterhaltung von Disziplin) zu verstehen, ebenso wie Wissen über allgemeine Lehrmethoden, den Einsatz von Medien und Sozialformen des Unterrichts. Ähnlich wie das stoffbezogene Fachwissen kann man das pädagogische Wissen in zwei Teilbereiche untergliedern, den Teilbereich des pädagogischen Wissens in engerem Sinn, bei dem es um empirisch getestete Fakten, Gesetzmäßigkeiten oder Techniken geht, und den Teilbereich, bei dem es um Aspekte einer pädagogischen Philosophie geht. Hierher gehören beispielsweise die Auffassungen über Schulkultur und deren Entwicklung, Erziehungsziele sowie das pädagogische Ethos.
- Fachspezifisch-pädagogisches Wissen. Die logische Struktur des Unterrichtsstoffes erlaubt per se noch keine Entscheidung über die beste Art zu unterrichten. Empirische Unterrichtsanalysen zeigen große Unterschiede im didaktischen Zugang verschiedener, jedoch gleich erfolgreicher Lehrer(innen) auf, selbst beim Unterrichten desselben Unterrichtsstoffes. Dies zeigt, wie hoch individualisiert das Wissen von Expertenlehrern sein kann. Während eines Berufslebens kann es zu einer zunehmenden Integration allgemeinen pädagogischen, didaktischen und psychologischen Wissens und eigener spezifischer Unterrichtserfahrungen kommen.

Das Alltagsverständnis des Expertenbegriffs verbindet dieses Konzept häufig mit solchen Bedingungen erfolgreicher beruflicher Tätigkeit, die nicht der ‚Persönlichkeit' im engeren Sinne zugerechnet werden, nämlich umfassendes Wissen, effizientes Handeln und technische Rationalität.

Die Frage nach der Lehrerpersönlichkeit bedeutet jedoch keinen Gegensatz zwischen unterrichtlicher Kompetenz und sozialer Einstellung. Es soll hier betont werden, dass das professionsbezogene Wissen und Können immer integriert ist in die personale Entwicklung und dass diese wiederum eine Voraussetzung dafür ist, dass der Berufsalltag nicht nur effektiv, sondern auch gesundheitserhaltend bewältigt werden kann.

Der Expertenansatz mit seiner einseitigen Betonung technologischen Wissens wurde von der Professionsforschung des Lehrberufes mitaufgegriffen und konnte in der Professionalisierungsdebatte mitintegriert werden. Da in diesem Begriff normative und empirische Elemente miteinfließen, soll er in einem eigenen Punkt behandelt werden und vor allem auch deshalb, da er genügend Raum bietet, den Begriff Lehrerpersönlichkeit in seinem Konzept mitaufzunehmen und zu integrieren.

2.4 Integrativer Ansatz (Forschergruppe um Mayr)

Eine integrative Position nimmt die Forschergruppe um Mayr ein, der mittlerweile auf eine jahrzehntelange Forschung zurückblicken kann und nicht zuletzt dadurch als führender Vertreter der Forschung zur Lehrerpersönlichkeit gilt.

Für Mayr (2010) meint Lehrerpersönlichkeit rein deskriptiv das „Ensemble relativ stabiler Dispositionen, die für das Handeln, den Erfolg und das Befinden im Lehrerberuf bedeutsam sind" (234). Mayr stützt seinen Begriff von Persönlichkeit auf das Paradigma des Eigenschaftsansatzes der Persönlichkeitsforschung. Auf der Basis dieses theoretischen Ansatzes kann er empirisch Persönlichkeitsmerkmale und Interessen ermitteln, die für den Erfolg und das Befinden im Lehrberuf relevant sind.

Mayr geht von den sog. „Big Five" aus. Das sind fünf globale Eigenschaftsdimensionen, die sich in der Persönlichkeitspsychologie kulturübergreifend etabliert haben.

Faktoren und Facetten des Fünf-Faktoren-Modells (vgl. Mayr 2010, Tab.1, 235)

Faktor	Facetten
Neurotizismus/Belastbarkeit	Ängstlichkeit, Reizbarkeit, Depression, Soziale Befangenheit, Impulsivität, Verletzlichkeit
Extraversion	Herzlichkeit, Geselligkeit, Durchsetzungsfähigkeit, Aktivität, Erlebnishunger, Frohsinn
Offenheit für Erfahrungen	Offenheit für Fantasie, für Ästhetik, für Gefühle, für Handlungen, für Ideen, des Normens- und Wertesystems
Verträglichkeit	Vertrauen, Freimütigkeit, Altruismus, Entgegenkommen, Bescheidenheit, Gutherzigkeit
Gewissenhaftigkeit	Kompetenz, Ordnungsliebe, Pflichtbewusstsein, Leistungsstreben, Selbstdisziplin, Besonnenheit

Diese fünf Faktoren beruhen nach McCrae und Costa (2008) als „basic tendencies" auf biologischer Grundlage. Den Autoren zufolge entwickeln Menschen unter dem Einfluss dieser basic tendencies charakteristische Anpassungen an ihre Umwelt wie Interessen und Gewohnheiten.

Mayr geht auch auf die Interessen-Theorie von Holland (2007) ein, die aus der Berufspsychologie stammt. Hier werden Interessen als abstraktere, relativ stabile Merkmale von Personen verstanden – also auch wieder klar dem Persönlichkeitsansatz zuordenbar. Holland unterscheidet sechs grundlegende Objektbereiche, auf die sich das Interesse von Menschen richten kann.

Allgemeine Interessen nach Holland (vgl. Mayr 2010, Tab. 2, 238)

Interessenrichtung	bevorzugte Tätigkeiten
Praktisch-technische Orientierung	Tätigkeiten, die Kraft, Koordination und Handgeschicklichkeit erfordern und zu sichtbaren Ergebnissen führen, z.B. zu technischen, handwerklichen oder landwirtschaftlichen Produkten
Intellektuell-forschende Orientierung	Auseinandersetzung mit physischen, biologischen oder kulturellen Phänomenen mit Hilfe systematischer Beobachtung und Forschung
Künstlerisch-sprachliche Orientierung	Offene, unstrukturierte Aktivitäten, die eine künstlerische Selbstdarstellung oder die Schaffung kreativer Produkte sprachlicher, bildnerischer oder musikalischer Art ermöglichen
Soziale Orientierung	Tätigkeiten, bei denen man sich mit anderen in Form von Unterrichten, Lehren, Ausbilden, Versorgen oder Pflegen befassen kann
Unternehmerische Orientierung	Aktivitäten, die andere Personen beeinflussen, sie zu etwas bringen, sie führen und auch manipulieren
Konventionelle Orientierung	Strukturiertes und regelhaftes Umgehen mit Daten, z.B. Aufzeichnungen führen, Dokumentationen anlegen, mit Büromaschinen arbeiten, also ordnend-verwaltende Tätigkeiten ausführen

Mayr kann nun in einer Matrix – basierend auf einer Auswertung aller verfügbaren Studien aus dem deutschen Sprachraum seit Mitte der 80er Jahre – Zusammenhänge zwischen Personmerkmalen und Kriterien, die für die Bewährung im Lehrerstudium und im Lehrerberuf stehen, herstellen (vgl. Abb. 3, 241). Diese Kriterien sind:
Lernstrategien im Studium, Akademische Leistungen, Praxisleistungen, Pädagogische Handlungskompetenz im Praktikum, Belastung im Praktikum, Zufriedenheit im Studium, Pädagogische Handlungskompetenz im Beruf, Belastung im Beruf, Zufriedenheit im Beruf.

So gibt es Zusammenhänge zu den Persönlichkeitsmerkmalen Belastbarkeit, Extraversion und Gewissenhaftigkeit und zu den Interessenbereichen, die als charakteristisch für Lehrer(innen) gelten können: Künstlerisch-sprachliche Orientierung, Soziale Orientierung und Unternehmerische Orientierung.

Mithilfe dieser Matrix kann nun belegt werden, dass Lehrer(innen) manche Aufgaben trotz unterschiedlicher Persönlichkeit gleichermaßen erfolgreich bewältigen. Und dies gilt insbesondere für die Klassenführung. Recht unterschiedliche Personen können eine ähnlich wirkungsvolle, dabei jedoch ausgeprägte individuelle Art der Klassenführung realisieren. So wenden extravertierte Lehrer(innen) verstärkt kommunikative Strategien der Klassenführung an (z.B. Konflikte direkt ansprechen, das offene Gespräch mit den Schülern suchen), während introvertierte eher auf die Selbststeuerung und Schülermitbeteiligung setzen und die Sache in den Mittelpunkt stellen (z.B. Materialien übersichtlich bereitstellen).

Zur Frage der Persönlichkeitsentwicklung im Studium und Beruf bemerkt Mayr, dass sich Änderungen innerhalb enger Grenzen bewegen, da Menschen bevorzugt solche Umwelten aufsuchen, die zu ihren Eigenschaften passen, wodurch sich diese wiederum verfestigen. Hierfür gibt Mayr aufgrund einer Studie erste Hinweise. Studierende wurden gegen Ende ihres Studiums gefragt, ob sie während ihres Studiums Änderungen bei Persönlichkeitsfaktoren bemerkt hätten und welche Ursachen sie hierfür sähen. So wurde ein Zuwachs an Belastbarkeit mit Anforderungen in den Veranstaltungen und Praktika und mit dem Willen, diese Herausforderungen zu meistern, begründet. So folgert Mayr, „dass für die eigene Weiterentwicklung die Unterstützung durch andere Personen – Mitstudierende, Praktikumslehrkräfte und Dozierende – eine wichtige Rolle spielt" (244).

2.5 Professionalisierungsdebatte

Die Professionalisierung des Lehrers war zunächst gegen die Meinung gerichtet, Lehrer(innen) könnten ihre beruflichen Aufgaben allein mit ihrer Persönlichkeit bewältigen. Professionalisierung will also darauf hinweisen, dass es Kenntnisse und Fähigkeiten gibt, die Lehrer(innen) für das Unterrichten und Erziehen brauchen.

Die Entwicklung der Lehrerausbildung zeigt, dass in den 70er Jahren des letzten Jahrhunderts Professionalisierung wesentlich auf Verwissenschaftlichung verkürzt wurde. Der wissenschaftlich ausgebildete und auf seine Tätigkeit hin spezialisierte Experte wurde zum Leitbild für den Lehrerberuf, wobei sich sein Expertentum größtenteils auf seine fachwissenschaftlichen Kenntnisse und in geringerem Ausmaß auf seine pädagogisch-didaktischen Kompetenzen stützt.

Die heutige Professionalitäts-Debatte setzt mit modernen begrifflichen Mitteln die traditionsreiche Diskussion um die dreifache Frage (1) nach dem eigentlichen Auftrag des Lehrers, (2) nach seinem spezifischen Können zur Erfüllung dieses Auftrags sowie schließlich (3) nach den Möglichkeiten der Ausbildung zur Vermittlung dieses Könnens fort.

Hier geht es nicht darum, den Lehrerberuf an den Kriterien des klassischen Professions-Konzepts abgleichen zu wollen, das an den sog. Freien Berufen wie Arzt oder Jurist entwickelt wurde. Im Vergleich muss der Lehrerberuf semi-professionell erscheinen. Denn Lehrer(innen) unterscheiden sich nun von diesen Berufsgruppen durch Beamtenstatus, Weisungshierarchie, staatliche Aufsicht und Kontrolle. „Professionalisierung hat das Ziel, durch die Lehrer(aus)bildung akademisch gebildete, zu selbständigem und verantwortlichem Handeln im Beruf befähigte Fachleute für Erziehung und Unterricht hervorzubringen, die in pädagogischer Verantwortung unter der Spannung von individueller Förderung des einzelnen Schülers und Wahrung des kulturellen und gesellschaftlichen Auftrags jeweils sachgemäß entscheiden können" (Beckmann 1985, 501).

Drei Ansätze der Professionalisierungsforschung

Bauer und Burkard (1992) unterscheiden drei Ansätze der Professionalisierungsforschung:

- den kriterienbezogenen Ansatz

Zum Kernbereich von Professionalität gehören die Kriterien Autonomie, Berufsethos, Reflexivität, Kooperation und wissenschaftliche Basis der Berufsausübung sowie eine besondere Berufssprache. Dieser Ansatz orientiert sich am Muster bestimmter Professionen, wie die Ärzteschaft und die Juristen.

- Professionalität erfordert Autonomie, das heißt Entscheidungsspielräume über die eigenen Arbeitsbedingungen, über die Formen des Umgangs mit Schülern, über Maßnahmen und Empfehlungen.
- Autonomie braucht einen Gegenspieler, der dafür sorgt, dass Spielräume und Freiheiten nicht als Privilegien missbraucht werden. Dieser Gegenspieler ist das Berufsethos.
- Reflexivität kommt als weiteres Merkmal hinzu. Wissen, was man tut, deutlich wahrnehmen, wie man handelt, können durch die berufliche Sozialisation gefördert werden.
- Kooperation bezieht sich zum einen auf die Ebene der interprofessionellen Zusammenarbeit, zum anderen auf die intraprofessionelle Zusammenarbeit mit Kollegen der eigenen Berufsgruppe. In der Lehrerforschung wird vielfach ein Bild gezeichnet, wonach der Lehrer als Einzelarbeiter, weitgehend unabhängig von anderen Lehrern seine persönliche Professionalität verwirklicht oder verfehlt. Allerdings zeigt sich, dass dort, wo besondere Anstrengungen zur Verstärkung von Kooperation unternommen werden, sich das tatsächliche Kooperationsverhalten auch langfristig ändert.
- Der Bezug auf eine Berufswissenschaft, also die wissenschaftliche Basis der Berufsausübung, war bei Pädagogen lange umstritten. Es war das Verdienst des Expertenansatzes, hier Bereiche zu definieren, die als Grundwissen für Lehrkräfte gelten.

Bei einer Abwägung kommen die Autoren Bauer u.a. (1996) zu dem Urteil, dass „sich Lehrerarbeit in den Bereichen Kooperation, Berufswissenschaft und Berufssprache als defizitär" (12) erweist.

- den historischen Ansatz

Dieser Ansatz fragt vor allem nach den Strategien, mit denen eine Berufsgruppe Konkurrenten aus dem Feld schlägt und sich einen Anspruch auf bestimmte Tätigkeiten sichert. Dieser Ansatz soll hier nicht weiter interessieren. Es geht um die Diskussion, inwieweit die staatlicherseits definierte Profession des deutschen Lehrerstandes, die so in anderen Ländern nicht entstanden ist (USA, Kanada oder Niederlande), durch flexiblere Formen der Rekrutierung abgelöst werden könnte, was dann wiederum Einfluss auf das Berufsethos des Lehrers hätte.

- den auf pädagogische Arbeitsaufgaben bezogenen Ansatz

Grundlage dieses Ansatzes sind empirische Studien, in denen es vorrangig um folgende Fragen geht:
– Welche Arbeitsaufgaben haben die Angehörigen einer Berufsgruppe?
– Wie werden diese Arbeitsaufgaben bewältigt?
– Welche Fähigkeiten sind dazu erforderlich?
– Wie werden diese Fähigkeiten erworben und verbessert?
Eine herausragende Forschungsrichtung in diesem Bereich ist der Expertenansatz (s.o.).

Begriff der pädagogischen Professionalität

Bauer u.a. (1996) entwickeln einen Begriff der pädagogischen Professionalität, der Elemente des kriterienbezogenen Ansatzes und der auf Arbeitsaufgaben bezogenen Forschung miteinander verbindet.

Pädagogen sind Spezialisten für das Schaffen von Lerngelegenheiten, die nicht zufällig entstehen und die geeignet sind, subjektive und kulturelle Ziele und Werte zu vermitteln (Bauer 2000).

„Pädagogisch professionell handelt eine Person, die gezielt ein berufliches Selbst aufbaut, das sich an berufstypischen Werten orientiert, die sich eines umfassenden pädagogischen Handlungsrepertoires zur Bewältigung von Arbeitsaufgaben sicher ist, die sich mit sich und anderen Angehörigen der Berufsgruppe Pädagogen in einer nichtalltäglichen Berufssprache zu verständigen in der Lage ist, ihre Handlungen aus einem empirisch-wissenschaftlichen Habitus heraus unter Bezug auf eine Berufswissenschaft begründen kann und persönlich die Verantwortung für Handlungsfolgen in ihrem Einflussbereich übernimmt" (Bauer 2000, 32).

Eine zentrale Stellung in dieser Definition nimmt das berufliche (professionelle) Selbst ein, das den übrigen Komponenten der Professionalität übergeordnet ist. Die Autoren wählen diesen Begriff anstelle des Begriffs der Persönlichkeit. Damit wollen sie die Differenz zwischen Persönlichkeit im ganzen und dem für berufliches Handeln relevanten Teil der Person deutlich machen. Das professionelle Selbst ist mehr als eine Ansammlung von Repertoires und Kompetenzen, es ist aber weniger als der Persönlichkeitskern eines Pädagogen. Es ist eine integrierende und auswählende Instanz, die die Aufmerksamkeit eines Pädagogen so steuert, dass Informationen verarbeitet und Handlungsmuster ausgewählt werden, die im Hinblick auf pädagogische Ziele relevant sind.

Das heißt, dass neben dem unabhängigen Wissen weiterhin die Individualität des Lehrers gesehen werden muss. Doch während der Begriff der Persönlichkeit in der Psychologie auf wenig veränderliche Seiten des Menschen verweist, bringt der Begriff des Selbst das dynamische Moment im Menschen zum Ausdruck. Der Mensch ist nicht als Substanz zu begreifen, sondern als ein relationales Wesen, das reflexiv auf dreifache Weise in Beziehung steht: in Beziehung zu den Dingen, in Beziehung zu anderen Lebewesen und in Beziehung zu sich selbst. Indem es die Momente der Reflexivität und Individualität in sich vereint, tritt das professionelle Selbst an die Stelle der Kategorie der Lehrerpersönlichkeit (vgl. Herzog 2001).

Eine weitere wesentliche Komponente ist das pädagogische Handlungsrepertoire. Unter Handlungsrepertoires verstehen die Autoren hoch verdichtete Verknüpfungen kognitiver Strukturen mit motorischen Abläufen, die es Handlungsträgern ermöglichen, rasch, sicher und zielstrebig in komplexen Situationen zu agieren. Zwischen pädagogischem Wissen und pädagogischem Können besteht eine erhebliche Differenz. Erst deren Überbrückung führt zu einer professionellen pädagogischen Kompetenz. Das Handlungsrepertoire ist individuell und führt zu einem persönlichen Stil.

Somit besteht auch zwischen Professionalität und Individualität kein Gegensatz, denn idiosynkratische Momente spielen bei jeder pädagogischen Handlung eine Rolle. Lehrerpersönlichkeit oder nun das professionelle Selbst stellt nicht die Folie für das pädagogische Wissen dar, sondern das pädagogische Wissen steht in Wechselwirkung mit den individuellen Ausprägungen der Person.

Czerwenka (2002) gibt wesentliche Gründe an, weshalb Professionalität im Sinne einer wissenschaftlich reflektierten Praxis des Lehrerhandelns vorangetrieben werden sollte:

(1) Die Überwindung eines erfahrungsbezogenen Handelns:
Das Handeln muss einen berufswissenschaftlichen Anschluss haben, der argumentierbar ist und über das Alltagshandeln hinausgeht.

(2) Nur Wissensbezug sichert Gerechtigkeit im System:
Im Sinne des Geltungsbereichs der Wissensgesellschaft ist Wissen das Medium der Geltung, d. h. mehr Wissen erzielt höhere Aufmerksamkeit, Anerkennung und auch Alimentierung als weniger Wissen. Deshalb muss sich die Wissensdimension auch in der Schule durchsetzen.

(3) Wissensbezug bietet Sicherheit und schließt die Reflexionslücke:
Pädagogisches Handeln bleibt stets unzureichend, da es auf unzählige Bedingungen zu reagieren hat, stets auch Nebenwirkungen zeitigt und unter forciertem Handlungsdruck steht. Aber theoretische Reflexion des Handelns macht sicherer und hilft, konstruktive Selbstkritik bzw. bessere Prognosen einzuleiten. Ursachen und Wirkungen lassen sich kompetenter einschätzen und führen zur Erklärungsgewissheit.

(4) Wissensbezug führt zum besseren Handeln:
Pädagogisches Wissen zeigt sich auch in der Durchführung und anschließenden Betrachtung des eigenen Unterrichts. Haag (1999) konnte zeigen, dass die Subjektiven Theorien der Lehrkräfte, die erfolgreichen Gruppenunterricht durchführen, formal hinreichend entfaltet und auch inhaltlich von besonderer Qualität sind. Umgekehrt sind Lehrkräfte ohne diese kognitiven Voraussetzungen nicht in der Lage, einen qualitativ hochwertigen Gruppenunterricht zu praktizieren.

4 Schlussgedanken

Im geisteswissenschaftlichen Paradigma werden viele einzelne Beziehungsformen im „pädagogischen Takt" zusammengefasst und aufgehoben. Diese Zurückhaltung vor instrumentellen Aussagen brachte der Geisteswissenschaftlichen Pädagogik den Vorwurf der Realitätsferne ein.

Doch auch nach der „realistischen Wende", in der die Pädagogik aus der „Nebulösität" in die Konkretion zurückgeführt werden sollte, erlaubt die wissenschaftliche Methodologie der empirischen Pädagogik oder auch Pädagogischen Psychologie keine Handlungsvoraussagen. Denn Verwebungen von Wirkungen und Nebenwirkungen sind nicht vollkommen aufzulösen. „Letztlich ist pädagogisches Handeln auf Unsicherheit zurückgeworfen, zumal die Institutionalisierung schulischer Arbeit bereits eine Menge von Vorentscheidungen, Ritualisierungen und formaler Aspekte beinhaltet, die nicht alle rational oder verbal aufgelöst werden können" (Czerwenka 2000, 64). Empirische Legitimation kann für die Handlungen nicht ausreichen, da sonst Technologisierung droht. „Sind etwa bestimmte Unterrichtsformen tatsächlich schon bewährt und deshalb universell empfehlenswert oder müssen situative, personale, soziale, regionale und kulturelle Verflochtenheiten je spezifisch berücksichtigt werden?" so fragt Czerwenka weiter (65).

Literatur

Allport, G.W. (1949): Persönlichkeit. Stuttgart: Klett.
Bauer, K.-O. (2000): Pädagoge – Profession oder Nebenbeschäftigung. In: Jaumann-Graumann, O./ Köhnlein, W. (Hrsg.): Lehrerprofessionalität – Lehrerprofessionalisierung. Bad Heilbrunn: Klinkhardt, 25-44.

Bauer, K.-O./Burkard, Ch. (1992): Der Lehrer – ein pädagogischer Profi? In: Rolff, H.G./Bauer, K.O./ Klemm, K./Pfeiffer, H. (Hrsg.): Jahrbuch der Schulentwicklung Band 7. Weinheim/München: Beltz, 193-226.

Bauer, K.-O./Kopka, A./Brindt, S. (1996): Pädagogische Professionalität und Lehrerarbeit. Weinheim/ München: Beltz.

Beckmann, H.-K. (1985): Die Berufswissenschaft des Lehrers. In: Pädagogische Welt, 39, 500-504.

Brezinka, W. (1966): Der Erzieher und seine Aufgabe. Stuttgart: Klett.

Bromme, R. (1992): Der Lehrer als Experte. Zur Psychologie des professionellen Wissens. Bern: Huber.

Caselmann , Ch. (1949):Wesensformen des Lehrers. Stuttgart: Klett.

Czerwenka, K. (2000): Abschließende Bemerkungen zum Thema Professionalisierung. In: Jaumann-Graumann, O./Köhnlein, W. (Hrsg.): Lehrerprofessionalität – Lehrerprofessionalisierung. Bad Heilbrunn: Klinkhardt, 63-66.

Czerwenka, K. (2002): Lehrerpersönlichkeit oder Erziehertypus versus pädagogisches Denken im Lehrerhandeln – Analyse pädagogischer Wirkungen im Raum der Schule. In: Reichenbach, R./Oser, F.(Hrsg.): Die Psychologisierung der Pädagogik. Weinheim/München: Beltz,156- 172.

Dann, H.-D. (2000): Lehrerkognitionen und Handlungsentscheidungen. In: Schweer, M.K.W. (Hrsg.): Lehrer-Schüler-Interaktion. Opladen: Leske + Budrich, 79-108.

Flitner, A. (1990): Wirklichkeitssinn und Möglichkeitssinn – über Lehrerarbeit und Schulreform. In: Kalb, P.E. u.a. (Hrsg.): Unterricht – und was sonst? Weinheim: Beltz, 13-32.

Gröschel H. (1980): (Hrsg.): Die Bedeutung der Lehrerpersönlichkeit für Erziehung und Unterricht. München: Ehrenwirth -Verlag.

Haag, L. (1999): Die Qualität des Gruppenunterrichts im Lehrerwissen und Lehrerhandeln. Lengerich: Pabst.

Herrmann, U. (1999): „Lehrer" – Experte *und* Audodidakt?. In: Carle, U./Buchen, S. (Hrsg.): Jahrbuch für Lehrerforschung, Band 2. Weinheim/München: Beltz, 33-48

Hertramph, H./Herrmann, U. (1999): „Lehrer" – eine Selbstdefinition. In: Carle, U./Buchen, S. (Hrsg.): Jahrbuch für Lehrerforschung, Band 2. Weinheim/München: Beltz, 49-72.

Herzog, W. (2001): Von der Persönlichkeit zum Selbst. In: Die Deutsche Schule, 93 (3), 317-331.

Hierdeis, H. (1980): Historische Anmerkungen zum Thema „Lehrerpersönlichkeit" In: Schnitzer, A. (Hrsg.): Schwerpunkt Lehrerpersönlichkeit. München: Oldenbourg, 15- 52.

Holland, J.L. (2007): Making vocational choices. A theory of vocational personalities and work environments. Odessa: Psychological Assessment Resources.

Kerschensteiner, G. (1949): Die Seele des Erziehers und das Problem der Lehrerbildung. (4. Aufl.).München: Oldenbourg.

Köttl, K./Sauer, J. (1980): Der Einfluß des sozialen Klimas von Schulklassen auf das Lehrerverhalten. In: Psychologie in Erziehung und Unterricht, 27, 267-277.

Krapp, A./Weidenmann, B. (2001): Pädagogische Psychologie. München/Weinheim: Beltz

Lewin, K., Lippitt, R./White, R. K. (1939): Patterns of aggressive behavior in experimentally created social climates. In: Journal of Social Psychology, 10, 271-299.

Lichtenstein, E. (1970): Der Ursprung der Pädagogik im griechischen Denken. Hannover: Schroedel.

Maurer-Wengorz, M. (1994): Berufsethos von Lehrern – Schwerpunkte und Dimensionen. Frankfurt: Peter Lang.

Mayr, J. (2010): Lehrerpersönlichkeit. In: Mägdefrau, J. (Hrsg.): Schulisches Lehren und Lernen. Bad Heilbrunn: Klinkhardt, 232-249.

Mc Crae, R.R./Costa, P.T. (2008): The five factor theory of personality. In: John, O.P./Robins, R.W./ Pervin, L.A. (Eds): Handbook of personality. New York: The Guilford Press, 159-181.

Mischo, C./Rheinberg, F. (1995): Erziehungsziele von Lehrern und individuelle Bezugsnormen der Leistungsbewertung. In: Zeitschrift für Pädagogische Psychologie, 9, 139-152.

Rheinberg, F. (2001): Bezugsnormorientierung. In: Rost, D.H. (Hrsg.): Handwörterbuch Pädagogische Psychologie, Weinheim: Beltz, 55- 62.

Sauter, F. Ch. (1989): Der gute Lehrer aus der Sicht ehemaliger Schüler. In: Bäuerle, S. (Hrsg.): Der gute Lehrer. Stuttgart, 201-224.

Schwänke, U. (1988): Der Beruf des Lehrers. Weinheim: Beltz

Spranger, E. (1958): Der geborene Erzieher. Heidelberg: Quelle und Meyer.

Tausch, R./Tausch, A. (1999): Erziehungspsychologie. Göttingen: Hogrefe

Terhart, E./Czerwenka, K./Ehrich, K./Jordan, F./Schmidt, H.J. (1994):Berufsbiographien von Lehrern und Lehrerinnen. Frankfurt a. M.: Peter Lang.

Sabine Hornberg
Interkulturelle Erziehung und Bildung

Der vorliegende Beitrag beschäftigt sich mit Folgen von Internationalisierung und Migration für die moderne Schule in Deutschland seit dem Zweiten Weltkrieg und mit analog aufgekommenen pädagogischen Ansätzen. Dazu werden im ersten Teil für die hier interessierenden Kontexte historische Hintergrundinformationen gegeben und zentrale Begriffe geklärt, relevante bildungspolitische Vorgaben der Kultusministerkonferenz (KMK) und empirische Befunde zur Bildungsbeteiligung multikultureller Schülerschaften skizziert. Der zweite Teil fokussiert pädagogische Reaktionen auf Internationalisierung und Migration. Umrissen werden die im Zuge von Internationalisierung aufgekommene internationale Erziehung und ihre Ausdifferenzierungen, insbesondere in Gestalt des globalen Lernens, sowie als Reaktion auf Migration aufgekommene interkulturelle Erziehungs- und Bildungsansätze. Der Beitrag schließt mit dem Fazit, dass angesichts gewandelter gesellschaftlicher Bedingungen im Kontext von Internationalisierung und Migration der Umgang mit Heterogenität die zentrale Aufgabe der modernen Schule heute darstellt.

1 Die nationale Schule im Kontext von Internationalisierung und kultureller Heterogenität

Erziehung und Bildung der nachwachsenden Generationen finden heute in bis dato unbekanntem Ausmaß in Schulsystemen statt, wie sie in den vergangenen gut zweihundert Jahren zunächst im alten Kerneuropa und seither weltweit entstanden sind. Als Teilsysteme moderner Gesellschaften erfüllen sie die ihnen von diesen zugewiesenen zentralen Aufgaben und Funktionen (Fend 1982, 15ff). So verfügen alle Staaten weltweit heute zumindest programmatisch über ein in staatlicher Verantwortung betriebenes Schulsystem, eine staatlich autorisierte Lehrerausbildung und Schulaufsicht, staatlich betriebene Schulen, reglementierte Curricula und Berechtigungen wie Schulnoten, Zeugnisse und Abschlüsse und ermöglichen damit in bisher unerreichtem Ausmaß ‚Massenbildung' oder ‚mass education', wie es im englischen Original heißt (Boli, Ramirez & Meyer 1986). 1991 wurde auf der Weltbildungskonferenz von Jomtien (Thailand) das Menschenrecht auf Bildung verabschiedet (Deutsche UNESCO Kommission 1991), dessen Umsetzung die jährlich von der UNESCO vorgelegten Weltbildungsberichte dokumentieren.

Aufkommen und Verbreitung der modernen Schule sind eng verknüpft mit einem Prozess, für den Anderson (1988) den Begriff ‚nation building' geprägt hat. Die Nation wird dort gleichgesetzt mit der Staatsnation, die alle Staatsbürgerinnen und -bürger eines territorial verfassten politischen Systems umfasst. Sie basiert auf der Vorstellung von der Zugehörigkeit zu einer ‚imagined community' (imaginierten Gemeinschaft), zu deren Realisierung und Reproduktion das Schulsystem einen wichtigen Beitrag leistet, indem es die Ausbildung einer nationalen Identität unter den Staatsbürgern eines Nationalstaates fördert (für das deutsche Schulsystem, vgl. Wenning 1996). Infolge von Prozessen der Internationalisierung und weltweiter Migration wird die Tauglichkeit solcher Zugehörigkeitsvorstellungen zunehmend hinterfragt, und es sind Erziehungs- und Bildungsansätze aufgekommen, die die kulturelle Heterogenität der Schülerschaft und den Umgang damit in der Schule in das Zentrum ihres Interesses rücken. Zu nennen sind bspw. die internationale Erziehung, das globale Lernen und die interkulturelle Erziehung und Bildung in ihren Erscheinungsformen, aber auch die wachsende Zahlen von Schulen mit einem internationalen Profil (Hornberg 2010).

1.1 Kulturelle Minderheiten in Deutschland

Der Beginn des Systembildungsprozesses des heutigen deutschen Bildungssystems geht zurück auf das frühe 19. Jahrhundert in Preußen, das auf dem Territorium des sich konstituierenden und ab 1871 bis 1945 bestehenden Deutschen Reichs lag. Die Bevölkerung des Deutschen Reichs war keineswegs homogen; vielmehr lebten dort Minderheitengruppen, „die als sprachlich und ethnisch fremd galten bzw. sich auch ihrer Selbstdefinition nach nicht, oder nicht ausschließlich, als Deutsche verstanden" und sich insbesondere ab 1871 einem „starken Assimilationsdruck" ausgesetzt sahen (Krüger-Potratz 2005, 76, 78). Zu diesen Minderheitengruppen gehört die obersorbischsprachige Minderheit in der Lausitz, die heute gemäß Artikel 6 [Das Sorbische Volk], (1) der Verfassung des Freistaates Sachsen vom 27. Mai 1992 Minderheitenrechte genießt, die sich auch im Bildungssystem niederschlagen: So ist Sorbisch in Sachsen (und auch in Brandenburg) als Minderheitsprache anerkannt, müssen alle Schulen in Sachsen die Geschichte und Kultur der Sorben im Unterricht behandeln, gibt es elf sorbischsprachige Schulen und zehn weitere, die die sorbische Sprache unterrichten. In vielen älteren Schriften und staatlichen Verlautbarungen wird, wie auch im Falle der Verfassung des Freistaates Sachsen, auf Minderheitengruppen wie die Sorben mit dem Begriff ‚Volk' rekurriert, wohingegen sich in den Sozial- und Erziehungswissenschaften für solche Gruppen der Begriff ‚ethnische Gruppen' durchgesetzt hat. Damit wird einer Definition gefolgt, wie sie Max Weber (1972, 237) vorgelegt hat:

„Wir wollen solche Menschengruppen, welche aufgrund von Ähnlichkeiten des äußeren Habitus oder der Sitten oder beider oder von Erinnerungen an Kolonisation und Wanderung einen subjektiven Glauben an eine Abstammungsgemeinschaft hegen, derart, dass dieser für die Propagierung von Gemeinschaften wichtig wird, dann, wenn sie nicht ‚Sippen‘ darstellen, ‚ethnische‘ Gruppen nennen, ganz einerlei, ob eine Blutsgemeinschaft objektiv vorliegt oder nicht.‟

Folgt man dieser Definition, unterscheiden sich ethnische Gruppen von anderen durch eine geglaubte Abstammungsgemeinschaft; sie sind, wie Nationen auch, ‚imagined communities‘, die aufgrund von askriptiven (zugeschriebenen) Merkmalen entstehen. In einem Staatsgebiet ansässige ethnische Gruppen unterscheiden sich häufig hinsichtlich ihres Status und der damit einher gehenden Rechte, die in der Regel mit der Dauer der Ansässigkeit auf dem jeweiligen Staatsterritorium korrespondieren. Unterschieden wird zwischen autochthonen, d.h. alteingesessenen ethnischen Gruppen und allochthonen, d.h. erst in jüngerer Zeit zugewanderten ethnischen Gruppen. Die in Deutschland ansässigen Sorben repräsentieren in dieser Terminologie eine autochthone ethnische Gruppe, die in größerem Umfang seit den 1950er Jahren in die Bundesrepublik Deutschland zugewanderten sog. ‚Gastarbeiterinnen‘ und ‚Gastarbeiter‘ und ihre Nachkommen allochthone ethnische Gruppen. Beiden Gruppen gemeinsam ist, dass ihre Herkunftssprachen von der Mehrheit der sie umgebenden in der Gesellschaft gesprochenen Sprache, die i.d.R. die Nationalsprache ist (in Deutschland z.B. Deutsch), abweichen. Die ethnische Herkunft und die Herkunftssprache(n) sind Elemente, die neben anderen in die ‚Kultur‘ einer Gruppe einfließen, weshalb im Folgenden auf ‚kulturelle Minderheiten‘ als Oberbegriff für autochthone und allochthone ethnische Minderheiten rekurriert wird. Damit wird an einen für die Interkulturelle Pädagogik zentralen Begriff angeknüpft. Die Diskussion darüber, was unter ‚Kultur‘ zu verstehen sei, ist äußerst umfangreich. So fanden zwei US-amerikanische Kulturanthropologen mehr als 100 verschiedene Definitionen von Kultur (Auernheimer 2007, 73). In der Interkulturellen Pädagogik wird häufig ein Verständnis von Kultur zugrunde gelegt, wie es Ende der 1970er Jahre im Rahmen der Cultural Studies in Großbritannien aufkam:

„Mit dem Wort ‚Kultur‘ meinen wir jene Ebene, auf der gesellschaftliche Gruppen selbständige Lebensformen entwickeln und ihren sozialen und materiellen Lebenserfahrungen Ausdrucksform verleihen (…). Die ‚Kultur‘ einer Gruppe oder Klasse umfasst die besondere und distinktive Lebensweise dieser Gruppe oder Klasse, die Bedeutungen, Werte und Ideen, wie sie in den Institutionen, in den gesellschaftlichen Beziehungen, in Glaubenssystemen, in Sitten und Bräuchen, im Gebrauch der Objekte und im materiellen Leben verkörpert sind. Kultur ist die besondere Gestalt, in der dieses Material und diese gesellschaftliche Organisation des Lebens Ausdruck findet. Eine Kultur enthält die ‚Landkarten der Bedeutung‘, welche die Dinge für ihre Mitglieder verständlich machen.‟ (Clarke 1979, 41).

Mit diesem Kulturbegriff setzt sich die Interkulturelle Pädagogik von der Beschränkung von Kultur auf „Objektivationen der Hochkultur" ab, wie sie die Geisteswissenschaftliche Pädagogik prägte, und rückt stattdessen Alltagskulturen in das Zentrum ihres Interesses (Auernheimer 2007, 75). Dabei wird Kultur nicht als statisch und homogen definiert, sondern als dynamisch und heterogen und mit ethnischer Zugehörigkeit und Sprache verknüpft (Mecheril 2010, 12-22). Da weltweit immer mehr Menschen migrieren, steigt der Anteil allochthoner kultureller Minderheiten kontinuierlich an; so leben nach Schätzungen der Vereinten Nationen 2011 weltweit 214 Millionen als Migrantinnen und Migranten. Mit dem Begriff ‚Migration' wird der „auf Dauer angelegte bzw. dauerhaft werdende, freiwillige Wechsel in eine andere Gesellschaft bzw. in eine andere Region von einzelnen oder mehreren Menschen" gefasst (Treibel 1990, 21). Die korrekte Bezeichnung von Menschen, die selber migriert sind, oder von ihren Nachkommen, stellt eine permanente Herausforderung für die Interkulturelle Pädagogik dar (Auernheimer 2007, 22-25); so wird der Begriff „Gastarbeiter" heute, anders als in den 1960er und ‘70er Jahren, in der Bundesrepublik nicht mehr verwendet. Dies ist zum einen dem Wandel gesellschaftlicher Entwicklungen geschuldet, zum anderen den unterschiedlichen Perspektiven von Migranten und Nicht-Migranten. Mecheril (2010, 35) wirft vor diesem Hintergrund die Frage auf: „Wer ist ein Migrant?" und problematisiert Diskurse und Zuschreibungen im Kontext von „ethno-natio-kulturellen Zugehörigkeiten" (ebd.). In der deutschsprachigen Diskussion wird aktuell für Angehörige allochthoner kultureller Minderheiten häufig die Bezeichnung ‚mit Migrationshintergrund' für Zuwanderer der ersten Generation und ihre Nachkommen verwendet.

In die Bundesrepublik Deutschland sind seit 1945 Menschen aus den unterschiedlichsten Gründen zugewandert: So kamen von 1945 bis 1963 zwischen 17 und 18 Millionen Vertriebene und Flüchtlinge aus osteuropäischen Gebieten und zwischen 1950 und 1973 sog. ‚Gastarbeiterinnen und Gastarbeiter'. Letztere hatte die Bundesregierung in ihren Herkunftsländern mit dem Ziel angeworben, den seinerzeit bestehenden Arbeitskräftemangel insbesondere im Sektor der gering qualifizierten Arbeitsplätze aufzufangen. Dies geschah im Rahmen von sog. Anwerbeabkommen der Bundesregierung mit Italien (1955), Spanien und Griechenland (1960), der Türkei (1961), Portugal (1964), Marokko und Tunesien (1965) sowie dem ehemaligen Jugoslawien (1968). 1973 wurde die Anwerbung aufgrund des abnehmenden Bedarfs gestoppt (Auernheimer 2007, 16-20). Angeworben worden waren zunächst vornehmlich männliche Arbeitskräfte, die zeitlich befristete Arbeitsverträge erhielten. Im Laufe der Zeit zeigte sich jedoch, dass viele Arbeitgeber wie Arbeitnehmer die ursprünglich geplante Rückkehr in die Herkunftsländer der Migranten und Migrantinnen nicht länger anstrebten, und so blieben viele der Zugewanderten in Deutschland und begannen ihre Familien nachzuholen oder solche zu gründen. Darüber hinaus kamen immer auch Nachkommen deutschsprachiger Siedler in

Osteuropa, sog. Aussiedlerinnen und Aussiedler, in die Bundesrepublik, und sie ist ein Zufluchtland für aus den weltweiten Krisengebieten flüchtende Menschen. Laut Bundesamt für Migration und Flüchtlinge (2011, 19) lebten 2010 fast 16 Millionen Menschen mit Migrationshintergrund in der Bundesrepublik Deutschland; sie stellten damit fast ein Fünftel der Gesamtbevölkerung, bei den unter 10-Jährigen belief sich ihr Anteil auf etwa ein Drittel. Diese Heranwachsenden besuchen schon heute oder werden künftig hiesige Schulen besuchen.

1.2 Bildungspolitische Reaktionen auf Internationalisierung und Migration: Empfehlungen der KMK

Auf die Folgen von Internationalisierung und Migration für Erziehung und Bildung hat auch die Kultusministerkonferenz (KMK), die für den Bildungsbereich zentrale Behörde, reagiert, in der alle 16 Länder vertreten sind. Die KMK kann für das hiesige Bildungssystem verbindliche Vorgaben erlassen oder auch nur Empfehlungen aussprechen, die rechtlich nicht bindend sind, aber der Bildungspraxis legitimatorische Bezüge und Impulse geben sollen. Für die hier interessierenden Themenfelder sind insbesondere die folgenden Empfehlungen der KMK relevant[1], die hier aus Platzgründen nicht weiter kommentiert, aber zur Einsicht empfohlen werden:

- Europabildung in der Schule. Empfehlung der Ständigen Konferenz der Kultusminister der Länder in der Bundesrepublik Deutschland. Beschluss der Kultusministerkonferenz vom 08.06.1978 i. d. F. vom 05.05.2008 (KMK 2008).
- Empfehlung der Kultusministerkonferenz zur Förderung der Menschenrechtserziehung in der Schule. Beschluss der Kultusministerkonferenz vom 04.12.1980 i.d.F. vom 14.12.2000 (KMK 2000).
- Empfehlung „Interkulturelle Bildung und Erziehung in der Schule". Beschluss der Kultusministerkonferenz vom 25.10.1996 (KMK 1996).
- „Eine Welt/Dritte Welt" in Unterricht und Schule. (Beschluss der KMK vom 28.02.1997 i.d.F. vom 20.03.1998 (KMK 1998).
- Empfehlung der Ständigen Konferenz der Kultusminister der Länder in der Bundesrepublik Deutschland (KMK) und der Deutschen UNESCO-Kommission (DUK) vom 15.06.2007 zur „Bildung für nachhaltige Entwicklung in der Schule". Empfehlung der KMK und der DUK vom 15.06.2007 (KMK 2007).
- Integration als Chance – gemeinsam für mehr Chancengerechtigkeit. Gemeinsame Erklärung der Kultusministerkonferenz und der Organisationen von Menschen mit Migrationshintergrund. Beschluss der KMK vom 13.12.2007 (KMK 2007).

---

1 Die genannten Empfehlungen der KMK sind auf ihrer Website abrufbar: http://www.kmk.org/dokumentation/veroeffentlichungen-beschluesse.html

1.3 Bildungsbeteiligung der multikulturellen Schülerschaft

Die Bildungsbeteiligung der Schülerschaft in der Bundesrepublik Deutschland bzw. die Frage danach, wie gut es dem deutschen Schulsystem gelingt, alle Schüler(innen) unabhängig von ihrer sozioökonomischen und soziokulturellen Herkunft im Sinne der Chancengleichheit zu fördern (Diefenbach 2008), beherrscht die bundesrepublikanische Diskussion, spätestens seit Picht 1964 vor einer Bildungskatastrophe warnte. War es seinerzeit das ‚katholische Arbeitermädchen vom Lande', das als Symbol für Bildungsbenachteiligung stand, so kann man heute zuweilen den Eindruck gewinnen, dass dieses von den ‚ Schüler(innen) mit Migrationshintergrund' abgelöst wurde. Dabei sind es nicht zuletzt die Befunde internationaler Schulleistungsstudien wie PISA, PIRLS/IGLU oder TIMSS, die das Augenmerk seit den 1990er Jahren auf diese Gruppe lenken. Die Länder der Bundesrepublik Deutschland stellen zusammen mit dem Bund die Teilnahme an diesen Studien sicher, die die Gewinnung von empirisch gewonnenen, repräsentativen Daten zu den Leistungen des bundesrepublikanischen Schulsystems ermöglichen. Dazu werden Kompetenzen von Schüler(innen) in den jeweils getesteten Domänen erhoben und im internationalen und nationalen Vergleich berichtet. Diese Berichte sollen für die Bildungspolitik und Bildungsplanung, Schulen, Lehrkräfte, Eltern und die Schülerschaft Informationen über den Stand des Erreichten und Anhaltspunkte für notwendige Verbesserungen im Schulsystem liefern; sie dienen dem Systemmonitoring und nicht der Individualdiagnose. Internationale Schulleistungsstudien sind auch Ausdruck der Internationalisierung der Schule weltweit, denn die jeweils adaptierten Testaufgaben werden seit mehreren Jahrzehnten in einer wachsenden Zahl von Schulsystemen weltweit eingesetzt und ermöglichen den internationalen Vergleich. Seit der Teilnahme Deutschlands an internationalen Schulleistungsstudien liegen repräsentative Befunde auch zur Bildungsbeteiligung von Schüler(innen) mit Migrationshintergrund im hiesigen Schulsystem vor. Hier ist nicht der Raum, um diese zu vertiefen, ausgewählte zentrale Ergebnisse werden jedoch im Folgenden skizziert.

Die internationale Schulleistungsstudie PIRLS/IGLU (der international gebräuchliche Titel lautet: Progress in International Reading Literacy Achievement, der deutsche Titel: Internationale Grundschul-Lese-Untersuchung) wird international von der International Association for the Evaluation of Educational Achievement (IEA) verantwortet und im Turnus von fünf Jahren am Ende der vierten Klasse durchgeführt. Getestet werden die Kompetenzen von Grundschüler(innen) am Ende der vierten Klasse im Lesen. Die Bundesrepublik Deutschland nimmt seit 2001 an IGLU teil; an IGLU 2006 beteiligten sich weltweit 35 Staaten und 10 Regionen (Bos u.a. 2007, 12f.). IGLU 2006 erbrachte, dass Schüler(innen) mit Migrationshintergrund (Eltern im Ausland geboren) auf der IGLU 2006-Leseskala im Mittel 48 Punkte weniger erreichten als ihre Klassenkameraden ohne Migrationshintergrund; dies entspricht in etwa dem durchschnittlichen Lernzuwachs von einem Schuljahr. Die Frage stellt sich, welche Faktoren diese Benachteiligung erklären können. Deshalb wurden mit denselben Daten Regressionsanalysen durchgeführt, die neben den Herkunftsländern der Eltern auch Indikatoren für ihre Sozialschicht (z.B. Berufstätigkeit der Eltern) und das den Familien zur Verfügung stehende kulturelle Kapital (Bildungsabschlüsse der Eltern, Anzahl der Bücher im Haushalt) berücksichtigt. Unter Einbeziehung dieser Faktoren zeigte sich, dass diese zusammen genommen rund 27 Punkte des Leistungsrückstandes von Schüler(innen) mit Migrationshintergrund erklären können (ebd., 263f.), so dass ,nur' noch ein unaufgeklärter Rest von 21 Punkten Leistungsrückstand bleibt. Diese Befunde bestätigen einerseits die für die deutsche Grundschule gefundene Benachteiligung von Heranwachsenden aus sozioökonomisch und soziokulturell benachteiligten Familien insgesamt (Bos u.a. 2007, 225-248), andererseits stellt sich die Frage nach den schulischen Bedingungen und Mechanismen, die Kinder mit Migrationshintergrund insbesondere benachteiligen.

Wie stellt sich demgegenüber die Bildungsbeteiligung von Schüler(innen) in der Sekundarstufe I dar, die in Deutschland wie die Grundschule auch von allen schulpflichtigen Schüler(innen) besucht wird? Mit PISA, der international unter der Ägide der OECD (Organisation for Economic Co-operation and Development/ Organisation für wirtschaftliche Entwicklung und Zusammenarbeit) im Turnus von drei Jahren durchgeführten Schulleistungsstudie werden die Kompetenzen von 15-jährigen Schüler(innen) aller Schulformen in den Domänen Lesen, Mathematik und Naturwissenschaften untersucht. Deutschland beteiligt sich seit 2000 an PISA. Jede PISA Studie hat einen Schwerpunkt, es werden aber auch hinreichend Testaufgaben eingesetzt, um über die anderen beiden Domänen statistisch valide Aussagen treffen zu können. Bei PISA 2000 lag der Schwerpunkt auf der Lesekompetenz, bei PISA 2003 auf der mathematischen Kompetenz, bei PISA 2006 auf der naturwissenschaftlichen Kompetenz, und bei PISA 2009 stand erneut die Lesekompetenz im Vordergrund. In Deutschland hatten von den an PISA 2009 beteiligten 15-Jährigen fast 26 Prozent einen Migrationshintergrund (Stanat u.a. 2010, 207). Im Zeitverlauf betrachtet ist seit PISA 2000 der Anteil von Jugendlichen mit einem im Ausland und einem in Deutschland geborenen Elternteil sowie von Jugendlichen der Zweiten Generation (Eltern im Ausland, Jugendliche/r in Deutschland geboren) angestiegen, der Anteil von Jugendlichen mit Migrationshintergrund der ersten Generation (Eltern und Jugendliche/r im Ausland geboren) ist hingegen gesunken. 15-jährige Schüler(innen) ohne Migrationshintergrund dokumentierten bei sämtlichen PISA Erhebungen seit 2000 einen statistisch signifikanten Kompetenzvorsprung im Lesen vor jenen mit Migrationshintergrund; bei PISA 2009 betrug dieser Vorsprung im Mittel 44 Punkte (ebd., 211). Dennoch ist seit PISA 2000 eine erfreuliche Entwicklung zu beobachten, denn: „Für die Gesamtgruppe der Jugendlichen mit Migrationshintergrund ist ein signifikanter Anstieg der Lesekompetenz zu beobachten; mit 26 Punkten ist diese Steigerung signifikant und als substanziell zu bewerten." (ebd.). Die Leseleistungen der Schüler(innen) ohne Migrationshintergrund sind demgegenüber annähernd gleich geblieben. Betrachtet man die Gesamtgruppe derjenigen mit Migrationshintergrund differenziert nach ihrem und dem Zuwanderungszeitpunkt ihrer Eltern so zeigt sich ferner: Im Vergleich zu PISA 2000 hat sich die mittlere Lesekompetenz von Schüler(innen) mit Migrationshintergrund der ersten Generation (Eltern und Kinder im Ausland geboren) bei PISA 2009 signifikant, d.h. um 33 Punkte verbessert, und auch die anderen beiden Gruppen weisen Kompetenzsteigerungen auf, die jedoch statistisch nicht gegen den Zufall abgesichert werden können (ebd., 212). Deutlich abgenommen hat seit PISA 2000 der Einfluss der im Elternhaus gesprochenen Sprache auf die Lesekompetenz (ebd., 224), während die durchschnittliche Benachteiligung von 15-Jährigen mit Migrationshintergrund im Hinblick auf die ihnen zur Verfügung stehenden sozioökonomischen und soziokulturellen Ressourcen auch bei PISA 2009 gefunden wurde (ebd., 211). Diese Befunde zeigen lediglich im Mittel erreichte Kompetenzwerte auf und geben keine differenzierten Einblicke in davon abweichende Lagen. Sie machen insbesondere auf den Zusammenhang zwischen dem den Heranwachsenden und ihren Familien zur Verfügung stehenden ökonomischen und kulturellen Kapital und ihrer Bildungsbeteiligung aufmerksam, der auch im Falle von Heranwachsenden mit Migrationshintergrund nach wie als zentral gelten kann, während andere Faktoren, wie die zuhause gesprochene Sprache, offenbar an Bedeutung verlieren.

1.3.1 Mehrsprachigkeit, Kompetenzen, Bildungssprache

Mehrsprachigkeit stellt in einer von Internationalisierung geprägten Welt für Heranwachsende eine wertvolle Ressource dar. Vor diesem Hintergrund hat der Erwerb von Fremdsprachen im deutschen Schulsystem in den vergangenen Jahren an Bedeutung gewonnen; davon zeugen der Unterricht von Englisch, in manchen Grenzregionen auch eine andere Sprache, bereits in der Grundschule, die Zunahme bilingualer Bildungsgänge und ein vielerorts heute deutlich verbreitertes Fremdsprachenangebot. Gleichzeitig haben nicht zuletzt die Befunde aus internationalen Schulleistungsstudien zu dem Zusammenhang zwischen der zuhause gesprochenen Sprache(n) und der Kompetenzentwicklung von Schüler(innen) in den jeweils getesteten Domänen (vgl. Schwippert u.a. 2008; Walther & Taskinnen 2007) Diskussionen darüber befördert, ob und ggf. wie den Herkunftssprachen der nicht erstsprachig deutsch und/oder mehrsprachig aufwachsenden Schülerschaft in der Schule Rechnung getragen werden sollte. Empirische Befunde zum Zusammenhang von Mehrsprachigkeit und Kompetenzerwerb hat für Deutschland die im Schuljahr 2003/2004 mit etwa 11.000 Neuntklässlerinnen und –klässlern aller Schulformen (mit Ausnahme von Förderschulen) durchgeführte Schulleistungsstudie „Deutsch-Englisch-Schülerleistungen International" (DESI) erbracht. Mit DESI wurden reproduktive, produktive, schriftliche und mündliche Leistungen im Fach Deutsch und in der ersten Fremdsprache Englisch erhoben und von den Schüler(innen) kriterienorientierte, an den Inhalten der Lehrpläne für die neunte Jahrgangsstufe der Sekundarstufe I in Deutschland orientierte Aufgaben bearbeitet. Fast ein Fünftel (19,0%) der an DESI beteiligten Schüler(innen) gaben eine andere Erstsprache als Deutsch oder neben Deutsch eine weitere oder mehrere Sprachen als Erstsprache(n) an; von ihnen wurden 6,0 Prozent als Mehrsprachige, 13,0% als nicht deutsch Erstsprachige klassifiziert (Hesse, Göbel & Hartig 2008, 210). Ein zentrales Ergebnis von DESI war der Befund, dass Mehrsprachigkeit kein Bildungsnachteil sein muss: So demonstrierten Mehrsprachige im Englischen einen höheren Leistungszuwachs als deutsch Einsprachige und nicht deutsch Erstsprachige, allerdings war der Unterscheid nur gegenüber den deutsch Erstsprachigen in der Realschule statistisch signifikant (ebd., 214). Regressionsanalysen zu den Effekten des sprachlichen Hintergrundes auf die Kompetenz im Deutschen und Englischen erbrachten ferner unter Berücksichtigt der von den Schüler(innen) besuchten Bildungsgänge, sozioökonomischen Herkünfte, kognitiven Grundfähigkeiten und des Geschlechts, dass Neuntklässlerinnen und Neuntklässler, die ausschließlich oder zusätzlich eine andere Erstsprache als Deutsch erworben hatten, im Englischen deutlich bessere, im Deutschen hingegen deutlich schlechtere Leistungen zeigten als deutsch Einsprachige; mehrsprachige Schüler(innen) erreichten hohe Testwerte im Englischen beim Lese- und Hörverstehen, der Grammatik und Sprachbewusstheit, nicht deutsch Erstsprachige im Hörverstehen deutlich bessere Testwerte als deutsch Erstsprachige (ebd., 216f). Bei DESI wurde auch ein Test zur Soziopragmatik im Englischen durchgeführt, d.h. es wurde der angemessene Gebrauch der Fremdsprache in Bezug auf Kontakt, Situation und Adressaten sowie interkulturelle Kompetenz getestet. Dabei zeigte sich, dass Mehrsprachige besser als monolingual Erstsprachige Sprechintentionen erkennen und gedanklich einordnen können und dass zwischen der kulturellen Angemessenheit der Sprache und interkultureller Kompetenz ein Zusammenhang besteht. Die Autoren (ebd., 219) folgern aus diesen Befunden, „dass sich frühe Mehrsprachigkeit sowohl in Bezug auf den soziopragmatischen Aspekt des Fremdsprachengebrauchs als auch auf den Erwerb einer ethnorelativen interkulturellen Orientierung positiv auswirkt.". Diese Befunde zeigen mithin, dass Mehrsprachigkeit nicht ein Bildungsnachteil sein muss, sondern dass sie auch Kompetenz fördernd wirksam werden kann.

An Schulen in Deutschland ist die Bildungssprache Deutsch, insofern ist eine gute Beherrschung dieser Sprache ein wesentlicher Aspekt im Hinblick auf die Chancen zur Bildungsbeteiligung. Gleichzeitig besuchen in nennenswertem Umfang zwei- oder mehrsprachig aufwachsende Schüler(innen) hiesige Bildungseinrichtungen, und es stellt sich die Frage nach dem Umgang damit in der pädagogischen Praxis. Das von der Bund-Länder-Kommission für Bildungsplanung und Forschungsförderung (BLK), dem Bundesministerium für Bildung und Forschung (BMBF), dem Land Hamburg und seiner Universität sowie der Universität zu Köln geförderte

Modellprogramm ‚Förderung von Kindern und Jugendlichen mit Migrationshintergrund' (FörMig) widmete sich im Rahmen der unter seinem Dach realisierten Projekte der Umsetzung von innovativen Ansätzen zur „durchgängigen Sprachbildung" von insbesondere, aber nicht nur, Kindern und Jugendlichen mit Migrationshintergrund (Gogolin, Lange u.a. 2011, 9). Der Begriff „Bildungssprache" wird in diesem Zusammenhang als ein „normativer Begriff" verwendet: „Er zielt aber nicht auf eine Hierarchie zwischen Sprachen und Sprechweisen, aus der sich soziale Hierarchien ableiten. Normsetzend sind vielmehr die mit öffentlicher Bildung verbundenen Ziele." (ebd., 16). Im Rahmen von FörMig stand die durchgängige Sprachbildung und die Verknüpfung von fachlichem und sprachlichem Lernen im Vordergrund: durchgängige Sprachbildung wurde als „eine zentrale Aufgabe des *gesamten* Unterrichts (und nicht nur einer zeitlich befristeten oder additiven Förderung)" verstanden (Gogolin, Dirim u.a. 2011, 17). FörMig wurde zwischen 2005 und 2009 in insgesamt zehn Bundesländern auf unterschiedlichen Ebenen des Bildungssystems, vom Elementarbereich bis zur beruflichen Bildung, unter der Beteiligung von unterschiedlichen Bildungseichrichtungen durchgeführt, die sich in regionalen Sprachbildungsnetzwerken zusammen geschlossen hatten. Allein 2009 nahmen an FörMig insgesamt 155 sog. Basiseinheiten, 744 Mitwirkende, 7.955 Kinder und Jugendliche, 1.924 Eltern und 800 Kooperationspartner teil, und zwar sowohl aus der pädagogischen Praxis, Wissenschaft und Forschung (ebd., 24). Es würde den hier gesetzten Rahmen sprengen, einen Überblick über die aus FörMig hervor gegangenen Innovationen in der Bildungspraxis geben zu wollen, verwiesen sei stellvertretend auf die informative und mit weiterführenden Tipps, Literaturhinweisen und Links versehene Broschüre „Durchgängige Sprachbildung. Qualitätsmerkmale für den Unterricht" (Gogolin, Lange u.a. 2011) sowie die Publikation „Sprachdiagnostik bei Kindern und Jugendlichen mit Migrationshintergrund (Gogolin u.a. 2005), die einen guten Überblick über den Stand der Diskussion und entsprechende Verfahren im deutschsprachigen Raum gibt.

2 Pädagogische Reaktionen auf Internationalisierung und Migration

Die Begriffe Internationalisierung und Multikulturalisierung stehen hier für zwei Seiten eines Prozesses: Mit dem Begriff Internationalisierung werden mindestens zwei oder mehrere Nationalstaaten betreffende Entwicklungen gefasst; ein typisches Beispiel für Internationalisierung im Schulsystem ist der internationale Schüleraustausch. Mit dem Begriff Multikulturalisierung werden gesellschaftliche Prozesse bezeichnet, mit der eine „Politik der Anerkennung" einhergeht (Taylor 1993, 21). In diesem Beitrag stehen Auswirkungen der mit diesen Begriffen gefassten Dynamiken auf Schulsysteme bzw. die Schule im Fokus. Solche Dynamiken können auch globalen Charakter annehmen und haben Diskurse um Globalisierung, Weltsystem, Weltkultur und Weltgesellschaft befördert, die auch in der Erziehungswissenschaft rezipiert werden, hier jedoch nicht vertieft werden sollen. In der pädagogischen Theorie und Praxis kam als Reaktion auf die voran schreitende Internationalisierung die internationale Erziehung auf; als Reaktion auf die Auswirkungen von Migration auf Erziehung und Bildung entstand in der Bundesrepublik Deutschland Ende der 1970er Jahre die Interkulturelle Pädagogik. Beide Stränge werden im Folgenden umrissen.

2.1 Internationale Erziehung und globales Lernen

Ein zentraler Bezugspunkt der internationalen Erziehung ist die von der UNESCO verabschiedete „Empfehlung über die Erziehung zu internationaler Verständigung und Zusammenarbeit und zum Weltfrieden sowie die Erziehung im Hinblick auf die Menschenrechte und Grundfreiheiten" (UNESCO 1974). Im Zeitverlauf betrachtet hat die internationale Erziehung mannigfache Anpassungen und Ausdifferenzierungen erfahren (Adick 2008, 122-130), die im deutschen Schulsystem allerdings nur punktuell Berücksichtigung fanden. Folgende Schwerpunktsetzungen seit den 1960er Jahren können Ideal typisch unterschieden werden, die in der Praxis allerdings auch gleichzeitig oder zeitlich versetzt aufgegriffen wurden. Der Schwerpunkte der internationalen Erziehung lag eingangs und insbesondere in den 1960er Jahren auf einer Erziehung zur Völkerverständigung, so der zum damaligen Zeitpunkt international gebräuchliche Begriff. In diesem Sinne wurden bspw. landeskundliche Kurse an Universitäten und landeskundliche Anteile in Fachdidaktiken gefördert, um das Wissen über fremde Länder und Kulturen zu fördern und so zu einem friedlichen internationalen Austausch beizutragen. In den 1970er Jahren wurde dieser Ansatz um eine entwicklungspolitische Perspektive erweitert, d.h., es gerieten zunehmend die sog. Entwicklungsländer in den Blick. Damit verknüpfte sich das Anliegen, die Menschen in der sog. Ersten Welt über Probleme in der sog. Dritten Welt zu informieren und Solidarität zu fördern. Dieser Ansatz fand im deutschen Schulsystem jedoch nur vereinzelt Berücksichtigung. Daneben kamen in den 1970er und `80er Jahren die Friedenserziehung und Menschenrechtspädagogik auf; letztere erlangte nicht zuletzt durch die von der UNESCO ausgerufene Dekade der Menschenrechtserziehung (1995-2005) und in diesem Zusammenhang entwickelte pädagogische Konzepte einige Aufmerksamkeit auch in Deutschland (Lenhart 2006). Zu nennen ist in diesem Zusammenhang bspw. die unter der Ägide des Europarats entwickelte, didaktische Vorschläge umfassende Publikation: „Kompass. Handbuch zur Menschenrechtsbildung für die schulische und außerschulische Bildungsarbeit. Kompass" (KOMPASS 2005).

Mit Aufkommen der global education – in den USA in den 1970er Jahren, im deutschsprachigen Raum in den 1980er Jahren unter dem Begriff ‚globales Lernen' – wurden bis dahin gültige Prämissen der internationalen Erziehung kritisch hinterfragt. Zur Disposition steht seither die Orientierung an Nationalstaaten in einer von fortschreitenden Prozessen der Globalisierung geprägten Welt, mit einer bis dato nicht gekannten Verdichtung von Zeit und Raum. Die Forderung nach dem Bezug auf die Weltgesellschaft und die Bearbeitung von global relevanten Themen und Fragestellungen mithilfe ganzheitlicher und interdisziplinärer Ansätze bildet den Kern des globalen Lernens (Seitz 2002). In der schulischen Praxis manifestiert sich diese Forderung bspw. in der Bearbeitung von ökologischen Fragestellungen, die unter dem Leitbegriff ‚Gerechtigkeit' auch mit sozialen Aspekten verknüpft werden. Spürbaren Nachdruck erhielt die Berücksichtigung des globalen Lernens in der Schulpraxis im hiesigen Schulsystem im Rahmen des von der Bund-Länder-Kommission für Bildungsplanung und Forschungsförderung (2001) im Anschluss an die von den Vereinten Nationen 1992 ausgerufene Agenda 21 mit dem „Programm ‚21' Bildung für eine nachhaltige Entwicklung". Es wird aktuell unter dem Dach der von den Vereinten Nationen ausgerufenen „VN-Dekade 2005–2014 Bildung für nachhaltige Entwicklung" unter dem Titel „Transfer-21" fortgeführt. Zum globalen Lernen liegen didaktische Vorschläge für die Unterrichtsgestaltung und didaktisch aufbereitete Unterrichtsmaterialien vor (Selby & Rathenow 2003) sowie ein von der UNESCO verantwortetes, weltweit kostenfrei zugängliches, ca. 100 Arbeitsstunden umfassendes multimediales Lernprogramm für das Selbststudium von Lehrkräften im Bereich der Bildung für nachhaltige Entwicklung (Adick & Hornberg 2005).

2.2 Interkulturelle Erziehung und Bildung

Die Bezeichnung ‚Interkulturelle Pädagogik' steht hier für ein Teilgebiet der Erziehungswissenschaft, das sich mit den theoretischen Prämissen, bildungspolitischen Vorgaben, pädagogischen Konzepten und der pädagogischen Praxis im Kontext von ethnischer, kultureller und sprachlicher Heterogenität auseinandersetzt (Auernheimer 2007, 49-57; Nieke 2008). Vorläufer der interkulturellen Erziehung und Bildung war in der Bundesrepublik Deutschland die Ausländerpädagogik, die in den 1960er Jahren als Reaktion auf eine wachsende Zahl von sog. Gastarbeiterinnen und –arbeitern und ihren Kindern aufkam. Die Ausländerpädagogik reflektierte im Wesentlichen die zum damaligen Zeitpunkt von der Europäischen Union und der deutschen Kultusministerkonferenz vorgegebene Doppelstrategie: Angestrebt wurde einerseits die Integration der ausländischen Kinder und Jugendlichen in die deutsche Schule auf Zeit, andererseits der Erhalt der Nähe zur Herkunftskultur mit dem Ziel der Rückkehrfähigkeit in die Herkunftsländer (ebd., 38). Diese Doppelstrategie reflektierte die zum damaligen Zeitpunkt verfolgte politische

Leitlinie, wonach die sog. Gastarbeiter und Gastarbeiterinnen nur zeitlich befristet in der Bundesrepublik Deutschland leben und arbeiten und letztlich wieder in ihre Herkunftsländer zurück kehren sollten. In der Schulpraxis manifestierte sich diese Doppelstrategie einerseits in der Einführung von sog. Auffang- oder Vorbereitungsklassen für ausländische Schüler(innen), um die Kinder und Jugendlichen an die deutsche Sprache und das deutschen Schulsysteme heran zu führen. Auf der anderen Seite stand die Zielperspektive des Erhalts der Beherrschung der Herkunftssprachen der Schüler(innen) und ihrer Nähe zur Herkunftskultur. In diesem Sinne wurden Abkommen mit den Herkunftsländern der sog. Gastarbeiterinnen und Gastarbeiter getroffen, die einen außerunterrichtlichen, in der Praxis häufig an den Schulen angesiedelten Muttersprachlichen Ergänzungsunterricht vorsahen. Dieser Unterricht fand in der Regel am Nachmittag statt, wurde von Lehrkräften aus den Herkunftsländern erteilt und umfasste die Unterweisung in der jeweiligen Herkunftssprache und -kultur sowie in der Praxis oft auch religiösen Unterricht. Die Ausländerpädagogik zeichnete sich im Wesentlichen durch ad hoc Maßnahmen aus, die von einer Defizithypothese ausgingen: Nicht die deutsche Schule war unzulänglich auf die Zugewanderten vorbereitet, sondern die Zugewanderten auf den Besuch der deutschen Schule: sie sprachen die deutsche Sprache gar nicht oder nur unzureichend, waren mit dem deutschen Schulsystem nicht hinlänglich vertraut uvm. (Krüger-Potratz 2005, 121-136).

Ende der 1970er Jahre kamen im deutschsprachigen Raum erste kritische Stimmen auf, die die mit der Ausländerpädagogik einhergehende Defizitzuschreibung und hier ansetzende ad hoc Maßnahmen hinterfragten und einen Perspektivenwechsel anbahnten: nicht den zugewanderten Schüler(innen) sei einseitig mit Assimilationsanforderungen zu begegnen, so ihre Forderung, sondern in den Blick zu nehmen sei das deutsche Bildungs- und Schulsystem, das von ethnischer, kultureller und sprachlicher Homogenität als dem Normalfall ausgehe und die Heterogenität der am Schulalltag Beteiligten negiere. Mit Rekurs auf den in der Interkulturellen Pädagogik adaptierten, an den Alltagskulturen ansetzenden Kulturbegriff richtete sich der Blick auf institutionelle Rahmenbedingungen und Wahrnehmungen von den Anderen und daran anschließende schulische Organisationsformen und die pädagogische Praxis. Mit Blick auf diese beiden Pole identifizierte Hohmann (1989) Ende der 1980er Jahre zwei Hauptströmungen innerhalb der interkulturellen Erziehung und Bildung: ‚begegnungsorientierte' und ‚konfliktorientierte Ansätze'. Unter dem Dach begegnungsorientierter Ansätze wurde Kultur als eine pädagogische Kategorie definiert und die Herausbildung einer transkulturellen, kosmopolitischen Identität angestrebt. Demgegenüber warnten Protagonisten konfliktpädagogischer Ansätze vor der Pädagogisierung sozialer Ungleichheit im Zuge einer an kultureller Differenz orientierten Erziehung und Bildung. Im Zentrum begegnungsorientierter Ansätze stehen die Vielfältigkeit der Kulturen in einer Gesellschaft, Differenzen und die Forderung, diese anzuerkennen und als Bereicherung wahrzunehmen. Dazu sollen alle am Bildungsalltag Beteiligten lernen, eigene Vorurteile und Stereotype kritisch zu hinterfragen und in wechselseitigen Respekt „vor der Kultur der ‚Anderen'" aufzulösen (Krüger-Potratz 2005, 136). Im Zentrum begegnungsorientierter Ansätze steht mithin „die Veränderung der Personen" (ebd. 138), demgegenüber fokussieren konfliktorientierte Ansätze gesellschaftliche Strukturen und ihren Beitrag zur Herstellung und Überwindung von Differenz und Benachteiligungen von Menschengruppen und Individuen. In diesem Sinne wird unter dem Dach der antirassistischen Erziehung und Bildung, die im deutschsprachigen Raum nicht die Aufmerksamkeit erfahren hat wie beispielsweise in Großbritannien in den 1980er und ‘90er Jahren, die institutionelle Diskriminierung von Menschen aufgrund ihrer ethnischen Herkunft, ihrer sozialen Klasse und/oder ihres Geschlechts thematisiert. Für das deutsche Schulsystem haben beispielsweise zu Beginn des neuen Jahrtausends Gomolla und Radtke (2002) institutionelle Rahmenbedingungen, individuelle Einstellungen und Mechanismen aufgezeigt, in deren Folge Schüler(innen) ethnischer Minderheiten überproportional stark auf Förderschulen für Lernbehinderte überwiesen wurden.

Die 1980er und ‘90er Jahre waren geprägt von vielfältigen Beiträgen zu Konzepten der interkulturellen Pädagogik und des interkulturellen Lernens. Auernheimer (2007, 119-132) hat in diesem Zusammenhang vier Grundannahmen der interkulturellen Erziehung und Bildung heraus gestellt, über die Konsens herrsche: (1) Im Rahmen der interkulturellen Erziehung und Bildung werden essentialistische Vorstellungen von Ethnizität und Kultur, also solche, die diese als „überdauernde Wesenseigenschaften" definieren (Auernheimer 2007, 120), zurückgewiesen und damit Aussagen wie „Die Deutschen sind ordentlich und pünktlich, die Spanier besonders temperamentvoll". Ethnizität und Kultur werden als dynamisch, heterogen und offen verstanden und ihre soziale Konstruktion wird anerkannt. (2) Die Interkulturelle Pädagogik zeigt strukturelle Benachteiligungen von ethnisch-kulturellen Minderheiten auf, „Anerkennung und Gleichheit finden als Grundprinzipien breite Zustimmung." (ebd., 121). (3) Im Rahmen der interkulturellen Erziehung und Bildung wird die Festlegung von Menschen auf ihre ethnische Zugehörigkeit abgelehnt und stattdessen die Entwicklung von pädagogischen Konzepten und eine Schulpraxis angestrebt, die das individuelle „Aushandeln von Identitätsentwürfen" ermöglicht (ebd., 121). (4) Vorrangiges Ziel der Interkulturellen Pädagogik ist die Befähigung der am Bildungsalltag Beteiligten zur „Selbstreflexion, zur Reflexion eigener kulturgebundener Präferenzen und Wahrnehmungsmuster" (ebd.). Wie spiegeln sich diese vier Grundannahmen im interkulturellen Lernen wider?

2.3 Interkulturelles Lernen

Der Begriff „interkulturelles Lernen" wird häufig im Kontext grenzüberschreitender Kontakte und Kooperationen verwendet und seltener im Rahmen der Interkulturellen Pädagogik (Krüger-Potratz 2005, 157), davon zeugen auch die beiden im Folgenden skizzierten Modelle. Leenen und Grosch (1998) haben Ende der 1990er Jahre ein Modell interkulturellen Lernens in die Lehrerbildung eingebracht, das eine stufenweise Entwicklung vorsieht, bei der folgende Schritte zurück gelegt werden sollen: „1. Erkenntnis der generellen Kulturgebundenheit. 2. Identifikation fremdkultureller Muster, Dezentrierung. 3. Identifikation eigener Kulturstandards, Einsichten in die Auswirkungen auf die Kommunikation. 4. Verständnis und Respekt für fremdkulturelle Muster. 5. Erweiterung der eigenen Optionen (normative Flexibilität etc.). 6. Aufbau interkultureller Beziehungen, konstruktiver Umgang mit interkulturellen Konflikten" (Auernheimer 2007, 125). Idealerweise absolvieren alle Beteiligten sämtliche Stufen des Modells. Die Durchsicht von Beiträgen zum interkulturellen Lernen zeigt (z.B. Feurle 1992; Führing 1996), dass die Fähigkeit zur kulturellen Selbstreflexion eine wesentliche Bedingung für interkulturelle Kommunikation und die Entwicklung von interkultureller Kompetenz darstellt (Auernheimer 2008). In der Praxis stellen Modelle wie das o.g. hohe Anforderungen an Lehrkräfte, denn es ist oft eine schmale Gratwanderung, die zwischen der Reproduktion ethnisch-kultureller Stereotype und dem reflektierten Umgang mit kulturellen Selbst- und Fremdwahrnehmungen und -zuschreibungen liegt.

Eine zentrale Forderung der Interkulturellen Pädagogik ist ihre Verankerung in sämtlichen Bildungsbereichen, Schulformen und Fächern. Vor diesem Hintergrund sind fächerübergreifende und fachdidaktische Beiträge zur Berücksichtigung des interkulturellen Lernens entstanden, wie beispielsweise die Publikation „Fachdidaktik interkulturell" (Reich, Holzbrecher & Roth 2000), die Überblicksbeiträge zu unterschiedlichen Fachdidaktiken umfasst, ein Sammelband zum interkulturellen Lernen im Pädagogikunterricht (Holzbrecher 1999) oder die in der Schriftenreihe der Bundeszentrale für politische Bildung erschienene Publikation: „Interkulturell denken und handeln", die auch Beiträge zu Methoden enthält (Nicklas, Müller & Kordes 2006, 295-357). Vom Georg-Eckert-Institut für internationale Schulbuchforschung gibt es ferner eine Bibliographie zu interkulturellen Fachdidaktiken (Georg-Eckert-Institut 2007), die auf seiner Website abrufbar ist (http://www.gei.de/das-institut.html). Darüber hinaus sind in jüngerer Zeit auch Lehrbücher zu pädagogischen Fragestellungen mit interkultureller Ausrichtung in Studium und Schule erschienen, zum Beispiel zu den Themen Elternbeteiligung (Fürstenau & Gomolla 2009a), Unterricht (dies. 2009b) und Mehrsprachigkeit (dies. 2011).

3 Ausblick: Heterogenität als pädagogische Herausforderung

Mitte der 1990er Jahre hat Prengel (1995/2006) einen Beitrag in die deutschsprachige erziehungswissenschaftliche Diskussion eingebracht, mit dem sie an Diskurse um den Umgang mit Verschiedenheit und Gleichberechtigung anknüpft. Dort hinterfragt die Autorin kritisch das vorherrschende Verhältnis von Gleichheit und Differenz mit Rekurs auf feministische, sonderpädagogische und interkulturelle Theorien und schlägt die Entwicklung eines demokratischen Differenzbegriffs vor, dessen erste Konturen sie in Form von 17 Thesen umreißt (ebd., 181-196). Konkret geht es Prengel um die „Dimension der Anerkennung der einzelnen Person in intersubjektiven Beziehungen, die Dimension der Anerkennung gleicher Rechte, hier auch gleicher institutioneller Zugänge und die Dimension der Anerkennung der Zugehörigkeit zu (sub-) kulturellen Gemeinschaften" (ebd., 185). Die von Prengel geforderte Anerkennung der Verschiedenheit oder, anders ausgedrückt: der Heterogenität der Schülerschaften und der Umgang damit in pädagogischen Kontexten verweist auf den zentralen Paradigmenwechsel, der sich seit den Anfängen der modernen Schule vollzieht: in den Blick rücken zunehmend die einzelnen Schüler(innen), ihre Lernausgangslagen und didaktische Ansätze, die individuelle Förderung ermöglichen. Demgegenüber steht, dass die staatliche Schule eine Einrichtung für Massenbildung ist. Dies schmälert keineswegs ihren Wert, denn gäbe es sie nicht, bliebe breiten Bevölkerungsschichten der Zugang zu schulischer Bildung vermutlich verwehrt. Die Schule heute trifft allerdings auf andere Rahmenbedingungen und Herausforderungen als die Schule vor 200 Jahren: Internationalisierung und Migration verändern nachhaltig gesellschaftliche und individuelle Lagen und Anforderungen; Heterogenität und der Umgang damit werden zur zentralen Aufgabe aller am Bildungsprozess Beteiligten. Dies stellt hohe Anforderungen an Lehrende wie Lernende und erfordert vielfache Anstrengungen, individuelle Förderung von Schüler(innen) zu ermöglichen.

Literatur

Adick, C./Hornberg, S. (2005): Globales Lernen mit Neuen Medien. In: Zeitschrift für internationale Bildungsforschung und Entwicklungspädagogik. 28. Jg. (2), 31-36.

Adick, C. (2008): Vergleichende Erziehungswissenschaft. Eine Einführung. Stuttgart: Kohlhammer.

Anderson, B. (1988): Die Erfindung der Nation. Zur Karriere eines erfolgreichen Konzepts. Frankfurt am Main: Campus.

Auernheimer, G. (2007): Einführung in die Interkulturelle Pädagogik. 5. erg. Aufl. Darmstadt: Wissenschaftliche Buchgesellschaft.

Auernheimer, G. (Hrsg.) (2008): Interkulturelle Kompetenz und pädagogische Professionalität. 2. aktu. u. erw. Aufl. Wiesbaden: VS Verlag für Sozialwissenschaften.

Boli, J./Ramirez, F.O. (1986): World Culture and the Institutional Development of Mass Education. In: Richardson, J.G. (Eds.): Handbook of Theory and Research of the Sociology of Education. Westport, 65-90.

Bos, W./Hornberg, S./Arnold, K.-H./Faust, G./Fried, L./Lankes, E.-M./Schwippert, K./R. Valtin (Hrsg.) (2007): IGLU 2006. Lesekompetenzen von Grundschulkindern in Deutschland im internationalen Vergleich. Münster u.a.: Waxmann.

Bos, W./Schwippert, K./T.C. Stubbe (2007): Die Koppelung von sozialer Herkunft und Schülerleistung im internationalen Vergleich. In: Bos, W./Hornberg, S./Arnold, K.-H./Faust, G./Fried, L./Lankes, E.-M./Schwippert, K./Valtin, R. (Hrsg.) IGLU-E 2006. Die Länder der Bundesrepublik Deutschland im nationalen und internationalen Vergleich, Münster u.a.: Waxmann, 225-247.

Bundesamt für Migration und Flüchtlinge (BFMF) (2011): Migrationsbericht 2010. Zentrale Ergebnisse. http://www.bamf.de/SharedDocs/Anlagen/DE/Downloads/Infothek/Forschung/Studien/migrations-bericht-2010-zentrale-ergebnisse.pdf?__blob=publicationFile; Abruf vom 19.02.2011

Bund-Länder-Kommission für Bildungsplanung und Forschungsförderung (2001).

Clarke, J. (1979): Jugendkultur als Widerstand. Frankfurt am Main: Suhrkamp.

Deutsche UNESCO Kommission (1991): Weltdeklaration „Bildung für alle" und Aktionsrahmen zur Befriedigung der grundlegenden Lernbedürfnisse. Beschlüsse der Weltkonferenz „Bildung für alle" und Aktionsrahmen zur Befriedigung der grundlegenden Lernbedürfnisse. Jomtien, Thailand, 5.-9. März 1990. Bonn: UNESCO.

Diefenbach, H. (2008): Kinder und Jugendliche aus Migrantenfamilien im deutschen Schulsystem. Erklärungen und empirische Befunde. 2.akt. Aufl..Wiesbaden: VS Verlag

Fend, H. (1982): Gesamtschule im Vergleich. Weinheim und Basel: Beltz.

Feurle, G. (1992): Annäherungen an das Fremde. Erfahrungsprozesse und interkulturelles Lernen bei und nach einer Zimbabwe-Reise. Frankfurt am Main: IKO Verlag für Interkulturelle Kommunikation.

Führing, G. (1996): Begegnung als Irritation. Ein erfahrungsgeleiteter Ansatz in der entwicklungsbezogenen Didaktik. Münster u.a.: Waxmann.

Fürstenau, S./Gomolla, M. (Hrsg.) (2009a): Migration und schulischer Wandel: Elternbeteiligung. Wiesbaden: VS Verlag für Sozialwissenschaften.

Fürstenau, S./Gomolla, M. (Hrsg.) (2009b): Migration und schulischer Wandel: Unterricht. Wiesbaden: VS Verlag für Sozialwissenschaften.

Fürstenau, S./Gomolla, M. (Hrsg.) (2011): Migration und schulischer Wandel: Mehrsprachigkeit. Wiesbaden: VS Verlag für Sozialwissenschaften.

Georg-Eckert-Institut für internationale Schulbuchforschung (2007): Thematische Auswahlverzeichnisse von Unterrichtsmaterialien. Nr. 22 Interkulturelles Lernen. Braunschweig: Georg-Eckert-Institut 2. Aufl. http://www.gei.de/fileadmin/bilder/pdf/Publikationen/GEI-Publikationen/AWV22_2.pdf; Abruf vom 20.02.2011.

Gogolin, I./Neumann, U./H.-J. Roth (Hrsg.) (2005): Sprachdiagnostik bei Kindern und Jugendlichen mit Migrationshintergrund. Münster u.a.: Waxmann (FÖRMIG Edition 1).

Gogolin, I./Dirim, I./Klinger, T./Lange, I./Lengyel, D./Michel, U./Neumann, U./Reich, H.-H./Roth, H.-J./K. Schwippert (2011): Förderung von Kindern und Jugendlichen mit Migrationshintergrund FÖRMIG. Bilanz und Perspektiven eines Modellprogramms. Münster u.a.: Waxmann (FÖRMIG Edition 7).

Gogolin, I./Lange, I./Hawighorst, B./Bainski, C./Heintze, A./Rutten, S./W. Saalmann in Zusammenarbeit mit der FÖRMIG-AG (2011): Durchgängige Sprachbildung. Münster u.a.: Waxmann (FÖRMIG Material 3).

Gomolla, M./Radtke, F.-O. (2002): Institutionelle Diskriminierung. Die Herstellung ethnischer Differenz in der Schule. Opladen: Leske & Budrich.

Hesse, H.-G./Göbel, K./J. Hartig (2008): Sprachliche Kompetenzen von mehrsprachigen Jugendlichen und Jugendlichen nicht-deutscher Erstsprache. In: DESI-Konsortium (Hrsg.): Unterricht und Kompetenzerwerb in Deutsch und Englisch. Ergebnisse der DESI-Studie. Weinheim und Basel: Beltz, 208-230.

Hohmann, M. (1989): Interkulturelle Erziehung – eine Chance für Europa? In Hohmann, M./Reich, H.H. (Hg.): Ein Europa für Mehrheiten und Minderheiten. Diskussionen um interkulturelle Erziehung. Münster u.a., 1-32.

Holzbrecher, A. (Hrsg.) (1999): Dem Fremden auf der Spur. Interkulturelles Lernen im Pädagogikunterricht. Hohengehren: Schneider.

Hornberg, S. (2010): Schule im Prozess der Internationalisierung von Bildung. Münster u.a.: Waxmann.

KOMPASS. Handbuch zur Menschenrechtsbildung für die schulische und außerschulische Bildungsarbeit. Hrsg. der deutschen Ausgabe (2005): Deutsches Institut für Menschenrechte Berlin/Bundeszentrale für politische Bildung/Bonn und Europarat – europäisches Jugendzentrum Budapest.

Krüger-Potratz, M. (2005): Interkulturelle Bildung. Eine Einführung. (Lernen für Europa, Bd. 10). Münster u.a.: Waxmann.

Leenen, W.R./H. Grosch (1998): Interkulturelles Training in der Lehrerfortbildung. In: Bundeszentrale für politische Bildung (Hrsg.): Interkulturelles Lernen. Arbeitshilfen für die politische Bildung. Bonn. 317-340.

Lenhart, V. (2006): Pädagogik der Menschenrechte. 2. überarb. und akt. Aufl.. Wiesbaden: VS Verlag für Sozialwissenschaften.

Mecheril, P./Castro-Varela, M./Dirim, I./Kalpaka, A./Melter, C. (2010): Migrationspädagogik. Weinheim und Basel: Beltz.

Nicklas, H./Müller, B./Kordes, H. (Hrsg.) (2006): Interkulturell denken und handeln. Theoretische Grundlagen und gesellschaftliche Praxis. Bonn: Bundeszentrale für politische Bildung.

Nieke, W. (2008): Interkulturelle Erziehung und Bildung. Wertorientierungen im Alltag. 3. akt. Aufl. Wiesbaden: VS Verlag für Sozialwissenschaften.

Prengel, A.(1995/2006): Pädagogik der Vielfalt. 3. überarb. und erg. Aufl. Wiesbaden: VS Verlag für Sozialwissenschaften.

Reich, H.H./Holzbrecher, A./Roth, H.J. (Hrsg.) (2000): Fachdidaktik interkulturell. Ein Handbuch, Opladen: Westdeutscher Verlag.

Selby, D./Rathenow, H.F. (2003): Praxisbuch – Globales Lernen. Praxishandbuch für die Sekundarstufe 1 und 2. Berlin: Cornelsen Scriptor.

Schwippert, K./Hornberg, S./Goy, M. (2008): Lesekompetenzen von Kindern mit Migrationshintergrund im nationalen Vergleich. In: Bos, W./Hornberg, S./Arnold, K.-H./Faust, G./Fried, L./Lankes, E.-M./Schwippert, K./Valtin, R. (Hrsg.) IGLU-E 2006. Die Länder der Bundesrepublik Deutschland im nationalen und internationalen Vergleich, Münster u.a.: Waxmann, 111-143.

Seitz, K. (2002): Bildung in der Weltgesellschaft. Gesellschaftstheoretische Grundlagen globalen Lernens. Frankfurt am Main: Brandes und Apsel.

Stanat, P./Rauch, D./M. Segeritz (2010): Schülerinnen und Schüler mit Migrationshintergrund. In: Klieme, E./Artelt, C./Hartig, J./Jude, N./Köller, O./Prenzel, M./Schneider, W./P. Stanat (Hrsg.) (2010): PISA 2009. Bilanz nach einem Jahrzehnt. Münster u.a.: Waxmann, 200-230.

Taylor, C. (1993): Multikulturalismus und die Politik der Anerkennung. Frankfurt am Main: Fischer.

Treibel. A. (1990): Migration in modernen Gesellschaften. Soziale Folgen von Einwanderung und Gastarbeit. Weinheim und München: Juventa.

UNESCO (United Nations Educational, Scientific and Cultural Organisation) (1974): Empfehlung zur Internationalen Erziehung. In: Deutsche UNESCO-Kommission, Österreichische UNESCO-Kommission (Hrsg. (1997): Erziehung für Frieden, Menschenrechte und Demokratie im UNESCO-Kontext. Bonn: UNESCO, 49-63.

Walther, O./Taskinnen, P. (2007): Kompetenzen und bildungsrelevante Einstellungen von Jugendlichen mit Migrationshintergrund in Deutschland: Ein Vergleich mit ausgewählten OECD-Staaten: In:

PISA-Konsortium Deutschland (Hrsg.): PISA `06. Die Ergebnisse der dritten internationalen Vergleichsstudie. Münster u.a. Waxmann, 337-366.

Weber, M. (1972): Ethnische Gemeinschaftsbeziehungen. In: ders.: Wirtschaft und Gesellschaft. Grundriß der verstehenden Soziologie. Tübingen 1972, 234-240 (Erstausgabe: 1922).

Wenning, N. (1996): Die Nationale Schule. Öffentliche Erziehung im Nationalstaat. (Lernen für Europa, Bd. 2). Münster u.a.: Waxmann.

Ulrike Stadler-Altmann
Prävention in der Schule –
Gesundheitsförderung und Gewaltprävention

Im Kontext von Schule und Unterricht hat Prävention eine besondere Bedeutung. Zum einen ist Prävention an sich ein Synonym für eine einfühlsame Praxis im Umgang mit problematischen Entwicklungen von Kindern und Jugendlichen in und außerhalb der Schule (vgl. Ziegler 2006) und zum anderen scheint Prävention ein geeignetes Mittel zu sein, dem Erziehungsauftrag der Schule gerecht zu werden. Dabei ist es zunächst unerheblich, welchen problematischen Entwicklungen, welchem abweichenden Verhalten vorgebeugt werden soll. Möglichen Gefahren, Störungen und Problemen soll zuvorgekommen werden – so die Wortbedeutung von Prävention.
Zunächst sollen im Folgenden vor einem allgemeinen theoretischen Hintergrund Dimensionen, Formen und Konzepte der Prävention unterschieden werden. Dann wird der Ursache des Auftretens von abweichendem Verhalten in der Schule und der daraus resultierenden Bedeutung der Prävention im schulischen Zusammenhang nachgegangen. Am Beispiel der Gesundheitsförderung und Gewaltprävention an Schulen wird der präventiv-pädagogische Ansatz verdeutlicht, bei dem sowohl der Erziehungsauftrag der Schule als auch das Setting „Schule" zu beachten sind. Anschließend werden aktuelle Präventionsprogramme vorgestellt und deren Ansätze hinsichtlich ihres theoretischen Bezug zur Prävention und dem Erziehungsauftrag der Schule diskutiert. Ansätze der Schulforschung zur Prävention in der Schule werden dabei ebenfalls berücksichtigt.

1 Dimensionen, Formen und Konzepte der Prävention

Unter Prävention kann ganz allgemein ein pädagogisches Handeln verstanden werden, das möglichen Gefahren, Störungen und Problemen vorbeugen soll. In den folgenden Ausführungen geht es allerdings nicht um die Prävention von störendem, abweichendem oder problematischem Verhalten im Unterricht, also nicht um eine klassische Unterrichtsstörung, sondern um die Prävention gefährlichen, störenden und/oder problematischen Verhaltens, das die gesunde Entwicklung des einzelnen Schülers stört oder den sozialen Frieden im Gefüge der Schule beeinträchtigt.

In dieser Hinsicht lassen sich Dimensionen, Formen und Konzepte der Prävention unabhängig davon, ob es sich um Gesundheitsförderung oder Gewaltprävention handelt, unterscheiden.

Die Dimensionen der Prävention beziehen sich auf den Adressatenkreis der Prävention, also auf einzelne Personen, Gruppen, kleine und große Systeme, wie z.b. Schulklassen. Mit Formen der Prävention werden zeitlich unterschiedliche Präventionsebenen beschrieben. Dabei werden Präventionsebenen hinsichtlich des Zeitpunkts (vgl. Caplan 1964), an dem sie zum Einsatz kommen, differenziert:

- **Primärprävention:** jede Einflussnahme, bevor es zu einem abweichenden Verhalten kommt, z.B. vor dem ersten Kontakt mit einer süchtig machenden Substanz, oder vor einem gewalttätigen Auftreten.
- **Sekundärprävention:** jede Einmischung während eines abweichenden Verhaltens, z.B. wenn schon ein erster Kontakt mit einer süchtig machenden Substanz besteht, oder es zu ersten gewalttätig Ausschreitungen kommt.
- **Tertiärprävention:** jede Maßnahme nach Auftreten eines abweichenden Verhaltens, z.b. wenn eine Suchterkrankung vorliegt, oder gewalttätiges Verhalten an der Tagesordnung ist.

Die Konzepte der Prävention unterscheiden sich hinsichtlich ihrer Zielsetzung und können sich an die verschiedensten Adressaten (Dimension) richten und auf jeder (zeitlichen) Ebene der Prävention eingesetzt werden.

Diese theoretische Konzeptualisierung von Prävention (vgl. Balser, Hölzer, Schulz 2009 und Schubarth 2010) veranschaulicht die Vielschichtigkeit, die der Anspruch präventiv-pädagogischen Handelns berücksichtigen sollte. Die Modelle der sekundären und tertiären Prävention sind inhaltlich und auch häufig im methodischen Vorgehen in der Nähe der Intervention, dadurch wird in der Praxis eine klare Unterscheidung zwischen Prävention und Intervention häufig erschwert. So können im Spannungsfeld des pädagogischen Handelns Interventionen als Prävention verstanden werden und Präventionen können den Charakter einer Intervention haben, wie Ziegler (2006) an einem Beispiel erläutert: „Nehmen wir einmal an, es gehe um die Prävention von Jugendarbeitslosigkeit. Nun legen Studien nahe, dass es einen Zusammenhang zwischen „Schule schwänzen" und Arbeitslosigkeit (nach der Schulzeit) gibt. Typisch für die Präventionslogik ist nun, in das Phänomen des Schuleschwänzens bzw. gegenüber SchulschwänzerInnen (auf welche Weise auch immer) zu intervenieren, um Prävention von Jugendarbeitslosigkeit – bzw. von „Schulversagen" und darüber vermittelt von Arbeitslosigkeit – zu betreiben. Andere Studien zeigen einen Zusammenhang zwischen Arbeitslosigkeit und (verurteilter) Delinquenz. Die präventive Konsequenz lautet, dass Interventionen gegenüber SchulschwänzerInnen nicht nur Prävention von Jugendarbeitslosigkeit, sondern auch von Jugendkriminalität darstellen würden *und* dass *Interventionen* mit Blick auf Jugendarbeitslosigkeit Prävention von Jugendkriminalität wären. Da sich aber auch Delinquenz nun nicht gerade förderlich auf die Chancen auswirkt einen Job zu bekommen, lassen sich *Interventionen* gegenüber Delinquenz ebenfalls als präventive Maßnahmen gegen Jugendarbeitslosigkeit verstehen. Auch die Vorstellung, dass sich SozialpädagogInnen z.B. im Kontext von Sozialkompetenztrainings mit abweichenden Jugendlichen Maßnahmen überlegen, die künftigem Schulschwänzen zuvorkommen sollen, ist nicht allzu weit hergeholt: Fast jede Maßnahme lässt sich also auch als Prävention verstehen." (Ziegler 2006, 146)

Deshalb wird in der folgenden Tabelle (Tab. 1) Intervention neben Prävention gestellt und die unterschiedlichen Dimensionen zunächst allgemein beschrieben, bevor im dritten Abschnitt die Tabelle mit konkreten Inhalten und Präventions- bzw. Interventionsprogrammen gefüllt wird.

Tab. 1: Dimensionen und Formen der Prävention

Dimensionen der Prävention	Präventionsebenen: Präventionsformen differenziert hinsichtlich des Zeitpunktes, an dem sie zum Einsatz kommen			Intervention
	primäre Prävention	**sekundäre Prävention**	**tertiäre Prävention**	
Einzelne Personen	Erziehungsziele: • Selbstkonzeptförderung • Verstärkung prosozialer Einstellungen • Kommunikations- und Interaktionskompetenz Thematische Sensibilisierung	Umsetzung durch gezielte, thematisch gebundene Maßnahmen: Immunisierung	Besserung	Verhindern und Unterbinden von Problemverhalten
Besondere Gruppen				
Kleine und große Systeme (z.B. Schulklassen)				
Organisationsübergreifende Vorhaben				

Wenn abweichenden Verhaltensentwicklungen bei Schüler(innen) durch eine erfolgreiche Prävention zuvorgekommen werden kann, dann wird eine nachträgliche Intervention überflüssig. Allerdings ist nicht ausschließlich die Prävention im schulischen Rahmen für das Verhindern von Gefahren, Störungen und Problemen in der Verhaltensentwicklung von Schüler(innen) ausschlaggebend. Im schulischen und außerschulischen Alltag spielt zusätzlich eine große Anzahl Faktoren eine Rolle, welche durch schulische Maßnahmen nur marginal beeinflusst werden können, so z.B. die Familie und die Gleichaltrigengruppe. Deshalb werden auch in Zukunft schulische Interventionsmaßnahmen nicht überflüssig werden.

In Schule und Unterricht kommen überwiegend Konzepte zur Anwendung, denen ein primärpräventiver Ansatz zugrunde liegt. Denn hier scheint gegenwärtig das größte Erfolg versprechende Potential der unterschiedlichsten Präventionsansätze zu liegen: Die Grundannahme des primärpräventiven Ansatzes geht davon aus, dass ein wirksamer Schutz über die Förderung von personalen und sozialen Kompetenzen möglich ist (vgl. Bühler 2005; Schmidt 2004) – und das am besten, bevor die erste Zigarette geraucht und bevor das erste Bier getrunken wurde, bzw. bevor die Anwendung von Gewalt in der Schule zur Regel wird.

Zunächst soll die Bedeutung der Prävention in schulischen Zusammenhängen dargestellt werden und auf die in der Schule präsentesten Ansätze, die der Gesundheitsförderung und der Gewaltprävention, detaillierter eingegangen werden.

2 Prävention in schulischen Zusammenhängen

Schule und Unterricht scheinen in zweifacher Hinsicht der ideale Ort für präventive Maßnahmen zu sein. Zum einen fällt hier der Erziehungsauftrag der Schule besonders ins Gewicht, da Schule auch in erzieherischer Hinsicht auf Schüler(innen) einwirkt und deren Persönlichkeitsentwicklung mit gestaltet, so z.B. durch die Unterrichts- und Lernformen, die Leistungsbewertung, den Erziehungsstil der Lehrkräfte, durch das Schul- und Klassenklima, das Schüler-Schüler- oder Lehrer-Schüler-Verhältnis. Zum anderen verspricht die Schulklasse als größtenteils altershomogene Gruppe ein erfolgreiches Setting für schulische Präventionsarbeit zu sein: „Die Fokussierung auf definierte *Sozialräume* [Herv. im Original], sei es das Quartier, der Betrieb, die Schule oder das Krankenhaus, ermöglicht es, die Zielgruppen und Akteure genauer zu bestimmen, adäquate Zugangswege zu definieren und die vorhandenen Ressourcen zu nutzen" (Altgeld & Kolip 2007, 45). Im Sinne einer spezifischen Zielgruppenorientierung ergibt sich für schulische Präventionsarbeit die Möglichkeit, den altersspezifischen Besonderheiten von Kindern und Jugendlichen gerecht zu werden.

Da Schule als Teil einer Gesellschaft ihre Aufgaben wahrnimmt, sollte auch bei der Präventionsarbeit an der Schule das soziale und gesellschaftliche Umfeld der Schüler(innen) berücksichtigt werden, denn Kinder und Jugendliche haben in unserer „offenen und emanzipierten, demokratischen Gesellschaft [...] die Chance sich ohne soziale Vorgaben und Einschränkungen zu entfalten. Sie müssen eine Persönlichkeitsstruktur entwickeln, die auf schnell wechselnde soziale, kulturelle, ökonomische und ökologische Bedingungen eingeht." (Hurrelmann 2004, 41) Die gesellschaftlichen Anforderungen an die Jugendlichen sind in den letzten Jahren (vgl. Brinkhoff & Gomolinsky 2003, 15-18; sowie 14. Shell Jugendstudie 2002 & 16. Shell Jugendstudie 2010) deutlich größer geworden, das gesellschaftliche Bezugssystem wird immer offener, Regeln und Einschränkungen, die für die Elterngeneration galten, werden kaum noch für deren Kinder gelten und prinzipiell zählen auch die sozialen Schranken nicht mehr. So die theoretischen Möglichkeiten, doch was heißt das für die heranwachsenden Schüler(innen)? Junge Menschen müssen vom Kindesalter in das Erwachsenenalter wechseln und dabei eine Identität aufbauen, die flexibel und stabil genug ist die unterschiedlichsten Situationen zu meistern: ‚offen und emanzipiert' impliziert auch ohne feste Rahmenbedingungen, ohne Rollenmuster zur Orientierung und ‚demokratisch' heißt auch gleichberechtigt, verantwortlich, ohne Hierarchie, an der man sich orientieren kann.

Die Entwicklung einer autonomen, erwachsenen Persönlichkeit kann dabei nicht ohne Brüche und schmerzhafte Lernprozesse verlaufen, die größtenteils in der Schulzeit durchlebt werden. Diese Anforderungen scheinen die einzelne Schülerin und den einzelnen Schüler oft vor unüberwindbare Hindernisse zu stellen. So durchlässig und demokratisch sich unsere Gesellschaft zeigt, so undurchdringlich und elitär tritt sie auf, wenn die geforderten Erwartungen nicht erfüllt werden können, wenn z.B. die Schullaufbahn nicht den Vorgaben des Arbeitsmarktes entspricht. Demzufolge mindern Schulversagen, geringe Aussicht auf einen attraktiven Ausbildungsplatz, soziale Enge und persönliche Einschränkungen die Aussicht erfolgreich die „Lebensphase Jugend" (Hurrelmann 2004) zu meistern.

Welche Anforderungen stellen die persönliche Entwicklung und die Gesellschaft an die Schülerin/den Schüler, aus dem eine junge Erwachsene/ein junger Erwachsener werden soll? Aus entwicklungspsychologischer Perspektive gibt es eine Vielzahl von Aufgaben, die Kinder und Jugendliche bis zum 21. Lebensjahr zu lösen haben (Resch 1996, 18). Parallel dazu durchlaufen Kinder und Jugendliche ihre prägende Sozialisation während dieser Lebenszeit, so dass sie sich auch zunehmend gesellschaftlichen Anforderungen stellen müssen (vgl. Hurrelmann 1994 & 2004). Die Bewältigung der Entwicklungsaufgaben erfolgt zu einem großen Teil in der Schule, weil in unserer funktional ausdifferenzierten, westlich geprägten Gesellschaft Kinder und Jugendliche spätestens ab dem sechsten Lebensjahr eine Schule besuchen und durchschnittlich zehn Jahre ihres Lebens in dieser pädagogischen Institution zubringen.

Das Konzept der Entwicklungsaufgaben hat im Rahmen der schulischen Prävention eine wesentliche Bedeutung für Konzeption sowie Durchführung einzelner Maßnahmen und soll ebenso wie mögliche Bewältigungsstrategien im Umgang mit den Entwicklungsaufgaben im Folgenden ausführlicher dargestellt werden.

2.1 Entwicklungsaufgaben im schulischen Umfeld

Schüler(innen) sollten im Laufe ihrer Schulzeit, während ihrer Kindheit und Jugend, vier Entwicklungsaufgaben bewältigen, um ihren eigenen Stil der Lebensführung, ihr jeweiliges Selbstkonzept und ihre nahe wie ferne Zukunft erfolgreich gestalten zu können (Hurrelmann 2004, 33/34):

1. *Leistungsbereich:*

Je älter Schüler(innen) werden, desto mehr wird erwartet, dass sie ihre Lernleistungen unabhängig von ihren Eltern erbringen. Dabei werden die Lernleistungen schrittweise auf einem immer komplexeren und anspruchsvolleren Niveau verlangt. Der Übergang erfolgt in qualitativen Sprüngen, die im Idealfall zu einer selbstständigen Bestimmung der eigenen Leistungsfähigkeit und zu Verantwortung für das Ergebnis der Schullaufbahn führen (vgl. Hurrelmann 2004, 33).

2. *Familienablösung und Gleichaltrigenkontakte:*

Die psychologische Entwicklungsaufgabe ‚Ablösung von den Eltern' hat ihre soziologische Entsprechung in einer Verselbstständigung der sozialen Kompetenzen und Kontakte und einer Anreicherung des sozialen Rollengefüges. Die Ablösung von der Herkunftsfamilie ist in soziologischer Sicht ein entscheidender Schritt zur eigenständigen Verortung in der Sozialstruktur der Gesamtgesellschaft. Wegen des weitgehenden Fehlens von Übergangsriten am Ende der Kindheit ist die jeweilige Bewältigung dieser Ablösung aber eine individuelle Aufgabe, für die es nur wenige soziale Hilfestellung und Muster gibt. Die größte Unterstützung leistet die Gleichaltrigengruppe. Gleichaltrige finden sich strukturell in der gleichen Lebenslage und nehmen eine gemeinsame Definition ihrer Lebenswelt vor. Sie können sich deswegen bei der Lösung ihrer biografischen Aufgaben gegenseitig unterstützen, auch im emotionalen Bereich, der wegen der Unsicherheiten und Ängste im Blick auf die zukünftigen sozialen Rollen von besonderer Wichtigkeit ist (vgl. Hurrelmann 2004, 33).

3. *Konsum- und Warenmarkt:*

Der stark durch kommerzielle Verwertungsinteressen beeinflusste Konsumsektor moderner Gesellschaften bietet viele Verlockungen und Zerstreuungen, dass ein klarer *Verhaltenskompass* notwendig ist, um nicht die Übersicht (und die finanzielle Autonomie) zu verlieren. Der Konsumsektor ist heute durch Medien (Zeitschriften, Radio, Abspielgeräte, Fernsehen, Computer) geprägt, die eine unendliche Vielfalt von Nutzungen ermöglichen. Meist werden die ersten Schritte zum intensiven Umgang mit dem Konsum- und Warenmarkt im Kindesalter eingeleitet. Sie erreichen dann mit dem Übergang in das Jugendalter eine größere Vielfalt und eine immer höhere Selbstständigkeit (Hurrelmann 2004, 33).

4. *Ethische und politischen Orientierung:*

Im Jugendalter erfolgt im Unterschied zum Kindesalter ein Schritt zur Selbstständigkeit der ethischen, religiösen, wertgesteuerten, moralischen und politischen Orientierung und Mitgestaltung in wichtigen öffentlichen Räumen. Die Einflussmöglichkeiten der Eltern reduzieren sich, damit ist eine *Selbstdefinition des sozialen und des politischen (Bürger-) Status* ohne direkten Einfluss der Eltern möglich und zugleich auch notwendig. Auch wächst die Vielfalt von Interaktionsfeldern und Interaktionsverpflichtungen an, was eigene Standards für die Orientierung und Kompetenzen für die Gestaltung der Lebenssituation voraussetzt (Hurrelmann 2004, 33).

Kinder und Jugendliche werden all diese Aufgaben nicht gleichzeitig bewältigen, sondern sie werden verschiedene, gestufte Wege und Strategien entwickeln, die zu ihrem jeweiligen Alter, ihrer jeweiligen Situation und ihren jeweiligen Lebens-(Selbst-) konzepten passen. Dabei ist von Bedeutung, in welchem sozialen Umfeld sich die Kinder und Jugendlichen weiterentwickeln können. Drei Beziehungsfelder konkurrieren um die Zeit und die Aufmerksamkeit des Jugendlichen: die Familie, die Gleichaltrigengruppe und die Schule.

In der Schule verbringen Kinder und Jugendliche den größten Teil ihrer Zeit, so dass die Schule mit ihrem Beziehungsgeflecht in diesem Lebensabschnitt ein wichtiges Lebensumfeld ist.

2.2 Bewältigungsstrategien

Die meisten Schüler(innen) durchleben ihre Kindheit und Jugend problemlos, sie erweitern kontinuierlich ihre Fähigkeiten und können ihren erlernten Fertigkeiten vertrauen, sie verfügen über ein relativ stabiles Selbstkonzept und sind kaum gefährdet. Aber bis dieses Selbstkonzept entsteht müssen verschiedenste Problemsituationen überwunden werden, die zu Irritationen, wenn nicht zum Scheitern des mühsam konstruierten Selbstkonzepts führen können. Diese Irritationen können sich in gefährlichem, störendem und problematischem, abweichendem Verhalten der Schüler(innen) zeigen. Die Etablierung eines tragfähigen Selbstkonzepts ist deshalb keinesfalls ein Automatismus, sondern sie unterliegt Schwankungen und kann in bestimmten, krisenhaft erlebten Situationen unsicher und fragwürdig werden: Die Entwicklung der Persönlichkeit kann stagnieren und kann schlimmstenfalls in allen psychologisch-soziologischen Bereichen scheitern. In diesen Krisenzeiten, die alle Kinder und Jugendlichen durchlaufen, steigt das Gefährdungspotential. Deshalb müssen verschiedene Bewältigungsstrategien erlernt und genutzt werden, um einer als verunsichernd und beängstigend erlebten Situation begegnen zu können. Diese Bewältigungsstrategien bzw. Bewältigungskompetenzen äußern sich in der Schule unterschiedlich und werden durch die persönlichen und sozialen Ressourcen der Schüler(innen) unterstützt.

Gefährdet sind Schüler(innen), die zu unangemessenen Bewältigungsstrategien greifen und damit ihre weitere Persönlichkeitsentwicklung negativ beeinflussen. Aus ungenügenden persönlichen und sozialen Ressourcen lässt sich fehlgeleitetes Verhalten erklären. In diesen Bereichen kann Prävention in der Schule ansetzen, z.B. durch ein Lebenskompetenztraining, das zum einen die persönlichen Ressourcen des einzelnen Schülers stärkt und zum anderen den Rückhalt in der sozialen Ressource ‚Schule' deutlich macht. Dabei ist es für Lehrkräfte wesentlich unangemessene Bewältigungsstrategien zu erkennen und Anhaltspunkte zu gewinnen, die es ihnen ermöglichen auf aktuelle Probleme der Schüler(innen) einzugehen.

Drei Varianten unangemessener Bewältigung können nach Hurrelmann (2004) unterschieden werden: Die „außengerichtete, *externalisierende*, innengerichtete *internalisierende* oder ausweichende, *evadierende*" Variante (Hurrelmann 2004, 161). Diesen Varianten können ganz unterschiedliche, aber abweichende Verhaltensmuster zugeordnet werden. An diesen Verhaltensmustern wiederum kann sichtbar werden, dass eine unangemessene Bewältigungsstrategie zugrunde liegt, dass Schüler(innen) erhebliche Schwierigkeiten haben mit der Problemkonstellation ihrer jeweiligen Entwicklungsaufgabe konstruktiv umzugehen. Folgendes, der sozialen Umwelt auffallendes und damit auch in der Schule sichtbar werdendes Verhalten kann identifiziert und zugeordnet werden (Abb. 1):

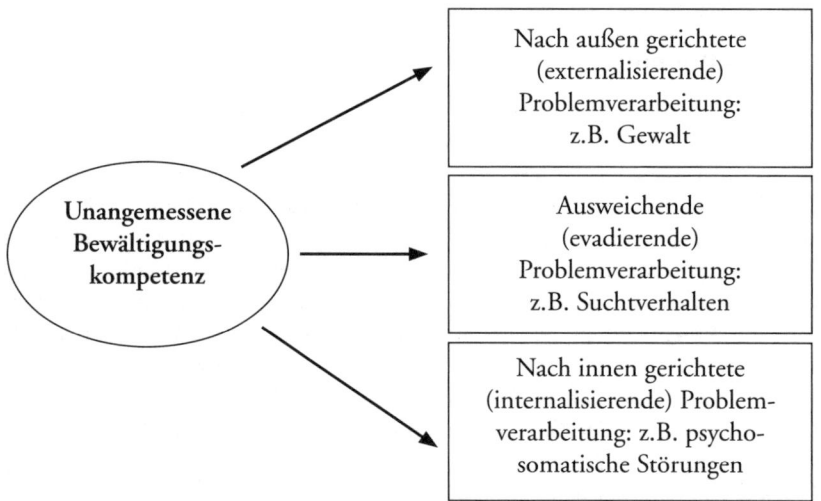

Abb. 1: Ausprägungsformen unangemessener Bewältigungskompetenz
(nach Hurrelmann 2004, 162)

Diese drei Ausprägungsformen der unangemessenen Bewältigungsstrategien sind in der Schule für Lehrkräfte durchaus sichtbar: Gewaltexzesse, auffälliges Suchtverhalten und schwere psychosomatische Störungen sind die Spitze eines entwicklungspsychologisch-soziologischen Fehlverhaltens, das im Rahmen der Regelschule kaum zu bewältigen ist und mit professioneller Hilfe therapiert werden sollte.

Wenn es also die konfliktbeladene Bewältigung der Entwicklungsaufgaben im Kindes- und Jugendalter in der Schulzeit sein kann, die Schüler(innen) dazu zwingt, Bewältigungskompetenzen zu entwickeln und auszuprobieren, dann ist es Aufgabe der Schule und der Lehrkräfte, die Schüler(innen) bei der Herausbildung angemessener Bewältigungskompetenzen zu unterstützen und unangemessene Strategien weitestgehend zu verhindern. Die Möglichkeiten der Institution Schule und ihrer Lehrerschaft liegen dabei überwiegend im Bereich der Prävention. Prävention wird dann im weitesten Sinne als Unterstützung der Schüler(innen) in ihrer persönlichen Entwicklung verstanden, zum einen durch die Stärkung von angemessenen Bewältigungsstrategien in Problemkonstellationen der Entwicklungsaufgaben und zum anderen als Gesundheitsförderung. Denn letztendlich führt unangemessenes Verhalten bei der Lösung von Entwicklungsaufgaben zu gesundheitsgefährdenden Reaktionen, z.B. durch Suchtverhalten oder z.B. durch gewaltbereites Verhalten gegen sich und andere.

Werden die oben genannten Entwicklungsbereiche und die von den Kindern und Jugendlichen genutzten Bewältigungsstrategien auf die Schulwirklichkeit übertragen, lassen sich folgende Aufgabenbereiche konzeptualisieren:

1. Mit jedem erfolgreich bestandenen Schuljahr steigt die Erwartung an Schüler(innen) auch die neue Schul- und Leistungssituation im folgenden Schuljahr möglichst erfolgreich zu bewältigen. Der Leistungsdruck verändert sich und die damit verbundenen Versagensängste können zunehmen. Diese Erwartung ist besonders hoch beim Übertritt von der Grundschule in eine weiterführende Schule. Mit dem Wechsel von der Grundschule an ein Gymnasium, eine Realschule oder Hauptschule sind tiefgreifende soziale Veränderungen verbunden.

2. Mit jedem weiteren Schuljahr verliert der feste Bezugsrahmen der Klasse seine Bedeutung, nach und nach gehen die Freund- und Feindschaften über die Klasse und den Jahrgang hinaus. Die Autonomie der einzelnen Schüler(innen) sich in einer Gruppe Gleichaltriger zu manifestieren wächst, aber auch die Verunsicherung in der Suche nach passenden Freundschaften nimmt zu.

3. Mit zunehmenden Alter der Kinder und Jugendlichen verlieren die Eltern den Einblick in den Schulalltag ihrer Kinder, die Schulangelegenheiten werden zunehmend als Privatangelegenheiten der Schüler(innen) gesehen und ermöglichen in diesem Punkt eine größere Unabhängigkeit, können aber auch Unsicherheiten und Ängste hervorrufen.

Die entwicklungspsychologisch-soziologisch bedeutsamen Bereiche der *Leistung* und der *Familienablösung* sowie der *Gleichaltrigenkontakte* werden in großem Umfang in der Schule erlebt. Genauso werden auch hier die Bereiche *Konsum- und Warenmarkt* sowie *ethische und politische Orientierung* erweitert. In der Gruppendynamik der Gleichaltrigengruppe ist es von Bedeutung, welche Waren und welche Marken konsumiert werden. Ein ethisches und politisches Bewusstsein entwickelt sich meist erst sprunghaft am Ende der späten Kindheitsphase (vgl. Hurrelmann 2004).

Vor diesem Hintergrund lassen sich folgende Anforderungen an Präventionsmaßnahmen ableiten:

- Sind in der Institution Schule aus Sicht der Schüler(innen) eher die zwischenmenschlichen Kontakte für sie bestimmend, so bildet die Schule an sich einen
organisatorischen Rahmen. Die Schüler(innen) müssen sich den Zeitvorgaben
der Schule unterwerfen und sich mit den unterschiedlichsten Fachlehrer(innen)
arrangieren. Präventionsmaßnahmen müssen sich diesen speziell schulischen Anforderungen stellen.
- Soll Prävention in der Schule erfolgreich sein, so sollte sie innerhalb des Unterrichts stattfinden. Programme, die zusätzliche Stunden, zusätzliche Nachmittags-
termine oder die Freizeit beanspruchen, sind nicht mehr im eigentlichen Sinne
schulische Präventionsprogramme und stoßen selten auf eine breite Akzeptanz
im Lehrerkollegium (vgl. Sacher & Stadler-Altmann 2006).
- Mit den strukturellen Veränderungen an Schulen (z.B. Umstellung der gymnasialen Schulzeit von neun auf acht Schuljahre oder die Entstehung neuer Schulformen wie der Mittelschule) sind Ressourcen wie Zeit, Wahlfächermöglichkeiten,
Arbeitsgruppen etc., die für Prävention zur Verfügung stehen, knapper geworden. Trotzdem ist Prävention und Gesundheitsförderung nach wie vor ein wichtiges Thema im Schulalltag. Wenn möglich sollten Präventionsmaßnahmen im
alltäglichen Unterricht stattfinden und sich flexibel den jeweiligen schulischen
Gegebenheiten und den Besonderheiten des Schuljahrs (Zeugniszeiten, Noten-
schluss, Projekttage, Ferienzeiten usw.) anpassen.
- Ein organisatorischer Vorteil schulischer Prävention ist, dass alle Schüler(innen)
eines Jahrgangs und einer Schulform erfasst werden können. Zudem sind die
Schüler(innen) schon in Gruppen – Klassen – eingeteilt und kennen sich im
Klassenverband.

Grundlegend für erfolgreiche Prävention in der Schule ist dabei der Zusammenhang zwischen Prävention und Entwicklungsaufgaben, der im folgenden Abschnitt
erläutert wird.

2.3 Zusammenhänge: Prävention und Entwicklungsaufgaben

Die Entwicklung vom Kind zum Jugendlichen und zum Erwachsenen scheint eine
problembeladene Zeit zu sein. Persönlichkeitsentwicklung ist keine singuläre Aufgabe des einzelnen Schülers (vgl. Oerter & Montada 1998, 167-395), die durch
einfache Methoden unterstützt werden kann. Persönlichkeitsentwicklung vollzieht sich auf verschiedenen Ebenen, die wiederum von verschiedensten Faktoren
beeinflusst werden. Um diesem Umstand gerecht zu werden und um mit einem
Präventionsprogramm den Schüler(innen) Hilfen anzubieten, wird ein Mehrfaktorenmodell zu Rate gezogen, in dem der jeweilige Präventionsansatz eingebettet
werden kann.

Modellbildungen

Der Rahmen für das Mehrfaktorenmodell sind die entwicklungspsychologischen Aufgaben der Jugendlichen, das Umfeld der Schüler(innen) und die Präventionsmaßnahme. Gemäß der Annahme, dass Jugendliche Bewältigungsstrategien suchen und erproben, um ihre jeweiligen Entwicklungsaufgaben zu erfüllen, wird davon ausgegangen, dass abweichendes Verhalten Ausdruck verfehlter Bewältigungsstrategien sein kann.

Das aus der Suchtprävention stammende einfache, dreipolige Modell mit der angenommenen wechselseitigen Beeinflussung von Mensch, Umwelt und Droge kann dabei Ausgangspunkt für grundsätzliche Überlegungen für schulische Präventionsprogramme sein. Allgemein formuliert kann dieses Modell den Zusammenhang verdeutlichen:

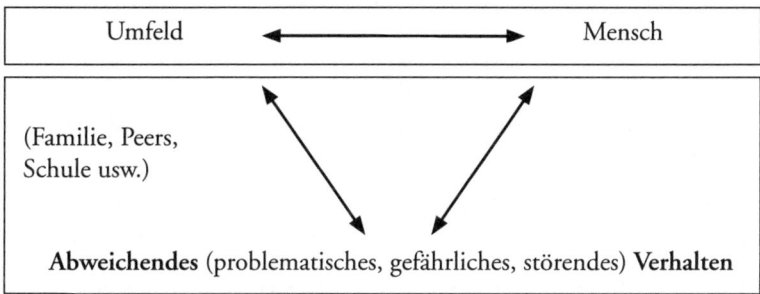

Abb. 2: Dreipoliges Präventionsmodell

Kinder und Jugendliche, Schüler(innen) möchten durch ihr Verhalten Ziele erreichen. Sie möchten, wie es ihre Entwicklungsaufgabe von ihnen fordert, erwachsen werden und sein. Wenn sie aber noch nicht erwachsen sein können, dann möchten sie zumindest erwachsen wirken und versuchen das durch entsprechendes Verhalten zu erreichen. Hinter abweichenden Verhalten können sich folglich zwei Probleme verbergen: Zum einen versuchen Schüler(innen) durch ihr Verhalten ihrem Bild von einem Erwachsenen nahe zu kommen und zum anderen haben Schüler(innen) mit abweichendem Verhalten vermutlich nicht das nötige Selbstbewusstsein sich in ihrer gegenwärtigen Übergangsphase zu akzeptieren. An diesem Punkt, dem mangelnden Selbstbewusstsein bzw. einem schwach ausgeprägten Selbstkonzept, kann im Rahmen der Schule und des Unterrichts gearbeitet werden.

So verändert sich obiges Modell, wenn es auf Schüler(innen) sowie ihre spezielleren Ansprüche zugeschnitten wird, folgendermaßen:

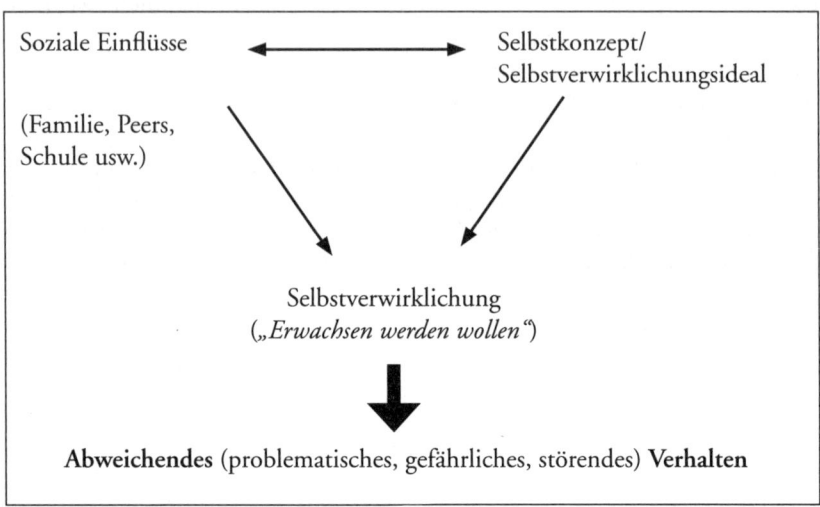

Abb. 3: Dreipoliges Erklärungsmodell zum auffälligen Verhalten

Ausgehend von diesem Modell lassen sich verschiedene Faktoren und Auslöser identifizieren, die zum einen das abweichende Verhalten von Schüler(innen) fördern, zum anderen dieses Verhalten hemmen. Darüber hinaus gilt es moderierende Faktoren zu identifizieren, die nur im Zusammenspiel mit einem hemmenden bzw. fördernden Faktor zum Tragen kommen.

„Wie Studien zeigen, ist die Aufnahme der Alltagsdroge Nikotin ganz eindeutig mit Selbstwertproblemen verbunden: Verhaltensunsicherheit in der Pubertät, mangelnde Anerkennung in der Gleichaltrigengruppe, Misserfolgserlebnisse in der Schule und andere als ungünstig erlebte Vergleichsprozesse sind wichtige Ausgangsmotive." (Hurrelmann 1994, 44). Nicht nur die Alltagsdroge Nikotin, auch andere abweichende Verhaltensweisen können auf Selbstwertprobleme hindeuten. Selbstwertprobleme entstehen immer dann, wenn das Selbstkonzept, das Selbstverwirklichungsideal nicht der tatsächlich erlebten Selbstverwirklichung entspricht. Spätestens mit dem Beginn der Pubertät erlebt sich der Jugendliche neu zwischen der von ihm selbst geforderten, großen Freiheit und den restriktiv erlebten Möglichkeiten im Alltag. Dabei spielen die Eltern-Kind-Beziehungen, die Beziehungen in der Gleichaltrigengruppe und die Lehrer-Schüler-Beziehungen wichtige Rollen. In diesem sozialen Gefüge muss der Jugendliche immer mehr Verantwortung übernehmen können, genauso wie er immer noch starken Rückhalt und großes Verständnis finden muss. Hand in Hand geht dabei die schrittweise Ablösung vom

Elternhaus und die Emanzipation von Autoritäten, z.B. den Lehrkräften, sowie die Zunahme der Peerbeziehungen.

Der Aufbau und die Stärkung des jugendlichen Selbstkonzepts sollte das dringlichste Ziel einer Prävention im Unterricht sein, das kann aber nur gelingen, wenn die Lebenssituationen der Schüler(innen) wahrgenommen werden und nachgefragt wird, warum Schüler(innen) abweichende Verhaltensweisen an den Tag legen. Dabei geht es nicht darum problematische Situationen von außen zu erkennen und zu analysieren, vielmehr muss die Wahrnehmung der Situation durch die Schüler(innen) selbst in das Zentrum der Aufmerksamkeit rücken. Bergler (1995) befragte Jugendliche nach den Gründen für ihr Verhalten und erhielt mehrfach folgende Stichpunkte zur Antwort: Entspannung, Kontaktförderung, Gewinn von Selbstbewusstsein, Selbstsicherheit, Konzentration, Erwachsensein, Vermeidung von Langeweile, Anerkennung bei der Clique und bei Freunden, Reiz des Verbotenen, Ablenkung, Coolness, Genusserleben. Diese Stichpunkte lassen sich weiter systematisieren, wenn man dem obigen, dreipoligen Modell folgt, in dem die sozialen Einflüsse in Rückkopplung mit dem Selbstkonzept die Selbstverwirklichung der Schüler(innen) beeinflussen und damit auch das auffällige Verhalten bestimmen. Der Bereich *Soziale Einflüsse* umfasst dabei den Einfluss der Eltern, der Gleichaltrigengruppe und der Schule, sowie die Wahrnehmung der gesellschaftlichen Akzeptanz von auffälligem Verhalten, z.B. die geringe soziale Kontrolle hinsichtlich jugendlichen Alkoholkonsums in der Öffentlichkeit oder Gewaltexzessen an U-Bahnstationen. Im Bereich *Selbstkonzept* zeigen sich am deutlichsten die ersten Anzeichen des eigenen oder angestrebten Lebensstils. Beide Bereiche wirken auf die angestrebte *Selbstverwirklichung* der Schüler(innen).

Prävention in Schule und Unterricht kann dann erfolgreich sein, wenn es gelingt, das Selbstkonzept der Schüler(innen) zu fördern und möglichst positiv zu unterstützen. Wie diese Überlegungen umgesetzt werden können, wird zunächst für die beiden wichtigsten Bereiche der Prävention in der Schule – die Gesundheitsförderung (Kap. 2.4) und die Gewaltprävention (Kap. 2.5) – diskutiert und anschließend anhand konkreter Präventionsprogramme veranschaulicht (Kap. 3).

2.4 Gesundheitsförderung

„Gesundheitsförderung zielt auf einen Prozess, allen Menschen ein höheres Maß an Selbstbestimmung über ihre Lebensumstände und ihre Umwelt zu ermöglichen und sie damit zur Stärkung ihrer Gesundheit zu befähigen" (WHO 1986). Dieser Grundsatz hat Eingang in die schulische Gesundheitsförderung gefunden, da hier nicht nur die Abwesenheit von Krankheit als gesund beschrieben wird, sondern sowohl die Selbstbestimmung als auch die Lebensumstände (Setting) und die Umwelt berücksichtigt werden. Dabei kommt dem Setting Schule in diesem Salutogeneseansatz eine besondere Bedeutung zu, da auf der individuellen Ebene, der

Beziehungssystemebene, und der Ebene der Institution angesetzt werden kann (vgl. Knörzer & Methfessel 2009).

Dabei scheint sich zurzeit die Gesundheitsförderung in Schulen auf zwei sehr große Bereiche zu konzentrieren, auf Prävention von Essstörungen und auf Suchtprävention.

a) Schulische Prävention von Essstörungen

Essen ist eine biologische Notwendigkeit, aber ebenso eine kulturelle Handlung, die erlernt werden muss. Den Rahmen dafür bildet eine Esskultur, die es ermöglicht, das alltägliche Handeln des Essens zu bewältigen, Rhythmen (z.B. Frühstück – Mittagessen – Abendessen) vorgibt und damit verbundene Speisen (z.B. Müsli – Braten – Käsebrot) als Selbstverständlichkeiten kennzeichnet. Im Erlernen von bestehender, familiärer Esskultur und der Auseinandersetzung mit neuen Essensgewohnheiten im Freundeskreis bzw. durch mediales Vorbild verändern Schüler(innen) ihre esskulturellen Systeme (vgl. Methfessel 2009, 13-16). Oft ist ein selbstverständliches Hineinwachsen in eine gesellschaftlich erwünschte Esskultur nicht möglich (vgl. Bartsch 2008), da Schüler(innen) in der Auseinandersetzung mit ihrem Körper und seinen Bedürfnissen sich mit dem „Schlankheitswahn der Gesellschaft" (Methfessel 2009, 15) konfrontiert sehen. Deshalb fällt der Schule die Aufgabe zu, hier diese Auseinandersetzung zu begleiten. Dabei können in der Grundschule der sorgsame Umgang mit dem eigenen Körper, den eigenen Esserfahrungen und der Erwerb von Wissen über Lebensmittel sowie den Umgang mit Lebensmitteln im Mittelpunkt stehen. In der Sekundarstufe könnte der individuelle Lehr-Lernprozess im Umgang mit dem eigenen Essverhalten und dem eigenen Körper durch die Kenntnis von Geschmacks- und Esskulturentwicklung bereichert werden (nach Methfessel 2009).

Dabei stehen die Entwicklung von pädagogischen Konzepten (vgl. www.science-kids.de; REVIS-Moderne Ernährungs- und Verbraucherbildung an Schulen 2007) und die Evaluation von schulischen Programmen zum Essverhalten noch am Anfang.

b) Schulische Suchtprävention

Qualitativ hochwertige Präventionsmaßnahmen können den Einstieg in den Substanzkonsum kurz- und mittelfristig aufschieben und den Konsum in begrenztem Umfang mindern. Seit den 1980er-Jahren zeigt sich, dass ein totaler Konsumverzicht nicht zu erreichen ist (Schmidt 2004). Legaler Drogenkonsum ist in unserer Gesellschaft durchaus funktional (Brinkhoff & Gomolinsky 2003, 26/27). Demnach sollte ein übergeordnetes Ziel von Suchtprävention sein, Schüler(innen) ein Abwägen des eigenen Verhaltens zu ermöglichen. Das kann gelingen, wenn ihnen Verhaltensalternativen gezeigt und diese mit ihnen eingeübt werden.

Schulische Präventionskampagnen sind, besonders im Bereich der Tabakprävention, derzeit am häufigsten geprüft (vgl. Bühler 2005). Schulische Suchtprävention ist wirksam, auch wenn die Effekte eher gering sind. Allerdings fehlen bisher Untersuchungen, die curriculare Maßnahmen in Verbindung mit ergänzenden, kontextbezogenen Angeboten prüfen.

2.5 Gewaltprävention

Gewaltprävention in der Schule wird in der wissenschaftlich-schulpädagogischen Diskussion (vgl. Tillmann u.a. 1999) zunehmend in Kombination mit bzw. als Teil von Schulentwicklung verstanden. Denn Gewalt in der Schule wird nicht als individuelles Fehlverhalten begriffen, sondern Gewalt, die in der Schule auftritt, wird meist durch die dahinter stehenden außerschulischen Lebensumstände der Schüler(innen) begünstigt. Diese sind selten durch schulische Präventionsmaßnahmen zu erreichen. Häufig sind es aber Bedingungen und Abläufe in der Schule selbst, die eine gewaltproduzierende bzw. –stützende Qualität annehmen können, z.B. das Schul- und Unterrichtsklima, die Lernkultur sowie Versagenserlebnisse und Ausgrenzungsprozesse im Unterricht. Gewaltprävention in der Schule sollte sich auf die Bereiche konzentrieren, die durch schulisches Handeln erreichbar sind. Damit ist die Gewaltprävention in der Schule vor allem als Entwicklung der Schulkultur, als Verbesserung des Sozialklimas und als Minderung von Ausgrenzung zu betreiben und sollte deshalb in der pädagogischen Schulentwicklung der Einzelschule verankert sein. Folgende Arbeitsbereiche sollten dabei nach Tillmann u.a. (1999) besonders in den Blick genommen werden:
- Innovative Unterrichts- und Erziehungsformen unter Berücksichtigung sozialen Lernens
- Verbesserung der Kommunikation in der Schule
- Verstärkte Zusammenarbeit von Schülern, Lehrkräften und Eltern
- Öffnung der Schule

Maßnahmen der Gewaltprävention werden so in ein umfassendes Konzept von Schule integriert, bei dem Schüler(innen) beteiligt werden.

3 Präventionsprogramme

An Schulen finden sich derzeit vielfältige Präventionsprogramme, die sich in ihren Ausrichtungen und Durchführungsmodalitäten sehr unterscheiden. Dabei ist die Qualität der Programme verschieden und abhängig von der jeweiligen Konzeption und von den jeweiligen schulischen Rahmenbedingungen.

Im Folgenden werden schulische Programme zur Gesundheitsförderung und Gewaltprävention in einer Auswahl vorgestellt, die eine pädagogisch-psychologische, wissenschaftlich fundierte Konzeption haben und die einfach an die jeweiligen schulischen Rahmenbedingungen angepasst werden können. Dabei handelt es fast durchweg um Programme, die schon längere Zeit an (bayerischen) Schulen eingesetzt werden und positiv evaluiert worden sind. Zum Teil handelt es sich auch um Programme, die europaweit durchgeführt und wissenschaftlich (BZgA) begleitet werden. Die folgenden Programmbeschreibungen orientieren sich an den Veröffentlichungen des bayerischen Staatsministeriums für Unterricht und Kultus (vgl. www.km.bayern.de).

3.1 Programme zur Gesundheitsförderung

Schulische Programme zur Gesundheitsförderung setzen an der Lebenswirklichkeit der Schüler(innen) an und konzentrieren sich hauptsächlich auf zwei Problembereiche, den der gesundheitsfördernden Lebensführung und den der Suchtprävention.

a) Gesundheitsfördernde Lebensführung

Ess-Störungen und Schönheitswahn
Das Jugendwerk der bayerischen Arbeiterwohlfahrt bietet eine Ausstellung von Melanie Jilg zum Thema „Essstörungen und Schönheitswahn" als Plakatmappe mit Jugendlichen an. Die junge Künstlerin erstellte die Plakatmappe im Rahmen ihrer Facharbeit im Leistungskurs Kunst der K 13 und verarbeitete künstlerisch am Thema „Sozialkritische Plakatgestaltung" die persönliche langjährige Betroffenheit als gute Freundin einer an Ess-Störungen erkrankten Mitschülerin (vgl. www.ljw-bayern.de).

Mit mir nicht
Das „Mit mir nicht!"-Programm zur Persönlichkeitsentwicklung und -stärkung hilft bei der Prävention von Missbrauch, Gewalt und Süchten. Alle bayerischen Grund- und Förderschulen sind mit den entsprechenden Materialien ausgestattet worden. Das Bayerische Staatsministerium für Unterricht und Kultus und der Landesverband Bayern der Betriebskrankenkassen (BKK) haben im Jahr 2006 alle Grundschulen in Bayern mit Materialien ausgestattet, die die Lehrer(innen) dabei unterstützen, Selbstbewusstsein und Selbstwertgefühl der Kinder zu stärken und ihnen Lebenskompetenz zu vermitteln. Ziel ist es, die Kinder und Jugendlichen in die Lage zu versetzen ihr Selbstwertgefühl zu entwickeln, ihren Lebensmut zu fördern, sie zu aktiver und kreativer Lebensgestaltung zu motivieren und sie konfliktfähig für die Bewältigung schwieriger Lebensphasen zu machen.

b) Suchtprävention

Be smart, don't start
Dieser Wettbewerb wird mit Schüler(innen) der sechsten bis achten Klasse durchgeführt. Dabei soll ein Anreiz für Schüler(innen) geschaffen werden, gar nicht erst mit dem Rauchen anzufangen. Dazu wird im Klassenverband ein Vertrag geschlossen, über einen bestimmten Zeitraum nicht zu rauchen bzw. sich nicht zum Ausprobieren verführen zu lassen. Um dieser Verpflichtung ein Ziel zu geben, werden entsprechende Preise ausgelobt, die sich an der Dauer der Verpflichtung, der Anzahl der Teilnehmenden und den Kontrollmechanismen orientieren. Flankiert wird dieser Wettbewerb durch gesundheitsfördernde Maßnahmen in den beteiligten Klassen. Mit dem Wettbewerb wird versucht das Thema Nichtrauchen in die Schulen zu bringen und attraktiv für Schüler(innen) zu machen. Dabei soll in erster Linie der Einstieg in das Rauchen bei nichtrauchenden Schüler(innen) verzögert und bestenfalls verhindert werden. Schüler(innen), die schon mit dem Rauchen experimentieren, sollen ihren Zigarettenkonsum zumindest zeitweise einstellen und dadurch nicht zu regelmäßigen Raucher(innen) werden.

Suchtpräventionsfachkräfte
Hilfe und Unterstützung bei der Umsetzung der Richtlinien zur Suchtprävention an den Schulen bieten regionale Suchtpräventionsfachkräfte. Diese verfügen über eine pädagogische Ausbildung und über suchtspezifisches Wissen. Ein zentraler Aufgabenschwerpunkt dieser Präventionsfachkräfte ist es, die in einer Region geleistete Suchtpräventionsarbeit zu ergänzen und zu vernetzen. In ihrer koordinierenden und kooperierenden Funktion wenden sie sich hauptsächlich an Multiplikatoren in der Suchtprävention und an Lehrkräfte.

3.2 Programme zur Gewaltprävention

Maßnahmen zur Gewaltprävention an Schulen richten sich an Schüler(innen) jeden Alters und aller Schulformen. Hier wird überwiegend der primärpräventive Ansatz, der einem Auftreten von gewalttätigen Handlungen im Schulalltag vorbeugen soll, verfolgt.

Streitschlichter
Die Konzeption des Streitschlichterprogramms ist ursprünglich abgeleitet vom Begriff der Mediation, d.h. der Vermittlung zwischen Konfliktparteien durch eine oder mehrere unparteiische Personen. Von Streitschlichtern spricht man generell, wenn Kinder und Jugendliche ihren gleichaltrigen oder jüngeren Mitschülern helfen, Konflikte friedlich beizulegen. Die Streitschlichtermodelle haben in Deutschland seit Beginn der 1990er Jahre hauptsächlich von den Haupt- und Grundschu-

len ihren Ausgang genommen, wurden wenig später jedoch auch erfolgreich an den Realschulen und Gymnasien praktiziert.

Der zugrunde liegende Gedanke geht von einer Mitbeteiligung und Mitverantwortung von Schüler(innen) innerhalb der Kommunikations- und Konfliktkultur der Schule aus. Es handelt sich auch um eine Art Delegationsprinzip, nämlich Probleme an der jeweils niedrigsten Ebene zu lösen, sofern sie dort lösbar sind. Lehrkräfte können dabei von ihren Alltagskonflikten zumindest zum Teil entlastet werden. Hierbei kann allerdings die Kompetenz und Verantwortung der Lehrkraft nicht voll ersetzt werden und es gibt auch Grenzen für die Streitschlichtung von Schüler(innen). Kern der Streitschlichtung durch Schüler(innen) ist, dass die Streitschlichter, die meist im Zweierteam arbeiten, den Standpunkt der Konfliktparteien darstellen und begründen lassen. Die Aufgabe der Streitschlichter besteht nun darin, diese Positionen zusammenzufassen und nach einer Lösung zu suchen, die den unterschiedlichen Kontrahenten bestmöglich gerecht wird.

Faustlos

„Faustlos" ist ein für die Grundschule und für den Kindergarten entwickeltes Curriculum, das impulsives und aggressives – und damit auch gewaltbereites – Verhalten von Kindern und Jugendlichen vermindern und ihre soziale Kompetenz erhöhen soll. Es ist die deutsche Version des amerikanischen Programms „Second step" (Beland 1988), das vom Committee for Children in Seattle entwickelt wurde. Die Originalmaterialien wurden in einem mehrstufigen Prozess übersetzt, im ständigen Feedbackverfahren mit Lehrkräften weiterentwickelt, evaluiert und für den deutschsprachigen Kulturraum angepasst. Inzwischen wird Faustlos in Deutschland, Österreich und der Schweiz eingesetzt. Ein Curriculum wurde speziell für die Grundschule, eines speziell für den Kindergarten entwickelt. Nur das Heidelberger Präventionszentrum ist vom Committee for Children autorisiert, Fortbildungen für „Faustlos" durchzuführen. Das Programm ist für Kinder im Vorschulalter und in der Grundschule für die Klassenstufen 1 bis 3 konzipiert. Das Grundschul-Curriculum besteht aus 51, das Kindergarten-Curriculum aus 28 Lektionen.

Zammgrauft

Das Programm ist als Polizeikurs für Jugendliche und Erwachsene in Zusammenarbeit mit dem Präventionskommissariat und den Jugendbeamten des Polizeipräsidiums München entstanden. Die Themen reichen von Antigewalt bis Zivilcourage. Die Verfasser verweisen ausdrücklich darauf hin, dass sich die Projekte auf das Stadtgebiet und den Landkreis München beschränken. Inzwischen findet das Programm auch Anwendung durch den Lehrstuhl für Empirische Pädagogik und Pädagogische Psychologie der Ludwig-Maximilians-Universität München. Der Titel des Programms „zammgrauft" ist ein bewusster Appell an den bayerischen Sprachraum, in dem dieses Programm entstanden ist. Auch die Titel der Nachfolgeprogramme „aufgschaut" und „sauber bleim" sind in der bayerischen Mundart gehalten.

In erster Linie soll die Sensibilisierung für Gewalt und für die Opfer erreicht und die Zivilcourage gestärkt werden. Im spielerischen Rahmen werden die Ziele eingeübt. Außerdem wird Gewalt im Allgemeinen thematisiert sowie deren verschiedene Formen wie körperliche Gewalt, Ausgrenzung, Fremdenfeindlichkeit oder Mobbing veranschaulicht. Ergänzend dazu werden Strategien entwickelt, die geeignet sind, Gewalt zu verhindern oder deren Eskalation einzudämmen. Das „zammgrauft"-Training basiert auf praktischen Verhaltensübungen und Rollenspielen, in denen die Schüler(innen) sich selbst in ihren Verhaltensweisen und Reaktionen erfahren können. Die Lernziele werden durch sie selbst anschließend in einer Gruppendiskussion herausgearbeitet.

3.3 Lebenskompetenzprogramme

Mit den Lebenskompetenzprogrammen wird der Ansatzpunkt der Balance zwischen Risiko- und Schutzfaktoren verfolgt. Zugrundeliegendes Ziel aller im Folgenden vorgestellten Programme ist die Stärkung der Persönlichkeit der Schüler(innen), damit sie lernen Gefahren und Risiken abzuschätzen und selbstverantwortliche Entscheidungen zu treffen.

Lions-Quest „Erwachsen werden"
Seit 1997 wird das Programm Lions Quest „Erwachsen werden" in Deutschland durchgeführt. Diese deutsche Bearbeitung des amerikanischen „Skills for Adolescense"-Programms (entstanden aus einer Kooperation zwischen Lions Clubs International und Quest International, einer amerikanischen gemeinnützigen Stiftung) hat sich durch das Engagement vieler deutscher Lions Clubs verbreitet.

Grundanliegen dieses Programms ist die Förderung der Persönlichkeitsentwicklung von jungen Menschen, die Begleitung junger Menschen auf ihrem Weg zum Erwachsenwerden. Adressaten sind hauptsächlich Jugendliche im Alter von 10 bis 15 Jahren, denen geholfen werden soll, Probleme und Risikosituationen im Laufe dieser Entwicklung hin zum Erwachsenen leichter zu bewältigen. Lions-Quest ist nicht schulartgebunden und wendet sich an alle Jugendliche in der Sekundarstufe I, wobei viele Arbeitsvorschläge auch unter- und oberhalb dieser Altersgruppe durchaus anwendbar sind. Voraussetzung für ein erfolgreiches Arbeiten mit den Jugendlichen ist nach Ansicht der Verfasser die Herstellung eines Konsenses von grundlegenden Wertvorstellungen und Orientierungen in allen erziehungsrelevanten Bereichen.

In konkreten Übungsfeldern werden Konflikt- und Risikosituationen für den jungen Menschen durchgespielt, um ihm dabei zu helfen, für Probleme des Alltags positive Lösungen zu finden. Die Übungsfelder knüpfen im Lehrerhandbuch an das reale Umfeld des Heranwachsenden an.

ALF – Allgemeine Lebenskompetenzen und Fertigkeiten
Das Präventionsprogramm ALF wurde am IFT Institut für Therapieforschung in München für Schüler(innen) der Jahrgangsstufen 5 und 6 entwickelt. Durch das Training schützender Lebensfertigkeiten wird die Persönlichkeit der Kinder und Jugendlichen gestärkt. Altersangemessen wird auch über Nikotin- und Alkoholmissbrauch informiert und diskutiert.

Klasse 2000
Klasse 2000 richtet sich an Schüler(innen) der Grundschule. Ziel ist es, die Persönlichkeit der Kinder zu stärken. Sie brauchen Kenntnisse, Haltungen und Fertigkeiten, mit denen sie ihren Alltag so bewältigen können, dass sie sich wohl fühlen und gesund bleiben. Gleichzeitig sollen sie erfahren, was sie selbst tun können, um gesund zu bleiben. Wesentlicher Bestandteil von Klasse 2000 ist die Zusammenarbeit mit externen Gesundheitsförderern.

Prävention im Team (PIT)
Das Präventionsprogramm PIT ist ursprünglich in Schleswig-Holstein entwickelt worden. Inzwischen ist es nicht nur in Bayern, sondern auch in zahlreichen anderen Ländern – zugeschnitten auf die jeweiligen Bedürfnisse der einzelnen Länder – modifiziert bzw. neu gestaltet worden.
Das Gesamtprojekt wurde durch eine Evaluation des Staatsinstituts für Schulqualität und Bildungsforschung (ISB) und des Bayerischen Landeskriminalamts (BLKA) begleitet. Aufgrund positiver Ergebnisse wurde beschlossen, das Präventionsprojekt PIT in der vorliegenden bayerischen Version zu modifizieren und diese flächendeckend und schulartübergreifend für alle bayerischen Schulen ab dem Schuljahr 2003/2004 als Präventionsprogramm anzubieten.
Kernpunkte des Programms sind:
• bei den Schülern soziale Kompetenzen weiter zu fördern und die individuelle Persönlichkeitsentwicklung zu unterstützen;
• in einem Team die Zusammenarbeit von Schule, Polizei und anderen außerschulischen Partnern gemeinsam zu gestalten;
• auch andere Präventionsprojekte bzw. -programme in PIT zu integrieren und mit anderen Einrichtungen zusammenzuarbeiten.

Alle diese im Überblick dargestellten Präventionsprogramme lassen sich in die eingangs verwandte Tabelle (Tab. 1) auf der primären und sekundären Präventionsebene einsortieren, also zu einem Zeitpunkt, wenn abweichendes Verhalten noch nicht oder erst in Ansätzen erkennbar wird.

4 Forschung zur Prävention in der Schule

Bei Forschung zur Prävention in der Schule und im Unterricht handelt es sich meist um die wissenschaftliche Begleitung von schulischen Maßnahmen, also um Auftragsevaluationen, die zum Ziel haben, die Wirksamkeit der einzelnen Programme zu überprüfen. Dabei stößt das Konstrukt der Wirksamkeitsüberprüfung von Präventionsmaßnahmen an einige Grenzen (vgl. Quensel 2004), da Maßnahmen zur Persönlichkeitsentwicklung sich einer punktuellen Überprüfung entziehen und langfristige Studien kaum zu finden sind. So gibt es nur wenig belastbares Datenmaterial und Entwicklungstendenzen sind schwer auszumachen.

Aus schulpädagogischer Perspektive ist es deshalb interessanter Prävention im Zusammenhang mit der Qualität von Schule und Unterricht zu untersuchen: So konnte gezeigt werden, dass die Schulkultur zum einen im Zusammenhang steht mit dem Gesundheitszustand der Schüler(innen) (vgl. Langness, Richter & Hurrelmann 2003) und zum anderen auch für das Auftreten von Gewalt in der Schule mitverantwortlich ist (Tillmann u.a. 1999).

Im Fokus der Schulforschung stehen derzeit augenscheinlich „Einstellungen, Wohlbefinden, abweichendes Verhalten von Schüler(innen)" (Schubarth & Speck 2008), wobei abweichendes Verhalten häufig mit Jugendgewalt und Gewalt an Schulen konnotiert wird und damit die Gewaltprävention in den Mittelpunkt des Interesses rückt. Wünschenswert wären langzeitliche Untersuchungen zum Zusammenhang zwischen Schulentwicklung und Gesundheitsförderung.

Literatur

Albert, M./Hurrelmann, K./Quenzel, G. (2011): 16. Shell Jugendstudie „Jugend 2010". Frankfurt/ Main: Fischer Taschenbuch Verlag.

Altgeld, T./Kolip, P. (2007): Konzepte und Strategien der Gesundheitsförderung. In: Hurrelmann, K. /Klotz, T./Haisch, J. (Hrsg.): Lehrbuch Prävention und Gesundheitsförderung. 2. überarb. Aufl. Weinheim, München: Beltz, 41-50.

AOK Baden Württemberg: http://www.sciencekids.de/ (17. April 2012).

Balser, H./Hölzer, W./Schulz, C. (2009) (Hrsg.): Gewaltfreie Schule. Praxisbausteine der Gewaltprävention für eine handlungsorientierte Schulentwicklung. Köln: Link Luchterhand.

Barth, J./Bengel, J. (1998): Prävention durch Angst. Stand der Furchtappellforschung. Köln (BZgA 4).

Bartsch, S. (2008): Jugendesskultur. Bedeutung des Essens für Jugendliche im Kontext Familie und Peergroup. Köln (BZgA 30).

Bayerisches Staatsministerium für Unterricht und Kultus: www.km.bayern.de (17. April 2012)

Bergler, R. (1995): Ursachen gesundheitlichen Fehlverhaltens im Jugendalter. München: Deutscher Institus Verlag.

Beland, K. (1988): Second Stepp. Seattle, Washington: Committee for Children.

Brinkhoff, K.-P./Gomolinsky, U. (2003): Suchtprävention im Kinder- und Jugendsport. Theoretische Einordnung und Evaluation der Qualifizierungsinitiative „Kinder stark machen". Köln (BZgA 21).

Bühler, A. (2005): Wirksamkeit suchtpräventiver Maßnahmen. Bund-Länder-Koordinierungstreffen. Köln (BZgA 25).

Caplan, G. (1964): Principles of preventive psychiatry. New York: Tavistock.

Hurrelmann, K. (1994): Familienstress, Schulstress, Freizeitstress. Weinheim, Basel: Beltz..

Hurrelmann, K. (2004): Lebensphase Jugend, 7. Aufl., Weinheim, München: Beltz.

Knörzer, W./Methfessel, B. (2009): Gesundheit – Last oder Lust? Eine Standortbestimmung. In: Perspektiven zur pädagogischen Professionalisierung 77, 5-12.

Landesjugendwerk der Arbeiterwohlfahrt Bayern: www.ljw-bayern.de (17. April 2012).

Langness, A./Richter, M./Hurrrelmann, K. (2003): Zusammenfassung der Ergebnisse und Konsequenzen für eine jugendgerechte Prävention und Gesundheitsförderung. In: Hurrelmann, K./Bründel, H. (2003): Einführung in die Kindheitsforschung. Weinheim: Beltz, 301-334.

Methfessel, B. (2009): Der Mensch ist, was er isst – der Mensch isst, was er ist. In: Perspektiven zur pädagogischen Professionalisierung 77, 13-18.

Oerter, R./Montada, L. (1998) (Hrsg.): Entwicklungspsychologie, 4. Aufl., Weinheim: Beltz.

Quensel, St. (2004): Das Elend der Suchtprävention. Analyse – Kritik – Alternative. Wiesbaden: VS Verlag.

Resch, F. (1996): Entwicklungspsychopathologie des Kindes- und Jugendalters. Weinheim: Beltz.

Sacher, W., Stadler-Altmann, U. (2006): Self – Selbstkonzept fördern durch lehrplankonforme Förderung. Bericht über die Durchführungsphase. 01.10.2005 – 31.10.2006, unveröffentl. Forschungsbericht.

Schmidt, B.(2004): Suchtprävention in der Bundesrepublik Deutschland. Grundlagen und Konzeption. Köln (BZgA 24).

Schubarth, W. (2010): Gewalt und Mobbing an Schulen. Möglichkeiten der Prävention und Intervention. Stuttgart: Kohlhammer.

Schubarth, W./Speck, K. (2008): Einstellungen, Wohlbefinden, abweichendes Verhalten von Schülerinnen und Schülern. In: Helsper, W./Böhme, J. (Hrsg.): Handbuch der Schulforschung. 2., durchges. u. erw. Aufl., Wiesbaden: VS Verlag, 965-984.

Stadler-Altmann, U. (2010): Das Schülerselbstkonzept. Eine empirische Annäherung. Bad Heilbrunn: Klinkhardt.

Tillmann, K J./Holler-Nowitzki, B./Holtappels, H.G./Meier, U./Popp, U. (1999): Schülergewalt als Schulproblem. Weinheim, München: Beltz.

WHO (1986): Ottawa-Charta. http://www.euro.who.int/__data/assets/pdf_file/0006/129534/Ottawa_Charter_G.pdf (17. April 2012).

Ziegler, H. (2006): Prävention und soziale Kontrolle. In: Scherr, A. (Hrsg.): Soziologische Basics. Eine Einführung für Pädagogen und Pädagoginnen. Wiesbaden: VS Verlag, 146-153.

Daniela Sauer
Professionelle Beratung als eine Aufgabe von Lehrer(inne)n

Beratung zählt seit dem Beschluss des deutschen Bildungsrates von 1970 zu den ausgewiesenen Aufgaben von Lehrkräften. Professionstheoretische und bildungsprogrammatische Begründungen für diese Aufgabenzuschreibung finden sich u.a. im Strukturplan für das Bildungswesen (Deutscher Bildungsrat 1972), in den Standards für die Lehrer(innen)bildung (Beschluss der Kultusminister-konferenz (KMK) 2004) oder im Modell der professionellen Handlungskom-petenz von Lehrkräften (vgl. Baumert/Kunter 2006). Übergeordnetes Ziel der professionellen Beratung ist ‚Hilfe zur Selbsthilfe'. Professionelle Berater(innen) benötigen eine handlungsfeldspezifische Wissensbasis und eine feldunspezifi-sche Kompetenzbasis, welche sich wiederum in verschiedene Kompetenzdimen-sionen untergliedern lässt. Beratung durch Lehrer(innen) wird der professio-nellen Beratung zugerechnet und sollte sich deutlich von einer Alltagsberatung im Sinne eines ‚Ratgebens' unterscheiden. Differente Rollenzuschreibungen an Lehrpersonen erzeugen Spannungsfelder im Rahmen des Beratungsauftrages.

1 Professionstheoretische und bildungsprogrammatische Grundlagen schulischer Beratung

Beratung zählt seit dem Strukturplan für das Deutsche Bildungswesen von 1970 zu den ausgewiesenen Aufgabenfeldern von Lehrer(inne)n: „Die Aufgaben des Lehrers lassen sich darstellen unter den Gesichtspunkten des Lehrens, Erziehens, Beurtei-lens, Beratens und Innovierens" (Deutscher Bildungsrat 1972, 217). Lehrkräfte sol-len Orientierungs- und Beratungshilfen bieten und dies nicht nur im Bereich des fachbezogenen Unterrichts, sondern auch im Zusammenhang mit der Bildungs- und Erziehungsberatung sowie der Schullaufbahn- und Berufsberatung.

In den 70er Jahren des 20. Jahrhunderts wurden die allgemeinen gesellschaftlichen Wandlungsprozesse, wie Individualisierung und Differenzierung im Bildungswe-sen, als ursächlich für den Beratungsbedarf angeführt. Heute zählen ein verändertes Lernverständnis, welches die Lehrperson u.a. als Lernberater(in) bzw. Lerncoach versteht (vgl. Palasch/Hameyer 2008) und die durch die Ergebnisse internationa-ler Schulleistungsvergleichsstudien aufkommende Bildungs- und Professionalisie-rungsdebatte zu den weiteren Begründungen.

Professionstheoretische Verortung findet die Beratungsaufgabe von Lehrer(inne)n u.a. im Modell der professionellen Handlungskompetenz von Lehrkräften (vgl. Baumert/Kunter 2006). Hier bildet das Beratungswissen gemeinsam mit dem Fachwissen, dem fachdidaktischen Wissen, dem pädagogischen Wissen und dem Organisationswissen das Professionswissen der Lehrkräfte.

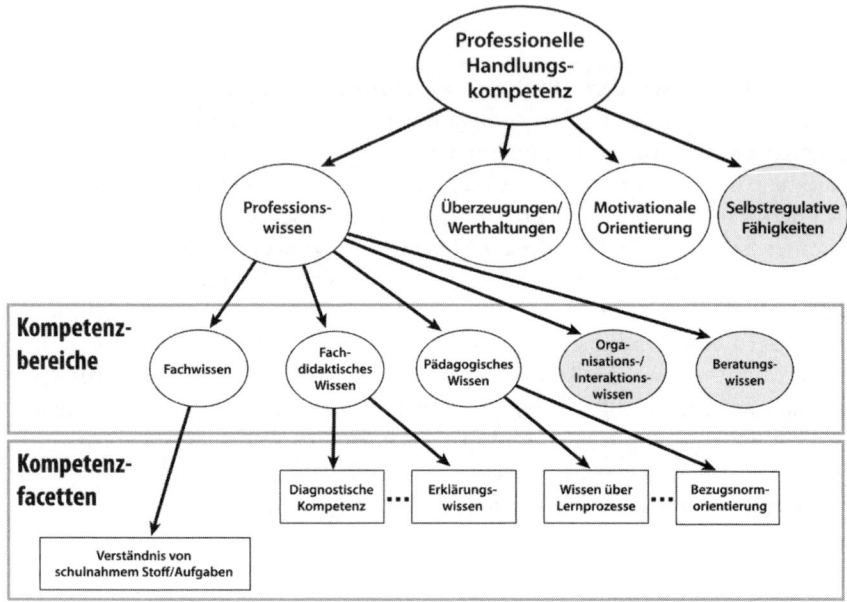

Abb. 1: Professionelle Handlungskompetenz von Lehrkräften (Baumert/Kunter 2006, 482)

Darüber hinaus wird auch auf bildungsprogrammatischer Ebene der Beratungsauftrag der Lehrkräfte unterstrichen. So formuliert die Kultusministerkonferenz in den Standards für die Lehrer(innen)bildung im Jahr 2004: „Lehrerinnen und Lehrer üben ihre Beurteilungs- und Beratungsaufgaben im Unterricht und bei der Vergabe von Berechtigungen kompetent, gerecht und verantwortungsbewusst aus (…) Sie fördern Schülerinnen und Schüler gezielt und beraten Lernende und deren Eltern" (KMK 2004, 11). Von der universitären Lehrer(innen)ausbildung wird erwartet, dass die Absolvent(inn)en „Prinzipien und Ansätze der Beratung von Schülerinnen/ Schülern und Eltern" (KMK 2004, 11) kennen. Im Rahmen der zweiten Ausbildungsphase sollen beraterische Handlungskompetenzen vermittelt werden, so dass die Absolvent(inn)en
• unterschiedliche Beratungsformen situationsgerecht einsetzen und ihre Beratungs- und Beurteilungsfunktion unterscheiden können;

- mit Kolleg(inn)en bei der Erarbeitung von Beratung/Empfehlungen kooperieren können;
- mit anderen Institutionen bei der Entwicklung von Beratungsangeboten kooperieren können (KMK 2004).

Ebenso wird Beratung als ein Tätigkeitsbereich von Lehrkräften u.a. im Bayerischen Erziehungs- und Unterrichtsgesetz (BayEUG) ausgewiesen: „Jede Schule und jede Lehrkraft hat die Aufgabe, die Erziehungsberechtigten und die Schülerinnen und Schüler in Fragen der Schullaufbahn zu beraten und ihnen bei der Wahl der Bildungsmöglichkeiten entsprechend den Anlagen und Fähigkeiten des Einzelnen zu helfen" (BayEUG, § 78).

2 Allgemeine Grundlagen professioneller Beratung in der Schule

2.1 Historische Entwicklung und wissenschaftsdisziplinäre Einordnung

Für die Bundesrepublik lässt sich seit den 1970er Jahren ein regelrechter ‚Beratungsboom' konstatieren. Durch die zunehmende Individualisierung von Bildungs- und Berufsverläufen entfallen ‚Modellbiografien', welche der Orientierung des Einzelnen dienen könnten. Mit einer Zunahme an Entscheidungsmöglichkeiten erhöht sich ebenfalls die Wahrscheinlichkeit des Scheiterns, welches dann individuell zu verantworten ist. Huschke-Rhein (2003) bezeichnet deshalb die Pädagogik als ‚Beratungs- und Lebensbegleitwissenschaft' (vgl. ebd., 22).

Für das Handlungsfeld Schule erhoffte man sich damals durch die Einrichtung der Bildungsberatung (Deutscher Bildungsrat 1972) zum Abbau von Bildungsbarrieren beitragen und Verhaltensauffälligkeiten reduzieren zu können. Allerdings war das ursprünglich sehr breit geplante schulische Beratungsangebot nicht finanzierbar, so dass es in den 1980er Jahren zu einer Verlagerung des Beratungsengagements auf außerschulische Gebiete, wie z.B. das der Jugendhilfe oder das der psychiatrischen und psychosozialen Versorgung, kam und dort zum Ausbau des sozialen Beratungssystems führte (vgl. Sickendiek et. al. 2008).

Im Gegensatz zu den anglo-amerikanischen Ländern fehlt im deutschsprachigen Raum nach wie vor eine eigenständige disziplinäre Identität des Beratungsbereichs, welche jenseits der klinisch-psychologischen Ansätze liegt (vgl. ebd.). Beratung lässt sich deshalb hierzulande verschiedenen Wissenschaftsdisziplinen zuordnen, wie z.B. der Pädagogik, der Psychologie, der Soziologie oder der Sozialen Arbeit. Hieraus ergibt sich ein weit gefächertes Zuständigkeitsspektrum der Beratung, mit jeweils differenten Theorie- und Praxisfeldern. Grundlegende Prinzipien der Beratung sind

Freiwilligkeit, Niederschwelligkeit, Unabhängigkeit, Neutralität, Orientierung an den Nutzer(inne)n sowie Nicht-Bevormundung, Fallbezogenheit und die Veränderungsbereitschaft der ratsuchenden Person (vgl. Engel 2008; Grewe 2005).

Eine eigenständige schulpädagogische Beratungstheorie gilt es noch zu entwickeln (vgl. Schnebel 2007). Die bislang vorliegenden schulischen Beratungskonzepte und -modelle für Lehrkräfte wurden vorwiegend auf den Grundlagen der pädagogisch-psychologischen und psychotherapeutischen Ansätze konzeptualisiert (vgl. Hertel/ Schmitz 2010; Schwarzer/Posse 2005; Sickendiek et. al. 2008). Inwieweit diese Beratungskonzepte für das Handeln der Lehrkräfte als durchweg dienlich erscheinen, gilt es im Rahmen weiterer Forschung zu klären.

2.2 Definitionen professioneller Beratung in der Schule

Aufgrund der Interdisziplinarität existieren zahlreiche spezifische Beratungsdefinitionen, welche wiederum differente Akzentuierungen setzen (vgl. Krause et. al. 2003; Nußbeck 2010; Sickendiek et. al. 2008).

Schwarzer und Posse (2005) definieren Beratung in der Schule als

> „eine freiwillige, kurzfristige, soziale Interaktion zwischen mindestens zwei Personen. Das Ziel der Beratung besteht darin, in einem gemeinsam verantworteten Beratungsprozess die Entscheidungs- und damit Handlungssicherheit zur Bewältigung eines aktuellen Problems zu erhöhen. Dies geschieht in der Regel durch die Vermittlung von neuen Informationen und/oder durch die Analyse, Neustrukturierung und Neubewertung vorhandener Informationen" (ebd. 139).

Des Weiteren können für die Beratungsaufgabe von Lehrkräften nachfolgende Aspekte hervorgehoben werden (vgl. Hertel/Schmitz 2010; Nußbeck 2010; Sickendiek et. al. 2008, 15):

- Die ratsuchende Person ist veränderungswillig und am Beratungsprozess aktiv beteiligt.
- Der Beratungsprozess zielt auf ‚Hilfe zur Selbsthilfe' und fokussiert deshalb hauptsächlich die Stärken und Ressourcen der Ratsuchenden.
- Beratung bietet Orientierung und Reflexionsmöglichkeiten in Anforderungssituationen und verhilft zur Klarheit über mögliche Ziele oder Wege.
- Beratung unterstützt bei der Planung von Handlungsschritten und deren Umsetzung.
- Beratung kann sowohl im Vorfeld der Entstehung möglicher Probleme in Anspruch genommen werden (präventiv), bei aktuellen Schwierigkeiten aufgesucht (kurativ) oder auch für den Umgang mit Folgen von Lebensereignissen (rehabilitativ) angeboten werden.
- Beratung basiert auf sprachlicher Kommunikation und bedient sich spezifischer Beratungsmethoden.

- Beratung dient der Überwindung persönlicher und sozialer Schwierigkeiten außerhalb der Heilkunde. Therapie hingegen befasst sich als Bereich der Heilkunde mit psychischen Störungen, welche Krankheitswert haben.

Beratung durch Lehrkräfte ist mehr als ein eindimensionales ‚Rat geben‘. Es ist ein gemeinsam verantworteter Interaktionsprozess zwischen Lehrer(in) und Schüler(in) und/oder Elternteil oder Kolleg(inn)en. Dieser Interaktionsprozess beruht auf einem oder mehreren Beratungsgesprächen. Spezifische Beratungskompetenzen, kommunikative Fähigkeiten und Fachwissen auf Seiten der beratenden Lehrperson bilden die Grundlage für die Durchführung von professionellen Beratungsgesprächen. Engel, Nestmann und Sickendiek (2007) sprechen in diesem Zusammenhang von der „Doppelverortung" (ebd., 35) der professionellen Beratung. Denn Berater(innen) benötigen „eine handlungsspezifische Wissensbasis und eine feldunspezifische Kompetenzbasis und erst wenn beide vorhanden sind und zusammenwirken sind zwei notwendige Grundvoraussetzungen professioneller Beratung erfüllt" (Engel et. al. 2007, 35).

‚Hilfe zur Selbsthilfe‘ ist das übergeordnete Beratungsziel, von dem sich weitere Ziele ableiten, wie z.B. die Fähigkeit, eigene Probleme zu bestimmen, erreichbare Ziele zu definieren, reflektierte Entscheidungen zu treffen, Handlungspläne zu entwerfen, Ressourcen zu entdecken und zu nutzen und selbst eingeleitete Handlungen auf ihre Effektivität zu überprüfen (vgl. Krause 2003). Auf den ersten Blick erscheinen Beratungsziele wie ‚eigene Probleme bestimmen‘ oder ‚erreichbare Ziele definieren‘ banal. In der Handlungspraxis ergeben sich häufig bereits hier erste Schwierigkeiten. Aufgrund der Komplexität von Problemsituationen fällt den Betroffenen eine genaue Problemdefinition vielfach schwer. Problemkern und eigene Zielvorstellungen werden vermengt, was zur weiteren Eskalation der Problemsituation beitragen kann. Insbesondere in Bezug auf eine Problemlösungsorientierung und Unterstützung sollte die professionelle Beratung ein deutliches Profil entwickeln (vgl. Engel 2008) (siehe hierzu Kapitel 2.3 b) Unterstützungsfunktion professioneller Beratung).

2.3 Funktionen und Fehlformen der Beratung

Nach Schwarzer und Posse (2005) sind Information, Unterstützung und Steuerung die drei Hauptfunktionen der professionellen Beratung. Eine Überbetonung eines Aspekts kann zu Missbrauch und zu Fehlformen von Beratung führen, wie in folgender Abbildung deutlich wird.

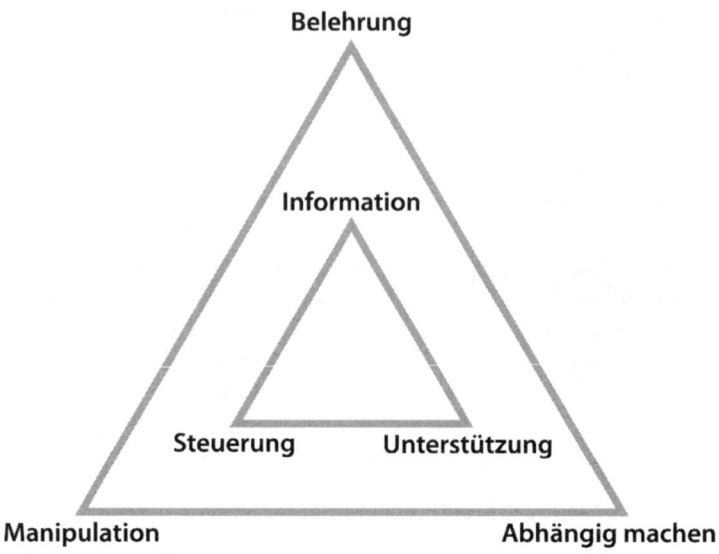

Abb. 2: Funktionen der Beratung und ihre Fehlformen (Schwarzer/Posse 2005, 142)

a) Informationsfunktion professioneller Beratung

Im Rahmen der klassischen Schullaufbahnberatung spielt häufig das Geben von Informationen, z.B. über den aktuellen Notenstand, über mögliche Bildungsangebote o.ä. eine zentrale Rolle. Bei vielen anderen schulischen Beratungsanlässen (Problem im Lern- und Leistungsverhalten, Sozialverhalten etc.) sind Lehrkräfte jedoch aufgefordert, nicht nur Informationen zu geben, sondern auch Informationen zum Problemkontext und der genauen Problemdefinition einzuholen, um hieraus einerseits eine klare Auftragsklärung und andererseits Vereinbarungen über die Art der Unterstützung sowie die Ziele der Beratung abzuleiten (vgl. Schwing/ Fryszer 2006): Worin besteht das Problem genau? Seit wann tritt es auf? In welchen Situationen tritt es auf? Was haben Sie bereits an Lösungsversuchen unternommen? Was würde mir Ihre Tochter/Ihr Sohn über die Situation erzählen? Informationen dienen sowohl der ratsuchenden als auch der beratenden Person die Ursachen und Wirkungen eines Problems besser zu verstehen, den Horizont zu erweitern und den Weg für Lösungsmöglichkeiten zu eröffnen.

Nach Grewe (2005) neigen jedoch viele Lehrkräfte zu vorschnellen Diagnosen, welche auf einer sehr geringen Informationsbasis beruhen. Gründe hierfür sieht Grewe (2005) z.B. in der knappen zeitlichen Begrenzung der schulischen Beratungsgespräche, so dass viele Lehrer(innen) das Gefühl haben, sie müssten binnen 10-20 Minuten die perfekte Lösung für Probleme zur Verfügung stellen. Die Sichtweisen der zu beratenden Person kommen dabei zu kurz und vorgebrachte Lösungsvorschläge entstammen dem Standardrepertoire der Lehrkraft. Inwieweit diese Standardlösung von der/dem Ratsuchenden überhaupt umgesetzt werden kann, bleibt dem Zufall überlassen. Beratung läuft hier Gefahr, als ‚Belehrung‘ zu enden. Beispielsätze dieser vermeintlichen Beratung wären z.b. der Ratschlag an eine(n) Schüler(in): „Du musst Dich mehr konzentrieren, früher anfangen zu lernen usw." oder der Ratschlag an die Eltern „Die Versetzung Ihrer Tochter ist gefährdet. Ihre Tochter sollte zu Hause mehr üben" (Grewe 2005, 14).

b) Unterstützungsfunktion professioneller Beratung

Professionelle Beratung geht über das alleinige Vermitteln von Informationen hinaus und bindet die ratsuchende Person aktiv in einen kommunikativen Interaktionsprozess ein (vgl. Nußbeck 2010). Neben der Fokussierung möglicher Veränderungsziele gilt es auch, die ratsuchende Person, d.h. den/die Schüler(in), das Elternteil oder mögliche Kolleg(inn)en, darin zu unterstützen, die anvisierten Veränderungen in Angriff zu nehmen und umzusetzen, denn Beratung soll Lernprozesse in Gang setzen. Wären diese Lernprozesse ohne weiteres zu bewältigen, käme in den wenigsten Fällen eine Beratung zustande (vgl. Engel 2008). Der ratsuchende Schüler bzw. die ratsuchende Schülerin weiß auf der kognitiven Ebene meist selbst, dass er/sie viel früher mit den Vorbereitungen für die Schulaufgabe hätte beginnen sollen. Das Problem besteht auf der Handlungsebene, in der konkreten Umsetzung. Und genau hier unterstützt professionelle Beratung die ratsuchende Person. Dabei richtet sich die Begleitung an den Stärken und Bedürfnissen der/des Ratsuchenden aus und fragt ressourcenorientiert, kontextbezogen und betont die Eigenverantwortlichkeit der Ratsuchenden (vgl. Hennig/Ehinger 2009). Wie stellst du dir die Erledigung der Hausaufgaben im Idealfall vor? Wie wirst du dich dann konkret verhalten? Was bedeutet es genau, wenn du eher mit dem Lernen beginnen willst? Wer könnte dich bei der Realisierung deines Ziels unterstützen? Wann gelingt es dir, deine gesteckten Ziele zu erreichen? usw. Durchaus können Berater(innen) auf der Basis ihres Fach- und Expert(inn)enwissens Handlungsvorschläge im gemeinsamen Interaktionsprozess unterbreiten.

c) Steuerungsfunktion professioneller Beratung

Steuernd greift die beratende Lehrkraft in Beratungsprozesse dadurch ein, dass sie Methoden und den Ablauf der Beratung vorgibt oder vorschlägt, also mit einem Beratungsarrangement arbeitet. Grundlage dieses Beratungsarrangements sind erste Arbeitshypothesen, welche sie auf der Basis der gesammelten Informationen und ihres Fachwissens abgeleitet hat. Auch inhaltliche Steuerung kann manchmal notwendig werden, wenn die/der Ratsuchende zum Beispiel Erfordernisse der Umwelt nicht mit einbezieht oder wenn die Schritte zur Zielerreichung zu groß sind (vgl. Schwarzer/Posse 2005). Gerade beim Aspekt der Steuerung bedarf es auf Seiten der beratenden Lehrperson einer kontinuierlichen Selbstreflexion, damit sich Beratung nicht in ‚Manipulation' verwandelt, welche die dritte Fehlform der Beratung darstellt. Schüler(innen), Eltern aber auch Kolleg(inn)en werden als dringend ‚beratungsbedürftig' gekennzeichnet und sollen im ‚richtigen Sinne' durch Beratung beeinflusst werden. Auch diese vermeintliche Beratung weist einige Charakteristika auf, die professionellen Standards widersprechen: das Ergebnis des Gesprächs steht von vornherein fest und der durchaus mögliche Erfolg dieser Form der Beeinflussung lebt vorwiegend vom Statusunterschied zwischen Ratsuchender/Ratsuchendem und Berater(in).

2.4 Formalisierungsgrade der Beratung – Professionelle Beratung versus Alltagsberatung

‚Jemanden beraten' oder ‚einen Ratschlag geben' gehört zu den alltäglichen Bestandteilen der zwischenmenschlichen Kommunikation, so dass Beratung scheinbar etwas ist, „das jeder und jede quasi ‚von Natur aus' kann und somit keiner weiteren Qualifikation und Ausbildung bedarf" (Engel 2008, 196). Professionelle Beratung basiert jedoch auf einem umfangreichen Wissens- und Kompetenzspektrum und unterscheidet sich deutlich von einer Alltagsberatung.

Grundsätzlich lassen sich drei Formalisierungsgrade der Beratung unterscheiden:
• die informelle, alltägliche Beratung
• die halbformalisierte Beratung und
• die ausgewiesene, stark formalisierte Beratung (Sickendiek et. al. 2008, 23).

Beratung durch Lehrer(innen) wird der halbformalisierten Beratung zugeordnet, bei der Lehrkräfte als Professionelle innerhalb ihres Tätigkeitsbereichs Schule angesprochen werden. Halbformalisierte und stark formalisierte Beratung bilden gemeinsam die professionelle Beratung (vgl. Schnebel 2007). Denn Beratung ist „nicht nur dort ‚professionell' wo sie am Türschild steht, sondern auch dort, wo sie in anderes Handeln von Professionellen integriert ist. Hier durchzieht Beratung als ‚Querschnittsmethode' nahezu sämtliche Berufsfelder" (Sickendiek et. al. 2007, 34).

Die Aufgliederung in drei Formalisierungsgrade verdeutlicht, dass sich Alltagsberatung und professionelle Beratung prinzipiell unterscheiden. Dieser Unterschied wird vor allem in Handlungskontexten, wie z.B. der Schule, häufig außer Acht gelassen und es kommt zu Fehlformen der Beratung, welche zwar dem Alltagsverständnis entsprechend als ‚Beratung' bezeichnet werden, die aber in keiner Weise die Standards professioneller Beratung erfüllen (vgl. Grewe 2005). Rezeptähnliche Anweisungen oder Ratschläge lassen die Kontextbedingungen und Handlungsmöglichkeiten der Ratsuchenden außer Acht und sind deshalb für die ratsuchende Person selten dienlich. Ratsuchende wollen „sich über unterschiedliche Sichtweisen zu ihrer Problemstellung austauschen, Folgen von Entscheidungen abschätzen lernen, ihre eigenen Unsicherheiten, Unentschiedenheiten oder Ambivalenzen besprechen und diese möglichst reduzieren" (Sickendiek et. al. 2008, 14).

3 Beratungskompetenz von Lehrkräften

Nach Hertel und Schmitz (2010) lässt sich die Beratungskompetenz von Lehrkräften durch die nachfolgend aufgeführten fünf Kompetenzbereiche definieren:

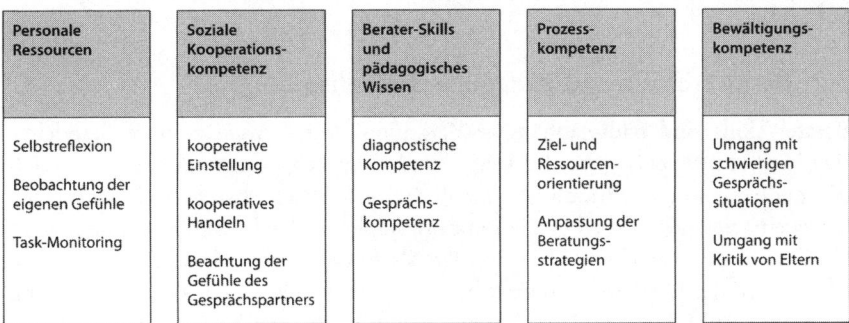

Personale Ressourcen	Soziale Kooperations-kompetenz	Berater-Skills und pädagogisches Wissen	Prozess-kompetenz	Bewältigungs-kompetenz
Selbstreflexion	kooperative Einstellung	diagnostische Kompetenz	Ziel- und Ressourcen-orientierung	Umgang mit schwierigen Gesprächs-situationen
Beobachtung der eigenen Gefühle	kooperatives Handeln	Gesprächs-kompetenz	Anpassung der Beratungs-strategien	Umgang mit Kritik von Eltern
Task-Monitoring	Beachtung der Gefühle des Gesprächspartners			

Abb. 3: Dimensionen der Beratungskompetenz von Lehrpersonen (Hertel/Schmitz 2010, 60)

3.1 Personale Ressourcen und soziale Kooperationskompetenz

Die Dimension ‚Personale Ressourcen' richtet den Blick auf die beratende Lehrperson, d.h. deren Fähigkeit, das eigene Handeln sowie die eigenen Gefühle wahrzunehmen und zu reflektieren. Task-Monitoring bezieht sich auf die Fähigkeit der Lehrperson den Beratungsauftrag im Blick zu bewahren. Gerade dieser Aspekt bedarf der besonderen Aufmerksamkeit, vor allem dann, wenn Lehrer(innen) die Eltern oder Schüler(innen) zu einem Beratungsgespräch einladen. In diesem Fall ist zu klären, inwiefern die eingeladenen Eltern oder Schüler(innen) die Problemwahrnehmung der Lehrkraft teilen und ob sie sich auf ein Beratungsgespräch einlassen. Denn nicht jedes Gespräch durch Lehrer(innen) in der Schule ist ein Beratungsgespräch. Im Kontext der Elterngespräche lassen sich beispielsweise nach Hennig und Ehinger (2010, 82) vier Motivationszustände von Eltern unterscheiden: Eltern kommen als ‚Vorgeladene', als ‚Besucher(innen)', als ‚(An)Klagende' oder als ‚Kooperationspartner(innen)'.

Die soziale Kooperationskompetenz umfasst die Einstellung und das Handeln der Lehrkraft, welches die Wahrnehmung und Beachtung der Gefühle der Gesprächspartnerin/des Gesprächspartners miteinschließt (vgl. Hertel/Schmitz 2010). Wesentliche Grundlage sind hierfür die von Carl Rogers postulierten Merkmale einer hilfreichen Beratungsbeziehung: Empathie, d.h. die Fähigkeit, sich in die Gefühle und Gedanken einer anderen Person hineinzuversetzen, Akzeptanz im Sinne von Wertschätzung der anderen Person und Echtheit oder Authentizität als Merkmal eines offenen und ehrlichen Umgangs miteinander (vgl. Sickendiek et. al. 2008). Gemeinsam tragen die beiden ersten Dimensionen wesentlich zur Gestaltung der Beratungsbeziehung bei. Diese Beratungsbeziehung zwischen „BeraterInnen und KlientInnen ist eine bedeutsame, wenn nicht gar die wichtigste Dimension einer jeden Beratungskonstellation [...] Ohne eine offene, vertrauensvolle und auf Zusammenarbeit orientierte Beziehung ist keine erfolgsversprechende Beratung möglich" (ebd., 129).

3.2 Berater-Skills und pädagogisches Wissen

Berater-Skills sind feldunabhängige Beratungskompetenzen. Konkret handelt es sich hierbei um spezifische Beratungs- und Gesprächsführungsmethoden, welche von der beratenden Lehrkraft bewusst in den differenten Phasen des Beratungsprozesses eingesetzt werden. Für die Beratungstätigkeit der Lehrkräfte empfiehlt sich ein eklektisches Vorgehen, d.h. es werden Methoden verschiedener Beratungsansätze, wie z.B. der klientenzentrierten Beratung, der systemischen Beratung etc. miteinander kombiniert (vgl. Hertel/Schmitz 2010; Schnebel 2007). Nußbeck (2010) betont in diesem Zusammenhang, dass man nicht „dem Trugschluss unterliegen soll, dass das Erlernen und Beherrschen der Techniken und Methoden den ‚guten Berater' ausmacht und den Erfolg einer Beratung garantiert" (ebd., 102). Professionelle Beratung ist mehr als eine ‚rezeptartige Verwendung' von Methoden und basiert u.a. auf den o.g. Grundhaltungen.

Beratungsmethoden für Lehrkräfte sind u.a. (vgl. Hennig/Ehinger 2010; Hertel/ Schmitz 2010):

- Aktives Zuhören
  Aktives Zuhören bezeichnet das Bemühen sich in die Gefühls- und Gedankenwelt der/des Ratsuchenden einzufühlen, dessen Bedürfnisse wahrzunehmen und diese mit eigenen Worten wiederzugeben. Hierdurch wird das Gesagte strukturiert, der ratsuchenden Person zu Klarheit verholfen und Missverständnissen zwischen Ratsuchender/Ratsuchendem und Berater(in) vorgebeugt.
- Systemische Fragen
  Fragen gehören zum Handwerkszeug der systemischen Beratung (vgl. Schwing/ Fryszer 2006). Im Unterschied zum Aktiven Zuhören, welches die/den Ratsuchenden mit ihren/seinen Gedanken und Gefühlen konfrontiert, werden durch die differenten systemischen Fragen vor allem Wechselwirkungen zwischen Personen und deren Verhalten in den Blick genommen. Es geht nicht um Ursache und Schuld oder um eine individualisierte Problemzuschreibung – ‚Paul ist ein Störenfried!', ‚Julia ist unkonzentriert' – sondern darum Ereignisse in ihrem Kontext und nicht losgelöst davon zu sehen – ‚Wie verhält sich Paul, wenn er stört? Wann

ist Julia unkonzentriert? Wie verhalten sich die anderen Schüler(innen)? Was ist der Nutzen für die einzelnen Beteiligten, wenn Paul stört? Gibt es Situationen, in denen Sie Julia konzentriert erleben bzw. in denen Paul gut mitarbeitet? ' etc. Weitere systemische Fragen sind: Konstruktive W-Fragen, Zirkuläre Fragen, Fragen nach den Zielen, Fragen nach Ausnahmen und bisherigen Lösungsversuchen, Skalierungsfragen, Fragen nach Ressourcen und Stärken, Verschlimmerungsfragen (vgl. Hennig/Ehinger 2010; Prior 2009; Schwing/Fryszer 2006).

* Stellen von Beobachtungsaufgaben
  ‚Beobachten Sie bis zu unserem nächsten Gespräch, wann Johannes seine Hausaufgaben eigenständig beginnt.' – ‚Achte bis zum nächsten Mal darauf, wer dich in der Klasse in ein Gespräch integriert oder sich dir gegenüber nett verhält.' – ‚Beobachte in der kommenden Woche, wann Maria aktiv im Unterricht mitarbeitet.' Derartige Beobachtungsaufgaben fordern die/den ratsuchende(n) Schüler(in), die Eltern oder die ratsuchende Kollegin/den ratsuchenden Kollegen zur Aktivität auf und betonen damit die Eigenverantwortlichkeit des Handelns. Ebenso können Beobachtungsaufgaben Klarheit und Übersicht in Situationen bringen, d.h. Informationen über Problemverläufe differenzieren oder den Blick für mögliche Ressourcen schärfen (vgl. Hennig/Ehinger 2010; Schwing/Fryszer 2006).

Wie bereits erwähnt benötigen professionelle Berater(innen) neben der feldunspezifischen Kompetenzbasis eine handlungsfeldspezifische Wissensbasis. Dieses pädagogische Wissen, welches für Lehrkräfte bei der Beratung elementar ist, lässt sich nach Hertel und Schmitz (2010, 26) in fünf Kategorien untergliedern:

Beratungsanlass	Beratungsthemen	Adressat der Beratung
Lernberatung	Lernstrategien Unterstützung des Kindes beim Lernen Spezifische Teilleistungsstörungen (z.B. ADHS, LRS)	Schüler(innen) Eltern Kolleg(inn)en
schulische Verhaltensauffälligkeiten	Unangepasstes Sozialverhalten Soziale Ängste Schul- und Leistungsängste Suchtprobleme	Schüler(innen) Eltern Kolleg(inn)en
Klassische Schullaufbahnberatung	Leistungsstand Wechsel der Jahrgangsstufe Wechsel der Schulart	Schüler(innen) Eltern

Erziehungsberatung	Beratung zu allgemeinen Erziehungsproblemen	Eltern
Persönliche Krisen	Probleme im Freundeskreis Streit oder Scheidung der Eltern Tod eines Familienmitgliedes oder Freundes	Schüler(innen) Eltern Kolleg(inn)en

Schüler(innen) beim Lernen zu unterstützen und Lernprozesse zu optimieren, ist das Ziel der Lernberatung (vgl. Schnebel 2007). Die Allokationsfunktion der Schule, d.h. jede(n) nachwachsende(n) Bürger(in) in eine den persönlichen Anlagen und Ressourcen entsprechende gesellschaftliche Position zu bringen, eine konstruktivistische Sicht auf Lernprozesse und die eher mittelmäßigen Ergebnisse der deutschen Schüler(innen) in internationalen Schulleistungsvergleichsstudien verleihen der Lernberatung durch Lehrer(innen) Gewicht. Prinzipiell lassen sich Lernberatung, Lerncoaching und Lernprozessberatung unterscheiden (vgl. Bastian/Hellrung 2011; Pallasch/Hameyer 2008). In der Lernberatung bzw. beim Lerncoaching stehen metakognitive und behaviorale Aspekte des Lernens und Lernstrategien im Mittelpunkt der Beratung von Schüler(inne)n und/oder Eltern (vgl. Wild et. al. 2006). Die Lernprozessberatung findet dagegen im Unterricht in individualisierten Lernarrangements statt. „Lernprozessberatung wird hier verstanden als beobachtungs- und verstehensbasierte Interaktion mit dem Ziel, Lernhandlungen nachzuvollziehen, nächste Lernschritte zu planen und die für den einzelnen Lerner oder die Lerngruppe in diesem Prozess notwendigen Bedingungen zu schaffen. Dabei liegt das Hauptaugenmerk der Lehrenden – bei allem Gegenstandsbezug – auf dem Lernprozess" (Bastian/Hellrung 2011, 9). Entsprechend der eingangs formulierten Aufgabenzuschreibung sollte die Lernberatung von Schüler(inne)n selbstverständlicher Bestandteil der Lehrer(innen)tätigkeit sein. Inwiefern dieser Aspekt bislang im Schulalltag systematisch berücksichtigt wird, gilt es im Rahmen weiterer Forschung zu klären. Eng verzahnt mit der Lernberatung der Schüler(innen) ist die Elternberatung. Allerdings wird diese vor allem von Elternseite häufig als unbefriedigend wahrgenommen. Sacher (2005) kommt in seiner Studie zur Elternarbeit an bayerischen Schulen zum Ergebnis, „dass es den Lehrkräften offenbar zu einem erheblichen Teil nicht gelingt, jenen Eltern hilfreiche Beratung zu geben, die sie am dringendsten benötigen: den Eltern leistungsschwacher Kinder und Eltern, die nicht mit den Leistungen ihrer Kinder zufrieden sind" (Sacher 2005, 63). Nach einer Untersuchung von Deininger (1993 in Schwarzer/Buchwald 2006) beschäftigen sich 30% der an Erziehungsberatungsstellen durchgeführten Beratungen mit schulischen Lernproblemen. Erhöhter Beratungsbedarf besteht entsprechend dieser Untersuchung bei sechs- bis zwölfjährigen Schüler(inne)n und deren Eltern.

Der Beratungsanlass ‚Verhaltensauffälligkeiten' bezieht sich u.a. auf wiederholtes störendes Verhalten im Unterricht, aggressives Verhalten gegenüber Mitschüler(inne)n und/oder Lehrpersonen, Mobbing, Isolation innerhalb der Klassengemeinschaft, aber auch Schulangst und Schulverweigerung. Häufig laden Lehrkräfte zu Beratungsgesprächen ein. Damit Eltern oder Schüler(innen) sich nicht als „Vorgeladene" (Hennig/Ehinger 2010, 82) wahrnehmen, sondern sich auf das Beratungsgespräch einlassen, bedarf es einer Gesprächsführungs- und Beratungskompetenz auf Seiten der Lehrkraft. Empathie, Kontextberücksichtigung, Lösungs- und Ressourcenorientierung und die Stärkung der Eigenverantwortung sind nach Hennig und Ehinger (2010) die Grundhaltungen einer derartigen kooperativen Gesprächsführung.

Im Rahmen der Schullaufbahnberatung geht es neben konkreten Fragen zum Leistungsstand der Schülerin oder des Schülers auch um das allgemeine Bildungsangebot, d.h. um Fragen zum Wiederholen bzw. Überspringen einer Jahrgangsstufe oder zum Schulartwechsel (vgl. Hertel/Schmitz 2010). Vor allem der Übergang von der Grundschule in weiterführende Schulen ist Anlass zur Schullaufbahnberatung.

Lehrer(innen) können auch erste Ansprechpartner(innen) für Erziehungsschwierigkeiten oder bei persönlichen Krisen, wie Trennung und Scheidung, Tod eines Familienmitgliedes, Drogenproblemen oder psychischen Erkrankungen wie Depression, Essstörungen etc. sein. Lehrkräfte sollten bei derartigen Beratungsanliegen an ausgewiesene Expert(inn)en weiterverweisen (vgl. Hertel/Schmitz 2010; Schnebel 2007).

Daneben bezieht sich das pädagogische Wissen auf die diagnostischen Kompetenzen der Lehrkräfte. Diagnose bedeutet für Lehrkräfte nicht ein Testen mit standardisierten Fragebögen, dies obliegt den Beratungslehrkräften und Schulpsycholog(inn)en. Dennoch befinden sich Lehrer(innen) in einem kontinuierlichen Diagnose- und Entscheidungsprozess, da sie häufig erste Ansprechpartner(innen) oder Beobachter(innen) von Problemsituationen sind. Soll eine Schülerin oder ein Schüler beispielsweise auf Legasthenie oder Dyskalkulie getestet werden und wäre somit ein Weiterverweisen an die Beratungslehrkraft oder eine Schulpsychologin/einen Schulpsychologen angebracht? Grundlage dieser Diagnose ist die oben erwähnte handlungsfeldspezifische Wissensbasis (vgl. Hertel/Schmitz 2010). Lehrkräfte müssen und können nicht Expert(inn)en im Umgang mit all diesen Themengebieten sein, sollten aber über grundlegende Kenntnisse verfügen, um möglicherweise nach dem Erstgespräch an eine andere schulinterne oder externe Beratungsstelle verweisen zu können.

3.3 Prozesskompetenz

Bereits in der oben angeführten Definition von Beratung wurde deutlich, dass diese als Problemlöseprozess verstanden wird, d.h. als Weg von einem unerwünschten Ausgangszustand hin zu einem gewünschten Ziel- oder Sollzustand (vgl. Thiel 2003). Im Gegensatz zur Alltagsberatung zeichnet sich die professionelle Beratung dadurch aus, „dass sie einen ‚Plan' besitzt oder eine bildhafte Vorstellung entwickelt hat, in welche inhaltlichen bzw. zeitlichen Abschnitte, Stadien oder Phasen sich der Verlauf einer Beratung strukturieren lässt" (Thiel 2003, 74). Dementsprechend kann der Beratungsprozess, sowohl für den Gesamtverlauf als auch für die jeweilige konkrete Sitzung, in verschiedene Phasen eingeteilt werden.

In der einschlägigen Literatur finden sich verschiedene Prozessmodelle der Beratung. Für die Beratung von Lehrkräften empfehlen Hertel und Schmitz (2010, 8) das PELZ-Modell:

P – Problemwahrnehmung und Problemdefinition
(Worin besteht für die/den Einzelne(n) das Problem? Seit wann? In welchen Situationen? Was sagen die Betroffenen zu dem Problem? Wer reagiert am stärksten?)
E – Erklärungsmodelle
(Wie erklären sich die Einzelnen das Problem? In welchen Situationen tritt das Problem auf? Gibt es Ausnahmen? Wenn ja, wann und wie sehen diese aus? Was müsste die ratsuchende Person tun, um das Problem zu verschlimmern?)
L – Lösungsversuche
(Was haben die Einzelnen bisher unternommen, um das Problem zu lösen? Mit welchem Erfolg? Was tun die Einzelnen, wenn das Problem auftritt? Wer war bei den bisherigen Lösungsversuchen beteiligt?)
Z – Ziele
(Was wäre ein anzustrebendes Ziel? Wie würden sich die einzelnen Personen konkret verhalten, wenn das Ziel erreicht wäre? Woran würde die ratsuchende Person merken, dass sie ihr Ziel erreicht hat? Was wäre ein erster kleiner Schritt in Richtung einer Verbesserung?)

4 Kolleg(inn)en als Adressat(inn)en der Beratung

Adressat(inn)en der Beratung durch Lehrkräfte sind neben Schüler(inne)n und Eltern auch Kolleg(inn)en. Eine Möglichkeit der Beratung unter Lehrer(inne)n ist die kollegiale Beratung (vgl. Mutzeck/Schlee 2008). Tietze (2010) definiert kollegiale Beratung als „ein Format personenorientierter Beratung, bei dem im Gruppenmodus wechselseitig berufsbezogene Fälle der Teilnehmenden systematisch und ergebnisorientiert reflektiert werden" (Tietze 2010, 24). Allgemein lässt sich kollegiale Beratung durch vier Merkmale beschreiben:
1. Die Beratung findet innerhalb einer Gruppe statt;
2. Es werden Fälle aus der Berufspraxis der einzelnen Teilnehmer(innen) reflektiert;
3. Der Beratungsprozess orientiert sich an einem Ablaufschema;
4. Die Beratung geschieht wechselseitig und ohne eine konstante Leitung (vgl. Tietze 2010).

Das Ziel der kollegialen Beratung ist eine Verbesserung der beruflichen Kompetenzen, indem die Erfahrungen, das Wissen und die Perspektiven der einzelnen Teammitglieder als Ressource genutzt werden. Nach Tietze (2010) kann kollegiale Beratung dazu beitragen, berufliche Belastungssituationen deutlich zu reduzieren.

5 Kooperation mit inner- und außerschulischen Beratungsangeboten

Entsprechend dem Strukturplan für das Bildungswesen (1972) erfolgte eine Ausdifferenzierung der Bildungsberatung, so dass neben Lehrkräften auch Beratungslehrkräfte und Schulpsycholog(inn)en in der Schule beraten. Beratungslehrkräfte werden in den Feldern der Schullaufbahnberatung, Einzelfallhilfe, Beratung von Lehrer(inne)n und Schüler(inne)n tätig. Sie kooperieren mit außerschulischen Partner(inne)n und haben meist eine enge Bindung an eine Einzelschule bzw. sind für wenige Schulen Ansprechpartner(innen) (vgl. Schnebel 2007). Schulpsycholog(inn)en sind meist in zentralen Beratungsstellen angesiedelt und arbeiten aufgrund ihrer methodischen Ausbildung stärker im Bereich der psychologischen Einzeldiagnostik und Bildungsberatung (ISB 2007). Der durchschnittliche Versorgungsschlüssel für Schulpsycholog(inn)en liegt in Deutschland bei ca. 1:15.000, d.h. eine Schulpsychologin bzw. ein Schulpsychologe ist für ca. 15.000 Schüler(innen) zuständig (ISB 2007). Diese Ausdifferenzierung enthebt die Lehrkräfte jedoch nicht von ihrer Aufgabe „einer laufenden pädagogischen Beratung der Lernenden" (Deutscher Bildungsrat 1972, 91). Neben den schulischen Beratungsdiensten zählen mittlerweile vor allem Jugendsozialarbeiter(innen) an Schulen zu den weiteren wichtigen Kooperationspartner(inne)n im Bereich der Schulberatung (vgl. Schnebel 2007).

6 Spannungsfelder der schulischen Beratung durch Lehrkräfte

Lehrer(innen) treten gegenüber den Eltern und Schüler(inne)n in verschiedenen Rollen auf, d.h. sie sind Unterrichtende, Beurteilende, Erziehende und Beratende. Aus dieser Rollenvielfalt ergeben sich für die Beratungsaufgabe der Lehrer(innen) zwangsläufig Spannungsfelder (vgl. Grewe 2005), denn Schule ist keine ausschließliche Beratungseinrichtung. Die Merkmale schulischer Beratung durch Lehrer(innen) sind nach Schnebel (2007, 26):

Lehrkräfte sind (meist) semi-professionelle Berater(innen), d.h. trotz des zugewiesenen Beratungsauftrages in den Verordnungen der Lehrer(innen)bildung (KMK 2004, ZALG) und der Professionstheorie (vgl. Baumert/Kunter 2006) verfügen Lehrkräfte häufig über keine bzw. nur eine geringe substantielle Beratungsausbildung (vgl. Grewe 2005; Hertel 2009). In der Vorstudie von Hertel (2009) bezüglich der Ausbildungsqualifikation für Elterngespräche im Bereich der Elternberatung und Gesprächsführung gaben 93% der Lehrkräfte an, durch ihre Ausbildung nicht gut bzw. eher nicht gut auf die Beratung von Eltern vorbereitet worden zu sein. Dies betrifft sowohl den Erwerb von Gesprächsführungsstrategien als auch die Qualifikation bezogen auf die Inhalte der Elternberatung (vgl. Hertel 2009, 60).

Lehrer(innen) sind Teil des Systems und die Themen der Beratung werden häufig durch das System Schule produziert. Denn die Bildungsberatung ersetzt nicht die Beurteilungs- und Selektionsfunktion der Lehrkräfte. Gröning (2006) spricht in diesem Zusammenhang von einer „Doppelbindung im Beratungsprozess" (ebd., 22), da die Ratsuchenden zu bestimmten Verhaltensweisen, Denkweisen und Überzeugungen bewegt werden sollen, welche der Institution als solche innewohnen.

Freiwilligkeit als wichtiges Element von Beratung ist nur teilweise gegeben. Beratung in der Schule kann auf explizite Einladung der Lehrkraft oder der Schulleitung erfolgen und es besteht die Gefahr, dass sich die vermeintliche Beratung zur „Zwangsberatung" (vgl. Nestmann et. al. 2007, 602) entwickelt.

Desweiteren **spielen eindeutige oder verdeckte Hierarchien eine Rolle,** denn Schüler(innen) und Eltern stehen in gewisser Weise in einem Abhängigkeitsverhältnis zur Lehrperson (vgl. Schnebel 2007).

7 Ausblick

Aktuell gibt es in Deutschland, im Gegensatz zu den angloamerikanischen Ländern, noch keine eigene Beratungswissenschaft mit allgemein verbindlichen Ausbildungsrichtlinien (vgl. Nußbeck 2010, 16). Dies führt dazu, dass in Kontexten wie z.B. der Schule Menschen beraten, welche häufig über keine bzw. nur eine geringe substantielle Beratungsausbildung verfügen (vgl. Grewe 2005). Für die Qualifikation von Lehrkräften im Bereich der professionellen Beratung fehlen bislang klare Richtlinien bezüglich des konkreten Ausbildungsumfangs. Zudem agieren die verschiedenen Phasen der Lehrer(innen)ausbildung häufig losgelöst und ohne Bezug zueinander. Die Folge dieses fehlenden Bezuges ist, dass ein Rückgriff auf Wissens- und Handlungsbestände der ersten Phase innerhalb der zweiten oder dritten Phase der Lehrer(innen)bildung nur bedingt gelingt und wenn, dann als „partikuläres, verinseltes Wissen" (Oser/Oelkers 2001, 310). Oser und Oelkers fassen die Ergebnisse ihrer Untersuchung zur Wirksamkeit der Lehrer(innen)bildungssysteme wie folgt zusammen: „Das, was im Kopf der Lehramtskandidatinnen und –kandidaten entsteht, ist nicht professionelles Können und Beherrschen" (ebd., 310). Kompetenzerwerb und Theorie-Praxis-Verknüpfung sind deshalb formulierte Zielvorstellungen der Professionalisierungsdebatte (vgl. Terhart 2000). Zur Erreichung dieser Zielvorstellungen mehren sich Forderungen nach einer stärkeren Verzahnung der verschiedenen Phasen der Lehrer(innen)bildung (vgl. ebd.), denn professionelles

Agieren findet im Spannungsfeld von Theorie und Praxis statt (vgl. Rahm 2005). Gerade für den Aufbau von Beratungskompetenzen verweisen Studien auf die Relevanz von ersten Erfahrungen im Berufsfeld (vgl. Hertel 2009). Durch diese Erfahrungen können theoretische Inhalte auf den beruflichen Alltag bezogen und ihr Wert für das Handeln in der Praxis nutzbar gemacht werden. Kooperationsprojekte zwischen den verschiedenen Phasen der Lehrer(innen)bildung können Lehramtsstudierenden diese Erfahrungen ermöglichen und bedürfen weiterer Forschung (vgl. Sauer et. al. 2010).

Im Sinne einer gegenstandsorientierten Theoriebildung bedarf es qualitativer, subjektorientierter und rekonstruktiver Studien zur Beratung durch Lehrer(innen), welche einen Zugang zur Handlungspraxis der Lehrkräfte bei der Beratung ermöglichen und den Beratungskontext ‚Schule' als Ort der Beratung näher untersuchen.

Literaturverzeichnis

Bastian, J./Hellrung, M. (2001): Schüler beim Lernen beraten. Lernprozessberatung im individualisierten Unterricht. In: Pädagogik 2(11), 6-9.

Baumert, J./Kunter, M. (2006): Stichwort: Professionelle Kompetenz von Lehrkräften. In: Zeitschrift für Erziehungswissenschaft 10 (4), 469–520.

Bayerisches Gesetz über das Erziehungs- und Unterrichtswesen (BayEUG) in der Fassung der Bekanntmachung vom 31. Mai 2000 (GVBl S. 414, ber. S. 632, BayRS 2230-1-1-UK), zuletzt geändert durch § 37 des Gesetzes vom 20. Dezember 2011 (GVBl S. 689). Unter: http://by.juris.de/by/gesamt/EUG_BY_2000.htm (zuletzt eingesehen am 15.04.2012).

Deutscher Bildungsrat (1972): Empfehlungen der Bildungskommission. Strukturplan für das Bildungswesen. Stuttgart: Klett.

Engel, F./Nestmann, F./Sickendiek (2007): „Beratung" – Ein Selbstverständnis in Bewegung. In: Nestmann, F./Engel, F./Sickendiek, U. (Hrsg.): Das Handbuch der Beratung. Disziplinen und Zugänge. Band 1. Tübingen: dgvt Verlag, 33-44.

Engel, F. (2008): Beratung. In: Faulstich-Wieland, H./Faulstich, P. (Hrsg.): Erziehungswissenschaft. Ein Grundkurs. Hamburg: Rowohlt, 195-215.

Grewe, N. (Hrsg.) (2005): Beratung in der Schule. Grundlagen, Aufgaben und Fallbeispiele. München, Neuwied: Luchterhand.

Gröning, K. (2006): Pädagogische Beratung. Konzepte und Positionen. Wiesbaden: Verlag für Sozialwissenschaften.

Hennig, C./Ehinger, W. (2010): Das Elterngespräch in der Schule. Von der Konfrontation zur Kooperation. Donauwörth: Auer.

Hertel, S. (2009): Beratungskompetenz von Lehrern. Münster: Waxmann.

Hertel, S./Schmitz, B. (2010): Lehrer als Berater in Schule und Unterricht. Stuttgart: Kohlhammer.

Huschke-Rhein, R. (2003): Einführung in die systemische und konstruktivistische Pädagogik. Beratung – Systemanalyse – Selbstorganisation. Weinheim, Basel, Berlin: Beltz.

ISB (2007): Schulpsychologie in Bayern. Haltungen und Konzepte. Unter: http://www.schulberatung.bayern.de/imperia/md/content/schulberatung/pdfmuc/arbeitskreise/ak_sp_isb_broschuere_0907.pdf (zuletzt eingesehen am 08.02.2012).

Krause, C. (2003): Pädagogische Beratung: Was ist, was soll, was kann Beratung? In: Krause, C./Fittkau, B./Fuhr, R./Thiel, H.-U. (Hrsg.): Pädagogische Beratung. Grundlagen und Praxisanwendung. Paderborn, München, Wien, Zürich: Schöningh/UTB, 15-31.

Krause, C./Fittkau, B./Fuhr, R./Thiel, H.-U. (2003) (Hrsg.): Pädagogische Beratung. Grundlagen und Praxisanwendung. Paderborn: Schöningh/UTB.

Kultusministerkonferenz (KMK) (2004): Standards für die Lehrerbildung: Bildungswissenschaften. Beschluss der Kultusministerkonferenz vom 16.12.2004. Unter: http://www.kmk.org/fileadmin/veroeffentlichungen_beschluesse/2004/2004_12_16-Standards-Lehrerbildung.pdf (zuletzt eingesehen am 31.09.2010).

Mutzeck, W./Schlee, J. (2008) (Hrsg.): Kollegiale Unterstützungssysteme für Lehrer. Gemeinsam den Schulalltag bewältigen. Stuttgart: Kohlhammer.

Nestmann, F./Engel, F./Sickendiek, U. (2007): Statt einer ‚Einführung‘: Offene Fragen ‚guter Beratung‘. In: Nestmann, F./Engel, F./Sickendiek, U. (Hrsg.): Das Handbuch der Beratung. Disziplinen und Zugänge. Band 2. Tübingen: dgvt Verlag, 599-608.

Nußbeck, S. (2010): Einführung in die Beratungspsychologie. München, Basel: Reinhardt/UTB.

Oser, F./Oelkers, J. (Hrsg.) (2001): Die Wirksamkeit der Lehrerbildungssysteme: von der Allrounderbildung zur Ausbildung professioneller Standards. Chur, Zürich: Rüegger.

Pallasch, W./Hameyer, U. (2008): Lerncoaching. Theoretische Grundlagen und Praxisbeispiele zu einer didaktischen Herausforderung. Weinheim, München: Juventa.

Prior, M. (2009): Minimax für Lehrer. 16. Kommunikationsstrategien mit maximaler Wirkung. Weinheim, Basel: Beltz.

Rahm, S. (2005): Theorie der Schulentwicklung. Weinheim,Basel: Beltz.

Sacher, W. (2005): Schulpädagogische Untersuchungen Nürnberg. Erfolgreiche und misslingende Elternarbeit. Ursachen und Handlungsmöglichkeiten. Bericht Nr. 24. Universität Erlangen-Nürnberg.

Sauer, D./Christel, D./Ölschlegel, H. (2010): Voneinander und miteinander lernen. ‚KOPRA‘ – das Kooperationsseminar der ersten und zweiten Phase der Lehrer(innen)bildung in Bamberg. In: Zeitschrift für Bildungsverwaltung 2/2010, 59-68.

Schnebel, S. (2007): Professionell beraten. Beratungskompetenz in der Schule. Weinheim, Basel: Beltz.

Schwarzer, C./Buchwald, P. (2006): Beratung in Familie, Schule und Beruf. In: Krapp, A./Weidenmann, B. (Hrsg.): Pädagogische Psychologie. Ein Lehrbuch. Weinheim, Basel: Beltz, 575-612.

Schwarzer, C./Posse, N. (2005): Beratung im Handlungsfeld Schule. In: Pädagogische Rundschau 59, 139-151.

Schwing, R./Fryszer, A. (2006): Systemisches Handwerk. Werkzeug für die Praxis. Göttingen: Vandenhoeck & Ruprecht.

Sickendiek, U./Engel, F./Nestmann, F. (2008): Beratung. Einführung in sozialpädagogische und psychosoziale Beratungsansätze. Weinheim, München: Juventa.

Terhart, E. (2000) (Hrsg.): Perspektiven der Lehrerbildung in Deutschland. Abschlussbericht der von der Kultusministerkonferenz eingesetzten Kommission. Weinheim, Basel: Beltz.

Thiel, H.-U. (2003): Phasen des Beratungsprozesses. In: Krause, C./Fittkau, B./Fuhr, R./Thiel, H.-U. (Hrsg.): Pädagogische Beratung. Grundlagen und Praxisanwendung. Paderborn: Schöningh/UTB, 73-84.

Tietze, K.-O. (2010): Wirkprozesse und personenbezogene Wirkungen von kollegialer Beratung. Theoretische Entwürfe und empirische Forschung. Wiesbaden: VS Verlag.

Wild, E./Hofer, M./Pekrun, R.. (2006): Psychologie des Lernens. In: Krapp, A/Weidenmann, B. (Hrsg.): Pädagogische Psychologie. Ein Lehrbuch. Weinheim, Basel: Beltz, 203-267.

Autorinnen und Autoren

Bohl, Thorsten, Dr. rer. soc., Universitätsprofessor, Abteilung Schulpädagogik/Institut für Erziehungswissenschaft an der Eberhard Karls Universität Tübingen

Dörpinghaus, Andreas, Dr. phil., Universitätsprofessor, Inhaber des Lehrstuhls für Systematische Bildungswissenschaft an der Universität Würzburg

Eberle, Thomas, Dr. phil., Universitätsprofessor, Inhaber/Leiter des Lehrstuhls für Schulpädagogik mit Schwerpunkt Hauptschule an der Universität Erlangen-Nürnberg

Göhlich, Michael, Dr. phil., Universitätsprofessor, Inhaber des Lehrstuhls für Pädagogik I am Institut für Pädagogik der FAU Erlangen-Nürnberg

Gröschner, Alexander, Dr. phil., M.A, Wissenschaftlicher Assistent am Friedl Schöller-Stiftungslehrstuhl für Unterrichts- und Hochschulforschung, TUM School of Education, Technische Universität München

Haag, Ludwig, Dr. phil., Universitätsprofessor, Inhaber des Lehrstuhls für Schulpädagogik an der Universität Bayreuth

Hallitzky, Maria, Dr. phil., Professorin für Allgemeine Didaktik und Schulpädagogik des Sekundarbereichs an der Universität Leipzig

Heimlich, Ulrich, Dr., Inhaber des Lehrstuhls für Lernbehindertenpädagogik an der Ludwig-Maximilian Universität München

Hornberg, Sabine, Dr. phil., Universitätsprofessorin, Inhaberin des Lehrstuhls für Schulpädagogik und Allgemeine Didaktik im Kontext von Heterogenität, Institut für Allgemeine Didaktik und Schulpädagogik (IADS), Fakultät 12 Erziehungswissenschaft und Soziologie, Technische Universität Dortmund

Kiel, Ewald, Dr., Universitätsprofessor, Inhaber des Lehrstuhls für Schulpädagogik an der Ludwig-Maximilian Universität München

Kleinknecht, Marc, Dr. rer. soc., wissenschaftlicher Mitarbeiter am Lehrstuhl für Schulpädagogik, TUM School of Education, Technische Universität München

Kohler, Britta, PD Dr. phil. habil., Akademische Rätin, Abteilung Schulpädagogik/ Institut für Erziehungswissenschaft an der Eberhard Karls Universität Tübingen

Köller, Olaf, Dr. phil. habil., Universitätsprofessor für empirische Bildungsforschung an der Universität Kiel und Geschäftsführender Direktor des Leibniz-Instituts für die Pädagogik der Naturwissenschaften und Mathematik (IPN)

Kucharz, Diemut, Prof. Dr. phil., Universitätsprofessorin, Institut für Pädagogik der Elementar- und Primarstufe der Goethe Universität Frankfurt am Main

Mägdefrau, Jutta, Dr., Universitätsprofessorin, Professur für Realschulpädagogik und -didaktik an der Universität Passau

Maier, Uwe, Dr., habil., Professor für Erziehungswissenschaft mit Schwerpunkt Empirische Schulforschung an der Pädagogischen Hochschule Schwäbisch Gmünd

Marchand, Silke, wissenschaftliche Mitarbeiterin am Lehrstuhl für Allgemeine Didaktik und Schulpädagogik des Sekundarbereichs an der Universität Leipzig

Rahm, Sibylle, Dr. phil., Universitätsprofessorin, Inhaberin des Lehrstuhls für Schulpädagogik an der Universität Bamberg

Sacher, Werner, Dr. phil., em. Universitätsprofessor, Inhaber des Lehrstuhls für Schulpädagogik an der Universität Erlangen-Nürnberg

Sauer, Daniela, Dipl.-Päd., wissenschaftliche Mitarbeiterin am Lehrstuhl für Schulpädagogik an der Universität Bamberg

Schönig, Wolfgang, Dr. rer. soc., Universitätsprofessor, Inhaber des Lehrstuhls für Schulpädagogik der Katholischen Universität Eichstätt-Ingolstadt

Schöps, Katrin, Dr .rer. nat., wissenschaftliche Mitarbeiterin in der Abteilung Erziehungswissenschaft am Leibniz-Institut für die Pädagogik der Naturwissenschaften und Mathematik (IPN)

Schröck, Nikolaus, Dr. phil., Akademischer Direktor am Lehrstuhl für Schulpädagogik an der Universität Bamberg

Seibert, Norbert, Dr. phil., Universitätsprofessor, Inhaber des Lehrstuhls für Schulpädagogik an der Universität Passau

Stadler-Altmann, Ulrike, Dr. phil., Universitätsprofessorin, Inhaberin des Lehrstuhls Schulpädagogik/Allgemeine Didaktik mit dem Schwerpunkt Schulentwicklung an der Universität Koblenz-Landau

Streber, Doris, Dr. phil., Akademische Rätin am Lehrstuhl für Schulpädagogik an der Universität Bayreuth

Uphoff, Ina Katharina, Dr. phil., Akademische Rätin am Institut für Pädagogik an der Universität Würzburg

Wiater, Werner, Dr. theol., Dr. phil., Dr. phil. habil., Universitätsprofessor, Inhaber des Lehrstuhls für Schulpädagogik an der Universität Augsburg

Zeitler, Sigrid, Dr. phil., wissenschaftliche Mitarbeiterin am Lehrstuhl für Schulpädagogik an der Universität Erlangen-Nürnberg